LE CHOIX DU SUCCES®

Collection dirigée par Franck ATTELAN

LA BIBLE DES ENTRETIENS DE MOTIVATION ET DE PERSONNALITE

CONCOURS ECOLES DE COMMERCE

ACCES – AUDENCIA – BBA EDHEC – BBA ESSEC – EBS PARIS – ECRICOME – ECRICOME BACHELOR
ECRICOME TREMPLIN 1 ET 2 – EDC PARIS – EDHEC – EMLV – EM LYON – EM NORMANDIE
EM STRASBOURG – ESC CLERMONT – ESC DIJON – ESCE – ESCEM – ESC LA ROCHELLE
ESC MONTPELLIER – ESCP EUROPE – ESC RENNES SCHOOL OF BUSINESS – ESDES – ESLSCA
ESSCA – ESSEC – ESSEC AST – GRENOBLE EM – HEC PARIS – ICD – ICN NANCY – IESEG – INSEEC
IPAG – ISC PARIS – ISG – ISTEC – KEDGE BUSINESS SCHOOL – NEOMA BUSINESS SCHOOL
NOVANCIA BUSINESS SCHOOL PARIS – PASS – PASSERELLE 1 ET 2
PASSERELLE BACHELORS ATOUT+3 – PSB PARIS SCHOOL OF BUSINESS – SESAME
SKEMA BUSINESS SCHOOL – TEAM – TOULOUSE BUSINESS SCHOOL

Franck ATTELAN et Fabrice CARLIER

A Myosotis, naturellement

Aux étudiants de la Prépa Aurlom pour leurs inestimables contributions

A Valérian Piffard pour ses belles illustrations

SOMMAIRE

PREMIERE PARTIE

Cadres et modalites de l'entretien

DEUXIEME PARTIE

Le jury

TROISIEME PARTIE

Vous

QUATRIEME PARTIE

Les techniques de l'entretien

CINQUIEME PARTIE

L'entretien en action : les 4 P de la reussite

SIXIEME PARTIE

Liste des questions frequemment posees par les jurys d'admission et des reponses a y apporter

SEPTIEME PARTIE

Culture generale et culture d'entreprise

HUITIEME PARTIE

Les metiers de l'entreprise

NEUVIEME PARTIE

DIXIEME PARTIE

TABLEAUX SYNOPTIQUES ET TEMOIGNAGES DE CANDIDATS

AVANT-PROPOS

« Je ne puis apprendre à parler à qui ne s'efforce pas de parler. »
Confucius

Bien joué ! Vous êtes admissible ! Vous estimez avoir franchi la barrière que vous perceviez comme la plus difficile et n'êtes pas loin de penser que « les oraux, cela va rouler sans problème »... D'ailleurs, votre entourage vous a toujours dit que vous étiez « bon à l'oral »...

Certes. Personne ne met en doute votre maîtrise de l'art oratoire. Pour autant, le plus dur reste encore à faire et les épreuves orales constituent bien autre chose qu'une simple prise de parole. Comme le dit le proverbe chinois, *« quand on a dix pas à faire, neuf font la moitié du chemin »*...

En d'autres termes, vous n'êtes pas au bout de vos peines. **Nécessairement sélectives, donc éliminatoires,** les épreuves orales constituent autant de « pièges à candidats ». Certaines écoles, comme l'EM Lyon par exemple, ne retiennent et donc n'intègrent que un candidat admissible (admissions parallèles) sur cinq, d'autres moins encore...

Cette dernière moitié de chemin comporte plusieurs obstacles, dont l'un faisant l'objet de cette Bible. Il s'agit de l'entretien de motivation ou de personnalité. Comme son nom l'indique, cette épreuve, souvent décisive, consiste, au-delà de modalités différentes, en un dialogue avec un jury, dont le but consistera notamment à apprécier vos motivations et cerner votre personnalité. Si les épreuves écrites ont eu, globalement, pour objectif de mesurer vos connaissances, donc ce que vous savez, l'entretien de motivation ou de personnalité vise essentiellement à cerner qui vous êtes.

Trois appellations principales – entretien, entretien de motivation, entretien de personnalité – cohabitent sur « le marché » des écoles de commerce. Au-delà des différences de leurs intitulés, elles visent toutes trois à atteindre le même objectif : sélectionner les candidats correspondant le mieux à ce que chaque école attend. Or, chaque école attend le « gendre idéal », soit tout à la fois des candidats motivés et ayant de la personnalité...

Ne commettez pas l'erreur, trop souvent répandue, consistant à croire que cette épreuve serait une formalité. Son apparente facilité – il s'agit pour une grande part de parler de vous – est trompeuse et de nombreux candidats se font ainsi éliminer.

Ne vous y trompez pas : la compétition sera âpre, les autres candidats déterminés, le jury pas toujours aussi compréhensif que vous le souhaiteriez, les questions parfois inattendues, l'ambiance parfois anxiogène…

Les échecs que cette épreuve peut engendrer et son poids en termes de **coefficients,** tant intrinsèque que rapporté au total des coefficients affectés aux épreuves orales, interdisent l'improvisation et sanctionnent souvent l'impréparation. Certaines écoles ont choisi d'attribuer à l'entretien un coefficient tel que l'échec à celui-ci devient, *de facto*, éliminatoire.

Parce qu'il s'agit d'une épreuve tout à la fois fort sélective et affectée d'un coefficient souvent très élevé, elle requiert de votre part un grand soin. L'entretien de motivation ou de personnalité possède en effet certaines dimensions, de nature rituelle, dont vous devez vous pénétrer et que vous devez assimiler. Impérativement.

L'ensemble de cet ouvrage est conçu de façon à vous aider. Vous aider à comprendre l'exacte nature de l'épreuve qui vous attend et, notamment, les attentes des jurys, afin de vous préparer efficacement.

S'appuyant sur l'expérience personnelle des auteurs et sur de nombreux témoignages, tant d'étudiants que de membres de jurys, des exemples et des mises en situation, cet ouvrage se veut résolument concret et opérationnel.

Gageons que vous allez finir par aimer les entretiens !

LES DIX COMMANDEMENTS

Votre réussite à l'entretien de motivation ou de personnalité passera – *« Bible »* oblige, par le respect des « dix commandements » suivants :

Premier Commandement : immergez-vous dans « votre » Ecole

Quand vous avez postulé à un stage dans une entreprise par exemple, ou si vous deviez le faire demain, vous auriez vraisemblablement spontanément l'idée de vous renseigner sur l'entreprise en question. Et cette idée serait une bonne idée.

Il en va exactement de même à l'entrée d'une école. Vous ne pouvez pas imaginer intégrer une école, quelle qu'elle soit et quel que soit votre niveau d'admission, sans vous en être imprégné en profondeur.

La meilleure façon d'entrer dans une école est d'y être déjà entré. Donc, en d'autres termes, de vous être plongé en elle comme si vous y étiez déjà. La réussite de votre entretien passera donc foncièrement par votre appropriation de chacune des écoles auxquelles vous postulez.

S'approprier une école signifie la faire vôtre, pour vous donner le maximum de chances qu'elle le devienne ensuite. Vous n'avez de toute façon pas le choix : les jurys ne supportent en effet pas le dilettantisme dont font preuve certains étudiants en méconnaissant l'école à laquelle ils aspirent et le sanctionnent lourdement.

S'immerger dans une école revient à tout connaître d'elle pour y postuler. Vous devez impérativement convaincre le jury que, si vous êtes fait pour l'école à laquelle vous postulez, cette école est également faite pour vous.

<u>En d'autres termes, votre future école et vous, êtes faits l'un pour l'autre et vous devez en convaincre le jury par tous moyens.</u> Cette démonstration passera par l'examen attentif de ce en quoi constitue l'offre de l'école, ce en quoi réside sa singularité. Toutes les écoles aspirent à être différentes les unes des autres et vous devez identifier leurs spécificités, ce qui fait, à leurs yeux en tout cas, qu'elles se considèrent comme uniques.

Si l'ingestion du site Internet de l'école et de l'ensemble de la documentation disponible fait naturellement partie du minimum requis, vous devez aller bien plus loin. Pourquoi celle-ci et pas une autre ? Quelles sont ses différences, ses atouts propres, son ADN en quelque sorte ?

Aller plus loin doit vous amener à être par exemple capable d'évoquer des noms et travaux d'enseignants, les particularités du tissu économique régional dans laquelle s'inscrit l'école, sa date de création, les choix stratégiques qu'elle a effectué, les valeurs qu'elle promeut et dans lesquelles elle se reconnaît, les associations auxquelles vous postuleriez…

Encore une fois, l'école à laquelle vous aspirez sera la vôtre si vous parvenez à convaincre le jury que ce sera le cas, en évoquant à plusieurs reprises, exemples à l'appui, ce qui vous attire en elle.

En second lieu et de façon corollaire, vous devez puiser en votre future école ce qui vous correspond. Autrement dit, vous devez établir le lien le plus dense et le plus multiforme possible entre elle et vous. Le propos n'est donc pas de réciter le site de l'école, mais d'en extraire ce qui vous correspond, ce qui fait qu'elle vous convient et, surtout, ce qui fait que vous allez lui convenir…

Deuxieme Commandement : connaissez-vous vous-meme

« Connais-toi toi-même » disait Socrate.

Il est en effet fondamental que vous partiez à la connaissance de vous-même. Certes, vous vous connaissez déjà. Mais le propos est ici bien différent. Il s'agira dans un premier temps d'identifier vos qualités et défauts principaux. Ne partez pas de l'idée que vous êtes parfait… personne ne vous croira. Il vaut mieux que vous procédiez, en toute franchise, à une réelle introspection vous permettant d'aboutir à la vérité.

Les jurys s'attendent en effet à ce que vous ayez certes une bonne connaissance de votre future école, mais également de votre propre personnalité. Demandez-vous ce qui, dans votre caractère, vous spécifie et vous distingue des autres. Ce travail sur vous-même est d'autant plus important que le jury s'attend, d'une part, à ce que vous l'ayez effectué et, d'autre part, cherchera de toute façon à cerner vos principaux traits de caractère ou de personnalité au travers de ses questions. Vous n'avez donc pas le choix : VOUS êtes le sujet.

La première étape consistera donc à vous plonger en vous-même. Mais cette étape doit être suivie d'une seconde. Car nous n'existons au fond qu'au travers du regard des autres. Ce sont les autres qui nous définissent, nous caractérisent. En d'autres termes, vos qualités et défauts ne sont que si vous les percevez et identifiez, certes, mais également et **surtout si les autres les perçoivent et les identifient.**

Vous devrez donc partir à la recherche du regard des autres, de ce que perçoivent et pensent les autres de vous. Ce n'est qu'en remplissant cette condition que vous serez à même d'anticiper le regard d'autres, en l'espèce les membres du jury, dans la mesure ou vous saurez à l'avance ce que ces derniers sont susceptibles de percevoir.

TROISIEME COMMANDEMENT : SOYEZ VOUS-MEME

Qui que vous soyez… restez-le ! Bien que vous pensiez sans doute le contraire, votre personnalité et votre candidature recèlent indéniablement des qualités. Une des erreurs les plus fréquemment commises par les étudiants passant les entretiens consiste à tenter de déguiser leur personnalité et de jouer un rôle.

Certes, vous êtes en représentation, dans la mesure où l'enjeu est d'importance et que les regards des membres du jury vous jaugent et vous jugent. La configuration de votre confrontation n'est pas plaisante pour vous et vous place en situation d'infériorité, parce que votre avenir à court terme dépend des personnes que vous avez en face de vous.

Les jurys des écoles recherchent des **candidats dotés d'une personnalité réelle, sachant qui ils sont et ce qu'ils veulent.** Mais, contrairement à l'idée trop répandue, ils ne cherchent nullement des clones ou des étudiants standardisés. Comme le précise, à titre d'exemple, le site de l'EM Lyon, **« il n'y a pas de portrait idéal ni de profil type ».**

La réussite de votre entretien passera donc par votre aptitude à vous transmettre, donc à faire partager à votre jury votre personnalité et ce qu'elle a de distinctif. Soyez vous-même et, par votre sincérité, vous convaincrez. Comme l'écrivait en effet Dale Carnegie, grand spécialiste américain de l'expression orale, « *la sincérité avec laquelle s'exprime un homme donne à sa voix un air de vérité impossible à feindre.* »

QUATRIEME COMMANDEMENT : AYEZ UN PROJET

De même que vous devez savoir (cf. le Premier Commandement) pourquoi vous aspirez à intégrer l'école en face du jury de laquelle vous vous trouvez, **vous devez être le porteur d'un projet professionnel.**

Une école n'est pas une fin en soi, mais <u>un moyen</u>. C'est le moyen que vous avez défini comme le plus pertinent et le plus adéquat pour atteindre l'objectif professionnel que vous vous êtes fixé. Votre projet ne saurait donc, en aucun cas, consister à vouloir entrer dans telle ou telle école. Il se situe au-delà, à l'issue de celle-ci.

Les attentes des jurys sont naturellement reliées, en la matière, à votre niveau d'études et vont croissant en fonction de votre bagage.

Si vous êtes déjà diplômé de l'enseignement supérieur et souhaitez entrer dans une école de commerce pour affiner et enrichir vos compétences, vous devez impérativement avoir un projet professionnel.

Naturellement, ce projet doit passer, pour sa concrétisation et son atteinte, par l'école à laquelle vous aspirez. Les jurys sont très sensibles à la logique sous-tendant votre parcours. C'est donc en fonction de votre projet que vous avez décidé de tenter d'entrer dans l'école dont vous passez l'entretien. Et, parce que vous savez que certaines dimensions vous sont manquantes, comme la connaissance des différentes composantes d'une entreprise par exemple, vous avez sélectionné l'école la plus à même de vous aider.

Que vous soyez plus porté vers le marketing, la finance ou les ressources humaines importe assez peu dès lors que vous savez ce à quoi vous voulez vous destiner. Naturellement, vous saurez donner du corps, par des références ou des exemples, à votre projet.

Vous devez tout à la fois convaincre votre jury que vous avez un projet, que vous en avez creusé les différents aspects, que ce projet convient à votre personnalité et à votre caractère et, enfin, que l'école à laquelle vous aspirez vous permettra de le mener à bien.

Cinquieme Commandement : ayez un avis

Il est bien entendu que les entretiens de motivation ou de personnalité ne sont pas, au sens strict, des entretiens visant à mesurer les connaissances. Les épreuves écrites et certaines épreuves orales remplissent cette fonction. Les entretiens visent plus à constater que vous avez une tête bien faite plus que bien pleine. Il n'est pas attendu de vous que vous déglutissiez une réponse à une question de cours.

Ceci dit, les écoles de commerce recrutent et forment une partie des dirigeants de demain. Elles s'attendent donc et, par voie de conséquence, les jurys avec elles, à ce que vous ayez un réel bagage et une solide capacité de réflexion sur les grands problèmes contemporains.

Vous devez donc avoir un avis, et surtout ne pas vous censurer. Argumentées, toutes les idées et positions sont recevables par un jury. Ce dernier ne recherche pas des machines à penser de la même façon, mais des personnalités variées et consistantes. N'hésitez donc pas à faire part de votre point de vue, en l'illustrant ou le justifiant, même si vous savez que ce dernier présente un caractère de marginalité. Ne rentrez pas dans un moule qui n'existe que dans votre imagination, mais qui ne correspond pas aux attentes de vos interlocuteurs.

Attention cependant : avoir un avis ne veut pas dire que vous devez chercher à l'imposer à tout prix. Si vous devez être affirmatif, vous ne devez pas devenir définitif et empêcher ainsi tout dialogue. Le rapport avec le jury présuppose ce dialogue et il vous revient la responsabilité de le favoriser.

Cela passe d'une part par le respect des positions et opinions des autres. Si personne ne considère que vous avez tort, ne partez pas de l'idée que les autres sont, eux, dans leur tort. L'entretien est un échange, pas un ring ! D'autre part, vous veillerez à témoigner de votre sens de l'écoute de vos interlocuteurs. Leur expérience et leur position leur permettent d'avoir des points de vue : sachez écouter, rebondir à bon escient, pour compléter ou diverger et vous correspondrez ainsi aux attentes.

SIXIEME COMMANDEMENT : METTEZ-VOUS A LA PLACE DE VOTRE AUDITOIRE

Il est une dimension essentielle de l'entretien de personnalité ou de motivation que vous devez impérativement prendre en considération : un entretien est un acte de communication.

La communication obéit à un certain nombre de règles. L'une d'entre elles apparaît absolument majeure dans votre cas : la communication ne vaut que par la réception. En d'autres termes, ce sont ceux qui reçoivent le message émis par celui qui l'envoie qui demeurent au fond seuls juges de son intelligibilité, de sa pertinence et de son adéquation.

Ce qui comptera donc, ce seront ceux à qui vous vous adresserez, non vous. Vous demeurez l'objet de l'entretien, mais devez en permanence vous mettre à la place de ceux à qui vous vous adressez. Ce principe de base de la communication vaut ici d'autant plus que ce sont les membres de votre jury qui ont le « pouvoir », non vous.

Se mettre à « leur » place signifie que vous devez impérativement vous pénétrer de leurs attentes. Sans cette fondamentale prise de connaissance et compréhension de ce qu'attendent vos interlocuteurs, vous courrez le risque grave de les décevoir en n'y répondant pas ou partiellement.

Ces attentes, sont rigoureusement les mêmes quels que soient les établissements et votre niveau d'études. Aisées à comprendre, elles se résument en un triptyque simple : **qui êtes-vous ?** **Quel est votre projet ?** **Pourquoi aspirez-vous à cette école en particulier ?**

Se mettre à la place de votre auditoire, donc de votre jury en l'espèce, doit vous amener à produire des réponses à ces grandes questions et à celles qui en dérivent.

SEPTIEME COMMANDEMENT : PREPAREZ-VOUS SUR LE FOND

Les candidats à l'aise à l'oral et se reposant sur leurs talents naturels sont rarement les candidats les plus valeureux. Certes, l'aisance oratoire jouera naturellement un rôle dans la perception qu'auront de vous les membres de votre jury. Mais, contrairement à ce que vous pensez sans doute, ce rôle sera plus ténu qu'il n'y paraît. L'essentiel réside en effet en le fond de votre propos, non en sa forme.

Les grandes dimensions du fond (vous, l'école, votre projet) justifient chacune que vous les travaillez sérieusement. Chacun des trois doit faire l'objet de recherches approfondies de diverses natures, tant sur Internet qu'au travers d'entretiens avec des connaissances ou des amis par exemple.

Ce premier niveau de préparation présuppose que vous vous y adonniez longuement, donc que vous commenciez avant de savoir si vous êtes admissible. En toute logique, deux de vos trois grands champs de recherche sont, sauf cas particulier, communs à toutes les écoles. La recherche sur votre projet professionnel doit vous amener par exemple à tenter d'entrer en contact avec des anciens de l'école à laquelle vous aspirez et exerçant le métier qui vous motive, donc prendra du temps.

Huitième Commandement : entrainez-vous

Tous les orateurs chevronnés vous le diront. Le secret d'une bonne prise de parole en public n'est au fond pas une question de talent oratoire, mais fondamentalement une question de préparation et d'entraînement. Un orateur préparé sera bien souvent meilleur, même si l'expression orale à proprement parler (!) n'est pas son fort, qu'un orateur brillant sur le plan formel, mais dont le contenu et le fond trahissent l'impréparation.

Le premier temps consiste (cf. Sixième Commandement) donc en le recueil de votre matériau. Ce n'est qu'à partir de lui que vous pouvez commencer la seconde phase, celle qui consistera à vous préparer à l'oral proprement dit.

Vous préparer à l'oral va vous amener à, comme tout orateur, répéter votre texte. Entendons-nous : les jurys détestent les candidats récitant par cœur un texte appris, ce qu'il convient donc d'éviter à tout prix.

Répéter votre texte doit donc vous amener, sans apprendre complètement vos réponses, à retenir tout au moins les mots clés venant structurer les réponses aux grandes questions qui vous seront posées.

La répétition de votre « texte » doit elle-même comporter plusieurs phases et vous amener à répondre aux questions qu'un de vos camarades vous posera, afin de vous habituer à y répondre en regardant quelqu'un et en cherchant à le convaincre.

Votre entraînement visera à vous faire gagner en aisance et en pouvoir de conviction, clés d'une bonne prestation orale.

Neuvième Commandement : soyez en forme

L'entretien qui vous attend – et *a fortiori* si vous en avez plusieurs devant vous – est aussi une épreuve physique et nerveuse. Vingt, trente, quarante-cinq minutes durant, **vous devez en effet être aux aguets, concentré, vif et réactif !** Votre élocution doit être aussi claire que possible, votre visage éveillé, votre corps en bonne forme physique. Usant et éprouvant, un entretien réussi requiert donc que vous veilliez soigneusement à votre santé, mentale et physique.

Les précautions à prendre sont de multiples ordres et touchent autant à votre alimentation qu'à votre hygiène. Vous devez vous coucher tôt les quelques jours précédant votre oral (ou chaque oral), manger de façon équilibrée, pratiquer un peu de sport. Bref, vous devez vous donner les moyens d'arriver en forme !

Dixieme Commandement : desacralisez

Vous serez stressé. Le stress, engendré par des situations que nous ne maîtrisons pas, est normal. Il est donc logique que vous en éprouviez. Tout le propos consistera à le canaliser. Si de multiples techniques existent (cf. Quatrième partie), l'une d'entre elles réside en une **atténuation de l'enjeu que vous percevez.**

Vous attendiez, espériez cet entretien oral. Sa tenue prochaine signifie que vous vous rapprochez du but, que l'école que vous visez commence à vous entrouvrir ses portes. Vous allez donc tout faire pour le réussir.

Soit, cet oral constitue un moment important dans votre vie d'étudiant. Mais la vie professionnelle, dont la vie estudiantine constitue l'antichambre et le tremplin, est longue. Ne dramatisez donc pas ce moment, tout d'abord parce que l'enjeu demeure somme toute relatif et, en second lieu, parce que vous perdrez une partie de vos moyens. Plus vous sacraliserez votre entretien, plus vous éprouverez d'angoisse. Et plus vous perdrez en sérénité, moins vous serez efficace.

Enfin, souvenez-vous que les jurys ne jugent pas des personnes, mais des compatibilités. En d'autres termes, ne vivez pas mal un échec si vous en rencontrez un. Un jury qui vous refuse ne met en aucun cas en cause vos capacités : il considère simplement que l'école à laquelle vous postuliez et vous n'étiez pas compatibles, sans jugement de valeur aucun sur votre niveau ou vos aptitudes.

PREMIERE PARTIE

CADRES ET MODALITES DE L'ENTRETIEN

I. CADRES DE L'ENTRETIEN

Si les objectifs des entretiens de personnalité ou de motivation demeurent identiques quels que soient les établissements, les modalités de déroulement apparaissent extrêmement variées. En tout état de cause, ces entretiens constituent un acte de communication et doivent donc être appréhendés comme tel.

A l'exception près de certains établissements, le cadre présidant à vos entretiens d'admission se présente à l'identique.

Ces derniers se présentent en effet comme la seconde haie d'une course en présentant deux. La première haie est souvent constituée par des épreuves écrites, la seconde par des épreuves de nature orale. La « qualification » pour les épreuves orales est conditionnée par les notes obtenues aux épreuves écrites.

L'ordre des épreuves – écrites puis orales – témoigne bien du primat pour l'instant accordé, dans l'enseignement supérieur français, à la maîtrise de l'écrit sur la maîtrise de l'oral[1]. Pour autant, cette dernière demeure essentielle, parce que permettant le franchissement de la seconde haie, donc conditionnant la victoire…

« Au fond, entrer dans une école, c'est comme faire une course d'obstacles de nature différente. Il faut être bon dans toutes les disciplines, avoir de l'endurance, savoir résister et surtout avoir envie de gagner ».

Jean-Philippe, consultant, membre de jurys d'admission

Ils se présentent surtout, dans un premier temps, comme un acte de communication. La maîtrise de cet acte implique la connaissance du schéma, même simplifié, de la communication.

1. Rappelons à cet égard la démarche originale et innovante mise en œuvre durant quelques années par Audencia, ayant consisté à faire passer toutes les épreuves, écrites et orales, à tous les candidats, puis à établir le classement et définir les admissions sur la somme des points obtenus aux deux types d'épreuves. Cette démarche demeure, bien que nécessitant un nombre de points minimal aux épreuves écrites (190/400), en vigueur dans le cadre du concours Pass ainsi qu'à l'entrée de PSB Paris School of Business ou de l'EBS.

Un acte de communication

Communiquer vient du latin *communicare,* soit mettre ensemble, partager. La communication constitue donc au premier chef un partage, un échange.

Le schéma simplifié ci-dessous aidera à prendre conscience des fondamentaux de la communication :

Schéma simplifié de la communication

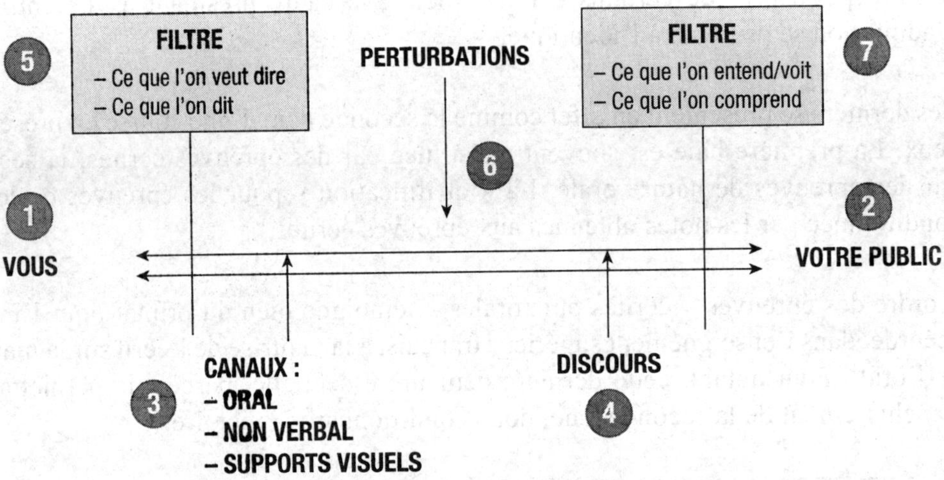

Toute communication part d'un émetteur (1), de la volonté d'une partie de transmettre à une ou plusieurs autres. Que ce soit avec des amis, face à une classe ou un amphi dans le cadre d'un exposé, vous devenez émetteur dès lors que vous prenez la parole[2].

[1. Pas de bonne communication sans définition de vos objectifs]

Chaque prise de parole repose, de façon générale, sur une intention, un objectif. Comme nous le verrons, votre enjeu consistera à définir vos objectifs et les moyens que vous allez mettre en œuvre pour les atteindre.

2. Même si le propos de ce livre concerne bien plus la communication orale, ce schéma vaut naturellement également pour la communication écrite.

Les questions présidant à la définition préalable de vos objectifs sont simples mais essentielles :

- Pourquoi suis-je là ?
- Quel est mon but ?
- Quel message veux-je faire passer ?
- De quoi veux-je convaincre ?
- Qu'est-ce que je désire que mon auditoire retienne ?
- Quelle prise de conscience et/ou action veux-je déclencher chez lui ?

En d'autres termes, toute prise de parole sera impérativement précédée de votre part d'un travail consistant sur le contexte dans lequel elle s'inscrit. Sans réponses claires aux questions ci-dessus, vous ne pourrez en effet pas progresser dans la préparation de vos prises de parole. Cette préparation aboutira notamment à la conception de votre message ou de votre discours (4), soit ce que vous entendez faire passer à votre auditoire, ce que vous avez envie et comme objectif qu'il retienne.

Il ne peut y avoir de bonne communication sans la définition préalable, par l'émetteur, de ses objectifs.

[2. Pas de bonne communication sans identification préalable du public]

Le principe de la communication repose sur la transmission, par l'émetteur, d'un contenu à un ou des récepteurs (2), soit le ou les destinataire(s) au(x)quel(s) s'adresse l'émetteur. Cette transmission s'effectue au travers d'un ou plusieurs canaux. Si le journaliste de radio ne s'adresse à son auditoire que par le truchement d'un seul canal – sa voix, l'étudiant postulant à une école utilisera, face au jury le recevant, deux canaux (3) que sont sa voix et son corps.

L'identification du public ou de l'auditoire auquel vous vous adressez dans le cadre d'une prise de parole, comme les entretiens de motivation ou de personnalité est donc majeure. Elle l'est notamment parce que votre public conditionne le rapport que vous allez entretenir avec lui.

[3. Pas de bonne communication sans appréhension préalable du rapport avec votre public]

S'adresser efficacement à un public présuppose d'avoir identifié, le concernant, plusieurs dimensions souvent décisives.

Sa composition tout d'abord. S'adresser à un public ou un auditoire passe par la prise en considération de sa nature. En d'autres termes, de qui se compose-t-il ? La nature d'un public conditionnera souvent les propos que vous lui tiendrez, le ton que vous adopterez, le niveau du discours que vous choisirez. Vous ne vous adresserez pas, sur tous les plans, de la même façon à un groupe d'amis, à des parents, à un professeur… ou un jury.

L'examen de la composition de votre auditoire doit vous amener à apprécier son homogénéité ou son hétérogénéité, notamment au regard du sujet que vous comptez aborder avec lui. Il importera en effet que vous adaptiez votre discours et son contenu, au moins de temps à autre, au « maillon faible » de votre auditoire, soit aux membres les moins ferrés sur le sujet que vous traitez.

L'identification préalable de la taille de votre auditoire est également nécessaire. Votre prise de parole sera naturellement différente selon que vous vous adresserez à une, plusieurs personnes ou une assemblée.

Dernière dimension concernant votre auditoire et que vous devez appréhender avant toute prise de parole : votre futur rapport avec lui. Là aussi, votre prise de parole différera, dans son ton et votre posture notamment, selon que vous êtes appelé à vous situer à « égalité » avec votre auditoire, en position « inférieure » ou « supérieure » à lui. Un spécialiste reconnu d'un domaine se situera souvent « au-dessus » de son auditoire, en termes de savoir détenu et devra veiller à se mettre à son niveau. A l'inverse, un étudiant, face à un jury d'admission, se trouvera en position inférieure, sans pour autant que ce rapport l'amène à adopter une attitude servile.

[4. Pas de bonne communication sans recherche de l'élimination des facteurs perturbateurs]

La communication ne présente aucun caractère mécanique ni automatique. Elle est, bien au contraire, rendue complexe par de nombreux facteurs la perturbant ou étant susceptibles de la perturber.

Il est absolument essentiel de vous donner tous les moyens de créer le contexte le plus favorable possible à l'établissement d'une communication fructueuse. Contrairement à une idée trop répandue, il ne suffit pas de parler pour être entendu, ni, *a fortiori*, pour que votre discours soit retenu. Il importe donc que le ou les récepteurs soient placés dans des conditions de réception optimales. Dans le cas inverse, la communication sera imparfaite, donc les objectifs de l'émetteur en partie non atteints.

« J'avais un problème avec mon stylo et ne pouvais pas prendre de notes. Je m'évertuais à le faire fonctionner, sans succès. Je me souviens que l'étudiant qui passait à ce moment-là continuait à parler comme si de rien n'était, sans se soucier du fait que je l'écoutais ou pas ».

Myriam, chef d'entreprise, membre de jurys d'admission

Même si les éléments perturbateurs (6) ou polluants sont multiples et parfois difficilement contrôlables par l'émetteur, vous devez d'autant plus y veiller que l'axiome ci-dessous est fondamental :

Toute communication ne vaut que par la réception.

Vous devez donc, à la place qui est la vôtre, faire en sorte que vos auditeurs se trouvent dans les meilleures conditions possibles de réception de votre discours. A titre d'illustration, vérifiez bien que vos interlocuteurs vous écoutent et n'hésitez pas à vous interrompre si vous les voyez s'entretenir entre eux ou ne plus être attentifs à vos propos[3].

Mais surtout, vous devez faire vôtre la maxime suivante : **ce qui compte n'est pas ce que vous pensez avoir dit, mais ce que « l'autre » comprend et retient.**

La difficulté est là double. D'abord, parce que vous dites n'est pas forcément ce que vous pensez (5). Entre votre pensée et vos propos viennent s'intercaler des filtres inconsciemment mis en place et résultant de votre histoire, de votre rapport aux mots, de votre propre construction personnelle. Ce que vous dites n'est donc pas toujours ce que vous voulez dire ou auriez voulu dire. Observez-vous dorénavant et vous vous en convaincrez aisément.

3. Soyez prudents néanmoins : certains jurys peuvent, pour tenter de vous déstabiliser « jouer » aux distraits.

De plus, ce que vous dites ne sera pas, tant s'en faut, toujours ce que l'autre comprendra. Chacun, là aussi, entendra et retiendra des éléments différents (7).

Ce que nous comprenons et retenons est, par essence, la résultante de notre culture, de notre histoire, de notre propre construction personnelle. L'exemple ci-dessous va vous en administrer la preuve :

« l'automobiliste s'arrête à la station-service »

Une ou des représentations ?

Lisez la simple phrase suivante : « l'automobiliste s'arrête à la station-service ».
Cette phrase, courte et univoque, n'est pas, selon vous, appelée à poser problème… Et pourtant !

Quand vous l'avez lu, vous vous êtes mentalement immédiatement représenté la scène. Vous avez vu la voiture, l'homme au volant, la station…

Lisez cette phrase à plusieurs membres de votre entourage. Vous allez constater que vous recueillerez, sur la base de cette simple phrase, autant de visions et de représentations de la scène que d'interlocuteurs ! Selon leur âge sans doute, certains se seront représentés une voiture moderne, d'autres une voiture plus ancienne. Sa couleur ne sera naturellement pas la même suivant vos interlocuteurs. Pour les uns, la voiture sera neuve ou presque, déjà usagée pour d'autres…

A l'identique, le conducteur fera aussi l'objet de projections très variables suivant les récepteurs de la phrase : jeune ou moins, habillé de façon décontractée, sportive, en costume. Certains considéreront sans doute que l'automobiliste n'est pas seul dans la voiture, d'autres que la voiture est pleine de bagages…

La station-service subira, de la part de vos interlocuteurs, le même « traitement » : comportant un pompiste pour certains, elle sera en libre-service pour d'autres, située à la campagne ou en ville.

Quand vous vous êtes représenté la scène, faisait-il jour ou nuit ? Y avait-il d'autres voitures également arrêtées ? Non contenues dans la phrase, ces dimensions interviendront cependant dans votre représentation de la scène… et différeront elle aussi en fonction des uns et des autres.

Autant d'interlocuteurs, autant de représentations… Cet exemple montre bien ce en quoi consiste la difficulté sans doute la plus complexe de la communication : s'assurer de la compréhension, par le ou les récepteurs, du discours tenu à l'identique de la façon dont l'émetteur voulait qu'il soit compris…

En d'autres termes, vous ne serez jamais assez précis. Choisissez avec soin vos mots (la langue française n'en manque pas…) et employez des adjectifs évocateurs et descriptifs.

Pour vous entraîner, décrivez la scène évoquée dans l'exemple ci-dessous, telle que vous vous l'êtes spontanément représentée…

Des contextes multiples

Les contextes présidant aux entretiens de motivation ou de personnalité varient notablement suivant différents éléments.

Le premier d'entre eux consiste en votre niveau d'études. Si, comme nous le verrons, le fond des attentes des jurys est au fond toujours le même, ces derniers modulent logiquement la profondeur et l'étendue de leurs attentes en fonction de votre bagage, lycéen ou estudiantin, donc de votre expérience et de votre conscience de votre devenir professionnel.

La deuxième dimension contextuelle tient aux notes que vous avez obtenues à l'écrit, donc le rang que vous occupez parmi les admissibles. Même si vous devez, naturellement, « tout donner » durant les épreuves orales, votre moyenne aux épreuves écrites participe au contexte dans lequel vous allez vous inscrire et à la relative sérénité qui pourra vous animer.

Troisième composante de votre propre contexte : votre personnalité. Votre personnalité vous est propre et conditionnera votre prestation lors de l'entretien de personnalité ou de motivation. Extravertie ou plutôt introvertie, marquée ou moins, votre personnalité transparaîtra forcément lors de vos entretiens. Pour les réussir, vous devrez donc vous connaître.

La quatrième dimension de votre contexte tient à votre maîtrise de l'expression orale et du rapport à l'autre. Nous ne sommes pas égaux face à la prise de parole en public, exercice en lequel consiste les entretiens qui vous attendent. Certains de vos camarades sont plus efficaces et plus loquaces que vous, vous-même êtes plus présent à l'oral que d'autres. Comme nous le verrons, ce type d'entretien se prépare et se répète.

Enfin, dernier élément participant à la définition et l'évaluation de votre propre contexte : le nombre d'écoles auxquelles vous êtes admissible.

« J'étais admissible à plusieurs écoles de bon niveau. J'ai affronté les oraux avec sérénité, parce que je me suis dit que, sauf accident, cela allait passer chez l'une ou chez l'autre. J'étais donc décontracté et les jurys l'ont senti ».

Jean-Marc, étudiant à l'EM Lyon

Il est logique que vous raisonniez comme Jean-Marc et que vous soyez d'autant plus serein que vous êtes admissible en plusieurs établissements. Pour autant, comme nous le verrons, votre posture doit certes reposer sur la décontraction, mais également sur la conscience des enjeux. Rien n'empêchera plusieurs jurys de vous trouver tous trop détendu…

Des enjeux analogues et essentiels

Si le contexte dans lequel vous allez affronter les entretiens dépend donc de plusieurs paramètres liés à vos résultats, vos choix et votre personnalité, les enjeux apparaissent au fond analogues.

Que vous aspiriez à intégrer une école post-bac, une école à l'issue d'une préparation ou après avoir obtenu un diplôme, les enjeux seront en effet les mêmes.

Sans être totalement identique d'un établissement à l'autre et variant suivant le nombre d'épreuves, le **poids des coefficients** des épreuves orales, et plus particulièrement de l'entretien de motivation ou de personnalité est très conséquent. Se situant entre la moitié et les trois-quarts des coefficients dévolus aux épreuves orales, les coefficients affectant l'entretien de personnalité ou de motivation sont tels que les enjeux en découlant s'imposent de façon identique à tous et partout.

De plus, au-delà du poids des coefficients, la plupart des écoles effectuent, entre l'admissibilité et l'admission, donc par le truchement des épreuves orales, de nouveau **une véritable sélection,** comme en témoignent les quelques exemples ci-après :

Ecoles	Niveau	Candidats inscrits	Candidats admissibles	Candidats admis	% D'admis/ admissibles
EDHEC	Concours Prépa	6 731	2 288	450	19,7
EM Lyon	Admissions sur titres	1 276	504	97	19,2
NEOMA BS	Tremplin 1	2 269	443	107	24,1
Grenoble EM	Passerelle 1	4 472	1 057	154	14,6

Sources : sites Internet des écoles concernées. Résultats 2012.

Par voie de conséquence, vous vous retrouvez dans une situation de compétition. Il ne s'agira donc pas simplement d'être « bon », mais d'**être meilleur**. Meilleur que la plupart des autres candidats. « Meilleur » revêtira, comme nous le verrons, plusieurs dimensions tour à tour identifiées, décryptées et explorées dans ce livre.

En tout état de cause, quel que soit votre niveau d'études et l'école à laquelle vous aspirez, vous devrez affronter, dans le cadre d'une épreuve au poids souvent décisif, des candidats pour la plupart affûtés.

II. AUTANT DE MODALITES QUE D'ENTRETIENS !

Chaque entretien à ses spécificités. Certaines écoles font remplir aux candidats un mini CV pré-formaté. D'autres font remplir un questionnaire qui aborde des thèmes plus ou moins originaux. Certains entretiens démarrent par un exposé de culture générale, d'autres encore exigent que l'on remette au préalable au jury un CV et une lettre de motivation en bonne et due forme…

1. 10 REGLES A RESPECTER POUR BIEN REDIGER SES DOSSIERS

De nombreuses formations exigent que vous rédigiez un dossier de candidature comprenant des questions destinées à :

1. Sonder votre motivation pour intégrer une école de commerce.
2. Apprécier quelques facettes de votre personnalité.
3. Disposer d'éléments servant à engager la discussion dans le cadre d'un futur entretien de motivation avec un jury de l'école.

Ces dossiers seront notamment exigés dans le cadre d'une admission à **l'ESSEC**, à **l'EDHEC**, à **Audencia**, à **l'EM Lyon** , à **Skema** ou encore à **Toulouse BS** en admission parallèle à Bac +3/+4, mais encore à **HEC**, à **l'ESSEC** et à **l'ESCP Europe** dans le cadre d'une candidature pour un Mastère Spécialisé.

[Règle n° 10 : Relisez]

Si ce conseil ne s'inscrit qu'en dixième position, ce n'est pas qu'il a moins d'importance que les autres. Bien au contraire, c'est même probablement le plus fondamental : plus les dossiers sont longs, plus il est vraisemblable que des erreurs s'y glissent au fil de vos démarches pour les remplir – que ce soit au niveau du fond ou à celui de la forme.

Aussi, **n'hésitez pas à relire plusieurs fois le fruit de votre travail.** Et quitte à vous infliger cette souffrance, autant la partager avec vos proches : **vos parents et amis vous aideront toujours à repérer des erreurs ou des oublis que vous aviez négligés**.

[Règle n° 9 : Ayez le réflexe photocopie et capture d'écran]

Rien de bien sorcier dans ce conseil mais il s'agit tout de même d'un réflexe fondamental. Le dossier que vous allez envoyer à votre future école lui servira à se faire une idée de la personne que vous êtes avant de vous recevoir en entretien ; et servira immanquablement de base lors de votre oral d'admission.

Or, si vous jetez un coup d'œil aux calendriers des examens, vous constaterez vite qu'il y a toujours un délai de quelques mois entre le moment où vous envoyez le dossier que vous avez amoureusement rempli et celui où vous passez à l'oral.

En tout état de cause, **vous aurez amplement le temps d'oublier ce que vous avez écrit dans votre dossier entre le moment où vous l'aurez écrit et le moment où vous devrez le défendre.** Dès lors, pour ne pas risquer de vous trouver désemparé à la veille de l'oral, **photocopiez chaque page du dossier avant de l'envoyer (ou faites des captures d'écran dans le cas où le dossier est à remplir en ligne) et faites de même pour chacune des pièces que vous y joignez** (CV, lettre de motivation, etc.). Et bien entendu, gardez vos photocopies ou vos captures d'écran bien au chaud afin de pouvoir les potasser à l'approche de l'entretien d'admission.

> **A savoir :**
>
> **Capture d'écran sous PC :**
>
> Pour capturer tout l'écran, il suffit simplement d'appuyer sur la touche *Print* ou *Scrn* ou encore *Impr écran Syst* (située juste à côté de la touche *F12*).
>
> **Capture d'écran sous MAC :**
>
> Pour faire une capture de tout votre écran, il suffit d'appuyer simultanément sur les touches *POMME(CMD) + MAJUSCULE + 3*
>
> **Logiciel gratuit de capture d'écran au pixel près : JING !**

[Règle n° 8 : Rédigez vos premiers jets avec word]

Le libellé de ce conseil est assez clair : Word est votre ami. En effet, il vous permettra de remplir la double fonction de **brouillon** (puisqu'il est plus que déconseillé de se risquer à remplir le dossier sans s'être livré à des essais préalables) et de **correcteur d'orthographe**. Parce qu'il faut bien l'avouer : que l'on soit ou pas un crack de la langue française, personne n'est à l'abri des fautes.

Par ailleurs, nous profitons de cette occasion pour vous rappeler la règle n° 10 : **RELISEZ VOS BROUILLONS**. Cela vous évitera autant de ratures dans votre dossier.

[Règle n° 7 : Ne laissez jamais vos recommandations au hasard]

Nombre de dossiers de candidature vous demanderont de joindre des lettres de recommandation de vos employeurs ou de vos professeurs. Et afin de permettre à ces derniers de s'exprimer sans avoir à craindre votre réaction, il leur est demandé de ne pas vous montrer le produit de leur travail.

A cet égard, nous commencerons par un rappel inutile (du moins, il faut l'espérer) : **choisissez toujours de vous faire recommander par quelqu'un dont vous *savez* qu'il dira du bien de vous.** Il est bien plus fondamental d'avoir des recommandations positives que des recommandations « prestigieuses ».

Ensuite, n'hésitez pas à vous montrer indiscret : **arrangez-vous toujours pour que ceux qui vous recommandent ne cachettent pas les enveloppes avant de vous les rendre ; et photocopiez les lettres avant de les envoyer avec le reste du dossier.** Cela vous permettra, d'une part, de vous faire une idée de l'image de vous que votre jury en tirera ; et d'autre part, de vous assurer que les éléments que vous inscrivez dans votre dossier ne se voient pas contredits par ces lettres. *(voir sur ce plan la règle n° 3, relative à la cohérence).*

[Règle n° 6 : Donnez un coup de jeune à votre CV]

Bien que ce ne soit pas nécessairement le cas, il y a fort à parier que vous vous étiez déjà attelé à la rédaction d'un CV préalablement à votre candidature. Néanmoins, même si vous avez déjà cette fameuse « page magique » et que vous êtes convaincu de sa qualité, **mettez votre CV à jour avant de l'inclure dans le dossier.** Votre CV est votre carte de visite, c'est sur lui que s'appuieront vos examinateurs pour vous poser des questions pendant l'entretien car il présente un aspect bien plus synthétique que votre dossier. N'hésitez pas à y consacrer du temps si nécessaire, c'est là un atout qui peut vous permettre de mieux prendre en main votre entretien.

[Règle n° 5 : Vendez-vous efficacement]

Ce n'est un secret pour personne : l'objectif premier du dossier de candidature est d'attirer sur soi l'attention des examinateurs en leur montrant autant que possible l'intérêt du profil qu'il présente. Il s'agit, en un mot, de se « vendre ». Mais l'exercice est loin d'être aussi aisé qu'il y paraît : s'il peut sembler facile *a priori*, rares sont ceux qui ne peinent pas à trouver leurs mots lorsqu'il s'agit de passer à l'étape rédactionnelle. A cet égard, le mieux que nous puissions vous conseiller est de **garder constamment à l'esprit que votre objectif premier est l'équilibre.**

En effet, vous allez devoir trouver le juste milieu entre deux excès qui sont, l'un comme l'autre, très naturels. Tout d'abord, **vous ne devez pas craindre de vous vendre**. Si, dans des circonstances normales, celui qui a tendance à se mettre en avant lorsqu'il parle est considéré comme un vantard ; rappelez-vous que le dossier de candidature se situe hors de ce contexte. Vous devez y expliquer pourquoi *vous* êtes le candidat idéal, vous et pas un autre. Ceci implique donc de **ne pas hésiter à mettre en valeur vos points forts**. Mais ce faisant, et c'est là que se situe la difficulté, il faut faire attention à ne pas tomber dans l'extrême inverse. En effet, quelles que soient vos qualifications et vos expériences, il faut garder à l'esprit que **vous faites acte de *candidature*, et donc, de séduction**. La mise en valeur exagérée de votre personne serait dès lors plus que malvenue à cet égard, puisqu'elle vous ferait courir le double risque d'irriter vos lecteurs ; et de les mener à penser que vous avez tendance à mentir – ou au moins à exagérer la vérité. En conséquence, **restez mesuré dans vos propos**.

Pour conclure, voici quelques petits conseils qui vous permettront peut-être d'éviter d'en « faire trop », ou trop peu :

- **Evitez les longueurs**. Il ne s'agit pas de dire que vous ne devez répondre que par phrases courtes, mais simplement que **chaque mot doit avoir son utilité**. Si vous valorisez une expérience ou un point de votre curriculum, vous le ferez toujours plus efficacement avec une phrase claire, précise, et mettant en avant quelques idées fortes qu'avec quatre ou cinq phrases confuses.
- **Choisissez vos mots avec soin.** N'hésitez pas à vous munir d'un dictionnaire, voire d'un dictionnaire des synonymes. Ainsi, lorsque vous vous mettrez en valeur, vous pourrez le faire de façon positive mais sans entrer dans le dithyrambique.
- **Allez contre votre tendance naturelle.** Connaissez-vous vous-même : si vous êtes d'un naturel timide, faites-vous violence pour vous mettre en avant. Inversement, si vous êtes du genre à parler de vous facilement, surveillez vos propos afin de ne pas vous départir d'une certaine humilité.

[Règle n° 4 : Sachez quand vous arrêter]

Ce conseil est tout aussi évident que le conseil de la règle n° 10 (dont il prend en quelque sorte le contrepied), mais il est plus haut placé dans le top 10 car moins facilement applicable. En effet, lorsqu'on relit un dossier, **il est toujours possible de trouver quelque chose à améliorer.** Certaines formulations pourront être reprises, certaines phrases remaniées ; on pourra préférer un argumentaire à un autre, etc.

Pourtant, il faut tôt ou tard savoir lever le pied. **A partir d'un certain moment, on manque trop de recul sur le dossier pour le reprendre de façon vraiment efficace** ; et s'il n'y a plus de fautes d'orthographe ou de fautes de grammaire, c'est qu'il faut savoir lâcher prise et considérer la démarche de rédaction comme achevée. C'est à vous de « sentir » ce moment, mais il intervient en général lorsque l'on commence à remanier le dossier en revenant sur les modifications que l'on a faites après la précédente relecture. C'est le signe que l'on entre dans une hésitation stérile, et qu'il faut savoir opter pour l'une ou l'autre des versions et s'y tenir.

[Règle n° 3 : Soyez cohérent]

Ce conseil est simple, mais fondamental : il s'agit ici de **ne pas vous contredire** dans le cadre du dossier. Bien sûr, cela peut sembler élémentaire ; mais l'exercice implique tout de même une réelle vigilance. En effet, les dossiers vous feront détailler tout ou partie de vos expériences (professionnelles, personnelles, académiques, etc.) ; et il vous incombera à chaque fois de spécifier les enseignements que vous en avez tiré (cf. règle n° 5).

C'est à cet égard qu'il vous faudra faire montre de cohérence : si vous affirmez qu'une expérience en entreprise vous a appris à travailler en équipe, n'allez pas écrire lorsqu'on vous demande de caractériser vos faiblesses que vous avez des difficultés à travailler avec d'autres – ou du moins, pas sans spécifier que l'expérience que vous évoquiez plus tôt vous a cependant permis de vous améliorer sur ce plan. Bien entendu, ici, l'exemple est trivial. Mais soyez attentif : il existe de nombreuses façons plus subtiles de se contredire, et il vous appartient de les débusquer. **Un jury peut vous pardonner beaucoup de faiblesses, mais jamais celle de ne pas être cohérent avec vous-même**.

[Règle n° 2 : Attention à la forme !]

A l'écrit comme à l'oral, le respect d'une certaine forme est nécessaire pour que vos examinateurs vous lisent (ou vous écoutent) sans hausser les sourcils. L'exercice est fastidieux, mais il est indispensable : **négliger la forme, c'est vous assurer que votre jury ne prendra pas la peine de s'intéresser au fond** – et donc, à vous.

Voici quelques conseils qui pourront vous permettre de ne pas buter sur cet écueil :

- Comme toujours, **servez-vous du dictionnaire et du dictionnaire des synonymes.** A titre d'exemple, nous recommandons ceux du CNRS (http://dico.isc.cnrs.fr/dico/fr/chercher), ou de la société Le Dictionnaire (http://www.synonymes.com/) – le premier est plus documenté, et l'interface du second est plus conviviale : le choix vous appartient.
- Attention cependant : **autant que faire se peut, n'employez pas de mots trop alambiqués.** Il est tout à fait possible d'avoir une forme élégante et soutenue sans pour autant recourir à des mots qui devraient être réservés aux parties de scrabble.
- Quel que soit le ton de la question, **répondez toujours dans un registre soutenu.** Certains dossiers peuvent en effet receler des questions posées de manière relativement informelle : il ne s'agit pas là pour autant d'une incitation à basculer dans le registre familier.
- Quelle que soit la question à laquelle vous répondez, **n'oubliez jamais de réfléchir à la structure de vos réponses**. Elles doivent toute correspondre à un plan, même sommaire (chronologique, logique ou autre), qui permettra à ceux qui vous liront de mieux comprendre le fil de votre pensée. Bien entendu, ce plan ne doit pas être apparent ; mais il doit vous mener à ne pas entremêler vos idées et/ou vos références.

[Règle n° 1 : « Tu ne mentiras point »]

Si un conseil doit prendre le pas sur tous les autres, c'est bien celui-ci. Bien sûr, la tentation est forte et il est facile d'exagérer dans un dossier de candidature. Bien que ce ne soit pas indiqué, ce n'est pas non plus rédhibitoire.

Mais c'est là que se situe la limite. Grossir, magnifier, oui (et encore, dans certaines limites – et en gardant à l'esprit la règle n° 3) ; mais **n'allez jamais jusqu'à inventer une expérience de toutes pièces.** De façon générale, **plus vous serez exact, plus vous direz la vérité, mieux ce sera pour vous** : si un mensonge peut tenir à l'écrit, il est bien plus complexe de le soutenir à l'oral. Au-delà de toute considération éthique, donc, vous risquez fort de vous voir percé à jour – et rien de ce que vous pourriez dire ne pourrait vous rattraper alors. Pas seulement parce que vous auriez menti au jury, mais aussi parce que cela montrerait une incompréhension fondamentale. **Quelqu'un qui ment à un jury est quelqu'un qui n'a pas compris ce que l'on attendait de lui.**

En effet, mentir pour améliorer son CV ne sert à rien. Tous vos diplômes étant joints à votre candidature, il serait impossible de vouloir s'inventer des diplômes ; et quant au reste, **que vous le sachiez ou non, votre vie est largement assez remplie pour que vous ayez des arguments à défendre sans avoir à vous écarter de la vérité.** Votre travail est donc moins d'avoir « vécu » que de trouver, dans votre vécu, les éléments qui sauront retenir l'intérêt du jury. Ces éléments existent toujours, et si vous ne les trouvez pas, c'est vraisemblablement que vous avez une idée trop arrêtée de ce que vous devez chercher. Tous les candidats qui présentent une école de commerce n'ont pas fait un an de stage dans le prestigieux cabinet de Conseil en Stratégie Mc Kinsey ; et ceux qui ont des expériences très pratiques (petits boulots, manutention, enseignement à domicile) sont tout sauf inintéressants.

En résumé : **ce qui fait votre intérêt, c'est votre originalité ; et le meilleur moyen de la défendre, c'est d'éviter le mensonge dans votre dossier.**

2. ADMISSIONS PARALLELES A BAC +3 / BAC +4 : LES CAS DE L'ESSEC, DE L'EDHEC ET DE L'EM LYON

Le dossier de l'ESSEC AST

Le dossier du concours ESSEC AST est une épreuve clef dans votre processus d'admission. Compte tenu du positionnement du concours ESSEC AST qui accorde une forte importance au profil du candidat, le dossier permet au jury d'avoir une première idée précise de sa valeur.

Le dossier de candidature du concours ESSEC AST se réalise en partie sur le site Internet de l'ESSEC Business School. Il exige un certain nombre d'informations sur votre parcours et prévoit aussi des essais sur votre motivation pour rejoindre le programme « Grande Ecole ».

En plus de cette candidature en ligne, **il vous est demandé de constituer un dossier papier avec plusieurs pièces à fournir**.

- Ce dossier contient un CV qui permet de prendre rapidement connaissance de votre parcours, mais aussi de vos différentes expériences professionnelles et internationales, de vos centres d'intérêts et de vos compétences spécifiques.

- Le dossier du concours ESSEC AST retrace l'ensemble de votre parcours académique. Il contient votre diplôme et vos notes du baccalauréat. Il impose également de fournir les différents diplômes acquis durant vos études supérieures ainsi que l'intégralité des relevés de notes.
- Le dossier de candidature permet de connaître votre parcours professionnel. A ce titre, des certificats de stage sont demandés.
- Vous devez par ailleurs joindre deux lettres de recommandation, de préférence l'une émanant du monde académique et l'autre du monde professionnel.
- Diverses pièces administratives vous sont enfin également demandées.

C'est également à l'occasion de l'envoi de ce dossier papier que vous pouvez communiquer vos scores obtenus pour le test TAGE MAGE et le test d'anglais.

Vous constatez combien ce dossier est riche et exigeant. Ne le préparez pas à la dernière minute sous peine de le bâcler. **Choisissez judicieusement les deux personnes qui peuvent vous recommander.** Outre l'intérêt qu'elles aient un avis positif sur vous (elles sont là pour valoriser votre candidature), il est important qu'elles vous connaissent bien pour émettre un jugement consistant et équilibré. Autrement dit, mieux vaut un référent qui vous connaît très bien qu'un inconnu avec une prestigieuse carte de visite. Traitez avec sérieux les différentes questions qui vous sont posées. **Veillez à n'oublier aucun document au risque d'être éliminé du processus d'admissibilité.** Soignez enfin la forme de votre document en respectant toutes les consignes qui peuvent vous être données en la matière.

Le dossier est une étape clef dans le processus d'admissibilité du concours ESSEC AST. Considérez-le comme une épreuve à part entière et non comme une simple formalité.

[Deux bons CV d'étudiants ayant intégré l'ESSEC et l'EDHEC]

[redacted]

ETUDES ET FORMATION

2009-2010
Master 2 Ingénierie Economique // Diplôme interuniversitaire **Dauphine – Paris 2-Panthéon-Assas**
Parcours Techniques Statistiques et Informatiques – Aide à la Décision

Juillet 2009
Master 1 Econométrie // Université **Paris 2-Panthéon-Assas**, mention AB
Sujet de Mémoire : « La prévision du CAC 40 et l'efficience des marchés financiers »

Juillet 2008
Licence d'Econométrie // Université **Paris 2-Panthéon-Assas**, mention AB

Juillet 2007
DEUG d'économie et gestion, parcours S // Université **Paris 2-Panthéon-Assas**

Juillet 2005
Baccalauréat Série S // **Lycée Français Dominique Savio**

EXPERIENCES PROFESSIONNELLES

Septembre 2009 – Septembre 2010
Amundi Asset Management *(ancien Crédit Agricole Asset Management)*
Apprentie chargée d'études et de développement

Juillet 2008
HSBC Assurances
Auxiliaire d'été chargée de la gestion de contrats d'assurances

INFORMATIQUE ET LANGUES

Logiciels de traitement de données et langages de programmation
SAS 9.1 : Bonne maîtrise (SAS Base, Stat, Graph, Modélisation statistique et économétrique, prévision, Analyse des données), EXCEL, EVIEWS, STATA. VBA, SQL, HTML, PHP, SAS

Logiciels de gestion de base de données : Access, MySQL
Traitement de texte : Word, Powerpoint

Langues : Anglais courant (845 au TOEIC) – Espagnol opérationnel

EXPERIENCES ASSOCIATIVES ET EXTRASCOLAIRES

2010 : chargée du pôle événementiel du BDE du Master II Professionnel de l'université Paris 2-Panthéon-Assas // Organisation du gala inter master
2009 : participation au projet « Iten », *Iboti Cameroun*
Soutien scolaire (bénévolat) depuis janvier 2008
Loisirs : cinéma, vélo, lectures

[redacted]

Etudes & Diplômes

2011-2013	**EDHEC BUSINESS SCHOOL** – MSc in Business Management
2010-2011	Licence Sciences de Gestion à l'**Université de Birmingham au Royaume-Uni**. En partenariat avec IUP – Lyon III.
2008-2010	DEUG Economie-Gestion à l'IUP sciences de gestion, **Université Jean Moulin Lyon III** – mention Bien.
2007-2008	Baccalauréat Scientifique option physique chimie, **lycée E. Herriot**.

Expérience professionnelle

Juillet 2011	Recruteur de donateurs pour l'association de solidarité **Care France**.
2003-2010	En parallèle des études, les dimanches, responsable d'un stand de tissus sur les marchés forains de Lyon.
Mai-juin 2010	**GROUPE SOMATRANS** – commissionnaire en transport. Stage en entreprise, découverte des différents postes de travail.
2009-2010	**BOUTIQUE BELLUCCI** – Prêt-à-porter masculin en parallèle des études. Vendeur, tous les samedis et les deux étés consécutifs.
15 au 30 juillet 2008	**ZARA BELLECOUR** Chef de cabine, coordinateur de rayons, vendeur et relation clients.
1er au 15 juillet 2008	**CAÏMAN TÉLÉCOMS** – société de free hot spot gratuit. Téléprospecteur, prise de rendez-vous auprès des hôtels, cafés, restaurants pour les commerciaux de la société.

Langues étrangères

Français :	Langue maternelle
Anglais :	Courant séjour 1 année universitaire en Angleterre 2010-2011 / TOEIC : 930
Espagnol :	Bon niveau
Chinois :	Débutant

Compétences informatiques

Bonne connaissance du pack office Microsoft notamment sur Excel et Word, internet.

Activités extra-scolaires & centres d'intérêt

– Association **GOOD ACT DAY** à **Birmingham :** Récolte de dons auprès des visiteurs de centres hospitaliers afin de les reverser aux hôpitaux.

– Sports : Squash, Jorky ball, Course à pieds quotidienne (Semi-Marathon de Birmingham en 2010).

Le dossier de l'EM Lyon

Le dossier du concours EM Lyon AST possède la spécificité de ne pas être noté. **Il sert de support pour l'entretien de personnalité et de motivation qui a lieu si vous êtes admissible.** Cela n'enlève pas la nécessité d'y apporter un soin certain. L'épreuve d'entretien pèse lourd dans le concours EM Lyon AST (82 % des coefficients pour les épreuves orales) et un dossier mal rédigé peut vous handicaper pour bien réussir cet entretien.

Ce dossier est à constituer en ligne sur le site Internet de l'Ecole. Il intègre un certain nombre d'informations sur votre parcours académique, sur vos expériences professionnelles et internationales, mais également sur vos centres d'intérêt et vos activités extrascolaires. Ces renseignements permettent au jury lors de l'entretien de mieux vous connaître et de savoir plus précisément sur quels sujets orienter l'entretien.

La clef de voûte de ce dossier repose néanmoins sur vos réponses à trois questions. Notez bien que le nombre de caractères est défini.

Pour le concours 2011, les trois questions du dossier étaient les suivantes :

1) Parmi les activités que vous avez réalisées (associatives, culturelles, sportives, stages en entreprise liés à vos études, emplois rémunérés ou non, à temps complet ou temps partiel, séjours à l'étranger, etc.), veuillez évoquer, ci-dessous, celle qui, pour vous, est la plus significative (5 000 caractères).

2) Quelles sont les caractéristiques personnelles qui ont été les plus utiles ou qui, éventuellement ont constitué des handicaps lors de l'expérience évoquée précédemment (2 000 caractères) ?

3) Veuillez utiliser cet espace pour nous faire part de votre motivation pour des études complémentaires de management (2 000 caractères).

Même si ce dossier n'est pas noté, vous constatez combien il demande du temps pour le préparer sérieusement. Ne négligez pas les trois questions du dossier. Prenez du recul pour choisir l'expérience qui vous met le plus en valeur, mais également pour évoquer des caractéristiques personnelles qui sont percutantes. Pour la dernière question, considérez-la comme une lettre de motivation. Veillez donc à exposer votre parcours, votre projet professionnel et les raisons qui vous amènent à postuler au concours EM Lyon AST. Au cours de l'entretien de l'EM Lyon, votre dossier peut jouer un rôle très positif… comme il peut devenir votre pire cauchemar s'il est bâclé.

[Deux dossiers d'étudiants ayant intégré l'EM Lyon]

Question 1 (activité la plus significative)

La création d'une compétition de golf caritative en 2008 et son organisation depuis trois ans constitue pour moi une expérience marquante. J'ai choisi d'organiser cet événement au profit de l'association « Jules Taboni » créée en hommage à un jeune ami golfeur décédé d'un cancer. Initialement organisée dans le cadre d'un projet étudiant, j'ai ensuite décidé de continuer cette aventure humaine à titre personnel. Associé à trois autres étudiants pour l'organisation de la première édition, j'ai par la suite sélectionné cinq, puis, onze étudiants de l'IUT GEA de Lyon pour m'aider à développer cet événement devenu en trois ans la plus importante compétition de golf caritative de France. L'édition 2011 réunira près de 400 golfeurs pour un budget de plus de 45 000 €.

Cette compétition a été un moyen de mettre à profit ma parfaite connaissance du golf que j'ai pratiqué à haut-niveau jusqu'en 2008. En rendant hommage à mon ami Jules, je souhaitais développer un concept novateur : celui du « gastro-golf ». L'objectif de cette formule était de rendre la compétition plus conviviale en proposant aux participants différentes dégustations pendant leur parcours. Ce concept unique, aujourd'hui largement repris, a permis à la compétition de se développer rapidement. Enfin, l'objectif principal de cette compétition était de rapporter un maximum d'argent à l'association Jules Taboni qui permet d'améliorer les conditions de vie des jeunes malades atteints de cancers.

Dans un premier temps, nous avons créé un dossier-partenaires dans lequel nous présentons en détail l'événement et proposons des formules allant de 200 € à 8 000 €. Nous avons créé un site internet qui permet aux participants d'obtenir des informations sur l'évènement ou encore de télécharger les photos de chaque édition. Pendant toute la durée de la compétition, nous privatisons entièrement le golf et ses infrastructures pour garantir aux participants une grande qualité de services. Par ailleurs, je jour J, le golf est mis aux couleurs de l'association et de nos partenaires avec de nombreux oriflammes, drapeaux et bâches publicitaires. Afin que chaque participant ait un souvenir de l'événement, nous offrons au départ des objets à l'effigie du « Double Jules Taboni » (balles, clés USB, casquettes...).
Cette compétition est le fruit de la collaboration de plus de 30 personnes. Mon rôle est d'assurer la coordination entre tous les acteurs. Pour ce faire, j'ai organisé une journée de recrutement et ai sélectionné 11 étudiants pour l'organisation de l'édition 2011. Ce groupe se divise en deux équipes, l'une chargée de la communication et l'autre de la recherche de sponsors. Le jour de l'événement, tout le personnel du golf se joint à nous pour garantir une parfaite organisation.
Le budget global de la compétition est de 47 000 € en 2011. Il s'agit pour moi de gérer cette somme afin de trouver le juste équilibre entre l'objectif de don à la pédiatrie cancéreuse et la satisfaction des participants. Pour garantir la médiatisation de l'évènement, 3 000 € sont alloués au secteur stratégique qu'est la communication car plus il y a de joueurs, plus le don final est important. La location des infrastructures, les lots de la remise de prix ou encore les différents buffets de dégustation sont autant de postes de charges présents dans ce budget. Enfin, une fois toutes ces dépenses faites, l'intégralité des bénéfices est reversée au centre Léon Bérard pour améliorer les conditions de vie des jeunes malades.

Cette compétition a connu un réel succès, affichant complet dès la première année. Lors de la deuxième édition, plus de 40 personnes étaient sur liste d'attente pour participer, c'est la raison pour laquelle j'ai choisi d'organiser l'édition 2011 non plus sur un jour, mais sur un week-end complet. La compétition devient ainsi le plus important événement du genre en France. Avec plus de 32 000 € de dons à l'association pour les éditions 2009 et 2010 nous sommes devenus le plus important donateur privé du centre Léon Bérard qui a décidé de rebaptiser sa salle de jeux « Jules Taboni » en signe de reconnaissance.

Cette compétition a été et continue d'être une expérience très enrichissante. A titre personnel, elle m'a appris à gérer des problématiques entrepreneuriales passionnantes comme la gestion d'un budget, d'une équipe ou encore la fidélisation des partenaires. En outre, c'est grâce à cette compétition que j'ai été recruté par le PDG du groupe Golf Plus pour organiser un évènement similaire pour le compte de son entreprise. Enfin, le fait de rendre hommage à mon ami Jules par le biais de notre passion commune – le golf – donne à cette aventure un caractère humain très important à mes yeux.

L'édition 2011 marque un tournant dans l'organisation du « Double Jules Taboni » puisque la compétition devient un évènement d'envergure nationale. A moyen terme, mon objectif est de créer une nouvelle compétition « Jules Taboni » dans une autre région afin d'augmenter encore les dons.

Question 2 (traits de caractère personnels)

Mener à bien un projet depuis sa création jusqu'à sa réalisation a été une expérience riche d'enseignements. J'ai notamment appris à gérer une équipe, en prenant en compte les particularités de chacun. Dans un premier temps, j'avais tendance à exercer un management relativement directif. J'ai rapidement compris que cela ne pouvait pas être efficace pour l'organisation d'un tel événement. J'ai donc entrepris la lecture de « Comment se faire des amis » de Dale Carnegie adoptant ainsi une attitude beaucoup plus consensuelle en donnant plus d'autonomie à mes coéquipiers, ce qui s'est avéré efficace. J'ai par ailleurs compris qu'il est nécessaire de définir des rôles très précis à chacun pour éviter les conflits. Aujourd'hui les 11 étudiants que j'ai sélectionnés ont chacun des missions précises à effectuer ce qui nous permet de gagner en clarté tout en étant plus efficaces.
C'est grâce à ma détermination et à ma pugnacité que j'ai réussi à surmonter les problèmes rencontrés lors de cette expérience. En effet, malgré des débuts difficiles, j'ai sur rester combatif et remotiver les équipes lorsque cela était nécessaire. Cette pugnacité que j'ai apprise grâce au golf de haut-niveau m'a notamment été très utile lors de la recherche de sponsors qui était délicate du fait du climat économique.
Enfin, l'utilisation de mon réseau a été un facteur de réussite dans cette aventure. Dès le début, j'ai su m'appuyer sur mes connaissances dans le milieu du golf pour obtenir le droit d'organiser cette compétition. Par la suite, c'est grâce à mon réseau que j'ai pu rencontrer les bonnes personnes pour garantir une politique de communication efficace et trouver de nombreux partenaires.

Question 3 (motivations pour des études complémentaires en management)

Mes deux années d'IUT m'ont permis d'acquérir des connaissances générales dans le domaine du management. C'est grâce à ces compétences que j'ai pu créer l'entreprise Be Golf qui distribue des balles de golf recyclées depuis début 2010. La création de cette entreprise et d'un évènement caritatif ont renforcés mon goût pour l'entrepreneuriat.

Mon projet professionnel est ambitieux ; je souhaite créer une chaîne de restauration rapide offrant à tous la possibilité de se nourrir de manière saine.

Grâce à mes expériences, j'ai pu rencontrer des problématiques entrepreneuriales passionnantes comme la gestion d'une équipe ou la négociation de contrats. C'est aussi grâce à ces dernières que je me suis rendu compte que ma méconnaissance de certains domaines pouvait constituer un frein dans le développement de ma future activité. Il me reste beaucoup à apprendre, en matière de stratégie ou de gestion de la croissance notamment. C'est la raison pour laquelle je souhaite vivement intégrer le programme Grande Ecole de l'EM Lyon afin d'avoir en ma possession tous les outils d'aide à la prise de décision.

Poursuivre mes études à l'EM Lyon, c'est faire le choix de l'entrepreneuriat. Outre l'excellence de l'enseignement, trois éléments m'attirent particulièrement dans cette école. Le parcours fléché « Construire et conduire un projet de création d'entreprise » me permettrait d'obtenir toutes les compétences nécessaires en vue de la création de ma future entreprise. Par ailleurs, lors de ma rencontre avec Michel Coster au salon des entrepreneurs en juin 2010, ce dernier a renforcé mon souhait d'intégrer l'incubateur de l'école qui me permettrait de me lancer tout en étant encadré par des spécialistes du domaine. Enfin, j'aimerais pouvoir m'investir dans l'association « les Gour'mets » afin de partager mon intérêt pour la gastronomie avec les autres étudiants, en organisant des dégustations à thèmes comme j'ai pu le faire dans le cadre de la compétition que j'ai créée.

Question 1 (activité la plus significative)

Mon séjour de onze mois aux Philippines est sans conteste l'expérience la plus significative que j'ai pu vivre. Je l'ai réalisé dans le cadre d'un programme d'échange avec l'université Ateneo de Manila où j'ai effectué ma deuxième année d'étude sur la période universitaire 2008/2009.

Cette destination était un choix mûrement réfléchi, une expérience qui devait me permettre de répondre à un double objectif : d'une part asseoir mon projet professionnel lié à l'économie solidaire en trouvant sur le terrain des réponses concrètes à mes interrogations, d'autre part, découvrir une culture différente et tester ainsi ma capacité d'adaptation à un environnement qui m'était totalement étranger.

A mon arrivée aux Philippines j'ai pu choisir mon programme universitaire : micro finance animée par des professionnels philippins. Ce cours m'a permis d'approfondir mes connaissances théoriques et d'en découvrir leur application sur le terrain. J'ai aussi eu l'occasion de rencontrer un ingénieur français qui travaillait en partenariat avec un technopôle solidaire. En visitant ce centre j'ai découvert des technologies que je ne connaissais pas, autonomes en terme d'alimentation énergétique et qui permettaient à la fois d'améliorer les conditions de vie et d'envisager un développement économique local.

Pour valider ma première année de licence je devais effectuer un stage. L'année universitaire philippine commençant juste après mes examens de première année, je ne pouvais pas l'effectuer à travers une activité à plein temps. Je l'ai donc fait en parallèle avec mes cours à l'université. J'ai ainsi travaillé au sein d'une petite entreprise organisatrice d'événements composée de quatre personnes qui venait de remporter un marché sur le lancement de croisières touristiques. Notre mission était la suivante : organiser une croisière à thème d'une semaine autour des Philippines et tester ainsi la rentabilité d'un concept attractif et récurrent. Notre réflexion en équipe a débouché sur le principe d'une croisière d'une semaine autour du réveillon, rythmée par un festival de musique. J'ai été plus particulièrement chargé de l'organisation de ce festival : choix des musiciens, établissement du planning, gestion de l'ensemble de la logistique, organisation de la soirée du 31 décembre. Cet événement s'est révélé être un succès et j'ai découvert que le milieu d'affaires Philippin avait un fonctionnement bien éloigné de nos mentalités européennes.

Ma vie aux Philippines a été rythmée par mes cours à l'université, mon stage, et mes différents voyages. En effet, lorsque mon emploi du temps me le permettait je partais, avec mon sac à dos à la découverte du pays. J'ai ainsi pu découvrir des paysages marins et montagneux extraordinaires et m'initier à la plongée sous-marine avec des amis philippins. Mais les voyages ont été aussi et surtout l'occasion d'aller à la rencontre d'un peuple. J'ai connu des familles très pauvres déconcertantes par leur accueil et leur générosité. J'ai passé des soirées à les écouter parler de leur pays, leur vie, leurs croyances, j'ai partagé leur repas et j'ai réalisé pourquoi les Philippines sont surnommées « le pays du sourire ». Le fait de côtoyer des gens souriants de manière permanente et peu importe leur niveau social ne m'a pas laissé indifférent.

Cette année aux Philippines m'a permis de mettre à l'épreuve mes convictions personnelles. J'ai constaté que des mécanismes très simples, aussi bien financiers que technologiques, pouvaient transformer la situation économique d'une communauté et s'intégrer dans une démarche entrepreneuriale rentable.

J'ai pris conscience à quel point il était important de s'imprégner des mentalités locales, d'intégrer leur mode de fonctionnement sous peine de vouer à l'échec un projet même parfaitement bien préparé. J'ai appris qu'il fallait d'abord, particulièrement dans ce contexte, écouter et observer pour être efficace par la suite.

Je suis parti à la rencontre de Philippins mais aussi et de moi-même : Qui suis-je ? Qu'ai-je vraiment envie de faire de ma vie ? Pourquoi ne suis-je pas toujours souriant ? Quelles valeurs sont importantes pour moi ? Beaucoup de questions qui m'ont fait avancer dans ma construction personnelle.

La certitude qui m'habite suite à cette expérience est que quel que soit mon avenir professionnel j'ai le profond désir de lui donner un sens. Avant mon départ, j'étais très attiré par l'économie solidaire. Cette attirance a pris tout son sens au cours de cette année aux Philippines. Elle est devenue pour moi un moteur pour acquérir une formation solide et des compétences qui me permettront d'entreprendre et d'agir, conscient des difficultés auxquelles je devrai faire face. Cette année aux Philippines aura donc été une expérience très significative pour moi puisqu'elle m'aura permis de dégager la ligne directrice qui me fera avancer dans la vie avec cohérence.

Question 2 (traits de caractère personnels)

Je suis d'un naturel sociable et ouvert avec la capacité de me lier facilement en allant vers les autres. Au-delà de ces rencontres, étant très sensible aux interactions humaines, j'ai toujours été très attentif, en recherchant les échanges et la communication, à respecter les usages et les coutumes du pays.

Mon goût pour le travail d'équipe et mon tempérament coopératif m'ont été très utiles durant mon stage. De même, mon côté entreprenant et ma capacité à prendre des décisions rapides et réfléchies ont été appréciés. Je me suis rendu compte que je n'étais jamais aussi efficace que dans l'action. Toutefois, j'ai besoin d'exprimer mes idées et de garder mon libre arbitre pour agir. Dans le milieu professionnel philippin, j'ai pu mettre certaines personnes mal à l'aise car la confrontation est loin d'être appréciée. Il m'a été difficile de comprendre que mes différences de point de vue étaient mal perçues alors qu'elles auraient pu être, selon moi, source d'échanges constructifs. C'était l'occasion pour moi de développer mes facultés d'observation et d'écoute et d'apprendre à être consensuel.

Etant plutôt curieux, aux Philippines, j'avais des terrains de découvertes très variés et mes rencontres avec des acteurs locaux répondaient parfaitement à mes attentes. Je me suis toujours attaché à dégager l'essentiel dans mes différentes expériences et à en tirer des leçons pour la suite. Cette capacité d'analyse m'a permis de tirer le meilleur parti de mon expérience et d'acquérir beaucoup de maturité.

Que ce soit à travers mon stage, ma vie universitaire ou mes rencontres, la culture philippine m'a fait prendre conscience que certaines qualités peuvent se transformer en défauts selon le contexte et la manière de faire. Quelle que soit la qualité du « savoir faire », il devait passer avant tout par le « savoir être » pour être efficace et productif.

Question 3 (motivations pour des études complémentaires en management)

Mon projet professionnel est ambitieux : je souhaite créer ma propre entreprise dans le domaine de l'économie solidaire. Je souhaite notamment travailler sur des problématiques de communication. Il a été montré que lorsqu'il est optimisé, le circuit de communication entre les centres et les régions reculées est à l'origine d'activités rentables tout en favorisant le développement. Ce constat me pousse à vouloir innover et créer une activité dans ce domaine.

Par mon projet je veux répondre à deux objectifs qui me tiennent à cœur : lancer une activité rentable et donner un sens à cette démarche. Cela passe par une réflexion sur l'impact qu'une telle activité peut avoir sur les acteurs engagés.

Aujourd'hui les enseignements de ma licence me permettent de mieux appréhender les enjeux économiques et de me forger une opinion personnelle, bien que modeste, sur la situation mondiale. Mon année aux Philippines m'a permis de mieux me connaître et de confirmer ma volonté d'évoluer dans le domaine de l'économie sociale. Je suis cependant conscient qu'il me manque des compétences pour mener à bien ce projet.

Des études en management me permettraient d'acquérir une compétence pluridisciplinaire qui m'est indispensable pour créer mon entreprise. Avec des électifs comme *Economie sociale et solidaire* et *Création d'entreprise* je pourrai affiner ma réflexion et mon projet. Votre école forme des entrepreneurs pour le monde et votre incubateur m'aidera assurément à lancer mon entreprise. De telles études m'offriraient donc le cadre idéal pour mener à bien mon projet.

Le dossier de l'EDHEC AST

Le dossier du concours EDHEC AST 2 est fortement pondéré puisque son coefficient est de 20 sur un total de 60 points (épreuves écrites et orales). **Surtout, c'est la seule épreuve qui permet de prononcer votre admissibilité à ce concours.**

Sur son site Internet, l'EDHEC communique ainsi que *« la première étape de sélection dite d'admissibilité est opérée sur dossier prenant en compte des informations sur le parcours académique du candidat, les expériences professionnelles et associatives, ses activités extrascolaires sportives et culturelles et son niveau d'anglais ».*

Ce dossier intègre également une lettre de motivation. Elle doit présenter en une page les raisons de votre candidature au concours AST 2 de l'EDHEC.

Par ailleurs, le dossier du concours AST 2 de l'EDHEC exige que vous communiquiez les coordonnées de tous vos référents pour les expériences professionnelles que vous mentionnez dans votre dossier.

L'EDHEC Business School précise que la notation du dossier est réalisée sur la base des critères suivants :

1. l'excellence académique du candidat (**50 %** de la notation) : elle est attestée par son parcours universitaire antérieur ;
2. l'expérience professionnelle et/ou associative et les activités culturelles et sportives du candidat (**25 %** de la notation) ;
3. le niveau de langue anglaise (**25 %** de la notation) : il est attesté par le score de TOEFL, TOEIC, ou IELTS.

Comme pour le dossier de l'ESSEC AST, vous constatez combien il est riche et exigeant. Ne le préparez pas à la dernière minute sous peine de le bâcler. Ne négligez pas la lettre de motivation car elle permet au jury de bien comprendre tout le sens de votre candidature.

Veillez à n'oublier aucun document au risque d'être éliminé du processus d'admissibilité. Soignez la forme de votre document en respectant toutes les consignes qui peuvent vous être données en la matière.

[Trois lettres de motivation d'étudiants ayant intégré l'EDHEC]

Benoit GUITELMACHER
[redacted]

[redacted]

Objet: Candidature à l'entrée en master

Madame, Monsieur,

Intéressé par le domaine de l'entrepreneuriat je souhaiterais intégrer le master de la filière Business Management de votre école. Cela me permettrait d'acquérir de solides compétences en gestion pour concrétiser mon projet de création d'entreprise dans le domaine de la restauration rapide.

L'entrepreneuriat est un domaine attirant que j'ai eu l'occasion d'étudier au cours de mon IUT de gestion, ainsi que durant mon année de licence au sein de la Copenhagen Business School. J'ai décidé de devenir moi-même un acteur de ce domaine en 2009 en créant ma propre entreprise de négoce de balles de golf recyclées. Avec 21 600 € de chiffre d'affaires au cours du premier exercice, la création de l'entreprise *Be Golf* m'a permis de rencontrer des problématiques entrepreneuriales passionnantes comme l'optimisation d'un stock ou encore la négociation de contrats. Je retrouve dans l'entrepreneuriat toutes les qualités dont j'ai besoin lorsque je pratique le golf à haut-niveau à l'instar de l'abnégation, la pugnacité ou encore la prise de risques.

Mon projet professionnel est ambitieux : je souhaite créer une chaîne de restauration rapide proposant de la nourriture saine à un large public. Cette idée m'est venue à l'esprit alors que j'enchaînais préparation physique, technique et mentale dans le but de devenir professionnel de golf. J'avais alors peu de temps pour me nourrir et la quasi-obligation de consommer des produits sains. Par ailleurs, durant mon stage de cinq mois dans l'entreprise Golf Plus, j'ai été amené à constater que beaucoup des employés étaient obligés de préparer eux-mêmes leurs « lunch box » afin de pouvoir consommer des produits de qualité dans un laps de temps restreint.
Le choix de la restauration n'est pas anodin. En effet, ce secteur attirait toute mon attention dès mon plus jeune âge puisque j'ai suivi des cours de cuisine chaque mercredi de 7 à 11 ans. Afin d'améliorer mes compétences culinaires, j'ai décidé de passer un CAP de cuisine que je prépare à distance avec le CNFDI.

J'ai par ailleurs créé une compétition de golf caritative en 2008. Son organisation depuis trois ans constitue pour moi une expérience riche d'enseignements. J'ai choisi d'organiser cet évènement au profit de l'association « Jules Taboni » créée en hommage à un jeune ami golfeur décédé d'un cancer. Initialement organisée dans le cadre d'un projet étudiant, j'ai ensuite décidé de continuer cette aventure humaine à titre personnel. Associé à trois autres étudiants pour l'organisation de la première édition, j'ai par la suite sélectionné cinq, puis, onze étudiants de l'IUT GEA de Lyon pour m'aider à développer cet évènement devenu en trois ans la plus importante compétition de golf caritative de France. L'édition 2011 réunira près de 400 golfeurs pour un budget de plus de 45 000 €.

Grâce à mes diverses expériences, j'ai pu être confronté à des situations intéressantes comme la gestion d'une équipe ou encore la négociation de partenariats. C'est aussi grâce à ces dernières que je me suis rendu compte que ma méconnaissance de certains domaines pouvait être un frein dans le développement de ma future activité. Il me reste beaucoup à apprendre, en matière de stratégie ou de gestion de la croissance notamment. C'est la raison pour laquelle je choisis de postuler au programme Grande Ecole de l'EDHEC afin d'avoir en ma possession tous les outils d'aide à la prise de décision
Mon souhait est de créer mon entreprise dans le cadre de l'incubateur EYE que supervise Jean-Michel Ledru. L'accompagnement par des spécialistes de l'entrepreneuriat durant les 24 premiers mois d'activité sera sans aucun doute une aide précieuse pour le lancement de mes premières boutiques.

J'aimerais également m'investir au sein de la « Team Golf EDHEC » qui organise la Smuggler Golf Cup ; compétition à laquelle j'ai pris beaucoup de plaisir à participer en 2010. L'organisation de cette rencontre sportive sera un excellent moyen de mettre à profit mon expérience dans le domaine de l'évènementiel. Ma détermination, mon sens de la persuasion et mon esprit d'équipe sauront se révéler de réels atouts dans le développement de cet évènement.

Dans l'attente de pouvoir vous exprimer davantage mon enthousiasme et ma motivation, je vous prie d'agréer, Madame, Monsieur, l'expression de mes respectueux sentiments.

Benoit Guitelmacher

[redacted]

Le 8 mars 2011

Madame, Monsieur,

Titulaire d'une bi-Licence mention Droit français – Droit espagnol de l'Université de Paris 10 Nanterre, mention Très Bien, j'ai étudié le Droit argentin durant un an à l'Université del Salvador de Buenos Aires (2009-2010), puis intégré un Master 1 de Droit des Affaires à l'Université de Paris 1 Panthéon Sorbonne où je suis actuellement. Je souhaite embrasser au terme de mes études une carrière d'avocat d'affaires international, sans exclure une formation préalable de juriste dans une entreprise internationale.

Mon cursus universitaire enrichi de différentes expériences professionnelles m'a apporté une solide culture et un savoir-faire dans le domaine juridique que je souhaite aujourd'hui compléter par une formation plus générale en Management proposée par l'EDHEC. Mon stage dans le cabinet d'avocats international Racine m'a confirmé combien une double formation juridique et managériale était un atout majeur et nécessaire pour appréhender pleinement le monde des affaires dans lequel je souhaiterais travailler par la suite. Il me semble en effet indispensable pour un juriste de prendre la mesure de tous les enjeux auxquels doit faire face une entreprise, qu'ils soient commerciaux, financiers ou techniques ; qu'ils relèvent de la communication, de ses choix stratégiques en matière de développement, de fiscalité ou d'organisation.

Parmi les multiples filières proposées par l'EDHEC, ma formation d'origine m'oriente naturellement vers le Master Science in Legal and Tax Management de votre filière Business Management ainsi que vers les recherches menées par le pôle LegalEdhec. J'espère ainsi avoir l'opportunité de faire profiter à mes camarades de ma formation juridique et de mes expériences professionnelles. Ayant étudié et travaillé à l'étranger, je suis également tout particulièrement attirée par la dimension internationale de la formation offerte par l'EDHEC. La provenance académique et institutionnelle de votre corps professoral, le cursus entièrement anglophone ainsi que le campus de Londres où j'aimerais étudier par la suite, ou le rayonnement international de votre Grande Ecole assurent à vos étudiants une formation à la fois complète, adaptée et reconnue. C'est également le fort investissement entrepreneurial caractérisant l'EDHEC qui suscite chez moi un vif intérêt. Le réseau international dont dispose votre école de par ses différents partenariats ainsi que la participation des entreprises à hauteur d'environ dix pour cent de son budget témoignent de son dynamisme et de sa pleine intégration dans le monde des affaires. Je suis convaincue que l'association « entreprises&carrières » favorise également notre employabilité, et je souhaiterais y participer par la suite.

Je suis enfin particulièrement attirée par le dynamisme des associations étudiantes de l'EDHEC, dont j'ai souvent entendu parler, gage d'une vie à la fois studieuse et riche, propice à un épanouissement tant académique que personnel. Mon implication dans deux associations pour les personnes défavorisées en Argentine, ma participation à la création d'un échange de cours linguistiques franco-espagnols à Buenos Aires et la prise en charge d'un projet humanitaire sur deux ans dans le cadre du scoutisme (2009-2011) m'ont en effet apporté une ouverture d'esprit, un désir d'entreprendre et un bon sens des relations humaines. Forte de mes expériences, je souhaite continuer à m'investir dans des associations comme le Lazo Latino, laquelle promeut la culture latino-américaine et m'a particulièrement interpellée.
En vous remerciant de l'attention que vous porterez à ma candidature, je reste à votre disposition pour toutes informations complémentaires et espère avoir l'opportunité de vous convaincre de la cohérence de mon projet personnel et professionnel lors de la phase d'admission.

Je vous prie de croire, Madame, Monsieur, en l'expression de ma haute considération.

[redacted]

Madame, Monsieur,

Actuellement en Licence Sciences de Gestion à l'Université de Birmingham au Royaume-Uni, dans le cadre du projet Erasmus, j'ai l'honneur de vous présenter ma candidature au Concours d'Admission 2011 en cycle Master EDHEC Business School (AST 2).

Dès l'âge de 14 ans, j'ai eu l'opportunité d'être responsable d'un stand de tissu sur les marchés forains de Lyon. La gestion des stocks, la prise d'initiatives à travers la passation de commandes et l'élaboration de modèles de tissus, corrélées avec le fait que j'ai grandi dans une culture entrepreneuriale et que j'ai pu interagir avec de nombreux chefs d'entreprise, ont conforté mon choix d'orienter ma carrière professionnelle vers l'entrepreneuriat dans le secteur de la mode masculine.

Le double diplôme *Master in Management* et *Master of Science in Entrepreneurship* de votre filière *Business Management* dispensé sur votre nouveau Campus International de Lille me permettrait d'acquérir, outre des connaissances spécifiques en gestion, la polyvalence indispensable à la réussite dans l'environnement dynamique qu'est-celui de l'entreprise. En effet, des cours fondamentaux tels que *Entrepreneurial Strategy* ou encore *Change Management for Growth and Development* ainsi que les diverses opportunités que m'offriraient les séminaires transversaux afin de recueillir des témoignages d'entrepreneurs et de rencontrer des Business Angels, me permettraient de concrétiser, à terme, mon projet professionnel en créant mon entreprise. Je pourrai également prendre part activement à *l'EDHEC Entrepreneurship Centre* qui assiste chaque porteur de projet dans la concrétisation de son idée.

Pour terminer, je souhaite vous faire part de la façon dont j'envisage mes prochaines années au sein de l'EDHEC Business School. Fort d'une expérience associative de plus de douze ans au sein des « Eclaireurs de France », je pourrai contribuer à la vie associative de votre école, reconnue comme la plus dynamique de France. L'association « Open-Up » destinée, entre autres, à l'accueil et à l'intégration d'étudiants étrangers entre dans la même optique que le site d'entraide destiné aux étudiants Erasmus au Royaume-Uni que j'ai pu créer durant mon année à l'étranger et ce sera une grande joie que de partager l'expérience et les savoirs que j'ai pu acquérir grâce à ce projet.

J'espère avoir l'opportunité de vous convaincre de l'intérêt de ma candidature et de la cohérence de mon projet professionnel au cours d'un entretien et vous prie d'agréer, Madame, Monsieur, l'expression de ma haute considération.

3. GRENOBLE EM ET SKEMA BUSINESS SCHOOL : 2 EPREUVES ATYPIQUES

1. L'ENTRETIEN A GRENOBLE ECOLE DE MANAGEMENT

Grenoble Ecole de Management est une école qui se mérite ! En effet, son oral d'admission présente une double caractéristique, rendant cette épreuve unique en son genre. Si la première particularité de l'épreuve tient au fait qu'elle comporte plusieurs étapes (cf. ci-dessous), la seconde a trait à une des étapes – l'entretien inversé – souvent perçue comme déroutante. De ce fait, parce qu'elle perturbe de nombreux candidats, cette épreuve, fort sélective – un candidat sur cinq se présentant à l'oral est admis – rend donc impérative votre immersion en ses spécificités et une préparation poussée.

Comme l'illustre le schéma ci-dessous, cette épreuve comprend plusieurs pans consécutifs :

GRENOBLE EM : ORAL D'ADMISSION

1- EXPOSE
– Préparation : 30 minutes
– Exposé : 5 minutes

2- ENTRETIEN INVERSE
– Entretien : 9 minutes
– Synthèse : 1 minute

3- ENTRETIEN AVEC LE JURY
15 minutes

[1. L'exposé]

A. Son cadre

Chaque candidat se voit proposer trois sujets au choix et dispose d'une demi-heure de préparation :

- une carte géographique ou de géopolitique ;
- un thème de réflexion ;
- une citation.

Les sujets s'inscrivent logiquement dans le viatique qu'une école de management s'attend à voir être détenu par les candidats. Fort logiquement donc, les sujets abordent des questions de société et font la part belle à l'économie. De ce fait, une lecture attentive et régulière de la presse générale et économique s'impose.

B. Les attentes

Parce qu'une demi-heure de préparation constitue, somme toute, un temps assez long, le jury s'attend à ce que vous ayez mis à profit cette demi-heure et traité convenablement le sujet. Vous ne devez donc pas perdre de temps et choisir avec promptitude le sujet que vous retenez et mettre définitivement les autres de côté.

Vous devez ensuite vous attacher, ce qui est attendu par vos futurs auditeurs, à définir le sujet et la problématique en découlant. Tout sujet présentant un enjeu, il vous appartient donc de percevoir l'enjeu de votre sujet et de faire partager cette perception aux membres du jury vous écoutant. De plus, il importe fondamentalement que votre traitement apparaisse structuré, donc repose sur un plan explicitement évoqué et suivi. Enfin, n'oubliez jamais d'élargir le sujet lors de votre conclusion afin de montrer votre capacité de réflexion et de projection.

Parce que le jury attend de vous que vous soyez capable de l'intéresser, voire de l'interpeller, vous pouvez émettre des idées ou des positions originales, dès lors naturellement que vous êtes apte à les argumenter ou les illustrer. En tout état de cause, le jury sera sensible à votre compréhension des enjeux du sujet plus qu'à vos connaissances au sens strict.

Enfin, n'oubliez pas qu'il s'agit d'une présentation orale, laquelle induit donc un certain nombre de précautions. Comme pour toute présentation orale, un premier impératif s'impose à vous : le respect du temps imparti, soit cinq minutes. Il vous incombe donc de vous munir d'une montre et de surveiller votre temps de parole. Il serait en effet du plus fâcheux effet que le jury soit obligé de vous couper ou de vous demander si vous avez fini… Par voie de conséquence, si vous n'êtes pas familier de ce type d'exercice, vous devez vous entraîner, à partir d'un sujet donné, à produire des idées, un plan, une problématique et exprimer l'ensemble en cinq minutes.

En deuxième lieu, vous devez paraître assuré, à l'aise. Ce type d'exercice a naturellement pour vocation de cerner votre compréhension du sujet et de ses enjeux. Mais il vise également à apprécier votre dimension oratoire. De ce fait, vous serez évalué sur votre présence orale et votre capacité de conviction, votre aptitude à susciter l'intérêt et emporter l'adhésion.

De ce point de vue, vous n'oublierez pas que l'expression orale passe par le non verbal, c'est-à-dire l'ensemble des gestes et signes que votre corps envoie. Vous veillerez donc à vous asseoir confortablement, ne pas (trop) montrer de signes de nervosité, regarder les membres du jury…

La troisième précaution à prendre tient, justement, à votre jury. Vous devez, non pas parler pour vous, mais pour lui. Il vous faut donc regarder à tour de rôle les trois membres le composant (et non, comme le font de nombreux candidats, le seul Président…). Par voie de conséquence, vous ne devez pas lire les notes que vous aurez prises durant votre demi-heure de préparation, donc devez les prévoir succinctes.

[2. L'entretien inversé]

A. Son cadre

Composante spécifique de l'oral d'admission de Grenoble Ecole de Management, l'entretien inversé consiste en l'inversion des rôles : de questionné, vous devenez en effet questionneur !

Plus concrètement, vous devez interroger, durant 9 minutes, un membre du jury de votre choix, en lui posant les questions que vous souhaitez. Puis, à l'issue de cet entretien, vous devez procéder, en une minute, à une synthèse de votre échange.

Rare, cette épreuve désarçonne de nombreux candidats. Elle requiert donc de votre part une très bonne compréhension des attentes la sous-tendant et, le cas échéant, un entraînement adapté.

B. Les attentes

Les différentes dimensions de cette épreuve peuvent se résumer au travers des questions suivantes :

a. Quel membre du jury choisir ?

Le jury de Grenoble EM, à l'instar de la quasi-totalité des jurys d'école, se compose d'un Président, membre permanent de l'équipe de direction de l'école et de deux autres membres. Ces derniers sont des acteurs de la vie économique, travaillant en entreprise, dans le milieu culturel ou associatif… Ils peuvent être anciens élèves de Grenoble.

La première question se posant à vous consiste donc à savoir quelle personne interroger. Naturellement, la réponse à cette question présuppose que vous ayez identifié chacun des membres de votre jury. Ces derniers se présenteront brièvement à vous avant de vous demander de choisir l'un d'entre eux. Vous devez donc impérativement, dès la prise de connaissance des *pedigree* de vos interlocuteurs, noter les informations transmises (nom, fonction, entreprise, grandes lignes du parcours…) et choisir promptement celui que, hormis le Président, vous interrogerez.

En dépit des apparences, vous devez prendre conscience que ce choix revêt une réelle importance. Vous êtes, en effet, en compétition avec les autres candidats. De ce point de vue, une de vos préoccupations constantes doit consister, dès que possible et le plus souvent possible, à vous efforcer de vous différencier de vos concurrents. Partant, vous disposez de deux possibilités. Soit vous choisissez d'interroger celui de vos interlocuteurs que vous « sentez » le mieux, soit vous faites preuve d'audace en vous orientant vers celui que vous pensez avoir été délaissé par les autres candidats. En d'autres termes, il serait habile que vous procédiez à l'interrogation du membre de jury le moins fréquemment questionné…

b. Quelles questions poser ?

A ce stade également, vous vous retrouvez face à un choix. Vous pouvez en effet opter pour une interrogation classique ou, tout au contraire, tenter une interrogation plus osée, sortant des sentiers et des candidats battus… Naturellement, procéder à l'interrogation du membre de jury attendu n'est pas répréhensible en soi, notamment si vous vous retrouvez face à un Directeur Marketing et que vous aspirez à terme à occuper cette fonction. Néanmoins, ce choix impose que vous soyez capable de poser des questions pertinentes en matière marketing, donc que vous possédiez déjà des notions en la matière.

L'approche classique consiste logiquement à poser des questions touchant à la situation professionnelle de votre interlocuteur. Elles traiteront alors par exemple des enjeux du poste occupé, des qualités requises pour exercer la fonction qu'il occupe, les principales difficultés qu'il rencontre, les apports de Grenoble Ecole de Management ou de sa formation, mais également les conseils à donner à un plus jeune voulant exercer ce métier…

A l'identique, si un des membres de votre jury exerce une fonction dans les ressources humaines, vous pouvez lui demander ce qu'il pense de l'état du marché du travail, sa vision des impacts des nouvelles technologies sur le recrutement, les conseils qu'il donnerait à un jeune diplômé…

L'approche plus osée consisterait, à titre d'illustration, à questionner votre interlocuteur sur un de ses centres d'intérêt, une de ses passions ou à partir d'un sujet d'actualité pour recueillir sa perception des choses.

Si nous prenons l'exemple des centres d'intérêt, votre entretien pourrait être structuré autour des grandes questions suivantes :

– Hormis votre travail, quel est votre principal centre d'intérêt ? Qu'aimez-vous principalement faire ?

  Situons-nous dans l'hypothèse selon laquelle votre interlocuteur vous a répondu adorer le théâtre.

- Vous-même, pratiquez-vous le théâtre en amateur ?
- Depuis combien de temps ?
- Pourquoi aimez-vous le théâtre ?
- Que vous apporte la pratique du théâtre amateur ?
- Y allez-vous fréquemment ?
- Quels sont vos auteurs de pièces préférés ? Et pourquoi ?
- Etes-vous déjà allé au Festival d'Avignon ?
- Compte tenu du développement des medias électroniques, comment pensez-vous qu'il soit possible de motiver les jeunes et de les amener au théâtre ?
- …

En tout état de cause, quel que soit le sujet que vous choisissez de traiter, veillez à n'en traiter qu'un principal. Dans le cas inverse, vous éprouveriez des difficultés à synthétiser les propos de votre interlocuteur.

c. Précautions à prendre

Comme pour tout exercice, il convient de se demander ce en quoi consistent les attentes de ses concepteurs, ce en quoi consistent les règles du jeu. En l'espèce, l'épreuve de l'entretien inversé vise tout à la fois à mesurer votre créativité et votre adaptation face à une personne inconnue, à évaluer votre capacité d'écoute, de rebond et votre aisance à communiquer. Partant, vous devez aspirer à faire montre de ces capacités et aptitudes. Dans cette optique, vous devez prendre les précautions suivantes.

Parce que le « jeu » consiste à ce que vous posiez des questions et à ce que votre interlocuteur réponde, veillez à poser des questions brèves, claires, directes et à les poser une par une. De plus, vous devez choisir vos questions de telle façon que votre interlocuteur puisse y répondre simplement, précisément et brièvement ! Le membre du jury que vous questionnerez jouera le jeu et aspirera à vous aider : vous devez donc l'aider à vous aider !

Afin de le laisser répondre, vous devez veiller également à ne pas trop parler. Certains candidats, se trompant alors d'exercice, entament un dialogue avec leur interlocuteur et réagissent à ses réponses. Si vous devez vous servir de ses réponses pour rebondir, votre objectif demeure de poser des questions, non de débattre avec lui. De ce point de vue, la posture devant être la vôtre s'assimile à celle d'un journaliste. Par voie de conséquence, vous devez veiller à ne pas couper la parole à votre interlocuteur.

Vous devez donc parler peu, très nettement moins que votre interlocuteur. Vous ne demeurez néanmoins pas passif et devez manifester de façon ostensible votre écoute. Cette écoute passera par votre regard, des signes et mots d'accord (« d'accord »,

« oui, je vois »...) et, naturellement, la prise de notes. Pour autant, vous pouvez naturellement rebondir sur certains de ses propos, du type : « ah, intéressant ! », « je ne savais pas ». Idéalement, vous faites de temps à autre le lien entre deux questions avant de lui poser la seconde.

Même si ce type d'exercice se prépare et s'apprivoise, vous ne devez pas aller jusqu'à préparer à l'avance une batterie de questions que vous désireriez poser à votre interlocuteur. L'entretien serait alors factice et ressenti comme tel par le jury. Ce dernier est tout à fait prêt à admettre hésitations ou temporisations de votre part. Fondamentalement en revanche, son attente porte sur la capacité d'empathie qui est la vôtre.

En d'autres termes, quel que soit le sujet et votre interlocuteur, vous devez parvenir à faire ressentir que ce dernier vous intéresse et que ses propos vous enrichissent. Votre réussite est à ce prix.

d. Que dire en synthèse ?

A l'issue d'une petite dizaine de minutes, vous devez, de vous-même, signaler que le temps de l'échange est clos et que vous allez procéder à une synthèse de ce que vous avez recueilli. Là aussi, vous devez surveiller le temps et ne pas attendre que le jury vous demande de réaliser la synthèse. La maîtrise, du temps et de l'exercice, sera appréciée.

Comme son nom l'indique, une synthèse est... synthétique. Par voie de conséquence, vous devez procéder à une restitution succincte et structurée. Vous pouvez tout à fait vous adresser directement à votre interlocuteur et lui rappeler ses propos en vous appuyant sur les notes que vous avez prises durant l'entretien. Il sera attendu de vous que vous parveniez, en respectant le temps imparti, à relier entre elles les principales idées développées par votre interlocuteur, donc à restituer au fond la logique ayant prévalu à votre propre questionnement.

[2. L'entretien de motivation]

Dernière étape de l'oral d'admission, l'entretien de motivation, d'une durée d'un quart d'heure, apparaît plus classique. Ce classicisme s'exprime tant sur le plan de la forme que sur le fond. Comme à l'entrée de tout école en effet, le jury de Grenoble éprouve le besoin de vous cerner, d'en savoir plus sur vous, qui vous êtes, d'où vous venez et où vous comptez vous rendre. Il vous posera des questions auxquelles vous devrez répondre avec brièveté et concision.

En raison notamment de la courte durée de cette partie de l'oral d'admission, il vous faut impérativement la préparer avec une grande rigueur. Pour ce faire, appuyez-vous notamment sur la structure en 4 « P » et le triangle des attentes présentés dans cet ouvrage. Il vous faut ressortir de votre entretien avec la certitude que vous avez clairement évoqué votre parcours et votre projet professionnel, que vous avez expliqué les raisons de votre candidature à Grenoble EM et que vous avez démontré en quoi votre personnalité et vos qualités seront des atouts pour l'Ecole que vous convoitez.

Là aussi, soyez convaincant. Le jury attend fondamentalement, comme le précise le directeur dans les conseils donnés aux étudiants sur le site web de l'école, que vous lui « donniez envie de vous recruter » : soyez donc enthousiaste, motivé et vous deviendrez motivant !

2. L'entretien a Skema Business School

Skema BS demande à ce que vous apportiez avec vous le jour de l'entretien un **CV projectif à 10 ans (apportez-le en 4 exemplaires).** Autrement dit, si vous êtes candidat en 2014 alors votre CV devra s'arrêter à 2024.

Le CV projectif de Skema prouve, s'il en était encore besoin, que le **Projet professionnel** joue un rôle déterminant dans l'appréciation du jury de votre « vocation » à entreprendre des études de commerce et de management. Notez bien que ce CV projectif fera l'objet d'un échange avec le jury sur la moitié (voire les trois-quarts) de l'entretien. Le reste de l'entretien sera quant à lui consacré à votre parcours antérieur ainsi qu'à votre actualité du moment.

[CV projectif : comment se distinguer ?]

1. Conseil numéro 1 : ne pas chercher à se distinguer !

En ce qui concerne les parties de votre CV consacrées à votre « Parcours académique » et à votre « Projet professionnel », vous devez faire en sorte de coller très précisément aux parcours et programmes proposés par l'école ainsi qu'à ce qui se fait couramment dans le monde professionnel en termes de parcours et de carrière.

Concernant votre « Parcours académique », le jury attend que vous soyez parfaitement en phase avec les programmes de l'école et ses spécificités. Skema vérifie ainsi que vous connaissez les programmes, les échanges, les Masters, les typologies de cours sur le bout des doigts et que vous vous êtes ainsi parfaitement renseigné sur l'école dans laquelle vous envisagez de passer les 2 ou 3 prochaines années de votre vite. Ne cherchez donc surtout pas à vous démarquer dans cette partie. Concentrez-vous plutôt sur la brochure de l'école (distribuée dans les salons et journées portes ouvertes) ainsi que sur le site web de l'école.

Concernant votre « Parcours professionnel », vous devez absolument consulter des sites comme LINKEDIN ou VIADEO. Créez un compte en quelques minutes puis faites des recherches par secteur / entreprise / fonction (métier) et inspirez-vous autant que possible des parcours des personnes ayant été diplômé de leur école 7 à 8 ans auparavant.

2. Conseil numéro 2 : distinguez-vous !

Il va pourtant bien falloir vous distinguer des autres candidats !

Voici donc 4 astuces testées et approuvées pour faire la différence le jour J :

1. N'oubliez jamais que le secteur dans lequel vous voulez travailler va connaître d'**importants bouleversements dans les 10 années à venir.** Ainsi, si vous souhaitez rejoindre l'industrie du textile, alors vous pourrez par exemple préciser dans la fonction que vous occuperez que vous êtes en charge du développement des « tissus intelligents » (tissus capables de modérer la transpiration, tissus respectueux des allergies, tissus capables d'évaluer le niveau de fatigue musculaire ou encore des tissus qui conservent la fragrance de votre choix même après plusieurs lavages). Si vous êtes intéressé par le secteur automobile, pourquoi pas évoquer des projets de voitures sans conducteur à propulsion magnétique. Montrez, dans le descriptif du poste que vous aimeriez occuper dans 10 ans, que vous avez bien pris en compte le fait que le monde aura changé ! Le jury y sera très sensible. Pour cela, allez vite sur **Google Actualités** et faites autant de recherche qu'il faut pour bien comprendre la nature des bouleversements à venir.

2. Vous devrez prendre en compte l'environnement politique, démographique, géographique, économique, social, technologique, légal… du secteur dans lequel vous travaillerez en 2014. **A l'oral surtout !** Car cela sera difficile de rendre compte de cela par écrit sur le CV.

3. **Apportez une forte dimension internationale à votre carrière.** L'international est inscrit dans les gênes de Skema. En plus du fameux échange universitaire à l'étranger, vous devez absolument envisager a minima un ou deux postes à l'étranger dans votre CV projectif. Choisissez un pays dans lequel vous aimeriez sincèrement travailler et pour lequel vous prendrez du plaisir à effectuer de nombreuses recherches sur Internet (car à coup sûr, on vous demandera pourquoi le Japon et pas la Chine ?).

4. Dans la partie « **Langues et informatique** » et « **Activités associatives & hobbies** », n'hésitez pas à évoquer une langue, un langage de programmation, un logiciel ou encore une activité sportive ou culturelle que vous ne connaissiez pas avant d'intégrer Skema. Cela montrera au jury que vous aurez à cœur de développer de nouvelles compétences et de nouveaux talents une fois admis au sein de l'école ! Le jury sera flatté à l'idée que l'école aura contribué à votre épanouissement et développement personnel le temps de votre scolarité en son sein.

4. LE CAS DES MASTERES SPECIALISES

Compte tenu du grand nombre de mastères spécialisés proposés par les Ecoles de commerce, il est difficile de dresser ici le détail exact de toutes les pièces demandées pour la réalisation d'un dossier de candidature. Nous pouvons néanmoins vous communiquer – de manière non exhaustive – les documents à fournir généralement dans un dossier de candidature à un mastère spécialisé.

Souvent constitué en ligne sur le site Internet de l'Ecole, le dossier permet de retracer l'ensemble de votre parcours. Diverses pièces justificatives peuvent donc vous être demandées, notamment vos diplômes, vos relevés de notes ou encore des attestations de stage.

Par ailleurs, un dossier de candidature en mastère spécialisé exige fréquemment que vous communiquiez votre CV. Il peut aussi demander de joindre une lettre de motivation explicitant les raisons de votre candidature.

Un certain nombre de mastères spécialisés prévoient également des questions auxquelles vous devez répondre avec un nombre de caractères limités. Ces questions portent généralement sur votre parcours, votre projet professionnel ou encore votre motivation à rejoindre un mastère spécialisé.

Ici encore, accordez de l'importance au fond comme à la forme. Dans le cas de la lettre de motivation, ne la négligez pas car elle permet au jury de bien comprendre tout le sens de votre candidature. Les jurys la lisent toujours avec beaucoup d'attention.

Veillez enfin à n'oublier aucun document au risque d'être éliminé du processus d'admissibilité.

[Dossier d'une étudiante ayant intégré un mastère spécialisé]

Dossier MS ESSEC

Quelles sont vos motivations pour présenter ce MS de l'ESSEC ?

Mon projet professionnel est ambitieux : je souhaite rejoindre la direction juridique d'une grande entreprise. Je fais le choix d'un grand groupe car c'est dans ce type de structure qu'il y a une réelle diversité des tâches à accomplir.
J'ai conscience que l'exercice d'une telle fonction convoque des compétences pluridisciplinaires en management, une vision transversale des différents métiers de l'entreprise ainsi qu'une fine connaissance du monde socio-économique.
Une connaissance pointue des matières économiques, comme la gestion de l'entreprise est nécessaire. De plus, savoir répondre aux problématiques d'une entreprise, savoir quelle attitude adopter dans n'importe quel type de situation est indispensable.
Tous ces enseignements sont dispensés par votre formation, et pour mener à bien mon projet professionnel, il m'est indispensable d'intégrer votre programme qui répondra alors à toutes mes attentes : compléter ma formation juridique par les enseignements adéquats, avoir l'occasion d'effectuer un stage en entreprise, milieu professionnel dans lequel je n'ai pas encore eu l'occasion d'évoluer, et vers lequel je me destine à terme.

Après une formation poussée en droit des affaires, j'ai toujours souhaité compléter mes compétences juridiques par une connaissance approfondie du monde des affaires. Ainsi, un Master à l'ESSEC constitue l'aboutissement logique à ma formation de juriste d'affaires. Dans ce domaine, il est aujourd'hui indispensable d'être compétent tant en droit qu'en management et en finance. Ces disciplines sont intimement liées au droit des affaires. Je ne conçois pas exercer une profession d'avocat d'affaires sans avoir bénéficié d'une formation complète en Business telle que celle enseignée dans le cadre du *mastère spécialisé Droit des Affaires Internationales et Management* de l'ESSEC. Les matières enseignées, comme la compatibilité ou la finance d'entreprise, ainsi que les méthodes de travail (jeu de simulation, développement personnel...) sont autant d'aspects qui me séduisent dans ce programme. Je suis convaincue que cette formation, dans une école aussi prestigieuse que l'ESSEC, sera un gage de réussite professionnelle. D'un point de vue personnel, elle me permettra également de rencontrer des étudiants de divers horizons et d'échanger avec eux sur des thèmes qui nous serons chers.

Comment voyez-vous votre avenir professionnel ?

Après un solide parcours en droit des affaires, j'ai intégré en janvier 2011 l'Ecole de Formation des Barreaux de la Cour d'Appel de Paris (EFB).
A court terme, je souhaiterais donc intégrer votre *mastère spécialisé droit des affaires internationales et management* et faire valider cette année de spécialisation en tant que PPI au sein de l'EFB. Je présenterai ensuite mes candidatures dans différents cabinets d'avocats spécialisés en droit des affaires, afin d'effectuer mon stage final de six mois, obligatoire au sein du cursus de l'EFB.
A la sortie de l'EFB, j'aimerais exercer dans un cabinet d'avocat tant en conseil qu'en contentieux afin d'accumuler les expériences et rejoindre à terme la direction juridique d'une grande entreprise. Je fais le choix d'un grand groupe car c'est dans ce type de structure qu'il y a une réelle diversité des tâches à accomplir. En effet, le directeur juridique en entreprise est responsable de l'ensemble des problématiques juridiques de l'entreprise pour laquelle il travaille. Il conseille la direction et les opérationnels, assure la veille juridique, rédige les actes juridiques, intervient sur des opérations ponctuelles, est en charge de la gestion de tous les contentieux. Coordinateur d'une équipe de juristes, il a un rôle clef dans la défense et la protection des intérêts de son employeur.
Je souhaiterais embrasser une carrière internationale, et j'aimerais donc à moyen terme pouvoir exercer à l'étranger, aux Etats-Unis ou en Angleterre par exemple.

Que pensez-vous apporter au MS ESSEC auquel vous postulez ?

Je suis convaincue que ma formation poussée en droit des affaires, et les enseignements pratiques que je reçois à l'EFB apporteront une réelle valeur ajoutée au programme. Comme je le fais déjà au sein de mon groupe de travail de l'EFB, je souhaite mettre à profit mes qualités humaines, mon dynamisme, mon ouverture d'esprit dans le travail en équipe.

J'arriverai à l'ESSEC avec la volonté de faire découvrir aux autres étudiants les expériences professionnelles que j'ai pu avoir, avec l'envie de connaître aussi leur parcours et leur vision de la sphère juridique.

J'ai également pour objectif de représenter les couleurs de l'ESSEC et de mon MS au travers des différents salons et journées portes ouvertes comme tout au long de ma carrière professionnelle.

Quelle description donneriez-vous à quelqu'un qui ne vous connaît pas ?

Mes amis disent de moi que je suis une personne sociable et très fiable.

Habituée des travaux de groupe et ayant un fort esprit d'équipe, ma combativité et mon dynamisme me permettent bien souvent d'être perçue comme un leader.

5. SUBLIMEZ VOTRE CV

Apprendre à réaliser un bon CV est un atout déterminant pour un candidat aux admissions parallèles en Ecoles de commerce ou pour un candidat en mastère spécialisé. En effet, **il vous faut généralement fournir un CV dans votre dossier de candidature**, c'est le cas par exemple pour le concours AST de l'ESSEC et de Toulouse BS. **Il est également fréquent que le CV serve de support à votre entretien de motivation** (comme dans un entretien d'embauche).

Deux cas de figure peuvent se présenter :

1. Vous avez déjà joint votre CV avant l'entretien, notamment dans le cas du dossier de candidature ;
2. Vous devez réaliser votre CV – généralement sur un document pré-formaté – durant un temps de préparation dont vous bénéficiez avant votre entretien.

Retenez que la réalisation d'un bon CV est un investissement de longue haleine. **Toute votre vie, il vous faudra présenter votre CV**, pour un stage, pour un emploi ou pour toute autre candidature professionnelle, voire extra-professionnelle. Vous n'avez pas d'autre choix que d'y passer du temps.

[Un CV = 1 page claire ET lisible]

Le CV d'un jeune étudiant doit pouvoir tenir sur une page. Vous n'avez pas encore une longue carrière professionnelle derrière vous, de multiples postes à responsabilité ou de nombreuses expériences internationales. Une page doit donc vous suffire pour retracer votre parcours, vos diverses expériences et vos centres d'intérêt.

On ne le redira jamais assez : **la forme d'un CV est fondamentale**. Dites-vous bien que **celui qui lit votre CV en reçoit généralement des dizaines chaque jour**. C'est vrai pour un correcteur de dossier de candidature à une admission parallèle en Ecole de commerce qui est prié de lire plusieurs dossiers par jour. C'est aussi vrai pour un recruteur qui – une fois l'offre de stage ou d'emploi publiée – reçoit plusieurs dizaines de candidatures par jour.

Un CV mal présenté, c'est un CV sévèrement noté par les jurys dans le cas d'un concours, jeté à la poubelle dans le cas d'une candidature pour un stage ou un emploi.

Adoptez donc un style simple et clair. Un style simple signifie que vous devez absolument éviter toute surcharge de police, de couleur et autres gadgets de mise en forme. Choisissez un code facilement compréhensible. Limitez vos extravagances à l'italique et au gras, éventuellement un zeste de couleur, pour les titres des catégories par exemple. **Un style clair signifie qu'un inconnu doit pouvoir parcourir votre CV en 30 secondes et disposer de toutes les informations nécessaires pour vous connaître**. Autrement dit, bannissez une typographie trop petite, espacez votre texte et suivez la règle des quatre catégories que nous allons vous présenter maintenant.

[Quatre catégories pour un CV]

Un CV classique doit posséder quatre catégories. Il n'existe pas de titre strictement défini pour ces quatre catégories. Vous pourrez donc les adapter en fonction de vos préférences.

1. Parcours académique

Vous devez détailler votre parcours depuis le baccalauréat. Généralement, la disposition retenue vise à remonter dans le temps. Autrement dit, votre formation actuelle figure en haut de cette catégorie, et votre baccalauréat – avec la section suivie et la mention obtenue – en bas.

Pour chaque formation, veillez à spécifier le titre du diplôme, l'établissement dans lequel vous l'avez suivie, sa durée et à donner quelques détails (par exemple, les cours suivis).

2. Expériences professionnelles

Vous devez lister l'ensemble de vos expériences professionnelles (jobs étudiants, stages, emplois, intérim, etc.) en précisant l'établissement dans lequel vous les avez réalisées, leur durée et le contenu de vos missions.

Comme votre CV doit tenir sur une page, cette rubrique peut être ajustée en fonction de la place dont vous disposez. Si vous devez réduire la taille de votre CV, vous pouvez choisir de ne pas citer les expériences les moins significatives ou celles qui vous mettent le moins en valeur, compte tenu de votre projet professionnel.

3. Compétences diverses

Dans cette catégorie, vous pouvez indiquer toutes les compétences que vous possédez et qui vous paraissent importantes pour votre candidature. Il s'agit principalement des langues que vous maîtrisez – avec le détail de votre niveau – mais aussi de vos connaissances en informatique.

Cette catégorie peut également servir à indiquer d'éventuels diplômes spécifiques – par exemple le BAFA (Brevet d'aptitude aux fonctions d'animateur) – ou formations extra-académiques, par exemple un séminaire dans un domaine particulier.

4. Centres d'intérêts et projets associatifs

Vous êtes invité à préciser l'ensemble de vos centres d'intérêt (qui prennent une place significative dans votre vie), dans le domaine sportif, culturel, ou autres. Des détails sur le nombre d'années de pratique, d'éventuels classements, prix ou récompenses sont également les bienvenus.

Profitez de cette catégorie pour mentionner aussi vos expériences associatives en indiquant le nom de la structure, sa mission, votre rôle et la durée de cet engagement.

La pédagogie de cet ouvrage reposant sur un aspect opérationnel très fort, voici un exemple de bon CV. Il n'existe pas une unique version de bon CV, mais celui que nous vous présentons a le mérite d'en être un.

[Un bon CV !]

Arthur DIETRICH

43, chemin du Hirzensteg - 68000 Colmar

+33(0)6 48 73 63 44

arthur.dietrich@edhec.com

Permis B,

25 ans

FORMATION

Depuis 2010 **EDHEC Business School, Lille, France**
Master of Business Management

2008 - 2009 **University of Lincoln, Royaume-Uni**
Bachelor in European Business, spécialisation Marketing, mention bien – Diplômé

2005 - 2008 **DUT Techniques de commercialisation, Colmar, France**
Section sportif de haut niveau, major de promotion – Diplômé

EXPERIENCES PROFESSIONNELLES

Juin 2010-Décembre 2010 **Ben & Jerry's, Unilever, France**
Assistant Brand Manager

- Développement de nouveaux produits (Brief agence, test sur panel, packaging...)
- Analyse des ventes mensuelles et élaborations des tendances du marché.
- Développement du nouveau site Internet Ben & Jerry's.
- Mise en place d'activation GMS (foire aux glaces), franchisés (Free cone day), consommateur (Fair cone night, Facebook).

Septembre 2009-Mars 2010 **Levi's® Europe, Bruxelles, Belgique**
Assistant du manager des relations publiques Europe

- Mise en place du stand Levi's® au Bread&Butter (plus grand salon de prêt à porter en Europe)
- Organisation de la campagne Levi's® pour le Worlds AIDS day in store
- Veille concurrentielle : nouveautés, merchandising, publicité, benchmark prix

Janvier 2009 – Décembre 2010 **Decathlon, Villeneuve d'Asq, France**
Consultant Marketing pour B'Twin (statut auto-entrepreneur)

- Développement de la gamme BMX B'Twin : création de la gamme actuelle, modification de la communication (média-planning) et changement de cible
- Participation au shooting photo et vidéo du catalogue cycle à Los Angeles

Janvier 2010 – Décembre 2010 **Pull-in underwear, Hossegor, France**
Sport Team-manager Europe (statut auto-entrepreneur)

- Développement de l'équipe sportive en Europe
- Gestion des relations presse (placement de produits, interviews)
- Organisation de tournées promotionnelles aux USA et en Europe

LANGUES ET INFORMATIQUE

Langues : **Français** : langue maternelle
Anglais : bilingue (2 années passées en Angleterre, 890 au TOEIC listening & reading)
Espagnol : bonne maîtrise

Logiciels : MS-Office (Excel, PowerPoint, Word), Keynotes, Pages, Adobe Scene 7, Photoshop, IRI

CENTRES D'INTERET

Engagement associatif : Président et créateur d'EC/DC association EDHEC
Promouvoir et développer les tendances urbaines sur Lille en créant des événements originaux (vide-dressing, contest de BMX, session de street golf). Budget 2010 : 55000€

Activités sportives : **Professionnel en BMX** (Top 15 européen), golf, running, ski

Activités culturelles : Voyages, expositions, concerts, cuisine

[Et pour les candidats « seniors » ?]

Pour les mastères spécialisés, certains candidats ne sont plus des étudiants. Ils postulent ainsi après plusieurs années d'expérience professionnelle. Pour ceux qui s'identifient à ce cas, nous souhaitons simplement ajuster notre propos sur la manière de réaliser votre CV.

Il va de soi que la partie sur les expériences professionnelles est appelée à être bien plus dense que pour un candidat étudiant. Donc n'hésitez pas détailler vos différents postes et les missions que vous avez effectuées. De toute évidence, la présentation de votre carrière professionnelle occupera une large part de votre entretien. Autant y accorder une grande importance sur votre CV !

En contrepartie, la catégorie des centres d'intérêt et des expériences associatives est souvent moins importante que pour un candidat étudiant... voire inexistante. Les préoccupations d'un candidat de 40 ans sont logiquement bien différentes de celles d'un candidat de 24 ans.

Sachez que dans votre cas, vous avez la possibilité de dépasser une page pour votre CV. Le fait d'apporter des détails utiles permettant une meilleure compréhension de votre carrière professionnelle est généralement bien perçu par un jury d'entretien.

6. MARQUEZ DES POINTS AVEC VOTRE LETTRE DE MOTIVATION

Ici encore, les conseils que nous allons vous fournir pourront vous servir au-delà de votre concours. Durant votre carrière professionnelle, vous serez toujours amené à rédiger des lettres de motivation.

[A quoi sert une lettre de motivation ?]

Une lettre de motivation – comme son nom l'indique – permet de **prendre connaissance des raisons qui vous amènent à candidater à un concours** ou à une offre d'emploi. Plus globalement, la lettre de motivation est un moyen efficace pour un jury ou pour un recruteur de faire un premier tri.

1. Elle évalue l'<u>intérêt</u> et la <u>cohérence</u> de votre candidature au regard des critères de sélection.
2. Elle permet de savoir si vous vous êtes renseigné sur l'objet de la candidature, notamment votre degré de connaissance de l'Ecole (pour un concours) ou de l'entreprise (pour une offre d'embauche).

3. Elle permet de mesurer vos aptitudes rédactionnelles. Elle vous impose en effet de présenter votre candidature, en une page, de manière claire et organisée, à l'image des présentations professionnelles que vous serez amené à faire en entreprise.
4. Enfin, elle permet de détecter d'éventuelles lacunes en orthographe. A ce sujet, soyez conscients que faire une faute d'orthographe – dans une lettre qui ne dépasse pas une page – est particulièrement mal vu par les jurys ou les recruteurs.

Nous allons maintenant décrypter ensemble les différents éléments à faire figurer dans une lettre de motivation pour une candidature en admission parallèle au sein d'une Ecole de commerce ou une candidature à un mastère spécialisé.

[Une lettre de motivation = 1 page avec 4 paragraphes]

Premier paragraphe : annonce de votre candidature

Le premier paragraphe est très formel. Il vous permet d'annoncer trois choses :

1. Votre statut actuel ;
2. La raison de cette lettre ;
3. Le projet professionnel qui anime votre candidature.

Deuxième paragraphe : pourquoi ce projet professionnel ?

Nous vous l'avons déjà écrit à plusieurs reprises, votre projet professionnel est la pierre angulaire de votre candidature. Il est donc naturel qu'il figure en bonne place dans votre lettre de motivation.

Ainsi, une fois que vous avez annoncé votre projet professionnel dans le premier paragraphe, vous êtes invité à préciser ce projet – si vous le jugez nécessaire – et à en expliquer les motivations. Pour ce faire, vous pouvez vous appuyer sur de nombreux éléments qui peuvent être, par exemple, votre parcours antérieur, vos expérience diverses, les qualités requises pour ce projet, les valeurs du secteur que vous convoitez, etc.

Ce paragraphe est central dans votre lettre puisqu'il est le cœur même de votre motivation à rejoindre une Ecole de commerce.

Troisième paragraphe : pourquoi une Ecole de commerce ?

Après avoir annoncé votre projet professionnel et les raisons de ce choix, vous devez expliquer dans un premier temps en quoi une Ecole de commerce peut vous être utile pour réaliser ce projet. Dans un second temps, vous devez justifier le choix de l'Ecole de commerce à qui est adressée la lettre. Autrement dit, il s'agit d'éclairer le jury sur le choix de leur Ecole plutôt qu'une autre. Pour cela, vous devez mettre en avant les spécificités et les atouts de l'Ecole au regard de votre projet.

Vous pouvez ainsi vous appuyer sur trois arguments pour justifier un choix d'Ecole :

1. Le programme pédagogique, c'est-à-dire des spécificités au niveau du programme, des cours, etc. ;
2. L'équipe professorale, en citant par exemple le nom d'un professeur particulièrement réputé dans le domaine professionnel vers lequel vous êtes orienté ;
3. L'international, avec l'offre d'un échange ou la présence d'un campus dans un pays où vous aimeriez travailler à court ou moyen terme.

Quatrième paragraphe : ce que vous pouvez apporter à votre future Ecole

Pour terminer votre lettre, il est souhaitable de montrer ce que vous pouvez apporter à l'Ecole et de prouver que vous souhaitez vous intégrer pleinement à la vie de cette institution. Au regard de vos expériences associatives et autres centres d'intérêt, vous pouvez alors évoquer de manière très concrète une association que vous souhaiteriez rejoindre au sein de votre future Ecole ou une compétence particulière que vous possédez et que vous aimeriez mettre au service de votre future Ecole.

A nouveau, nous souhaitons un ouvrage le plus pédagogique possible. Aussi, nous vous proposons un exemple de lettre de motivation. Nous nous plaçons dans le cas d'un candidat qui postule au concours AST de l'ESSEC Business School.

[Une lettre de motivation très efficace]

[redacted]

LETTRE DE CANDIDATURE

Madame, Monsieur,

J'ai l'honneur de vous adresser ma candidature à l'admission sur titre de l'ESSEC MBA. Je souhaite embrasser au terme de mes études la profession d'avocat spécialisé en droit de l'entreprise, sans toutefois exclure un poste en entreprise, notamment au sein d'une direction juridique. En effet, le monde de l'entreprise et des affaires que j'ai découvert par le biais de mes parents, dirigeants d'une PME, ainsi qu'au cours de mes stages, a suscité chez moi un vif intérêt.

Si j'ai reçu jusqu'à présent une formation technique de juriste, je veux lui adjoindre une formation complémentaire et plus généraliste en gestion, afin d'appréhender la vie des entreprises non seulement sous ses aspects juridiques (notamment avec la prévention du « risque juridique »), mais également sous ses aspects commerciaux, financiers ou managériaux. Une formation dans une grande école de gestion me donnerait les moyens de conseiller les entreprises au mieux de leurs intérêts, que ce soit en externe ou en interne, grâce à une meilleure compréhension de leurs attentes. Par ailleurs, elle me permettrait de mettre en pratique mon leadership dans les travaux qui nous seront soumis tels que présentations ou études de cas.

Le choix de l'ESSEC s'explique par son excellence académique doublée d'une philosophie humaniste : l'école se donne en effet pour objectif de former des futurs managers responsables, ce à quoi je suis particulièrement sensible. Mon intérêt pour l'ESSEC MBA s'est par ailleurs vu renforcé à la suite des cours qui nous ont été dispensés sur le campus de Cergy dans le cadre du partenariat existant entre le master juriste d'affaires de Sceaux (Paris XI) et l'ESSEC. J'ai particulièrement apprécié l'interactivité des cours et les mises en situation qui nous permettent d'anticiper les attentes de nos futurs employeurs. En outre, l'ambiance régnant sur le campus, à la fois studieuse et conviviale, me semble propice à un épanouissement tant scolaire que personnel, les rencontres entre étudiants se faisant très facilement. J'ajoute que la possibilité de concilier apprentissage pratique et recherches par le biais des monitorats de recherche et des chaires d'enseignement comme celle de *private equity* me séduit. En effet, nous avons réalisé l'an passé une étude collective entre juristes et étudiants de l'ESSEC sur les secteurs stratégiques, dans le cadre du nouveau Centre européen de droit et d'économie, qui me donne envie de renouveler l'expérience. Les échanges avec mes camarades de promotion, étudiants en dernière année à l'ESSEC, ont conforté mon intérêt pour l'école. J'envisage notamment de suivre une partie du cursus sur le site de Singapour, un tel objectif allant de paire avec mon souhait de progresser dans la pratique des langues étrangères et de découvrir de nouvelles cultures. Enfin, je compte m'investir dans la vie associative riche de l'école, après une première expérience concluante en tant que trésorier du master, mais cette fois dans une dimension citoyenne (association *Débat & vous)* ou humanitaire (*ESSEC partenariat humanitaire*).

Titulaire d'un Master 2 Juriste d'affaires en partenariat avec l'ESSEC, Mention Assez Bien, obtenu l'an passé à la faculté Jean Monnet de Sceaux (Université Paris XI), j'ai également préparé le concours d'entrée au Centre régional de formation à la profession d'avocat de Versailles que j'ai obtenu en décembre de la même année. Je sais que je dispose des qualités nécessaires pour intégrer avec succès votre école, comme une grande ouverture d'esprit ou un sens des relations humaines. Je pourrai également faire profiter mes camarades de ma formation juridique et de mes expériences professionnelles, notamment en cabinet d'avocats.

Demeurant à votre disposition pour toutes informations complémentaires, j'espère avoir l'opportunité de vous convaincre de l'intérêt de ma candidature et de la cohérence de mon projet professionnel au cours de la phase d'admission, et vous prie d'agréer, Madame, Monsieur, l'expression de ma haute considération.

7. MINIS CV ET MINI QUESTIONNAIRES : 3 REGLES FONDAMENTALES A RESPECTER

Le jour où vous serez convoqué pour l'entretien, la grande majorité des écoles vous demanderont de remplir, avant d'entrer en salle, un mini CV ou mini questionnaire. C'est notamment toujours le cas pour les étudiants des classes préparatoires.

Certaines écoles vous enverront le mini CV/questionnaire à remplir au moment où vous serez déclaré admissible, d'autres vous demanderont de le remplir sur place, à l'école, quelques heures ou quelques minutes avant d'entrer en salle d'entretien.

Dans tous les cas, ces mini CV/questionnaires seront destinés à « nourrir » la discussion sur la base d'éléments que vous aurez librement choisi d'évoquer. Il convient donc de rédiger vos réponses avec le plus grand soin.

Voici 3 règles fondamentales à respecter.

[Règle n° 1 : valorisez les informations les plus importantes]

En d'autres termes, n'attendez pas la dernière ligne pour annoncer la couleur. C'est dans les premiers mots que tout se joue. **Les jurys n'ont jamais le temps de TOUT lire.** Ils survolent et lisent en général les 2 premières lignes de chaque réponse (quand ce n'est pas les 5 ou 6 premiers mots !)
Une astuce qui fait ses preuves : **soulignez à chaque fois 3 ou 4 mots clés de votre réponse**.

[Règle n° 2 : soyez original !]

L'entretien de motivation doit au jury de mieux connaître le candidat… pour bien faire le tri entre les futurs admis et ceux qui ne le seront pas ! Le mini CV/questionnaire doit donc constituer pour vous une **occasion unique de révéler précisément votre personnalité, vos particularités, vos goûts !** Vous aimez la cuisine créole ? Dites-le ! Vous êtes fan d'Amélie Mauresmo ou de musique baroque ? Dites-le aussi. Ne cherchez pas à apporter une réponse « parfaite » ou encore **la** réponse que vous croyez être la meilleure. Rédigez VOTRE réponse, sans gêne et sans calcul.

[Règle n° 3 : soyez intransigeant sur l'orthographe et la présentation]

Souvenez-vous que « La première impression est toujours la bonne, surtout si elle est mauvaise ! ». Ne laissez donc passer aucune faute d'orthographe !

Surtout, utilisez des mots simples et clairs. Ne cherchez pas la performance au niveau du style. Ce conseil vaut surtout pour les élèves de prépas, habitués à rédiger de façon soutenue en culture générale. Soyez simples dans vos réponses.

8. LES RECETTES D'UN EXPOSE DE CULTURE GENERALE REUSSI

Certains concours vous imposeront de traiter, à l'oral, des sujets de culture générale. C'est par exemple le cas de PSB Paris School of Business ou d'AUDENCIA.

Nous vous proposons ici une liste de sujets de concours sur lesquels vous pouvez vous entraîner, une méthode ainsi que deux sujets corrigés et commentés.

1. 120 SUJETS DE CULTURE GENERALE TOMBES AUX CONCOURS

1. Réussir à tout prix
2. Qu'est-ce qu'entreprendre ?
3. Madrid ou Stockholm ?
4. « Partir, c'est mourir un peu »
5. Les formulaires administratifs sont-ils la gangrène de l'entreprise ?
6. Pour ou contre les « golden parachutes » des grands patrons ?
7. Faut-il interdire les délocalisations ?
8. Les droits de l'homme sont-ils universels ?
9. Faut-il encore investir dans Internet ?
10. La publicité sert-elle encore à quelque chose ?
11. L'argent fait-il le bonheur ?
12. Un pays a-t-il besoin d'une élite ?
13. Pour ou contre la méritocratie ?
14. Le changement amène-t-il le progrès ?
15. L'Europe est-elle en panne ?
16. La femme est-elle l'avenir de l'homme en politique ?
17. Oui, chef !
18. Y a-t-il des domaines étrangers à la raison ?
19. Le mystère
20. L'illusion
21. L'être et le devenir
22. Le regret
23. « Aucun coupable n'est absous devant son propre tribunal »
24. « C'était écrit »
25. Le doute
26. La lettre et l'esprit
27. Liberté, égalité, fraternité
28. Les dangers d'Internet
29. Qu'est-ce qu'un leader ?
30. Croire en soi
31. Faut-il du charisme pour être dirigeant ?
32. Gouverner, est-ce choisir ?
33. Y a-t-il une éthique des affaires ?
34. Qu'est-ce qu'un patron ?
35. Une marque ne s'impose-t-elle que parce qu'elle surprend ?
36. La gratuité rapporte-t-elle à l'entreprise ?
37. L'entreprise citoyenne est-ce une utopie ?
38. Doit-on donner la priorité au développement durable ?
39. Recrutement dans les entreprises : que pensez-vous de la discrimination positive ?

40. Y a-t-il un management au féminin ?
41. Les réseaux sociaux sur Internet
42. La révolution est-elle un phénomène périmé ?
43. Commentez cette formule : « La décision est souvent l'art d'être cruel à temps »
44. Que vous inspire l'expression « au bénéfice de l'âge » ?
45. Art et technique
46. La beauté et la grâce
47. Pourquoi conserver les œuvres d'art ?
48. La peinture est-elle une poésie muette ?
49. L'art et la nature
50. Le beau et le bien
51. L'original et la copie
52. Le talent et le génie
53. Penser et parler
54. La réalité peut-elle être virtuelle ?
55. L'audace
56. Les smartphones
57. Toute origine est-elle mythique ?
58. La paix est-elle moins naturelle que la guerre ?
59. Le troisième âge
60. Le malheur
61. L'impartialité
62. Existe-t-il une opinion publique ?
63. Le choix d'un destin
64. Y a-t-il un droit de résistance ?
65. Le mensonge en politique
66. Le sentiment de l'injustice
67. Est-il possible de douter de tout ?
68. L'argent
69. A quoi servent les utopies ?
70. Avoir le dernier mot
71. L'avenir est-il imaginable ?
72. Se cultiver
73. A quelles conditions une pensée est-elle libre ?
74. Les paradis fiscaux
75. Les faits parlent-ils d'eux-mêmes ?
76. Faire la révolution
77. Choisir
78. Aimer la vie
79. Etre en désaccord
80. Le juste et le bien
81. Aimer
82. Y a-t-il des degrés dans la certitude ?
83. Les conséquences de l'action
84. Le désespoir
85. La différence
86. Le probable
87. La différence des sexes
88. La raison du plus fort
89. Tout savoir
90. Tradition et modernité
91. Les microcrédits
92. Le jeu
93. Ici et maintenant
94. A quoi servent les règles ?
95. Les vivants et les morts
96. La mode
97. Le mérite
98. L'inculture
99. La puissance
100. Y a-t-il des violences justifiées ?
101. Qu'est-ce qu'une communauté ?
102. Pourquoi dire la vérité ?
103. Etre et devoir être
104. Consensus et conflit
105. Vivons-nous tous dans le même monde ?
106. Avons-nous besoin d'un libre arbitre ?
107. L'attente
108. L'impossible
109. La raison d'Etat
110. Peut-on se faire une idée de tout ?
111. Les préjugés
112. Que doit-on faire de ses rêves ?
113. La spontanéité
114. Ne prêche-t-on que les convertis ?
115. La précaution peut-elle être un principe ?
116. Peut-on perdre la raison ?
117. L'humilité
118. La fidélité
119. La téléréalité
120. Le rôle des marques dans notre société

2. Methode

[1. Commencez toujours par réfléchir aux termes du sujet.]

Il est rare que le libellé d'un sujet ne puisse avoir qu'un seul sens : pour le sujet « à quoi sert l'argent ? », par exemple, il existe plusieurs sens possibles pour le mot « argent » (parle-t-on du métal ou de la monnaie ?) et pour le mot servir (parle-t-on d'être utile, ou de jouer les serviteurs ?).

Une fois que vous aurez évoqué tous les sens possibles, choisissez ceux qui vous semblent les plus pertinents (ne vous servez des autres que très éventuellement, et seulement pour mettre en relief des questions connexes).

[2. Préparez toujours un plan détaillé avant de vous attaquer à la rédaction]

Ne commencez à rédiger que quand vous saurez où vous désirez emmener votre argumentation.

Préparez votre structure, vos enchaînements logiques, et vos transitions. Lorsque vous commencerez à rédiger, il est capital que vous n'ayez plus aucune réflexion de fond à élaborer : tout doit être clair pour vous, et le seul travail qui vous reste doit être celui du choix des mots.

Par ailleurs, dans votre plan détaillé, commencez toujours par vous attaquer au corps du plan avant de réfléchir à l'introduction : il est beaucoup plus facile de calibrer votre introduction de sorte qu'elle cette dernière réponde au plan que vous avez choisi, plutôt que de faire la démarche inverse.

[3. N'avancez jamais d'arguments sans exemples]

Votre raisonnement doit reposer sur des arguments, c'est entendu, mais à avancer des arguments sans les appuyer par des exemples (citations, faits d'actualité, exemples concrets, anecdotes) vous donnerez l'impression de faire volontairement dans le vague ou dans le flou et vous risquez d'y perdre beaucoup.

De plus, l'illustration de vos idées permettra à votre jury de mieux vous comprendre, ce qui lui facilitera d'autant le travail et le disposera favorablement à votre égard.

[4. Soignez votre vocabulaire]

Attention aux mots que vous employez : sachez faire appel à un registre soutenu lorsque vous présentez votre travail.

Bannissez-en l'argot et les abréviations, qui risquent de limiter votre note maximale à la moyenne (tant les correcteurs les ont en horreur).

[5. Structurez votre plan de façon simple]

De façon générale, on considère qu'un « bon » plan comprend deux ou trois parties, chacune étant divisée en deux ou trois sous-parties.

Le choix entre deux et trois dépend de votre inclination personnelle, mais sachez respecter une symétrie : vos parties doivent être d'une taille approximativement équivalente.

Les structures les plus courantes pour un plan sont : le classique « oui… mais… » (en deux parties) ; le « thèse… antithèse… synthèse… » (en trois parties), le plan chronologique, et le plan thématique – ces deux derniers cas s'appliquant aussi bien aux structures en deux parties qu'à celles qui en comprennent trois.

[6. Soignez votre introduction !]

Si l'on peut vous pardonner d'avoir certaines phrases un peu maladroites dans votre développement, vous n'avez pas le droit à l'erreur dans le cadre de votre introduction. C'est la « vitrine » de votre discours : si elle est décevante, votre jury risque de ne même pas prendre la peine de lire la suite.

Notez donc qu'il existe des règles définissant une bonne introduction : elle doit comporter une ACCROCHE (sous la forme d'une citation, d'un constat), une DEFINITION RAPIDE DES TERMES DU SUJET (qui expliquera la définition que vous avez choisie et la raison pour laquelle vous avez fait ce choix), une PROBLEMATISATION (qui donnera l'angle sous lequel vous souhaitez développer le sujet), et une ANNONCE DE PLAN (qui, comme son nom l'indique, annoncera à votre jury la structure que vous entendez donner à votre exposé ou à votre dissertation).

[7. Sachez gérer votre temps]

Quel que soit le temps dont vous disposez, il sera toujours trop court : sachez donc le gérer au mieux afin de ne pas risquer de ne pas pouvoir finir votre copie, ou à l'inverse, de finir trop tôt et de réaliser que vous auriez pu passer plus de temps à réfléchir. Minutez-vous : consacrez environ 50 % de votre temps à la réflexion et à l'élaboration de votre plan ; et 50 % à la simulation, à voix basse, de votre exposé (si vous passez à l'oral).

[8. Attention à vos transitions !]

S'il est recommandé à l'écrit de savoir rédiger des transitions élégantes, la chose est moins essentielle qu'à l'oral dans la mesure où le correcteur a toujours la possibilité de les négliger. Lorsque vous passez devant un jury, en revanche, il s'agit d'une marge de manœuvre dont vous ne disposez pas : chargé d'écouter chacun de vos mots, **le jury attend de vous que vous sachiez procéder à des transitions de qualité entre vos sous-parties et entre vos parties**.

Il ne tolérera ni le changement abrupt de sujet (du type « et maintenant, je vais vous parler de… »), ni la transition trop lourde et / ou trop maladroite, qui viendrait casser le rythme de votre présentation.

A vous de trouver le bon équilibre, mais si nous avons un conseil à vous donner, c'est celui de la cohérence : si vous avez bien fait votre plan, vos parties doivent en théorie se suivre selon un ordre relativement logique. Plutôt que de partir sur des pistes quelque peu stratosphériques pour vos transitions, donc, sachez simplement vous appuyer sur le lien logique qui unit vos sous parties ou vos parties pour passer des unes aux autres !

3. Deux sujets corriges et commentes

SUJET 1
« La loi peut-elle changer les mœurs ? »

Le sujet que j'ai choisi de traiter aujourd'hui est dans le monde juridique l'équivalent de la question de la poule et de l'œuf : la loi fait-elle évoluer les mœurs, ou sont-ce les mœurs qui vont évoluer la loi ? Plus concrètement, donc, puisqu'il importe de clarifier l'enjeu que le sujet soulève avant de commencer à le traiter, si l'on prend l'exemple de la loi de 1981 qui abolit la peine de mort, faut-il penser qu'elle a été votée *parce que l'opinion publique était favorable à l'abolition*, ou au contraire, qu'elle a été votée par une minorité abolitionniste, qui ce faisant a *amené l'opinion publique à rejoindre son opinion* ?

La réponse factuelle à la question posée par le sujet est : « Oui, la loi peut changer les mœurs ». En effet, on considère généralement qu'il n'y a pas de règle absolue en la matière : s'il est des circonstances où ce sont les mœurs qui influent sur la loi, dans d'autres cas, c'est au contraire le législateur qui est « en avance sur son temps » et qui façonne les mœurs. Cependant, ce n'est bien évidemment pas ainsi que vous devrez traiter ce sujet si vous y êtes confrontés dans le cadre de vos épreuves d'admission : comme pour tout sujet de culture générale, votre démarche doit d'abord résider dans la **définition du sujet**, puis dans la **structuration de votre plan** et, enfin, dans la **problématisation** – de façon à avoir une problématique qui corresponde au plan que Essayons de nous y livrer brièvement :

- *Définition des termes du sujet :*
  - Si le terme de « loi » fait, *stricto sensu*, référence aux normes produites par l'Assemblée Nationale (en France) et de façon générale, par le législateur du système étatique ; il faut à mon avis ici le prendre à un sens plus large. En effet, il est tout aussi pertinent et bien plus riche (en termes de possibilités d'exemples et de réflexions) d'entendre comme « loi » tous les éléments de norme du système étatique, qu'il s'agisse des textes de lois proprement dits, des circulaires ministérielles, des décrets, de la jurisprudence, des directives et règlements européens, etc.
  - Le verbe « changer », qui nous vient du latin « *cambiare* » (changer, convertir), est ici assez peu ambigu : on fait référence à la forme active du changement, c'est-à-dire, à l'exercice d'un pouvoir sur la chose que l'on altère (il s'agit d'un changement voulu, donc, et non d'un changement subi).
  - Le terme « mœurs », quant à lui, fait référence aux habitudes et aux usages d'un groupe, qu'ils soient acquis ou innés.
  - La seule ambiguïté véritable qui demeure réside dans le choix du verbe « pouvoir » : doit-on l'entendre comme « *avoir la possibilité de, le pouvoir de* », ou « *avoir le droit de* » ? Cette polysémie sera, vous vous en doutez, un pilier de choix pour notre argumentaire : elle nous permettra de jouer sur deux notions et, ce faisant, d'enrichir notre réflexion.

- *Plan :*
  - Pour un sujet de ce type, deux plans peuvent instinctivement venir à l'esprit : le classique « oui / non », avec une partie défendant le « pour » et l'autre le « contre » ; et le plan thématique reposant sur la polysémie du verbe « *pouvoir* », qui comporte une partie sur le sens « avoir le droit de » et l'autre sur « avoir la force / la possibilité / le pouvoir de ». Attention : cette seconde éventualité ne dispense pas d'envisager le pour et le contre, car il serait malvenu de prendre parti de façon trop radicale. Rappelons que l'épreuve de culture générale est

un exercice de réflexion et de mise en abîme : le dogmatisme n'y est guère apprécié et risquerait de vous coûter cher.

– Ces deux plans ayant l'un comme l'autre des avantages et des inconvénients, c'est à vous de choisir celui qui vous parle le plus. En ce qui me concerne, j'opterai pour le plan thématique : il ne me reste plus, à présent, qu'à déterminer comment je vais structurer l'intérieur de mes parties.

– Parce que la question du *pouvoir* me semble passer avant celle du *devoir* (celui qui ne peut pas agir ne se pose pas la question de savoir *comment* il doit agir), je choisis de traiter en premier lieu la problématique de la capacité de la loi à influer sur les mœurs. Pour des raisons de symétrie, je la divise en deux sous-parties, que je structure comme suit :

A – Le législateur semble être par nature esclave des mœurs :

- Amorce : citation d'Edmond ABOUT, « *Lorsqu'une révolution est accomplie dans les mœurs, elle ne tarde guère à se traduire dans les lois* ».
- Explication du mécanisme que cette citation souligne : puisque les législateurs sont élus, ils dépendent du peuple pour leur réélection et ne voudront donc pas prendre le risque de se mettre à dos l'opinion publique en votant des lois trop impopulaires.
- De plus, il existe de nombreux exemples de lois qui ne sont pas en accord avec les mœurs, et qui de ce fait ne sont que très peu respectées (prendre des exemples aussi divers que les limitations de vitesse, la consommation du cannabis, etc.)
- En définitive, donc, prisonnier des mœurs, le législateur semble ne pas pouvoir agir sur elles.

B – En réalité, le législateur n'est pas le prisonnier des mœurs mais plutôt leur juge :

- Amorce : rappeler que les mœurs sont par essence diffuses et difficiles à caractériser, même à l'époque où les sondages règnent en maître.
- De là, faire valoir que le rôle que joue la loi au sens large (juge, législateur, etc.) n'est pas de *suivre* les mœurs – dans la mesure où nul ne saurait par où commencer, tant l'idée de « mœurs » peut fait référence à une pluralité de réalités souvent contradictoires. (Evoquer, à titre d'exemples, les disparités en France sur des questions polémiques comme le port du voile, la question des retraites, ou la discrimination positive).

- Dès lors, en réalité, la loi joue un rôle **d'arbitre** : en faisant un choix, le juge, le législateur et l'exécutive décident laquelle des tendances qui s'affrontent est la « bonne », et usent du pouvoir coercitif de l'Etat pour en faire une mouvance dominante.
- Mais ce pouvoir de décider ne s'arrête pas là : une fois que l'on a accepté ce fonctionnement somme toute très classique, on peut avancer le fait qu'il est toujours possible pour le législateur de se référer à des mœurs qui n'existent qu'en germe, voire pas du tout, pour légiférer dans leur sens. Ce faisant, il ne se limitera pas à *changer* les mœurs : il les fera naître.

Suite à cette première partie et au moyen d'une transition aussi classique qu'une phrase du type : « Ayant mis en évidence la possibilité, pour la loi, de changer les mœurs ; il nous incombe maintenant de vérifier dans quelle mesure une telle démarche est souhaitable : moralement, déontologiquement, le législateur est-il en droit de changer les mœurs ? », il est temps pour nous de développer le second point de notre argumentaire. A mon sens, il peut être structuré de la façon suivante :

A – Le législateur n'a pas seulement le *droit* d'influencer les mœurs : c'est là son *devoir*.

- Amorce : citation de CONDORCET, parlant du peuple (qui l'a envoyé au Parlement) : « *Je ferai ce que je croirai le plus conforme à ses intérêts, il m'a envoyé pour exposer mes idées, non les siennes, l'indépendance de mes opinions est mon premier devoir envers lui* ».
- Explication du mécanisme que cette citation souligne : l'élection de députés, qui votent les lois au nom du peuple, n'est pas un vote d'asservissement mais un vote de *confiance*. En l'élisant, les électeurs font confiance à leur député non pas pour répercuter systématiquement leurs doléances et leurs humeurs, mais bien pour agir dans le sens qu'il considère être le meilleur pour eux. Dès lors, c'est le député, et non les électeurs, qui doit être juge du bien commun : s'il est choisi, c'est justement parce que ceux qui votent pour lui lui reconnaissent une clairvoyance et une pertinence qui les amènent à se fier à lui.
- Dans ce contexte, il apparaît donc non seulement souhaitable, mais aussi nécessaire que le législateur sache précéder les mœurs et prendre du recul, afin de promouvoir les lois qui auront à long terme l'impact le plus positif pour la population. (Appuyer par des exemples : lois sur la contraception, sur la peine de mort, sur le droit de vote des femmes, etc.)

- La mission sacrée de la loi est donc une mission d'orientation : celle de servir de guide aux mœurs.

B – Le pouvoir d'influence de la loi doit néanmoins être utilisé avec parcimonie

- Amorce : citation de Marguerite YOURCENAR : « *Les lois sont dangereuses quand elles retardent sur les mœurs. Elles le sont davantage lorsqu'elles se mêlent de les précéder* ».
- Explication du mécanisme que cette citation souligne : s'il y a bien un danger à avoir un législateur attentiste, qui se laisserait guider par les mœurs ou (pire) qui serait en retard sur elles ; il est encore plus dangereux de voir un législateur succomber à la tentation de l'arrogance, et imposer à un Etat des normes qui ne sauraient en aucun cas lui être adaptées sous prétexte qu'elles lui seront bénéfiques à long terme.
- Développer ce principe en montrant en quoi ce mode de réflexion est à la racine de tout totalitarisme : c'est parce qu'il s'estime supérieur à ses concitoyens que le dictateur décide pour eux (et à leur encontre) sans scrupules. (Evoquer l'exercice du pouvoir par Lénine, Mussolini, Hitler, Mao, Castro, ou d'autres encore, qui ont tous pu tôt ou tard s'appuyer sur un législateur qui leur était acquis).
- Nuancer le tableau en rappelant qu'heureusement, dans le contexte actuel, ce risque apparaît plus que limité : ce qu'il faut craindre aujourd'hui réside moins dans la dictature sanguinaire que dans l'emportement administratif, l'excès de volonté de « bien faire » qui déconnecte le législateur (et donc, la loi) de la population et de ses mœurs.

Bien évidemment, ce plan n'a qu'une valeur indicative, et je vous incite vivement, ne serait-ce que pour l'exercice, à tenter d'élaborer le vôtre.

Une fois le plan établi, il ne vous reste plus qu'à rédiger votre introduction et votre problématique ; puis à élaborer une courte phrase de conclusion, et enfin, à passer à la rédaction proprement dite.

SUJET 2 :
« A quoi sert l'argent ? »

Comme d'habitude, le premier travail que vous devez mener à bien est celui du choix du ton que vous voulez adopter dans le traitement de votre sujet. Libre à vous en effet de le développer sur un mode académique, philosophique, social, politique, engagé, neutre, humoristique, et ainsi de suite. Rappelons tout de même que les tons les plus « excentriques » (qu'il s'agisse de l'humour, de l'engagement vibrant ou de toute autre approche très colorée) sont plus faciles à défendre à l'oral qu'à l'écrit, car le fait d'avoir un jury face à vous vous permettra de réagir si vous sentez que vous perdez votre public.

Afin de vous permettre de prendre une mesure de la diversité des approches possibles, nous allons proposer dans les lignes à venir deux approches dont vous pourrez constater qu'elles diffèrent considérablement l'une de l'autre. Aucune n'est « meilleure », par essence, et il ne s'agit aucunement de vouloir vous limiter à ces deux angles : n'hésitez pas à faire montre de créativité et à développer votre approche à vous. Le tout est de sentir le type d'approche avec lequel vous êtes le plus à l'aise, et de savoir la développer.

Introduction

Peu de thématiques déchaînent autant les passions que celle de l'argent. Réputé tour à tour corrupteur, mesure de la réussite, vecteur de sérénité ou facteur de tensions, il est l'objet de critiques et d'échanges de vues qui se perpétuent depuis l'antiquité – rappelons les propos de Vespasien, aujourd'hui consacrés, selon lesquels « l'argent n'a pas d'odeur ». Mieux encore, il est au cœur de ce qu'il est coutume d'appeler la « lutte des classes » et de nombre de contestations sociales, au point de devenir un symbole de l'idée d'inégalité, voire presque de celle d'injustice.

Il est étonnant de noter le contraste entre cette approche sociale, voire sociétale, de la notion d'argent et celle qu'adoptent les premier économistes : loin d'y voir un facteur de succès, d'échecs, ou d'inégalités, Adam Smith voyait dans l'argent une donnée passive, circulante, qui venait simplement faciliter les échanges. Force est donc de constater que le fait de considérer l'argent comme une pure information ou comme un facteur important de dynamiques sociétales relève d'un véritable choix idéologique. Néanmoins, l'évolution du système capitaliste qui a pris place dans les siècles qui ont suivi la pensée de Smith permet d'apporter une réponse assez pragmatique à cette interrogation : l'émergence des marchés boursiers et la naissance d'une spéculation à l'échelle mondiale permettent, objectivement, d'affirmer que l'argent a cessé d'être une information pour devenir un véritable produit que l'on a tendance à rechercher pour lui-même et non plus seulement pour ce qu'il représente.

Pour autant, ne nous hasardons pas à avancer un jugement de valeur sur cette évolution : la chose serait d'autant plus douteuse qu'elle est subjective. La question que pose le constat de ces changements est plutôt celle de la véritable utilité de l'argent : si l'on a à faire à un produit, quelle est sa vocation ? A-t-on à faire à une fin, ou à un moyen ? A cet égard, on peut faire un parallèle entre le libellé du sujet et la célèbre phrase d'Alexandre Dumas (fils) selon laquelle « l'argent est un piètre serviteur et un mauvais maître » : elle nous permet de faire un lien entre l'idée d'utilité et celle de service, qui toutes les deux peuvent être reflétées par les termes employés au sein du sujet de cet exercice.

Elle apporte de plus en elle-même une réponse à la question de la vocation même de l'argent (servir, ou être servi) qui servira de canevas à l'argumentaire qui sera développé ici : dans une première partie, nous verrons dans quelle mesure l'argent est un indispensable serviteur, avant d'envisager au sein d'une seconde partie ce à quoi il ne sert pas – ce qui nous permettra de mettre en évidence le fait que là où l'argent n'est pas serviteur, il est généralement maître, et mauvais maître de surcroît.

Plan

I. L'argent est un bon serviteur.

- L'argent est le meilleur des moyens.

Moyen d'échange par excellence, il permet l'appropriation et/ou l'utilisation d'une gamme quasi-illimitée (à quelques prohibitions majeures près : esclavage, prostitution, vente d'organes, vente de stupéfiants, etc.) d'éléments matériels et/ou immatériels, depuis ceux qui sont nécessaires à la simple subsistance jusqu'aux biens de luxe les plus dispendieux. Si vous vous sentez d'humeur cynique, vous pouvez même ajouter qu'il n'est aucune prohibition légale que le bon prix ne puisse faire tomber.

- L'argent, c'est la liberté.

Etre servi, en somme c'est se ménager du temps libre – et donc des loisirs. En ce sens, la métaphore du service continue de s'étendre à l'argent : d'une part parce que plus on manque d'argent, plus on est forcé de travailler pour compenser ce manque ; et d'autre part, parce que l'argent permet de s'« offrir » du loisir et de la liberté d'esprit (culture, vacances, soirées / dîners et donc débats et échanges, etc.). L'objectif, en somme, est d'établir que la vraie liberté, ce n'est pas d'avoir le droit de faire ce qu'on veut, mais d'en avoir le pouvoir. Il ne vous restera plus ensuite qu'à asseoir le fait que ce pouvoir ne peut venir que de l'argent, car lui seul permet de véritablement tirer parti des prérogatives qu'offre la liberté (telles qu'elles sont évoquées plus haut).

II. L'argent cesse de servir dès lors qu'il devient une fin.

- Les dangers de l'inversion du rapport dominant / dominé

Idée générale : l'argent ne « sert » pas à être recherché pour lui-même (et c'est même le moment où il cesse de servir pour devenir maître).

Commencez par rappeler que s'il était corrélé, à l'origine, à une véritable racine matérielle (les pièces de monnaies contenaient de l'argent, le gold exchange standard et Bretton Woods instauraient des liens entre le dollar et l'or), l'argent est aujourd'hui devenu une fiction qui a pour elle d'être partagée par tous : il est décorrélé, dans les faits, des réserves aurifères des banques centrales. Dès lors, rechercher l'argent pour lui-même, ce n'est même plus rechercher le bien matériel que représentait l'or, mais véritablement les pièces, les billets, ou les chiffres sur le compte en banque. Or, en cette période de crise, on se rend aisément compte qu'il est difficile d'évaluer sur la durée la valeur réelle de ces éléments.

Rechercher l'argent pour lui-même, c'est donc perdre de vue la valeur de service de l'argent, et lui donner pour vocation ce à quoi il ne sert pas : celle d'un objectif en tant que tel, qui justifie les prises de risques toujours plus considérables des traders, les calculs de rentabilités toujours plus pointus des entreprises, et ce souvent au détriment de coûts sociaux, humains ou environnementaux (lorsqu'il ne s'agit pas, comme pour la crise actuelle, de coûts sociétaux d'une ampleur mondiale).

- Si l'argent a une valeur, il ne saurait en être une.

Ce que permet de constater l'argument précédent, c'est que dès qu'il cesse de servir (c'est-à-dire, d'être utilisé à des fins précises, comme le moyen qu'il doit être), l'argent devient maître, au sens où il s'impose comme un but, et où a tendance à s'imposer comme une véritable valeur, notamment du fait de son caractère fictionnel et chiffré au sein d'une réalité où tout ne se quantifie pas. Bien entendu, il ne faut pas sombrer dans l'extrême : si le terme de « dieu argent » et l'idée de cultes reviennent souvent dans la bouche de ceux qui formulent les plus virulentes des oppositions au système capitaliste, il s'agit-là de toute évidence de propos disproportionnés.

En revanche, il est tout aussi certain que puisqu'il a tout à la fois une fonction de rémunération (il intervient pour « récompenser » ceux qui « réussissent ») et une fonction de hiérarchisation (il est communément entendu que ceux qui « réussissent » le plus sont ceux qui sont les plus riches), il a tendance à concurrencer, voire parfois à éclipser les valeurs plus traditionnelles (qu'elles soient d'origine religieuse ou citoyenne).

Là encore, l'argent cesse de servir pour devenir maître : dès lors qu'il fait oublier les valeurs qui lui préexistent et qu'il s'impose non seulement comme un but pragmatique, mais comme un but moral, sans d'ailleurs pour autant que cette morale (comme cela a pu être le cas pour le protestantisme et pour son rapport à la richesse) s'ancre dans un contexte religieux, cela est de nature à nuire au tissu social et à accentuer le ressentiment de ceux qui sont le plus lésés par les inégalités de richesse.

Conclusion

La dialectique du maître et de l'esclave nous l'enseigne : dès lors que s'installe un rapport entre maître et serviteur, il existe un fort risque de retournement de situation, dans la mesure où le dominant a besoin du dominé pour conserver son statut. En effet, ce n'est que grâce au dominé qu'il peut faire valoir sa supériorité. Si l'argent est un bon serviteur, c'est-à-dire, s'il permet à l'homme de se placer « au-dessus » des matérialités (et donc de s'en extraire), le retour de bâton est des plus dangereux : lorsque le serviteur devient le maître et que l'argent est placé au-dessus de l'homme, on assiste à un effondrement idéologique et systémique qui ne peut mener à terme qu'à des résultats des plus désastreux (telle que la crise que nous vivons aujourd'hui).

9. L'ENTRETIEN DE GROUPE : QUELS COMPORTEMENTS ADOPTER ?

Certaines écoles, comme l'EM Strasbourg, l'ESC Rennes School of Business ou l'EDC par exemple, font précéder l'entretien individuel d'un entretien collectif ou de groupe. Peu fréquents, ces entretiens de groupe répondent, de la part de leurs promoteurs, à **des motivations précises**.

Ces motivations sont de trois ordres. Tout d'abord, les établissements les mettant en œuvre considèrent que chaque étudiant, donc chaque individu, est doté de caractéristiques et aptitudes s'épanouissant et s'exprimant dans le cadre d'un entretien individuel, et que d'autres caractéristiques émergent dans le cadre d'un groupe.

Chacun de nous est au fond en quelque sorte dual. Si notre comportement seul face à un ou plusieurs individus révèle certains traits de notre personnalité, notre façon d'être dans une collectivité en exprimera d'autres. En prévoyant et en organisant les deux types de rencontre, ces établissements entendent appréhender les personnalités sous des angles plus multiples qu'au travers d'un seul entretien individuel. Autant l'entretien individuel apparaît centré sur vos motivations et votre personnalité, autant l'entretien collectif cherche à mesurer votre sociabilité et votre aptitude à gérer les relations humaines.

En deuxième lieu, les deux types d'entretien présentent une notable différence dans le rapport aux autres qu'ils engendrent. Le rapport avec un jury, quels que soient les efforts parfois produits par ce dernier pour créer un climat de confiance propice à l'échange, repose par construction sur l'inégalité et le déséquilibre. Seul face à plusieurs adultes expérimentés, le candidat intériorise un rapport de forces en sa défaveur.

Dans un entretien individuel en effet, le candidat, sauf exception, ne mènera pas l'entretien et s'inscrira dans une forme de sujétion par rapport à ses interlocuteurs. Pour une part d'ailleurs, le jury cherchera à apprécier l'aptitude des candidats à savoir contrôler cette sujétion et à ne pas s'y inscrire à outrance.

Enfin, les promoteurs de ce type d'exercice considèrent, à juste titre d'ailleurs que, dans la plupart des contextes professionnels, les décisions prises résultent de discussions et de débats. Partant, ils cherchent à apprécier la façon dont se comportent les candidats dans ce type de configuration collective, donc la façon que vous allez avoir de vous comporter, d'être et d'agir. De cette configuration est induite la façon dont il sera considéré que vous vous comporterez ultérieurement en entreprise.

Les **modalités** sont pour l'essentiel les suivantes : un groupe d'étudiants, de cinq à dix suivant les écoles, est réuni afin de trouver ou produire, en un temps limité (entre une demi-heure et une heure), une solution ou une proposition de réponse à un problème ou une situation qui lui est soumis, ou de produire une réflexion sur un problème ou une question d'actualité. Sauf exception, les membres du jury demeurent confinés à un rôle de spectateur et n'interviennent pas dans le débat.

Les **objectifs et attentes** des établissements mettant en œuvre des entretiens de groupe découlent explicitement de ces motivations. Ne vous y trompez pas : les entretiens de groupe ont une optique sans ambiguïté : identifier les candidats se comportant, au sein d'un groupe de travail, de façon efficace, donc émergeant de celui-ci de façon positive.

Le candidat efficace au sein d'un groupe, celui donc dont seront positivement relevés le comportement et la façon d'être, sera celui présentant la conjugaison des **capacités suivantes** :

[1. L'écoute]

Invités à « jouer à l'entreprise », les candidats appelés à être distingués seront ceux perçus comme étant dotés des qualités constitutives du bon cadre ou dirigeant d'entreprise. Une entreprise ou une organisation repose de plus en plus sur le caractère collectif des décisions et la capacité des dirigeants à écouter leurs collaborateurs et échanger avec eux avant de prendre des décisions.

Par voie de conséquence, le « bon » candidat sera celui qui, au sein d'un groupe, saura ostensiblement montrer qu'il sait se mettre à l'écoute des autres membres du groupe.

Il manifestera cette aptitude à l'écoute par la mise en pratique de « l'écoute active ». Cette méthode consiste à réellement chercher, de façon constructive, à absorber ce que disent ou transmettent les autres et à adopter une posture qui leur fasse comprendre que vous les écoutez vraiment.

Elle se traduit par la mise en œuvre des comportements et façons de faire et d'être suivants :

Ecouter activement, c'est :

- Exclure ses propres idées et toute tentative d'interprétation
- Laisser s'exprimer l'autre, sans l'interrompre
- Le questionner, notamment par le biais de questions ouvertes
- Lui manifester son intérêt, par des signes visuels et verbaux
- Reformuler les propos de l'autre avec ses propres termes, puis avec les siens
- Pratiquer l'empathie
- Etre bienveillant, ouvert

[2. La participation]

Pour autant, le candidat appelé à être distingué devra également prendre part aux discussions du groupe, donc intervenir à bon escient. Sa posture doit être tout à la fois faite d'écoute et d'implication, de silences et de prises de parole mesurées. Il devra, par ses interventions, faire apprécier sa présence et sa contribution à l'avancement du groupe.

[3. L'expression orale]

Si personne ne vous demande de parler comme Chateaubriand écrivait (!), sachez néanmoins que les membres des jurys des entretiens de groupe sont vigilants quant à la qualité de l'expression orale. Cela signifie que vous devez être attentif à la formulation de vos phrases, ce qui sous-entend que vous effectuiez des phrases, et aux mots que vous employez, comme dans le cadre d'une conversation professionnelle par exemple.

Vous éviterez donc les mots trop familiers (« boîte » en lieu et place d'entreprise) et les mots issus du vocabulaire « jeune », comme « top », « trop bien », de nature à heurter défavorablement les oreilles de membres de votre jury.

[4. L'esprit de construction]

Même si le travail de groupe qui vous est demandé présente, compte notamment tenu du temps qui vous est imparti, un certain caractère d'artificialité, vous devez jouer le jeu.

Jouer le jeu signifie être positif, vous mettre réellement dans le rôle attendu de vous et penser « solutions ». Ne faites surtout pas partie de ceux qui ne voient que des obstacles ou des impossibilités pour mener à bien la mission confiée. Même si des difficultés existent, vous devez les évoquer pour produire des solutions les surmontant. Votre « qualification » passera par là, par votre aptitude à être « *solutions minded* ».

[5. L'esprit d'organisation]

C'est par la mise en œuvre d'un esprit d'organisation et de synthèse que s'illustrera un bon candidat. Composé d'individus ne se connaissant pas mais rivaux, appelé à traiter ou résoudre une question ou un problème en un temps limité, un groupe sera collectivement jugé à son aptitude à atteindre les objectifs lui étant assignés.

La réussite du groupe passera fondamentalement par sa capacité à s'organiser. Les organisateurs de l'épreuve apprécieront donc tout particulièrement les candidats dotés d'un bon sens de l'organisation, c'est-à-dire capable de faire travailler et progresser le groupe en produisant une méthode de travail.

[6. L'esprit de synthèse]

Devant produire un résultat en un temps limité, le groupe dont vous ferez partie sera collectivement jugé sur l'atteinte ou pas de ce résultat.

Partant, les bons candidats seront ceux aptes à faire avancer le groupe tout en maîtrisant le temps et son écoulement, à lui faire produire des bilans d'étape et à le faire aboutir à une solution.

Plus que des interventions fréquentes, les vôtres seront d'autant plus appréciées qu'elles viseront à faire le point sur ce qui vient d'être dit par le groupe, effectueront des synthèses ponctuelles et évoqueront les différentes dimensions de la question suivante à faire traiter par le groupe.

Le bon comportement en groupe	Les pièges à éviter
• Ecouter, réellement, les autres, pour rebondir sur leurs propos	• Faire cavalier seul en demeurant focalisé sur vos propres apports et ne pas tenir compte des autres
• Prendre la parole ponctuellement et à bon escient	• Vouloir prendre la parole à tout prix et à tout propos pour se faire remarquer
• Demeurer dans le sujet, en le recentrant au besoin	• S'égarer du sujet, faire des diversions, prendre des exemples longs et peu pertinents
• Proposer un mode d'organisation et de fonctionnement du groupe	• Se laisser imposer le mode d'organisation et de fonctionnement du groupe ou ne pas en proposer un
• Effectuer des synthèses d'étape et lancer la discussion sur le point suivant	• Se laisser emporter par le groupe et/ou laisser les autres effectuer les synthèses
• Penser solutions	• Oublier les solutions pour se focaliser sur les problèmes ou les difficultés
• Rappeler ponctuellement le temps restant	• Se laisser dominer par le temps et ne pas le suivre

Enfin, prêtez attention à un point qui vous distinguera des autres : votre position spatiale. En d'autres termes, veillez à occuper, dans la salle, une position qui vous permette tout à la fois, sans effort, de voir tout le monde et d'être vu par tout le monde. Cette position stratégique vous aidera grandement à vous imposer dans le groupe et à faire en sorte que, logiquement, les regards se tournent vers vous.

A titre d'illustration, vous trouverez ci-dessous la grille d'évaluation des candidats utilisée par plusieurs écoles :

Nom du candidat :	
Nom de l'examinateur :	
18 à 20 sur 20	Le candidat est un leader sur le contenu et les aspects relationnels du travail de groupe. C'est un leader productif (apport d'idées et de solutions) et régulateur (animation des communications dans le groupe). Il fait preuve d'ascendant, de capacité de synthèse et de décision, d'ouverture aux autres, d'une démarche participative consultative.
14 à 18 sur 20	Leader sur le contenu mais n'intervient pas dans les aspects relationnels : ascendant, capacité de synthèse et de décision. Ou bien le candidat est un leader sur les aspects relationnels mais ne s'impose pas sur le contenu : ouverture aux autres, démarche participative, consultative.
10 à 14 sur 20	Participant assez actif, attitude constructive mais ne s'impose pas : peu d'ascendant, peu animateur des communications, aisance sociale moyenne.
6 à 10 sur 20	Participe peu au travail de groupe, passif, inhibé, influençable. Ou : impulsif au point d'être superficiel, bavard et de ne pas suivre ce qui se passe dans le groupe.
2 à 6 sur 20	Dominateur égocentrique, rigide, rejeté par le groupe ou agressif, négatif, très critique vis-à-vis du travail de groupe.
Observations	

Cette dernière met nettement l'accent sur la capacité des candidats à prendre le pilotage du groupe, au travers notamment de leur esprit de synthèse et de leur capacité à faire progresser le groupe tout en respectant chacun de ses membres.

QUELQUES EXEMPLES DE SUJETS PROPOSES (SOURCE : EDC PARIS BUSINESS SCHOOL)

[Sujet n° 1]

Vous faites partie de la Direction Marketing de Picard, entreprise agroalimentaire française spécialisée dans la fabrication et la distribution de produits surgelés.

Suite au scandale de la viande de cheval retrouvée dans certains plats surgelés indiquant contenir de la viande de bœuf, vous faites face à une grave crise de perte de confiance de la part de vos clients, et vos ventes ont reculé de 10% sur le dernier mois.

Le Président de l'entreprise vous demande de réfléchir à des actions de communication rapides à mettre en place pour faire face à cette crise et rassurer vos clients : que préconisez-vous ? Vous devrez justifier vos choix devant le Comité de Direction de Picard.

Quelques éléments de réponses possibles :

Tout d'abord il convient de bien lire la question pour savoir que vous devez préparer des éléments de communication à destination des clients et des partenaires, non de fournisseurs, non du grand public. A l'évidence, les cibles « clients » et « grand public » sont proches. Toutefois, les discours ne seront pas nécessairement identiques. Il est possible d'articuler les discours autour des idées suivantes :

- *Réagir rapidement et avec le plus de transparence possible pour éviter tout buzz négatif tellement rapide à se diffuser.*
- *Donner des informations techniques (pour rassurer) en relevant que les produits incriminés ne représentaient qu'un pourcentage très faible des activités.*
- *Indiquer avec netteté que les produits contenant potentiellement de la viande de cheval ont été retirés des rayons et ne seront pas vendus. Dire également que tout client peut rapporter au magasin des produits douteux.*
- *Décrire avec beaucoup de détails tous les processus, renforcés, mis en place pour l'avenir : contrôle des fournisseurs, traçage des produits, contrôle à l'entrée du magasin.*
- *Faire porter le message par un(e) responsable de haut niveau.*
- *Utiliser les médias chauds (radio, télévision) plutôt que les médias froids (presse papier).*
- *Mettre en place une veille sur internet (chats, forums) pour affiner une communication dans les médias sociaux.*

[Sujet n° 2]

Vous faites partie du Conseil municipal d'une petite commune rurale de 1 500 habitants confrontée à un important phénomène d'exode rural du fait de la pauvreté du tissu économique local. Vous êtes contacté par Véolia Propreté, filiale du groupe Véolia spécialisée dans le traitement de déchets, qui souhaiterait implanter un gros incinérateur de déchets industriels sur votre municipalité, permettant ainsi la création de 50 emplois.

Quelques éléments de réponses possibles :

Vous vous heurtez toutefois à une forte opposition du mouvement écologiste local face au risque de pollution de l'environnement. Vous recevez demain une délégation de ce mouvement et vous devez préparer cette rencontre.

Le sujet est particulièrement sensible dans une commune rurale et vous savez que les emplois créés ne sont pas obligatoirement une raison pour accepter l'installation de l'incinérateur. Si la commune compte une majorité de retraités ou d'agriculteurs, le fait d'ouvrir une nouvelle usine avec des emplois à la clé ne sera pas perçu comme autant de retombées intéressantes. Le seul moyen est de souligner les effets collatéraux induits par des emplois nouveaux : dépenses dans les magasins, logements nouveaux, enfants dans les écoles, taxes nouvelles pour la commune. Le premier interlocuteur se trouve au sein des mouvements écologistes mais bien au-delà, c'est l'ensemble de la population qui souffrira du passage des camions, du bruit, des odeurs, de la fumée. De ce fait, le discours doit s'adapter au plus grand nombre, bien au-delà du mouvement écologiste. La rencontre avec le mouvement peut reposer sur les idées suivantes :

Minoration des effets négatifs : camions interdits tôt le matin et tard le soir, trajets soigneusement étudiés pour éviter les habitations, cheminées anti-pollution, hauts murs, aménagement d'espaces arborés pour atténuer la pollution esthétique.

Majoration des effets positifs pour les habitants : solidarité entre communes, taxes foncières supplémentaires (en indiquant comment elles seront réinvesties), nouveaux habitants dans la commune, récupération de la chaleur de l'incinérateur pour chauffer gratuitement les familles défavorisées, pose de capteurs solaires et d'éoliennes dans le périmètre de l'usine.

[Sujet n° 3]

Vous êtes membres du Comité du Tourisme de la ville de Boston. Suite aux attentats ayant endeuillé le marathon le 15 avril 2013, les hôtels de la ville ont enregistré un nombre important d'annulations des réservations de séjour enregistrées pour l'été qui a suivi, en particulier de la part des touristes français.

Quelles actions de communication pouvez-vous mettre en place face à cette situation ?

Quelques éléments de réponses possibles :

L'évènement dramatique de Boston appartient au passé et il convient à présent de faire passer le message « ça ne se reproduira jamais, faites confiance à Boston pour organiser vos évènements » La communication doit être ciblée vers des éléments positifs car tout regard porté sur le passé sera anxiogène et ira à l'encontre du but souhaité. C'est Boston, avec toutes ses qualités existantes depuis toujours, qui est à mettre en avant :

- *Facilité d'accès avec un aéroport international*
- *Une côte est proche de l'Europe*
- *Au centre d'un immense bassin de population*
- *Des capacités hôtelières de haute qualité*
- *Une image classique « Nouvelle Angleterre » enrichie par le meilleur terreau académique du monde : Boston University, Harvard et MIT à Cambridge (banlieue de Boston)*
- *La capacité à organiser des évènements de grande ampleur.*
- *Un mot mais un seul sur l'efficacité des forces de police juste après l'attentat et la solidarité entre les communautés, afin d'engendrer respect et considération.*

[Sujet n° 4]

Vous faites partie de l'équipe dirigeante de la maison d'édition Actes Sud, fondée en 1978 et implantée depuis cette date à Arles, dans le Sud de la France. Toutefois, le cœur de l'activité littéraire française étant concentré à Paris, vous êtes confrontés à la nécessité économique de déménager vos activités en région parisienne à la fin de l'année. Un important phénomène de contestation se développe en interne face à cette décision et vous devez faire face à un mouvement social de grande ampleur qui menace la pérennité de votre entreprise.

Vous recevez demain une délégation du personnel, quelles seront les propositions que vous allez pouvoir leur faire pour stopper rapidement le conflit ?

Quelques éléments de réponses possibles :

Un conflit social appelle de la part de l'entreprise tout à la fois une fermeté pour montrer que la décision est irrévocable et une capacité d'écoute afin de rechercher en commun les moyens d'atténuer les craintes (souvent seulement potentielles plus que réelles).

La solution consiste d'abord à mettre l'accent sur le côté inévitable du déménagement : le marché est à Paris, les contacts au quotidien également. Prendre éventuellement quelques exemples d'entreprises ou d'organisations ayant fait de même (les services marketing d'une entreprise de confection comme Beaumanoir) ou des organisations souffrant de leur installation en province (l'ENA à Strasbourg). Dans une seconde étape, proposer le mode collectif et collaboratif pour le processus de réflexion sur la gestion du changement et indiquer toutes les aides que l'entreprise peut apporter : relogement, couts de transport, etc...

[Sujet n° 5]

Votre agence de publicité, leader sur le marché français durant de nombreuses années, est en perte de vitesse depuis 2 ans et ses parts de marché reculent dangereusement. Vous envisagez même un plan de licenciement économique afin d'assurer la pérennité de votre entreprise.

Votre principal client qui a contribué au décollage et à la réussite de votre agence dès sa création est Yoplait. Vous êtes consulté par Danone qui est séduit par votre créativité et vous demande d'abandonner le budget Yoplait en sa faveur. Si vous acceptez, le budget publicitaire de Danone étant 20% supérieur à celui de Yoplait, vous avez l'assurance de relancer votre activité et de pouvoir garder votre personnel.

Quelle décision prenez-vous ?

Quelques éléments de réponses possibles :

L'arbitrage entre loyauté, fidélité d'une part et efficacité de l'autre constitue un choix auquel sont confrontées parfois les entreprises mais, heureusement, ce n'est pas si fréquent. La vie des affaires autorise souvent à marier fidélité et efficacité.

Dès lors que l'entreprise est leader, elle dispose d'un portefeuille important de clientèle. Yoplait, client historique, ne peut être négligé mais, l'avenir est par définition au devant alors que l'histoire appartient au passé. La décision doit reposer sur quelques informations complémentaires à vérifier (sans se protéger derrière un défaut d'informations, ce qui serait du plus mauvais effet à l'égard du jury) :

- *Les 20 % de mieux de Danone par rapport à Yoplait sont-ils véritablement aptes à sauver l'entreprise du licenciement.*
- *Quelles sont les prévisions respectives du développement de Yoplait d'une part, de Danone d'autre part.*
- *Yoplait présente-t-elle le risque d'engendrer des effets de nuisance pour l'agence – buzz négatif par exemple.*
- *D'autres budgets de Danone seront-ils susceptibles d'être gérés par l'agence ?*

Au final, le groupe peut être partagé avec des réponses favorables à Danone privilégiant :

- *Le futur sur le passé*
- *La vertu dynamique de tout changement*
- *Le court terme sur le long terme*
- *Les emplois sur la loyauté*

Ou à Yoplait en soulignant l'intérêt de :

- *La confiance réciproque entre un annonceur et son agence.*
- *La réalité d'aujourd'hui au regard des éléments potentiels de demain*
- *L'expertise prouvée (Yoplait) par rapport à un lendemain incertain (Danone)*

[Sujet n° 4]

Vous êtes membres de la Direction de la Communication de Ferrero, le fabricant de Nutella. Utilisant de l'huile de palme dans la fabrication de ce produit, votre entreprise est accusée par de nombreux mouvements écologistes de contribuer à la dégradation de l'environnement et vos ventes commencent à reculer légèrement.

Que pouvez-vous proposer au Comité de Direction de Ferrero pour enrayer ce déclin ?

Quelques éléments de réponses possibles :

Le sujet concerne l'écologie mais aussi la santé. Les arguments à destination du jeune public doivent être techniques et appellent le recours à un média presse écrit et oral.

A destination du Comité de Direction de l'entreprise, les propositions doivent être nettes et assorties d'un budget et d'un calendrier :

- *Rendre le conflit collectif : toutes les entreprises concernées pour éviter que seul Ferrero supporte les critiques.*

- *A court terme, mener une campagne d'explication technique prouvant que les plantations d'huile de palme n'ont pas les effets dévastateurs annoncés en Indonésie surtout. Mais, attention à ne pas proférer de contre-vérités, ce qui serait totalement négatif.*
- *Donner des détails sur l'engagement de Ferrero envers les personnes, la faune et la flore susceptibles de subir les effets induits d'une agriculture trop dépendante des palmiers à huile.*
- *Lancer immédiatement des recherches pour trouver des ingrédients nouveaux qui pourront continuer à substituer l'huile de palme tout en préservant la qualité gustative et le coût.*

[Sujet n° 7]

Vous faites partie de la Direction des Programmes du groupe TF1 et vous êtes en train de préparer la grille des programmes de la rentrée 2014. Vous avez un important budget pour développer une nouvelle émission de téléréalité à destination des seniors. Quelles idées pourriez-vous proposer ?

Quelques éléments de réponses possibles :

La téléréalité dont l'image au sein de la population est controversée, ne s'est jusqu'à présent jamais adressée à une clientèle de seniors même si, sans aucun doute, les seniors ont pu regarder les autres émissions de téléréalité.

De nouvelles émissions doivent tenir compte des valeurs attendues par une clientèle de seniors :

- *Amabilité et sincérité*
- *Fidélité et engagement*

Toutefois, sans un zeste de tonicité, voire de provocation, l'émission passerait à côté de son objectif.

On peut alors imaginer :

- *Des seniors (les acteurs sont 10 ans plus jeunes que la cible) dans des compétitions d'endurance, culturelles, de créativité.*
- *Des enfants, des animaux dans des jeux ouverts vers une compétition*
- *Des rencontres et des échanges avec des défis, entre des villes ou des pays différents*

Le principe est une certaine tension (il faut un peu choquer) mais contrebalancer par une forte sincérité. Des « héros » susceptibles d'incarnation de valeurs seront indispensables.

[Sujet n° 8]

Vous formez l'équipe municipale de la ville de Bayonne, qui organise chaque année à la fin du mois de juillet les « Fêtes de Bayonne ». Cet événement dure 5 jours et réunit plusieurs centaines de milliers de personnes dans les rues de la ville, autour des coutumes et traditions, des musiques vivantes, du sport et de la gastronomie, dans une ambiance festive et très conviviale.

Mais ces fêtes sont aussi parfois le cadre de certains excès, notamment en termes de consommation d'alcool chez les jeunes, et vous devez donc réfléchir à des actions de prévention face à ce problème.

Quel plan d'actions allez-vous mettre en place pour limiter la consommation d'alcool durant ces Fêtes, notamment chez les mineurs ?

Quelques éléments de réponses possibles :

La trop forte alcoolisation des jeunes lors de fêtes – voire en dehors des fêtes – constitue une préoccupation réelle. Le « binge drinking », consommation d'alcool en un minimum de temps en est la manifestation la plus désolante.

Tout tient en deux mots : prévention et responsabilité. La prévention passe par un lent mais continu travail d'explication dans les groupes de jeunes et moins jeunes : rencontres, affiches, vidéo, réseaux sociaux. La communication doit passer par :

- *L'intermédiaire de personnalités en lesquelles les groupes auront confiance.*
- *Un accent sur la responsabilisation qui se met en œuvre au travers de réseaux de « grands frères responsables » qui veilleront au grain dans tous les endroits sensibles.*

La règlementation n'est pas absente. Elle doit afficher la détermination des autorités tout en sachant qu'elle seule est complètement insuffisante.

10. UN ENTRETIEN A PART : LE « FACE A FACE » D'HEC PARIS

1. Préparation de l'épreuve (15 minutes)

Les candidats admissibles sont répartis en groupes de quatre (deux candidats « face-à-face » et deux candidats « observateurs »). Chacun des candidats « face-à-face » tire un sujet et prépare une thèse argumentée à sa convenance. Il y a donc des sujets distincts et chaque candidat ignore la nature du sujet tiré par l'autre.

2. Déroulement de l'épreuve

L'épreuve est composée de deux entretiens « face-à-face » suivis d'entretiens individuels.

[1. Premier entretien « face-à-face »]

Le candidat A présente et soutient sa thèse (4 minutes) sur le sujet qu'il a préparé. Il s'agit pour lui de prendre nettement et immédiatement position, et non d'examiner méthodiquement les différents points de vue possibles. A l'appui de sa thèse, il développe une argumentation organisée, précise et convaincante.

Puis le candidat A et son vis-à-vis, le candidat B, engagent une discussion (5 minutes) au cours de laquelle le candidat B fonde sa propre opinion et répond. Dans sa réponse, il peut, à son choix : être du même avis, mais pour d'autres raisons, soutenir une thèse différente ou au contraire réfuter les arguments présentés.

Le candidat A peut reprendre la parole à tout moment, ajouter des arguments, son but étant, en définitive, de faire partager son point de vue par son interlocuteur, le candidat B.

[2. Deuxième entretien « face-à-face »]

Le candidat B, à son tour, présente et soutient sa thèse (4 minutes) sur le sujet qu'il a préparé. L'entretien se déroule selon les mêmes modalités, face à un autre candidat dans le rôle de « répondant ».

Les deux candidats « observateurs » durant ces entretiens n'interviennent pas dans la discussion, mais sont invités à prendre des notes.

[3. Entretiens individuels]

A l'issue des entretiens « face-à-face », chaque candidat « observateur » a un entretien individuel d'environ cinq minutes avec les examinateurs. Il lui est demandé notamment de porter une appréciation sur les différents rôles qu'il a observés.

Au cours des entretiens suivants, les candidats changent de rôle.

Les deux candidats des entretiens « face-à-face » deviennent à leur tour « observateurs » et les candidats « observateurs » passent leur entretien « face-à-face ». Ainsi, chacun est à son tour, celui qui convainc, celui qui répond, celui qui observe.

3. Extrait du rapport des epreuves orales du concours 2009 d'HEC Paris

Nous constations, l'an dernier, contrastant fortement avec les années antérieures, que les candidats, dans leur grande majorité, semblaient avoir compris que l'épreuve n'est pas un affrontement entre deux protagonistes (le convaincant et le répondant) où le meilleur est celui qui domine et impose son approche et ses positions par tous les moyens.

Nous pouvons confirmer, cette année, cette compréhension se traduisant particulièrement par les éléments suivants :

- L'importance de l'écoute effective,
- La manifestation de l'autonomie de la pensée et du comportement,
- L'honnêteté intellectuelle, c'est à dire la capacité à se situer et à faire évoluer son point de vue dans le cadre d'une argumentation critique,
- Le sens de la responsabilité,
- L'interaction pacifique avec autrui.

Globalement, l'épreuve de face-à-face remplit bien son rôle d'évaluation des qualités suivantes :

- Argumentation, animation et analyse,
- Ecoute, réactivité, vivacité, qualités humaines,
- Observation, responsabilité, lucidité et synthèse.

4. Exemples de sujets pour le « face a face » d'HEC Paris

1. Faut-il du charisme pour être dirigeant ?
2. Pour ou contre la TVA sociale ?
3. Gouverner, est-ce choisir ?
4. Y a-t-il une éthique des affaires ?
5. Qu'est ce qu'un patron ?
6. Une marque ne s'impose-t-elle que parce qu'elle surprend ?
7. La gratuité rapporte-t-elle à l'entreprise ?
8. L'entreprise citoyenne est-ce une utopie ?
9. Doit-on donner la priorité au développement durable ?
10. Recrutement dans les entreprises : que pensez-vous de la discrimination positive ?
11. Y a-t-il un management au féminin ?
12. Faut-il être cynique pour réussir dans les affaires ?
13. Dans l'état actuel de la planète, l'écologie n'est-elle pas une vaste blague ?
14. Faut-il taxer les propriétaires d'animaux domestiques pour financer l'assurance sociale ?
15. Faut-il supprimer la télévision réalité ?
16. Faut-il supprimer HEC ?
17. Etes-vous en faveur de la discrimination positive ?
18. Pour ou contre les pourboires ?
19. Faut-il supprimer les impôts ?
20. Le travail rend-il libre ?
21. José Bové est-il un imposteur ?
22. Fait-il bon vivre en France ?
23. Pour ou contre les langues régionales à l'école ?
24. Faut-il supprimer les vacances scolaires ?
25. Rencontrer un ami, est-ce se rencontrer soi-même ?
26. Une entreprise doit-elle savoir séduire pour recruter ?
27. Le Père Noël est il vraiment une ordure ?
28. Pour ou contre une épreuve de sensibilité artistique au concours d'HEC ?
29. Le désespoir est-il une forme de paresse ?
30. Faut-il introduire les téléphones portables à l'école primaire ?
31. Le plus grand défi des dirigeants est-il d'améliorer les choses ou d'oser les faire autrement ?
32. Faut il croire le témoignage des enfants dans les enquêtes sociales ?
33. Travailler, oui mais dans une bonne ambiance.
34. Quand on n'a rien à perdre, peut-on risquer le tout pour le tout ?
35. Un manager sans autorité est-il un bon manager ?
36. Pour ou contre la dioxine dans les cigarettes pour dissuader les gens de fumer ?

37. Donner, oui ; mais se sacrifier ?
38. « A Paris on vit, ailleurs on végète » D'accord ou pas d'accord ?
39. « Plus l'art est obscur, plus le dialogue est pressant. » D'accord ou pas d'accord ?
40. Reconnaît-on l'esprit d'un homme plus à ses réponses ou à ses questions ?
41. Est-ce rendre service aux enfants exploités du Pakistan d'arrêter d'acheter les tapis qu'ils produisent ?
42. « Tout âge apporte ses fruits, il faut savoir les cueillir ».
43. « Le poisson pourrit par la tête » : ce dicton s'applique-t-il à l'entreprise ?
44. L'autorité sans compétence vaut-elle mieux que la compétence sans autorité ?
45. Pour ou contre les maisons closes ?
46. Il y a loin de la coupe aux lèvres. D'accord ou pas d'accord ?
47. La fin justifie-t-elle les moyens ?
48. Faut-il repousser l'âge de la retraite à 70 ans ?
49. Faut-il étiqueter les viandes avec la mention « abattage rituel » ?
50. Lady Gaga ou Madonna ?

DEUXIEME PARTIE

LE JURY

I. SA COMPOSITION

Pas d'entretien sans jury… Toutes les modalités de déroulement d'entretien, avec ou sans questionnaire préalable, production d'un mini-CV, traitement d'un sujet… ont un point en commun : la présence active d'un jury. Ce dernier, incontournable, justifie donc un sérieux examen.

Consistant en l'identification de sa composition, la compréhension de son rôle et de ses attentes, mais également de ses droits et devoirs, ce chapitre doit vous permettre de vous imprégner en profondeur de ce qui vous attend, mais également de démystifier les fantasmes circulant trop souvent concernant les jurys d'admission.

De façon générale, un jury d'admission est composé de deux ou trois personnes, chacune présentant des particularités bien distinctes justifiant sa présence. Attention cependant ! Certaines écoles accessibles après le baccalauréat constituent des jurys d'une personne et d'une seule.

L'ossature des jurys est composée de deux personnes formant un couple complémentaire. L'une de ces deux personnes aura vocation à représenter l'école à laquelle vous souhaitez appartenir, l'autre « le monde économique », c'est-à-dire le milieu de l'entreprise, milieu auquel se destine une grande proportion de candidats.

Une troisième personne est parfois adjointe aux deux premières. Souvent plus jeune, il s'agira alors d'un ancien élève de votre future école.

Votre oral constituant un acte de communication, vous devez fondamentalement vous imprégner de la composition du jury. Concrètement, vous devez tenter de savoir avec précision quelle sera sa composition lors de votre session et, idéalement, quelles seront les personnes qui le composeront. Naturellement, vous devez tenter de savoir également à l'avance quel membre du jury en prend la présidence.

« J'ai eu de la chance. Je m'étais renseigné le matin sur les membres du jury et l'un d'entre eux travaillait dans la restauration rapide. J'y avais effectué un stage et j'ai bien insisté sur mon expérience dans ce secteur. J'ai bien vu que cela lui plaisait, cela a créé une complicité entre nous ».

Jean-Michel, étudiant à NEOMA BS

Au-delà du nombre de membres, l'important pour vous est d'identifier la composition de votre jury. Dans la plupart des cas, les membres d'un jury se présentent brièvement avant de commencer l'entretien. Si tel est le cas, notez impérativement ce que chacun des membres vous dit de lui et tâchez, ultérieurement, de vous en servir.

> *« Quand nous nous présentons, les étudiants sont trop stressés et n'écoutent pas. Ils n'enregistrent pas ce que nous disons, ne notent rien. Ils ont tort, cela peut leur servir de savoir que le Président du Jury est prof de marketing ou dirigeant d'un cabinet d'audit car ils peuvent ensuite orienter leur discours dans ce sens et surtout poser éventuellement une question pertinente en fin d'entretien ».*
>
> ***Myriam, chef d'entreprise, membre de jurys d'admission***

Vous devez également prendre conscience que le jury est majoritairement composé de membres bénévoles. Anciens élèves ou dirigeants d'entreprise en activité, ces derniers vous donnent au fond, gracieusement, de leur temps. Ils s'attendent donc, en retour, à vivre de bons et enrichissants moments et échanges, que vous leur apportiez quelque chose.

II. SON ROLE

Contrairement aux idées reçues, le terme de jury… vient du français, plus précisément du mot « jurée », soit une assemblée assermentée pour une fonction donnée.

De fait, un jury constitue « une assemblée assermentée pour une fonction donnée ». Le rôle du jury est en effet clair et sans ambiguïté. Si l'objectif premier de votre entretien consiste à apprécier votre personnalité et ses différentes composantes, le jury remplira deux fonctions fondamentales qui expliquent d'ailleurs sa composition.

Sa première fonction réside en un rôle de « **gardien du temple** ». Considérez, ce que fait le jury, que l'école à laquelle vous aspirez, quelle qu'elle soit, est un temple, une sorte de lieu fermé dont les membres du jury, et plus spécifiquement le membre du jury issu de l'équipe dirigeante de l'école, gardent l'entrée. Ces gardiens n'ont pas pour fonction d'interdire l'accès au temple, mais de s'assurer que ceux qui désirent y pénétrer – dont vous – sont dotés des aptitudes et qualités leur en permettant l'accès.

En d'autres termes, le jury exerce là un rôle visant à valider que vous êtes apte, à l'instar d'une confrérie, à appartenir au corps auquel vous aspirez. Ne vous méprenez pas : cette fonction de sélection vise certes à permettre l'accès au temple aux postulants paraissant adéquats aux jurys, mais également à faire prendre le cas échéant conscience à certains candidats de leur inadéquation, donc à leur rendre service.

Si les jurys désirent en effet s'assurer que les candidats correspondent aux besoins de l'école dont ils sont les garants, ils souhaitent tout autant vérifier que le candidat connaît l'univers auquel il aspire. Autrement dit, le jury cherchera à se prémunir contre deux erreurs possibles : celle qu'il pourrait commettre en « embauchant » un candidat qui ne s'épanouirait ensuite pas au sein de l'école, et celle qu'un candidat insuffisamment averti de ce qui l'attend pourrait commettre en se trompant d'école, en entrant dans une école ne lui correspondant en fait pas.

Ce rôle de gardien du temple consiste au fond en une double vérification : l'adéquation de chaque candidat à l'école et à ses valeurs, de l'école à chaque candidat. Il est, fort logiquement, plus franchement dévolu aux membres des jurys issus de l'école et la représentant.

La deuxième fonction assignée aux jurys consiste à **apprécier la pertinence, sur le marché du travail, de l'offre que représentera l'étudiant**. Cette recherche justifie naturellement la présence, au sein des jurys, d'un ou plusieurs professionnels en activité. Ce dernier a au premier chef pour vocation de regarder les candidats sous un angle professionnel, à l'instar d'un recruteur.

Il est fondamental que vous preniez conscience que ce membre du jury cherchera, derrière l'étudiant qui est face à lui, le futur cadre en activité. Il sera donc plus axé sur les projets professionnels des étudiants, en ayant naturellement à leur endroit un niveau d'attente variable selon l'âge et l'expérience des étudiants concernés.

III. SES ATTENTES

Nous avons vu que les modalités de préparation et de déroulement des entretiens de motivation ou de personnalité pouvaient prendre, selon les établissements et les écoles, des formes très variables. Quoi de commun en effet, entre les écoles demandant de préparer un sujet de culture générale, celles demandant le remplissage préalable d'un CV, celles faisant précéder l'entretien individuel par un entretien collectif ? En apparence, pas grand-chose, tant les modalités diffèrent.

Mais, au fond, quelle que soit l'école et votre niveau (post-bac, post-classe préparatoire ou admission sur titre), **les attentes des jurys sont foncièrement les mêmes.**

Ces dernières peuvent se regrouper en quatre points :

1. LE JURY ATTEND DU CANDIDAT QU'IL SOIT UN « HONNETE HOMME »...

Apparue au XVIIe siècle, la notion d'« honnête homme » désignait un être cultivé, équilibré, sociable, raffiné dans ses manières et ouvert sur les autres. Comme le précisait Montaigne, il était préférable d'avoir « *la tête bien faite plutôt que bien pleine* ». Le primat était alors accordé à la façon de penser et de raisonner sur les connaissances, leur acquisition et leur restitution.

En d'autres termes, le jury n'entend pas faire de votre entretien un entretien de vérification de connaissances. En toute logique, les épreuves écrites que vous avez passées et les éventuelles autres épreuves orales que vous passerez ont rempli et/ou rempliront cette fonction. Il s'attend donc à rencontrer des candidats dotés d'aptitudes intellectuelles leur permettant la réflexion et la décision bien plus que des étudiants déglutissant des connaissances parfois mal ingérées...

Les bons candidats seront ceux détenant et exprimant les qualités et vertus des « honnêtes hommes », au premier rang desquelles figureront, logiquement, l'**honnêteté** et la **franchise**.

Certains candidats ont en effet parfois tendance à... exagérer... Tel étudiant évoquera une expérience humanitaire en Afrique Noire sans s'y être jamais rendu, tel autre commentera de façon critique la stratégie d'un grand acteur industriel sans y avoir travaillé...

Les jurys ne demandent qu'à vous croire. Mais si vous mentez, vous risquez fort d'être détecté et lourdement sanctionné. Valorisez donc vos expériences, mais n'en inventez pas !

La franchise qui est attendue de vous doit également vous amener, sur un autre plan, à jouer la transparence. Vous avez en effet bien le droit de ne pas savoir, donc de ne pas connaître la réponse à une question. Si tel est le cas, dites-le sans ambages, vous gagnerez en crédibilité.

Au-delà de ses vertus d'honnêteté et de franchise, « l'honnête homme » s'inscrit obligatoirement en son temps. Bien que l'entretien ne soit pas un entretien de connaissances, le jury attend néanmoins de votre part une double compétence.

« L'entretien n'est pas un entretien de culture générale, au sens ou nous ne posons pas de questions de connaissances. Mais il est évident que les étudiants doivent posséder un réel bagage, notamment concernant l'actualité économique et ses enjeux. Si nous percevons une faille, il peut alors nous arriver de creuser ».

Marie-Claire, directrice marketing, membre de jurys d'admission

---

Cette double compétence doit vous amener à être doté d'une solide culture touchant à l'actualité économique et sociétale, et, surtout, à être conscient des enjeux sous-jacents. Vous ne pouvez par exemple pas, quelle que soit votre formation et votre parcours, ne pas être informé ni avoir d'avis sur le commerce équitable, le micro crédit, l'endettement de certains pays européens, les énergies alternatives, la question des retraites…

Ne perdez jamais de vue que les écoles de commerce et de management s'ancrent logiquement dans leur univers, celui de l'entreprise, donc de l'économie. Vous aussi par voie de conséquence. A un degré naturellement différent selon votre niveau d'études, vous devez vous imprégner, *via* la lecture de sites et de journaux (*Les Echos, La Tribune, Le Monde, Le Figaro*…) de la vie des entreprises et des enjeux dans lesquelles ces dernières s'inscrivent.

« J'ai passé un entretien le jour d'une réunion européenne sur la dette de la Grèce. J'avais bien fait de lire la presse le matin, parce qu'ils ont attaqué l'entretien dessus ».

Roxane, étudiante à l'ESC Pau

Troisième dimension requise de la part de « l'honnête homme » que vous devez être : la détention de croyances, de convictions, de valeurs. Toutes les écoles, la visite de leurs sites Internet en témoignent, se targuent d'être émettrices et relais de valeurs, à caractère souvent humaniste et plaident en faveur d'un capitalisme responsable. Sans singer les valeurs présentées par l'école à laquelle vous postulez, ce qui ne sera pas crédible, vous devez posséder des convictions vous appartenant et établir des passerelles avec celles de l'école.

Enfin, quatrième dimension constitutive de « l'honnête homme » : la curiosité et l'ouverture d'esprit.

« Nous voyons trop de candidats blasés, sans qu'on sache d'ailleurs de quoi. Ils ne sont curieux de rien, ne s'intéressent à rien, se contentent de nous raconter leur vie. Ils n'ont pas de passion, pas d'envie, ce qui en fait des personnes lisses ».

Pierre, professeur de finance, membre de jurys d'admission

Le bon candidat est donc un candidat **curieux de son environnement**. Prenons un exemple : admettons qu'un membre du jury vous pose une question à laquelle vous ne savez pas répondre. L'avouer sans chercher à aller plus loin entraînera, chez le jury, de la déception. Si vous savez en revanche rebondir, en posant vous-même le cas échéant une question témoignant de votre intérêt et de votre curiosité, vous serez alors perçu comme ce que vous êtes : quelqu'un d'ouvert, désireux d'apprendre…

2. … DOTE D'UNE REELLE PERSONNALITE…

Il s'agit là d'un point essentiel. Contrairement à ce que vous pensez probablement, les jurys apprécient les convictions et points de vue illustrés, même à caractère iconoclaste ou marginal.

Parce qu'ils sont convaincus que la richesse d'une école réside, entre autres, en la diversité de ses étudiants, ils ne cherchent pas, en aucun cas, à recruter ou sélectionner des candidats jumeaux, aux profils, aptitudes et traits de caractère identiques.

Les jurys sont donc bien loin, persuadez-vous en, de la quête de clones et ne se réfèrent pas à un modèle figé ou prédéfini.[4]

« Le bon candidat ? C'est celui qui a quelque chose à dire, qui ressort du lot et qui le dit de façon convaincante, entraînante. Ce que je recherche, ce sont des personnalités, des caractères, ni des clones ni des clowns ! »

Myriam, chef d'entreprise, membre de jurys d'admission

Les jurys sont bien plus ouverts que vous ne vous les représentez. Leur réelle ouverture d'esprit les amènerait presque plus, toutes proportions gardées, à rechercher des candidats un peu atypiques qu'à vouloir à toute force dupliquer un modèle.

Les sites des écoles sont de ce point de vue éloquents et insistent fortement sur les dimensions ayant trait au caractère ou à la personnalité. Certaines écoles vont même plus loin, comme l'EM Strasbourg par exemple, en adoptant une charte éthique et en la transmettant aux membres des jurys pour application. Celle-ci précise explicitement que « la diversité des profils des candidats sélectionnés doit être appréciée de la part des recruteurs ».

Or, par construction, chacun possède sa propre personnalité ! Votre enjeu consistera donc (cf. III) à connaître votre personnalité et à l'exprimer.

Vous avez donc, qui que vous soyez, toutes vos chances. Ne tombez par voie de conséquence surtout pas dans le travers consistant à penser que, parce que le jury s'attend à tel ou tel type d'individu, vous devez forcément vous déguiser, ne pas être vous-même et ressembler le plus possible à ce que vous pensez qu'ils souhaitent…

4. Comme en témoigne par exemple ce membre du jury de Grenoble EM : http://www.youtube.com/watch?v=gYvyu4ASRYQ&feature=related

3. … EN ADEQUATION AVEC SON UNIVERS…

Quel que soit leur niveau d'études, les candidats se doivent, pour réussir leur entretien, d'être en adéquation avec leur propre univers. Un des maîtres-mots découlant de ce constat est le mot « **cohérence** ». La démarche des jurys est donc très axée en effet sur la recherche et la validation de cette cohérence qui doit être la vôtre. Etre cohérent signifie donc être en phase, en osmose avec deux univers.

[1. Son futur univers professionnel]

Premier univers : l'univers professionnel. La recherche de cohérence des jurys consiste à s'assurer au mieux de la logique de vos aspirations au regard de vos études et de vos expériences.

Si les jurys admettent que les jeunes candidats, issus de l'enseignement secondaire ou d'une classe préparatoire commerciale, demeurent encore flous sur leur projet professionnel, il n'en sera naturellement pas de même pour les candidats plus âgés ou plus avancés dans leurs études. Les plus jeunes d'entre vous peuvent donc se contenter d'avoir une idée de leur projet professionnel, en termes de secteur d'activité par exemple.

« J'étais attirée par le secteur du luxe, mais n'avais aucune idée du métier que je voulais exercer. C'était le secteur. J'ai expliqué pourquoi, en disant que je comptais sur l'école et mes études pour m'aider à comprendre les différents métiers possibles et choisir le mien. C'est très bien passé ».

Roxane, étudiante à l'ESC Pau

Les étudiants plus âgés ou diplômés de l'enseignement supérieur se doivent en revanche d'avoir un projet professionnel plus précis donc, en d'autres termes, avoir une claire idée du type de métier qu'ils ont envie d'exercer (finance, marketing, audit…), du ou des secteurs dans lesquels ils se verraient évoluer. Si vous avez un projet de création d'entreprise, vous devez naturellement être capable de donner des éléments précis le concernant, témoignant du fait que vous avez déjà regardé le marché et la concurrence par exemple.

Le jury appréciera que votre passé comprenne des expériences, même brèves, de toute nature, venant justifier et expliquer votre choix professionnel. Souvenez-vous que votre jury cherchera à comprendre votre logique, à cerner la cohérence de votre parcours.

Il y a un lien logique entre ce premier univers – votre futur univers professionnel – et le second que constitue l'univers estudiantin.

[2. Son univers estudiantin]

Ne vous trompez pas : **intégrer une école, prestigieuse ou moins, ne constitue en aucun cas une fin en soi.** La vocation d'une école, quelle qu'elle soit, est de vous préparer à affronter victorieusement le marché du travail qui vous attend. Le jury n'attend donc pas de vous que vous vous soyez fixé comme objectif de pousser les portes de l'école dont ils sont les gardiens, mais bien que vous ayez compris que les études ne sont pas une fin en soi.

De deux choses l'une néanmoins. Soit vous êtes issu de l'enseignement secondaire ou d'une classe préparatoire, soit vous êtes déjà titulaire d'un diplôme de l'enseignement supérieur. Si vous êtes dans le premier cas de figure, il est logique que le jury aspire à comprendre ce qui vous motive et vous pousse à tenter d'entrer dans une école de commerce. La principale raison réside forcément dans votre embryon de projet professionnel, lequel ne s'accomplira fructueusement que grâce aux enseignements dispensés dans une école de commerce, et, plus précisément, celle à la porte de laquelle vous frappez.

Si vous avez déjà effectué des études antérieures et aspirez à entrer dans une école de commerce par le truchement de la procédure d'admission sur titres, le jury marquera à votre endroit des exigences supérieures.
Il s'attendra en effet d'une part à ce que votre projet professionnel soit assez abouti. Même si, naturellement, l'école, de par ses enseignements, les stages qu'elle vous permettra de faire et les rencontres qu'elle provoquera, vous aidera à l'affiner encore, il est logique qu'avant d'y entrer, vous sachiez pourquoi !

Le jury attendra donc de votre part l'évocation d'un projet mûri. Ce projet, reposant sur une sérieuse documentation (fiches métier, témoignages, exemples d'Anciens de l'école exerçant le poste…) fera donc de votre part l'objet d'une préparation approfondie.

4. … CAPABLE DE CREER LES CONDITIONS D'UN DIALOGUE.

Comme son nom l'indique, l'entretien, de personnalité ou de motivation, réside en un… entretien. Pour s'entretenir, il faut être au moins deux. Votre jury, persuadez-vous en, sera animé de cette attente et de cette envie. Par voie de conséquence, vous devez l'être également. Le « rapport de forces » entre le jury et vous impose que vous fassiez les premiers pas, donc que vous fassiez comprendre que l'envie de dialogue vous anime. Encore faut-il que vous créiez réellement les conditions du dialogue, donc respectiez un certain nombre de règles.

Pour que vous soyez capable de créer les conditions d'un dialogue, il vous faut tout d'abord ne pas considérer le jury comme votre ennemi personnel. La posture que vous adopterez à son endroit retentira sur celle qu'il adoptera lui-même. **Si certains membres du jury vous paraissent froids et distants, dites-vous bien que ce sont les règles du jeu telles que certains membres les considèrent et les pratiquent, rien de plus.**

Vous devez donc vous montrez ouvert, prêt au dialogue. Vos sourires, la position de votre corps (ne croisez surtout pas les bras !) en témoigneront et seront autant d'indices perceptibles par vos interlocuteurs.

Si les conditions pour établir le dialogue tiennent pour une part à votre posture et à la façon dont vous vous tenez, donc votre façon d'être, elles recouvrent également votre façon de vous exprimer et d'écouter.

Dialoguer réellement, c'est tout à la fois parler et respecter l'autre quand il parle à son tour. La façon dont vous allez vous exprimer sera révélatrice de votre conception de l'échange. Certains étudiants, démontrant ainsi leur incapacité au dialogue, parlent trop. Mus sans doute par le stress, ou parfois par l'idée qu'ils ont d'eux-mêmes, ils indisposent le jury en cherchant à monopoliser la parole. Certains pensent également que cette occupation du terrain de la parole leur permettra d'éviter des questions auxquelles ils ne tiennent pas.

Ce calcul n'est pas exact. Le jury veut certes vous entendre, mais également échanger avec vous. Si vous parlez trop, que ce soit trop longuement ou trop fréquemment, vous allez frustrer vos interlocuteurs, ce dont ils ne vous sauront pas gré…

Savoir dialoguer, c'est donc savoir aussi s'arrêter de parler, pour donner la parole à l'autre. Pour ce faire, vous devez attentivement surveiller vos interlocuteurs en les regardant, de façon à déceler les signes avant-coureurs de leur envie de prendre la parole et ce, afin de la leur laisser.

Enfin, savoir dialoguer, c'est, bien logiquement, savoir laisser l'autre parler et ne pas chercher à l'interrompre. De toute façon, les membres de votre jury vous feront comprendre qu'ils n'apprécient pas que vous leur coupiez la parole : avant même d'être un indicateur de la volonté et de l'aptitude au dialogue et à l'échange, il s'agit d'une question d'éducation…

IV. SES DROITS ET DEVOIRS

Naturellement, au regard du rapport de forces vous unissant et de votre dépendance à son endroit, votre jury possède plus de droits qu'il n'a de devoirs. Ceci dit, ne vous y trompez pas. Ce n'est pas parce qu'il a des droits qu'il les a tous et, contrairement à ce que vous pensez sans doute, il a également des devoirs, tant vis-à-vis de vous que vis-à-vis de l'école qui le missionne et qu'il représente.

1. Ses droits

Les droits du jury ne sont pas absolus, mais demeurent nombreux. Son droit premier, parce que constitutif de sa mission, sera de vous considérer comme « apte » ou adéquat au regard des besoins de l'école dont il est le gardien et le porte-parole. De nature régalienne, ce droit amènera le jury à se donner les moyens de s'assurer de cette adéquation.

N'oubliez par exemple jamais que le jury est le maître du temps et des cérémonies. C'est donc lui qui décide quand l'entretien commence et quand il se clôt. Vous devez donc savoir résister à la tentation de prendre la parole sans qu'elle vous soit donnée, comme vous devez savoir vous arrêter et remercier le jury de son écoute quand ce dernier a décidé que l'entretien était terminé. En résumé, vous ne décidez ni du moment de départ ni de la fin.

Suivant les cas de figure qu'ils rencontrent, donc des étudiants qu'ils ont en face d'eux, les jurys usent de certains droits.

Face à un étudiant trop prolixe ou bavard, ou que le jury considère comme s'égarant du sujet ou de la question posée, le jury usera du droit logique de l'**interrompre** en lui demandant de répondre à la question. Vous devez donc veiller à ne « pas faire trop long » et à répondre aux questions posées, sous peine de courir le risque de vous faire interrompre.

Partant, le jury a également le droit de vous faire **changer de sujet**, s'il considère que votre propos ne présente pas grande pertinence par rapport au contexte dans lequel vous vous inscrivez. N'oubliez pas les règles de l'exercice présupposent que ce sont les membres du jury qui mènent le débat, donc que vous répondiez aux questions qu'ils vous posent. Vous n'avez, dans une grande proportion, pas le choix des armes. Le jury décide de la menée de l'entretien et des sujets qui le constitueront. Néanmoins, comme nous le verrons (Partie III), vous avez des objectifs à atteindre et devrez vous donner les moyens de le faire.

Si, comme nous l'avons vu, il est hautement préférable que vous ayez un avis sur les sujets importants, vous devez admettre que le jury, parfois par jeu, ne soit pas d'accord avec votre façon de voir les choses. Il a donc pleinement le droit de **vous contredire**, d'argumenter en faveur d'une position qui ne serait pas la vôtre, de mettre en doute vos dires. Ne partez pas de l'idée qu'il vous suffira de dire et d'affirmer pour être spontanément cru. Votre jury s'arrogera souvent le droit de vous demander des **exemples, des illustrations ou des preuves**, surtout si vous restez au stade de généralités bien-pensantes :

« De nombreux candidats évoquent un stage ou une expérience en disant qu'elle fut fort enrichissante ou réussie, qu'elle leur a beaucoup appris. En soi, cela ne veut rien dire. Nous sommes souvent obligés de leur demander en quoi a consisté cet enrichissement ou cet apprentissage, donc de les forcer un peu à se dévoiler. C'est au fond pour leur bien, pour savoir ce qu'ils ont retenu de ces expériences ».

Jean-Philippe, consultant, membre de jurys d'admission

Si la plupart des jurys se comportent de façon affable et courtoise, vous ne pouvez pas exclure que certains s'adonnent, de temps à autre, à des pratiques à vocation légèrement déstabilisatrices. Sans aller jusqu'à épouser les fantasmes et inventions dont regorgent certains forums, il n'en demeure pas moins que les membres de votre jury peuvent chercher à **vous intimider ou à vous déstabiliser** quelque peu. Marginaux, ces comportements justifient néanmoins que vous y soyez préparés, donc que vous sachiez qu'ils peuvent advenir.

Ce droit peut prendre plusieurs formes. Le jury peut choisir, ou à tout le moins un de ses membres, de se taire, de ne pas participer à l'échange, donc de sortir du jeu. Souvent tactique, cette auto exclusion ne doit pas vous déstabiliser. Vous devez alors regarder plus régulièrement le membre en question, voire tenter de l'interpeller en lui demandant explicitement son approbation, afin de le faire revenir dans le jeu et le dialogue.

Une tactique proche pourra consister à jouer la distraction, donc à faire semblant de ne pas vous écouter. En se focalisant sur son stylo et en le tripotant, en regardant ostensiblement ailleurs ou par la fenêtre, le jury peut chercher à vous faire croire que ce vous lui racontez ne présente aucun intérêt pour lui. Nous vous garantissons que cela n'est pas vrai. Aussi, ne vous laissez pas impressionner par ces « manœuvres », continuez votre propos et procédez à une interpellation (« n'est-ce pas ? ») ou un questionnement direct.

2. Ses devoirs

Doté de nombreux droits, le jury n'en a pas moins des devoirs. Souverain, il n'en demeure pas moins, d'une certaine façon, aussi dépendant des candidats que les candidats le sont de lui. Imaginez une école à l'entrée de laquelle, en raison des pratiques des jurys, le nombre de candidats se raréfierait…

Il est possible de recenser quatre devoirs principaux auxquels sont assujettis les membres des jurys. Le premier d'entre eux est un **devoir d'information**. Les écoles, et les jurys dont ils constituent le « bras armé » et l'émanation, se doivent d'informer préalablement les candidats des modalités de déroulement des entretiens. Ce devoir est rempli par l'organisation de réunions d'information ouvertes, de *chats* visant à permettre aux étudiants de recueillir les informations dont ils ont besoin et de poser les questions qu'ils souhaitent.

Le deuxième devoir des jurys est un **devoir d'explication**. Même si leurs décisions sont souveraines, elles n'en sont pas pour autant arbitraires. Les jurys doivent en effet remplir, à l'issue des entretiens, une grille d'appréciation et d'évaluation de chacun des candidats. Leurs décisions sont donc motivées et, d'une certaine façon argumentées et détaillées. C'est en effet sur la base des attentes émises par l'école que la fiche, qui les contient, est remplie.

Les jurys doivent également s'appliquer un **devoir de facilitation**. Leur objectif est et demeure de sélectionner les candidats les plus adéquats pour l'école dont ils assurent la « garde ». Leur propos n'est donc pas de s'adonner à un massacre en règle des candidats se présentant, mais de cerner leurs personnalités et de s'assurer de leur adéquation au projet pédagogique de l'école et de la logique de leur projet professionnel au regard des contenus proposés par leur établissement.

De ce fait, les jurys visent, dans leur très grande majorité, à mettre les candidats à l'aise. Leur objectif consiste à les apprécier, non à les déstabiliser ou les démolir. Les jurys partent en effet de l'idée, réaliste, selon laquelle les candidats donneront le meilleur d'eux-mêmes dès lors que les conditions seront réunies. L'accueil réservé, aux candidats, souvent cordial, vise à les détendre. Souvenez-vous que les membres des jurys ont été à votre place et savent dans quel état de nervosité vous pouvez vous trouver. Leur mission consiste donc à vous permettre d'être vous-même, donc de contribuer à désacraliser le moment que vous partagez.

Quatrième devoir enfin, un **devoir de respect.** Les jurys sont désignés pour aider l'école à recruter les candidats les plus pertinents au regard de son offre et de ses objectifs pédagogiques. Ils sont donc en place pour apprécier des personnalités, des parcours et l'adéquation de ces personnalités et parcours avec un projet et une école. Rien de plus. Visant à appréhender des profils, ils ne jugent en aucun cas des personnes.

Ils s'interdisent donc toute allusion ou question de nature personnelle, confessionnelle, sexuelle ou politique par exemple. La vie privée et l'intimité des candidats ne les regardent pas.

« Certains candidats fantasment complètement. Ils ont lu ou entendu je ne sais où que nous posions des questions indiscrètes, ce qui n'est jamais le cas. Je me souviens d'une étudiante à qui il avait été demandé ce que faisait son père et qui a répondu dignement qu'il était décédé. Je vous assure que le membre du jury qui avait posé la question ne savait plus du tout où se mettre. D'une certaine façon, c'était bien fait pour lui. ».

Myriam, chef d'entreprise, membre de jurys d'admission

TROISIEME PARTIE

VOUS

1. VOUS DEVEZ SAVOIR QUI VOUS ETES ET QUI VOUS VOULEZ ETRE.

Parler de soi est moins simple qu'il y paraît. Certes, vous pouvez aisément raconter vos dernières vacances et le scenario d'un film qui vous a plu. Mais sauriez-vous dire pourquoi vos amis sont vos amis, ce qu'ils apprécient en vous ? Pourriez-vous spontanément décrire vos qualités ? Estimez-vous avoir le sens de la décision ? Celui de l'écoute ? Etes-vous tolérant ? Directif ? Comment vous comportez-vous en groupe ?

Dans un premier temps, dans la mesure ou VOUS êtes le sujet de l'entretien, **vous devez vous connaître parfaitement, donc partir à la recherche de vous-même**.

1. Apprendre a se connaitre

Sauf cas particulier, nous ne passons pas nos journées à nous observer, à analyser nos réactions et comportements, disséquer nos façons d'être et de faire.

Et pourtant ! Vous allez devoir vous y mettre, approfondir la connaissance d'un être qui vous est tout à la fois familier et parfois lointain : vous.

Pour ce faire, nous vous proposons de répondre avec franchise aux questions ci-dessous. Elles vous aideront à faire le point sur vous-même.

Comment réagissez-vous quand…

- vous ne retrouvez pas quelque chose ?
- un automobiliste vous fait une queue de poisson ?
- quelqu'un vous parle brutalement ?
- votre voiture/votre moto ne démarre pas ?
- vous êtes en retard à un rendez-vous ?
- le service dans un restaurant est trop long ?
- vous trouvez un portefeuille ?
- vous échouez à un examen ?
- vous êtes témoin d'une injustice ?
- vous êtes victime d'une injustice ?
- on se moque de vous ?
- vous avez une contravention ?

- quelqu'un vous coupe la parole ?
- vous constatez que quelqu'un avec qui vous discutez a raison ?
- votre voisin met de la musique forte et tard le soir ?
- un enseignant vous met une mauvaise note ?
- vous vous sentez ridiculisé ?
- vous vous sentez trahi ?
- on vous fait des compliments ?
- vous n'êtes pas le centre des regards des autres ?

Les réponses que vous avez apportées à ces questions vous ont déjà aidé à vous cerner mieux, en situation en quelque sorte. Mais vous devez aller plus loin, procéder à une immersion approfondie dans votre personnalité.

Pour ce faire, tentez de répondre à l'autoportrait que vous propose le tableau ci-dessous (*la note 1 signifie que vous vous considérez comme peu doté du trait de caractère concerné, la note 5 que vous vous considérez comme très doté de ce trait de caractère*) :

	1	2	3	4	5
Vous définiriez-vous comme quelqu'un (de)...					
prétentieux					
sceptique					
gai					
tolérant					
intelligent					
altruiste					
cultivé					
arrogant					
timide					
fidèle					
nerveux					
sociable					
meneur					
lâche					

avare					
égoïste					
travailleur					
honnête					
doté de l'esprit d'équipe					
drôle					
exigeant					
fier					
ayant confiance en soi					
orgueilleux					

Le regard que vous pouvez porter sur vous-même, en dépit de la tentative d'objectivité dont vous faites preuve, demeure par construction parcellaire et partial. Vous devez donc impérativement le compléter avec les regards que les autres portent sur vous.

2. Le regard des autres

Sans les autres et leur regard, nous ne sommes pas. Ce sont les autres qui nous font exister. Vous aurez beau, par exemple, vous percevoir comme altruiste et préoccupé des autres, **seule la perception des autres, sans doute différente de la vôtre, importera en définitive.**

Or, les jurys face auxquels vous allez vous retrouver font partie de ces autres, nantis de surcroît de la mission de vous apprécier. Que ce soit dans votre future école, ou dans votre future entreprise, vous serez sans cesse en contact avec les autres. La perception qu'ils auront de vous primera sur celle que vous avez ou aurez de vous-même.

Vous devez donc impérativement savoir, avant vos oraux, comment vous perçoivent les autres. Pour ce faire, prenez la grille ci-dessus et présentez-là à plusieurs personnes de votre entourage vous connaissant bien.

Grille remplie par :	1	2	3	4	5
Définiriez-vous… comme quelqu'un (de)…					
prétentieux					
sceptique					
gai					
tolérant					
intelligent					
altruiste					
cultivé					
arrogant					
timide					
fidèle					
nerveux					
sociable					
meneur					
lâche					
avare					
égoïste					
travailleur					
honnête					
doté de l'esprit d'équipe					
drôle					
exigeant					
fier					
ayant confiance en lui					
orgueilleux					

Jouez le jeu ! Ce n'est, au fond, pas un jeu et vous concerne au premier chef. Vous retirerez de l'expérience ce que vous y mettrez et en tirerez d'autant plus de profit que vous vous investirez. Vous devez donc sélectionner avec soin les personnes à qui vous demanderez de s'adonner à cet exercice.

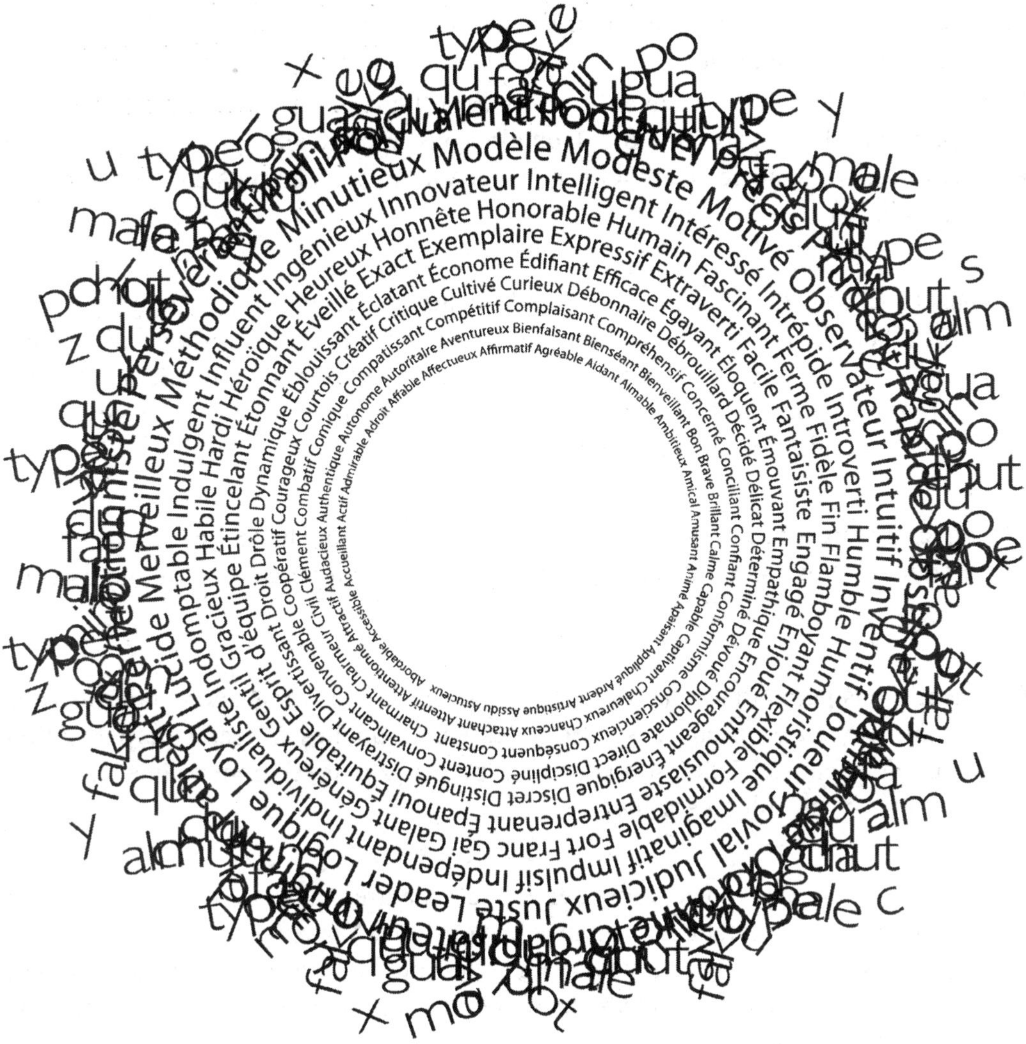
Minutieux Modèle Modeste Motivé
Ingénieux Innovateur Intelligent Intéressé Intrépide Introverti
Heureux Honnête Honorable Humain Fascinant Ferme Fidèle Fin Flamboyant
Exact Exemplaire Expressif Extraverti Facile Fantaisiste
Éclatant Économe Édifiant Efficace Égayant Éloquent Émouvant Empathique
Cultivé Curieux Débonnaire Débrouillard Décidé Délicat Déterminé
Compétitif Complaisant Compréhensif Concerné Conciliant Confiant
Aventureux Bienfaisant Bienséant Bienveillant Bon Brave Brillant Calme Capable
Affirmatif Agréable Aidant Aimable Ambitieux Amical Amusant Animé

Retenez-en au moins trois. **L'une doit faire partie de votre famille, une autre de vos amis. La troisième aura eu l'occasion de vous voir évoluer sur un plan professionnel ou estudiantin, comme un maître de stage ou un enseignant par exemple.** Votre approche sera d'autant plus fine que vous multiplierez les regards, donc les personnes sollicitées[5]. N'hésitez donc pas à en solliciter plusieurs, en leur expliquant l'importance que leur franchise aura pour vous. Le propos n'est en effet pas que vos relations remplissent la grille de façon complaisante, mais tel(le) qu'ils vous perçoivent réellement.

N'hésitez pas à élargir le cercle des personnes sollicitées, en y incluant par exemple le responsable d'une association à laquelle vous appartenez, qu'il s'agisse d'une association sportive ou de chant, ainsi que, par exemple, un ou plusieurs membres de cette association.

Demandez à chacun de remplir, avec franchise, soigneusement la grille. Puis confrontez la grille que vous avez rempli vous-même et la grille remplie par chacune de vos relations. Vous constaterez, à coup sûr, que si certaines de vos caractéristiques sont perçues à l'identique par vos relations et vous-même, d'autres, en revanche, démontrent une différence de perception.

Dialoguez ensuite avec honnêteté avec chacun de vos « évaluateurs », en cherchant à comprendre ce qui, chez chacun d'entre eux, vous a fait percevoir comme ils vous perçoivent.

Ce travail vous permettra donc tout à la fois de cerner les dimensions faisant, vous concernant, l'objet d'un consensus et celles sur lesquelles un écart de perception existe. De deux choses l'une : soit vous vous percevez plus sévèrement que les autres ne vous perçoivent, soit c'est l'inverse.

Si vous êtes plus sévère avec vous-même que les autres ne le sont avec vous, vous pêchez sans doute par défaut de confiance en vous. Si, à l'inverse, vous avez tendance à vous percevoir de façon plus positive que les autres ne le font, prenez-y garde : votre jury vous appréciera vraisemblablement plus comme l'ont fait vos relations que comme vous vous appréciez vous-même.

---

5. Ce type de démarche reposant sur la multiplicité des regards se développe d'ailleurs en entreprise. De plus en plus nombreux sont en effet les dirigeants à être appréciés par des collaborateurs de leur niveau, leurs collaborateurs ou leurs fournisseurs.

3. Se projeter

Le travail sur vous-même que nous venons d'effectuer n'est pas si simple. A caractère introspectif, il présuppose de votre part volonté et honnêteté intellectuelle. Mais vous connaître est fondamental pour réussir vos entretiens.

Vous connaître aujourd'hui vous permettra de surcroît de travailler fructueusement, donc de préparer de façon satisfaisante l'étape suivante.

Les jurys « embauchent », par construction, pour l'avenir. Ils effectuent, au fond, un pari sur vous et sur le double bénéfice que vous allez retirer de l'école et que l'école va retirer de vous.

Fort logiquement, les membres des jurys cherchent à réduire les risques inhérents aux paris qu'ils effectuent. Vous devez les aider, dans votre propre intérêt, à réduire ces risques. Pour ce faire, **vous devez vous projeter dans l'avenir et partager avec eux vos projections**.

Ce travail de projection revient, en définitive, à se demander et à vous demander ce que vous voulez faire de vous, comment vous voyez votre avenir. Il est logique que les jurys se posent et vous posent la question. En effet, une école de commerce constitue un tremplin… à condition de savoir où vous voulez retomber après votre saut !

Cette attente est naturellement variable en fonction de votre âge et de votre bagage. Mais, que vous soyez issu de l'enseignement secondaire, d'une classe préparatoire ou déjà diplômé de l'enseignement supérieur, votre jury attendra de vous que vous répondiez à son attente.

Les plus jeunes d'entre vous éprouveront, sauf cas particulier, plus de difficultés à effectuer cette projection. Normale, cette difficulté n'est pas sous-estimée par les jurys, dont les membres sont bien conscients que votre jeunesse et votre inexpérience expliquent le flou pouvant entourer votre projet.

Si vous êtes plus avancé en expérience et en formation, les attentes des jurys seront naturellement plus marquées. Même si, durant vos études au sein de votre école, vous aurez bien le droit de changer d'avis et de direction, vous devez savoir, avant d'y entrer, pourquoi vous le désirez. Donc, en d'autres termes, ce que vous voulez faire de vous à sa sortie.

> *« Moi, je savais depuis longtemps que je voulais travailler dans la finance. Cela m'a toujours intéressé. Comme j'avais déjà fait un stage dans le domaine, j'ai convaincu sans problème ».*
>
> ***Julien, étudiant à l'ESSEC***

Vous sentez-vous attiré par le marketing ? Vous êtes, comme Julien, tombé dans la finance quand vous étiez petit ? L'envie de créer votre propre entreprise vous étreint ? Le conseil vous passionne ?… **Quelle que soit votre voie, elle sera la bonne dès lors que vous en avez, lors de vos entretiens, une idée précise et que vous êtes capable d'expliquer pourquoi.**

Ceci présuppose que vous sachiez bien de quoi vous parliez. Prenons un exemple : si vous envisagez de devenir chef de produit dans le secteur du luxe, vous devez posséder sérieusement les deux dimensions suivantes.

<u>Le secteur tout d'abord</u> : pourquoi lui ? En quoi se différencie-t-il d'autres secteurs ? Quels sont les grands acteurs et les grandes évolutions ? Et pourquoi ce secteur vous attire-t-il ?

<u>Le métier ensuite</u>. Si vous parlez d'un métier, cela signifie que vous vous êtes renseigné, que vous savez ce en quoi ce métier consiste. Gagez que le jury vous demandera, dans notre exemple, ce à quoi sert un chef de produit, quelles sont ses principales missions, comment et à quoi on distingue un bon chef de produit, quelles sont les qualités requises, en quoi consiste son quotidien de travail…

2. VOUS DEVEZ VOUS VENDRE !

Les entretiens que vous allez effectuer sont des entretiens d'embauche. Ni plus ni moins. Ce sont donc des entretiens à l'issue desquels la partie « adverse » décide de vous « prendre » ou pas. Ceci dit, comme dans les entretiens d'embauche, l'autre partie peut décider de vous embaucher et que vous refusiez en définitive sa proposition…

Si les jurys souhaitent, en toute logique, attirer dans leur école les meilleurs des candidats qui se présenteront, vous vous retrouvez d'une certaine façon, en tant que candidat, en posture de vente.

Entendons-nous bien. Se trouver en posture de vente ne signifie surtout pas mentir ou embellir les choses de façon outrancière. Vous seriez d'ailleurs rapidement sanctionné. La bonne posture est celle de l'étudiant ayant une bonne connaissance de lui-même et de ses expériences et capable de les évoquer de façon concise et motivante pour son auditoire.

« La différence se fait souvent entre l'étudiant qui parle de ce qu'il a fait sans synthèse ni mise en perspective et celui qui y a réfléchi, qui croît en ce qu'il a fait et qui le fait partager ».

Myriam, chef d'entreprise, membre de jurys d'admission

Cette aptitude à vous promouvoir, donc à évoquer de manière convaincante vos expériences présuppose que vous ayez une claire vision, type d'expérience par type d'expérience, de ce en quoi ces expériences consistent et ce qu'elles vous ont apporté.

1. VOS LOISIRS ET VOS CENTRES D'INTERET

Au moins autant que vos études ou les stages que vous avez effectué, vos loisirs et centres d'intérêt sont explicatifs de votre personnalité et de votre caractère. Quelqu'un pratiquant le parapente recherche des sensations et met en œuvre des aptitudes différentes de celles nécessaires pour la pratique des maquettes et des modèles réduits. L'un comme l'autre transmettent, au travers de leurs centres d'intérêt respectifs, une part de leur caractère et de leur personnalité.

Ne partez surtout pas de l'idée que les centres d'intérêt que vous avez n'ont… aucun intérêt. Rien n'est plus faux. **Ils en ont un si vous êtes apte à le transmettre, à faire partager à votre jury vos passions, à expliquer ce qu'elles vous apportent et ce que vous y trouvez.** Partagez vos centres d'intérêt.

Prenons un exemple. De nombreux étudiants mentionnent les voyages comme faisant partie de leurs centres d'intérêt et énoncent une liste de pays dans lesquels ils se sont rendus. Le jury se sentira peu motivé par votre séjour aux Etats-Unis ou en Suède, sauf si vous avez pris, au préalable, la précaution de réfléchir à ce que vous en aviez retiré. Des millions de personnes se rendent aux Etats-Unis chaque année. Ce qui importera donc sera les réflexions que ce voyage vous a permis de faire, quelle vision des Etats-Unis et des Américains vous en avez ramené, dans quelle mesure vous avez considéré que les Etats-Unis que vous avez vu ressemblent, ou pas, à leur légende…

L'important réside donc en l'analyse que vous êtes, au-delà des lieux communs, capable de produire. Et, de ce point de vue, il y aura autant d'Etats-Unis que d'étudiants s'y étant rendus.

Cette approche vaudra pour tous vos centres d'intérêt ou loisirs.

« Je me souviens d'une étudiante qui nous avait passionné en nous racontant l'intérêt qu'elle portait à sa collection de poupées anciennes qui lui venait de sa grand-mère. Elle était très cultivée, nous a parlé de femmes miniature, du rapport entre les enfants et leurs jouets. Elle était vraiment brillante ».

Pierre, professeur de finance, membre de jurys d'admission

Il n'y a donc pas de « bon » ou de « moins bon » loisir, de centre d'intérêt à évoquer ou à taire. Le propos ne réside en effet pour les jurys pas tant au fond en les centres d'intérêt qu'en ce qu'en disent les étudiants qui en parlent, leur aptitude à élargir et à élever le sujet notamment.

Pour vous aider à mieux identifier et qualifier vos centres d'intérêt nous vous suggérons de remplir le tableau ci-dessous. Les « bénéfices » sont ce que vous estimez retirer de la pratique de votre centre d'intérêt ou loisir, le « sujet du dessus » la ou les réflexions susceptibles d'être engendrée (s) par votre centre d'intérêt :

Vos centres d'intérêt	Vos motivations	Vos « bénéfices »	Le sujet du « dessus »

Prenons un exemple. Si vous pratiquez le tennis, les bénéfices que vous pouvez en retirer ont trait à la sociabilité, à l'équilibre physique, au dépassement de vous-même. Le « sujet du dessus » peut toucher au montant de la rémunération des joueurs professionnels, aux motifs amenant le développement du dopage dans le sport, au rôle et à la place du sport dans le monde…

Enfin, soyez honnête. Vos loisirs et centres d'intérêt sont respectables en soi : rendez-les vivants et tout se passera bien. Ne faites pas comme cet étudiant qui avait cru bon de s'inventer un bon niveau de pratiquant de judo… pour s'apercevoir, un peu tard, qu'un des membres de son jury avait été ceinture noire… Sans surprise, l'étudiant en question perdit son entretien par ippon !

2. Vos stages

Vous devez appliquer à vos stages la même démarche que celle évoquée concernant vos loisirs et centres d'intérêt, en adoptant un regard plus professionnel.

Bon nombre d'étudiants éprouvent des difficultés à présenter de façon synthétique, structurée et pertinente leurs stages. Premiers contacts avec le monde du travail, ces derniers ont pourtant été, pour beaucoup d'entre vous, fort enrichissants.

N'oubliez jamais que les écoles de commerce forment la plupart de leurs étudiants au monde de l'entreprise. Or, les stages que vous avez effectué, rares ou nombreux en fonction de votre parcours et de votre âge, ont eu pour vous une irremplaçable vertu : vous faire découvrir l'entreprise.

Demandez-vous, dans un premier temps, ce que ces stages, quels que soient les endroits ou types d'activité, vous ont apportés au regard de ce que vous connaissiez préalablement du mode de fonctionnement d'une entreprise.

Au-delà, vous devez être capable, pour chacun de vos stages, d'en extraire **cinq dimensions essentielles.** La première d'entre elles a trait au contexte de réalisation de votre stage.

Vous devez en effet être capable, en une phrase ou deux, de situer votre stage dans son contexte. En d'autres termes, quel était le type d'activité exercé par l'entreprise vous ayant pris en stage ? Sur quel marché intervenait-elle ? Quelle était sa position dessus ?

Imaginons que vous ayez effectué un stage d'assistant chef de produit dans une entreprise travaillant dans le secteur du mobilier de bureau. La présentation du contexte de votre stage pourrait alors être la suivante :

« J'ai effectué un stage dans une entreprise qui concevait et commercialisait du mobilier de bureau. Cette entreprise est un des plus importants acteurs de son marché en France ».

La précision du cadre dans lequel s'est effectué votre stage vous permet ensuite de préciser les missions qui vous furent confiées au sein de l'entreprise. Là aussi, soyez concis. L'énoncé de vos missions doit pouvoir tenir en quelques phrases. Si nous reprenons notre exemple : *« au sein du service marketing, je devais concevoir des argumentaires de vente, tenir à jours plusieurs bases de données et effectuer une veille concurrentielle régulière ».*

Troisième dimension majeure touchant à la description de votre stage : les actions que vous avez entreprises dans son cadre. Comme vous ne pouvez pas tout raconter et que le jury appréciera votre capacité de synthèse, choisissez une action significative et détaillez-là. Cette façon de faire est hautement préférable à ce que font d'ordinaire les étudiants, consistant à chercher à évoquer le plus d'actions possibles en un minimum de temps.

« J'ai mené de nombreuses actions marketing. J'ai choisi d'évoquer la plus importante (la plus significative) d'entre elles. Elle a consisté à concevoir et mettre en place un mini-catalogue en direction des revendeurs de nos produits. J'ai piloté la conception, la fabrication et l'envoi de ce catalogue ».

La quatrième dimension est essentielle et apparaît souvent occultée par les étudiants. Toute action dans une entreprise a un objectif et produit des résultats, satisfaisants ou pas. **Vous devez donc impérativement évoquer les résultats de vos actions, de façon concrète et chiffrée.**

« Le but de ce catalogue était de déclencher des commandes par nos revendeurs. Cela a bien marché, puisque nous avons eu pour 200 000 € de commandes, soit 10 % de plus que l'année dernière ».

Enfin, dernière dimension à évoquer : celle touchant aux apports respectifs. En d'autres termes, votre stage vous a enrichi : vous devez être capable d'en faire le bilan et de synthétiser votre expérience.

« Ce qui est agréable, ce sont les étudiants qui sont capables de réfléchir sur leurs expériences. Pas simplement de les raconter, mais d'aller plus loin, de s'élever au-dessus d'elles pour comprendre ce qu'ils ont vécu. Quelle que soit l'expérience, c'est cela que nous recherchons, des gens aptes à aller plus loin que la simple restitution de ce qu'ils ont vécu ».

Pierre, professeur de finance, membre de jurys d'admission

Quelle que soit le stage que vous avez effectué, vous en avez forcément retiré quelque chose. Ce que votre jury appréciera sera justement votre faculté à extraire de votre expérience de stage les grands enseignements.

Soyez, là aussi, franc. Il est tout à fait possible que votre stage se soit, sur tel ou tel plan, moyennement déroulé. N'hésitez pas, au stade du bilan, à l'évoquer pour le regretter. Ne tombez en revanche pas dans l'excès inverse, consistant à ne formuler que des critiques ou à émettre des propos négatifs : vous passerez pour quelqu'un de systématiquement critique, alors que toute expérience contient des aspects positifs.

Votre discours pourra alors par exemple prendre la forme suivante :
« Mon stage chez... m'a fondamentalement apporté trois choses. Tout d'abord, j'ai mieux compris comment fonctionnait une entreprise, et notamment les liens entre ses différentes composantes. Puis j'ai compris vraiment ce à quoi servait un service marketing et le rôle qu'il jouait vis-à-vis des clients. Enfin, j'ai compris que l'important dans une entreprise, c'est de faire comprendre aux gens pourquoi ils doivent faire ce qu'on leur demande, à quoi cela sert et quel but cela vise».
Vous pourrez compléter les apports en évoquant, en sus de ce que vous avez retiré de votre stage, ce que vous avez vous-même apporté à la structure qui vous a accueilli.

Si vous avez effectué plusieurs stages, effectuez ce travail préparatoire pour chacun de vos stages. Par ailleurs, hiérarchisez-les en fonction de leur importance au regard de votre projet professionnel. Vous devez naturellement chercher à évoquer de façon préférentielle les stages qui se rapprochent le plus de ce que vous voulez faire à la sortie de l'école.

Si vous n'avez pas encore effectué de stage dans le secteur ou le milieu que vous souhaitez ensuite pénétrer, ou le métier que vous voulez exercer, choisissez celui qui vous a le plus apporté ou appris, celui qui vous a le mieux permis de comprendre le fonctionnement d'une entreprise ou votre propre fonctionnement.

3. Vos experiences semi-professionnelles

Contrairement à ce que vous pensez sans doute, votre jury sera ravi de savoir que vous appartenez à une chorale, une équipe de tennis de table ou un club d'échecs par exemple.

Vos expériences associatives sont riches d'enseignements, à condition là aussi de les extraire et de savoir les évoquer. Toute expérience de ce type recèle en effet de substantiels enrichissements, dès lors que vous en prenez conscience, les analysez et les faites partager.

Commencez, là aussi, par faire le point de vos différentes expériences de ce type, qu'il s'agisse d'expériences déjà vécues ou en cours. Immergez-vous en elle et faites-en ressortir les différents apports dont vous êtes bénéficiaire. En d'autres termes, que retirez-vous de chaque expérience ?

Quelles qu'elles soient, ces expériences associatives présentent par exemple comme points communs possibles de vous permettre le partage, de vous aider à vous fondre dans un groupe et à trouver votre place, à animer et organiser un groupe, la discipline collective…

Appréhendez donc chacune de vos expériences sous ces angles, ainsi que sous les angles qui leur seraient spécifiques. Que vous soyez membre d'une association sportive, humanitaire ou culturelle ne change au fond rien à ce que vous pouvez en retirer, dès lors que vous étudiez vos expériences à un certain niveau.

Ce niveau est justement celui que les jurys attendent que vous adoptiez. Vous ne devez donc pas évoquer vos expériences semi-professionnelles comme de simples passe-temps, mais y chercher et transmettre ce qui démontre par exemple votre sens de l'initiative, votre aptitude à évoluer en groupe, votre façon de résoudre les difficultés… autant de qualités requises chez un collaborateur d'entreprise…

« Moi, je suis membre d'une chorale. Inutile de dire qu'il faut chanter ensemble et qu'il faut accepter la discipline et l'autorité. Il faut savoir se fondre dans le groupe. C'est donc très enrichissant et formateur ».

Roxane, étudiante à l'ESC Pau

En revanche, il y a une tentation à laquelle vous devez savoir résister : celle qui vous amènerait, pour vous conformer à l'image que vous avez de ce que les jurys attendent, à mentir.

Ne cherchez surtout pas à affabuler et à vous inventer une expérience que vous n'auriez pas vécue. Les jurys ne sont rapidement pas dupes et cela peut vous coûter très cher…

« Une étudiante qui prétendait avoir eu une expérience dans l'humanitaire au Mali n'était pas capable de citer la capitale de ce pays… bizarre, non ? Nous ne l'avons pas cru et elle a avoué qu'elle mentait. Cela a fait vraiment désordre ».

Jean-Philippe, consultant, membre de jurys d'admission

L'exemple ci-dessus montre bien que le mensonge présente un caractère éliminatoire et apparaît donc à bannir. Par voie de conséquence, ne cédez donc pas à la tentation de vous inventer une expérience dans l'humanitaire. Même si ce type d'expériences est fort prisé, le jury percevra à coup sûr vos élucubrations et vous sanctionnera. Si vous n'avez pas eu d'expérience de ce type, n'en inventez pas. Vous en avez connu d'autres, aussi enrichissantes sans doute, qu'il vous reviendra de valoriser.

4. Vos experiences professionnelles

Certains étudiants jouissent déjà d'un véritable début d'expérience professionnelle. Ils ont par exemple effectué une mission de longue durée ou ont créé une première entreprise. Ils bénéficient donc d'un rapport privilégié au monde du travail et à l'entreprise.

Si tel est votre cas, vous devez appliquer à cette ou ces expérience(s) le même « traitement » que celui évoqué pour les stages ci-dessus. Insistez plus encore sur les enjeux de vos missions et les enseignements dont vous avez bénéficié.

5. VOS DIFFERENCES

La première étape de votre démarche consiste donc à identifier vos différentes expériences, qu'elles soient de nature associatives, semi-professionnelles ou réellement professionnelles et à leur appliquer le mode de dissection que nous venons de voir.

Ne vous y trompez pas. Cette phase n'est pas chose aisée. Vous devez véritablement vous efforcer de cerner vos expériences, être capable d'en extraire le suc et de le restituer en quelques phrases.

Ce n'est pas tout. Souvenez-vous que la sélectivité à l'entrée des écoles de commerce et de management est réelle et que, dans de nombreuses écoles, quatre candidats présents à l'oral sur cinq ne sont pas retenus. Il vous faut donc non seulement savoir mettre vos diverses expériences en valeur, mais de surcroît chercher à identifier vos différences.

Chaque candidat est unique… à condition qu'il le sache et le fasse partager. La question se posant alors à vous à ce stade est de parvenir à cerner vos particularités, ce qui sera de nature à vous différencier par rapport à vos compétiteurs.

Par voie de conséquence, si vous avez le choix, cherchez plutôt à évoquer des expériences que vous savez être rares ou distinctives. Même au sein d'expériences classiques – stage dans une banque, appartenance à une association sportive par exemple – vous devez tenter d'en extraire ce qui vous différenciera et vous distinguera.

Vos différences peuvent tenir à vos expériences en tant que telles, à la façon dont elles se sont déroulées, aux responsabilités qui ont été les vôtres, à vos résultats… Demandez-vous, au regard de vos différentes expériences, ce qui semble être le moins banal, donc ce qui est susceptible de ne pas avoir été vécu, et donc appelé à être évoqué, par vos concurrents.

Votre objectif n'est bien sûr pas de vous faire passer pour quelqu'un d'unique, mais de faire en sorte que le jury retienne des expériences singulières ou des circonstances peu usuelles. La « promotion » du produit que vous représentez passe par la mise en avant de vos différences, de ce que vous pensez être partagé par peu d'étudiants.

« Je me souviens d'un étudiant un peu timide. Il avait vécu, comme assistant à l'accueil d'un musée perdu dans le Nevada, quelque chose de rare. Il n'avait pas vraiment pris conscience de l'originalité et du caractère peu banal de son expérience. Il fallait le faire ! »

Pierre, professeur de finance, membre de jurys d'admission

3. VOUS AVEZ DES DEVOIRS…

En vous présentant à un entretien oral de motivation ou de personnalité, vous avez des devoirs que vous devez impérativement remplir. Ces devoirs tiennent tant à ce que vous devez savoir sur l'école à laquelle vous postulez qu'à la façon dont vous devez vous comporter, votre façon d'être donc.

1. Savoir

Ce n'est pas négociable. Vous ne devez pas espérer intégrer une école si vous ne la connaissez pas par cœur le jour de l'entretien. Et par cœur signifie réellement par cœur. Les attentes minimales des jurys consistent en effet à ce que vous soyez capable de justifier concrètement l'intérêt que vous portez à l'école que chaque jury représente, donc que vous la connaissiez intimement.

Pour ce faire, vous devez consulter et vous approprier différentes sources. Ces sources sont de deux natures. On peut en effet distinguer les sources internes à l'école, donc les informations émises par elle et les sources externes, soit les informations que vous pouvez recueillir sur elles mais qu'elle n'émet pas.

[1. Les sources internes]

- Au premier rang de celles-ci figure naturellement le site Internet de l'école.

Vous trouverez ci-après une capture d'écran du site Internet de l'Ecole de Management de Lyon (EM Lyon) dont l'URL est : www.em-lyon.com.

Si le site de chaque école présente des spécificités, les sites comportent des points communs, tels que la description des différentes offres et programmes, la présentation du corps professoral, les relations avec les entreprises, les valeurs et crédo de l'école, son actualité, les brochures et les programmes…

Connaître tout sur l'Ecole signifie donc que vous regardiez chaque onglet et son contenu, y compris les onglets dont vous n'êtes pas la cible, que vous fassiez des captures d'écran et preniez des notes. En d'autres termes, **dites-vous que vous avez un examen à préparer dont l'école est le sujet.**

Vous devez axer votre immersion dans chaque école pour laquelle vous êtes admissible sur trois plans : **le contenu, le contenant et le cadre**.

L'appréhension du contenu vise à connaître les principaux programmes, cours et enseignants, les associations présentes à l'école, le BDE, les travaux de recherche menés par des enseignants de l'école, l'actualité de celle-ci[6]…

6. Par construction évolutive, l'actualité de chaque école vous impose de fréquemment visiter leurs sites et de ne surtout pas oublier de le faire le matin même de votre oral….

Quels sont les enseignants les plus réputés, les plus emblématiques de l'école ? Quels sont les cours les plus (re)connus ? Et ceux qui vous motivent le plus ? Quels sont les champs de recherche dans lesquels l'école se distingue ? Quelles sont les grandes actions entreprises par le BDE ? Quelles sont les principales associations d'étudiants et notamment celles que vous envisagez de rejoindre ? Telles sont quelques-unes des questions auxquelles vous devez impérativement répondre, afin de dégager ce qui vous motive à l'idée de rejoindre cette école plutôt qu'une autre.

Le contenant, quant à lui, désigne l'école au sens du réceptacle du contenu. Y figurent les éléments ayant trait aux valeurs défendues ou promues par l'école, son histoire, son campus, son slogan, son nom, ses accréditations…

La quasi-totalité des écoles présente les valeurs qui sont les leurs : leur appropriation est évidemment impérative. Même si la plupart aspire à « mettre de l'humain dans le capitalisme », donc à contribuer à l'émergence d'un « capitalisme responsable », certaines présenteront des saillances que vous devez identifier.

Cette appréhension du contenant doit stimuler votre curiosité. Suivant les cas et les écoles, certaines questions doivent vous traverser l'esprit. Par exemple, pourquoi Audencia s'appelle-t-elle ainsi ? Et Skema ? Pourquoi « Europe » après « ESCP » ? Et depuis quand ?

Ne vous y trompez en effet pas. Les écoles de commerce et de management sont des entreprises, qui présentent la particularité de sélectionner leurs clients. Elles ont néanmoins besoin de se distinguer sur leur marché, donc de mettre en œuvre et en exergue des différenciations. Ces différenciations peuvent se situer à de nombreux stades, comme le nom même de l'école par exemple.

Il vous incombe de détecter ces différenciations, autrement dit **les éléments que chaque école considère comme lui étant propres ou distinctifs,** ou, pour parler marketing, le positionnement et les avantages concurrentiels qui sont ceux de chacune.

Les jurys savent très bien que certains d'entre les étudiants passent plusieurs oraux. Les étudiants admis dans plusieurs établissements constituent d'ailleurs, pour les écoles, un véritable enjeu stratégique. Pour autant, ils considèrent que vous connaissez parfaitement bien l'école dont ils sont les représentants et les gardiens, donc que vous avez également regardé attentivement les sites des écoles concurrentes. Ce n'est que parce que vous aurez effectué ce **travail comparatif** que vous serez capable de faire émerger ce qui caractérise réellement chaque école et de la partager avec son jury.

Prenons un exemple. La plupart des écoles de commerce ne possèdent pas de slogan explicite apparaissant sur la page d'accueil de leur site. Cependant, certaines d'entre elles, poussant ainsi la logique de marque un peu plus loin, en émettent un :

Ecoles	Slogan/promesse
EM Lyon	Educating entrepreneurs for the world
HEC	Apprendre à oser
ESSEC	You have the answer
Grenoble EM	Time to anticipate/ Ici commence l'innovation
ICN Business School	Creative thinking makes the difference
Kedge Business School	Get ready to love your future
ISC	L'école du développement personnel durable
NEOMA Business School	Empowering management
Audencia	Donner du sens au management
EM Strasbourg	Be directive
ESCP	European Identity, Global Perspective

Sources : sites Internet des écoles concernées (août 2011)

Naturellement, si vous postulez à l'une des écoles dotées d'un slogan, vous devez vous y arrêter et vous demander ce que ce dernier signifie, ce qu'il cherche à faire passer, quelle image il aspire à ce que vous ayez de l'école.

Prenons le slogan de l'EM Lyon. Cette école cherche ouvertement à transmettre deux messages. Le premier consiste à se présenter comme une « fabrique » d'entrepreneurs. En toute logique, les étudiants arrivant face à leur jury avec un projet de création d'entreprise devraient, de sa part, bénéficier d'une écoute bienveillante… De plus, le slogan de l'EM Lyon met ouvertement l'accent sur l'envergure mondiale que l'école considère être la sienne, en évoquant « le monde » comme « terrain de jeu » des futurs diplômés et en adoptant l'anglais comme langue véhiculaire.

HEC, quant à elle, considère explicitement d'abord que l'audace ou la prise de risque s'apprennent et qu'elle constitue en second lieu LE lieu d'apprentissage et la rampe de lancement des futurs audacieux.

Le slogan de l'ESSEC présente une sensible spécificité. Il n'évoque en effet pas l'école, ce qu'elle permet de faire ou ce à quoi elle sert, mais s'adresse, de façon affirmative et directe, aux étudiants appelés à la fréquenter.

Les écoles en question considèrent au fond que la seule chose qui compte réside en ce que vous, ses futurs étudiants, voulez faire de vous et de votre avenir, sous-entendant habilement que, de toute façon, quel que soit votre choix et vos objectifs, elle saura vous aider à les atteindre…

Naturellement, si votre future école ne dispose pas de slogan, rien ne vous interdit d'en imaginer un…

Le cadre comprend les dimensions dans lesquelles s'inscrit l'école, comme par exemple la ville et la région l'hébergeant ou encore ses partenariats. Vous devez donc bien connaître la ville et la région d'accueil, donc en identifier les singularités et atouts : un étudiant postulant à Audencia doit notamment forcément connaître l'histoire de Lu, un autre postulant à Poitiers celle du Futuroscope, à Clermont l'histoire de Michelin, à l'EM Lyon le nom du dirigeant de l'Olympique Lyonnais…

Ne sous-estimez pas cette dimension spatiale et ses différents plans : historique, économique, politique, culturel… Nombreux sont les étudiants, souvent franciliens, ne se donnant pas la peine de se plonger dans la ville ou la région dans lesquels ils aspirent cependant à vivre pendant plusieurs années. Votre jury sera composé, au moins en partie, de « locaux », donc forcément sensibles aux marques de votre intérêt pour leur espace.

Le cadre comprend également le réseau d'établissements avec lesquels l'école est partenaire, réseau d'autant plus important qu'il constitue, pour nombre d'étudiants une des principales motivations pour rejoindre telle ou telle école.

- Les autres sites émis par l'école

Le site de l'école constitue donc la première ressource dont vous disposez. Au-delà, vous devez également vous approprier les autres sites mis en place par chaque école, comme les sites consacrés aux admissibles (EM Strasbourg : http://www.wix.com/bdmultimedia/site-admissibles-2011#!tes-oraux ; ESC Pau : http://www.myoraux2011.com, par exemple). Certains de ces sites, fort bien faits, contiennent par ailleurs un véritable argumentaire en faveur de la région et de l'école…

Font naturellement également partie des sites à consulter les sites des associations d'anciens élèves, comme par exemple : http://life.emlyonforever.com/emploi ; http://www.essec.fr/alumni/… Vous y relèverez les actions entreprises par les associations, l'envergure du réseau des anciens, les différentes manifestations organisées ou prévues, l'actualité de chaque association…

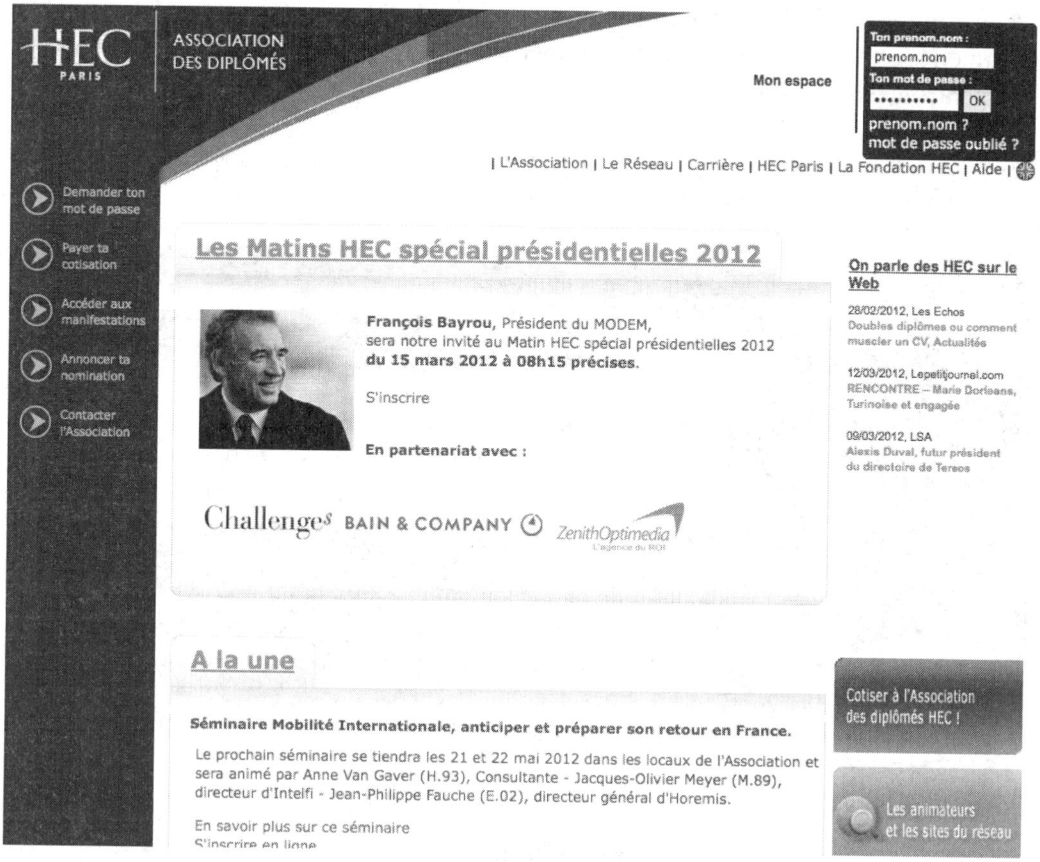

Aussi ample et détaillée soit-elle, vous ne pouvez pas vous contenter de vous approprier la présence électronique de l'école, mais devez aller à sa rencontre physique.

Une école, ce sont en effet également des locaux, des collaborateurs et des étudiants. Vos rencontres physiques vous permettront de vous rapprocher et de « sentir » ces trois composantes et par exemple, votre curiosité aidant, de vous demander qui est le monsieur à qui l'école a souhaité donner le nom de son amphithéâtre principal et pourquoi lui…

Deux types de circonstances sont propices à ces rencontres physiques. Il s'agit des salons étudiants et des journées portes ouvertes organisées par chaque école.

Dans un cas comme dans l'autre, vous devez en profiter pour « humer » l'ambiance et poser des questions, tant aux représentants de l'école qu'aux étudiants présents. Habilement, vous ne manquerez pas de mentionner, dans votre entretien, une information recueillie dans le cadre de ces rencontres physiques… traduisant et illustrant ainsi votre motivation.

Vous compléterez votre connaissance de chaque école vous important, donc celles auxquelles vous postulez et leurs compétitrices, en vous alimentant à des sources « incontrôlées » par les écoles.

Pour ce faire, adhérez aux groupes mis en place sur les réseaux sociaux et entrez en contact avec les étudiants membres de ces groupes :

Par le truchement de ces groupes, comme par le biais de discussions sur des forums[7] par exemple, vous accéderez à une parole « non officielle » qui vous aidera à compléter votre perception de chaque école.

Idéalement enfin, vous parvenez, par les biais que nous venons d'évoquer ou d'autres, à entrer en contact privilégié avec des étudiants en cours de scolarité ou récemment diplômés et les faites réagir à vos motivations et à votre discours. Vous recueillerez également auprès d'eux des informations plus spécifiques concernant le rituel des entretiens par exemple, les choses à ne pas dire…

7. Nous ne saurions néanmoins trop vous recommander la prudence lors de votre ingestion des informations présentes sur des forums.

A l'issue de l'ensemble de ces recherches, rencontres et contacts, faites-en la synthèse et extrayez les points qui, établissement à établissement, vous paraissent importants et distinctifs. Vous avez ainsi recueilli et traité le matériau apte à vous permettre de répondre à la question majeure de savoir : « pourquoi notre école » ?

Les classements ? Quels classements ?

Vous avez sans doute remarqué que nous n'avons pas, à ce stade, évoqué les places occupées par les différentes écoles dans les différents classements, ainsi que les accréditations dont elles bénéficient. Il y a une bonne raison à cela.

Vous ne devez en effet en aucun cas les évoquer comme un argument en faveur d'une école. Si vous aspirez à la rejoindre, ce n'est en effet pas parce qu'elle est accréditée ou bien placée dans les classements, c'est parce qu'elle correspond à votre projet professionnel et qu'elle vous permettra de l'accomplir.

Même si le jury n'est pas dupe et sait que vous savez et que vous savez qu'il sait que vous savez, n'évoquez pas le niveau d'excellence de l'école en tant que tel. Si la dimension internationale de votre école vous séduit, vous n'emploierez donc pas l'argument de la reconnaissance internationale ou des accréditations, mais évoquerez les campus, les enseignants y intervenant et les enseignements y étant dispensés.

2. Etre

Si la sous-partie précédente évoque ce que vous devez impérativement savoir sur votre future école, afin de vous donner tous les moyens qu'elle soit justement réellement votre future école, soyez conscient qu'il s'agit là d'un pré-requis. Il vous faut, sur maints plans, aller plus loin.

Aller plus loin, c'est accepter d'adopter, si elles ne vous sont pas naturelles, plusieurs règles de comportement, donc plusieurs façons d'être.

Première règle : **la courtoisie**. Si le jury vous la doit et, d'une certaine façon, vous la garantit, la réciproque s'impose à l'évidence.

« J'ai vu, de mes yeux vu, un étudiant reprocher au jury de l'avoir pris en retard en lui faisant remarquer que l'entretien ne commençait pas à l'heure prévue. La suite ne s'est évidemment pas bien passée, il y a quand même des limites de politesse à ne pas dépasser ».

Alexis, professeur de stratégie, membre de jurys d'admission

Etre courtois et bien élevé fait donc partie des attentes de base, du socle minimal à partir duquel votre relation avec votre jury pourra s'établir. Si vous êtes incorrect, donc ne respectez pas les règles élémentaires de politesse, il est probable que le jury le deviendra à son tour.

Les membres de votre jury ne sont objectivement pas vos ennemis et n'ont aucune raison de le devenir. Ils ne le deviendront que si vous les y forcez…

Deuxième règle de comportement à adopter : soyez **respectueux.**

Entendons-nous bien cependant : respectueux ne veut pas dire servile. En aucun cas. Votre jury ne l'attend d'ailleurs pas et un excès en la matière vous desservirait nettement. Respectueux signifie simplement que vous devez, à l'endroit du rituel, des personnes et des idées, adopter une posture d'acceptation et de respect.

Respectueux du rituel signifie que vous devez respecter ce dernier, donc, par exemple, ne pas vous asseoir avant qu'il vous ait été donné l'autorisation de le faire, ni prendre la parole avant qu'elle ne vous ait été donnée.

Le respect du rituel passe également par le fait que vous avez compris, et que vous le montrez, que c'est le jury qui mène l'entretien, choisit les sujets et leur ordre de traitement. Vous ressortirez de toute façon de vos entretiens en ayant la sensation de ne pas avoir tout dit, de ne pas avoir eu assez de temps. Cette sensation tiendra notamment au fait que le jury dirige l'entretien et choisit ses axes. Ce sera à vous, nous y reviendrons, de tenter de faire passer néanmoins vos messages.

En troisième lieu, soyez **agréable et ouvert**. Pénétrez-vous de l'idée que les jurys voient entre dix et vingt candidats par jour et que certains membres ne sont pas rémunérés. Le minimum qu'ils attendent de vous est donc que vous soyez d'une agréable compagnie. Si les membres des jurys n'ignorent pas que vous êtes pour la plupart, empreints de stress, vous devez prendre sur vous et vous montrer de commerce agréable. En d'autres termes, trop d'étudiants font, inconsciemment, partager à leurs jurys leur angoisse et créent, involontairement, une tension parfois difficile à dissiper.

« Nous ne voulons de mal à personne. Si l'étudiant est affable, décontracté sans excès, tout se passe bien. Si l'étudiant ne sourit pas, reste enfermé en lui-même, il y a un moment où nous n'allons plus le chercher pour l'aider. Nous en voyons trop et la posture compte en définitive ».

Pierre, professeur de finance, membre de jurys d'admission

Les jurys feront ce qu'ils pourront pour vous mettre à l'aise. Il n'en demeure pas moins que l'entretien reste un entretien, ayant pour objectif de vous apprécier et de vous évaluer. Vos entretiens se dérouleront dans une grande part comme vous le voudrez. Si vous entrez en souriant, demeurez d'un contact facile, montrez que vous êtes content d'être en face d'eux, tout se passera bien.

Par voie de conséquence, vous devez, en quatrième lieu, également faire preuve d'**humilité**. Il arrive à certains étudiants de prendre les membres des jurys pour ce qu'ils ne sont pas et de leur faire comprendre. Fort logiquement, cette posture hérissera votre jury et sera sanctionnée.

Entendons-nous. Vous avez vos opinions et personne ne vous demande, bien au contraire, d'y renoncer. Mais la façon dont vous les affirmez et y tenez constitue un véritable enjeu. Vous devez en l'espèce savoir conjuguer fermeté sur le fond et souplesse sur la forme, mais surtout ne pas considérer que les points de vue ou positions du jury dateraient ou seraient émises par des individus « n'ayant rien compris »… Vous devez donc admettre les opinions et points de vue divergeant des vôtres et montrer que vous êtes réellement dans cet état d'esprit.

Vous devez donc vous installer dans une **posture d'écoute** et de débat, en écoutant et respectant, réellement, les positions des autres.

« Il nous arrive de voir des candidats qui n'écoutent pas, au sens propre du terme. On a beau leur envoyer des signaux ou leur poser des questions directes, ils n'écoutent pas ce que nous avons à leur dire. Cela en dit long sur leur aptitude à l'écoute des autres ».

Félicie, directrice de la communication d'une collectivité locale, membre de jurys d'admission

---

Consubstantielle au bon candidat, l'écoute doit être active et attentive. Elle n'empêche en aucun cas l'expression de désaccords de votre part ni la production d'une argumentation allant dans un autre sens que celui adopté, parfois de façon factice d'ailleurs, par un membre de votre jury.

Votre cinquième façon d'être a trait au contenu même de vos propos. Il est entendu que les jurys ne cherchent en aucun cas à recruter des clones ou des étudiants correspondant à un modèle qui serait prédéfini. La diversité des profils recrutés fait partie intégrante de la mission des jurys. Ces derniers sont donc sensibles à la différence, à ce qui rendra votre candidature rare et distinctive.

Pour autant, mieux vaut mettre en avant des expériences peu banales que des idées. En d'autres termes, vous devez « **rester dans les clous** » des positions admissibles. Sans tomber, surtout, dans le « politiquement correct », vous devez veiller à ne pas choquer votre jury par l'expression d'opinions que vous savez aller à l'encontre de l'évolution sociétale.

« Je me souviens d'un étudiant qui n'hésitait pas à justifier les différences de salaires entre les hommes et les femmes. Cela sentait son discours à la Michel Debré promouvant la femme au foyer, sans soubassement économique réel. Ce type de posture idéologique ne convient pas à notre école et nous lui avons fait comprendre ».

Marie-Claire, directrice marketing, membre de jurys d'admission

---

Que cela vous convienne ou non, vous devez donc surveiller vos propos et, surtout, ne pas émettre de discours allant à l'encontre des valeurs promues par votre école. Même si, en votre for intérieur, vous ne jugez pas nécessaire de raisonner le capitalisme et d'en limiter les excès, que les dirigeants d'entreprise ne doivent se préoccuper que du profit sans prêter attention à leur environnement ou que l'immigration n'est pas un bienfait pour l'Europe par exemple, vous devez être très prudent dans l'expression de ces points de vue. En rupture avec les idées, valeurs et pratiques des écoles, ces points de vue risquent fort d'indisposer votre jury. Surtout, ils sont à même de l'amener à considérer que leur école ne vous convient pas, alors que vous êtes devant eux pour tenter de les convaincre du contraire…

Enfin, vous vous devez d'être **authentique.** Il s'agit de toute façon du meilleur service que vous pouvez vous rendre ! Etre authentique signifie que vous devez être vous-même, en prenant en compte, autant que vous le pouvez, ce que vous ont dit les personnes que vous avez interrogées pour cerner la perception que vous avez de vous. Comme l'écrit par exemple Jean-François Fiorina, Directeur de Grenoble EM, sur le site de l'école : *« ce que nous recherchons, avant tout, ce sont des gens authentiques. Restez naturel et répondez franchement aux questions que l'on vous pose ».*

Vous vous connaissez. Vous savez si vous avez une nature expansive ou timide, si parler à des tiers vous stimule, vous handicape ou vous indiffère. Ne cherchez pas trop, même sur le plan de l'aisance oratoire, à sortir de vous-même. Les meilleurs orateurs sont ceux dont la passion ou l'enthousiasme sont les plus communicatifs, pas ceux qui parlent le mieux.

Ne vous contraignez pas non plus à jouer un rôle que personne ne vous demande de jouer. Bien au contraire. Votre différence apparaîtra dans votre façon d'être, non dans votre aptitude à singer un modèle que vous vous seriez donné.

Il est bien entendu que vous vous êtes préparé et que vous avez creusé en profondeur votre projet et pourquoi vous aspirez à l'école à laquelle vous postulez et à nulle autre. Ensuite, **soyez vous-même.** C'est en effet votre personnalité, votre caractère qui importent aux membres de votre jury, donc c'est en étant vous-même, naturel, que vous les convaincrez le mieux.

4. … ET DES DROITS !

Si vous avez de nombreux devoirs, ou de nombreux points de passage obligés, et évoluez, dans le cadre des entretiens, pour une part sous contrainte, vous n'êtes pourtant pas entièrement corsetés.

Vous avez, même si vous ne les avez pour l'instant pas en tête, de réels et multiples droits dont vous pouvez user, sinon abuser.

Le premier droit dont vous disposez est celui de ne pas être à l'aise, d'**avoir le trac**.

Vous n'êtes pas un surhomme et les membres de vos jurys non plus. Il est donc absolument normal que, compte tenu des enjeux, vous soyez angoissé. Dites vous bien d'une part que ce stress, cette pression que vous ressentez sont de bon aloi. Certains candidats, prenant les oraux d'entretien « par-dessus la jambe », s'y présentent trop décontractés. Le jury ne vous en voudra jamais de manifester par votre trac votre prise de conscience des enjeux, pour lui comme pour vous. Et, d'autre part, que votre jury le sait, y est habitué et va chercher à vous aider à évacuer votre stress.

Le droit de ne pas être à l'aise, au début de votre entretien au moins, vous est donc reconnu. Votre enjeu (cf. IV. Les techniques de l'entretien) va donc consister à réduire l'impact et la durée de manifestation de votre stress. Le fait que vous sachiez que votre jury est appelé à l'admettre et à vous aider doit d'ailleurs vous aider à le circonscrire.

Vous avez naturellement – c'est votre deuxième droit – **le droit de ne pas savoir**. Vous n'êtes pas omniscient, pas plus que les membres de votre jury d'ailleurs. Vous avez forcément des lacunes et rencontrez un stade au terme duquel vos connaissances s'arrêtent. Rien que de plus normal. Le jury ne s'attend bien évidemment pas à ce que vous sachiez tout sur tout.

Entendons-nous néanmoins là aussi. Si vous avez le droit de ne pas savoir, sans que votre « ignorance » soit d'une quelconque façon de nature à vous sanctionner, il est trois domaines dans lesquels le jury sera moins indulgent.

Le premier de ces domaines est l'école à laquelle vous aspirez (cf. A. Vos devoirs). Le jury ne comprendra pas que vous ne vous soyez pas immergé en votre future école, donc en ses concurrentes également et interprétera votre manque de connaissances comme une marque d'impréparation, donc de dilettantisme.

Le deuxième domaine a trait à votre projet. Si, encore une fois, les attentes des jurys en la matière sont fortement liées à votre niveau d'études, le jury s'attend à ce que les plus avancés d'entre les candidats connaissent le secteur et le poste auxquels ils aspirent. Par exemple, un candidat souhaitant travailler dans le domaine du luxe qui ne connaîtrait pas l'actualité des groupes L'Oréal, LVMH ou PPR ne sera pas perçu comme spontanément crédible dans ses aspirations…

Le troisième domaine a trait à « l'honnête homme » que les jurys s'attendent à rencontrer. En d'autres termes, vous êtes de votre temps, donc forcément au courant de l'actualité, notamment économique. Celle-ci constitue le soubassement de toute école de commerce ou de management et doit donc être suivie régulièrement… y compris le matin même de votre entretien !

Face à une question dont nous ne détenons pas la réponse nous vient néanmoins souvent la tentation de répondre. Nous répondons alors à côté, produisons une mauvaise réponse. Sauf s'il s'agit de questions simples touchant aux domaines évoqués ci-dessus, dites-vous bien que cela n'est pas grave. Il arrive à tout le monde, c'est votre troisième **droit, de se tromper.**

Si tel est le cas, donc si vous produisez une mauvaise réponse, soyez convaincu que vous en avez le droit. Personne ne vous en voudra de ne pas tout savoir et les jurys poussent parfois leur questionnement afin de cerner jusqu'où vous savez.

Si votre jury est donc prêt à admettre une mauvaise réponse, il n'appréciera en revanche que peu les réactions produites par certains candidats dans ce cas. L'une de ces réactions consiste par exemple à considérer explicitement que cela n'était pas grave que de ne pas savoir la réponse à la question posée. Cette réaction en dit au fond long sur ce que vous pensez de la pertinence ou de l'importance de la question. Or le jury, ce qui est logique, n'aime pas qu'un candidat lui fasse comprendre que sa question n'était pas pertinente…

L'autre réaction, souvent rencontrée, résulte de l'intériorisation, par les candidats, du rapport de forces en leur défaveur. Cette intériorisation les amène à « en faire trop » dans l'autre sens, donc à paraître désolé, à se confondre en excuses et à se placer de façon manifeste en position d'infériorité. Or, nous le verrons, les jurys posent parfois des questions dont ils savent pertinemment que vous n'avez pas les réponses. Leur propos consiste alors à apprécier la façon dont vous réagissez à une question dont la réponse vous est inconnue…

Une bonne façon de faire consiste alors à suivre les exemples ci-dessous :

Je ne sais pas…

Vous ne connaissez pas la réponse à la question qui vous est posée. Ne cherchez pas à gagner du temps, ce n'est pas le propos. Admettez alors tout simplement que vous ne savez pas.

Répondez humblement, mais sans excès, que vous ne savez pas, mais enchaînez immédiatement. Pour enchainer, vous disposez de deux solutions. Soit vous demandez poliment la réponse « je ne sais pas, mais je serai désireux de savoir », en vous plaçant de façon visible en posture d'écoute et de réception. Soit vous répondez par une autre question élargissant le sujet : je ne sais pas, mais ne peut-on pas penser que… » ?

Souvent méconnu, donc trop peu utilisé, votre quatrième droit apparaît cependant plein et entier. Il s'agit du **droit que vous avez de prendre le temps de répondre** (cf. IV. Les techniques de l'entretien). En d'autres termes, ne vous précipitez pas pour répondre, personne ne vous le demande.

Lorsque nous ressentons du stress ou un enjeu, notre réaction naturelle est de fuir le silence, que nous percevons comme anxiogène. Le regard des membres du jury posé sur nous nous incite, croyons-nous, à répondre au plus vite, à devoir combler le vide.

En fait non. Vous avez le temps si vous parvenez à vous le donner. Mais, si vous vous le donnez, personne ne vous en voudra. Par voie de conséquence, et ce surtout suite à une question que vous percevez comme difficile ou « piège », marquez bien un temps de silence avant de répondre. Si ce temps ne doit pas excéder quelques secondes, vous êtes parfaitement en droit de procéder ainsi. D'une certaine façon même, votre jury appréciera que vous soyez capable de vous donner un temps de réflexion avant de répondre et que, comme trop d'étudiants le font, vous ne répondiez pas immédiatement.

Au fond, ce droit constitue presque un devoir, dans la mesure où il transmet de vous une image pondérée et équilibrée.

Veillez simplement à ne pas systématiquement procéder ainsi et à réserver cette « parade » aux seules questions le justifiant. Si vous usez sans cesse de ce procédé, le jury pourra être tenté de chercher à vous déstabiliser en vous faisant réagir instinctivement, à briser ce qu'il pourrait percevoir comme une carapace protectrice…

Le droit d'effectuer des pauses avant de répondre peut également prendre une autre forme. De nombreux étudiants, stressés par l'enjeu, ont rapidement la gorge sèche à l'issue de quelques minutes d'échanges. Ce phénomène se produit d'autant plus dans les cas où les étudiants se doivent de parler les premiers, comme lorsqu'ils doivent traiter un sujet par exemple. Ils se demandent alors si le fait de boire une gorgée d'eau ne les desservira pas…

Vous avez entièrement **le droit de boire**. Même si le jury a pour fonction et vocation de vous apprécier, donc, d'une certaine façon, de vous juger, il n'est nullement composé de sadiques ! Il aspire à ce que vous soyez à l'aise et puissiez donner le meilleur de vous-même. Par voie de conséquence, si vous ressentez le besoin de vous désaltérer, faites-le sans honte.

Vous devez naturellement veiller, ceci étant, à choisir votre moment. Si vous devez éviter de boire systématiquement pendant qu'un membre du jury vous parle, sauf à donner l'impression que ses propos vous indiffèrent. Choisissez donc plutôt de vous désaltérer à la fin de vos réponses, mais n'hésitez pas à le faire : il y va de votre confort, donc de votre efficacité.

« Les étudiants hésitent à sortir leur bouteille d'eau et à se désaltérer. Ils ont tort, c'est absolument normal. Quand on parle, on a la gorge qui se dessèche. Donc il faut boire. Sincèrement, nous n'y faisons pas attention, tellement c'est un geste quotidien, attendu et d'ailleurs nous le faisons nous-mêmes ».

Myriam, chef d'entreprise, membre de jurys d'admission

Vous pouvez aussi, mais moins fréquemment, choisir de boire après une question, afin de vous donner le temps de préparer votre réponse…

Vous avez également naturellement le droit de demander, si vous en ressentez le besoin, une pause dans votre entretien. Certains candidats n'hésitent pas, pour reprendre leurs esprits ou s'apaiser, à aller jusqu'à demander à sortir quelques minutes de la salle. Même si ce type de demande doit demeurer rare, vous ne devez pas vous l'interdire si vous en ressentez le besoin. Sachez en tout cas que, sauf exception, les jurys accéderont à votre demande et ne vous en tiendront pas rigueur.

Votre entretien constitue un dialogue. Les jurys aspirent en tout cas à ce qu'il en soit ainsi. Partant de là, la question de savoir si vous avez **le droit de poser des questions** au jury reçoit une réponse positive.

Faites attention néanmoins. Si vous pouvez poser des questions aux membres du jury (l'oral de Grenoble EM prévoit explicitement cette modalité, l'interview d'un membre du jury constituant une des phases de l'épreuve orale d'admission), tant pour vous faire expliquer ou préciser une question que pour obtenir un complément d'information, vous devez être doublement prudent.

Vous devez en effet faire preuve de prudence parce que vous devez veiller à ce que vos questions ne trahissent pas un manque de connaissances, sur l'école ou sur votre projet. De plus, vos questions appelleront des réponses, dont vous ne maîtriserez pas la durée. Or, contrairement à l'idée de nombreux étudiants, **le temps peut jouer contre vous**.

Il ne s'agit nullement pour vous de chercher à meubler votre temps d'oral en espérant que ce dernier se termine au plus vite. Le jury veut, encore une fois, dialoguer avec vous et sera frustré de ne pas vous avoir assez entendu. Si certains étudiants, faisant là un mauvais calcul, en arrivent à poser des questions en considérant que « ce seront toujours quelques minutes de gagnées », vous devez percevoir ces minutes à l'inverse.

Souvenez-vous que vous êtes devant votre jury pour convaincre, donc que, sans chercher à monopoliser la parole, **vous devez saisir toute occasion pour argumenter en faveur de votre candidature**. Par voie de conséquence, le temps s'écoulant sans vous permettre d'argumenter ne s'écoule pas en votre faveur.

Votre avant-dernier droit, à également utiliser avec parcimonie, réside en la possibilité de **ne pas répondre à une question**.

En effet, si vous considérez qu'une question vous étant posée présente un caractère privé ou indiscret, n'y répondez pas. Ne vous sentez pas obligé de dévoiler ce que vous ne souhaitez pas évoquer. Les jurys sont indéniablement respectueux de la sphère privée des candidats. Il peut néanmoins advenir qu'une question soit perçue par vous comme indiscrète ou personnelle, même si l'intention du membre du jury vous l'ayant posé n'était pas de cette nature.

Dans ce cas, de nouveau, ne vous sentez pas contraint de répondre. Ou, plus exactement, répondez que vous considérez cette question comme personnelle, puis rebondissez en déclarant par exemple que vous seriez ravi de pouvoir évoquer vos motivations pour rejoindre l'école.

Votre dernier droit, lié d'ailleurs au précédent, est réel mais délicat d'utilisation.

Il s'agit du **droit dont vous disposez d'interrompre le jury**.

Si vous disposez de ce droit, il convient que vous l'exerciez, si c'est nécessaire, avec une grande prudence et un réel doigté. Si l'entretien est un dialogue, conçu et voulu comme tel, le jury entend le mener donc aborder les thèmes qui lui conviennent et dans l'ordre lui seyant.

Si le candidat que vous êtes doit donc s'installer, de façon dominante, dans une posture d'écoute et de réponse, vous n'en avez pas moins des objectifs. Votre principal objectif étant de convaincre votre jury de la pertinence et de l'adéquation de votre candidature, vous devez en permanence le garder en tête, y compris dans les réponses que vous faites aux questions qui vous sont posées.

Convaincre de la pertinence de votre candidature signifie que vous devez tout à la fois (cf. V. L'entretien en action) axer votre discours sur votre personnalité, votre projet et votre harmonie avec l'école et ce qu'elle propose.

La question qui se pose parfois apparaît dès lors comme la suivante : vous sentez que l'entretien se rapproche de la fin (et avez par exemple vu qu'un membre du jury a regardé une première fois sa montre) et avez le sentiment que votre entretien s'est quasi-exclusivement centré sur votre projet professionnel.

Si cela signifie indubitablement que votre jury a été intéressé par vos projets, vous vous étiez fixé, à juste titre, également comme objectif de convaincre vos interlocuteurs de votre adéquation à leur école. Partant, vous avez le sentiment que vous êtes en train de passer à côté d'une partie de vos objectifs.

Si vous vous retrouvez dans ce cas de figure, vous devez prendre l'initiative et profiter d'une question, d'un mot prononcé par un membre du jury ou d'un « trou » dans les propos d'un de vos interlocuteurs provoqué par sa prise de respiration pour aborder ce que vous n'avez pas encore traité en disant que vous aimeriez bien évoquer, dans le temps qui vous reste, vos motivations pour rejoindre l'école dont le jury défend les portes.

entretien

QUATRIEME PARTIE

LES TECHNIQUES DE L'ENTRETIEN

I. LA MAITRISE DE L'EXPRESSION ORALE

Vous l'avez compris. Un entretien de motivation ou de personnalité ne s'improvise pas. Tant s'en faut. Votre réussite requiert une sérieuse préparation et passe, sans dénaturer votre personnalité et votre caractère, par l'apprentissage et l'acquisition d'une double maîtrise : la maîtrise de votre expression orale et celle de l'ensemble des signes non verbaux que, souvent inconsciemment, vous émettez et transmettez.

1. D'ABORD MAITRISER LE FOND

1. D'ABORD, STRUCTURER VOS PROPOS

Nous ne doutons pas que vous saurez user de vos charmes naturels pour séduire vos jurys (la forme). Sachez toutefois que ces derniers ne seront pas dupes. Ainsi, parmi les qualités que les jurys devront identifier et évaluer, il y aura votre capacité à structurer efficacement vos propos, votre l'esprit d'analyse et de synthèse ainsi que votre répartie.

[1. Tout d'abord… (1)… (2)… Ainsi/Enfin]

Voici la base de tout propos structuré. Si l'on vous pose une question d'actualité ou une question qui appelle une réponse circonstanciée, ayez donc le réflexe de prendre 3 ou 4 secondes avant de répondre et ce, dans le but de structurer votre réponse.

« Comment vous voyez-vous dans 10 ans ? »

*« J'aimerais **tout d'abord** faire la différence entre la façon dont je me vois au niveau professionnel **(1)** et la façon dont je me vois au niveau personnel, privé **(2)**. D'un point de vue professionnel, j'espère que… D'un point de vue plus personnel, j'aimerais beaucoup… **Ainsi**, comme vous le voyez, mes objectifs personnels et professionnels ne sont pas très éloignés… »*

[2. D'un point de vue politique / économique / social / culturel / technologique / écologique / éthique…]

Il convient à l'oral de montrer au jury que votre vision des choses n'est pas linéaire et que vous êtes capable d'approcher les questions qui vous sont posées **sous des angles divers et variés.**

« Que vous a inspiré le Printemps arabe ? »

« Je retiens avant toute chose ***le rôle qu'ont joué les nouvelles technologies et les médias****... On a ainsi parlé de « révolution Facebook » ou encore de « révolution Twitter »...*

Il me tient aussi à cœur d'aborder ***la dimension sociale*** *du Printemps arabe et plus précisément la place que la femme occupe dans les pays arabes... »*

[3. L'approche « Contexte / Objectifs / Moyens / Résultats / Apports »]

Lorsque vous relatez une expérience professionnelle ou extra-scolaire, il peut être bon de l'approcher sous l'angle **COMRA : Contexte, Objectifs, Moyens, Résultats, Apports.**

« ***(Contexte)*** *En juillet 2009, je venais d'obtenir mon baccalauréat et j'avais alors décidé de rester sur Paris et d'y passer mes vacances d'été. »* ***(Objectifs)*** *Je souhaitais avoir une première « longue » expérience en entreprise et être un salarié à part entière, un salarié qui compte dans l'entreprise.* ***(Moyens)*** *J'ai alors postulé à une offre chez McDonald's et je suis rapidement devenu équipier au McDonald's du quartier des Halles de début juillet à fin août 2009. J'étais heureux d'occuper ce poste qui exigeait beaucoup de polyvalence et qui allait me permettre de comprendre efficacement le fonctionnement d'une entreprise et surtout de bien comprendre quel serait mon rôle.* ***(Résultats)*** *Je pense qu'en 2 mois, j'ai énormément appris : préparer les commandes en cuisine, tenir une caisse ou encore veiller à la propreté du restaurant (cuisine, sanitaires, etc.) J'ai su démontrer mon efficacité en cuisine (j'ai notamment en période de rush réussi à préparer 60 Big Mac en mois de 5 minutes !) et mon manager a apprécié ma capacité à être respectueux des procédures de prise de commandes en caisse.* ***(Apports)*** *Cette expérience m'a beaucoup apporté : la rigueur, l'écoute, la ténacité et surtout un grand sens de l'humilité et du respect. Il n'y a pas de sot métier et quel que soit son niveau dans la hiérarchie, on joue toujours un rôle essentiel dans l'entreprise et on fait toujours partie d'un tout. Si mon travail est bien fait, alors les répercussions sur les autres membres de l'équipe sont bénéfiques et tout avance dans le bon sens, pour le plus grand bonheur des clients. »*

[4. Le SWOT : forces, faiblesses, opportunités, menaces]

Dans certains entretiens exigeants (ESSEC, ESSEC AST, Mastères Spécialisés), il peut être bienvenu d'aborder vos réponses sous l'angle d'un SWOT.

Questions pour lesquelles des réponses SWOT sont les bienvenues : *« Comment se porte actuellement le secteur du luxe ? » ; « Que pensez-vous du marché des séniors en France ? » ; « Pensez-vous que la France est un pays attractif pour des investisseurs étrangers ? ».*

L'analyse SWOT (Strengths – Weaknesses – Opportunities – Threats) est un outil d'analyse stratégique. Il combine l'étude des forces et des faiblesses d'une organisation, d'un territoire, d'un secteur, etc. avec celle des opportunités et des menaces de son environnement, afin d'aider à la définition d'une stratégie de développement.

Le but de l'analyse est de prendre en compte dans la stratégie, à la fois les facteurs internes et externes, en maximisant les potentiels des forces et des opportunités et en minimisant les effets des faiblesses et des menaces.

Etude des forces

Les forces sont les *aspects positifs internes* que contrôle l'organisation ou le pays, et sur lesquels on peut bâtir dans le futur.

Etude des faiblesses

Par opposition aux forces, les faiblesses sont les *aspects négatifs internes* mais qui sont également contrôlés par l'organisation, et pour lesquels des marges d'amélioration importantes existent.

Etude des opportunités

Les opportunités sont les *possibilités extérieures positives*, dont on peut éventuellement tirer parti, dans le contexte des forces et des faiblesses actuelles. Elles se développent hors du champ d'influence du pays ou à la marge (ex : changement de goût des consommateurs pour tel produit, développement du commerce par Internet, etc.)

Etude des menaces

Les menaces sont les *problèmes, obstacles ou limitations extérieures*, qui peuvent empêcher ou limiter le développement du pays ou d'un secteur (ex : le luxe). Elles sont souvent hors du champ d'influence du pays ou à la marge (ex : prix de l'énergie en forte augmentation, contexte juridique très contraignant, etc.).

2. Gérer les enchaînements

L'acquisition de cette maîtrise du fond doit pouvoir vous amener à optimiser votre gestion des enchaînements.

Optimiser les enchaînements signifie notamment que vous avez en permanence en tête le triangle ci-dessous :

Le triangle des attentes

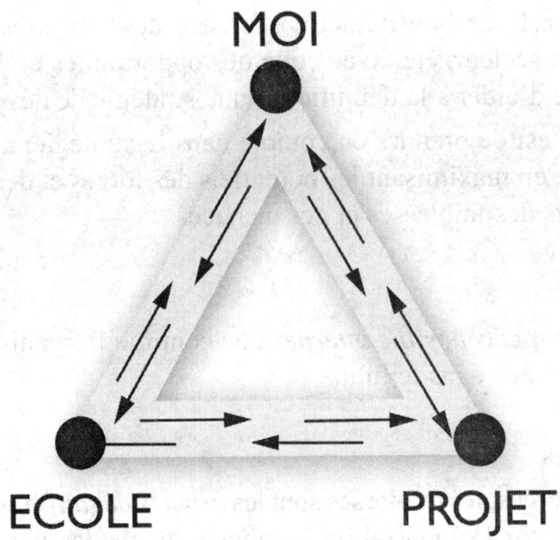

Ce triangle synthétise et exprime **les différents grands champs d'attente des jurys d'entretien.** Chacune des trois pointes correspond à une attente majeure, le cœur des attentes des jurys se situant dans les interrelations entre les pointes.

En d'autres termes, les jurys attendent que vous vous connaissiez bien. Cette connaissance de vous-même doit vous amener, non seulement à cerner vos qualités, vos défauts et vos caractéristiques, mais également à savoir aller chercher, dans vos expériences, ce qui explique et justifie votre projet.

Ce point est en effet essentiel. Le propos n'est donc pas tant que vous vous connaissiez, mais plutôt que vous alliez chercher en vous tout ce qui – traits de personnalité et expériences – vient nourrir et expliquer votre projet.

Votre projet vous est, en soi, naturellement connu. Mais les très bons candidats vont plus loin et établissent un lien logique (symbolisé par la flèche à double sens sur le côté droit du triangle) entre leur projet et eux-mêmes, cherchant à convaincre du fait que ce projet est leur parce qu'ils sont comme ils sont. La recherche de cette harmonie est importante, en ce sens qu'elle vous permettra par exemple d'effectuer des enchaînements logiques entre vos expériences et votre projet, le cas échant avant même que le jury vous questionne sur la nature de votre projet.

A l'identique, votre projet requiert, pour son aboutissement, votre entrée dans l'école à laquelle vous postulez. C'est pourquoi, au sein des connaissances et informations que vous avez recueillies sur votre future école, vous devez sélectionner et conserver celles qui vont dans le sens de votre projet et qui justifient que vous frappiez à la porte de cette école et pas d'une autre. Parallèlement, l'école, par ses spécificités, viendra nourrir et affiner votre projet, d'où, de nouveau, la flèche à double sens sous le triangle.

Enfin, dernier point, les relations entre l'école et vous. Là aussi, vous devez plus raisonner en termes de liens que de juxtapositions. En d'autres termes, vous devez établir un lien entre vos qualités, goûts et aptitudes et votre future école. Si les étudiants savent souvent répondre à la question de savoir ce que leur future école va leur apporter (donc le sens école → vous), ils ne réfléchissent souvent pas assez à l'autre dimension : ce qu'ils vont pouvoir apporter à leur école.

Le jury considère, à juste titre, que votre intégration se traduira par un échange. Certes, votre future école vous apportera la connaissance de l'entreprise et de ses rouages, les moyens d'affiner votre projet professionnel et une ouverture sur le monde (stages, échanges). Mais la question inverse présente, pour votre jury, un grand intérêt : vous, qu'allez-vous pouvoir apporter ? Vous allez en effet, de par vos expériences ou vos centres d'intérêt, jouer un rôle dans votre future école et le jury ne demande pas mieux que vous entendre évoquer concrètement cette future immersion.

« L'année dernière, nous avons rencontré un étudiant au parcours classique, mais pratiquant depuis longtemps et à un certain niveau le théâtre. Il a annoncé qu'il avait vérifié et que nous n'avions pas de troupe de théâtre, ce qui était vrai, et qu'il se proposait d'en créer. Voilà un bel apport ! »

Félicie, directrice de la communication d'une collectivité locale, membre de jurys d'admission

---

Vous devez donc sans cesse « penser triangle », et établir le plus de liens et d'enchaînements possibles entre les trois pointes ou à tout le moins entre les pointes prises deux à deux.

3. L'importance des derniers mots prononces

Faites très attention aux derniers mots que vous prononcez lorsque vous terminez une phrase. L'expérience montre en effet que le jury rebondit dans 9 cas sur 10 sur les 2 ou 3 derniers mots qui concluent votre propos.

Ainsi par exemple, en terminant votre propos par « ... *d'ailleurs, si j'intègre votre école, je souhaiterais vivement effectuer* ***un échange universitaire au Brésil.*** », et bien il y a toutes les chances que votre jury vous invite à détailler plus avant votre intérêt pour les échanges universitaires et surtout votre intérêt pour le Brésil.

Cette technique est redoutable car elle vous permet d'une certaine façon de « manipuler » votre jury de façon intelligente. Il vous suffit en effet de « placer » en fin de phrase un dossier que vous maîtrisez parfaitement et il y a alors toutes les chances que le jury souhaite en savoir plus. Et sans s'en rendre compte, le jury vous pose des questions dont vous connaissez déjà les réponses !

Notez bien que si vous souhaitez que cette technique fonctionne alors vous devrez absolument en garder sous le coude. Vous devrez ainsi ne pas hésiter à terminer votre phrase par un élément que vous n'avez pas encore développé et convoquer une pause de quelques secondes, pause dont le but est d'inviter bien sûr le jury à vous poser la question que vous attendez !

Il va sans dire que cette technique doit être utilisée avec parcimonie, sinon elle risquerait de perdre toute son efficacité… Les jurys ne sont jamais dupes.

4. Le storytelling

Le « storytelling » ou « l'art de raconter des histoires » est une technique narrative qui a depuis été déclinée partout, dans le monde du management comme dans celui de la communication politique. **Cette technique mobilise des usages du récit très différents, du récit oral tel que le pratiquaient les griots ou les conteurs**

jusqu'au *digital storytelling*, qui pratique l'immersion virtuelle dans des univers multisensoriels et fortement scénarisés.

Que vous vouliez mener à bien une négociation commerciale ou faire signer un traité de paix à des factions rivales, lancer un nouveau concept ou faire accepter à un collectif de travail un changement important, y compris son propre licenciement, concevoir un jeu vidéo ou soigner les traumas postguerre des GI's, le storytelling est considéré comme une panacée.

Si l'on prend le cas du marketing, ce dernier est, en moins de quinze ans, passé du produit au logo, puis du logo à la story ; de l'*image* de marque à l'*histoire* de marque. Non que les marchandises et les marques aient disparu, elles sont bien là, toujours aussi présentes, mais elle ont perdu leur statut d'objets ou d'images « réifiées » : elles nous parlent et nous captivent, elles nous racontent des histoires qui collent avec nos attentes et nos visions du monde. Quand elles sont utilisées sur le Web, elles nous transforment nous-mêmes en story-tellers, en colporteurs de récits. Car la fascination qu'inspire une bonne histoire nous pousse à la répéter.

Barbara B. Stern, professeur au département marketing de l'université de Rutgers, a mis en évidence l'influence croissante dans le marketing des formes littéraires comme la ballade, l'épopée, les métaphores, l'ironie : « Ce qu'est réellement le marketing des marques (*branding*), affirme-t-elle, c'est une histoire attachée à un produit. Lorsque vous avez un produit qui est identique à un autre produit, il y a différents moyens de le concurrencer. Soit – et c'est la solution stupide – on baisse les prix. Soit on change la valeur du produit en racontant une histoire. »

Que les choses soient claires : votre jury sera toujours plus intéressé par « l'univers narratif » que vous voudrez bien lui offrir que par quelque démonstration rationnelle visant à lui prouver que vous êtes le meilleur. Un bon récit vaudra toujours plus qu'une bonne démonstration.

Comprenez bien qu'un jury n'attend jamais de vous que vous dressiez victorieusement une liste d'expériences professionnelles ou extrascolaires dénuées d'âme. Un jury attend de vous quelque chose de beaucoup plus simple. Un jury souhaite que vous convoquiez toujours une belle histoire qui met en scène des moments forts de votre vie, ceux qui vous ont apporté de pleines satisfactions, tout comme ceux qui ne vous ont apporté que chagrin et déception. Un jury attend une histoire authentique, **VOTRE histoire**.

Mon intérêt pour le commerce

et le marketing en particulier

remonte à quelques années maintenant. Je me souviens encore que déjà, à l'âge de 15 ans, je passais beaucoup de temps dans les rayons de l'hypermarché Carrefour d'Aulnay-Sous-Bois. Nous y allions une fois par mois avec mes parents et cette sortie faisait partie de celles que j'attendais le plus. Pendant que mes parents remplissaient le caddie, je passais de longues minutes à contempler et décortiquer les différentes gammes de produits de beauté ou de confiserie. J'essayais de comprendre comment les rayons étaient organisés, pourquoi il y avait de telles différences de prix entre des produits visiblement identiques. Mais ce que je préférais par dessus tout, c'était de guetter les nouveaux produits. J'aimais et j'aime toujours sentir de nouveaux parfums de douche ou de déodorants. J'aime voir si ce nouveau est en promotion ou pas. J'aime surtout vérifier si ce nouveau produit est le seul sur le marché ou si d'autres marques ont également lancé le leur. En fait, avec le temps, je constate que chaque marque a une histoire à raconter. Que ce soient les maîtres chocolatiers suisses de Lindt depuis 1845 ; de Carte d'Or, la marque à l'éléphant, dernier vestige du passé colonial de la Belgique ou plus simplement de la marque italienne Kinder qui ne cesse d'innover sur le segment des goûters… toutes les marques de confiserie racontent aujourd'hui une histoire qui leur permet de définir leur positionnement et d'explorer de nouveaux territoires. Je souhaite aujourd'hui faire partie de ces équipes marketing qui écrivent et assument l'histoire de leur marque. Concepts de nouveaux produits, opérations marketing d'envergure, publicité et relations presse, une marque s'écrit au fil du temps avec passion. Mais une marque doit aussi être assumée et animée tout au long de sa vie. Opérations de marketing sur le point de vente, création d'un site internet dédié, opérations promotionnelles, ajustement du prix, une marque vit au rythme des saisons, au rythme des goûts des consommateurs et au rythme des points de vente dont le rôle est de promouvoir au mieux les marques. Mon projet professionnel est donc de faire un stage en tant qu'assistant chef de produit marketing ou assistant commercial au sein d'une société comme Unilever, Kraft ou Nestlé puis d'y occuper à la sortie de l'Ecole des fonctions de chef de produit ou de chef de secteur. Le but étant bien sûr d'évoluer rapidement vers des fonctions de management tels que chef de groupe ou directeur marketing. Et si je présente aujourd'hui ma candidature pour intégrer votre Ecole, c'est parce que je sais que vos formations permettent d'acquérir toute la polyvalence que ces postes exigent.

Comment un jury peut-il raisonnablement décliner une invitation à l'authenticité, quand on sait que cette ressource est en voie de disparition ? Comment un jury peut-il raisonnablement repousser des émotions réelles qui le prend et le submerge au-delà de toute attente ? **Ne cherchez donc pas la performance. Cherchez l'authenticité, quitte à paraître imparfait.**

En fait, au niveau individuel, nous faisons régulièrement appel au storytelling. Le storytelling se manifeste en effet dans les nouvelles techniques d'écriture et de jeux (*digital storytelling*) aux applications sans cesse nouvelles (blogs et autobiographies, chats et webcams, jeux interactifs en ligne, *second life*...)

Il ne faut donc pas craindre de vous « livrer », de vous « raconter ».
Votre objectif, ne l'oubliez jamais, est de plonger votre jury dans un univers narratif, de l'engager dans une histoire crédible. Il ne s'agit plus de séduire ou de convaincre, mais de produire un effet de croyance. « You are the story ». Le héros, c'est vous !

[Bon, et concrètement, comment ça marche le storytelling ?]

Et bien concrètement, il n'est plus question de faire l'étalage d'une expérience professionnelle ou extrascolaire en jouant la carte de la performance ou du succès à tout prix (« Mon stage à la Bred s'est très bien passé » + « j'ai appris à travailler en équipe » + « j'ai développé d'excellentes qualités d'analyse et de synthèse ») mais de raconter l'*histoire* de votre expérience.

Techniquement, cela implique que vous commenciez par fixer très précisément l'objet, la date, le lieu et surtout **le contexte** de votre expérience. Concentrez-vous ensuite sur UN moment clé de votre expérience, celui qui vous a marqué, qui vous a construit, qui a orienté vos choix. Et puis bien sûr, donnez un maximum de détails. Plongez le jury dans un univers, votre univers. Invitez-le dans votre vie, car votre vie est singulière, unique, elle n'entre en compétition avec personne.

Ainsi, par exemple, à la question : **« Avez-vous une expérience professionnelle ? »**, vous pouvez répondre : *« Oui, j'en ai plusieurs. Et j'aimerais, si vous me le permettez, vous parler en particulier de ma toute première expérience. Ma première expérience remonte à 2 ans. A la fin de mon année de seconde, j'ai travaillé pendant deux mois, en juillet et en août, dans le restaurant McDonald's du Forum des Halles à Paris. Mon père devait assurer des gardes à l'hôpital durant tout l'été et nous n'étions donc pas partis en vacances. Je souhaitais alors en profiter pour travailler et me faire ainsi de l'argent de poche. Si je devais retenir une chose de cette expérience, c'est le caractère polyvalent de mon poste d'équipier. Si j'étais en cuisine le lundi et le mardi, j'étais à la caisse le mercredi et le jeudi et au nettoyage des tables et des sanitaires* *le vendredi. En cuisine, je devais préparer des centaines de sandwiches par jour, et plusieurs dizaines en moins d'une heure pendant le rush entre 12 h 30 et 13 h 30. Il fallait rester très concentré pour apporter aux clients leur commande en un minimum de temps. J'ai beaucoup aimé être en cuisine car je me suis rendu compte que cela ne me gênait pas de faire des choses somme toute assez répétitives. Le principal, c'était que j'étais au final très content d'être dans les temps et d'honorer les tâches qui m'étaient confiées.*

A la caisse, j'ai d'abord appris à sourire et à satisfaire au mieux les clients. Si je sentais que la commande allait être servie avec du retard, je n'hésitais pas à avoir un mot gentil pour le client. Et puis, c'est à la caisse que j'ai géré mes premières responsabilités : enregistrer correctement les commandes, surveiller ma caisse, être souriant et agréable avec les clients. J'ai gagné en confiance. Ensuite, il y avait le nettoyage des salles et des sanitaires. Bon et bien là je dois dire que mon enthousiasme n'était pas franchement au rendez-vous. J'ai vécu de grands moments de solitude, comme seul en pleine mer. Les jours de nettoyage, j'arrivais au travail à reculons, et il m'arrivait au début d'y aller lentement, pas plus vite qu'un escargot, en espérant que le manager allait vite me changer de poste. Et c'est finalement tout le contraire qui s'est passé. Plus j'étais lent et plus longtemps le manager me gardait sur ce poste. J'ai donc compris que pour que le manager puisse assurer son rôle de chef d'orchestre avec les équipiers et garantir un bon esprit d'équipe, il faut être capable de prendre sur soi et de ne pas briser la chaîne. Surtout, il faut toujours donner le maximum et ne pas privilégier égoïstement que les tâches que l'on aime faire.

J'ai en tout cas beaucoup aimé la polyvalence que ce poste m'a apportée. Que ce soit le service client, la rapidité d'exécution des tâches, le respect des normes d'hygiène et de sécurité, je me dis que finalement, j'en ai beaucoup appris en assez peu de temps.

Et c'est d'ailleurs pour la polyvalence de votre formation que je souhaite aujourd'hui intégrer votre école. Etre manager, ce n'est pas seulement encadrer des employés, coordonner leurs tâches et évaluer leurs résultats. Pour être un bon manager, il faut être très polyvalent. Il faut être bon en gestion et en finance, il faut être un excellent communicant et un bon vendeur. Mais il faut encore être un fin psychologue, un bon recruteur et bien sûr un bon formateur. Je sais que votre école permet d'acquérir toutes ses compétences. Les cours enseignées par… »

Inutile de terminer l'histoire, car la suite, vous la connaissez bien sûr. Il suffit de citer les deux ou trois cours que vous souhaiteriez suivre et d'expliquer au jury que leur école vous offrirait les meilleures opportunités de stages et d'échanges (universitaires, avec les élèves, avec les professeurs). Et bien évidemment, arrivés là, vous devez être très rationnels. Connaître quelques noms de cours par cœur, des noms de professeurs, d'associations, etc. Tout cela, cela ne se raconte pas !

[Storytelling : une application très importante]

Nous avons remarqué que de nombreux élèves ont du mal à « crédibiliser » leur projet professionnel. Ce dernier représente pourtant la pierre angulaire de leur entretien.

Si le jury vous demande comment vous est venue l'idée de votre projet professionnel, n'hésitez pas alors à utiliser la technique du storytelling. Parlez-nous d'une expérience personnelle ou familiale (« mon grand-père tenait un salon de coiffure… »). Parlez-nous d'une rencontre (« Je discutais souvent à la cafétéria avec le directeur du magasin pendant mon stage vente au Leclerc de Sarre-Union… »). Parlez-nous d'une lecture fondatrice (« C'est en lisant *80 hommes pour changer le monde* que j'ai décidé de… »). Parlez-nous d'un professeur qui vous a marqué et qui a orienté vos choix (« Mon cours de droit des affaires avec Mr… »). PARLEZ-NOUS !

[Les limites du storytelling et les pièges à éviter]

Une bonne histoire se prépare longuement. Ni trop longue, ni trop courte, votre histoire se doit d'être mûrement réfléchie, longuement répétée.

- Le storytelling est une technique extraordinairement efficace si elle s'appuie sur des faits authentiques. **N'inventez pas vos histoires. Mettez-les simplement en scène !** Définissez précisément vos histoires et les rôles que vous tenez, puis occupez-vous des autres personnages, des décors et des costumes.
- Le storytelling ne vous dédouane jamais d'une connaissance approfondie de l'Ecole, de sa formation, de son monde associatif, etc. Bien au contraire !

5. Dialoguer avec le jury

Le dialogue avec le jury est consubstantiel à l'exercice et à l'épreuve qui vous attendent. Cette volonté de dialogue, manifeste chez les membres des jurys, doit également vous animer. Faute de quoi, votre entretien sera, soyez-en certain, raté.

Si la plupart des candidats parvient à débattre et dialoguer sans trop d'effort avec le jury, il est certains pièges que vous vous devez d'éviter.

Le dialogue a en effet tendance à s'interrompre dès lors que les candidats se voient poser une question qu'ils jugent comme déstabilisante et qui, de fait, les déstabilise. Les réactions face à ce type de question sont souvent du ressort de la panique ou de l'agressivité. Et pourtant !

Les questions venant, du point de vue du candidat, rompre le dialogue ne sont pas anodines. Tordons tout d'abord le cou aux idées reçues et fantasmes les entourant. Ce type de question existe bien, mais constitue réellement plus l'exception que la règle et n'intervient que fort rarement.

La question se posant alors est de chercher à comprendre pourquoi, tout d'un coup, un jury se met à tarabuster un candidat en lui demandant « s'il était un outil » ou « s'il est plutôt fraise ou plutôt pêche » ? De deux choses l'une en effet : soit le jury traverse subitement un coup de folie soit, au travers d'une question déstabilisante, il envoie au fond un message.

Les questions de ce type sont fondamentalement des signaux. Si vous faites l'effort, toujours fructueux, de vous mettre à la place des autres, donc en l'espèce des jurys, vous prenez conscience du fait que ce dernier est, au fond, aussi anxieux que vous. Si vous êtes pénétré de la crainte de ne pas être retenu, dites-vous bien que le jury est animé d'une autre inquiétude : celle de se tromper. Cerbère de son école, il a pour mission de sélectionner les meilleurs des candidats. Il peut, à l'endroit, de certains éprouver des doutes. De ce point de vue, les questions déstabilisantes ne sont pas autre chose qu'un signal de doute émis par le jury, lequel ne demande alors qu'une chose : être rassuré par le candidat. Le jury ne cherche alors pas tant à déstabiliser les candidats qu'à transmettre à ces derniers les incertitudes dans lesquelles il se trouve.

Si les membres de jurys éprouvent des doutes, c'est souvent parce qu'ils sont face à des personnalités dont certains traits apparaissent comme saillants, ou dont l'absence de saillance constitue un trait… marquant.

Les questions déstabilisantes n'interviennent en effet ni tout le temps, ni ne sont adressées à tout le monde. Elles ne jaillissent que lorsqu'un candidat, par son comportement ou ses propos, les a « méritées ».

De ce point de vue, les principaux comportements à proscrire sont les suivants.

Tout d'abord, évitez de donner l'**impression d'être trop sûr de vous**.

Le recueil des regards et perceptions auquel vous vous êtes adonné vous a en toute logique permis de relever, le cas échéant, ce travers (cf. III : Vous). Si tel est le cas, veillez-y avec attention. Les jurys apprécient fort peu les candidats qui, du haut de leur vingt (et parfois quelques) années, ont tout vu du monde, savent, tout, connaissent tout, tranchent de tout. Cette tendance à la prétention, à la sûreté de soi peut parfois même confiner à l'autisme et faire sortir le jury de sa réserve et de ses gonds.

« C'est très rare, mais certains candidats sont très prétentieux. Inaptes au dialogue et à l'échange, ils sont manifestement convaincus d'avoir raison en tous points et vont jusqu'à vous faire comprendre que vous ne savez pas de quoi vous parlez. Cela agace vite et ils se prennent des questions vengeresses ».

Marie-Claire, directrice marketing, membre de jurys d'admission

---

Deuxième source possible de questions déstabilisantes : le cas des étudiants produisant un **discours trop lisse ou convenu.** De nouveau, le jury risque de s'inscrire en réaction devant une façon d'être ou de faire ne le convaincant pas.

En effet. Vous êtes devant lui pour entrer dans l'école dont il assure le recrutement. Vous savez que les jurys sont à la recherche de personnalités authentiques, présentant des aspérités et qu'ils voient de nombreux candidats chaque jour. Partant, la production de lieux communs ou d'un discours exclusivement conformiste les indisposera et risque de les amener à vouloir savoir « ce que vous avez dans le ventre ». En d'autres termes, le jury cherchera à savoir, par des questions directes et inhabituelles, si vous êtes aussi lisse et aussi conformiste que vous donnez l'impression de l'être.

La troisième source de questions de nature à être vécues comme déstabilisantes découlera de l'impression laissée par des **candidats trop peu sûrs d'eux**. Si la prétention excessive est appelée à heurter tout ou partie de votre jury, l'indécision, l'absence d'affirmation de vous-même tout autant.

« Certains candidats usent et abusent du « je pense que », « il me semble ». On sent là des gens pas très sûrs d'eux. Peuvent alors advenir des questions directes, pour les forcer à prendre position ».

Myriam, chef d'entreprise, membre de jurys d'admission

Affirmez-vous donc. Si, naturellement, l'emploi de formules comme « je pense que » peut, suivant les questions, s'imposer, il est de nombreux registres dans lesquels vous êtes censé, non pas penser, mais savoir ou être certain…

En quatrième lieu, les jurys réagissent parfois avec vigueur devant des candidats donnant l'impression de **s'être trop bien préparé**.

Le paradoxe n'est qu'apparent. Même si, cet ouvrage en témoigne, les oraux et entretiens se préparent avec soin, les jurys n'apprécient pas les candidats ne faisant que déglutir des réponses manifestement préparées et apprises par cœur…

S'il convient donc de vous préparer avec soin (cf. V. L'entretien en action), vous devez néanmoins rester vous-même et savoir improviser. S'il convient foncièrement que vous ayez réfléchi à votre devenir professionnel et aux motivations vous poussant à effectuer une école de commerce et celle à laquelle vous postulez en particulier, vous n'en devez pas moins conserver tout à la fois votre personnalité et de la spontanéité ; Sinon, le jury vous provoquera afin, justement, de faire jaillir cette spontanéité que vous masquez…

Les deux dernières sources de questions déstabilisantes proviennent de l'impression donnée par certains candidats. **Trop fermés,** ne souriant pas, demeurant engoncés dans des vêtements inhabituels pour eux, ils dégagent une trop forte impression de sévérité pour que le jury ne soit pas tenté de les bousculer en leur demandant par exemple de le faire rire.

A l'inverse, un candidat **trop sympathique**, souriant sans cesse et présentant de manifestes signes de décontraction peut s'entendre demander si « quelque chose compte vraiment pour lui », ou s'il « pense que la vie est une fête ».

Même s'il ne faut jamais exclure qu'un membre de jury « disjoncte » ponctuellement, l'immense majorité des questions déstabilisantes a donc, au fond, les candidats pour origine.

Bien que la forme de ces questions soit parfois déroutante – tel est d'ailleurs leur objectif : vous faire changer de route – vous devez absolument les interpréter comme des signaux vous renseignant sur la façon dont votre jury vous perçoit.

6. Desamorcer une question delicate/difficile

Ne partez pas de l'idée que vous pourrez anticiper toutes les questions, vous n'y parviendrez pas. Si certaines questions sont attendues, d'autres, découlant souvent de vos expériences ou ce que le jury perçoit de vous, sont plus difficilement sujettes à anticipation.

Il vous faut donc pour partie vous préparer… à ne pas être prêt, à être surpris, désarçonné sans doute, par une question imprévue. Pour autant, il est possible, dans une certaine mesure, de se préparer à être surpris.

Pour ce faire, trois méthodes principales sont envisageables, lesquelles peuvent naturellement se cumuler.

Dans un premier temps, vous pouvez, face à une question inattendue, **effectuer une pause** avant de commencer à répondre. Comme nous le verrons plus loin (cf. 1.2 Ensuite maîtriser la forme), cette technique présente plusieurs avantages, et notamment celui de vous permettre de réfléchir quelques secondes à ce que vous allez répondre.

La deuxième modalité possible de réponse peut consister, là aussi, à vous permettre de gagner du temps. En **reformulant la question**, vous vous donnez en effet du temps et avez de surcroît la possibilité, dans votre reformulation, de réorienter la question dans un sens vous convenant mieux.

Enfin, troisième « riposte » possible : l'**humour**. A condition de ne pas en abuser, l'humour constitue une efficace façon de répondre… sans toujours répondre. Il s'agit en revanche d'un domaine dans lequel vous pouvez difficilement improviser : votre « bilan » personnel vous a permis de savoir si cette qualité vous était reconnue.

2. ENSUITE MAITRISER LA FORME

Soyez-en convaincu. Dans l'expression « entretien oral », l'adjectif compte pour beaucoup. La maîtrise de votre expression orale jouera, au-delà de votre possession du fond, un rôle non négligeable dans l'impression que vous parviendrez à donner. Si votre réussite passe naturellement par la maîtrise du contenu de votre propos, la mise en œuvre d'un réel savoir-faire en matière de forme est également indispensable.

Les travaux de Mehrabian

Les travaux de Mehrabian datent de 1971 mais ils servent encore de référence quand il s'agit d'illustrer la terrible influence de la **communication non-verbale**.

La communication non-verbale est un support privilégié pour la communication des émotions et des sentiments, en ce sens que le registre sur lequel elle joue est plus spontané, moins codifié, plus complexe que le langage lui-même.

Les signaux non verbaux (exemple : un sourire, un poing serré, des bras ouverts, une tête légèrement penchée en avant) permettent de traduire et de percevoir la réalité et l'intensité du message verbal.

Nécessairement moins contrôlé, le non-verbal est une source d'informations précieuse dans l'interaction. Certains gestes, certaines réactions mimiques véhiculent l'implicite et le non-dit. Ils témoignent clairement de la réalité de l'être. A tel point d'ailleurs que « lorsque apparaissent, dans une interaction, des discordances entre ce qui est dit (indice verbal) et les gestes et expressions qui l'accompagnent (indice visuel), ce sont ces derniers qui provoquent au final les impressions dominantes » (Cosnier 1977).

En ce qui nous concerne, un candidat brillant, dont l'exposé est parfaitement cohérent et irréprochable du point de vue des arguments, mais qui n'accompagne son discours d'aucune mimique (regard fuyant, aucun sourire), aucun geste / mouvement (mains ou bras continuellement croisés, tête raide, buste immobile) prend le risque évident de perdre toute chance d'être retenu tant il a été démontré que l'indice visuel prendra alors le dessus sur l'indice sonore du fait de la discordance entre un discours clair, cohérent et pertinent et un manque cruel de traduction physique de ce même discours.

Mehrabian a mis précisément en évidence les facteurs qui rendent quelqu'un sympathique lorsqu'il s'exprime.

Le jugement global sur l'autre dépend ainsi :

Pour 7 % du sens des mots *(image verbale)*
Pour 38 % de la manière dont ils sont exprimés *(image sonore)*
Pour 55 % de l'expression des mimiques *(image visuelle)*

En ce qui vous concerne, l'**image verbale** pèsera pour près de la moitié du jugement global car les écoles sont toutes très sensibles à la qualité et à la cohérence de votre discours (nature et maturité du projet professionnel, connaissance des programmes d'études proposés par l'école, connaissance du monde de l'entreprise, culture générale). Mais gardez toutefois bien à l'esprit que le jury devra vous trouver « sympathique » et que si vous souhaitez **maximiser l'impact de votre prestation**, vous devrez absolument soigner votre **image sonore** (élocution claire, rythme et débit de parole équilibrés, silences) et votre **image visuelle** (regard, sourire, gestes ouverts et mesurés).

1. Votre stress

La passation des oraux d'admission est une situation engendrant, de façon générale, de l'anxiété chez les étudiants concernés. Très vraisemblablement vous trouvez-vous vous-même dans ce cas.

Convainquez-vous d'entrée que le stress est une réaction absolument normale, qu'éprouve tout individu placé dans une situation qu'il appréhende comme inconfortable ou désagréable et à laquelle il craint de ne pouvoir faire face. Le stress n'est donc au fond qu'une réaction que nous engendrons nous-mêmes face à une situation qui nous paraît anxiogène parce que très difficile à assumer.

A une jeune actrice lui faisant triomphalement remarquer qu'elle n'éprouvait pas de trac à l'idée de monter sur scène, Sarah Bernhardt rétorqua que le trac venait avec le talent…

Votre première action doit donc consister à admettre que vous avez le trac et que les oraux vous angoissent. Normal, ce trac est, en l'espèce, d'autant plus justifié que s'ajoute à la prise de parole en public, déjà angoissante en soi, l'enjeu que représentent pour vous ces oraux et la perspective d'être « jugé ». Normal, ce trac est même d'une certaine façon salvateur, dans la mesure où votre combat contre lui va vous amener à vous préparer.

Votre objectif ne va donc pas être de réduire à néant votre stress, ce que vous ne réussirez probablement pas à faire, mais à le ramener à des proportions acceptables. A petite dose en effet, le stress est bénéfique et comporte des dimensions positives, jouant le rôle d'un aiguillon, d'un moteur et d'un stimulant.

Afin de ramener votre stress à des proportions le rendant non plus nuisible mais utile, vous disposez d'une véritable panoplie de moyens anti-trac. Cette panoplie comprend plusieurs outils précieux.

Tout d'abord, et en cela réside la parade essentielle, vous allez vous préparer. Le stress naissant d'une situation qui s'impose à nous et que nous anticipons comme désagréable s'atténue au fur et à mesure que nous nous préparons à cette situation. Votre préparation touche notamment à deux registres. Si vous devez préparer votre contenu et votre expression orale à proprement parler (cf. 3. Votre préparation), vous devez aussi vous préparer, psychologiquement, aux oraux appelés à advenir.

Cette préparation psychologique consiste à vous projeter et à vous voir en train de passer les oraux en question. Plus vous y penserez, de façon concrète, en vous imaginant et vous voyant en train de les passer, plus vous vous familiariserez avec l'idée et vous habituerez à elle. Vous devez donc y penser chaque jour, vous voir face au jury. Ainsi, vous poursuivrez victorieusement un de vos objectifs qui est de parvenir à banaliser la situation.

Elle consiste également à vous convaincre qu'un échec éventuel ne serait somme toute pas si grave qu'il vous paraît l'être. Votre stress, logiquement, s'accroît proportionnellement à l'enjeu que vous attribuez à vos futurs entretiens. En d'autres termes, vous devez parvenir à vous convaincre que, si l'enjeu est important pour vous, il n'est cependant pas vital. Plus vous parviendrez à vous persuader du caractère relatif de l'enjeu, donc à relativiser, plus vous réduirez votre stress.

Deuxième étape : vous devez éviter, par ailleurs, de vous mettre, autant que vous le pouvez, dans des situations anxiogènes avant vos oraux. Il s'agit là d'éviter de vous rajouter une couche supplémentaire de stress à celle engendrée par la perspective des oraux.

En d'autres termes, vous éviterez tout conflit ou difficulté avec votre entourage et reporterez à plus tard, soit après les oraux, toute discussion tendue ou décision difficile à prendre.

« Je me suis disputé avec ma copine l'avant-veille de mon oral. J'étais nerveux et nous nous sommes fâchés. J'avais la tête prise par cela et n'ai pas été bon à l'oral, parce que j'étais préoccupé par autre chose. »

Jean-Michel, étudiant à NEOMA BS

Troisième temps de votre lutte anti-stress : vous préparez soigneusement votre déplacement. Là aussi, vous devez éviter de vous rajouter du stress susceptible de découler d'un train en retard, d'un campus que vous ne trouvez pas, d'une convocation que vous avez égaré.

Si cela vous est possible, vous devez donc chercher à arriver la veille de votre entretien et dormir sur place. Au-delà du fait que vous parviendrez ainsi à vous familiariser avec les lieux, élément rassurant venant réduire votre angoisse, vous évacuerez également le stress appelé à naître d'un risque de retard.

Ce point est d'autant plus important que le quatrième aspect de votre lutte anti-stress prend place quelques temps avant votre entrée dans la salle dans laquelle vous attend votre jury. Les minutes précédant votre entrée sont en effet les plus anxiogènes et requièrent de votre part un sérieux traitement préventif.

Vous devez tout d'abord chercher à faire le vide dans votre esprit en pensant à quelque chose d'agréable. Mais vous devez surtout vous adonner à des exercices respiratoires, consistant à inspirer et expirer lentement et totalement. Procédez à cet exercice à plusieurs reprises, et notamment juste avant de rentrer dans la salle.

Si vous sentez, au début de votre entretien, que votre stress demeure présent à une dose trop élevée, efforcez-vous de parler lentement pour pouvoir respirer et n'hésitez pas à boire l'eau que vous aurez eu la prudence d'amener.

Enfin, convainquez-vous que les membres des jurys y sont habitués et admettent parfaitement que les candidats soient, en début d'entretien, un peu crispés par l'enjeu. Cette intériorisation de la normalité de votre stress vous aidera à le juguler.

2. Votre voix

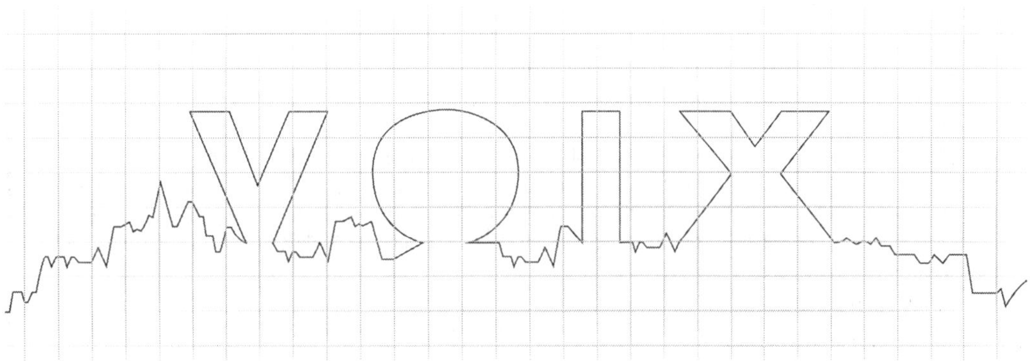

Que vous le vouliez ou pas, un entretien oral repose beaucoup sur… l'oral. Le jury s'attend donc à ce que vous vous exprimiez et, avant même d'accéder à votre contenu, aura son attention attirée par votre voix.

Vous devez donc absolument savoir l'impression que procure et engendre votre voix. Pour ce faire, enregistrez-vous et écoutez-vous. Comme en témoignent parfois les animateurs de radio, le physique de quelqu'un ne correspond en effet pas toujours à sa voix.

Si vous ne pouvez pas changer radicalement votre voix, vous pouvez en revanche travailler sur les cinq plans essentiels que sont votre ton, **votre débit, votre volume, votre élocution et votre intonation**.

[1. Votre ton]

Soyez conscient que le ton que vous allez adopter retentira sur la perception que votre jury aura de vous. Si vous adoptez un ton par trop solennel, vous courrez le risque d'être perçu comme excessivement sérieux. A l'inverse, si vous empruntez un ton guilleret ou désinvolte, vous serez vraisemblablement perçu comme trop décontracté, voire dilettante.

Votre ton constitue donc un réel enjeu en soi : vous devez donc le travailler. Travailler votre ton signifie que vous devez être capable, comme un acteur suivant les textes qu'il joue, de faire varier votre ton suivant les circonstances, les publics et les moments.

Pour ce faire, effectuez les différents exercices suivants :

Entraînez-vous

1- Dans un premier temps, vous allez vous entraîner à lire, sur des tons différents, plusieurs petits textes distincts, en cherchant à adapter votre ton au texte.
Procurez-vous des textes courts et présentant de notables différences de publics et de circonstances, comme par exemple un extrait de discours politique, l'allocution d'un directeur d'école remettant les diplômes, un discours prononcé lors d'un enterrement, un article de journal factuel et un autre plus polémique, l'annonce d'une très bonne nouvelle…
Vous allez lire, à voix haute et en vous enregistrant, chacun de ces textes en cherchant à employer le ton le plus adéquat aux circonstances ou à la volonté de chaque auteur. Puis vous vous écouterez et les ferez écouter à des proches. Adonnez-vous à cet exercice autant de fois que nécessaire : vous devez réussir à faire passer, dans votre ton, selon les documents que vous aurez retenu, la joie ou la tristesse, la solennité ou la décontraction, le rendre neutre ou impliqué…

2- Le deuxième exercice est plus difficile : vous ne devez donc vous y attaquer que lorsque votre entourage et vous aurez la conviction que vous maîtrisez le premier.
Vous prenez par exemple le texte de cet encadré, de « dans un premier temps » à « impliqué » ou tout autre texte relativement court, puis allez le lire, toujours en vous enregistrant, en choisissant à l'avance le ton que vous allez employer. Lisez-le tour à tour en adoptant un ton guilleret, puis sérieux, rieur, emphatique…
Au texte que vous retiendrez correspondra un ton préférentiel. Tout votre travail consistera à réussir à « plaquer » un ton donné sur un texte ne le justifiant pas, donc à faire varier votre ton.

Les exercices ci-dessous vous permettront, lors de vos oraux, d'adopter tout à tour, en fonction de vos propos, des tons différenciés. La narration d'une expérience fructueuse, comme un stage ou une expérience associative par exemple, passera par un ton plus léger, plus alerte et plus joyeux que l'évocation, plus réfléchie et solennelle, des raisons pour lesquelles vous souhaitez absolument intégrer l'école à laquelle vous postulez.

Si vos tons seront constitutifs de la façon dont vous serez perçu, votre débit le sera également.

[2. Votre débit]

Une des marques extérieures les plus palpables du stress se situe justement à ce niveau. L'angoisse aidant, nous avons tendance à parler plus vite, à accélérer notre débit.

Or, comme nous l'avons vu (cf. I. Cadre et modalités de l'entretien), ce n'est pas vous, donc l'émetteur qui compte dans une relation de communication, mais l'Autre, celui qui reçoit, donc en l'espèce les membres de votre jury. Vous devez donc impérativement adopter un rythme oratoire permettant à vos interlocuteurs de vous suivre, parce qu'il est essentiel pour vous que votre jury retienne ce que vous souhaitez partager avec lui.

Or, plus un orateur parle vite, moins son auditoire retient ce qu'il dit.

Cette nécessité est d'autant plus impérative que, au-delà du stress, de nombreux candidats, désireux de dire tout ce qu'ils pensent avoir à dire, parlent à un rythme rendant l'ingestion de leurs propos difficile pour leurs jurys.

Enfin, certains membres de jurys prennent des notes durant votre entretien… si vous leur en laissez le temps !

Pour ces deux raisons, vous devez donc surveiller votre débit. Même si, en cas de « dépassement de vitesse », votre jury vous fera signe ou vous demandera de ralentir, vous serez perçu comme un professionnel plus aguerri de l'expression orale en anticipant ces dépassements éventuels et en vous donnant les moyens de les corriger.

Ces moyens sont de deux ordres. Tout d'abord, vous regardez votre jury (cf. 2. La maîtrise du non verbal : le regard) en lui parlant. De ce fait, vous serez à même de détecter, dans le regard de vos interlocuteurs, si votre débit devient trop rapide. De plus, votre surveillance de leur prise de notes vous aidera à percevoir si vous parlez trop vite.

Là aussi, comme pour votre ton, la meilleure façon de parvenir à adopter le bon débit est de vous entraîner. La capacité d'absorption des propos d'un individu s'exprimant oralement est en effet limitée et vous devez en tenir compte. Cette capacité rencontre sa limite au-delà de 150 mots à la minute.

Entraînez-vous

Votre entraînement passera par l'exercice suivant. Le texte allant de « votre jury vous fera signe » (dans le paragraphe commençant par « Pour ces deux raisons ») à « 150 mots à la minute » fait exactement 150 mots.

Lisez-le à vous haute en vous chronométrant, autant de fois que nécessaire, afin d'arriver, sans effort, à le lire en une minute. Vous aurez alors trouvé le bon débit pour vous adresser à vos interlocuteurs.

[3. Votre volume]

La troisième composante à prendre en considération a trait au volume de votre voix. Certains étudiants, angoissés, ont tendance à ne pas parler assez fort, à parler pour eux en quelque sorte. Or, sur ce plan-là comme sur les autres, vous devez privilégier le confort de vos auditeurs, donc leur permettre, sans effort d'attention, de vous suivre. Vous devez même, au fond, les contraindre à suivre en adoptant un volume vocal ne leur permettant pas de se distraire ou de s'évader.

Même si, là aussi, votre jury vous demandera, le cas échéant, de parler plus fort, vous serez d'autant mieux perçu que vous saurez, de vous-même, calibrer votre volume à votre auditoire, la distance qui le sépare de vous et l'espace dans lequel vous vous trouvez.

A l'identique de votre ton et de votre débit vous allez vous entraîner à parler, dans un espace assez vaste, à plusieurs personnes.

[4. Votre élocution]

Les jurys sont unanimes à constater, et à déplorer, que nombreux sont les étudiants parlant non seulement très vite mais, par voie de conséquence, mangeant également leurs mots.

N'en faites pas partie. Demandez à votre entourage s'il estime que vous êtes victime de ce travers, Surveillez-vous le cas échéant et veillez à avoir une élocution satisfaisante.

Sans forcément aller pour vous prendre pour Démosthène, grand orateur grec, qui travaillait son élocution en s'entraînant à parler et à discourir avec des galets dans la bouche, prêtez attention à votre élocution et articulez.

Cet effort présente de surcroît une vertu. En effet, au-delà du respect que vous témoignez ainsi aux membres de votre jury, articuler vous contraindra, pour la bonne cause, à parler plus lentement…

[5. Votre intonation]

Il s'agit là l'évidence à d'une des dimensions majeures de la prise de parole. Si cette dernière n'est pas votre point fort, vous devez absolument travailler votre intonation. L'intonation donne en effet de la vie à votre propos, vous permet surtout de faire comprendre et partager à votre auditoire les termes et mots les plus importants et les plus significatifs pour vous.

Marquer votre intonation signifie que vous allez distinguer, dans votre propos, certains mots ou expressions et les accentuer pour partager avec votre auditoire l'importance que vous leur accordez.

Vous les accentuerez de plusieurs façons. Tout d'abord, vous les prononcerez plus fort, afin de les faire ressortir, jaillir en quelque sorte du reste de votre phrase. Vous pouvez également, dans certains cas, user d'une technique mise en œuvre part certains orateurs et consistant à laisser un petit silence avant et après le mot, et ce dans le but de le faire mieux ressortir des mots l'entourant.

Entraînez-vous

Prenons une phrase simple, comme par exemple : « je me prépare pour passer les oraux d'admission et intégrer l'école de mon choix ».

Commencez par lire à haute voix cette phrase. Puis faites porter tour à tour l'intonation sur chacun des mots la composant, en commençant par « prenons », puis « une », puis « phrase »…

Dans un deuxième temps, faites de même en laissant volontairement un silence d'une seconde ou deux avant et après le mot que vous isolez et sur lequel porte votre intonation.

3. Vos mots et expressions

Pour plusieurs raisons majeures, vous devez prêter une grande attention aux mots et expressions que vous employez.

Tout d'abord, parce que vous montrerez ainsi à votre jury que vous avez bien pris conscience des enjeux et de la nature de la relation vous unissant. Même si votre jury vous apparaît particulièrement cordial ou sympathique, ne tombez donc en aucun cas dans le travers consistant à prendre les membres des jurys pour des camarades ou des amis et à parler avec eux sur ce mode.

La deuxième raison tient au fait que vous avez lu Boileau… donc que vous savez que :

« Selon que notre idée est plus ou moins obscure,
l'expression la suit, ou moins nette, ou plus pure.
Ce que l'on conçoit bien s'énonce clairement
Et les mots pour le dire viennent aisément »[8].

Vous avez donc à cœur, pour faire passer au mieux vos idées, vos convictions et vos messages, de choisir les bons mots, c'est-à-dire tout à la fois les plus justes, les plus adéquats et les plus percutants. Vous avez, suivant les cas, de dix à trente minutes pour convaincre de la justesse de votre candidature. Pour ce faire, les mots que vous emploierez seront, ou pas, de très précieux alliés.

La troisième raison tient au fait que les mots peuvent ne pas être vos alliés, mais bien au contraire représenter des pièges ou des ennemis.

Les mots que vous employez sont en effet bien souvent révélateurs et peuvent donc donner à comprendre à votre jury que vous n'êtes par exemple pas conscient des enjeux de votre entretien ou n'êtes pas si sûr de vous…

Cette nécessité du choix de vos mots constitue d'ailleurs une raison supplémentaire pour parler lentement…

Si vous vous savez par exemple atteint d'une légère tendance à vous dévaloriser, prêtez-y réellement attention. L'emploi fréquent de mots tels que « pas mal », « plutôt », « un peu », « je pense », « j'ai essayé » traduit au fond un manque

8. In « L'Art poétique », 1674.

de confiance en vous que vous faites, sans le vouloir, partager à vos auditeurs. A l'identique, l'emploi trop répété du conditionnel (« j'aimerais ») démontre vos hésitations et votre manque de conviction.

Votre jury est et demeure un jury d'admission à l'entrée d'une école de commerce et de management. Par voie de conséquence, vous devez impérativement veiller à votre vocabulaire et le nettoyer de toutes les scories « jeunes ». Votre jury sera sensible à cet effort (si cela en représente un pour vous) et le fait, que, même si votre rencontre et votre échange se déroulent sur un mode paisible et cordial, vous ne confondiez pas membres du jury et camarades.

Il vous faudra donc parler de stage et non de « boulot », d'entreprise et non de « boîte », considérer que votre expérience s'est fort bien déroulée, non qu'elle était « top » ou « trop bien », répondre « oui » et non « ouais »…

Ne dites pas…	**Dites plutôt…**
« C'est top »	« C'est très bien »
« C'est trop bien »	« C'est très bien »
« Mon patron était génial »	« Mon supérieur était très sympathique »
Boulot	Stage, expérience, travail
Boite	Entreprise, organisation, structure
Sympa	Sympathique, agréable
Super	Très bien, très réussi, très agréable
« Nous avons cartonné »	« Nous avons réussi ; cela a très bien fonctionné »
« J'étais crevé »	« J'étais très fatigué, épuisé »
Nickel	Très bien, parfait, très réussi…
Galère	Compliqué, difficile, complexe…
Cool	Détendu, plaisant, agréable…
« Grave bien »	Très bien
« Cela coûte un bras»	Le budget/la somme/le montant était très élevé
« C'était mortel »	Ce fut une expérience très enrichissante/ très forte…

Autre précaution à prendre. Face à une question qu'ils apprécient particulièrement ou qui, au contraire, les désarçonne, certains étudiants ont le réflexe de s'exclamer : « c'est une bonne question ! »

Vous devez éviter de formuler ce type de jugement. « C'est une bonne question » démontre que vous n'aviez pas réellement prévu ou anticipé la question en question et donc qu'elle vous surprend. De plus, cela signifie que vous vous permettez de porter un jugement sur la qualité ou la pertinence des questions qui vous sont posées. Si vous considérez qu'une question est « bonne », vous induisez en effet que certaines ne l'étaient pas… Enfin, certains étudiants n'hésitent pas employer cette formule afin de flatter le membre du jury ayant posé la question… ce à quoi le membre concerné ne sera pas sensible, alors que les autres pourront considérer poser des questions ne provoquant pas votre enthousiasme ou votre admiration…

Vous pouvez à l'inverse, chercher à faire des mots vos alliés. Pour ce faire, rendez-vous sur Youtube et regardez les discours de Martin Luther King.

Cet ardent et pacifiste promoteur de l'égalité entre les races faisait souvent reposer ses discours, donc le message qu'il voulait transmettre, sur la répétition fréquente de termes ou d'expressions. Si la célèbre antienne « *I have a dream* » (discours de Washington, 29 août 1963) est entrée dans l'Histoire, ce même discours, pour n'évoquer que lui, comprenait d'autres répétitions tout aussi signifiantes (« *one hundred years later* »/un siècle plus tard, ou « *now is the time* »/Il est temps maintenant).

L'art oratoire de King reposait donc notamment sur la répétition fréquente de termes ou d'expressions marquantes, symboliques, jalonnant ses discours et faciles à retenir. Sans vous prendre pour lui, demandez-vous quels sont les quelques termes que vous souhaiteriez que votre jury retienne à l'issue de votre échange : ils constitueront le pivot et l'armature de votre propos.

« Tout le monde me dit toujours que je suis passionné dans ce que je fais. Je me suis dit que je devais le faire passer à mon jury et l'ai répété à plusieurs reprises, en l'illustrant par des exemples. Plus c'est précis, plus le jury est en mesure d'apprécier la teneur et la sincérité de ma passion. »

Philippe, étudiant à l'ESSEC

II. LA MAITRISE DU NON-VERBAL

Ne partez surtout pas de l'idée qu'un entretien oral ne se joue qu'à l'oral ou, en d'autres termes, que seuls vos propos comptent. Vous commettriez là une lourde erreur et passeriez à côté d'une dimension essentielle des entretiens.

Cette autre dimension a trait à tout ce que vous émettez, transmettez et communiquez hors votre voix et joue, dans la perception qu'aura votre jury de votre personne, un rôle parfois inconscient mais souvent déterminant.

1. VOTRE POSTURE GENERALE

Votre corps parle. Votre démarche parle. Votre poignée de mains parle. La façon dont vous êtes assis parle. Vos mouvements et vos gestes sont autant de mots. Quand vous vous taisez, vous parlez quand même ou, plus exactement, votre corps parle pour vous.

Vous devez donc veiller à ce langage de votre corps que, consciemment ou pas, certains membres de jury décoderont et traduiront. Avant même que votre entretien ne commence, vous avez en fait déjà commencé. En entrant dans la salle, en montrant votre corps en mouvement aux membres de votre jury, vous communiquez déjà envers et avec eux.

Vous devez donc entrer dans la salle d'un air assuré, serein, déterminé. Votre angoisse ou votre timidité, qui vous amèneraient par exemple à ne pas regarder autour de vous, ni *a fortiori* les membres du jury, pourraient être repérées. Un excès de certitude, que trahirait votre démarche trop assurée, voire conquérante, également.

La posture générale que vous adopterez, le plus souvent sans y prêter attention, en vous asseyant, participera également de la perception de vous qu'aura immédiatement le jury. Ne vous asseyez surtout pas en retrait, vous signifieriez immédiatement la défiance ou la crainte que vous ressentez, mais asseyez-vous au contraire de telle façon que vous vous retrouvez un peu penché vers l'avant. Posez vos avant-bras (pas les bras entiers, vous n'êtes pas au café !) sur la table qui est devant vous.

Durant l'entretien, à l'identique, vous devez également surveiller votre corps. Ne faites jamais reposer votre tête sur votre bras ou votre main, vous émettriez un préjudiciable message d'ennui. Ne reculez pas votre chaise lorsqu'une question que vous vivez comme délicate vous est posée, vous faites comprendre que la question vous gêne en voulant vous éloigner, même symboliquement, de vos interlocuteurs…

A l'identique du reste de votre corps, vos jambes doivent, durant vos entretiens, vous obéir. Idéalement, vos jambes, ainsi que votre corps dont elles sont un des prolongements, ne doivent que peu bouger durant vos entretiens. Changer fréquemment de position traduirait et trahirait en effet de la nervosité ou de l'impatience de votre part…

2. Vos regards

Vous savez bien, dans votre vie privée, que les regards sans mots en disent parfois fort longs, ainsi d'ailleurs, *a fortiori*, que les mots appuyés par le regard. Les yeux sont au fond une bouche à laquelle il manque la parole.

Votre regard constitue le socle et de votre propos, vient le renforcer et y apporter de la conviction. Pourtant, nombreux sont les candidats, manifestant d'ailleurs ainsi leur angoisse, qui ne regardent que furtivement et ponctuellement les membres du jury. **Or, vous devez impérativement les regarder bien en face, sans baisser les yeux.**

De deux choses l'une : soit vous y êtes habitué de façon générale, et le ferez alors de façon naturelle, soit vous ne le faites que peu et le ferez encore moins. Vous n'avez cependant pas le choix : l'absence ou la rareté de regard peuvent vous faire passer pour timide et peu sûr de vous, ou, à l'inverse, présomptueux et suffisant.

Observez-vous dès aujourd'hui, en toutes circonstances, qu'il s'agisse de dialogues avec des amis ou des connaissances, de commandes passées dans un restaurant, à un guichet lorsque vous achetez quelque chose, dans un magasin…

De façon générale, recherchez-vous les yeux des autres ou les subissez-vous ? Vous servez-vous de votre regard pour appuyer votre propos ou détournez-vous les yeux parce que les autres s'en servent ?

Quoi qu'il en soit, vous n'avez pas le choix. Vous devrez regarder les membres de votre jury dans les yeux. Pour ce faire, si besoin, vous allez devoir vous entraîner.

Vous entraîner commence par la prise de conscience du stade où vous vous trouvez. Ce n'est qu'à partir de là que vous pourrez progresser. En tout état de cause, si regarder les autres dans les yeux ne vous est pas naturel, vous allez devoir vous forcer.

Commencez par regarder les autres, même si ces derniers ne vous regardent pas. Certains préfèrent regarder dans les yeux des personnes qu'ils connaissent, d'autres justement pas. Commencez en tout cas par ce qui vous semble le plus accessible, puis augmentez la difficulté en fixant des personnes dont le regard vous gênait jusque là.

Puis cherchez à maintenir le croisement de vos regards et ne quittez le regard de l'autre que quand vous l'aurez décidé. Il est fort probable que, si vous réussissez à maintenir votre regard, celui de l'autre quittera le vôtre le premier…

Multipliez les occasions de croisement de regard. Qu'il s'agisse d'un serveur au restaurant, d'un vendeur dans un magasin, d'un employé à la Poste ou ailleurs ou encore d'un ami, ne perdez pas une occasion de vous exercer.

Entraînez-vous

Vous devez parvenir à enrichir votre regard. Même sans devenir un acteur ou une actrice de cinéma, vous devez réussir à transmettre des émotions par le truchement de votre regard.

Pour ce faire, mettez-vous face à un miroir et tentez d'exprimer la sensation ou le sentiment que vous aurez choisi. Tentez d'exprimer, tour à tour, la colère, l'impatience, la compassion, la pitié, l'envie, la flatterie, l'inquiétude, la conviction…

Puis, dans un second temps, procédez à l'identique avec un proche. Fixez-le et exprimez de nouveau sensations et sentiments. Votre interlocuteur doit parvenir à deviner ce que vous cherchez à exprimer…

Face à votre jury, vous ne devez en effet pas fuir les regards, mais les affronter posément. **Trois raisons majeures** vous imposent en effet d'impérativement regarder avec attention les membres de votre jury.

La première consiste à vous permettre d'appuyer vos propos en insistant par votre regard. Ce dernier doit accompagner et renforcer vos propos. Il représente donc **un amplificateur de vos mots**. A ce titre, vos yeux transmettent. Votre enthousiasme, votre sincérité, votre conviction passent également, soyez-en convaincu, par vos yeux.

En deuxième lieu, vous yeux vous servent à… **regarder**. Ce truisme signifie que vous ne devez pas commettre d'impair. Vous devez veiller à regarder alternativement chaque membre du jury, quel que soit le statut et le comportement éventuel de certains membres. Concrètement, cela signifie que vous devez éviter de ne regarder que le président de votre jury, sauf à donner à penser aux autres membres qu'ils ne servent à rien et ne méritent pas votre intérêt… ce qu'ils apprécieront fort peu.

Si vos propos concernent plus un membre de votre jury qu'un autre, vous pouvez alors vous focaliser quelque peu sur le membre concerné, mais sans omettre les autres. Même si votre regard est, dans ce cas de figure, réparti de façon inéquitable, regardez néanmoins chacun des membres.

Chacun des membres de votre jury, que ces derniers soient deux ou trois, a sa raison d'être. L'un représente plus l'école à laquelle vous aspirez, l'autre le milieu de l'entreprise. En fonction de vos propos, vous regarderez plus l'un ou l'autre. Votre argumentation en faveur de l'école et de l'adéquation que vous présentez par rapport à elle s'adresse, logiquement, plus au représentant de l'école en question. A l'inverse, toutes proportions gardées, l'évocation de vos stages et expériences vous amènera à regarder préférentiellement l'autre membre du jury.

La troisième raison réside en la capacité qu'ont également vos yeux de regarder. De ce point de vue, vos yeux constituent des **détecteurs** dont vous devez vous servir pour percevoir ce que le jury, par des messages non verbaux et pour partie inconscients, vous transmet.

Si votre corps parle, parfois sans que vous parveniez à le maîtriser… il en est forcément de même pour les corps des membres de votre jury ! Il vous incombe donc, fondamentalement, de prêter attention à l'ensemble des signaux non verbaux émis par eux.

Prenons un exemple. Si l'un des membres de votre jury bouge sur son siège, change de position, a tendance à allonger les jambes, vous pouvez concevoir que vous n'êtes pas en train de le passionner… A charge pour vous de le remotiver, de le ramener à vous, en s'adressant, un temps en tout cas, plus à lui.

Ce même regard vous permettra par exemple aussi de mesurer la pertinence de votre débit en observant la prise de notes par vos interlocuteurs.

Participant de votre communication non verbale, vos yeux joueront donc, lors de vos entretiens, un rôle majeur. Il en sera de même de vos sourires.

3. Vos sourires

Les sourires font également partie intégrante de votre communication non verbale.

Le mieux et le moins bien sont l'ennemi du bien. Entre certains étudiants ne cessant pas de sourire et d'autres donnant l'impression d'être une bête à l'abattoir, le juste milieu se situera, logiquement, entre les deux.

Il vous faut apprendre, le cas échéant, à sourire à bon escient, donc au bon moment. Les jurys, au-delà de l'atmosphère de décontraction qu'ils ont souvent à cœur de mettre en place, entendent en effet que vous preniez conscience des enjeux de votre entretien, donc que vous ne comportiez pas de façon trop détendue ou décontractée.

Par voie de conséquence, vos sourires seront peu fréquents et viendront rythmer votre échange, en marquer et en accentuer les moments importants.

Dans ce registre également, il importe que vous vous connaissiez bien. Observez-vous devant une glace ou demandez à votre entourage si vous faites plutôt partie des « souriants » ou des « non-souriants ».

Si vous pouvez effectuer des sourires visant à recueillir une forme d'adhésion au propos que vous venez de tenir, il est revanche de nombreux sourires à proscrire. Vous devez d'autant plus y veiller que ces derniers sont souvent émis inconsciemment, mais en disent la plupart du temps bien plus que des mots…

Premier sourire à éviter : le sourire narquois. Ce sourire consiste à exprimer, sans mots, une forme de moquerie condescendante à l'endroit de votre interlocuteur, se traduisant plus trivialement par « cause toujours, tu ne m'intéresses pas et je ne te crois pas ». Si ce que vous dit un des membres de votre jury ne vous intéresse pas, vous ne l'interromprez pas et attendrez patiemment qu'il ait fini. Mais soyez attentif à ne pas montrer, notamment par un sourire, que son propos vous importe peu et que seul le rapport que votre entretien engendre vous empêche de lui dire…

Deux autres sourires sont à proscrire : le sourire enjôleur et le sourire implorant. S'il est vrai que vous vous inscrivez, au fond, face à votre jury, dans une opération de séduction, veillez à ne pas trop en faire. Quel que soit votre sexe, vous devez éviter de donner l'impression de vouloir trop ouvertement séduire, au sens propre, votre jury.

De même devez-vous proscrire absolument tout sourire à caractère implorant ou suppliant, signifiant « s'il vous plaît, prenez-moi ». Même si vous le ressentez intérieurement, vous ne devez pas extérioriser une position de demande, donc vous mettre en posture d'infériorité. Votre jury s'attend à rencontrer des candidats matures, conscients des enjeux mais demeurant dignes et admettant la possibilité de l'échec.

Il est en revanche un sourire que vous pouvez utiliser, mais avec parcimonie, le sourire traduisant vos doutes ou votre scepticisme. S'il ne s'agit pas pour vous d'être systématiquement d'accord avec les membres de votre jury, vous devez être attentif à ne pas trop le montrer. La répétition de ce sourire donnera à penser que vous vous situez fréquemment en opposition de pensée avec votre jury, ce qui, en toute logique, n'a pas de raison d'être.

4. Vos silences / vos pauses

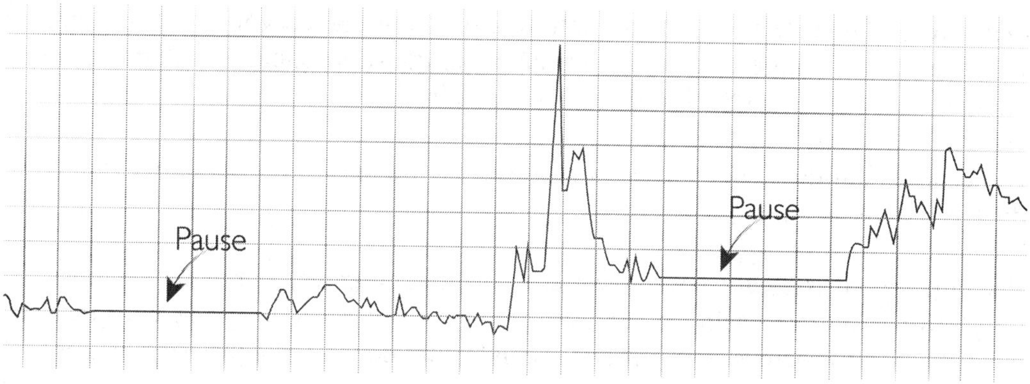

Comme l'écrivait Sacha Guitry, « quand on a entendu du Mozart, le silence qui suit est encore du Mozart »…

Sans vous prendre pour le prodige de Salzbourg, vous devez savoir user des différents types de silences propres à mettre en valeur vos propos. Les silences et pauses que vous pouvez effectuer sont en effet autant d'intonations que vous émettez, bien qu'elles ne portent pas sur des mots.

La première famille de silences dont vous devez savoir user sont les silences que vous allez faire **avant de répondre**.

Suite à certaines questions en effet, vous devez prendre un temps, une pause, donc faire silence, avant de vous lancer et de répondre. Sans qu'il soit question de procéder ainsi de façon systématique, vous ne devez pas hésiter à le faire.

Ce silence, d'une durée de quelques secondes, précédant votre réponse remplit en effet plusieurs fonctions importantes. Tout d'abord, il vous permet de réfléchir rapidement et d'ordonner votre réponse. Prenons un exemple. La question qui vous est posée porte sur ce que vous avez appris lors de telle ou telle expérience, un stage par exemple. Les quelques secondes que vous allez vous accorder vous permettront de rassembler les éléments de votre réponse et de la structurer. Vous commencerez ensuite à répondre : « au fond, si je fais le bilan, trois choses essentielles… »

Souvenez-vous que les jurys n'apprécient que modérément les candidats trop préparés. La seconde raison d'être de votre silence réside en le fait que vous donnerez ainsi l'impression de ne pas avoir trop préparé, donc de rassembler vos idées suite à la question.

Dernière fonction de votre silence introductif : vous flattez votre interlocuteur en lui faisant comprendre que vous considérez sa question comme importante, donc justifiant un temps de réflexion avant d'y répondre.

La seconde famille de silences est constituée de **silences internes à vos réponses,** donc contenus en elles.

Il s'agira des silences que vous observerez avant et/ou après un mot, une expression, un chiffre important. Afin de les faire mieux ressortir, vous devez encadrer vos éléments clés par deux silences d'une seconde, afin de laisser le jury se pénétrer tout à la fois de ce que vous venez de dire et du fait que les silences que vous avez observé signifiaient l'importance que vous lui accordiez.

5. Vos mains

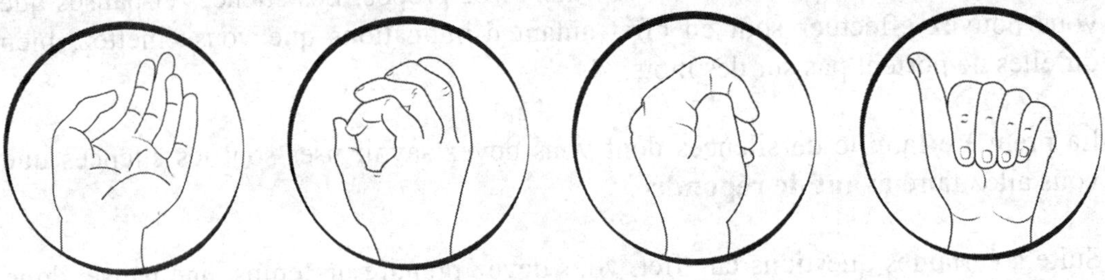

Vos mains sont la voix de votre corps. Elles sont également vos pires ennemies et, potentiellement, vos meilleures alliées. Tout orateur sait d'expérience que l'un des aspects les plus délicats et les plus complexes de la prise de parole consiste en la gestion de ses mains.

> *« Cela ne loupe pas. Si vous regardez les mains des candidats, vous sentez à coup sûr si vous avez en face de vous un candidat serein ou anxieux. Ce sont souvent les mains qui trahissent le stress, c'est là qu'il se réfugie et qu'il s'exprime ».*
>
> ***Joaquim, psychologue d'entreprise, membre de jurys d'admission***

Il est donc impératif que vous parveniez à prendre et à garder le contrôle de vos mains, donc que vous preniez vos mains en main.

Bien souvent, les candidats ne savent justement pas quoi en faire. Par voie de conséquence, inconsciemment, leurs mains se mettent à exprimer leur stress ou, à tout le moins, leur absence de quiétude.

Or, les signaux de ce type sont fort nombreux et aisément détectables.

Certains étudiants mettent leurs mains sur leurs genoux, sous la table donc, d'autres sont irrésistiblement tentés par l'enfouissement de leurs mains dans leurs poches !

De nombreux candidats s'emparent voracement d'un objet et le triturent. Qu'il s'agisse d'un stylo, d'une montre, de feuilles de papier ou d'un bijou, vous devez absolument proscrire toute manipulation fréquente d'un objet. Trahissant votre stress, cette manipulation a de plus pour inconvénient de perturber ou distraire vos auditeurs, voire, dans le cas du cliquetis d'un stylo, de pouvoir les énerver. La manipulation de vos mains elles-mêmes, et notamment de vos ongles, est bien évidemment également à proscrire.

Que faire de vos mains dans ce cas ? Ce qu'en font les bons orateurs ! Observez des orateurs chevronnés, vous vous apercevrez que leurs mains, qu'ils soient assis ou debout, servent au fond à appuyer leurs propos, à les accentuer, à les faire partager. De fait, leurs mains ne sont pas dissociées de leur discours, elles en constituent le prolongement amplificateur.

Entraînez-vous

Vous allez là aussi vous entraîner. Tout d'abord, faites le point. Filmez-vous en train de parler, assis, et observez ce que vous faites naturellement de vos mains.

Dans un deuxième temps, filmez-vous en veillant attentivement à vos mains. Contraignez-vous à lâcher votre stylo ou une feuille de papier si vous l'avez pris en main et efforcez-vous d'accompagner votre discours avec vos mains.

Dans un troisième temps, entraînez-vous à faire les gestes appelés à intervenir le plus fréquemment dans un entretien pour accompagner des mots ou des expressions, comme par exemple :

- Voilà
- Trois
- Très
- Très réussi
- Difficile
- Agréable
- Enfin

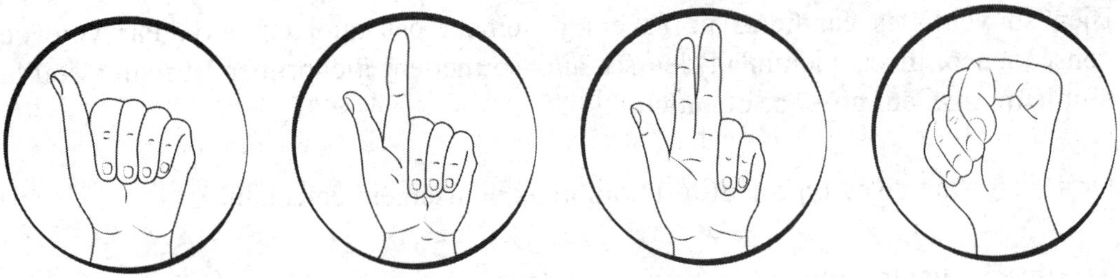

Si vous ne parvenez que difficilement à vous habituer à accompagner et amplifier vos propos par vos gestes, astreignez-vous à ne pas bouger les mains. Posez-les sur la table jusqu'aux poignets et surveillez-les !

Comme votre regard vous sert non seulement à communiquer, mais également à percevoir et décoder, vous devez surveiller les mains des membres de votre jury. Elles peuvent en effet traduire, chez l'un d'entre eux, le doute, l'impatience ou l'approbation. Dans tous les cas, votre surveillance vous « donne la main » et vous permet de choisir de réagir, ou pas, à ce que les mains de vos interlocuteurs expriment.

Vous demeurerez en revanche impavide si un membre du jury s'adonne, par nervosité ou distraction, au tripotage de son stylo. Même si ce type de comportement est signifiant, vous ne pouvez pour autant pas le faire remarquer…

6. Votre tenue

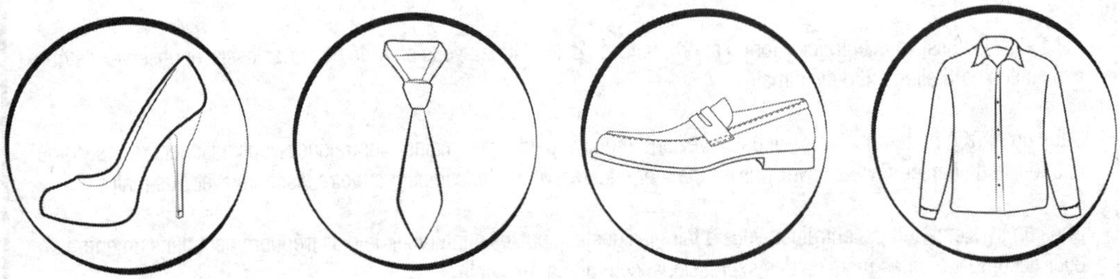

Pour une fois, le mieux n'est pas l'ennemi du bien. Comme vous le savez, les jurys d'admission apprécient que les étudiants se présentant à eux se vêtent « façon cadre ». En d'autres termes, vous n'avez pas le choix, et surtout pas le choix de prendre des risques inutiles.

Ne croyez pour autant pas que les jurys ont partie liée avec les fabricants de costumes ou de cravates ! La vraie raison de l'attente des jurys en matière vestimentaire réside en le message qu'ils vous font, par ce biais, passer. Ils savent en effet très bien que, sauf exception, le port de ce type de vêtements vous est peu familier. Mais c'est justement parce qu'il vous est peu familier que son port doit vous aider à prendre conscience des enjeux.

Si le costume ou le tailleur, suivant votre sexe, semble donc préférable, vous devez prendre une précaution supplémentaire.

Le port de vêtements inhabituels participera à votre prise de conscience des enjeux, mais également du stress en découlant. Vous devez donc impérativement veiller à ne pas en rajouter. Pour ce faire, vous devez vous sentir bien dans vos vêtements et vos chaussures. **Soyez donc attentif à ne pas porter de vêtements un peu justes ou trop neufs, ils vous handicaperaient dans vos mouvements et votre expression, donc dans votre bien-être.**

III. VOTRE PREPARATION

Il n'est absolument pas question que vous ne prépariez pas vos entretiens. Comme il n'est évidemment pas souhaitable que vous attendiez d'être admissible pour vous préparer.

Consistante, votre préparation comprendra plusieurs temps pour partie itératifs, tels que présentés ci-dessous :

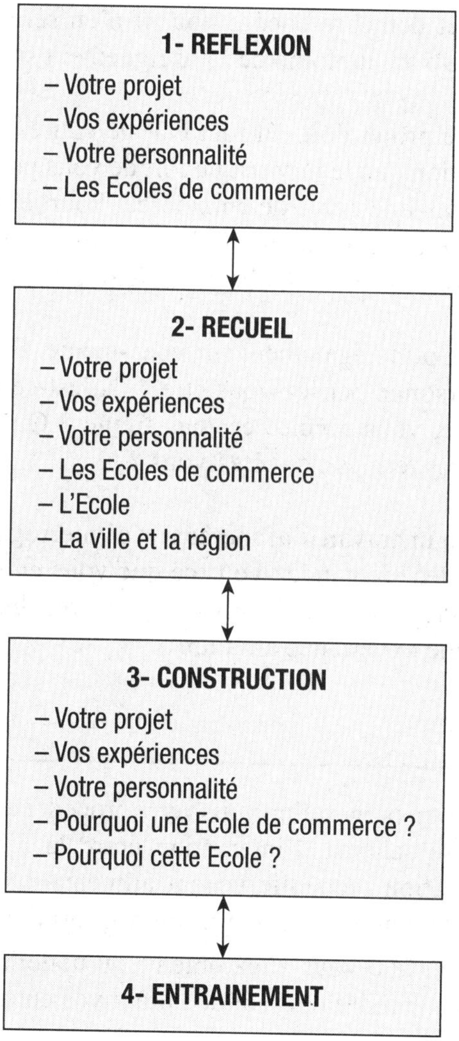

1. La reflexion

Souvenez-vous du triangle des attentes des jurys (cf. IV. Les techniques d'entretien). Ce triangle va constituer la matrice à partir de laquelle vous allez effectuer votre préparation. Le premier temps va donc consister à réfléchir et à vous immerger. Sur trois plans en effet, vous devez avoir les idées, si tel n'est pas encore le cas, claires.

Vous devez dans un premier temps clarifier ou affiner votre projet professionnel et ce d'autant plus que vous postulez par le biais de la procédure en admissions parallèles. Souvenez-vous que les attentes des jurys sont, en la matière, graduées en fonction de votre âge et de votre niveau d'études. Si votre jury est prêt à admettre que, en passe d'obtenir votre baccalauréat ou, dans une moindre mesure, après deux ans de classe préparatoire, votre projet demeure encore flou, il n'en sera pas de même pour les étudiants déjà détenteurs d'un diplôme de l'enseignement supérieur.

Votre réflexion sur votre projet doit, en tout état de cause, vous permettre de vous poser la question – question que le jury risque fort de vous poser – de savoir pourquoi vous aspirez à entrer dans une école de commerce. Pourquoi et dans quelle mesure une formation du type de celle à laquelle vous aspirez va vous aider à atteindre vos objectifs, faire aboutir votre projet ? Qu'en attendez-vous ?

Cette phase de réflexion porte également sur vous-même. Comment vous percevez-vous ? Quel type de personne pensez-vous être ? Qu'est-ce qui vous stimule et fait avancer ou, au contraire, vous révulse et vous freine ? Qu'est-ce qui vous plaît et vous déplaît ? En d'autres termes : qui êtes-vous ?

Elle se complète enfin par un travail d'affinement et d'interrogation de vos expériences. Pour chacune d'entre elles, demandez-vous ce que vous en retenez, ce qu'elle vous a apporté et appris. Dégagez deux ou trois enseignements distincts par expérience, si possibles différents d'une expérience à l'autre.

2. Le recueil

La deuxième phase de votre préparation vous verra procéder au recueil d'informations. Comme le montre notre schéma, l'interaction entre la réflexion et le recueil est constante, toute information recueillie venant alimentant votre réflexion, laquelle, pour s'affiner, passera de nouveau par le recueil d'informations complémentaires.

C'est au stade du recueil que vous allez obtenir du matériau destiné, sur plusieurs plans et domaines, à vous rendre plus solide durant vos entretiens.

Vous allez par exemple recueillir des informations précises vous permettant de renforcer et de rendre plus tangible votre projet professionnel. Vous ne pouvez en effet pas concevoir d'évoquer un futur poste – que ce soit chef de produit, auditeur ou responsable commercial – sans savoir avec précision ce en quoi consiste ce poste, quels sont ses enjeux et les qualités requises. Cet aspect de votre démarche de recueil concerne naturellement également, si vous l'avez identifié, le secteur dans lequel vous souhaitez évoluer.

Le cas échéant, vos expériences peuvent également donner lieu à recueil. Sans doute n'avez-vous pas pensé, à l'issue de votre dernière expérience ou stage par exemple, à noter les résultats que vous avez obtenus. Ceux-ci sont pourtant susceptibles d'intéresser votre jury et justifient donc que vous partiez à leur recherche.

Concernant votre personnalité et votre caractère, votre recherche va consister, comme évoqué (cf. III. Vous) à recueillir le point de vue et la perception qu'ont les autres de vous et à les confronter avec les vôtres.

Cette phase de recueil comprend aussi les éléments qui vous permettront de répondre à la question de savoir pourquoi vous désirez entrer dans une école de commerce. La meilleure façon de procéder sera ici de consulter d'anciens élèves ou des étudiants en cours de scolarité et de recueillir auprès d'eux vos futurs arguments.

Cette même phase inclura logiquement et impérativement toutes les démarches que vous allez effectuer afin de vous approprier chacune des écoles pour lesquelles vous êtes admissible (cf. III. Vous).

Enfin, elle comprendra l'appréhension des informations clés concernant la ville et la région hébergeant chacune des écoles auxquelles vous postulez.

3. La construction

A l'issue de la phase précédente, vous avez rassemblé votre matériau. Il importe maintenant que vous vous l'appropriez progressivement, afin de construire peu à peu votre discours.

A ce stade, vous devez, pour chacun des registres présents aux pointes du triangle des attentes, recenser vos principaux arguments, en conservant impérieusement en tête qu'un des maîtres-mots des jurys sera le mot « cohérence ».

Chacun des points ci-dessous doit donc faire l'objet d'une fiche récapitulant, à l'issue de vos recherches, l'essentiel de ce que vous voudriez transmettre.

Quels sont vos principaux traits de caractère ? Comment vous définiriez-vous ? Quelles sont les principales raisons pour lesquelles vous voulez faire une école de commerce ? Et pourquoi celle-ci et pas une autre ? Quels sont les enseignements que vous retirez de votre dernier stage ? Et de votre expérience associative ? Quel est votre projet professionnel ? Pourquoi lui ?...

Chacune de ces grandes questions doit recevoir réponse de votre part. Le propos, lors de cette phase, est de vous amener à structurer progressivement votre discours en identifiant les points clés appelés à constituer l'armature de vos réponses.

4. L'ENTRAINEMENT A LA PRISE DE PAROLE

Ce n'est qu'après avoir recueilli, ordonné et structuré votre matériau que vous allez pouvoir commencer à répéter.
La phase d'entraînement comportera les différentes répétitions suivantes. Celles-ci, au nombre de six, sont graduées afin de vous permettre de progresser fructueusement :

Les six repetitions

Répétititons	Objectifs	Conditions
1re	• aider à la sélection des arguments et des exemples • détecter les manques éventuels de contenu et les combler • commencer à structurer vos réponses	• seul • pas de minutage
2e	• affiner la sélection des arguments et des exemples • affiner la structure de vos réponses	• seul • pas de minutage
3e	• progresser en fluidité • se rapprocher de la durée impartie • se distancier de ses notes	• seul • surveillance du minutage
4e	• oublier ses notes • progresser plus encore en fluidité • maîtriser la durée impartie	• seul • surveillance stricte du minutage

5e	• apprivoiser le regard des autres • maîtriser le contenu en public • contrôler la durée en public	• un ou plusieurs auditeurs, familiers ou proches • surveillance du minutage
6e	• apprivoiser le regard d'inconnus • maîtriser le contenu en public • contrôler la durée en public	• un ou plusieurs auditeurs, inconnus de vous • surveillance du minutage

Les six répétitions ci-dessus reposent sur les trois dimensions clés que sont la maîtrise de votre contenu, l'accoutumance au regard des autres et le contrôle de votre temps de parole.

Ambitieux, ce programme de répétitions vous amènera à dissocier dans un premier temps ces trois dimensions et à travailler sur chacune prise isolément, puis à les regrouper.

Souvenez-vous que votre entretien à la durée variable selon les écoles, ne dépassera pas trente minutes. Ces dernières passeront plus vite que vous ne le pensez. C'est pourquoi vous devez absolument contrôler votre temps de parole et vous entraîner à être concis. Selon la durée de votre entretien par exemple, la présentation de votre parcours pourra durer de une à trois minutes, celle de votre projet professionnel de deux à quatre…

Vous devez naturellement adapter ce programme de répétitions à votre propre fonctionnement et à votre propre maîtrise de la prise de parole en public. Mais, en tout état de cause, vous ne devez accéder à une étape que lorsque vous vous sentez prêt à le faire, donc que vous maîtrisez l'étape précédente. N'hésitez donc pas à recommencer une étape si nécessaire.

Attention : les jurys n'apprécient pas, avec raison, les candidats donnant le sentiment de réciter un texte appris par cœur. Vous devez donc, une fois vos réponses aux éléments clés maîtrisées, vous entraîner à hésiter et à prendre le temps de la réflexion avant de répondre.

Idéalement, vous devez parvenir à donner l'impression que votre discours est pratiquement spontané…

MISSIONS
échanges
Pauses
stages
Commerce
trajectoires
VALEURS
Plan
Transitions
Métiers
APPORTS
sincérité
anecdotes
ambition
Hobbies
parcours
contributions
originalité
Apports
études
Personnalité
international
AFFAIRES
Impact
Management
affaires
motivation
Projets
Naturel
Ambition
audace
spontanéité
associations
Expériences
Préparation

CINQUIEME PARTIE

L'ENTRETIEN EN ACTION : LES 4 P DE LA REUSSITE

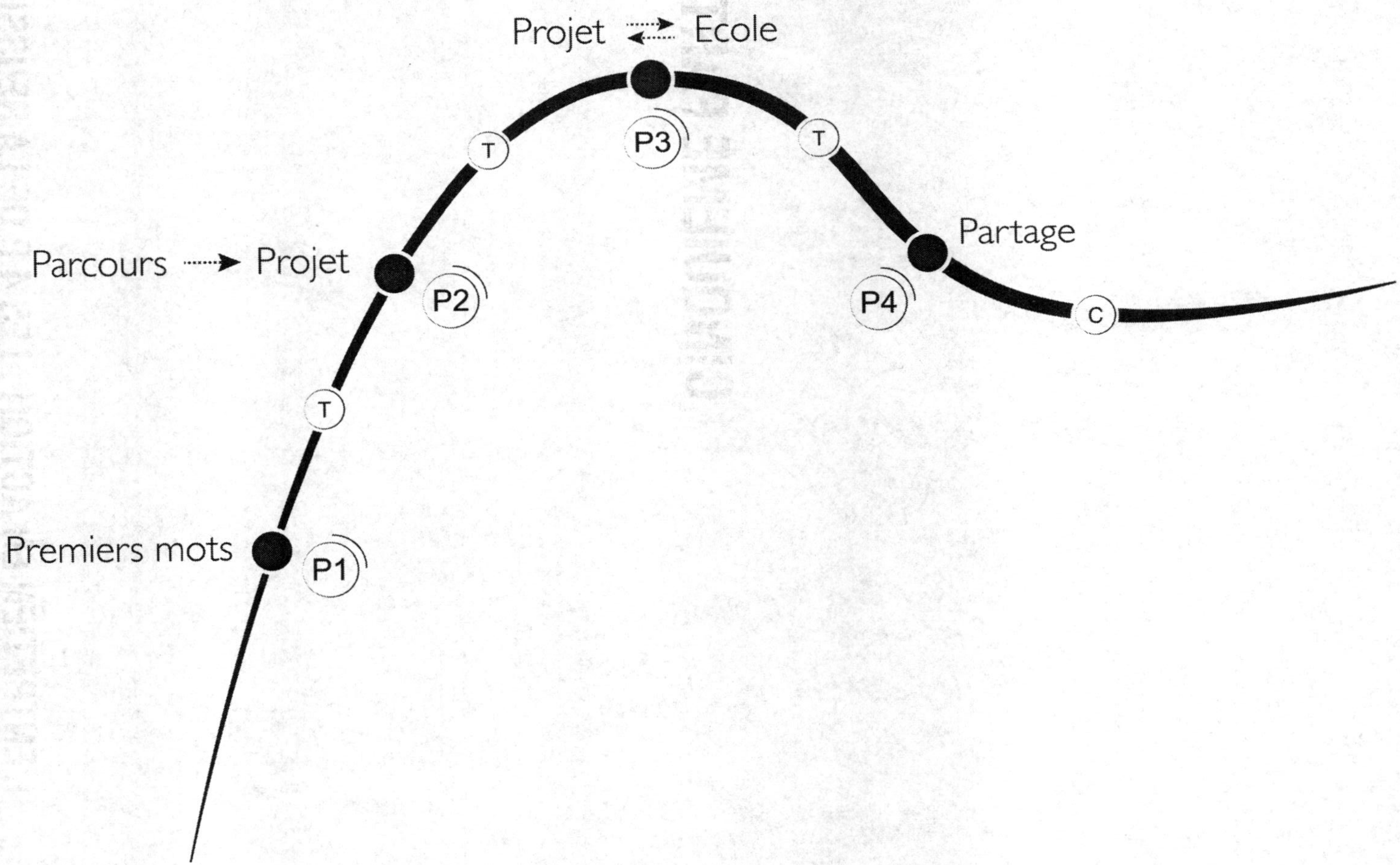
Projet
Ecole
Parcours
Projet
Partage
Premiers mots
P1
P2
P3
P4
T
T
T
C

I. LES 4P : COLONNE VERTEBRALE DE VOTRE ENTRETIEN

L'entretien n'est pas un exercice naturel. C'est un jeu de rôle où il s'agit de se vendre, dans un rapport de quasi séduction. Ceux qui en connaissent les règles obtiennent les lauriers ; les autres s'y cassent les dents ! La formule des 4 P est une structure de présentation permettant d'être clair, synthétique et complet. Respectez-la et vous enverrez les bons signaux au jury. Efficace pour les entretiens d'entrée en école de commerce, cette formule l'est également pour décrocher un stage ou encore un emploi.

La formule des 4 P structure la présentation. C'est un squelette solide sur lequel le candidat appose les points qu'il souhaite aborder. C'est un support sûr, qui doit donner confiance ; rien ne doit être superflu. De l'autre côté, les 4 P envoient le bon message en cela qu'ils témoignent de la cohérence, de la logique, de la maturité chez les candidats. Enfin, la clarté de l'entretien de présentation est un plus pour se démarquer du lot. Ne jamais oublier que le jury est paresseux ! Ce n'est pas à lui de faire l'effort de compréhension mais bien au candidat d'être intelligible.

Trop souvent, les candidats se perdent dans des détails secondaires et omettent d'évoquer l'essentiel. N'oubliez jamais que le jury ne sait rien de vous ! Si vous n'êtes pas clair, tant pis pour vous ! Préparez le travail du jury en faisant cet effort de pédagogie. L'idée est de s'exercer sur une présentation d'environ 5 minutes. Naturellement, au cours d'un entretien en conditions réelles, il est probable que le candidat soit interrompu lors de la présentation. Ainsi, gardez en tête cette structure et **ne sortez pas de la salle sans avoir parlé des 4 P !**

Comment sélectionner les points à évoquer ? La présentation doit être vivante et donc, une sélection d'informations doit avoir lieu. Trois mots doivent dicter cette sélection : originalité, homogénéité et ambition. L'important est de repérer ce qui fait de vous un candidat unique. Vous êtes en concurrence avec beaucoup d'autres postulants ; une personnalité lisse et sans relief ne retient guère l'attention… Votre originalité doit toujours s'exprimer avec cohérence ; votre parcours n'est pas le fruit du hasard mais d'une véritable réflexion. Enfin, cette originalité et cette cohérence alimentent de grandes ambitions personnelles. La structure logique des 4 P permet de lier ces trois mots d'ordre, en donnant du sens à des informations *a priori* éloignées.

Pour être à la fois synthétique et complet, il ne faut pas abattre toutes ses cartes d'un coup ! Montrez que tous les points de votre présentation peuvent faire l'objet d'une explication en profondeur, sans pour autant entrer dans les moindres détails. Aussi laissez le soin au jury de revenir sur le sujet qu'il désire. Bien sûr, certains points de votre présentation, notamment le projet professionnel ou encore le choix d'une école en particulier doivent être explicités en profondeur. Pour le reste, il faut aller à l'essentiel. D'où l'utilité d'avoir bien préparé sa présentation pour ne pas laisser place à l'improvisation.

L'équilibre de la présentation est essentiel. Le projet professionnel et la justification d'une/de cette école de commerce sont la pierre d'angle de l'exposé (P2 et P3). En conséquence, vous devez y passer plus de temps que la présentation de votre parcours académique par exemple. Toutefois, il convient de donner des informations précises sur vos choix passés. Pour aller à l'essentiel sans égarer le jury, vous pouvez respecter le triptyque suivant :

1) **Pourquoi ce choix plus qu'un autre ?**
2) **Qu'ai-je appris ? Qu'ai-je fait ?**
3) **Qu'ai-je tiré de cette expérience ?**

Le candidat doit être capable d'appliquer ce raisonnement à chacune des orientations de son parcours (parcours universitaire, stages, jobs, etc.). Auprès du jury, l'effet est immédiat ! Il démontre la logique de votre parcours et dégage une certaine maturité.

« 1) J'ai toujours été attiré par le monde de l'entreprise et l'actualité économique, c'est pourquoi après un bac ES obtenu en 2009, avec mention bien, j'ai effectué une licence économie et gestion à l'université de Nanterre. 2) Les deux premières années de licence, générales et très théoriques ont été complétées par la troisième année de spécialisation, au cours de laquelle je me suis orienté vers le commerce international, en particulier les échanges européens. 3) Ainsi, ma licence m'a permis d'acquérir de solides bases théoriques sur l'économie et en particulier d'appréhender les échanges internationaux, ce qui me pousse aujourd'hui à envisager une carrière dans la logistique européenne ».

Enfin, si l'entretien vous est entièrement dédié, il doit être un lieu d'échange. D'abord, sur la forme, **un bon entretien est celui que l'on mène** avec aisance. Vous serez jugé sur votre capacité à échanger, pour transformer l'entretien en discussion et non en interrogatoire. Puis, sur le fond, le jury sera également très attentif à la notion de partage (P4). Votre scolarité au sein de l'école est un échange et il est vital de transmettre votre valeur ajoutée à l'établissement. La structure des 4 P oriente votre présentation dans ce sens.

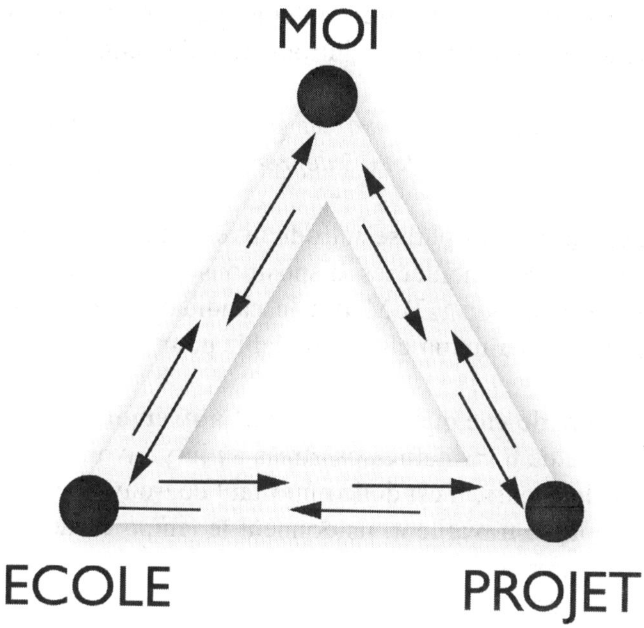

P1. C'EST UNE INTRODUCTION. SI VOUS LA RATEZ, TOUT EST BANCAL.

Le P1 commence dès l'entrée dans la salle d'entretien. Ici, plus que dans les points qui suivront, l'attitude du candidat est étudiée avec attention. Souvenez-vous que la première impression est souvent la bonne ! Il ne faut rien laisser au hasard ; ne négligez pas les détails afin d'envoyer les bons signaux. Vous devez investir la salle, dans tous les sens du terme. Aussi, travaillez votre entrée.

Un candidat qui traîne les pieds, les épaules en dedans en regardant par terre, donne l'image d'une personne timide, peu confiante, voire introvertie. Au contraire, marcher d'un pas trop décidé, le menton en l'air, un brin narquois, a des chances d'irriter le jury.

Soyez humble et agréable, pour montrer que vous êtes de bonne compagnie.

Après avoir dûment salué chacun des membres du jury, vous serez logiquement invité à vous asseoir. C'est alors à vous de jouer !

Le signal vous sera donné par une invitation à vous présenter. *« Présentez-vous en quelques minutes »*, *« Expliquez-nous votre présence »*, *« Pourquoi êtes-vous devant nous aujourd'hui ? »*, ou encore le laconique *« C'est à vous »*, toujours déstabilisant. C'est en général le moment où le stress atteint son paroxysme ! Il est fortement conseillé de préparer la première phrase introductive de l'entretien.

« En préambule, je souhaite vous remercier pour cet entretien au cours duquel je vous présenterai mes motivations afin d'intégrer l'EDHEC », par exemple.

Apprendre par cœur « votre » phrase introductive comporte plusieurs avantages : 1) Mettre le jury dans les meilleures dispositions pour vous écouter en alliant politesse, humilité et ambition ; 2) Mettre le candidat sur de bons rails par cette accroche solide ; 3) Faire naître un climat agréable pour le reste de l'entretien.

Il ne faut jamais perdre de vue que **le jury réagit aux émotions des candidats**. Un candidat stressé risque de transmettre son stress au jury. Avoir trop confiance en soi peut agacer ses interlocuteurs. Il est donc important de trouver le bon ton d'entrée de jeu. Les premiers mots se travaillent, ils donnent le tempo et mettent tout le monde en confiance, vous le premier !
Commence alors l'entretien.

Se présenter en peu de temps n'est pas chose facile ! Le P 1 est un concentré de vous-même. C'est en quelque sorte votre carte d'identité. Toutefois, il existe une bonne manière de décliner son état civil, en évoquant les « points forts » de votre identité. Par points forts, il faut comprendre : ce qui fait votre originalité, ce qui restera de vous une fois que vous serez sorti. Si rien ne ressort dans le P1, pas d'inquiétude à avoir, vous aurez les trois autres P pour vous démarquer des autres candidats et affirmer des singularités.

« Je m'appelle Stéphane Frizzi, je suis franco-italien, j'ai 21 ans et j'habite actuellement à Manosque, à côté de Marseille. Je terminerai en juin ma licence d'économie et gestion, à l'université d'Aix-en-Provence. »

En deux phrases, Stéphane donne 5 informations au jury. Hormis l'identité et l'âge du candidat, le jury est informé de sa double nationalité (double culture, bilinguisme en vue, esprit d'ouverture, etc.). Stéphane réside à Manosque, aux alentours de Marseille. Il est important de préciser la ville ou le village précisément (s'il est suffisamment grand bien sûr ; ne pas entrer dans les détails d'un hameau ou d'un lieu-dit) car si d'aventure l'un des membres du jury connaissait Manosque, une proximité s'établirait certainement. Précisons que lors d'un entretien, tout peut être retenu contre vous : si Manosque et Marseille ont été évoquées comme villes de résidence, Stéphane est supposé connaître ses deux lieux (maires, nombres d'habitants, etc.). Ensuite, Stéphane évoque sa situation actuelle (ce n'est qu'une évocation, le parcours académique sera traité dans le P2) : le jury apprend que le candidat sera bientôt diplômé en économie et gestion. Enfin, l'université d'Aix-en-Provence est évoquée comme lieu d'études.

Toutes ces informations sont précieuses pour le jury car elles situent le candidat dans le temps, l'espace et un champ d'étude/domaine de compétence.

Ainsi est-il primordial de faire une sélection des informations générales vous concernant. Une double nationalité ou encore un lieu de naissance insolite peuvent vous démarquer du reste des candidats.

Après ces premières phrases et avant d'entrer dans le P2, le candidat doit introduire la partie suivante. Lors d'un exposé oral plus qu'ailleurs, les transitions doivent être travaillées pour ne pas brusquer le jury et risquer de le perdre. Par souci de clarté, il ne faut pas hésiter à annoncer en une phrase le prochain point. Attention à ne pas annoncer le plan intégral de votre présentation ; l'entretien doit être fluide et paraître le plus naturel possible.

« J'aimerais vous exposer mon parcours académique et mes expériences professionnelles, avant de vous exposer mon projet professionnel ».

P2. PARCOURS ACADEMIQUE ET EXPERIENCES PROFESSIONNELLES : FONDEMENTS DU PROJET PROFESSIONNEL

Cette partie introduit le projet professionnel, qui est au cœur de votre entretien. L'idée prégnante est de suivre un développement logique pour que le jury comprenne sans mal le cheminement intellectuel qui a nourri, de longue date, votre projet professionnel. Vous devez vous attacher à démontrer que vos choix académiques – depuis le choix de votre filière lycéenne jusqu'à l'année qui précède votre entrée en école – ainsi que vos expériences professionnelles – des jobs d'été aux longs stages – sont les fruits d'une mûre réflexion sur votre devenir professionnel. Naturellement, il serait exceptionnel de trouver une parfaite cohérence entre tous ces choix ! Aussi, le plus intelligent est de montrer ce que vous ont appris ces expériences. Vous relierez ensuite ces différents apprentissages pour affiner votre projet professionnel.

Voilà comment se divise le P2 :

D'abord, 1) vous reviendrez sur votre parcours académique. Puis, 2) vous présenterez vos différentes expériences professionnelles. Ensuite, 3) il est possible d'aborder un engagement associatif ou sportif dans le P2, si vous jugez que cette expérience a nourri votre réflexion d'un projet professionnel. Enfin, 4) vous exposerez votre projet professionnel au jury.

1. Le parcours academique : *« Mieux vaut une tete bien faite qu'une tete bien pleine »*

Vous êtes jeunes et vous êtes en pleine construction. L'un des chantiers de votre construction personnelle est la richesse de votre parcours lycéen, universitaire ou autre. C'est un moyen d'évaluation pour le jury que de savoir ce que vous avez acquis comme connaissances. De plus, il s'agit d'expliquer vos choix de parcours. Montrez ensuite vos points forts. Enfin, faites un état des lieux de votre situation académique en concluant que l'aboutissement de votre parcours est l'intégration d'une école de commerce.

Premièrement, montrez que vous n'avez pas foncé tête baissée dans un parcours tracé d'avance. En effet, il ne faut en aucun cas donner l'impression que vous avez subi une scolarité imposée par vos parents ou vos professeurs. Même si c'est souvent le cas, notamment pour le choix d'une filière générale ou technique au lycée, le jury appréciera quelques mots venant justifier cette orientation. Ainsi vous montrerez que même jeune, vous aviez une idée plus ou moins précise de votre devenir. Vous n'étiez pas là par hasard mais bien parce que vous l'avez choisi ! Rappelez-vous qu'aucun choix n'est mauvais s'il est argumenté. Pour les candidats de niveaux bac +3, +4, +5, il est inutile d'argumenter longuement sur le choix de la filière ES plutôt que S ; quelques mots suffisent. Pour les étudiants de niveau bac +0, en revanche, parlez de vos années de lycée.

« J'ai toujours été passionné par les problématiques économiques et sociales et particulièrement les questions énergétiques, c'est pourquoi j'ai décidé de faire un bac ES que j'ai obtenu en 2008 avec la mention bien ».

« Passionné par les mathématiques, et tout spécialement les statistiques et les probabilités, j'ai suivi la filière scientifique. J'ai eu mon bac en 2009 avec la mention assez bien. »

« J'ai très tôt été intéressé par le marketing et je voulais ainsi me spécialiser au plus vite. Pour ce faire, j'ai choisi de suivre la filière sciences et technologies de la gestion spécialité mercatique et j'ai eu mon bac en 2009, avec la mention assez bien. »

Pour les années post bac, il est important d'argumenter davantage les choix opérés car ils comportent de fait, plus d'enjeux. Ainsi, vous devez raconter votre parcours en explicitant ce qui vous paraît évident. Pourquoi l'université plutôt qu'une prépa ? Pourquoi cette université plutôt qu'une autre ? Bref, défendez votre cursus en expliquant chacun de vos choix, avec en mire, votre projet professionnel cohérent avec votre parcours. Fort logiquement vous devrez argumenter les choix de certaines spécialités ou certains cours. N'hésitez pas à donner des intitulés de cours, des noms de professeurs connus, des conférences que vous avez suivies, etc. Il s'agit de donner du corps à votre parcours. Faites-le vivre. Il va sans dire que plus vous avancez dans les années, plus vous devez donner de détails. Idéalement, il faudrait que vous arriviez à transmettre que vous avez appris tout ce que vous pouviez apprendre dans votre cursus et aujourd'hui, vous êtes à un tournant important de votre parcours académique, que seul une école de commerce peut venir valider. Nous le verrons dans le P3.

« Après un bac ES obtenu avec une mention assez bien, j'ai choisi de poursuivre ma scolarité en Licence Economie et Gestion, mention éco et gestion – langue et civilisation anglaises et américaines, à l'université Paris Ouest Nanterre. Ce choix s'explique d'abord par mon goût pour les problématiques économiques et un vif intérêt pour le monde de l'entreprise. De plus, ayant vécu trois ans en Angleterre pendant mon adolescence, il est pour moi essentiel de continuer à travailler mon anglais. Mes deux premières années de Licence m'ont permis d'acquérir de nombreuses connaissances notamment en analyse économique et en comptabilité. J'ai choisi la spécialité Economie en troisième année. J'ai pu y apprendre les bases du droit des affaires et surtout de l'économie internationale qui m'a passionné. Ces trois années m'ont par ailleurs permis d'apprendre l'anglais des affaires, ce qui me permet aujourd'hui de pouvoir évoluer dans les deux idiomes, indistinctement ».

Dans cet exemple, soulignons quelque chose de primordial lors d'un entretien : la capacité de recul sur ses expériences. Analyser ses acquis permet d'avancer et de cibler ses attentes. C'est quelque chose qu'il faudra sans cesse faire, pour tirer la substantifique moelle d'une expérience. Cela permet au jury d'entendre vos qualités acquises lors de votre parcours académique (vous ferez de même pour vos expériences professionnelles) et surtout, vous démontrerez de la maturité et un sens de l'auto-analyse. Voici la forme que pourrait prendre ce petit paragraphe.

« Ma licence m'a permis d'appréhender l'organisation des entreprises et les grandes fonctions de gestion française et anglo-saxonne. J'ai également pu comprendre les systèmes fiscaux français et anglo-saxons et enfin, je pense maîtriser les comptabilités privées française et anglo-saxonnes ».

Si l'exemple cité s'y prête bien, notons qu'il est crucial de faire apparaître dans le parcours académique, une **dimension internationale**. Qu'elle prenne la forme d'une enfance à l'étranger, d'une année ERASMUS ou d'un cursus tourné vers l'international (de même pour les expériences professionnelles), cette dimension s'inscrit dans le contexte de mondialisation où les problématiques ne se posent plus à l'échelon national mais international. Prenez-en conscience au plus vite !

Ainsi, nous l'avons dit plus haut, votre parcours académique est à un carrefour. Le chemin de la réussite passe par une école de commerce. Mais avant d'aborder ce sujet (P3), il vous faut exposer vos expériences professionnelles. Nous vous conseillons comme toujours de travailler vos transitions pour ne pas vous perdre dans des digressions inutiles.

« Parallèlement à mon parcours académique, j'ai eu différentes expériences extrascolaires que j'aimerais maintenant vous exposer. »

2. Experiences extrascolaires et elements declencheurs

Dans cette partie, le plus important est de bien introduire le projet professionnel. En effet, c'est la charnière de votre présentation. Le jury a hâte de l'entendre ! C'est pourquoi il n'est pas nécessaire de le faire languir. Plutôt qu'une longue explication des expériences professionnelles, associatives ou sportives, nous vous conseillons de présenter votre parcours par étapes charnières. Choisissez un ou deux déclics pour expliquer votre orientation car bien souvent, le jury a déjà votre CV sous les yeux. Ce sont précisément ces moments déclencheurs qui vont faire sens dans l'esprit du jury.

En règle générale, le jury est très sensible à votre histoire personnelle. Racontez-vous avec honnêteté, en y mettant de l'affect, de l'humain, de l'envie et du cœur. Pour ce faire, appuyez-vous sur un vocabulaire adapté, employez des superlatifs et parsemez votre présentation de mots tels que « expérience bouleversante », « moment unique », « rencontre extraordinaire », etc.

Nous avons classé ces éléments déclencheurs en deux catégories distinctes : l'expérientiel et le « déclic intérieur ». La première catégorie regroupe les différentes expériences vécues : un engagement associatif ou sportif, un job alimentaire, un stage ou encore une expérience professionnelle. La seconde est plus personnelle puisqu'elle concerne une lecture importante, une rencontre décisive ou encore des recherches personnelles.

Dans les deux cas, il est essentiel d'adopter le même mode de développement d'idées. Ces éléments déclencheurs doivent expliquer votre projet professionnel.

En dehors des expériences professionnelles, nombreux sont ceux qui ont des activités extrascolaires. Pratique intensive d'un sport, engagement associatif, voyage initiatique, ou autre, à vous de juger de l'importance de ces expériences. Si vous estimez ces activités suffisamment importantes pour être constitutives de votre identité, alors il est tout à fait possible d'en parler dans cette partie, à la condition que vous puissiez d'une manière ou d'une autre la relier à votre projet professionnel. Cette petite partie est l'occasion de raconter votre histoire personnelle. Travaillez-la car elle doit vous rapporter des points. Si ce n'est pas le cas, vous pourrez y revenir avec force dans le P4.

Encore une fois, vous pourrez introduire cette sous-partie par une accroche : *« Je voudrais vous faire part d'un engagement associatif, qui occupe une place importante dans ma vie et qui, par bien des aspects, m'a aidé à définir mon projet professionnel »*.

Voici trois exemples **d'expériences extrascolaires** ayant leur place dans le P2. Attention vous devrez être plus court le jour J et faire en sorte que les paragraphes qui suivent tiennent plutôt sur 2 ou 3 lignes.

La pratique du sport à haut niveau :

« Je tenais également à vous parler de ma pratique du rugby car cette passion est constitutive de mon identité et elle définit pleinement ma personnalité. Etant originaire du Sud Ouest, je crois que je suis né un ballon dans les mains ! J'ai toujours joué au rugby jusqu'à aujourd'hui, où j'ai rejoint le Paris Université Club (PUC) avec qui nous avons été champions de France l'année dernière. J'étais d'ailleurs capitaine de mon équipe et c'était une grande fierté de mener mes coéquipiers à la conquête du titre. Véritable école de la vie, le rugby a fait de moi le jeune homme ambitieux et prêt à relever des défis que je suis aujourd'hui. J'espère d'ailleurs réinvestir ces valeurs de solidarité et d'entraide au sein de l'école et plus tard, de l'entreprise. Je souhaite aussi faire de ma passion mon métier en m'orientant vers le management du sport. Ainsi mes différents stages… »

Ce candidat semble habité par sa passion du rugby au point de vouloir travailler dans le management du sport. Ce sport a fait de lui, l'homme qu'il est. Il énumère d'ailleurs les différentes vertus de son sport, qui sont d'ailleurs des valeurs facilement transposables au monde de l'entreprise. Toutefois, il faut prendre garde à ce que cette passion ne vire pas à l'obsession !

L'engagement associatif :

« J'aimerais, si vous me le permettez, évoquer avec vous mon engagement associatif qui m'est cher. Voilà maintenant 4 ans que je suis un membre actif de l'association Handicap International au sein de laquelle nous organisons des campagnes de sensibilisation pour offrir un accès aux soins à toutes les personnes malades ou handicapées à travers le monde. Je suis parrain d'une jeune fille, victime de mines antipersonnels au Mozambique. Je participe tous les ans à des séminaires et des voyages de prévention auprès des populations européennes. Je suis donc très investi dans les questions de santé, particulièrement la prise en charge des personnes handicapées. Voilà pourquoi je me suis orienté depuis deux ans dans le management de la santé, par le biais de mes stages. »

Ici, le projet professionnel semble découler de cet engagement associatif. L'histoire personnelle du candidat est originale et semble authentique. Attention à ne pas verser dans un témoignage tire-larmes, voulu ou non.

Un voyage :

« Je pense qu'il est important que je vous parle de ma passion du Vietnam. Cadet d'une famille de grands voyageurs, nous avons posé nos bagages au Vietnam avec mon grand frère, il y a 3 ans. J'ai d'abord été séduit par une nature sauvage et une culture millénaire, encore méconnue, malgré la colonisation. De la nourriture aux bruits des villes, tout m'a conquis ! En bref, je suis tombé en amour du Vietnam qui n'est encore qu'au début de son développement économique. L'année suivante j'ai effectué un stage d'observation à l'Agence française de développement de Hanoï ce qui m'a permis de nouer de nombreux contacts, notamment au sein de la Chambre de Commerce et d'industrie Française au Vietnam. J'ambitionne de travailler dans le tourisme et j'espère pouvoir faire découvrir ce merveilleux pays à mes compatriotes… »

Tout original qu'il soit, l'amour de ce candidat pour le Vietnam n'est pertinent que parce qu'il annonce un projet professionnel en lien avec ce pays. Il est difficile de transmettre une passion en quelques secondes, d'où l'intérêt de bien travailler votre sous-partie.

Voilà donc trois exemples d'expériences extrascolaires pouvant être exposés en P2. Outre l'avantage de raconter un pan original de votre histoire personnelle, constitutif de votre personnalité et en lien avec vos ambitions professionnelles, vous toucherez peut-être une corde sensible d'un de vos auditeurs. Qui sait ? Peut-être aurez-vous devant vous des passionnés de rugby ou de grands voyageurs ! Ainsi, à vous d'évaluer si cette passion apporte à votre présentation.

3. Les experiences professionnelles

Il n'y a pas d'écoles plus professionnalisantes que les écoles de commerce ! Ainsi, vous êtes sur le point d'intégrer un lieu unique, entièrement tourné vers le monde du travail. C'est pourquoi il est primordial de montrer au jury votre connaissance des réalités de l'entreprise et de l'économie en général. Comment y parviendrez-vous ? Référencez vos expériences professionnelles (stage en entreprise de 3e, jobs étudiants, travaux saisonniers, stage, emplois divers, etc.). Toutes les expériences sont bonnes à prendre. Toutes sauf celles qui ne sont pas suffisamment significatives ou qui ne vous ont vraiment rien apporté. Un stage de 3e en entreprise d'une durée d'une semaine peut parfois être plus important qu'un stage de 2 mois. Gardez en tête qu'il vous faut être cohérent. Vous devez raconter une histoire logique, parfois faite de détours et de rebondissements, qui vous a amené à façonner votre projet professionnel.

Les détours et les rebondissements ne sont pas éliminatoires si vous êtes capable de les analyser et de les comprendre. De plus, vous devez toujours tirer quelque chose de vos expériences, qu'elles soient bonnes ou mauvaises. Rares sont ceux dont les expériences professionnelles sont à 100 % cohérentes. En effet, il est parfois utile de se tromper pour mieux cibler ses envies. De plus, il est aussi possible d'entrevoir les détours de parcours comme une source de polyvalence.

Tout comme pour le parcours académique, vous devrez donner moult informations sur vos choix. Pourquoi ce choix ? Qu'avez-vous fait ? Quelles étaient vos missions ? Qu'en avez-vous tiré ?

Surtout, pensez en termes d'expérience fondatrice d'un projet. Choisissez l'expérience qui a représenté une véritable prise de conscience, un déclic. C'est pourquoi il ne faut pas s'étendre trop sur vos autres expériences.

Si vous y êtes invité, il faut être capable d'expliquer le choix du secteur, de l'entreprise, voire du département dans lesquels vous avez effectué vos expériences. Voilà de quoi vous donner du grain à moudre ! Si vous avez effectué un stage dans la communication, il vous faudra préciser pourquoi vous avez choisi ce domaine mais également dans quelle entreprise vous avez travaillé. Par exemple :

« En 2010, j'ai effectué un stage de 3 mois au département des ressources humaines de l'entreprise Saint-Gobain Développement, à Senlis. Ayant toujours été passionné par les métiers des ressources humaines, ma mère est DRH d'une PME dans l'imprimerie, j'ai souhaité effectuer un stage dans un grand groupe afin de me familiariser avec ces métiers, à grande échelle. Ma discrétion et mon sens du dialogue, mêlés à ma rigueur juridique due à mon parcours académique, m'ont permis d'intégrer l'entreprise Saint-Gobain. Le pôle développement de Saint-Gobain en Picardie participe au développement des PME du GIE de la compagnie dans le cadre d'un partenariat durable. Aussi, j'ai pu constater les dynamiques de développement du GIE du point de vue des ressources humaines ».

Voilà qui introduit une expérience significative dans les ressources humaines. Les motivations du candidat sont synthétiquement exposées et ce dernier témoigne d'une connaissance précise de l'entreprise Saint-Gobain. Attention, il est essentiel de bien connaître les entreprises dans lesquelles vous avez effectué des stages/travaux (PDG, chiffre d'affaires, date de création).

Une fois cette introduction posée, entrez dans le détail de cette expérience significative. Précisons que vous n'aurez pas le temps de détailler toutes vos expériences professionnelles. Aussi, choisissez la plus significative. Il n'est pas impossible que vous soyez interrompu et que l'on vous demande de détailler une autre expérience que vous jugiez moins importante. Dans ce cas précis, adoptez le même schéma. Il est maintenant temps de détailler vos missions :

« Mon intégration au sein du département s'est très bien passé ! J'ai intégré une équipe de 3 assistantes de ressources humaines, qui assurait les activités administratives du service. Au quotidien, mon rôle s'est d'abord limité à de la saisie de données et à la gestion informatisée des bulletins de paie. Naturellement, ce travail était un peu rébarbatif mais il me fallait apprendre les bases, m'intégrer à une équipe et surtout observer le fonctionnement propre de cette entreprise, car chaque entreprise possède ses dynamiques, ses rapports de force. Après un mois, j'ai pu intervenir, sous l'autorité du responsable de l'administration du personnel dans l'établissement de documents légaux – Sécurité sociale, caisses de retraite, mutuelles, etc. J'ai également pu assister aux différentes réunions avec les partenaires sociaux, en simple observateur. J'ai d'ailleurs trouvé cela passionnant. »

Le candidat expose de manière synthétique ses missions. Il témoigne d'une bonne connaissance de l'entreprise et surtout, il manifeste un certain attrait pour ce domaine.

Le jury comprend aussi que le candidat a la tête sur les épaules et qu'il dégage une certaine maturité. Vient maintenant le bilan de cette expérience, où le candidat va se juger et affiner ses objectifs. C'est ici qu'il faut faire preuve d'autocritique, d'ambition et de maturité.

« Si je devais dresser un bilan de cette expérience, je dirais qu'il est positif ! D'abord, j'ai pu démontrer de bonnes capacités d'adaptation et une grande force de travail, notamment dans les tâches un peu rébarbatives comme la saisie de donnée. Par ailleurs, je connaissais le fonctionnement des ressources humaines d'une PME, je crois maintenant avoir une idée plus précise du fonctionnement des RH dans une PME. Et les différences sont nombreuses ! Finalement, je nourris quelques regrets. En effet, je n'ai découvert les aspects passionnants du métier qu'à la toute fin de mon stage. Je regrette de n'avoir pu participer à l'établissement du bilan social, ni à l'organisation des élections des délégués du personnel. J'espère revenir aux RH très rapidement dans une entreprise de taille moindre où l'on me confiera, je l'espère, davantage de responsabilités. »

Ce bilan mitigé est présenté de manière positive par le candidat ce qui démontre de l'ambition et d'aucune manière un renoncement. Cette expérience est riche en enseignements et surtout, le candidat se projette dans l'avenir d'un futur stage, ce qui témoigne de la ténacité et de la persévérance.

N'oubliez jamais cette dynamique en trois temps : 1) Pourquoi ce stage/job/travail ? 2) Missions effectuées ? 3) L'heure du bilan : qu'ai-je appris ?

Dans tous les cas, vous devez montrer que vous avez beaucoup appris de vos expériences. Il est également important d'afficher une certaine insatisfaction, un manque, par rapport à ce que vous avez observé. C'est le moteur de votre ambition ; *« J'espère revenir aux RH très rapidement dans une entreprise de taille moindre où l'on me confiera, je l'espère, davantage de responsabilités »*. C'est cette insatisfaction qui justifiera bientôt votre besoin d'une école de commerce…

4. Le projet professionnel

Vous le savez maintenant, tout converge vers votre projet professionnel : votre parcours académique, vos expériences extrascolaires et vos expériences professionnelles. Ainsi, il est important de relier ces différentes parties. Si ces enchaînements sont énoncés efficacement, le jury doit avoir deviné votre projet professionnel avant même que vous l'ayez évoqué. Faites le test chez vous ! Dans votre esprit, la structure de votre P2 est un entonnoir ou le projet professionnel est le point nodal.

Plus que jamais, vous devez travailler l'effet d'annonce. C'est le cœur de votre présentation, il s'agit de bien l'introduire ! Surtout, soyez le plus clair possible et mâchez le travail du jury. Soyez intelligible et montrez que ce que vous dites est le fruit d'une longue réflexion de plusieurs années.

« Mes solides connaissances en finance acquises au cours de ma formation universitaire, ma passion pour les chiffres, et mes différentes expériences en cabinet de conseil et en banque ont façonné mon projet professionnel. J'ambitionne de travailler dans le domaine de la finance et d'occuper à terme, le poste de directeur financier dans le secteur banquier ».

Trouvez votre propre phrase d'annonce et apprenez-là par cœur. Sans aller jusqu'à affirmer vouloir diriger une entreprise du CAC 40, faites preuve d'ambition car c'est cela qui justifiera votre besoin d'une école de commerce, nous le verrons plus loin.

Une fois l'effet d'annonce passé, entrez dans le détail de manière structurée. Expliquez d'abord ce qui vous passionne dans le domaine choisi. Gardez en tête que vous devez faire rêver le jury avec votre projet professionnel, ce qui n'est, *a priori*, pas simple ! En fait, il s'agit de transmettre une passion. D'expliquer ce qui vous excite à l'idée de faire votre carrière dans les RH ou dans le marketing. Tout se défend si vous trouvez les bons arguments. Concernant le domaine – la finance, les RH, le marketing, la vente, etc. –, invoquez **des sentiments ou des caractéristiques propres**, tels que l'esprit créatif, l'amour des chiffres, le sens du dialogue, l'envie d'entreprendre. Finalement, montrez que vous portez profondément en vous l'amour du domaine dans lequel s'inscrit votre projet.

Ensuite, il vous faut préciser l'objectif à long terme que vous vous êtes fixé. Vous ajusterez votre mire sur cette cible à plus ou moins long terme. C'est le point culminant de votre carrière. Notez bien que les écoles de commerce ne forment pas des assistants mais des dirigeants ! Ainsi, votre objectif est d'occuper, à terme, un poste de direction (c'est d'ailleurs ce qui va ensuite justifier votre besoin d'une école de commerce). Plusieurs choses sont à préciser sur ce point. Attention à ne pas paraître présomptueux, ce qui déplairait fortement au jury. Pour éviter cet écueil, il va vous falloir démontrer une connaissance parfaite des réalités du métier. En effet, vous devez être en capacité de vous projeter (ce que l'on demande d'ailleurs parfois à travers le CV projectif) afin d'expliquer les différents postes à occuper avant d'atteindre votre objectif final. Il pourra vous être demandé de décrire les missions remplies dans chaque poste cité pour juger votre connaissance d'un secteur d'activité ou le fonctionnement d'une entreprise, d'un département, ou autre (responsabilités, salaires moyens, etc.).

Nous vous conseillons de visiter le site **www.studyrama.com** sur lequel vous trouverez des fiches métiers complètes.

Prenez garde de toujours personnaliser votre présentation ; ne récitez pas une fiche métier. Expliquez plutôt que vous avez l'étoffe et certaines qualités pour évoluer dans cette branche. Bannissez d'office les phrases comme telles : *« voilà pourquoi je ferai un bon directeur des ressources humaines »* ou *« j'ai toujours su que je voulais être directeur financier ».*

Nous conseillons d'affiner le projet professionnel en précisant le secteur dans lequel vous souhaitez idéalement devenir directeur. Ici encore, vous devez capitaliser sur votre vécu. Servez-vous de vos expériences pour présenter un domaine que vous connaissez déjà. Vous aurez d'ailleurs plus de facilités à transmettre des émotions sur un sujet que vous connaissez bien, sur lequel vous porterez un regard lucide et parfois critique.

« Mes deux stages dans la banque m'ont conforté dans le désir d'inscrire mon projet professionnel dans ce domaine. Le premier, effectué au Crédit Suisse, à Londres, m'a éloigné de mon désir initial de travailler dans la finance de marché. Le back office d'une grande banque est à mes yeux trop abstrait. En revanche, j'ai trouvé le côté humain, pour moi essentiel, lors du deuxième stage dans la gestion de patrimoine au sein de la HSBC. C'est pourquoi je souhaite aujourd'hui m'orienter dans cette branche de la banque. »

Ce genre d'autocritique est souvent apprécié des jurys car le candidat témoigne ainsi d'une grande maturité quant à son choix de carrière.

Il est possible d'évoquer plus avant ces objectifs en citant une ou deux entreprises dans lesquelles vous aimeriez évoluer. Ayez l'intelligence de bien connaître l'entreprise que vous évoquez (chiffre d'affaires, PDG, différents sites, dates clés, etc.). De plus, justifiez en quelques mots pourquoi ces entreprises vous attirent particulièrement. Vous pouvez d'ores et déjà vous renseigner sur le site des écoles aux portes desquelles vous frappez ; vous trouverez des entreprises partenaires dans lesquelles vous pourrez effectuer des stages, si toutefois vous passez l'entretien avec brio. Une chose est sûre, vous devez connaître les différentes grandes entreprises qui animent le secteur, en France et à l'étranger.

« Ainsi, souhaitant évoluer dans le domaine du tourisme, vous l'aurez compris, je suis particulièrement attiré par les entreprises d'opérateurs de voyage comme l'australien Flight Center, leader mondial du domaine, ou par le transport aérien, où

la compagnie Air France-KLM, partenaire d'EM Lyon, actuellement à un tournant de son histoire, représente un véritable challenge. »

Une fois votre projet clairement exposé au jury, il faut conclure et annoncer le P3. Pour conclure vous pouvez synthétiser en une phrase votre projet professionnel, en insistant sur les termes *« poste de direction »*, *« dirigeant »*, *« leader »*. Ce sont ces termes chargés d'ambition qui vont justifier votre besoin d'une école.
« Pour remplir mes objectifs et atteindre le poste de directeur marketing dans le domaine du luxe, j'ai besoin d'intégrer une école de commerce. »

P3. INTEGRER UNE ECOLE DE COMMERCE : REPONDRE A UN BESOIN

Les présentations sont faites, au moins de votre côté ! Plus que jamais, vous devez exprimer un besoin. Vous l'avez normalement laissé transparaître dans la partie précédente mais ici, il s'agit de justifier votre intégration dans une école de commerce. Le P3 se découpe en deux temps : la justification d'une scolarité en école de commerce et le choix d'une école en particulier. Le premier compte autant que le deuxième puisqu'il démontre que vous ne vous êtes pas trompé d'orientation. De plus, si cette justification est efficacement apportée, vous éviterez des questions déstabilisantes, comme suit :

« Pourquoi n'avoir pas continué dans votre université d'origine, je sais qu'il y a un master en finance ? », « Etes-vous sûr que vous avez besoin d'une école de commerce après toutes ces expériences en entreprise ? », « Pourquoi pas un IAE ? ».

Le second temps est un jeu de séduction où vous devez vous vendre pour dissiper tous les doutes des admisseurs : cette école en particulier est la plus à même de me permettre d'atteindre les objectifs que je me suis fixés.

1. POURQUOI UNE ECOLE DE COMMERCE ?

Comme dans les autres sous-parties, la structure est très importante pour que votre discours soit intelligible. Vous garderez la même structure pour le deuxième point. Vous devez exprimer un besoin. Si votre message est clair, l'école y répondra favorablement en vous ouvrant ses portes. Il s'agit donc d'envoyer le bon signal. Pour ce faire, vous devez expliquer que vous êtes à un moment charnière de votre formation. Après une grande réflexion et différentes expériences exposées dans le P2, seule une école de commerce peut convenir à la réalisation de votre projet. Ne dénigrez en aucun cas votre formation initiale. Par exemple, vous pourrez comparer l'université aux écoles de commerce, mais insistez sur votre choix personnel et son adéquation avec ce qu'offre une école.

En premier lieu, sur le plan du **savoir dispensé en école de commerce**, vous devez insister sur leur expertise indéniable dans la formation des grands acteurs du monde économique. Qui mieux qu'une école de commerce peut former les dirigeants économiques ? Dispensés par des enseignants-chercheurs, des chefs d'entreprise, ou encore des acteurs économiques français et étrangers, les cours sont orientés vers le monde économique. La grande diversité des spécialisations au sein de toutes les écoles de commerce permet aux candidats de choisir des formations à la carte, encadrées par des professionnels de chaque secteur. Ainsi, vous qui venez d'horizons divers, vous allez pouvoir apprendre les techniques managériales propres au domaine que vous avez choisi.

« Ma formation en finance à l'université Paris I Panthéon-Sorbonne et mon stage dans la banque me permettent aujourd'hui de bien appréhender le domaine bancaire dans son ensemble mais j'ai besoin de compléter cette formation par des compétences juridiques et fiscales requises dans la constitution, le développement et la transmission de patrimoine. »

De plus, les travaux de groupes, les cas pratiques et les mises en situation font naître une émulation propre aux écoles de commerce contrairement à l'université par exemple, ou le travail est certainement moins collectif.

Deuxièmement, les **stages obligatoires** sont un atout très recherché par les candidats aux écoles de commerce car ils assurent une professionnalisation aux étudiants et surtout, une meilleure insertion professionnelle. Ces stages tirent partie des nombreux **partenariats tissés entre les écoles et les plus grandes entreprises mondiales**. Ainsi, les stages sont pour vous un argument de plus à mettre en avant. Montrez que vous ressentez le besoin de vous confronter au monde de l'entreprise et que vous avez la conviction que l'on apprend autant en stage qu'en cours.

Il vous faut également parler de la **dimension internationale** des écoles de commerce. En effet, elles sont intégrées dans des réseaux internationaux d'écoles et d'universités partenaires qui ouvrent des perspectives que n'offre pas l'université par exemple. Les Ecoles développent aussi leurs propres campus à l'étranger (EM Lyon ou SKEMA). Voilà de quoi justifier votre candidature en école de commerce ! Vous êtes conscient que les problématiques économiques s'imbriquent dans un monde globalisé où les questions ne se posent plus sous l'angle national mais européen et mondial. Selon vos projets professionnels, vous appuierez plus ou moins sur ce point.

« Pour devenir trader, je suis conscient qu'il me faut découvrir différentes places boursières pour comprendre les particularités d'un monde financier interdépendant. Au sortir du lycée, deux options s'offrent à moi : l'université ou une école de commerce. Je crois que seule la deuxième option me permettra de faire des expériences à l'étranger, en Europe mais également en Asie, dans le cadre de plusieurs semestres de stage obligatoire. En plus, de nombreux cours sont dispensés en anglais et il est généralement possible d'apprendre une troisième langue en école de commerce. Egalement, les visiting professors sont une particularité des écoles de commerce, pour nous inclure dans une diffusion mondiale des savoirs ».

La puissance des **réseaux d'anciens élèves** d'écoles de commerce n'a pas d'égal ! Une donnée s'impose infailliblement à vous, quel que soit votre projet : vous devez intégrer un réseau professionnel. Le premier de ces réseaux vous est offert par votre *alma mater* – votre école de commerce – qui unit tous les diplômés. Ne cachez pas au jury que pour vous, intégrer un réseau est essentiel et que ce système n'existe nul part ailleurs.

En dernier lieu, vous pouvez tout à fait mettre en avant votre connaissance des réalités du marché du travail en affirmant que **les chiffres de l'insertion professionnelle** ont été pour vous, importants dans votre choix d'orientation. C'est, à ce jour, la formation la plus professionnalisante, ou le rapport insertion/moyenne du 1er salaire est le plus intéressant. Votre choix démontre ainsi que vous vous donnez les moyens de vos ambitions.

Voilà donc les différents arguments qui justifient votre choix d'intégrer une école de commerce. Ils sont irréfutables et si cette partie est bancale, vous devez retravailler la présentation de votre projet professionnel ! Vous devez ensuite exposer vos réelles motivations de rejoindre une école en particulier.

« Pour toutes ces raisons, en adéquation avec les objectifs professionnels que je me suis fixés, j'ai réellement besoin d'intégrer une école de commerce. Maintenant, je voudrais vous exposer les raisons qui me poussent à rejoindre PSB Paris School of Business. »

2. Pourquoi cette ecole ?

L'objectif de cette sous-partie, sans aucun doute la plus importante avec la présentation du projet professionnel, est de montrer qu'il n'y a pas d'école plus adaptée à la réalisation de votre projet professionnel. Le jury que vous avez en face de vous est conscient que vous vous êtes certainement présenté devant les jurys d'autres écoles, parfois mieux classées. Vous devrez donc redoubler de travail pour apporter des arguments toujours plus adaptés à l'école. Ce moment fort de l'entretien vous permet de faire montre de votre grande connaissance de l'école, en la reliant toujours à votre projet. En effet, trop de candidats se contentent de présenter la plaquette pédagogique de l'établissement au jury. C'est une erreur. Il faut être très précis et vous projeter dans votre cursus. Sur la structure de cette partie, nous conseillons d'adopter le même squelette que la sous-partie précédente. (Pourquoi une école de commerce 1).

Les sites des écoles de commerce sont des mines d'informations. Plus de la moitié des informations fournies lors de votre entretien se trouvent sur les sites. Entre le mot du Directeur, les programmes, la devise de l'école, et la section des anciens élèves, vous trouverez une multitude d'informations pour donner de la profondeur à votre présentation. N'oubliez pas que dans cette partie, vous donnez en quelque sorte votre vision de l'école, comment vous l'avez comprise et pourquoi vous devez l'intégrer.

« Cela va sans dire, mais cela va mieux en le disant », a dit Talleyrand, alors il faut toujours citer l'école. Beaucoup d'étudiants à la prépa AURLOM oublient de citer l'école lors des oraux blancs, préférant « votre école » ou « cette école », trop vagues. Il faut interpeler ses interlocuteurs pour convaincre ! Nommez-là. C'est une des bases de la force de persuasion, aussi bien en vente qu'en diplomatie. De plus, cela évitera à votre discours de sembler interchangeable.

A savoir pour préparer l'entretien

Précisons également qu'il faut être en mesure de donner la signification du cycle NEOMA Business School pour RMS, Ecole supérieure des sciences économiques et commerciales pour l'ESSEC, Ecole supérieure de commerce et de management de Tours-Poitiers pour l'ESCEM, Ecole des praticiens du commerce international pour le BBA de l'ESSEC, etc. De la même façon, il ne vous sera pas pardonné de ne pas connaître un minimum d'informations sur la ville qui héberge l'école (nombre d'habitants, le maire, le fleuve qui le traverse, etc.) et les grands acteurs économiques régionaux. En effet, il faut savoir où l'on pose ses valises lorsque l'on est un étudiant bac +0 venant s'implanter 5 ans dans une ville ! Ces informations n'entrent pas dans le cadre des 4 P mais des questions pourront ensuite vous être posées sur votre connaissance de la ville et de la région.

Un enseignement en phase avec votre projet

Premièrement, l'argument qui doit primer dans cette sous-partie est celui de **la qualité de l'enseignement**, adapté à vos objectifs. Chaque école a sa spécificité. Vous n'aurez donc aucun problème à montrer en quoi telle école vous convient le mieux. Par exemple, EM Lyon et PSB Paris School of Business présentent des formations en management du sport ; l'EDHEC et RMS sont reconnues pour leurs formations en finance ; l'ESCP et l'ESSCA sont louées pour leurs formations en marketing, etc. Soyez donc cohérent dans votre choix d'école. Ensuite, mettez en avant votre connaissance des programmes proposés. Là encore, chaque école possède ses particularités – parcours fléchés, programmes communs, spécialisation en master, vous devez être à l'aise avec ces parcours. Le jury exigera que vous justifiiez vos choix de cours et de master.

Les étudiant de niveau bac +0 devront déjà se projeter, en donnant plus des tendances, des attirances, que des intitulés de cours ou de master.

« Je désire intégrer l'ECE car j'ambitionne de faire une carrière dans le marketing international, comme je vous l'ai exposé précédemment. Le découpage de la scolarité en 3 grands cycles, les cycles d'ouverture, international et managérial semblent être très tournés sur l'international. De plus, les semaines de 24 heures de cours nous permettent de pratiquer les langues aux labos, ce qui est pour moi essentiel. L'ECE offre des cursus très complets puisque l'économie et le droit prédominent mais l'enseignement des sciences humaines, notamment la sociologie et l'histoire des idées sont également enseignées. Je crois que le marketing exige une très bonne culture générale ; c'est donc idéal ! Les spécialisations de 3e et 4e années ont également été déterminantes dans mon choix puisqu'est proposée une majeure Marketing International, que j'envisage déjà de choisir ».

En revanche, **les étudiants bac +3, bac +4 et bac +5** devront être nettement plus précis dans leurs choix. Renseignez-vous sur les intitulés exacts des cours, de certains professeurs reconnus, déterminants dans votre choix d'intégrer cette école.

« En Gestion de Patrimoine, RMS est une des écoles les plus reconnues. La formation d'un an me semble extrêmement complète. J'ai eu l'occasion de lire deux ouvrages du professeur Stéphane Dubreuille, responsable du Mastère spécialisé Gestion de Patrimoine Privé et Professionnel, et j'aimerais beaucoup suivre ses cours. Je possède une bonne connaissance de la finance de marché, due à mes stages et à mon diplôme de l'université Paris 1 Panthéon-Sorbonne, mais je ne possède pas encore les compétences juridiques et fiscales requises dans la constitution, le développement et la transmission de patrimoine. Je pense également que les modules « Assurance et Retraite », « Transmission et Evaluation » ou encore « Diagnostic Patrimonial » pourront m'aider à affiner mon expertise dans ces domaines. Enfin, j'ai contacté Madame Louguet, responsable de la communication qui m'a renseigné sur le CFA, que je désire préparer dès ma sortie de RMS ».

Fort logiquement, plus le candidat est avancé dans ses études, plus sa connaissance du déroulement des années d'école de commerce doit être précise. En effet, vous devez être capable de décrire une **journée type**, si le jury vous le demande.

Il convient de dire un mot sur la question des classements des écoles. Un classement n'est pas un argument en soi. La notion d'excellence peut-être un argument recevable s'il est en phase avec votre profil et votre projet. En effet, si votre parcours est un sans faute, que vous frôlez la perfection, il est cohérent d'ambitionner de poursuivre votre *cursus honorum* dans la meilleure des écoles. C'est dans ce cas précis que le classement peut entrer en ligne de compte dans votre choix. D'autant que les classements varient selon les critères de notation. Donc renseignez-vous bien lorsque vous en citez un.

Des stages pour une formation très professionnalisante

Vous l'aurez certainement déjà évoqué dans votre choix d'intégrer une école de commerce, les périodes de **stages obligatoires** sont déterminantes dans votre choix. Attention, si toutes les écoles de commerce accordent une place centrale aux stages, elles n'imposent pas toutes les mêmes conditions générales (nombre de semestres, stages à l'étranger, etc.). Il est donc important de bien vous renseigner pour chacune des écoles présentées.

Vous devez vous projeter (avec plus ou moins de précisions selon votre avancée) et d'ores et déjà avoir réfléchi à un ou deux stages, en accord avec votre projet, en privilégiant deux postes/départements/branches de ce dernier. En cela vous montrerez que votre connaissance du domaine vers lequel vous vous tournez est profonde. Vous projeter, c'est prévoir, anticiper et porter sa réflexion sur le long terme : autant de qualités qui plairont au jury. Donnez des missions que vous aimeriez remplir, des postes que vous aimeriez observer.

Pour gagner un peu plus en précision, évoquez des noms d'entreprises, de secteurs dans lesquels vous souhaiteriez faire des stages. Servez-vous des **entreprises partenaires de l'école de commerce**. Chaque école possède un réseau d'entreprises qu'elle fournit régulièrement en stagiaires. Vous trouverez ces entreprises sur les sites internet des écoles. Ainsi, voilà un autre argument de poids pour justifier le choix d'une école en particulier : si votre projet professionnel à trait à l'industrie agroalimentaire et la grande distribution, les partenariats de NEOMA Business School avec Danone et le groupe Carrefour sont déterminants.

« En troisième année, je pense choisir la majeure « Supply Chain Achats ». Avec trois stages obligatoires en 4 ans, NEOMA Business School m'offrira la possibilité de multiplier les expériences professionnalisantes dans le domaine qui m'est cher : la grande distribution. J'espère pouvoir profiter des partenariats noués entre l'école et des grandes entreprises françaises et étrangères, dans le cadre du Corporate Club de NEOMA Business School. D'abord, pendant le bachelor, j'aimerais effectuer mon premier stage au sein de l'entreprise Danone, pour avoir une première expérience dans une grande entreprise de l'industrie agroalimentaire, domaine qui m'est à l'heure actuelle étranger. Ensuite, pendant le master, je pense effectuer mes 6 mois de stage au sein d'une entreprise de grande distribution comme Auchan ou Monoprix. Enfin, je nourris l'espoir de faire mon stage de professionnalisation au sein du Groupe Carrefour, qui fait partie du cercle des partenaires Or de l'école ».

L'école de commerce, tremplin vers l'international

Encore une fois, si la dimension internationale est commune à toutes les écoles de commerce, chaque école possède ses spécificités. Elles n'attachent pas toutes la même importance aux expériences à l'étranger. Ces différences sont perceptibles dès les concours d'entrée, où les langues étrangères ne sont pas toutes pondérées de la même manière.

Dans les arguments pouvant justifier votre choix d'une école en particulier, vous pouvez reconnaître votre envie d'apprendre une troisième langue, si possible en cohérence avec votre projet. Attention à ne pas apporter des arguments insignifiants, comme nous entendons parfois dans le cadre de la prépa AURLOM, comme par exemple le fait que les cours soient en anglais, car c'est le cas pour une grande majorité des écoles de commerce.

Vous pourrez davantage vous justifier en abordant les expériences à l'étranger que pourra vous apporter l'école. S'il s'agit des stages à l'étranger, reportez-vous à la partie précédente.

En réalité, ici vous allez mettre en avant l'échange universitaire international. Toutes les écoles ou presque imposent aux étudiants un semestre minimum dans une université étrangère partenaire. Aussi faut-il se renseigner sur le nombre de semestres imposés et surtout, sur les destinations privilégiées, par rapport à votre projet professionnel mais également vos envies, votre personnalité. Sentez-vous libre de choisir la destination qui vous conviendra le mieux. Prenez garde toutefois à ne pas présenter ce séjour en université comme un voyage touristique ! Justifiez bien votre choix et évitez les arguments tels que la météo, la nourriture ou le faible coût de la vie. Préférez les notions de découverte d'une culture, diffusion du savoir, découverte d'un environnement économique différent, d'expérience unique, etc.

Par exemple, **pour un candidat de niveau bac +0**, il n'est pas essentiel d'entrer trop dans les détails :

« L'ouverture de l'ECE sur l'international est un élément déterminant dans mon choix. Je vous ai exposé mon attrait pour les questions de transports et de logistique européens. J'espère mettre à profit les 2 séjours en université à l'étranger afin de mieux appréhender les questions du transport européen à travers la découverte de deux pays limitrophes de la France. Ainsi, je souhaiterais partir étudier en Allemagne, à l'université de Francfort ou à Munich, ville que je connais déjà pour y avoir résidé dans mon enfance. En troisième année, j'aimerais partir étudier un semestre en Espagne, à l'université de Séville ou à Madrid. Dans cette optique, je souhaite apprendre l'espagnol en troisième langue, dès ma première année car j'estime que si l'on ambitionne un poste à l'échelle européenne, il faut maîtriser une langue en plus de l'anglais et l'allemand ».

En revanche, **les étudiants de master(e)s** seront attendus sur ce point :

« Mon choix d'intégrer le programme MSc in Luxury Management & Marketing d'EM Lyon a été très influencé par l'ouverture à l'international de cette formation de 16 mois. Après un séjour en Suisse, le semestre sur le campus d'EM LYON à Shanghai est, à mon sens, le moment fort du master. Ce séjour qui vise à étudier le marché du luxe en Asie, sera l'occasion d'appréhender les spécificités du marché chinois qui sera, selon les prévisions, le premier marché mondial en 2020. Ce séjour serait pour moi une belle opportunité de mettre à profit ma connaissance de la culture chinoise. En effet, je suis un grand lecteur de littérature chinoise et notamment de Lu Xun, et j'ai eu la chance d'effectuer deux voyages linguistiques à Beijing et Shanghai. Aussi, j'ai suivi d'un œil attentif le réveil, le développement et aujourd'hui la prospérité de l'économie chinoise. Enfin, nous pourrons, avec mes camarades du master, échanger avec les étudiants chinois du campus, apprendre d'eux et nouer des contacts peut-être utiles pour demain ».

Le réseau des anciens élèves : un réseau pour la vie

Nous avons déjà expliqué l'importance du réseau. L'école de commerce vous offre deux réseaux. Le premier, nous l'avons dit, est un réseau directement professionnel, découlant des partenariats écoles/entreprises. Le second réseau est tout aussi important : celui qui lie les élèves de l'école, qu'ils soient anciens, contemporains ou qu'ils vous précèdent.

Lors de l'entretien, vous devez déjà montrer votre connaissance du réseau des anciens de l'école en question. Pour ce faire, contactez des anciens élèves du master dans lequel vous souhaitez vous inscrire, des élèves ayant fréquenté l'université étrangère dans laquelle vous désirez partir étudier ou encore des anciens stagiaires dans des entreprises qui retiennent votre attention. Si vous ne parvenez pas à les contacter, retrouvez leurs profils sur les sites communautaires LinkedIn ou Viadeo, voire Facebook. Le jury recevra favorablement cette démarche aussi qui prouve votre intérêt pour l'école ; cette projection démontre que vous prenez les devants.

Il est bon de souligner l'importance du réseau des anciens élèves devant un jury. Interagissez avec des étudiants qui sont généralement très enclins à vous renseigner. De la même façon, nouez des contacts lors des journées portes ouvertes (JPO) et des salons étudiants. Notez les noms des personnes que vous rencontrez. Une école est un lieu d'échange et de transmission. Etre conscient de l'importance du réseau des anciens et s'en servir activement, c'est déjà s'inscrire dans une lignée d'étudiants.

Parsemez donc votre présentation, particulièrement cette partie et le P4, des retours que vous avez eus de vos rencontres et de vos échanges avec des étudiants. Soyez précis, donnez des noms. Et montrez déjà que vous serez demain l'un de ces passeurs.

Par exemple pour **un candidat aux écoles post bac** :

« J'ai eu l'opportunité de rencontrer plusieurs étudiants en 1re et 2e années à Kedge, au salon de l'étudiant. J'ai pu avoir deux avis différents, avec une projection sur deux ans et je dois avouer qu'ils m'ont transmis l'envie de venir étudier ici. Le contact est très bien passé avec Michel Lefrançois, en 1re année et Marie-Laure Dides de 2e année. J'ai d'ailleurs gardé contact avec eux ce qui me permettra de facilité mon intégration à Kedge. De plus, j'ai pu constater l'importance du réseau des anciens sur le site internet de l'école. Il semble unir les étudiants de Kedge par des liens très forts, comme me l'ont confirmé Michel et Marie-Laure. De plus, J'imagine qu'il facilitera mon insertion professionnelle à l'issue de ma formation au Kedge. »

Comme à chaque fois, on demande davantage de précisions **aux candidats de niveaux bac +3, bac +4 et bac +5** :

« Le réseau des anciens élèves de l'ESCP m'a permis de contacter plusieurs diplômés du Mastère Spécialisé Management des Hommes et des Organisations. Après m'être fait connaître auprès de Timothée de Chantérac, directeur scientifique du MS, j'ai contacté Grégoire Haddad et France Nguyen qui m'ont apporté un certain nombre de précisions sur cette formation. Ces deux diplômés m'ont transmis de riches témoignages, notamment au sujet des stages. Ils m'ont tous deux conseillé de m'orienter vers les entreprises de l'audiovisuel public, plus formatrices que les entreprises privées, en surlignant l'importance des rencontres avec les grands acteurs du monde des médias français, dont nombre d'entre eux sont d'ailleurs des anciens diplômés de l'ESCP. C'est ainsi que j'espère pouvoir m'insérer avec plus de facilités dans l'une de ces entreprises de médias ».

Voilà le P3 correctement exposé, de manière structurée. Maintenant, il faut passer au dernier des 4 P, sans oublier de soigner sa transition pour accompagner le jury dans votre présentation.

« Maintenant je souhaiterais vous parler d'une notion qui m'est chère : la question du partage et de la transmission, car si je vous ai exposé mes attentes, je veux aussi vous parler de ce que je désire apporter au cours de ma scolarité à l'école. »

P4. RECEVOIR ET DONNER : LA NOTION DE PARTAGE

Vous arrivez à la fin de votre présentation mais celle-ci serait incomplète, voire bancale, sans cette dernière partie. Souvent négligée par les candidats pressés d'en finir avec leur présentation, elle vous permet de donner une somme d'informations sur votre personnalité, vos qualités, vos aptitudes, votre valeur ajoutée. Finalement, cette partie répond à la question : « pourquoi vous plus qu'un autre candidat ? » Cette question fait appel à votre particularité, votre singularité. Chaque candidat est unique. A vous de le montrer !

Finalement, vous allez mettre en avant votre valeur ajoutée, en trouvant un champ pour la réinvestir. Concrètement, c'est à travers les associations étudiantes de l'école que vous pourrez exprimer votre « talent ». Vous connaissez maintenant l'importance que revêtent les associations pour les écoles. Synonymes de vitalité, de partage, de dynamisme, elles permettent aux étudiants de se rencontrer sur des projets divers et variés. Associations sportives, culinaires, culturelles, humanitaires, etc., vous devez trouvez une ou deux associations dans laquelle vous aimeriez vous impliquer. Cela signifie donc que vous devrez vous renseigner au préalable sur les sites des écoles. Plus encore, nous vous conseillons de prendre contact avec le président, le trésorier ou des membres actifs des associations afin de vous faire connaître et surtout, de **prendre connaissance des projets en cours de réalisation**.

Evidemment, il ne suffit pas de dire que l'on veut intégrer une association. L'intérêt de cette partie est bel et bien d'exposer ce que vous souhaitez apporter à l'association. Ainsi, vous avez encore une fois l'occasion de vous vendre ! N'oubliez pas que vous devez raconter votre histoire, en évoquant des qualités, des valeurs développées lors de vos expériences associatives, sportives ou encore vos voyages. En intégrant une association, vous choisissez de réinvestir ces acquis. C'est votre valeur ajoutée.

Votre force de proposition est également évaluée. Montrez que vous avez réfléchi à l'association et projetez-vous dedans.

Voici deux exemples :

« J'aimerais beaucoup m'investir au sein du bureau des sports de l'école. Je souhaiterais, en accord avec Pierre Van Wymmersch, président du BDS, ouvrir une section badminton, sport que je pratique depuis 9 ans. J'ai une expérience du haut niveau puisqu'ai été champion de France junior il y a 3 ans. C'est un sport que je connais sur le bout des doigts puisque j'ai également passé mon brevet d'entraîneur, 1er niveau, qui me permettrait d'encadrer les entraînements. En dialoguant avec Pierre, j'ai appris que les femmes représentaient seulement 39 % de l'association. Aussi je suis persuadé que ce sport pourrait attirer de nombreuses étudiantes à rejoindre le BDS. »

et

« Le club de théâtre d'HEC, Double jeu, a retenu mon attention car je pratique le théâtre depuis 5 ans. Anahita Dabir, la présidente m'a confié que les adhérents pensaient choisir une pièce parmi le répertoire de l'absurde pour l'année prochaine. Je suis une grande amatrice d'Eugène Ionesco et Samuel Beckett qui m'ont en quelque sorte donné envie de monter sur les planches. J'ai une certaine expérience de la scène puisque j'ai eu la chance d'effectuer une tournée avec ma troupe, les Souffleurs de vers, l'été dernier, qui nous a mené d'Avignon à Saint-Jacques de Compostelle. J'aimerais énormément mettre mon envie de jouer et mon expérience de la tournée au service de Double Jeu. Si mon emploi du temps me le permet, j'aimerais également participer aux matchs d'improvisation de l'association Impro've, discipline que je ne connais pas encore. »

Ainsi, préparez bien cette dernière partie pour laisser une bonne impression, basée sur l'originalité de votre valeur ajoutée.

CONCLURE EN BEAUTE : LA DERNIERE IMPRESSION EST AUSSI LA BONNE !

Il vous faut maintenant conclure par une phrase, elle aussi préparée. Mais avant, le jury peut vous donner l'opportunité d'ajouter quelque chose ou de lui poser une question. Préparez-vous en conséquence.

Une question au jury ?

Il n'est pas rare que le jury vous donne la parole, en vous demandant si vous avez des questions à poser. Dans ce cas, c'est une chance qui vous est donnée d'entamer une discussion que vous mènerez à votre tour. Vos capacités d'improvisation et de répartie seront une fois encore mises à l'épreuve. De plus, vous devrez montrer de l'intérêt pour le jury. En général, au début de l'entretien, les membres du jury se présentent en donnant leurs fonctions dans l'école. Vous pourrez donc imaginer plusieurs types de questions à poser à ce moment précis.

Premièrement, nous conseillons de poser une question concernant le choix d'un professeur ou d'un étudiant d'avoir intégré l'école en question. Vous montrez ainsi de l'intérêt pour votre jury, ce qui joue en votre faveur.

« Pourquoi avez-vous choisi l'ESSEC pour enseigner la finance d'entreprise ? » ; « Pourquoi avez-vous choisi de faire ce Master spécialisé dans le marketing à l'ESCP ? »

Dans le cas où un étudiant de l'école serait dans le jury, vous pourrez lui demander s'il fait partie d'une association. Posez-lui des questions sur le temps qu'il y consacre ; ce que cet engagement lui apporte ; ou encore, si l'étudiant connaît des adhérents à l'association à laquelle vous aimeriez participer.

Il est également possible que vous ayez en face de vous un responsable de master, des relations internationales, du bureau des stages ou d'un autre service de l'école. Saisissez cette opportunité pour montrer que vous êtes au fait des évolutions récentes de l'école : questionnez votre admisseur sur l'actualité de l'école.

« Vous êtes le responsable des relations internationales à EM Lyon et j'étais curieux de connaître plus avant le fonctionnement du campus de Shanghai. Les étudiants chinois sont-ils nombreux et interagissent-ils bien avec les étudiants français ? Le campus dispose-t-il d'associations étudiantes ? et si oui quelles sont-elles ? »

Ou encore

« Je suis originaire de Tunisie et j'ai vu qu'il n'y avait pas de partenariat avec des universités tunisiennes. Pensez-vous que les évènements du Printemps arabe et l'élan d'ouverture sur le monde qui en découle, dans mon pays d'origine, vont inciter PSB Paris School of Business à tisser des liens forts et durables avec les universités tunisiennes ? »

Si vous n'avez pas de question, vous pouvez apporter des précisions sur votre présentation.

Une précision…

Vous pouvez revenir en une phrase synthétique sur les points forts de votre présentation, mais ce n'est pas obligatoire. Après avoir demandé l'accord du jury, vous pouvez également revenir sur un point oublié ou sur lequel vous êtes passé un peu rapidement.

« J'aimerais, si vous le permettez revenir sur un détail de mon projet professionnel que je pense avoir exposé trop rapidement. »

Finir simplement

Concluez de manière polie, en laissant place aux questions du jury car la fin de votre présentation ne siffle pas la fin de l'entretien. Trouvez votre phrase de sortie, et dites là, en souriant bien sûr.

« J'en ai maintenant fini avec ma présentation, je vous remercie de m'avoir écouté. »

II. EXEMPLES DE 4P ENTIEREMENT REDIGES

Vous trouverez ici des exemples de *4P* entièrement rédigés.

L'objectif visé par ce chapitre est de vous démontrer trois choses :

1. Si nous vous conseillons clairement de ne jamais modifier la structure de vos *4P*, c'est parce que nous sommes tout simplement convaincus que c'est la meilleure façon de vous présenter. Soyez rassurés, **le jury n'aura jamais à faire à quelque clone que ce soit.** Soyez-en sûr !

   La structure des *4P* n'est qu'un squelette, une colonne vertébrale, solide, mais invisible au premier abord. **C'est vous et vous seul qui serez en mesure de nourrir la chair et l'âme de vos *4P*.** N'oubliez jamais qu'il n'y a pas deux *4P* qui se ressemblent ! Chacun d'entre vous est unique, différent. Vos *4P* le seront tout autant.

2. Ces exemples de *4P* visent à vous montrer que les *4P* constituent une **démonstration redoutable, pleine de bon sens et de logique**. En quelques lignes, votre jury est à-même de comprendre parfaitement pourquoi il a tout intérêt à retenir votre candidature. Surtout, vous devez savoir que ce type de « démonstration logique » est clairement attendue par le jury, qui a absolument besoin de valider le fait que vous avez un esprit synthétique, rigoureux et logique.

3. Ces exemples de 4P sont aussi là pour vous aider à comprendre que **si des centaines d'étudiants ont réussi à rédiger leur *4P*, alors vous serez aussi capables de le faire**. C'est un exercice plutôt long et difficile car il faudra faire des choix et déterminer une fois pour toutes les angles d'attaque de votre entretien. Mais dès lors que vos *4P* seront faits, tout sera nettement plus clair dans votre tête et vous arriverez alors très serein à l'entretien.

Pour des raisons de confidentialité, les noms de famille des étudiants ont été modifiés.

Anne-Sophie, admise à l'ESSEC BBA		PB
Age	17 ans	
Admission	Post Bac	
Ecole cible	ESSEC BBA	

P1 Bonjour, je m'appelle Anne-Sophie Costa, j'ai 17 ans et je vis actuellement à Ajaccio en Corse. Je tiens d'abord à vous remercier de m'accorder cet entretien au cours duquel je vais vous faire part de mes motivations pour intégrer le programme BBA de l'ESSEC.

T **J'aimerais dans un premier temps vous parler de mon parcours académique, puis de mon projet professionnel.**

P2 Je suis actuellement en Terminale ES option Anglais au Lycée Fesch d'Ajaccio. En troisième et en seconde, j'ai effectué deux séjours en familles d'accueil en Angleterre afin de perfectionner mon anglais. Grâce à mes progrès, j'ai pu décrocher un stage d'été au sein d'un centre de loisir international où j'étais vendeuse sur un stand de produits du terroir corse.
La somme de ces expériences a suscité en moi la volonté de travailler à un poste à responsabilité en commerce international éventuellement dans l'agro-alimentaire.

T **Pour la concrétisation de mon projet, j'ai besoin de passer par une école de commerce, et plus particulièrement par la vôtre.**

P3 Un manager doit être capable de s'adapter à des situations complexes et variées. Il doit être à l'aise dans toutes les disciplines (gestion, management, marketing, droit, etc.). C'est pour cela que je souhaite acquérir de solides connaissances transversales dans différentes disciplines du management. Mais j'ai aussi besoin d'être ouverte sur l'international et donc de faire des stages à l'étranger afin de mieux comprendre les défis que j'aurai à relever dans mes futures fonctions.
Pour mener à bien ce projet, j'ai besoin d'étudier dans votre école, l'ESSEC BBA, et ce, pour plusieurs raisons. La première est l'apprentissage. Votre école a en effet été la première école de commerce post-bac à proposer cette formule très avantageuse. Ainsi, par ce moyen je pourrai alterner périodes de cours et périodes en entreprise, et consolider sur une longue période les acquis de ces deux modèles pédagogiques. La deuxième est que le Bachelor de l'ESSEC est un diplôme reconnu par les universités et les entreprises du monde entier, ce qui favorisera mon intégration professionnelle à l'international.

T **Pour terminer je pense que votre école pourrait m'apporter beaucoup sur le plan de mon épanouissement personnel.**

P4 Grâce à ma passion de la voile que je pratique depuis 4 ans, j'ai pu développer une grande capacité de concentration, mais également une bonne aptitude au travail en équipe. Je sais que l'ESSEC dispose d'une vie associative très riche, et j'ai à cœur d'y prendre part, particulièrement en mettant toute mon énergie au service de, notamment, l'association ESSEC Voile. J'espère avoir ainsi l'occasion de faire briller les couleurs de l'ESSEC lors des différentes compétitions auxquelles l'école participera, notamment la Course Croisière EDHEC qui est un évènement majeur dans la vie sportive des Ecoles de Commerce. Je suis persuadée en outre que mon aptitude au travail en équipe et ma capacité de concentration ces qualités me permettront de tirer pleinement avantage des enseignements dispensés à l'ESSEC, et particulièrement lors des travaux de groupe.

C Je vous remercie de m'avoir écoutée.

Marielle, admise à PSB Paris School of Business		PB
Age	18 ans	
Admission	Post Bac	
Ecole cible	PSB Paris School of Business	

P1 Bonjour, je m'appelle Marielle Bernard, j'ai 18 ans, je suis née à Paris et je vis actuellement à Nogent sur Marne. Je tiens tout d'abord à vous remercier pour cet entretien au cours duquel je souhaite vous faire part de mes motivations pour intégrer PSB Paris School of Business.

T **J'aimerais dans un premier temps vous parler de mon parcours académique puis de mon projet professionnel.**

P2 Je termine mes études secondaires à l'Institut privé Montalembert à Nogent sur Marne. Je suis en Terminale Economique et Sociale, avec comme option, les mathématiques.
Mon projet professionnel à long terme est de devenir Directrice des Ressources Humaines. Ce qui m'intéresse plus particulièrement dans ce métier, c'est la complexité des contacts humains et les défis à relever au quotidien pour que les équipes travaillent ensemble efficacement sur des projets ambitieux. Je sais que le chemin est long pour atteindre un tel niveau de responsabilités et que je devrai passer par des postes aussi divers que chef de produit, chef de projets ou consultante en management mais je suis déterminée à occuper de telles fonctions. Et c'est donc pour cela que je dois passer par une école de commerce comme la vôtre.

T **Pourquoi PSB Paris School of Business ?**

P3 La direction des Ressources Humaines exige beaucoup de polyvalence. Aujourd'hui, pour être Directrice des Ressources Humaines, il est indispensable d'avoir des connaissances en management, en comptabilité, en communication, en gestion. Aussi PSB Paris School of Business constitue sans aucun doute la voie royale pour réussir dans mon entreprise. Non seulement parce que le parcours que vous proposez permet d'aborder toutes les disciplines du management mais encore parce que vous proposez un master en management des ressources humaines dont la responsable n'est autre qu'Amélie Notais, une référence incontournable en ressources humaines.

T **Pour terminer, je souhaiterais vous parler de la façon dont j'envisage les années à venir au sein de PSB Paris School of Business si jamais je suis retenue.**

P4 PSB Paris School of Business offre de formidables opportunités telles que la vie associative ou encore l'année d'échange à l'étranger. Je pratique l'athlétisme depuis 12 ans et j'ai d'ailleurs été 3e au championnat de France du 1 000 mètres en 2008. Aussi, les valeurs de persévérance, de détermination et d'esprit de compétition qui fondent l'ADN de ce sport sont des valeurs que je souhaite partager avec mes futurs camarades de PSB Paris School of Business au sein, notamment, du Bureau des Sports. Je suis également une étudiante motivée et dévouée, très volontaire pour représenter l'école au sein de mon lycée ou dans le cadre de salons étudiants.

C Voilà, j'en ai terminé avec ma présentation, et je vous remercie de m'avoir écoutée.

Erwann, admis à PSB Paris School of Business		PB
Age	18 ans	
Admission	Post Bac	
Ecole cible	PSB Paris School of Business	

P1 Bonjour, je m'appelle Erwann Lebolloch, j'ai 18 ans et je vis actuellement à Rennes en Bretagne. Je tenais pour commencer à vous remercier de me recevoir en entretien.

T **Je vais vous décrire dans un premier temps mon parcours, puis je vous parlerai de mes motivations à intégrer PSB Paris School of Business.**

P2 Je suis en terminale ES option économie au lycée Châteaubriand de Rennes. J'ai choisi la filière économie parce qu'en plus d'être pluridisciplinaire, elle m'évitait de m'enfermer dans une voie en particulier et me permettait de développer un savoir équilibré dans à peu près tous les domaines (mathématiques, économie, anglais).
Curieux de nature, j'ai eu de nombreuses expériences associatives et sportives. J'ai entre autres créé dans mon lycée une association qui permettait la collecte de livres et de jouets que l'on redistribuait dans les hôpitaux pour les enfants malades. J'ai également gagné avec mon club de volley-ball de nombreuses compétitions locales, et j'ai travaillé avec mon frère à la création d'un site web pour la promotion de sa marque de T-shirts. Ces expériences variées m'ont fait réaliser que pour mon épanouissement professionnel, j'avais besoin d'être à la tête de projets qui sollicitent des compétences variées et c'est donc pour cela que je souhaite construire mon projet professionnel autour de la création d'entreprise.

T **Pour pouvoir concrétiser cette envie, il me faut intégrer une école de commerce.**

P3 Dans un premier temps cela me permettrait d'acquérir des connaissances diverses en management, en finance, en marketing… Le but étant de maîtriser *in fine* chaque aspect du fonctionnement de sa société. De plus les travaux de groupe et les stages me permettront d'appliquer les connaissances théoriques acquises tout en me faisant une bonne idée de la réalité de la vie en entreprise.
J'ai bien conscience que mon projet reste à affiner, et PSB Paris School of Business représente pour moi la meilleure opportunité de concrétiser mon ambition. L'école dispose en effet d'une filière entrepreneuriat qui offre une palette de cours extrêmement variés avec des cours tels que « E-entrepreneurship business » ou encore « Entrepreneurial social ». De plus il existe des modules très concrets tels que le « Crash test entrepreneur » qui permet de tester en première et en deuxième année de spécialisation son projet face à un jury. Au-delà de la dimension entrepreneuriale, PSB Paris School of Business permet à ses étudiants d'avoir une meilleure connaissance de leur personnalité dans le cadre du programme Udiscover. Ce programme permet également de développer une meilleure compréhension des autres, des institutions, de l'innovation et du monde du travail. Tout cela renforce ma conviction qu'à PSB Paris School of Business je grandirai autant sur le plan professionnel que personnel.

T **Je souhaite pour terminer vous parler de mon souhait de participer à la vie de campus de PSB Paris School of Business.**

P4 Je pratique le volley-ball depuis 3 ans, et j'envisage si je suis retenu d'intégrer l'équipe de volley-ball de PSB Paris School of Business. J'ai en effet développé par ce sport un fort sens du travail en équipe, mais également une grande ténacité, ce qui me permettra d'aller au bout de cette formation avec succès.

C Je vous remercie de votre attention.

Mathieu, admis à l'ESSEC Grande Ecole		PP
Age	19 ans	
Admission	Post Prépa	
Ecole cible	ESSEC Grande Ecole	

P1 Bonjour, je m'appelle Mathieu Taitbout, j'ai 19 ans et je vis actuellement à Caen en Normandie. Je tenais avant toute chose à vous remercier pour cet entretien, au cours duquel je ne manquerai pas de vous montrer ma détermination à intégrer votre école, l'ESSEC.

P2 J'ai obtenu mon baccalauréat Scientifique option mathématiques avec mention en juillet 2010, et je termine aujourd'hui ma deuxième année de prépa ECS au Lycée Carnot à Paris. J'ai choisi de faire une prépa afin d'augmenter ma capacité de travail et de résistance au stress, d'une part, mais aussi parce que je savais que cela m'apporterait une formation solide en mathématiques, un « plus » quand on se destine à faire carrière dans la finance.
Je souhaite en effet travailler dans une banque d'investissement en financement de projets internationaux, notamment en direction des pays émergents. Les contours de ce projet ne sont pas encore clairement définis mais c'est ce qui m'a poussé à passer des concours pour intégrer une grande école. Mon intérêt pour la banque d'investissement est né tout d'abord de mes études. Mon aisance en mathématiques m'a en effet toujours conforté dans la certitude que j'étais fait pour un métier où je devrai manipuler des chiffres au quotidien. De plus, j'ai un parrain qui a travaillé sur de nombreux projets d'infrastructure en Afrique, et qui m'a transmis l'envie d'être partie prenante dans la concrétisation d'un projet, notamment dans des régions où il y a de nombreuses choses à bâtir.

T **Pour faire carrière dans une banque d'investissement, j'ai besoin de passer par une école de commerce et la vôtre en particulier.**

P3 Afin de pouvoir assumer un poste à responsabilités, je souhaiterais acquérir de solides connaissances transversales en management. De plus, mon projet requiert que je suive des cours de finance alliant théorie et pratique afin de développer les meilleurs réflexes, et une école de commerce est le meilleur endroit où je puisse le faire.
Au-delà d'une Ecole de Commerce, j'ai besoin plus particulièrement de l'ESSEC pour concrétiser mon projet professionnel, et ce pour plusieurs raisons. La première, c'est la filière finance de l'école qui a pour partenaire principal le CFA Institute. Cette filière est très réputée pour la qualité de ses enseignements et les débouchés qu'elle offre, notamment à travers des cours tels que « Evaluation stratégique et financière » ou encore « Finance internationale ». D'autre part, l'ESSEC a mis en place depuis quelques années un programme qui permet de partir étudier 6 mois à Singapour sur des problématiques liées au business dans les pays émergents, sujet qui m'intéresse tout particulièrement.

T **Enfin, je suis persuadé que votre école pourra m'apporter énormément, et je tiens donc à mon tour à apporter ma contribution à la vie et au rayonnement de l'ESSEC.**

P4 J'ai acquis de par mes origines et mon entourage une grande sensibilité aux problématiques liées au continent africain, notamment sur le plan économique. J'espère ainsi participer aux activités de l'association ESSEC Africa afin de contribuer à l'organisation des évènements de réseautage professionnel en rapport avec l'Afrique. Je souhaiterais également rejoindre l'équipe de football de l'ESSEC. En effet, je pratique ce sport depuis l'âge de 6 ans, et espère avoir l'occasion de mettre ma résistance et mes aptitudes au travail en équipe au service de l'école, lors de compétitions telles que la coupe de France des Ecoles ou du Tournoi des 5 Ballons.

C J'en ai terminé de ma présentation et vous remercie vivement de m'avoir écouté.

Sophie, admise à l'ESSEC		PP
Age	19 ans	
Admission	Post Prépa	
Ecole cible	ESSEC Grande Ecole	

P1 Bonjour, je m'appelle Sophie Grangier, j'ai 19 ans, et je vis en région parisienne.
Je tiens tout d'abord à vous remercier pour cet entretien au cours duquel je souhaite vous faire part de mes motivations pour intégrer votre école, l'ESSEC Business School.

T **J'aimerais dans un premier temps vous parler de mon parcours académique, puis de mon projet professionnel.**

P2 J'ai obtenu mon baccalauréat scientifique avec mention très bien en juillet 2010, et je termine actuellement ma deuxième année de classe préparatoire en voie scientifique à Paris.
Si j'ai choisi de suivre un cursus en classe préparatoire, c'est parce que je souhaite occuper à moyen / long terme des fonctions de management au sein d'entreprises majeures du secteur du luxe ou de la grande consommation comme LVMH, CHANEL, DANONE ou FERRERO. Ce sont aujourd'hui deux secteurs qui retiennent mon attention mais je reste naturellement ouverte à d'autres secteurs qui me sont moins familiers. Ce que j'aime par dessus tout, c'est le produit et les questions qui touchent au domaine de l'innovation.

T **Une grande école représente selon moi un passage obligé pour réussir au plus haut niveau.**

P3 Pour réussir dans les secteurs du luxe ou de la grande consommation, je devrai déployer des compétences très polyvalentes. Je me suis en effet renseignée sur plusieurs postes tels que chef de produit, responsable communication, directeur marketing, ou encore directeur commercial, et je me suis rendue compte que pour chacun de ces métiers, il fallait être compétente en gestion, en marketing, en management, en stratégie ou encore en ressources humaines.
Aussi, je crois sincèrement qu'une grande école constitue la meilleure antichambre de la vie des affaires et que c'est le lieu rêvé pour acquérir et mettre en pratique des qualités aussi essentielles que le sens des responsabilités, l'écoute, l'audace que ce soit au travers des travaux en groupes, des activités associatives et bien sûr des stages.
Quant à la question « Pourquoi l'ESSEC ? » et bien il est vrai qu'elle a fait l'objet de beaucoup de réflexion pour moi, mais il y a deux raisons particulières qui me poussent à préférer l'ESSEC à toute autre école. La première, c'est que c'est tout simplement l'une des meilleures formations au monde, une formation d'excellence. Et la deuxième, c'est que l'ESSEC abrite des chaires d'enseignement comme la Chaire LVMH ou la Chaire grande consommation, qui sont en parfait accord avec mes ambitions.

T **Pour terminer, j'aimerais vous dire aussi pourquoi je pense que l'ESSEC est une école dans laquelle je pourrais m'épanouir.**

P4 J'ai bien conscience que vous avez beaucoup à m'apporter, mais je pense aussi avoir beaucoup à apporter à votre école, en commençant par mon goût pour le piano. Je souhaiterais volontiers devenir une membre active l'association *Comedia*, ou encore *Musical*. Je m'intéresse également à la photographie, et j'aurai à cœur de rejoindre le Bureau des Arts.

C Merci de m'avoir écoutée.

Kevin, admis à l'ESC Rennes School of Business		AP
Age	20 ans	
Admission	A Bac +2 / Admission parallèle	
Ecole cible	ESC Rennes School of Business	

P1 Bonjour, je m'appelle Kevin Legrand, j'ai 20 ans et je vis actuellement à Cergy-Pontoise, dans le Val d'Oise en région Parisienne. Tout d'abord merci de me recevoir aujourd'hui. Je tâcherai lors de cet entretien, de vous parler un peu de moi et de mon parcours, mais surtout des raisons qui me poussent à intégrer l'ESC Rennes School of Business.

T **Je vais tout d'abord vous parler de mon parcours académique, puis de mon projet professionnel.**

P2 J'ai obtenu un Baccalauréat S en 2010, et je suis en train de terminer un DUT en Techniques de commercialisation à l'université d'Orléans. J'ai opté pour cette formation car je souhaitais poursuivre un cursus avec un socle d'enseignements concrets, proches du monde de l'entreprise.

J'ai construit mon projet professionnel dans le domaine du commerce international, et plus spécifiquement dans l'industrie agro-alimentaire. Je souhaiterais en effet occuper à terme un poste de Directeur commercial international pour une multinationale telle que DANONE, NESTLE ou COCA COLA.

T **Pour atteindre mes objectifs, j'ai besoin de passer par une école de commerce, et plus particulièrement par l'ESC Rennes School of Business.**

P3 En effet, une école de commerce comme la vôtre me permettrait de comprendre et de maîtriser les enjeux du commerce international à travers ses divers piliers que sont la finance, le marketing, ou la gestion de supply-chain. Quant à l'ESC Rennes School of Business, l'école entretient de solides partenariats avec des entreprises leaders de l'industrie agro-alimentaire. De plus, elle organise tout au long de l'année des forums d'emploi qui permettent aux étudiants d'échanger avec les entreprises partenaires et d'initier des processus de recrutement. L'école propose enfin une spécialité « International Business and Management » qui me tient tout particulièrement à cœur.

T **J'aimerais pour terminer vous parler de mon souhait de m'intégrer pleinement à la vie de votre école.**

P4 Je donne des cours de soutien à des jeunes de mon quartier depuis 2 ans. Cette activité m'a donné un bon sens du contact et de la communication. Je souhaiterais donc poursuivre dans cette lancée en rejoignant l'association *Cool School* qui organise des cours de soutien scolaire pour enfants et adolescents en difficulté. Cette expérience me permettrait d'améliorer mes qualités relationnelles et communicationnelles, essentielles en Ecole de commerce et dans les métiers auxquels elle prépare et surtout de partager des moments forts avec mes futurs camarades de promotion.

C Voilà, ma présentation est terminée et je vous remercie de m'avoir écouté.

Sixtine, admise à Audencia		AP
Age	21 ans	
Admission	A Bac +3 / Admission parallèle	
Ecole cible	Audencia	

P1 Bonjour, je m'appelle Sixtine Vigouroux, j'ai 21 ans et je vis actuellement à Paris. Premièrement, permettez-moi de vous remercier de me recevoir aujourd'hui en entretien.

T **Je vais dans un premier temps vous parler de mon parcours, puis je vous expliquerai les raisons qui me poussent à vouloir rejoindre votre école.**

P2 J'ai obtenu mon baccalauréat ES option anglais au Lycée Gabriel Fauré dans le 13e arrondissement de Paris et je termine actuellement ma Licence de sociologie à l'université Diderot Paris 7.

J'ai choisi d'effectuer ce cursus parce que j'ai toujours eu envie de comprendre comment interagissent les personnes en société ou dans une organisation. De plus, cette voie ouvrait des ports assez variés sur le marché du travail et cette liberté de choix m'a paru assez séduisante.

Depuis l'année dernière, j'ai participé dans le cadre de mon université à de nombreux salons d'orientation pour lycéens et étudiants et j'ai réalisé que je prenais beaucoup de plaisir à écouter les gens, à les conseiller sur leurs choix d'orientation en fonction de leur parcours, et à leur expliquer ce que mon université pouvait leur apporter. Aussi, après de longues discussions avec des professionnels et des recherches sur internet j'ai décidé d'entamer une carrière en ressources humaines, avec pour objectif à long terme de devenir Directrice des ressources humaines ou chasseuse de tête.

T **Pour réussir dans ce domaine, je pense avoir besoin de poursuivre mes études au sein d'une Grande Ecole de commerce.**

P3 Même si l'université m'a apporté un solide bagage académique et une grande autonomie, j'ai besoin d'acquérir aujourd'hui les connaissances de bases dans les matières du management et de vivre des expériences concrètes en entreprise. Si je souhaite plus particulièrement intégrer Audencia, c'est parce que votre majeure « Human Resources Management » a acquis une solide réputation auprès des recruteurs.

T **Enfin, si je suis retenue, j'aurai à cœur de participer à la vie de campus de l'école.**

P4 Je suis en effet une passionnée de théâtre. Grâce à cette passion, j'ai pu malgré ma timidité améliorer ma confiance en moi ainsi que mon expression orale. Je me sens ainsi mieux armée pour affronter les présentations, omniprésentes dans la pédagogie d'Audencia, et par ricochet, les échanges ou prises de paroles dans ma vie future vie professionnelle. Mon expérience du théâtre me permettrait surtout de devenir une membre active du Bureau des Arts pour l'organisation d'évènements culturels, mais aussi de m'investir dans des pièces de théâtres ou des comédies musicales. Par ailleurs si j'intègre Audencia, c'est avec plaisir que j'irai représenter l'école lors de salons ou forums et convaincre ainsi d'autres étudiants de nous rejoindre.

C J'en ai terminé de ma présentation et vous remercie de m'avoir écoutée.

Alexandre, admis à ESCP Europe		AP
Age	23 ans	
Admission	Service des Admissions Internationales – SAI	
Ecole cible	ESCP Europe Grande Ecole	

P1 Bonjour, je m'appelle Alexandre Crudeli, j'ai 23 ans et je vis actuellement à Naples, en Italie mon pays d'origine. Merci infiniment de me recevoir aujourd'hui. Je tâcherai lors de cet entretien, de vous parler de mon parcours, de mon projet professionnel mais aussi de ma volonté d'intégrer l'ESCP Europe.

P2 **Concernant mon parcours académique,** j'ai obtenu mon baccalauréat littéraire en Italie, dans la petite ville de Livourne. Je termine actuellement ma dernière année de Master 1 en Relations Internationales à l'Université de Naples. J'ai choisi d'effectuer ce cursus parce que j'ai toujours eu envie de travailler à l'international, envie consolidée notamment par mon aisance dans les langues. Je parle en effet italien, français, espagnol, anglais et ai de bonnes notions en portugais.

Quant à mon expérience professionnelle, j'ai effectué en 2010 un stage de 5 mois dans une ONG dédiée à la résolution de conflits à Abidjan en Côte d'Ivoire. Cette première expérience dans un pays en développement m'a fait prendre conscience d'un certain nombre de problématiques spécifiques à ces pays, et de l'importance pour certains gouvernements d'être accompagnés et conseillés sur certains projets de développement ou d'infrastructure. **C'est pour cela que je souhaiterais travailler dans un cabinet de conseil en management** et me spécialiser à terme sur des problématiques de secteur public pour être en mesure de travailler avec des gouvernements ou des organisations gouvernementales à l'international.

T **Pour réussir dans ce métier exigeant, j'ai besoin de passer par une école de commerce.**

P3 J'ai en effet besoin de développer des connaissances pointues dans toutes les disciplines du management et d'acquérir une polyvalence à toute épreuve, indispensable à la réussite en entreprise, et ce, quelque soit le poste visé.

Au-delà de cet aspect, je voudrais plus précisément intégrer l'ESCP car votre école me permettrait de faire de mon projet une réalité. La première raison est que votre école offre la possibilité d'étudier dans plusieurs pays différents.

De plus, l'ESCP entretient d'excellentes relations avec les meilleurs cabinets de conseil, ce qui faciliterait grandement mon intégration professionnelle.

T **Enfin, je tiens également à m'impliquer dans la vie associative de l'ESCP.**

P4 Je suis un passionné de cuisine depuis ma tendre enfance. J'ai retiré de cette passion un sens pointu de détail et un fort sens de l'organisation qui me seront certainement salutaires pour gérer avec succès mes études, et ma carrière, mais également la vie de campus à laquelle je souhaite participer activement. En effet, J'envisage entre autres de créer à l'ESCP une association dédiée à la gastronomie internationale, avec pour événement phare un buffet mensuel de dégustation dédié à une culture en particulier, avec des ingrédients de qualité et la possibilité de gagner des invitations dans un restaurant partenaire ou un livre de cuisine.

C J'ai terminé ma présentation et serai ravi de développer plus avant un aspect de ma candidature.

Edouard, admis à l'ESSEC		AP
Age	23 ans	
Admission	A Bac +4 / Admission parallèle	
Ecole cible	ESSEC Grande Ecole	

P1 Je m'appelle Edouard Razvani, j'ai 23 ans, je suis né à Paris de parents d'origine indienne nés à Madagascar et j'ai grandi à Montrouge où je vis encore aujourd'hui. Je suis le deuxième d'une famille de 3 enfants : j'ai une grande sœur qui habite à Mayotte, et une petite sœur qui vit à Cergy car elle suit le programme de l'ESSEC BBA.

T **J'aimerais dans un premier temps vous parler de mon parcours académique puis de mon projet professionnel.**

P2 Après avoir obtenu mon baccalauréat Scientifique, mon intérêt était très porté sur les sciences médicales et surtout sur le domaine curatif du médicament, c'est donc tout naturellement que je me suis dirigé vers les études Pharmaceutiques à l'université Paris Descartes où je termine actuellement ma 5e année d'études et en parallèle. Je suis titulaire d'un master M1 en Santé Publique.

Si je suis devant vous aujourd'hui c'est parce que mon projet professionnel est ambitieux. Un continent : l'Asie ; un secteur : la dermocosmétique ; une activité : l'entrepreneuriat.

Cela fait maintenant 2 ans que je travaille au sein d'un laboratoire dermocosmétique qui s'appelle AAA dont le chiffre d'affaires avoisine les 10 millions d'euros. C'est une expérience très enrichissante et qui m'a donné envie d'entreprendre la dermocosmétique. C'est un secteur dans lequel on retrouve de grandes marques comme L'Oréal, Procter and Gamble, Kanebo mais aussi des acteurs de taille moyenne mais très actifs comme Nuxe ou Caudalie, un secteur où l'innovation est au cœur de la stratégie des marques et dans lequel AAA a une très belle carte à jouer, notamment en Asie.

Si ma formation pharmaceutique me permet de comprendre la formulation, la composition des produits, le langage à tenir auprès des fournisseurs pharmaceutiques, elle ne me permet pas pour autant de développer une entreprise et de la gérer. **C'est pour cela que je postule aujourd'hui au programme Grande Ecole de l'ESSEC.**

T **Pourquoi l'ESSEC ?**

P3 L'ESSEC car c'est une école de commerce où l'entrepreneuriat est inscrit dans son ADN, une école qui possède un incubateur à l'origine de la création d'une centaine d'entreprises. Mais aussi une école pionnière en Asie avec un campus à Singapour qui propose deux programmes : le Core Track et le GMA ; deux programmes qui constitueraient un véritable tremplin pour ma carrière et qui me permettraient de comprendre et de découvrir les cultures asiatiques.

T **Pour terminer, je souhaiterais vous parler de la façon dont j'envisage les années à venir au sein de l'ESSEC si je suis retenu.**

P4 Comme vous pouvez le voir sur mon CV, je commence ma 5e année d'études, alors que j'ai débuté le cursus il y a 7 ans. Ces 7 premières années ont été ponctuées par un fort investissement associatif. J'ai en effet présidé deux associations majeures de la Faculté de Pharmacie : une association sportive et une association d'évènementiels. J'aurai donc à cœur de m'investir dans la vie associative de l'ESSEC sans pour autant m'impliquer à 100 %.

Je suis d'origine indienne, je parle couramment le gujrati, je ne suis jamais allé en Inde et c'est pourquoi je serai ravi d'intégrer l'association SARI qui propose une aide associative aux jeunes indiens non scolarisés et aux femmes indiennes.

Etre un bon ambassadeur de l'ESSEC en intégrant ce réseau d'anciens très étoffé et en la représentant au cours du Forum de l'ALEE à la faculté de Pharmacie de Paris.

C J'en ai terminé de ma présentation et vous remercie de m'avoir écouté.

Marine, admise au Mastère Spécialisé Management des biens et activités culturels, ESCP Europe		MS
Age	25 ans	
Admission	MS	
Ecole cible	ESCP Europe	

P1 Bonjour, je m'appelle Marine Durano, j'ai 25 ans et je vis à Nanterre en région parisienne. Je vous remercie de me recevoir en entretien aujourd'hui.

T **Je vais tout d'abord vous parler de mon parcours, de mon projet professionnel et des raisons qui me poussent à postuler au sein de votre école.**

P2 Après un baccalauréat littéraire au Lycée Masséna de Nice, j'ai obtenu une licence en histoire de l'art et archéologie à l'université de Nancy. J'ai choisi cette formation parce que je suis passionnée de culture et j'ai longtemps rêvé de travailler dans un univers qui me permette de satisfaire mon intérêt pour les arts graphiques et décoratifs, toutes périodes confondues. C'est donc naturellement que j'ai intégré par la suite l'Ecole du Louvre, où je suis en train de terminer un Master 2 en Patrimoine, muséologie, médiation culturelle, et communication.
J'ai effectué dans le cadre de ma formation un stage d'assistance en recherche de 6 mois au sein de l'association pour l'histoire de BNP Paribas. C'est à la suite de cette expérience que j'ai réalisé que je souhaitais plus m'orienter vers des problématiques traitant de l'art en tant que « business ». Je souhaiterais en effet travailler à court terme en tant que chargée de projet de développement au sein d'un musée ou d'une fondation internationale, et être en charge développer les partenariats à l'international, et coordonner les relations publiques. J'envisage également à moyen terme d'évoluer vers un poste de direction et être au cœur de la stratégie d'une institution culturelle internationale.

T **Pour que mon projet se concrétise, j'ai besoin de suivre une formation intensive et de haut niveau au sein d'une école de commerce et plus particulièrement la vôtre.**

P3 J'ai besoin d'acquérir de solides compétences en management de base dans toutes les disciplines qui font la vie de l'entreprise. De plus, je suis persuadée qu'en école de commerce je développerai de meilleures aptitudes au travail en équipe dans le cadre des projets et travaux de groupe, ce qui est une compétence recherchée dans le métier auquel je me destine.
Au-delà des aspects généraux d'une formation en école de commerce, j'ai besoin d'intégrer le Mastère Spécialisé, Management des biens et activités culturels de l'ESCP-Europe, car il correspond en tous points à ce dont j'ai besoin pour mon projet professionnel. Avec des enseignements ciblés et concrets tels que le cours de « Management de projet et industries culturelles » ou encore celui « Comptabilité et contrôle de gestion des industries culturelles », je suis assurée d'avoir tous les apports académiques nécessaires à une meilleure compréhension du milieu de l'art comme environnement d'affaires. De plus, vous disposez de partenariats avec des institutions culturelles prestigieuses et à dimension internationale telles que « The Venice International Foundation », qui correspondent complètement au type d'organisme où je souhaiterais faire carrière.

T **J'ai bien conscience de l'apport potentiel de cette formation à ma vie professionnelle, et je souhaiterais à mon tour apporter ma contribution à la vie de l'école.**

P4 Je suis passionnée d'Opéra, et de théâtre. Je souhaiterai rejoindre le pôle Scène de l'association Art Maniac de l'ESCP, et apporter ma touche personnelle à la traditionnelle pièce de théâtre montée par l'association chaque année, et pourquoi ne pas monter sur les planches avec eux lors de leurs 6 jours de représentation dans un théâtre de Paris !

C J'en ai terminé de ma présentation. Merci de m'avoir écoutée.

Faustin, admis en Mastère Spécialisé		MS
Age	24 ans	
Admission	MS	
Ecole cible	ESSEC	

P1 Bonjour, je m'appelle Faustin Lescuyer, j'ai 24 ans et je vis actuellement à Lyon, dans la région Rhône-Alpes. Je vous remercie de me recevoir pour cet entretien, durant lequel j'essayerai de vous convaincre de ma motivation à intégrer votre école.

P2 **Sur le plan académique**, j'ai obtenu un baccalauréat S option mathématiques avec mention au lycée Alfred Musset de Villeurbanne. J'ai choisi de faire un baccalauréat S parce que j'adorais les mathématiques et l'univers des nouvelles technologies. J'ai ensuite intégré l'Institut catholique d'Arts et Métiers où je termine une formation d'ingénieur généraliste.

J'ai eu l'opportunité de faire un stage en tant qu'ingénieur projet rattaché à la cellule innovation de saint Gobin. La rencontre de consultants externes dans le cadre de cette expérience m'a permis d'affiner mon projet professionnel. En effet, je souhaiterais travailler à l'international en tant que consultant en stratégie et accompagner les directions générales de multinationales à mettre en place la stratégie adéquate pour leurs projets d'innovation, de réduction des couts, de fusion acquisition, de conquête de nouveaux marchés, etc. Je souhaiterais faire carrière dans un bureau asiatique de cabinets tels que le Boston Consulting Group ou Bain & Company.

T **Pour pouvoir réaliser mon projet professionnel, j'ai besoin de compléter ma formation d'ingénieur par un passage en école de commerce.**

P3 Je souhaite en effet approfondir ma connaissance des domaines essentiels et complémentaires que sont la stratégie, le management, le marketing et la finance. Ces cours me permettront d'acquérir une vision globale et transversale de l'entreprise et de ses défis, nécessaire à tout consultant en stratégie.

Et pour aller plus loin, j'ai notamment besoin d'intégrer le Master Spécialisé Strategy and Management of International Business de l'ESSEC. Ce programme a l'international ancré dans ses gènes, grâce à la possibilité de faire tout ou partie de son cursus sur l'un des campus partenaires des partenaires aux USA au Canada, au Mexique ou à Singapour. D'ailleurs le Master Spécialisé Strategy and Management of International Business de l'ESSEC a entre autres partenaires la Nanyang Technological University, qui propose l'un des meilleurs MBA d'Asie. Sur le plan technique, des cours tels que « Firm valuation and M&A » me dispensé par le Professeur Jocelyn Martel me permettra d'avoir un bagage de futur consultant solide. J'ai également été séduit par la possibilité d'apprendre de façon pratique à travers un projet de terrain et une thèse professionnelle encadrée par une entreprise partenaire. Plusieurs projets des années antérieures m'ont marqué, tels que celui réalisé pour Sony, « Global vision versus local demand: managing a dilemma » qui est une problématique récurrente pour les entreprises qui veulent s'étendre à l'international.

P4 **Pour terminer**, je souhaiterais vous dire qu'étant quelqu'un qui a le contact facile, j'ai été longtemps été dans le Bureau Des Elèves de mon école d'ingénieurs. Si j'ai la chance de rejoindre l'ESSEC, j'envisage de participer activement à la vie de campus des Mastères Spécialisés en utilisant notamment ce que j'ai retiré des mes expériences associatives antérieures. J'ai appris grâce à l'un de vos étudiants, Alvaro Almeida avec qui j'ai discuté sur le forum en ligne ESSEC Talk, que les étudiants de MS organisaient chaque année des évènements propres en plus de ceux du reste de l'école. Je prévois de rejoindre le Bureau Des Elèves des Masters Spécialisés, et contribuer à l'organisation des évènements phares de l'école, tels que la « Nuit de la bulle », le gala des Masters spécialisés. C'est également avec plaisir qu'à mon tour, je rejoindrai l'équipe des ambassadeurs de l'ESSEC et partagerai avec les futurs candidats mon expérience lors des salons, des journées portes ouvertes ou sur les forums ESSEC en ligne.

C J'en ai terminé de ma présentation. Merci de m'avoir écouté.

SIXIEME PARTIE

LISTE DES QUESTIONS FREQUEMMENT POSEES PAR LES JURYS D'ADMISSION ET DES REPONSES A Y APPORTER

Par construction, votre entretien se déroulera sous forme de questions/réponses. Si nous avons déjà, au long de cet ouvrage, évoqué les principales questions appelées à vous être, selon toute vraisemblance, posées, cette sixième partie se veut plus complète.

Elle recense en effet la quasi-totalité des questions posées en les regroupant par thème, même s'il demeure évident que les thèmes sont étroitement liés. La réponse à une question sur votre personnalité peut être enrichie par une évocation d'une expérience significative de votre personnalité, comme une question sur votre parcours trouvera certainement également une partie de sa réponse dans votre personnalité.

Au-delà des questions, nous vous proposons des pistes de réponses à y apporter. Mais attention : **il ne s'agit que de pistes,** qui doivent être explorées et vous permettre de produire vos propres réponses, mâtinées par votre expérience et votre personnalité. Par ailleurs, certaines questions sont liées au niveau des étudiants (post-bac, post classes préparatoires, admissions sur titres).

L'objectif n'est donc pas tant de vous fournir des réponses « prêtes à l'emploi » que de vous permettre de cerner plus concrètement le type de questions auquel vous devez vous attendre et de vous aider à produire vos propres réponses.

1. Racontez-nous votre parcours.
   D'où venez-vous ?
   Qu'est-ce qui vous amène ici ?
   Qu'avez-vous fait jusqu'à maintenant ?

2. Pourquoi avez-vous choisi ces études ?
   Pourquoi avoir choisi de faire une classe préparatoire ?
   Pourquoi ne pas avoir choisi de passer par une classe préparatoire ?

3. Qu'est-ce que votre formation vous a apporté ?
   Qu'en avez-vous retiré ?

4. Pourquoi changer de direction / d'orientation ?
   Vous êtes-vous trompé ?
   Etes-vous sûr de ce que vous voulez faire aujourd'hui ?

5. Racontez-nous une expérience dans le cadre de laquelle vous avez eu à faire preuve d'initiative.
   Parlez-nous d'une expérience où vous avez démontré votre potentiel d'entrepreneur / de leader.

6. Evoquez une expérience qui vous a particulièrement marqué.
   Quels enseignements en avez-vous retiré ?

7. Racontez-nous votre plus cuisant échec.

8. Compte tenu de votre parcours, êtes-vous certain que votre place soit ici, parmi nous ?
Vous pensez vraiment avoir votre place au sein de notre école ?

9. Quelles autres études, hormis une école de commerce et/ou vos études antérieures, auriez-vous aimé faire ?
Quel métier rêviez-vous d'exercer quand vous aviez cinq ans ?

10. Etes-vous fier de votre parcours ?

11. Donnez-nous trois mots pour définir ou caractériser ce qui a marqué votre départ dans la vie.

12. Pourquoi une école de commerce ?
Pourquoi pas un master universitaire ?
Pourquoi pas des études à l'étranger (London School of Economics, Luigi Bocconi, Esade Madrid, Columbia University New York...) ?

13. Pourquoi notre école ?

14. Si vous êtes admis dans notre école et une autre (moins bien classée / mieux classée), laquelle choisissez-vous ?

15. Qu'imaginez-vous vivre dans notre école ?
Faites-nous vivre une de vos premières journées au sein de notre école (en admettant que vous soyez admis bien sûr).

16. Que comptez-vous apporter à notre école ?
Que comptez-vous apporter de plus que les autres à notre école ?
En quoi êtes-vous différent / meilleur que les autres candidats ?

17. Quelles sont les grandes caractéristiques de notre ville / région ?

18. Que faites-vous si votre candidature n'est pas retenue ?
Avez-vous un plan B ?

19. Quel est votre projet professionnel ?

20. Comment votre projet professionnel est-il né ?
Comment pouvons-nous croire en la sincérité de votre projet ?
Comment l'idée vous en est-elle venue ?

21. Pourquoi le marketing / l'audit / la gestion / les ventes / les ressources humaines ?
Qu'est-ce qui vous attire précisément dans ce métier ?
Qu'est-ce qui vous permet de penser que vous avez les qualités requises pour réussir dans ce métier ?

QUESTIONS FREQUEMMENT POSEES

22. Pourquoi vouloir travailler dans le secteur de/du... ?

23. Que fait au quotidien un chef de produit / un contrôleur de gestion / un analyste financier... ?
Racontez-nous la journée d'un auditeur / d'un responsable des ressources humaines...

24. Et dans cinq ans, que vous voyez-vous faire ?
Et dans dix ans ?
Et dans vingt ans ?

25. Pourquoi vous intéressez-vous à... ?

26. Que vous apporte la pratique de... ?

27. Quel fait d'actualité vous a marqué récemment ?
Quel fait d'actualité récent n'a pas eu selon vous l'écho qu'il aurait dû avoir ?

28. Comment les autres vous perçoivent-ils ?
Comment votre meilleur(e) ami(e) vous décrit-elle ?
Quelle empreinte laissez-vous quand vous rencontrez quelqu'un pour la première fois ?
Quelle empreinte laissez-vous quand vous quittez un lieu ?

29. Quelle attitude adoptez-vous en cas de conflit dans un groupe ?

30. Pour quelle cause seriez-vous prêt à vous engager ?
Qu'est-ce qui vous ferait descendre dans la rue ? / manifester ?
Pour quelle cause vous êtes-vous déjà engagé ?

31. Quel est votre patron / dirigeant préféré ?
Quelle est votre personnalité préférée ?
A quel personnage historique vous identifiez-vous le plus ?

32. Sur quoi fondez-vous une amitié ?
Pourrions-nous devenir amis ?

33. Quel est le dernier livre que vous avez lu ?
Quel est le dernier film que vous avez vu ?
Quelle est la dernière pièce que vous avez vue ?
Quelle est la dernière exposition à laquelle vous vous êtes rendu ?

34. Quelles sont vos qualités ?
Quels sont vos défauts ?
Votre principale qualité ?
Quels sont les traits marquants de votre personnalité ?
Si vous en aviez la possibilité, quel trait de votre personnalité aimeriez-vous changer ?

35. Que voulez-vous que le jury retienne de vous ?
Que retiendra-t-on de vous dans trois semaines ?
Quelle est la dernière chose que vous aimeriez dire ?
Il vous reste une minute… Qu'avez-vous à dire ?

36. Et si vous étiez un animal ?
Un matériau ?
Une couleur ?
Un modèle de voiture ?
Un outil ?
Une fleur ?…

37. Avez-vous confiance en vous ?

38. Jusqu'où iriez-vous pour réussir dans la vie ?

39. Vous êtes plutôt vanille ou chocolat ?
Barcelone ou Stockholm ?
Rouge ou bleu ?
Avion ou train ?

40. Quelle est la différence avec un pigeon ?
Quel âge avait Rimbaud ?

41. Dans quel pays n'aimeriez-vous pas aller ? Pourquoi ?

42. Etonnez-nous !
Surprenez-nous !

43. Faites-nous rire !

44. Quelle question n'auriez-vous pas voulu que l'on vous pose ?

45. Si vous étiez un artiste, qui seriez-vous ?

46. Quel est votre plus grand succès ?

47. Aimez-vous l'argent ?
Préférez-vous l'argent ou les honneurs ?

48. Quelle notre mettriez-vous à cet entretien ?

49. Quel est votre pire défaut ?

50. Prenez-vous des risques ?
Etes-vous quelqu'un d'audacieux ?

51. Vous aimez-vous vous même ?

52. Quelle est votre devise ?
Quel est votre slogan préféré ? / Votre citation préférée ?
Si vous étiez un slogan... Ce serait ?
Si vous étiez une citation... Ce serait ?

53. Comment comptez-vous financer votre scolarité dans notre école ?

54. Qu'est-ce qui vous révolte ?

55. Pourquoi ne seriez-vous pas retenu ?

56. Vous échouez sur une île déserte, de quoi manquez-vous cruellement ?

57. Comment avez-vous préparé cet entretien ?

58. Aimez-vous le changement ?

59. Que signifie réussir pour vous ?

60. Quel sera votre prochain voyage ?

61. Savez-vous dire non ?

62. Souhaitez-vous nous poser une question ?

63. Décrivez-moi le dirigeant qui tirerait le meilleur de vous.

64. Que faites-vous si la direction de votre future entreprise prend une décision qui ne vous plaît pas du tout ?

65. Y a-t-il une question que nous ne vous avons pas posée et que nous aurions dû vous poser ?

66. Quels sont les traits de caractère qui vous agacent le plus chez les étudiants en école de commerce ?

67. Décrivez-nous votre meilleur(e) ami(e).

68. Croyez-vous au destin ?

69. Parlez-nous d'une campagne de publicité qui vous a marqué.

70. Entre un poste passionnant et mal payé et un poste rémunérateur mais ennuyeux, lequel choisissez-vous ?

1. Les questions sur votre parcours

Les jurys aiment à rencontrer des candidats au parcours cohérent. Sans aller jusqu'à prétendre que vous pensez à une école de commerce depuis votre plus jeune enfance, ce qui risque fort de ne pas être cru, il est attendu que vous fassiez preuve d'une certaine logique dans votre parcours.

Les questions le concernant ont donc tout à la fois pour but de vous connaître et de savoir d'où vous venez, ce que vous avez appris et retenu, pour logiquement déboucher sur le pourquoi de votre présence devant le jury.

1 Racontez-nous votre parcours.
D'où venez-vous ?
Qu'est-ce qui vous amène ici ?
Qu'avez-vous fait jusqu'à maintenant ?

La question est on ne peut plus vaste et s'adresse à tous, quel que soit le parcours considéré. Même si sa formulation peut varier, son objectif demeure de vous entendre évoquer, de façon synthétique et logique, les grandes étapes par lesquelles vous êtes passé.

Dans cette perspective, les maîtres mots de votre réponse doivent être : précision, logique et concision.

Vous devez tout d'abord être précis, afin de permettre au jury de vous cerner et de vous comprendre. Cela signifie que vous devez être complet dans la citation de l'intitulé des diplômes que vous avez obtenu, ainsi que dans les dates de leur obtention.

Vous devez également être logique… parce que le jury cherchera la logique interne à votre parcours. Si vous aspirez à entrer dans une école de commerce après des études de droit par exemple, vous devez spontanément évoquer, même si le jury y reviendra sans doute, ce qui vous amène à vouloir effectuer ce parcours. Le jury est prêt à admettre toutes les trajectoires individuelles, mais souhaite foncièrement les comprendre.

Enfin, en rapportant logiquement votre temps de parole à la durée totale de votre entretien, vous devez être concis. Ne vous perdez pas dans les détails ou les exemples, le jury y reviendra de lui-même… si vous en lui laissez le temps ! Vous ne devez donc pas prendre plus de quelques minutes pour évoquer les grandes étapes de votre parcours.

2 Pourquoi avez-vous choisi ces études ? Pourquoi avoir choisi de faire une classe préparatoire ? Pourquoi ne pas avoir choisi de passer par une classe préparatoire ?

Dans sa logique de recherche de cohérence, le jury vous paraîtra sans doute obsédé par la question du « pourquoi ». Sans porter de jugement, il lui importe en effet de comprendre le pourquoi des choix que vous avez effectué.

Attendez-vous donc à la question et préparez les grands axes de votre réponse. Qu'il s'agisse de votre filière au baccalauréat ou, *a fortiori*, de vos études supérieures si vous en avez effectué, vous devez trouver deux ou trois raisons vous ayant poussé à les effectuer.

Vous devez répondre en conservant en tête votre projet professionnel, afin d'établir le lien, dans votre discours, entre votre parcours estudiantin et le projet qui vous motive.

3 Qu'est-ce que votre formation vous a apporté ? Qu'en avez-vous retiré ?

Que vous ayez effectué une terminale scientifique, littéraire, une classe préparatoire, un DUT ou trois années d'études de sciences économiques par exemple, vous devez être prêt à expliquer ce que vous en avez retiré.

Ne vous méprenez pas. La question ne consiste pas, pour le jury, à vous entendre évoquer les principaux cours ou matières que vous avez suivi. Il connaît les programmes des études supérieures aussi bien que vous. Il s'attend plutôt à ce que vous soyez capable de prendre de la hauteur vis-à-vis de votre expérience et que vous évoquiez de grands enseignements, comme par exemple le goût et l'aptitude au travail en groupe, la persévérance, le respect de délais et dates butoir, l'apprentissage de la pression, la poursuite d'objectifs, la capacité à prendre des initiatives… autant de qualités et vertus dont la maîtrise vous sera tout à la fois fort utile dans le cadre de vos études à l'école à laquelle vous aspirez et dans votre activité professionnelle ultérieure.

Il est par ailleurs évident que vous devez être capable d'illustrer ce que vous affirmez. Pensez donc, pour chacun des grands enseignements que vous évoquerez – deux ou trois suffiront – à préparer un exemple le démontrant. Si vous évoquez l'apprentissage du travail en équipe comme enseignement que vous avez retenu, enchaînez en mentionnant l'exposé ou le travail de groupe qui vous a le plus marqué, en développant une des difficultés que vous avez rencontrées et la façon dont vous êtes parvenu à la résoudre ou à la surmonter.

Si le premier temps de votre réponse consiste à présenter les enseignements que vous avez retiré de votre formation à ce jour, vous pouvez également poursuivre en abordant, dans un second temps, les manques que vous ressentez et qui justifient votre présence face à votre jury. Mais prenez garde à toujours demeurer positif. Vous ne devez donc pas critiquer ou médire de votre formation, mais pointer ce qu'elle vous a apporté de fructueux.

Votre désir de rejoindre une école de commerce peut d'ailleurs découler de votre formation elle-même. Par exemple, votre cursus universitaire vous a permis de toucher du doigt ce qu'était le marketing ; vos échanges avec votre enseignant, une conférence à laquelle vous avez assisté vous ont stimulé et donner l'envie de vous diriger dans cette voie. Par voie de conséquence, vous aspirez à intégrer une école de commerce parce qu'elle est en prise directe avec le marketing, tant de par ses enseignements que de par les stages qu'elle vous permettra d'effectuer.

4 Pourquoi changer de direction/d'orientation ? Vous êtes-vous trompé ? Etes-vous sûr de ce que vous voulez faire aujourd'hui ?

Cette question est logiquement préférentiellement posée aux candidats postulant à une école de commerce ou un Master alors que la direction qu'ils avaient prise jusqu'alors les destinait, *a priori*, à suivre une autre voie.

Il est normal que le jury s'interroge – et vous interroge – sur la logique de votre parcours. Pourquoi, à l'issue de trois ans de droit par exemple, ou suite à un DUT, ressentez-vous le besoin d'entrer dans une école de commerce ? Si votre cheminement n'a rien d'indécent, il requiert cependant une explication de votre part.

Ne tombez surtout pas dans le piège consistant à dénigrer votre formation antérieure ou en cours d'acquisition. Vous ne vous êtes donc pas trompé. Tout au contraire, vous devez valoriser votre expérience, expliquer ce qu'elle vous a apporté et terminer par ce qu'elle ne vous a pas permis d'acquérir ou le goût qu'elle a développé en vous. Ainsi, vous faites admettre à vos interlocuteurs la logique de votre parcours et de l'union de ses deux composantes.

Votre réponse pourra alors par exemple prendre la forme suivante : « *mes trois années d'études des sciences économiques m'ont permis d'apprendre à travailler, notamment en groupe. Les études en sciences éco, de par leurs particularités, amènent à structurer, ordonner et synthétiser ses idées et ses connaissances. En revanche, j'ai compris que la compréhension concrète de nombreuses dimensions des entreprises me manquaient et c'est ce manque que j'aspire à combler maintenant* ».

5 Racontez-nous une expérience dans le cadre de laquelle vous avez eu à faire preuve d'initiative.

Parlez-nous d'une expérience où vous avez démontré votre potentiel d'entrepreneur / de leader.

En préambule, rappelez-vous que les écoles de commerce ont pour vocation de former des cadres et dirigeants, donc des individus appelés à prendre, dans leur cadre professionnel, des initiatives. La question est donc tout à fait légitime.

Vous avez effectué un réel travail d'introspection et, notamment, d'analyse et de dissection de vos différentes expériences, tant pré-professionnelles qu'associatives. Ce travail doit vous aider à répondre à cette question et, de façon plus générale, à toute question sur vos expériences.

En tout état de cause, il est d'autant plus préférable que vous ayez réfléchi à cette question que, même si elle ne vous est pas posée directement, votre évocation de vos expériences doit vous amener tout naturellement à mentionner une prise d'initiative.

Cette prise d'initiative n'a pas besoin d'être gigantesque ! Même modeste, elle sera de nature à convaincre votre jury de votre aptitude en la matière. L'important ne réside donc pas en tant en l'expérience ayant servi de cadre à votre prise d'initiative qu'en votre capacité à en rendre compte de façon concise et structurée.

Quelle que soit l'expérience que vous allez choisir et évoquer, vous devez vous efforcer de situer, en quelques phrases, le contexte ayant présidé à votre prise d'initiative. Puis vous devez clairement expliquer ce en quoi votre action a consisté et ce en quoi elle a représenté une prise d'initiative.

Ne vous arrêtez pas, si vous le pouvez à la seule exposition de votre prise d'initiative. Votre jury appréciera que vous soyez capable d'aller plus loin et d'effectuer le bilan de votre action, donc que vous soyez apte à en tirer leçons et enseignements. Votre initiative a-t-elle été bien reçue ? Quelles difficultés avez-vous rencontré ? Referiez-vous les choses à l'identique ?

En effet, personne ne vous demande d'être infaillible. Vous avez donc absolument le droit de considérer que vous vous y êtes pas très bien pris ou que, si c'était à refaire, vous vous y prendrez, sur tel ou tel plan, autrement.

Votre jury appréciera en tout cas que vous soyez capable de prendre de la distance vis-à-vis de vos propres actions et expériences et que vous en tiriez des enseignements pour progresser. Sans tomber dans l'autocritique à tout crin, n'hésitez donc pas à vous remettre en cause.

6 Evoquez une expérience qui vous a particulièrement marqué. Quels enseignements en avez-vous retiré ?

Comme évoqué, votre jury s'attend à ce que vous ayez effectué le bilan de vos expériences principales. Cette question ne doit donc pas vous déstabiliser, mais bien au contraire vous permettre d'évoquer une expérience vous tenant particulièrement à cœur.

Il convient néanmoins que vous preniez plusieurs précautions. La première d'entre elles a trait au choix de l'expérience que vous allez traiter. Préférentiellement, cette expérience doit en effet être consistante et récente. Evitez de vous référer à une expérience trop ancienne ou par trop anecdotique, ce qui donnerait à penser à votre jury que vous n'avez rien vécu de notable récemment…

La consistance d'une expérience vaut par ce que vous en avez retiré, ce qui vous a marqué en elle. L'expérience que vous allez évoquer doit vous permettre de mettre en exergue certaines des qualités requises dans un univers professionnel, telles que par exemple l'autonomie, la prise d'initiative ou de décision, l'animation d'équipe, la capacité à réagir face à l'imprévu…

En deuxième lieu, prenez la précaution d'être synthétique. Souvenez-vous que votre entretien durera de toute façon moins longtemps qu'il ne faudrait de temps pour raconter toutes vos expériences. Votre jury appréciera donc votre capacité à la synthèse et sa question a, entre autres, pour objectif de l'apprécier. Si vous vous noyez dans les détails, vous risquez à l'inverse d'être interrompu et que le jury vous repose la question de savoir ce que vous avez retenu. Vous devez donc garder les détails « sous le coude », en cas de question complémentaire.

Votre réponse va donc s'articuler en deux temps. Dans un premier temps, vous allez, brièvement, situer le cadre et le contexte de votre expérience : quand s'est-elle déroulée, dans quelles circonstances, pourquoi, qui met-elle en scène ?

Puis, dans un second temps, vous en extrairez les quelques raisons pour lesquelles cette expérience vous a particulièrement marqué. Au nombre de deux ou trois, ces raisons doivent justifier de votre choix de cette expérience comme expérience marquante.

Votre jury sera d'autant plus prêt à la considérer comme marquante ou distinctive que vous lui en apporterez la preuve. Cette preuve peut par exemple consister à faire montre d'introspection, donc à ériger au rang d'enseignement important le fait que cette expérience vous a appris sur vous-même, sur votre caractère, vos façons de réagir face à telle ou telle circonstance. Les jurys apprécient les candidats capables de s'analyser, de s'observer et de comprendre comment et par quoi ils sont construits, faisant par là même preuve de maturité et d'aptitude à la distanciation.

7 Racontez-nous votre plus cuisant échec.

Si une telle question vous est posée, vous devez vous demander pourquoi. La réponse résidera souvent en l'impression de trop grande confiance en vous-même que vous avez donné. Si le jury ressent le besoin de vous entendre vous exprimer sur un échec, c'est qu'il a jusqu'alors éprouvé la sensation que vous n'en aviez pas connu beaucoup…

Vous devez donc impérativement rectifier le tir et montrer que vous avez compris pourquoi la question vous était posée, sauf à courir le risque d'être définitivement perçu comme trop parfait…

En second lieu, une question de ce type n'a évidemment pas vocation à vous permettre de tomber dans l'autocritique définitive, mais à apprécier la façon dont vous avez vécu votre échec et dont vous l'avez dépassé. Au fond, la véritable question est celle-ci : qu'avez-vous fait et comment vous y êtes-vous pris pour aller au-delà de votre échec ?

L'enjeu de votre réponse ne réside donc pas tant en l'évocation de l'échec lui-même qu'en votre capacité à le disséquer et le comprendre, ainsi qu'à évoquer les mesures que vous avez su prendre pour le dépasser.

Prenons un exemple. Admettons que vous vous soyez déjà présenté au concours d'entrée à l'école à laquelle vous postulez et ayez été recalé. Vous pouvez tout à fait considérer, si tel est votre cas, qu'il s'agit là de l'échec dont vous allez entretenir votre jury.

Vous devez alors expliquer brièvement que vous avez échoué l'année précédente et ne pas hésiter à préciser que cet échec vous a beaucoup affecté. Vous poursuivez alors en expliquant que vous avez, après une phase de déception, cherché à comprendre les erreurs que vous aviez commises. Suivant les cas, vous évoquerez la mauvaise gestion du temps ou le manque de méthode dans le cas des épreuves écrites, une insuffisante préparation ou une faible maîtrise de l'anglais dans le cas des épreuves orales.

Vous poursuivez ensuite en précisant les mesures que vous avez prises, suite à votre diagnostic, pour pallier vos manques et concluez en considérant que les échecs admis, analysées et compris rendent plus fort et permettent en définitive la réussite…

De nouveau, ce n'est pas tant votre échec en soi qui importera au jury que la description de ce que vous avez ressenti et de la façon dont vous vous y êtes pris pour le surmonter.

8 Compte tenu de votre parcours, êtes-vous certain que votre place soit ici, parmi nous ?

Vous pensez vraiment avoir votre place au sein de notre école ?

Même formulée de façon cordiale, cette question peut être vécue comme déstabilisante. Pourtant, elle ne fait au fond que traduire le doute ressenti par le jury au regard de l'atypisme de votre parcours. Vous ne devez pour autant pas vous sentir déstabilisé par cette question, qui n'est au fond qu'une demande, émanant du jury, d'arguments de votre part en faveur de votre « différence ».

Rappelez-vous que toutes écoles mettent explicitement en avant leur volonté de recruter des profils diversifiés. Le doute exprimé n'est donc au fond pas réel, mais vous impose de « retourner » la question en votre faveur.

En toute logique, si vous êtes doté d'un profil atypique, vous le savez. La question ne peut donc vous surprendre. Et, même si d'aventure la question ne vous est pas posée, vous ne pouvez pas ne pas savoir que le jury éprouvera tout à la fois, face à votre candidature, un intérêt et un questionnement.

Si vous intériorisez ce questionnement – et vous devez le faire – vous ne manquerez pas, à plusieurs reprises lors de votre entretien, de décliner trois arguments.

Le premier consistera à établir des parallèles ou des connexions entre vos études et une partie au moins du contenu du programme de cours de votre future école.

Mais vous devez surtout considérer que votre atypisme constitue une force et une richesse pour votre future école.

La richesse que vous représentez tient au fait que vous proposez au fond à votre future école de s'attacher une expertise nouvelle ou qu'elle ne détient que peu. Si vous avez par exemple déjà créé, même avec insuccès, une entreprise, vous serez à même de transmettre cette expérience et les leçons que vous en avez tirées.

Sans qu'il soit naturellement possible de généraliser, les étudiants au parcours atypique présentent souvent, grâce aux expériences différentes qu'ils ont vécu, une maturité et une compréhension du monde supérieures. Les écoles sont friandes de cet appoint de maturité.

Vous devez donc articuler votre réponse autour de ces arguments, tout en insistant bien sur le fait que vous entendez, si vous êtes retenu, mettre votre différence et vos expériences au service de l'école et des autres étudiants, par le truchement d'une association, existante ou à créer, par exemple.

9 Quelles autres études, hormis une école de commerce et/ou vos études antérieures, auriez-vous aimé faire ?

Quel métier rêviez-vous d'exercer quand vous aviez cinq ans ?

Là aussi, cette question, si vous elle est posée, n'est pas anodine. En toute logique, elle peut découler de la perception, de la part du jury, selon laquelle vous ne semblez pas très motivé ou que n'avez que peu livré de vous-même, de vos centres d'intérêt ou de votre personnalité.

La question contient un piège qu'il vous faut déjouer. Vous devez naturellement en profiter pour réaffirmer votre vif désir d'entrer dans une école de commerce, seule filière apte, à vos yeux, de vous permettre d'atteindre les objectifs que vous vous êtes fixés. Vous devez en effet convaincre le jury que votre présence en face de lui résulte d'une véritable réflexion et d'une authentique démarche, donc ne doit rien au hasard. C'est à l'issue de cette réflexion que vous êtes parvenu à la conclusion que votre projet trouverait sa concrétisation grâce à votre scolarité dans l'école dont le jury est le gardien.

Mais, pour autant, vous vous devez de répondre à la question. La réponse « aucune » n'est bien sûr pas acceptable, en ce sens qu'elle donnerait à penser que votre ouverture d'esprit demeure limitée.

Il vous faut donc évoquer une autre voie, tout en ayant soin de faire comprendre que celle-ci vous est devenue inaccessible ou a perdu à vos yeux toute séduction.

Vous pouvez donc par exemple vous souvenir de vos rêves d'enfant pour préciser que vous auriez aimé être pilote d'avion, mais que vous n'avez pas une vue suffisante. Vous pouvez aussi évoquer l'attirance pour un métier, mais les déceptions que vous avez enregistré lorsque certains acteurs de ce métier vous ont raconté leurs journées ont eu raison de votre motivation !

« J'ai longtemps voulu être pilote d'avion dans l'armée. J'ai grandi sur la base d'Orléans où mon père était pilote de transport, des C-130 Hercules. Ce rêve est partagé par énormément de petits garçons. J'ai eu la chance de grandir dans ce milieu, de voler un grand nombre de fois avec mon père, lors d'exercices. En grandissant, j'ai compris que c'était un métier très difficile. En effet, mon père n'a pas été très présent dans mon enfance car il partait effectuer de longues missions. Je n'étais pas conscient du danger que représentaient ces missions mais la simple absence de mon père était parfois dure à supporter. Je souhaite être auprès de ma famille, et voir mes enfants grandir est une priorité. Ainsi, j'ai abandonné ce rêve au collège mais je suis persuadé que j'y reviendrai un jour en suivant une formation de pilotage amateur et pourquoi pas, partager ça avec mon fils... »

10 Etes-vous fier de votre parcours ?

De nouveau, face à ce type de question, demandez-vous pourquoi la question vous est posée. Si l'un des membres de votre jury vous la soumet, c'est sans doute que vous avez donné l'impression de regretter certains des choix de parcours que vous avez effectué.

Si tel est le cas, reprenez-vous. Autant vous pouvez, et devez, argumenter en faveur d'une école de commerce et de l'apport que celle-ci représenterait pour vous, autant vous ne pouvez en aucun cas « démolir » votre formation précédente. Quel que soit votre niveau donc, vous êtes satisfait de votre formation (baccalauréat, classe préparatoire, études supérieures). Cette dernière vous a beaucoup apporté et enrichi.

Vous devez donc éprouver de la fierté face à votre parcours et ne regrettez rien. A quoi sert au fond de regretter ce qui est fait ? Mieux vaut se focaliser sur ce qui reste à faire !

Mais pour autant, vous avez bien le droit d'éprouver des frustrations ou des manques, de ressentir le besoin de compléments ou d'extensions. Et ce sont ces compléments que vous venez chercher dans une école de commerce et, plus particulièrement, dans celle à laquelle vous postulez.

Si vous devez pas tomber dans l'autosatisfaction en vous considérant comme spécialement brillant, vous n'avez en revanche aucune raison de dévaloriser votre parcours, donc de vous dévaloriser vous-même, en dénigrant votre formation. Les écoles de commerce recherchent des candidats tout à la fois conscients de leurs qualités et de leur potentiel, mais également conscients qu'ils ne savent pas tout…

11 Donnez-nous trois mots pour définir ou caractériser ce qui a marqué votre départ dans la vie.

Cette question est plus particulièrement susceptible d'être posée à des candidats dont le parcours semble erratique à leur jury ou semblant manquer d'esprit de synthèse. Dans un cas comme dans l'autre, le jury ressent alors le besoin de « faire le point » et d'amener le candidat à le faire aussi.

Comme souvent, l'important ne résidera pas tant en les mots que vous allez choisir, mais en les trois précautions que vous allez prendre. Première précaution à prendre : choisissez des mots dont vous savez qu'ils reflètent ou traduisent certaines des attentes de votre jury ou évoquent des qualités ou dimensions appréciées en milieu professionnel.

En deuxième lieu, veillez à accompagner chacun de vos trois mots d'une démonstration, donc d'un exemple. Que vous citez les mots « équipe », « persévérance », « volonté », « travail », ou « solidarité » par exemple, enchaînez immédiatement en produisant pour chacun de vos mots un (ou plusieurs) exemple (s) significatif (s) permettant à votre jury de comprendre pourquoi vous avez choisi ces mots.

Enfin, la troisième précaution que vous devez prendre consiste à choisir… trois mots, donc ni deux ni quatre. Nombreux sont les candidats qui commencent à répondre en citant un premier mot et en l'illustrant puis passent au deuxième. Il suffit souvent d'une interruption de la part d'un membre du jury pour que le candidat ne se souvienne plus n'avoir évoqué que deux mots…

Pour ne pas prendre ce type de risque, il est préférable de commencer votre réponse, à l'issue d'un temps de silence, en citant les trois mots, puis en reprenant chacun d'entre eux pour les illustrer.

De nouveau, l'important ne réside pas tant en le choix de vos mots qu'en l'extraction, de vos expériences, de « preuves » de la justesse de vos choix. Rien n'empêchera en effet un membre de votre jury de vous demander pourquoi vous n'avez pas choisi tel ou tel mot parmi vos trois mots. Ne vous troublez pas : quels que soient vos trois mots, la question pouvait vous être posée. Il importe donc que vous soyez sûr de vous et de vos choix. Donc, face un quatrième mot suggéré par le jury, vous pouvez rebondir en évoquant une expérience vous permettant de reprendre ce mot à votre compte… et considérer que ce mot aurait été le quatrième de votre liste, mais que vous n'aviez le droit de n'en citer que trois…

2. Les questions sur votre motivation

La première famille de questions que nous venons de traiter a trait à votre parcours, aux études que vous avez effectué jusqu'à présent. Si vous êtes appelé à vous retrouver devant votre jury, c'est *a priori* parce que vous êtes motivé pour l'être, donc que vous êtes motivé à l'idée de rentrer dans une école de commerce et, plus particulièrement, celle dont le jury qui est en face de vous « garde » l'entrée.

12 Pourquoi une école de commerce ?
Pourquoi pas un master universitaire ?
Pourquoi pas des études à l'étranger (London School of Economics, Luigi Bocconi, Esade Madrid, Columbia University New York...) ?

C'est un grand classique, mais dont la réponse se travaille et se prépare avec soin. Si les motivations poussant à vouloir rejoindre une école de commerce sont nombreuses, vous devez, tout en sachant vous cantonner à l'évocation de quelques unes de ces motivations possibles, choisir celles qui vous correspondent le mieux. Si votre réponse n'est, à ce stade, pas très convaincante, il vous sera ensuite malaisé de persuader le jury que son école vous convient mieux que toutes les autres.

Parmi le panier des motivations possibles, vous pouvez évoquer le réel ancrage des écoles de commerce dans le tissu économique, donc l'aide que ce type de diplôme fournit à ses détenteurs quand ces derniers affrontent le marché du travail.

Un autre argument réside en le fait que les écoles de commerce préparent à de très nombreux métiers de l'entreprise, du marketing à la gestion, de la vente à l'audit ou à la communication. La vision panoramique de l'entreprise que ces écoles fournissent permettent tout à la fois de comprendre les liens et interactions entre les différentes composantes d'une entreprise et de choisir le métier qui convient le mieux à chacun. De plus, cette appréhension du contenu des fonctions et de leurs relations, donc l'acquisition progressive de savoir-faire, s'accompagne souvent de l'apprentissage du « savoir être » en entreprise, du mode de comportement au management des futurs collaborateurs, des responsabilités sociales au développement durable.

De par les stages que leurs cursus contiennent ou la possibilité de l'alternance qu'elles offrent, les écoles de commerce permettent de surcroît une immersion rapide dans le milieu de l'entreprise.

L'ouverture à l'international fait naturellement également partie des arguments susceptibles d'être invoqués en faveur d'une école de commerce, dès lors que cette dimension vous importe et que vous pouvez la justifier.

Enfin, l'évocation, si tel est votre cas, des facilités offertes aux futurs créateurs d'entreprise, dans le cadre des enseignements transmis comme dans celui des infrastructures proposées (incubateur…) constituera également un argument pertinent.

Vous devez donc identifier les deux ou trois raisons majeures pour lesquelles vous voulez suivre les enseignements d'une école de commerce, en prenant le soin de sélectionner les arguments vous permettant ensuite d'argumenter en faveur de l'école face au jury de laquelle vous vous trouvez, donc des registres sur lesquels vous savez que votre future école se distingue.

13 Pourquoi notre école ?

S'il est bien une question à laquelle vous n'échapperez pas, c'est celle-ci.

Comme nous l'avons vu, vous devez être, à l'issue de votre préparation, réellement incollable sur votre future école. Pour autant, à l'issue du recueil d'informations de toute nature auquel vous vous êtes adonné, vous devez synthétiser votre récolte. Cette synthèse doit vous permettre de faire émerger une demi-douzaine d'arguments en faveur de votre future école et de préparer une réponse structurée « *de mon point de vue, votre école présente trois atouts importants : le premier tient à…).*

Vous devez en effet « avoir des réserves ». La question du pourquoi vous sera en effet posée au moins une fois, plusieurs dans doute. En tout état de cause, vous ne devez pas cesser, durant l'ensemble de votre entretien, de penser à cette question et de saisir toutes les occasions vous permettant d'évoquer les motifs pour lesquels vous souhaitez rejoindre cette école.

Vérifiez bien que vos arguments correspondent, au moins en partie, à ceux que l'école met elle-même en avant sur son propre site (« nos différences », « les 10 raisons de nous choisir »…)

Vous devez naturellement faire en sorte que les principaux arguments que vous avez invoqué – ou invoqueriez si la question vous était directement posée, expliquant votre choix en faveur des écoles de commerce – trouvent dans ceux que vous invoquez ensuite en faveur de votre future école un prolongement logique. En d'autres termes, si vous avez mentionné l'ouverture à l'international dans votre argumentaire en faveur des écoles de commerce, vous devez rebondir dessus et l'approfondir en montrant que l'école de votre choix offre, en la matière, de nombreux atouts (proportion d'étudiants étrangers, nombre de nationalités présentes sur le campus, enseignants étrangers, cours en anglais, partenariats avec d'autres établissements…)

A l'identique, si vous avez par exemple invoqué la faculté qu'offrent les écoles de commerce de s'immerger dans l'entreprise, vous puiserez dans l'organisation du cursus, le contenu des cours et les entreprises partenaires des arguments spécifiques liées à votre école.

N'occultez pas non plus, dans les arguments possibles en faveur de votre future école, les valeurs dont elle se targue et qu'elle entend porter. Si vous vous reconnaissez en certaines d'entre elles et pouvez en apporter la démonstration et la preuve (sous la forme d'un engagement personnel par exemple), n'hésitez pas à évoquer les valeurs qui vous sont communes.

14 Si vous êtes admis dans notre école et une autre (moins bien classée / mieux classée), laquelle choisissez-vous ?

Cette question délicate peut trouver son origine dans les doutes qu'éprouve le jury quant à votre motivation. En d'autres termes, parce qu'il ne vous sent pas très motivé ou très proche de son école, un jury se demandera pourquoi. Dans ce cadre, il cherchera à mesurer votre motivation en vous projetant dans une perspective de choix entre son école et une autre.

La question est délicate parce que vous contraignant, même si vous ne le pensez pas vraiment, à répondre comme le jury l'attend. Les écoles de commerce sont, vous devez le conserver en tête, en concurrence entre elles et apprécient peu les candidats admis et optant pour une autre école que la leur.

Partant, vous n'avez, au stade de l'oral, pas le choix. Vous devez forcément, sauf à vous « griller », déclarer votre préférence pour l'école dont le jury en face de vous garde l'entrée et argumenter en sa faveur. Vous ne savez d'ailleurs pas, à ce stade, si vous serez admis en plusieurs établissements ou pas. Votre présence face à ce jury vous impose de faire le maximum pour intégrer son école, donc de considérer que cette dernière est votre préférée.

Sans nier les qualités des autres écoles et tout en montrant que vous les connaissez également bien, vous devez donc bâtir votre réponse en faisant ressortir les atouts et différences de celle face à laquelle vous vous trouvez. Dans le cas inverse, soyez conscient que vous réduisez vos chances d'intégration, ce qui, du point de vue du jury, est logique : il a en effet pour fonction de mesurer et d'apprécier la motivation des candidats se présentant à lui. Si vous émettez une préférence pour une autre école, il est probable qu'il considérera votre motivation pour sa propre école comme insuffisante.

Par voie de conséquence, face au jury d'une école donnée, soyez sans hésitation : l'école vous correspondant est la sienne, sans ambiguïté, et vous devez l'en persuader en multipliant les arguments (cours, enseignants, valeurs de l'école, associations d'étudiants vous convenant, dynamisme de la région…)

15 Qu'imaginez-vous vivre dans notre école ?

Faites-nous vivre une de vos premières journées au sein de notre école (en admettant que vous soyez admis bien sûr).

Cette question n'est pas une question simple. Certes, vous pouvez demeurer générique dans votre réponse, et évoquer « de riches moments d'échange », « des moments humains de qualité », « l'aboutissement de projets multiples »… Mais une réponse de ce type demeurera vague et applicable à toutes les écoles. Vous devez faire mieux.

Une bonne réponse passe par la connaissance intime de votre future école et ses particularités, en termes d'ambiance, de mode de travail en groupe, d'activités festives et collectives. Vous devez en effet comprendre le terme « vivre » au sens fort et plein, comme s'agissant au fond d'une expérience et produire une réponse étroitement liée à l'école et ses spécificités.

De nouveau, l'immersion à laquelle vous vous serez adonné facilitera la production d'une réponse adéquate et distinctive.

Vécu personnel : Programmes académiques Échanges à l'international Bureau des stage Corps professoral Catalogue de cours Chaires et spécialisations Spécificités de la région Partenariats avec les entreprises Campus à l'étranger Réseau des anciens élèves Programmes d'accompagnement Forum emploi Tissu associatif Accréditations.

Valeurs et Positionnement : Valeurs Slogan Discours des dirigeants Discours des professeurs Stratégie et visio.

Éléments factuels : Rencontre pendant un salon étudiant Rencontre pendant une JPO ou une SPO Contacts téléphoniques mails avec l'école Contacts avec les associations Échanges avec d'anciens étudiants Dynamisme des réseaux sociaux Accueil des admissibles.

ADMIS !

16 Que comptez-vous apporter à notre école ? Que comptez-vous apporter de plus que les autres à notre école ? En quoi êtes-vous différent/meilleur que les autres candidats ?

Cette question pourra vous être posée si vous donnez l'impression de penser un peu trop à vous et n'avez pas songé, de vous-même, à évoquer ce que vous étiez à même d'apporter à votre future école. S'il demeure évident que le rapport des apports est déséquilibré et que vous retirerez plus de l'école que vous ne lui apporterez, il importe néanmoins que vous vous placiez dans la perspective d'un échange et ne demeuriez pas égoïste.

Si vous avez travaillé votre « triangle », cette question ne vous désarçonnera pas. Vous devrez en tout état de cause éviter les réponses bateau, du type « mon enthousiasme », « mon dynamisme », « mon envie ». Un peu creuses, ces réponses sont de surcroît appelées à être produites par bon nombre de candidats.
Même si cela n'empêche nullement l'enthousiasme, vous devez donc être plus précis. Ce que vous vous proposez d'apporter à votre future école résidera en vos expériences, vos aptitudes et leurs particularités. Que ces dernières s'inscrivent dans le champ professionnel, culturel ou des loisirs, vous devez les évoquer et expliquer que vous entendez les mettre au service des autres.

Une bonne réponse à cette question passe par la parfaite connaissance préalable du tissu associatif de votre future école. Vos apports résideront en effet de la rencontre, de ce tissu et de vos spécificités. En d'autres termes, vous avez l'intention de vous immerger en une ou plusieurs associations, existantes ou à créer, en fonction de vos expériences. Que vous maîtrisiez les échecs, pratiquiez le théâtre amateur, ayez vécu une expérience humanitaire au Mali, adoriez le cinéma de science-fiction, possédiez un bon niveau en voile ou en tennis, soyez dirigeant d'association ou chantiez dans une chorale importe peu au fond.

L'important résidera en votre aptitude à dégager de vos expériences leur caractère distinctif, à examiner les réceptacles possibles d'expression, au sein de l'école, de vos aptitudes et à proposer de les mettre au service de celle-ci. La gestion d'une association peut vous amener à proposer de jouer un rôle au sein du BDE, la pratique du chant ou des échecs à envisager la création d'une association d'apprentissage du chant ou des échecs. De ce point de vue, n'hésitez pas également à valoriser la détention d'un savoir-faire particulier et que vous savez peu répandu : « *j'ai eu la possibilité de faire un stage dans un institut de sondages : ce sont des techniques que je connais maintenant un peu et je sais que les Junior entreprises ont souvent des études de marché et des sondages à effectuer. Je crois pouvoir être utile à celle de votre école* ».

17 Quelles sont les grandes caractéristiques de notre ville/région ?

N'oubliez jamais que, sauf cas particulier, les écoles comportent, dans leur nom même, le nom de la ville ou de la région dans laquelle elles sont implantées ! Il est donc logique, du point de vue des jurys, que votre aspiration à intégrer leur école se soit traduite par une immersion en son territoire. Cette logique est de surcroît souvent renforcée par le fait qu'un des membres du jury est natif de la région appelée à vous accueillir et apprécierait donc peu votre ignorance de ses richesses.

Vous devez donc impérieusement vous approprier la ville et la région d'implantation de chacune des écoles auxquelles vous postulez, dont la plupart des écoles tirent par ailleurs arguments en leur faveur. Après tout, vous aspirez à y résider plusieurs années… Nécessaire, cette immersion est de plus créatrice de différenciation : peu nombreux sont les candidats ayant produit cet effort…

Vous devez donc acquérir, et plus particulièrement si vous êtes francilien, un vernis culturel sur la ville et la région et être capable d'évoquer les grandes étapes de son histoire, les hommes célèbres y étant nés, les principales curiosités architecturales, les manifestations culturelles, les principales entreprises implantées…

Votre réponse doit donc montrer que vous vous êtes réellement approprié votre future ville et ses spécificités, en montrant si possible que l'école à laquelle vous aspirez traduit également bien ces spécificités. De ce point de vue par exemple, le nom et le slogan de Kedge BS (« ici, vous verrez les mondes autrement ») illustrent bien la prégnance des dimensions historique et géographique de Marseille, donc du bassin dans lequel l'école s'inscrit et qu'elle revendique.

18 Que faites-vous si votre candidature n'est pas retenue ? Avez-vous un plan B ?

Il s'agit là d'une question délicate. En effet, répondre par la positive revient à dire que vous n'êtes pas certain d'intégrer l'école de votre choix, répondre par la négative consiste à permettre à votre jury de comprendre que vous êtes quelque peu imprévoyant. Cette question consiste au fond à vous demander si vous avez envisagé l'échec.

QUESTIONS FREQUEMMENT POSEES

Votre réponse doit être structurée en plusieurs temps.

Dans un premier temps, vous devez réaffirmer avec conviction et sans ambiguïté l'intérêt que vous portez à l'école en face du jury de laquelle vous vous trouvez. Naturellement, cette réaffirmation de votre intérêt s'accompagne de l'évocation des principales raisons justifiant ce dernier. Vous profitez donc d'une question envisageant votre échec pour évoquer de nouveau votre motivation, donc visant à réduire encore les possibilités d'un tel échec.

Pour autant, vous devez répondre à la question qui vous est posée. A ce stade, votre réponse doit être claire. Votre jury s'attend à ce que le futur dirigeant d'entreprise ou d'activité que vous êtes montre qu'il possède les qualités détenues à ce niveau de poste. Une des qualités des dirigeants réside en leur aptitude à « avoir un coup d'avance », donc, en d'autres termes, à savoir anticiper.

Par voie de conséquence, vous répondrez donc, dans un second temps, positivement à la question. Parce que vous avez l'étoffe d'un dirigeant, vous avez donc le sens de l'anticipation et avez donc prévu que vous pourriez échouer. Vous avez donc naturellement assuré vos arrières et les évoquez, mais brièvement.

Idéalement, vos « arrières » ne peuvent consister en une autre école de commerce dans laquelle vous seriez admis, mais plutôt en une année universitaire ou l'évocation de stages, logiquement appelés à être effectués dans la perspective de l'affermissement de votre projet professionnel.

Naturellement, vous concluez en précisant que vous êtes quelqu'un de positif, donc que vous ne voulez pas envisager le pire pour l'instant.

« Si j'échoue aujourd'hui, je dois dire que ce serait une énorme désillusion car je pense avoir mis toutes les chances de mon côté pour intégrer l'EDHEC. C'est pour moi l'école la plus à même de me former aux métiers de la finance dans lesquels je souhaite évoluer. Toutefois, j'ai assuré mes arrières et je me suis inscrit en master finance à l'université Paris 1 Panthéon Sorbonne, dans la ligne droite de ma licence d'économie gestion. Je connais le responsable du master qui était un de mes professeurs en licence. Après le M1, j'envisage toutefois de me représenter au Ms Finance car je tiens vraiment à suivre cette formation d'excellence. Je suis quelqu'un de coriace et déterminé ! Je crois en ma capacité de rebond, c'est une de mes grandes forces... »

3. Les questions sur votre projet professionnel

Cette famille de questions est incontournable. S'il est bien un registre que votre jury explorera avec vous, c'est celui de votre futur projet professionnel, donc de votre devenir, et, partant, le lien avec votre présence en face de lui. Votre jury cherchera donc à cerner votre projet, identifier ses racines et apprécier tout à la fois sa teneur et sa robustesse.

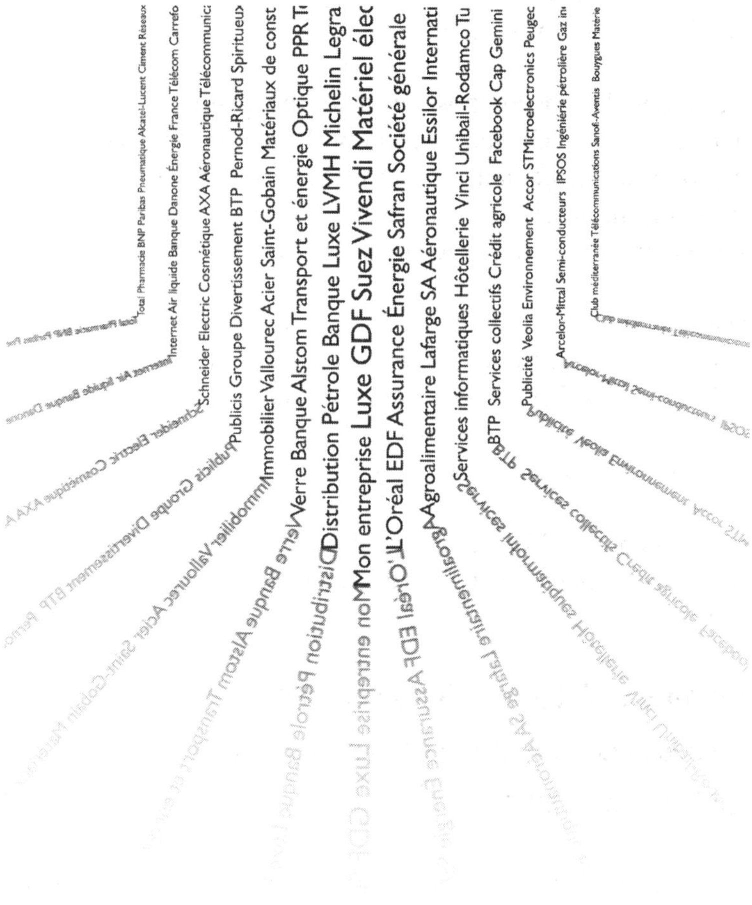

19 Quel est votre projet professionnel ?

Cette question est, sous une forme ou une autre, inévitable. L'objectif d'une école de commerce n'est pas de « fabriquer » des diplômés, mais de fournir au marché du travail et aux entreprises les « produits » en adéquation avec leurs besoins.

En toute logique, vous avez donc une idée de projet professionnel, découlant ou illustrée par des expériences et dont la concrétisation passe par le suivi de l'enseignement dispensé dans l'école à laquelle vous aspirez. Et c'est parce que vous avez ce projet que vous avez constaté que son accomplissement passait par l'école à laquelle vous aspirez. **L'école et son diplôme ne sont en effet pas des fins en soi.** Il demeure évident que les attentes des jurys vont de pair avec le niveau d'expérience et d'études des candidats. Par voie de conséquence, les étudiants issus de classes préparatoires et, *a fortiori*, ceux visant à intégrer une école en admission parallèle sont tenus d'avoir un projet professionnel.

Un projet professionnel se décompose en deux dimensions, voire trois, que sont le poste, le secteur et, le cas échéant, le pays ou la région du monde. De ce point de vue donc, un projet professionnel ne saurait se résumer à « l'envie de travailler à l'international », trop imprécise. A l'identique, « dans le marketing » peut gagner en précision, en évoquant par exemple le poste de chef de produit.

Votre réponse à cette question doit être concise : *« parce que le marketing m'intéresse et m'attire et que le secteur de la téléphonie est porteur et innovant, j'aspire à devenir chef de produit dans la téléphonie »*. Comme vous l'imaginez, cette question sera suivie de plusieurs autres, touchant au secteur et au poste et visant à s'assurer que vous savez de quoi vous parlez, donc que votre projet a une réelle consistance.

Entendons-nous cependant. Vous aurez bien le droit, durant vos études, de changer d'avis ! Rassurez-vous : personne n'ira vérifier que votre projet a évolué ou que vous en avez changé !

20 Comment votre projet professionnel est-il né ?
Comment pouvons-nous croire en la sincérité de votre projet ?
Comment l'idée vous en est-elle venue ?

L'appréhension de la consistance de votre projet passera d'abord par une question sur sa genèse. Ne vous y trompez pas : le jury cherche tout à la fois à apprécier la solidité de votre projet et la cohérence qu'il présente, tant par rapport à votre parcours que par rapport à l'école à laquelle vous aspirez. Ce n'est donc pas tant au fond votre projet qui compte que sa solidité et sa cohérence.

Vous devez donc savoir comment l'idée vous est venue et identifier le ou les déclic(s) qui en ont permis l'émergence. Qu'il s'agisse par exemple d'une discussion avec un enseignant, d'une conférence à laquelle vous avez assisté, d'un échange avec un ami ou un membre de votre entourage plus âgé, d'un article ou d'un livre que vous avez lu ou d'une expérience que vous avez vécu, les origines possibles de votre projet sont nombreuses.

« J'ai assisté l'année dernière à une conférence sur les jeux vidéo, à laquelle participait M. X, éditeur de jeux. J'ai trouvé son discours passionnant et suis allé le voir à la fin. Je l'ai revu plusieurs fois et il m'a vraiment donné le goût de ce secteur ».

« Un ami de mon père est directeur du marketing. Un soir, il nous a parlé de ce qu'il faisait. Cela m'a beaucoup intéressé. J'ai discuté ensuite avec plusieurs chefs de produit autour de moi et suis vraiment motivé pour exercer ce métier ».

21 Pourquoi le marketing / l'audit / la gestion / les ventes / les ressources humaines ?

Qu'est-ce qui vous attire précisément dans ce métier ?

Qu'est-ce qui vous permet de penser que vous avez les qualités requises pour réussir dans ce métier ?

Fort logiquement, le jury vous posera la question de savoir ce qui vous attire dans le métier que vous avez présenté comme votre projet. En d'autres termes, et ce quel que soit le métier auquel vous pensez, vous devez être capable de justifier votre intérêt, ce qui présuppose que vous savez précisément en quoi ce métier consiste.

Vous devez donc, en quelques arguments, expliquer votre intérêt en montrant que ce poste vous correspond bien, donc qu'il requiert des qualités ou aptitudes que vous savez détenir.

Prenons l'exemple du marketing. Si vous voulez évoluer dans le marketing, c'est par exemple parce que le marketing mêle réflexion et action, exige de la curiosité, allie rigueur et créativité, que les postes sont tournés vers les résultats, que l'innovation vous attire… Veillez donc à évoquer des dimensions que vous possédez et pour lesquelles vous pourrez, en puisant dans vos expériences, produire des « preuves ».

Bien évidemment, vous avez une définition du marketing en tête et êtes capable de préciser ce à quoi sert le marketing dans une entreprise. Evitez les définitions de cours et reformulez les choses avec vos propres mots.

De plus, quel que soit votre niveau et votre projet, vous prenez la précaution de vous « munir » d'exemples récents dans votre domaine. De nouveau, vous devez montrer que vous êtes curieux. Si votre jury ne s'attend pas à ce que vous soyez un spécialiste du métier qui n'est pas encore le vôtre, vous devez faire montre d'un réel intérêt et le traduire par une bonne connaissance de son actualité : quelles sont les dernières tendances en matière de marketing, les derniers lancements de l'Oréal, Procter et Gamble ou Danone… ?

Enfin, n'hésitez évidemment pas à établir un lien entre les enseignements dispensés dans votre école cible et votre futur métier…

22 Pourquoi vouloir travailler dans le secteur de/du… ?

Un projet professionnel se compose **d'un poste** et **d'un secteur d'activité**. Dans un registre comme dans l'autre, le jury est prêt à vous suivre dès lors que vous lui indiquez le chemin, donc que, en d'autres termes, vous lui expliquez pourquoi vous avez effectué les choix que vous avez effectué.

Votre attirance pour un secteur donné est donc tout à fait légitime, dès lors que vous savez ce qui vous attire dans ce secteur. Que vous soyez attiré par les spiritueux, la grande consommation, le luxe, l'humanitaire, les nouvelles technologies, le sport ou l'industrie lourde importe à ce stade assez peu. L'essentiel, pour le jury, réside en l'exposé de vos motivations pour un secteur donné plus que le secteur en soi : les diplômés des écoles de commerce évoluent partout.

Soyez, là aussi, concis et synthétique. Votre réponse doit contenir deux ou trois arguments en faveur de votre secteur et être produite de façon structurée. Il peut par exemple s'agir de la forte dimension internationale, de la relation particulière entre les marques et leurs consommateurs, de l'intensité concurrentielle de ce secteur, des évolutions techniques récentes ou à venir, de votre propre connaissance des offres en tant que consommateur ou client…

Elle doit contenir des références à des acteurs importants du secteur et, surtout, là aussi un lien avec une partie du contenu de votre futur programme. A ce titre, évocation d'un cours particulier, voire d'une majeure ou d'un master ayant retenu votre attention permettra à votre jury de mieux comprendre votre motivation pour son école et la logique de votre présence devant lui.

23 Que fait au quotidien un chef de produit / un contrôleur de gestion / un analyste financier… ?

Racontez-nous la journée d'un auditeur / d'un responsable des ressources humaines…

Si votre évocation de votre futur métier paraît floue, trop générique ou insuffisamment documentée, votre jury pourra vous amener à devenir plus précis, en vous posant par exemple la question ci-dessus.

Vous avez, dans le cadre de votre démarche de préparation de vos entretiens, affiné votre projet professionnel. Cet affinement vous a notamment amené à recueillir de l'information sur le poste auquel vous aspirez. Que ce soit par le truchement de la consultation de fiches type Onisep ou grâce à des échanges avec des titulaires de la fonction (idéalement anciens élèves de votre future école), vous vous êtes fait une idée précise du quotidien de votre poste. Votre jury appréciera que vous soyez allé aussi loin dans votre démarche et y verra la trace d'un étudiant impliqué et rigoureux.

Ne pêchez pas par excès de certitude néanmoins, surtout si un membre de votre jury exerce ou a exercé le métier auquel vous aspirez…Personne ne vous en voudra de ne pas tout savoir, à condition que vous sachiez que vous ne savez pas tout…

24 Et dans cinq ans, que vous voyez-vous faire ? Et dans dix ans ? Et dans vingt ans ?

Il s'agit là d'une question délicate, à laquelle les membres du jury auraient été bien en peine de répondre à votre âge… Ceci dit, si elle vous est posée, vous allez devoir y répondre[9].

La première précaution à prendre consiste à ne pas aborder la seule dimension professionnelle. Votre jury sera sensible à ce que vous évoquiez également votre vie personnelle, associative, sportive, donc que vous donniez l'impression d'un candidat équilibré et multipolaire.

La deuxième précaution doit vous amener à vous projeter de façon tout à la fois logique et ascendante.

Votre jury s'attend, de façon sans doute un peu conservatrice, à ce que vous soyez logique dans votre trajectoire. En d'autres termes, vous ne pouvez que difficilement évoquer une perspective à cinq (ou dix) ans déconnectée de vos futures études et de l'école à laquelle vous aspirez. Si vous avez présenté un projet professionnel tournant autour de la négociation internationale, votre jury ne s'attend pas à ce que vous vous voyez en apiculteur cinq ans après votre diplôme… Logiquement, il s'attend à ce que vous vous voyez évoluer dans le commerce international. Sans doute serez-vous animateur de radio, directeur de cirque ou maire de votre commune… mais n'oubliez pas que vous devez convaincre votre jury de vous faire confiance. Cette confiance naîtra d'autant plus aisément que votre projection présentera une cohérence par rapport à votre projet professionnel et à vos futures études.

En second lieu, votre jury s'attend à ce que vous soyez ambitieux. Même si être ambitieux ne signifie pas forcément être carriériste, vous devez faire preuve d'une certaine conscience de votre valeur. Vous devez donc, à cinq et *a fortiori* dix ans, vous projeter dans une fonction et à un niveau de manager ce à quoi votre future école entend d'ailleurs vous former.

Si nous prenons l'exemple du marketing, vous pouvez donc répondre que vous vous voyez chef de groupe marketing dans une grande structure ou directeur marketing dans une organisation de taille moindre. Vous convaincrez ainsi votre jury de votre volonté d'ancrage dans votre filière et lui montrerez que vous connaissez les différents échelons hiérarchiques de celle-ci…

9. Cette question, jugée essentielle à Skema, amène cette école à demander aux candidats de remplir préalablement un « CV projectif » les présentant dix ans plus tard.

4. Les questions sur vos centres d'interet

Pas d'entretien sans évocation de vos centres d'intérêt, des activités qui vous construisent, vous définissent et vous singularisent. La difficulté ne résidera donc pas tant pour vous en leur recensement qu'en la production de réponses pertinentes au regard de votre projet, de votre personnalité et de votre future école.

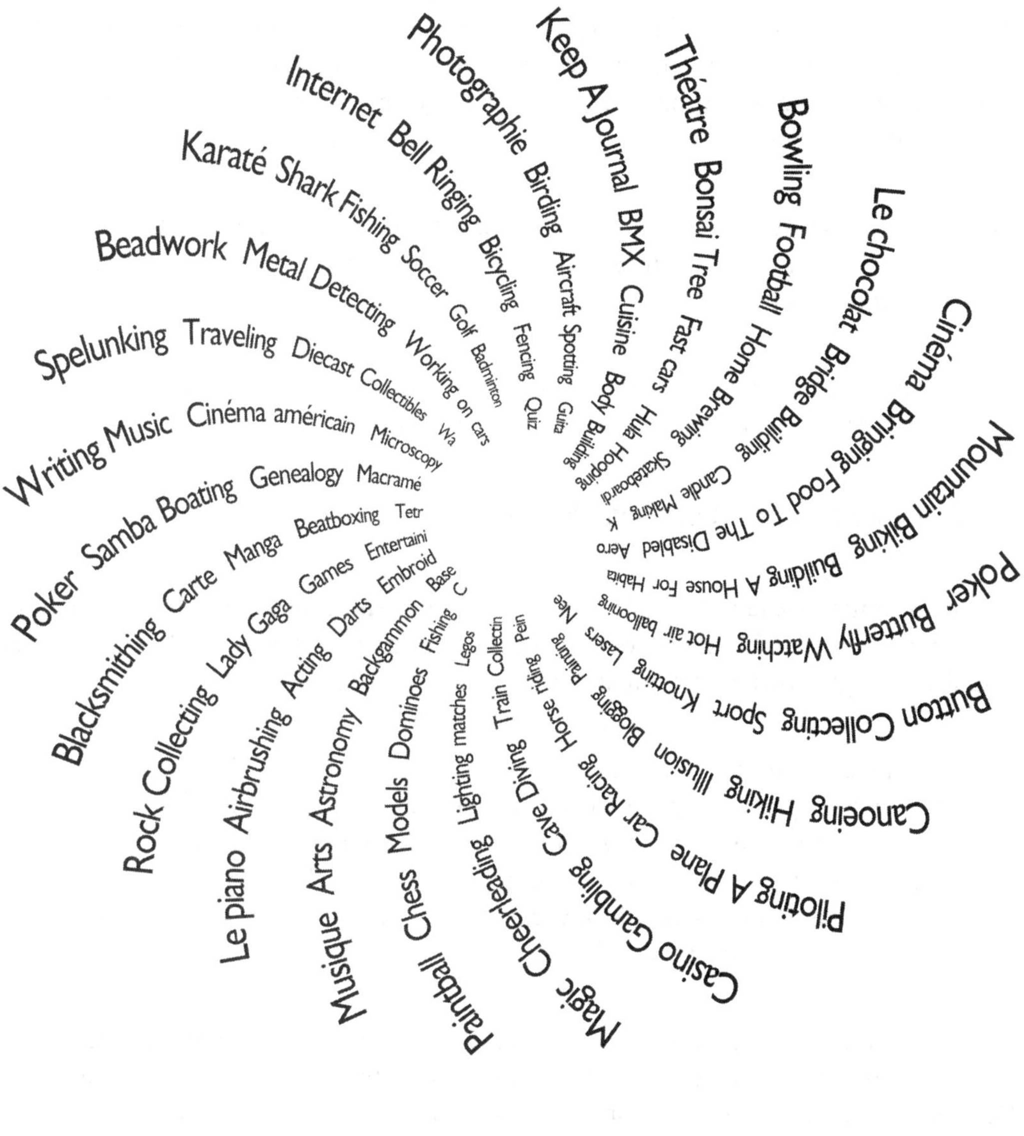

25 Pourquoi vous intéressez-vous à… ?

La question ci-dessus présuppose que vous vous intéressez à quelque chose… Il est évidemment nettement préférable que ce soit le cas, sauf à courir le risque de passer, aux yeux de votre jury, pour une personne sans relief et sans grande particularité.

Que vous vous intéressiez à la politique, à la botanique, au micro crédit, au sport, à la peinture impressionniste, aux poupées anciennes ou au théâtre d'avant-garde ou à quoi que ce soit d'autre importera en définitive moins que votre capacité à faire partager vos passions.

Là aussi, deux ou trois arguments précis suffiront, dès lors que vous les illustrez de façon concrète. L'attente des jurys consiste en effet plus à vous entendre expliquer les pourquoi de vos passions.

Dans cette optique, tentez d'éviter les lieux communs en vous demandant pourquoi, au fond, les passions qui sont les vôtres sont les vôtres.

26 Que vous apporte la pratique de… ?

Que vous pratiquiez le vol à voile, les voyages, la peinture sur soie, les transactions boursières, la guitare basse, le soutien scolaire ou le kart importe en définitive assez peu, dès lors que vous prenez plusieurs précautions.

La première consiste à demeurer vrai. Ne vous inventez pas des passions ou des centres d'intérêt que vous ne pourriez « assumer » si des questions vous étaient posées. En d'autres termes, puisiez dans vos propres pratiques, non dans ce que vous pensez que le jury souhaite vous voir pratiquer. Tout d'abord parce que votre jury ne s'attend à rien de précis et, surtout, parce que l'adoption de pratiques non réelles risque fort d'être détectée à votre détriment.

Deuxième précaution : évoquez des activités que vous allez pouvoir relier avec l'école ou avec votre projet. Rappelez-vous le triangle des attentes (cf. IV. Les techniques de l'entretien) : il vous impose d'établir, si vous le pouvez, des liens entre vos activités, votre projet et votre école.

Par exemple, évoquez des activités présupposant des qualités ou aptitudes requises pour votre projet. De même, choisissez préférentiellement des activités « déclinables » dans votre future école, ne rejoignant une association existante ou en proposant d'en créer une.

Enfin, troisième précaution : produisez un discours structuré et illustré. Soyez concis et ordonné dans votre réponse : « *il y a trois raisons pour lesquelles j'aime autant...* »

27 Quel fait d'actualité vous a marqué récemment ? Quel fait d'actualité récent n'a pas eu selon vous l'écho qu'il aurait dû avoir ?

Souvenez-vous des attentes des jurys (cf. II. Le jury). Ils attendent de vous que vous soyez un « honnête homme », donc, entre autres, école de commerce et de management oblige, que vous soyez au courant de l'actualité, et notamment de l'actualité économique et des entreprises.

Vous suivez donc l'actualité avec attention dans tous les registres. La question qui vous est posée, destinée à cerner vos centres d'intérêt, peut vous permettre d'exprimer un point de vue personnel sur un sujet, traité ou maltraité, par l'actualité. Ne vous sentez pas contraint d'évoquer la dernière augmentation de capital d'une grande entreprise ou une récente intervention de la Présidente du Medef. Vous pouvez en effet profiter de la question pour aborder un thème vous important plus, touchant par exemple au management responsable ou au développement durable.

Parce que vous avez en permanence en tête le triangle des attentes du jury, vous pouvez néanmoins, sans trop en faire, chercher un fait qui vous permette d'établir un lien avec vos futures études, et/ou les valeurs de l'école à laquelle vous aspirez.

Vous pouvez même choisir de répondre en deux temps, en choisissant deux événements. Le premier peut par exemple avoir trait à votre future école et concerner un succès récemment obtenu par elle, le second ayant une portée plus large, plus sociétale, mais que vous pouvez lui rattacher.

5. Les questions sur votre personnalite

Comme leur nom l'indique, les entretiens de personnalité visent à cerner votre… personnalité. Contrairement à ce que tentent de faire de nombreux candidats, ne cherchez pas à la masquer ou à l'embellir. Les jurys recherchent en effet non des « gendres idéaux », mais des candidats authentiques. Ils ont donc besoin de savoir qui vous êtes et ce qui vous constitue, apprécieront votre franchise et votre transparence.

Il n'y a, de nouveau, pas de bonne ou de mauvaise personnalité, donc de bonne ou de mauvaise réponse. Les jurys, contrairement à ce que croient les candidats, ne cherchent pas un profil type, aux caractéristiques bien identifiées. Ils savent fort bien que la qualité d'une promotion dépend en grande partie de sa richesse et de sa diversité. Par voie de conséquence, si vous êtes différent, n'hésitez surtout pas à le montrer.

De plus, vos tentatives de dissimulation d'une facette de votre personnalité risque d'être repérée par votre jury et de provoquer des questions déstabilisantes. Soyez donc vous-même, à la double condition de vous connaître, donc de vous être livré à l'introspection que nous vous avons conseillé et d'avoir recueilli le regard et la perception des autres.

28 Comment les autres vous perçoivent-ils ?
Comment votre meilleur(e) ami(e) vous décrit-elle ?
Quelle empreinte laissez-vous quand vous rencontrez quelqu'un pour la première fois ?
Quelle empreinte laissez-vous quand vous quittez un lieu ?

Si vous avez réellement préparé votre entretien donc suivi nos préconisations (cf. III. Vous), cette question délicate ne doit pas vous poser de difficultés particulières.

Pour autant, votre réponse doit être entourée des prises de précaution suivantes. La première d'entre elles consiste à s'appuyer explicitement sur les autres, ceux dont vous avez recueilli les impressions et la perception. Dans ce cadre, évitez de faire référence à des personnes trop proches de vous, dont l'objectivité pourrait être mise en doute, et évoquez préférentiellement un enseignant, un entraîneur, un directeur d'association, personnes de nature à vous évoquer en termes plus neutres.

Deuxième précaution : soyez franc. Ne vous inventez pas des qualités que votre jury pourrait ne pas percevoir. Si vous vous savez un peu réservé ou timide, ne prétendez pas que les autres vous trouvent extraverti et communicatif. Votre jury sera en effet sensible à la cohérence se dégageant de la perception que des tiers ont eu de vous et de celle qu'il a lui-même.

Pour autant, ne vous flagellez pas. Evoquez plutôt quelques qualités, en vous centrant sur des qualités reconnues comme nécessaires ou utiles dans un cadre professionnel et attendez une question sur vos défauts ou vos limites pour les évoquer.

Partant de là, votre réponse peut prendre la forme suivante : « *Je sais que nous n'existons que dans le regard des autres. J'ai donc demandé à plusieurs personnes autour de moi comment elles me percevaient. Un enseignant et mon entraîneur de tennis de table m'ont répondu qu'ils me percevaient comme quelqu'un de combatif, d'ouvert et de souple. Selon eux, j'ai démontré ma combativité lorsque...* ».

29 Quelle attitude adoptez-vous en cas de conflit dans un groupe ?

Même si les réponses sont libres, il est des questions dont il est permis de se dire que les jurys attendent préférentiellement une réponse donnée.

Vous êtes un dirigeant en puissance et considéré comme tel. Vous devez donc posséder certains des réflexes de vos futures fonctions. Vous vivrez forcément, dans votre future organisation, des conflits entre individus et serez contraint d'intervenir. Au fond, la question vous est posée afin de déceler en vous des aptitudes à la prise de hauteur, à la conciliation et la prise de décision.

Première mesure à prendre : vous devez donc intervenir. Vous ne pouvez en effet pas laisser le conflit s'accroître ou dégénérer et avez vocation à séparer les combattants. Dans un deuxième temps, vous devez chercher à connaître les thèses en présence et comprendre le point nodal du conflit.

Puis vous chercherez, sur la base des positions exprimées par les protagonistes et les informations complémentaires que vous vous serez procurées, vous chercherez à les rapprocher et, le cas échéant, arbitrerez entre les positions, en prenant la précaution d'expliquer pourquoi vous adoptez la position que vous adoptez.

« Je pense être une personne relativement diplomate, je le dois peut-être au fait d'être le benjamin d'une famille nombreuse, où il fallait faire preuve d'écoute et de dialogue pour faire entendre ses idées. Avec mon grand frère et mes trois sœurs, je peux vous dire que le conflit fait partie de ma vie ! Plus sérieusement, j'ai connu une expérience éclairante sur le conflit au travail. Lors de mon stage à la Banque postale, en 2009, j'ai occupé un poste de guichetier au sein d'une équipe de 5. J'étais le plus jeune. J'ai rapidement perçu le malaise entre les guichetiers. Plus précisément entre les deux plus anciens et les deux nouveaux. Mon tuteur était un ancien et naturellement, j'avais plus d'affinités avec les nouveaux avec qui je déjeunais souvent. Dans une équipe de 5, les moindres tensions sont improductives et malgré mon jeune âge, j'ai voulu insuffler un nouvel élan à l'équipe en organisant un pot pour Noël. Je crois que ma fraîcheur et mon sens du dialogue ont redonné du sang neuf à l'équipe. L'important est de percevoir l'interdépendance des membres d'un même service. Surtout, le dialogue est essentiel. Le conflit ne me fait pas fuir. Sans aller jusqu'à dire que le conflit est bénéfique, je crois qu'il est normal, le tout est de vouloir le résoudre. J'ai cette capacité à rassembler ».

30 Pour quelle cause seriez-vous prêt à vous engager ? Qu'est-ce qui vous ferait descendre dans la rue ? / manifester ? Pour quelle cause vous êtes-vous déjà engagé ?

Vous ne pouvez concevoir d'entretien de personnalité sans que le jury aborde, d'une façon ou d'une autre, les valeurs qui sont les vôtres, ce en quoi vous croyez, ce qui vous constitue.

A la recherche de personnalités marquées, les jurys s'attendent donc à ce que vous soyez un citoyen un tant soit peu engagé dans son temps. Si les modalités d'engagement et les causes sont multiples, il va sans dire qu'une cause au moins vous mobilise. La réponse « aucune » est donc naturellement proscrite.

Le choix de la cause demeure en revanche libre. Que celle-ci touche à la protection des animaux, à l'alphabétisation des étrangers arrivant en France, à la pauvreté en Afrique ou à votre opposition à l'énergie nucléaire par exemple, deux dimensions importeront en définitive au jury.

Tout d'abord, vous devez savoir expliquer pourquoi cette cause vous mobilise : pourquoi cette cause et pas une autre ? En d'autres termes, quelles sont les raisons expliquant que cette cause « résonne » en vous. Puis vous devez exposer ce en quoi consiste votre implication, par quels actes elle se traduit.

Ensuite, comme pour toute expérience, vous devez être capable d'en retirer le suc, donc d'expliquer ce qu'elle vous apporte, ce en quoi elle vous enrichit.

Enfin, si vous le pouvez et si la cause qui est la vôtre le rend possible, n'hésitez pas à conclure en envisageant d'apporter à votre future école votre expérience dans votre domaine.

« C'est vraiment très difficile de se débrouiller en France quand on ne parle pas la langue. Vous êtes vraiment handicapé dans tous les domaines de la vie de tous les jours. Un de mes amis est vietnamien et ne parle pas très bien français. J'ai commencé à lui donner des cours, puis ai continué avec son cousin et son frère. J'ai maintenant plusieurs élèves que je vois chaque semaine. Cela me fait me sentir utile. J'ai pris conscience que j'aimais aider les autres. Je me suis dit que je mettrais bien en place une structure d'aide à l'apprentissage du français pour les étudiants étrangers au sein de l'école ».

31 Quel est votre patron/dirigeant préféré ?
Quelle est votre personnalité préférée ?
A quel personnage historique vous identifiez-vous le plus ?

Cette question vise à vous permettre de vous dévoiler un peu plus que vous ne l'avez fait, du point de vue de votre jury en tout cas, avant elle. Si elle présuppose qu'une personnalité connue vous définisse ou vous permette de vous reconnaître en elle, la personnalité en question peut avoir évolué (ou évoluer) dans le champ que vous souhaitez.

La première précaution à prendre est de tenter de sortir des sentiers battus, donc de ne pas choisir, sauf motif particulier, des personnalités « rebattues ». A ce titre, cherchez à éviter les Bill Gates, Pasteur et autres Charles de Gaulle pour présenter une personnalité plus originale, donc plus appelé à vous distinguer des autres candidats. Pour autant, n'osez la provocation que si vous êtes sûr de vous : si vous choisissez Bernard Madoff ou Silvio Berlusconi, il vous faudra parvenir à convaincre de l'exemplarité de votre choix…

En deuxième lieu, quelle que soit la personnalité que vous évoquez, vous devez impérativement bien la connaître. Les grandes étapes de sa vie, de sa carrière et de son action vous sont donc connues. Dans la mesure où vous choisissez vous-même la personnalité dont vous parlez, le jury serait surpris des lacunes dont vous feriez montre dans la connaissance de cette personnalité.

Vous pouvez naturellement adopter une personnalité peu connue, mais dont l'œuvre le serait. L'important réside, de nouveau, plus en les raisons vous ayant amené à choisir telle ou telle personnalité et ce qu'elle révèlent de vous que la personnalité elle-même.

Enfin, précisez pourquoi vous vous identifiez à elle. Quels sont les actes, les postures, les valeurs, les façons de penser ou d'être qui vous « parlent » ? Et pourquoi ? Etablissez des parallèles entre votre « grand homme » et vous, en montrant que vous avez su, dans une bien moindre mesure, mettre en œuvre certaines des qualités ou des vertus que vous lui prêtez.

32 Sur quoi fondez-vous une amitié ? Pourrions-nous devenir amis ?

Cerner votre personnalité peut passer, pour votre jury, par l'administration de questions vous amenant à évoquer une valeur jugée importante par lui. C'est par exemple le cas de l'amitié, de la fidélité ou du travail.

Parce que vous êtes sociable, votre jury s'attend à ce que vous ayez des amis et, sur ce plan comme sur tous les autres, que vous soyez capable de vous analyser et d'expliquer vos choix.

Certains d'entre nous choisissent des amis parce qu'ils nous ressemblent, d'autres au contraire parce qu'ils sont différents de nous. Certains considèrent qu'il est possible tout dire ou tout demander à un ami, d'autres bien moins, que les vrais amis ne se recrutent que parmi les individus du même sexe que le sien…

Vous devez commencer votre réponse en précisant le rôle que joue l'amitié pour vous. Comme Il s'agit d'une question réellement personnelle, vos critères, quels qu'ils soient, seront considérés comme pertinents dès lors naturellement que vous expliquerez pourquoi vous leur attachez de l'importance.

N'hésitez pas à illustrer votre propos en donnant des exemples personnels, y compris des exemples d'amitiés déçues ou de « copains » ne devenant pas des amis et vous permettant donc d'établir plus finement encore le distinguo ente camaraderie et amitié.

33 Quel est le dernier livre que vous avez lu ?
Quel est le dernier film que vous avez vu ?
Quelle est la dernière pièce que vous avez vue ?
Quelle est la dernière exposition à laquelle vous vous êtes rendu ?

Sauf si vous ne lisez jamais et n'allez jamais au cinéma, cette question n'est pas une question piège. Elle ne vise qu'à mieux vous connaître, en partant de l'adage selon lequel nous sommes ce que nous lisons ou, en d'autres termes, que notre consommation culturelle traduit et révèle nos goûts, donc notre personnalité.

Ceci dit, n'oubliez pas que les jurys s'attendent à rencontrer « d'honnêtes hommes ». Cette dimension s'apprécie notamment au travers de l'immersion dans l'actualité ainsi que par la curiosité dont les candidats font montre, dans leur consommation culturelle par exemple. Il s'agit donc de questions auxquelles vous avez des réponses…

Votre jury n'attend pour autant pas de réponse particulière à ce type de question. Vous n'êtes donc nullement contraint d'évoquer le dernier vainqueur du Festival de Cannes ni le roman à succès de la rentrée littéraire.

Il importe en revanche que vous preniez quelques précautions. Tout d'abord, tentez d'éviter les livres ou les films considérés, à tort ou à raison, comme peu sérieux. Souvenez-vous que votre jury va se faire, d'après votre réponse, une opinion sur vous. Vous avez bien sûr le droit d'adorer la bande dessinée ou les comédies légères. La question qui se pose à vous est de savoir si vous avez envie d'être perçu comme tel ou si vous préférez donner l'impression d'un étudiant plus « sérieux ». Privilégiez donc un livre ou film exprimant plus immédiatement « l'honnête homme » que vous êtes.

La deuxième précaution que vous prendrez consistera à choisir un livre que vous avez vraiment lu ou un film que vous avez vraiment vu ! N'excluez en effet surtout pas qu'un membre de votre jury puisse l'avoir lu ou vu et vous demande par exemple ce que vous pensez de la posture du héros dans telle ou telle circonstance, de la scène dans laquelle les personnages dînent ensemble…

Dans un troisième lieu, vous devez surtout vous focaliser sur les raisons vous ayant amené à choisir les œuvres que vous avez choisi. En quoi vous ont-elles intéressé ? Qu'en avez-vous retenu ? Que vous ont-elles permis de comprendre ?

Enfin, si vous le pouvez, choisissez un livre ou un film vous permettant de rebondir sur votre personnalité, votre projet, voire votre future école. Sans aller jusqu'à la présentation d'un héros intrépide et invincible (!), vous devez essayer d'établir des liens avec vous ou vos qualités ou, le cas échéant, votre projet professionnel.

« Mon film préféré est "Black Swan", de Darren Aronofsky. J'aime ce film parce qu'il est vraiment déroutant et qu'il me fait perdre pied à chaque fois que je le visionne. Au-delà de la perfection de l'image qui est incontestable, je trouve que le film fait chavirer le spectateur lorsque la schizophrénie gagne le personnage principal. Il est sublime et dérangeant. L'univers de la danse classique est un milieu que je connais pour avoir été danseuse moi-même. Natalie Portman est époustouflante dans son interprétation. J'y ai perçu une forme de mise en abîme au sujet du travail d'interprétation de la danseuse avec son rôle de reine des cygnes et de Nathalie Portman dans son rôle d'actrice. Jusqu'à quel point entre-t-on dans son rôle ? Bref, c'est pour moi un chef d'œuvre. Vous savez, j'ai dans mon panthéon cinématographique, un certain nombre de films que j'aimerais partager avec les étudiants d'EM Lyon, en organisant des soirées ciné débat, en collaboration avec le BDA. En effet, j'ai participé à ce genre d'événements l'année dernière, avec le Service culturel de la Sorbonne ».

34 Quelles sont vos qualités ? Votre principale qualité ? Quels sont vos défauts ? Quels sont les traits marquants de votre personnalité ?

« *Connais-toi toi-même* », disait Socrate. Vaste programme…auquel il va falloir pourtant vous atteler. Sous une forme ou sous une autre, la question vous sera vraisemblablement posée. Elle constitue en effet LA question pivot de la partie « personnalité » des entretiens d'admission. Délicate, cette question appelle pourtant de votre part une réponse.

Pour ce faire, vous devez prendre plusieurs précautions majeures. La **première** réside en le travail d'introspection auquel vous vous êtes adonné (cf. III. Vous). Ce dernier vous a fourni le matériau nécessaire à votre réponse.

Deuxième précaution : répondez franchement et directement. Si certains étudiants sont tentés par la réalisation d'une pirouette, comme « j'ai les qualités de mes défauts », ou « j'ai toutes les qualités sauf une : la modestie », ils ne s'exonèrent pourtant pas de la réponse à la question. De ce fait, une réponse commençant par « je vais vous parler d'une expérience qui permet de comprendre mes qualités et mes défauts » ne conviendra qu'à demi, dans la mesure où la question posée n'était pas celle appelant une réponse ainsi formulée. Pour la même raison, vous ne pouvez pas entamer votre propos par « les autres disent de moi que je suis… ». La question qui vous est posée, différant en cela de la question 27, sous-entend que vous répondiez vous-même, donc en prenant la distance qu'affectionnent les jurys vis-à-vis de vous-même.

Troisième précaution : commencez par évoquer vos défauts[10]. Vous devez naturellement admettre leur existence, tout en veillant à trois choses.

Dans un premier temps, choisissez vos défauts, vos limites ou vos faiblesses en connaissance de cause. En d'autres termes, évoquez des défauts secondaires dans l'optique de vos futures études, ou des qualités-défauts. Les qualités-défauts sont des caractéristiques de caractère ou de comportement dont l'excès peut devenir un défaut ou dont la perception peut varier en fonction du degré.

Prenons l'exemple de l'impatience. Vouloir les choses et les attendre constitue une qualité en soi, dont l'outrance amènera à basculer dans l'excès, donc dans le défaut. Question de degré et de point de vue donc.

Dans un second temps, veillez à préciser, sans attendre la question, que vous en êtes conscient et que vous travaillez dessus, dites comment et à quels résultats vous êtes parvenu (ex. : timidité ↔ théâtre ; nervosité ↔ yoga/sophrologie).

10. Vous pouvez opter pour un glissement sémantique, consistant à évoquer, non vos défauts, mais vos faiblesses ou vos limites…

Concernant vos qualités, la quatrième précaution que vous prendrez consistera à en évoquer en relation avec ce que vous savez être les attentes de vos interlocuteurs, tout en demeurant franc. Naturellement, si vous êtes par exemple animé de l'esprit d'équipe et de la volonté de faire avancer les projets auxquels vous participez, vous devez l'évoquer. Là aussi, n'hésitez pas à prendre des exemples, issus de vos expériences professionnelles ou associatives, venant appuyer et crédibiliser vos dires.

Dernière précaution : vous devez donner l'impression d'improviser un tant soit peu. Si cette question, classique, est souvent préparée par les candidats, souvenez-vous que les jurys n'apprécient que fort modérément les discours appris et déglutis. A réciter une réponse apprise par cœur, vous courrez le risque de questions plus pointues, plus directes ou plus personnelles…

[Focus sur les qualités et défauts en entretien]

Définitions : *Larousse*
Etymologie : *http://www.pedagopsy.eu/agressivite_violence.htm, http://www.mots-passion.fr/les-p-tits-mots-passion/arrogant/, wiktonnaire, Centre National des Ressources Textuelles et Lexicales (CNRTL),*
Synonymes : *Centre National des Ressources Textuelles et Lexicales (CNRTL)*
Citations : *http://www.evene.fr/citations*

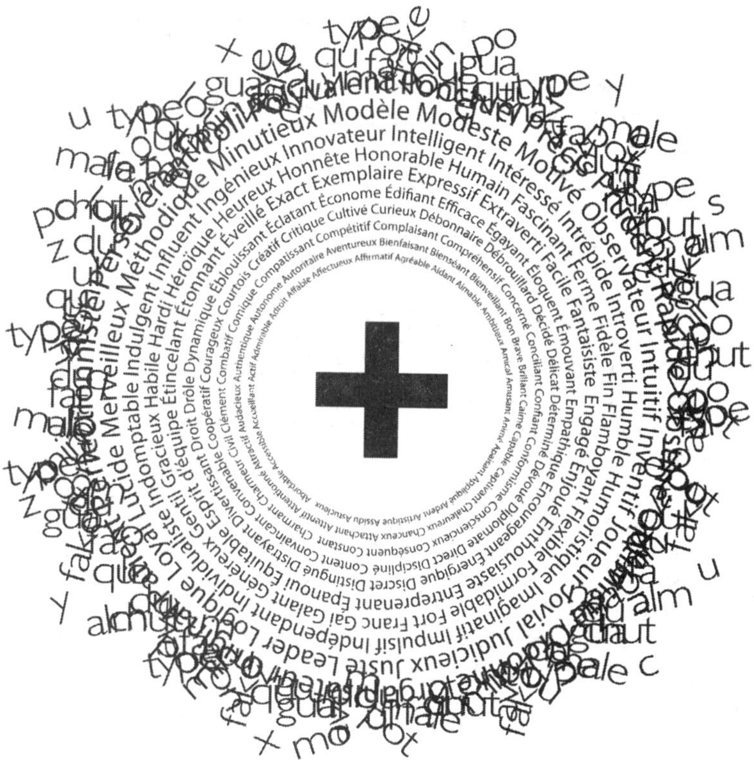

QUALITES

1. Astucieux	
Définition	Qui fait preuve d'astuce, qui dénote de l'ingéniosité.
Etymologie	« qui a une habileté fine ». XVIe siècle
Synonymes	Habile, rusé, malin, futé, ingénieux, fin, subtil, débrouillard, intelligent.
Citations – « L'homme s'est montré particulièrement astucieux en refilant le travail ménager à la femelle. Ce n'est pas que le travail soit dur mais que c'est monotone et ennuyeux ! » de Groucho Marx – « Au-delà de toute sainteté règne l'innocence astucieuse et cruelle des bêtes et des fous. » de Anne Hébert – « Les profanes voient les apparences, les connaisseurs voient les astuces. » de Jiang Zilong	
Questions du jury à anticiper – Quelles astuces conseilleriez-vous à un étudiant qui veut réussir son entretien en Ecole de Commerce ? – Par astucieux vous entendez que vous êtes un habile bricoleur ou votre ingéniosité est essentiellement cérébrale ? – Quelles sont vos limites ?	

2. Attentionné	
Définition	Qui est plein de prévenances, d'attentions, de gentillesse.
Etymologie	« qui a des égards, de la prévenance ». XIXe siècle
Synonymes	Serviable, gentil, empressé, attentif, aimable, prévoyant, respectueux.
Citations – « Jésus-Christ était un fils attentionné. Tout porte à croire qu'il ne laissait jamais passer une semaine sans écrire à ses parents. » de Mlle Larivière – « L'attention, en tout, c'est ce qui nous sauve. » de Jacques-Bénigne Bossuet – « La réussite d'une production repose sur l'attention prêtée aux détails. » de David O. Selznick	
Questions du jury à anticiper – Que m'offririez-vous pour mon anniversaire ? – Qu'est-ce qui motive votre envie d'être attentionné ? – Etes-vous aussi demandeur d'attentions que vous en procurez ?	

3. Audacieux	
Définition	Qui a de l'audace, de la hardiesse ou de l'insolence.
Etymologie	« fier, courageux, hardi, entreprenant ». XVIIe siècle
Synonymes	Hardi, téméraire, impudent, insolent, impertinent, courageux, décidé, effronté, intrépide, inconvenant, imprudent, casse-cou, présomptueux.
Citations – « La fortune sourit aux audacieux. » de Virgile – « Rien d'audacieux n'existe sans la désobéissance à des règles. » de Jean Cocteau – « L'avenir appartient aux audacieux, il appartient à ceux qui cherchent, qui prennent des risques. » de Raymond Vincent	
Questions du jury à anticiper – Quelle est la chose la plus audacieuse que vous aurez dite ou faite dans cette salle au sortir de cet entretien ? – Où et comment mettez-vous la frontière entre audace et imprudence ? – Vous avez toujours rêvé de travailler dans une entreprise, et vous en rencontrez le dirigeant dans un ascenseur. Que dites-vous ?	

4. Chaleureux	
Définition	Qui témoigne de la sympathie, de la cordialité.
Etymologie	Du latin calor qui signifie « chaleur ».
Synonymes	Ardent, enthousiaste, enflammé, cordial, sympathique, empressé, animé, amical.
Citations – « De toutes les sources d'énergie, la chaleur humaine est la moins coûteuse… » Anonyme – « Il est des intellectuels comme du soleil d'hiver. Ils brillent mais prodiguent peu de chaleur. » de Philippe Obrecht – « Ne te sers pas de la technologie comme d'un substitut à la chaleur humaine. » de Doc Childre et Bruce Crye	
Questions du jury à anticiper – De quoi se rapproche le plus votre tempérament chaleureux ? D'un enthousiasme flamboyant ou d'une empathie apaisée ? – Etes-vous chaleureux en général ou le réservez-vous à votre proche entourage uniquement ? – Un individu très insistant vous harcèle littéralement dans la rue depuis 10 minutes pour que vous achetiez un de ses produits. Comment vous en débarrassez-vous ?	

5. Confiant	
Définition	Qui fait confiance à autrui et, en particulier, qui est par nature porté à faire confiance à autrui.
Etymologie	Qui a « foi en quelque chose, en quelqu'un ». XVe siècle
Synonymes	Téméraire, présomptueux, assuré, sûr, ouvert, outrecuidant, naïf, crédule.
Citations – « Ne donnez pas votre confiance, prêtez-la. » de François Proust – « Si vous avez confiance en vous-mêmes, vous inspirerez confiance aux autres. » de Johann Wolfgang von Goethe – « La confiance en soi est le premier secret du succès. » de Ralph Waldo Emerson	
Questions du jury à anticiper – Alors vous le sentez comment cet entretien ? – A quel sujet avez-vous réellement douté de vous pour la dernière fois ? – Votre confiance, vous la tirez de votre assurance personnelle ou de votre foi en les autres ?	

6. Courageux	
Définition	Qui a du courage, de la fermeté, de l'ardeur, de l'énergie au travail ; brave.
Etymologie	« désir, ardeur de faire quelque chose ». XIIe siècle
Synonymes	Hardi, énergique, intrépide, fort, brave, audacieux, héroïque, vaillant, déterminé, téméraire.
Citations – « On ne peut pas faire semblant d'être courageux. » de Napoléon Bonaparte – « L'homme patient et courageux fait lui-même son bonheur… » de Publius Syrus	
Questions du jury à anticiper – Racontez nous la dernière fois où vous avez fait preuve de lâcheté ou de faiblesse. – Un étudiant issu de milieu défavorisé vous dit qu'il n'aura jamais le courage de candidater dans une grande école, parce qu'il croit qu'il n'arrivera jamais à y rentrer. A la place de ce jeune homme, que feriez-vous ? – Une jeune fille est en train de se faire molester juste en face de vous par sa bande de copines. Que faites-vous ?	

7. Curieux	
Définition	Qui est très désireux de voir ou d'apprendre quelque chose.
Etymologie	Du latin *curius* « qui s'inquiète de, qui a grand soin de quelqu'un, quelque chose ». XIIe siècle
Synonymes	Ouvert, interrogateur, avide, attentionné, attentif.
Citations – « Il faut être mobile, curieux, cosmopolite. La rigidité, autrefois pôle de stabilité, est devenue mortelle. » de Cédric Bannel – « L'esprit libre et curieux de l'homme est ce qui a le plus de prix au monde. » de John Steinbeck – « Le remède à l'ennui, c'est la curiosité. La curiosité elle, est sans remède. » Anonyme	
Questions du jury à anticiper – Comment définiriez-vous votre curiosité ? C'est plutôt de la soif de connaissance générale ou plutôt un côté inquisiteur ? – Quel est le signe chinois de cette année ? – Comment vivez-vous la curiosité des autres à votre égard ?	

8. Débrouillard	
Définition	Qui sait se débrouiller, se tirer d'embarras, qui obtient tout ce qu'il veut.
Etymologie	Qui « rend intelligible à l'esprit ce qui est embrouillé ». XVIe siècle
Synonymes	Malin, futé, astucieux, habile, rusé, dégourdi, adroit, ingénieux.
Citations – « Dieu a dit aux hommes de se débrouiller, et c'est ce que les professeurs de philosophie appellent liberté. » de Robert Brasillach – « Quand on vous demande si vous êtes capable de faire un travail répondez : "bien sûr, je peux !" Puis débrouillez-vous pour y arriver. » de Theodore Roosevelt – « Une règle : faites ce qu'il faut pour que cela fonctionne. Un outil : débrouillez-vous ! » de Olivier Lockert	
Questions du jury à anticiper – Vous voulez partir un mois au Brésil, mais vous n'avez pas un sou en poche. Comment vous débrouillez-vous ? – Comment vous êtes-vous débrouillé pour être admissible ? – Comment vous débrouilleriez-vous pour retomber sur vos pattes en cas d'échec à cet entretien ?	

9. Déterminé	
Définition	Etre ferme, décidé, résolu ; manifester de la détermination.
Etymologie	Qui fait preuve de « résolution, action de la volonté ». XIXe siècle
Synonymes	Décidé, résolu, ferme, courageux, audacieux, robuste, inébranlable.
Citations – « Je ne suis pas optimiste, je suis déterminé. » – « La plus vraie des sagesses est une détermination ferme. » de Napoléon Bonaparte – « Le domaine de la liberté commence là où s'arrête le travail déterminé par la nécessité. » de Karl Marx	
Questions du jury à anticiper – Racontez-nous la dernière fois que vous avez cédé au découragement. – Quelle différence faites-vous entre détermination et obstination ? – Vous avez réussi à obtenir le financement pour le voyage dont vous rêviez au Brésil. Vous êtes en train de faire vos valises quand l'entreprise de vos rêves vous appelle pour vos proposer une place pour un séminaire très demandé qui a lieu aux mêmes dates. Que faites-vous ?	

10. Diplomate	
Définition	Qui est fin, adroit, habile à négocier, à conduire une affaire.
Etymologie	« qui est habile dans les relations ». XVIIIe siècle
Synonymes	Négociateur, habile, fin, conciliant, rusé, avisé.
Citations – « Un diplomate est un homme qui réfléchit à deux fois avant de ne rien dire. » – « Un diplomate qui s'amuse est moins dangereux qu'un diplomate qui travaille. » – « Pour être diplomate, il faut savoir parler plusieurs langues, y compris le double langage. »	
Questions du jury à anticiper – Lequel des membres du jury préférez-vous ? – Vous avez permis à votre meilleur ami de s'installer chez vous provisoirement, le temps qu'il soit prêt à se trouver un nouveau logement. Seulement, au bout de quelques mois, il ne semble pas près de s'en aller. Que faites-vous pour qu'il s'en aille dans la semaine ? – Quelle différence faites-vous entre diplomatie et fourberie ?	

11. Discret	
Définition	Qui agit avec réserve dans ses relations avec autrui, qui veille à ne pas gêner les autres.
Etymologie	« qui sait discerner, sage, prudent ». XIIe siècle
Synonymes	Réservé, modeste, sobre, mesuré, timide.
Citations – « Pour être aimé, soyez discret, la clé des cœurs, c'est le secret. » – « Il faut être discret quand on parle de son bonheur, et l'avouer comme si l'on se confessait d'un vol. » de Jules Renard – « La discrétion est une vertu silencieuse. »	
Questions du jury à anticiper – Racontez-nous la dernière fois où vous avez regretté de n'avoir pas tenu votre langue. – Qu'est-ce qui motive votre discrétion ? Vous avez peur des autres ? Vous avez quelque chose à cacher ? – Dites-nous quelque chose que vos parents ne savent pas sur vous.	

12. Energique	
Définition	Qui est doué d'énergie, de force morale.
Etymologie	« qui possède une force agissante, efficace ». XVIIe siècle
Synonymes	Actif, vigoureux, vif, décidé.
Citations – « L'énergie est la joie éternelle. » de William Blake – « On peut vraiment avoir de l'énergie avec peu de matériel. » de Sanseverino – « L'échec provient plus souvent d'un manque d'énergie que d'un manque d'argent. » de Daniel Webster	
Questions du jury à anticiper – Quel est votre secret ? A quoi carburez-vous ? – Quel a été votre plus récent moment de lassitude ? A quoi cela était-il dû ? – Que vous inspire le dicton « qui va lentement va sûrement » ?	

13. Engagé	
Définition	Qui prend position, en vertu de ses convictions profondes, sur les problèmes sociaux, politiques ou religieux de son temps.
Etymologie	Qui a « donné sa parole en caution, lié par une promesse ». XVIe siècle
Synonymes	Solidaire, enrôlé.
Citations – « Engage-toi et supporte. » de Régis Debray – « Lorsque j'engage un combat, il ne me vient pas à l'idée que je puisse le perdre. » de Jacques Chirac – « Quand un écrivain s'engage dans la politique, il doit le faire en tant que citoyen, en tant qu'être humain, et non pas en tant qu'écrivain. » de George Orwell	
Questions du jury à anticiper – Qu'entendez-vous par engagement ? Vous vous impliquez dans tout ce que vous faites ou vous êtes actif dans certains domaines bien précis ? – Quelles sont les grandes causes que vous aimeriez défendre, et pourquoi ? – Qu'est-ce qui motive votre engagement ?	

14. Gai / jovial	
Définition	Qui est enjoué, souvent prêt à rire, toujours de bonne humeur.
Etymologie	De l'occitant *gaheis* « impétueux ». XIVe siècle/ de l'italien *gioviale*, « Influencé par la planète Jupiter ». XVIe siècle
Synonymes	Agréable, joyeux, rieur, plaisant, heureux, guilleret, épanoui.
Citations – « L'ouvrage est toujours gai quand il se fait gaiement. » – « Quitte à être triste, autant avoir l'air gai. » de Michèle Bernier – « Un homme gai n'est souvent qu'un infortuné, qui cherche à donner le change aux autres, et à s'étourdir lui-même. » de Jean-Jacques Rousseau	
Questions du jury à anticiper – Qu'est-ce qui vous attriste ? – A votre avis peut-on rire de tout ? Pourquoi ? – D'où tirez-vous votre gaieté ?	

15. Loyal	
Définition	Qui obéit aux lois de l'honneur, de la probité, de la droiture.
Etymologie	De *leal* « qui est de bonne qualité, légal ». XIIe siècle
Synonymes	Honnête, fidèle, sincère, droit, franc, juste, dévoué.
Citations – « La loyauté, c'est aussi d'être fidèle à soi-même. » de Germain Véronneau – « Le paresseux est plus loyal que les autres hommes, il ne fait pas semblant de travailler. » de Tristan Bernard – « Il faut toujours jouer loyalement quand on a des cartes gagnantes. » de Oscar Wilde	
Questions du jury à anticiper – Avez-vous déjà été trahi ? – Votre meilleur ami s'est définitivement brouillé avec un de vos camarades de cours, mais ce dernier a un très bon réseau et se propose de vous aider dans votre recherche de stage si vous acceptez de sortir boire un verre de temps en temps. Que faites-vous ? – Vis-à-vis de qui êtes-vous loyal en général, et pourquoi ?	

16. Lucide	
Définition	Qui juge, voit clairement, objectivement les choses dans leur réalité ; se dit de ce qui est ainsi jugé.
Etymologie	Emprunté au latin *lucidus* « clair, brillant, lumineux ». XVe siècle
Synonymes	Perspicace, clairvoyant, intelligent, éclairé, subtil, sensé, conscient.
Citations – « La misère rend lucide. » – « Un esprit lucide est un cran de sûreté. » de Sahar Khalifa – « Jamais on n'échappe à la réalité tant qu'on est lucide. » de Andrée Maillet	
Questions du jury à anticiper – Qu'est-ce qui vous fait penser que vous êtes lucide ? – N'y a-t-il pas quelque chose d'apaisant à être un peu inconscient ?	

17. Méthodique	
Définition	Qui agit avec méthode.
Etymologie	Emprunté au latin *methodicus* « qui procède d'après une règle, une méthode ».
Synonymes	Rationnel, logique, méticuleux, discipliné.
Citations – « La logique est une manière méthodique de se tromper en toute confiance. » – « On ne peut se passer d'une méthode pour se mettre en quête de la vérité des choses. » de René Descartes	
Questions du jury à anticiper – Que vous inspirent les personnes qui sont plutôt intuitives dans leur façon de travailler ? – Y a-t-il des domaines dans lesquels vous vous autorisez à ne pas être méthodique ? A y aller « au feeling » ?	

18. Organisé	
Définition	Qui s'occupe de chacun des éléments d'un ensemble de façon à constituer un tout cohérent et adapté à sa destination ; être structuré.
Etymologie	« se dit d'un instrument à touches arrangé comme un orgue ». XVIIe siècle
Synonymes	Ordonné, méthodique, structuré, discipliné.
Citations – « Ne détruisez pas, construisez. Ne critiquez pas, organisez. » de Frank Outlaw – « Le désordre est bien puissant quand il s'organise. » de André Suarès	
Questions du jury à anticiper – Est-ce que votre grande organisation ne cache pas une volonté de tout contrôler ? – J'aimerais faire le prochain marathon de New York alors que je ne suis pas sportif. Aidez-moi à planifier les grandes lignes de ce projet. – Dans quels domaines accordez-vous une place à la spontanéité dans votre vie ?	

19. Pragmatique	
Définition	Qui est orienté vers l'action pratique.
Synonymes	Réaliste, terre à terre, pratique.

Citations

– « Seules les femmes sont réalistes ; elles n'ont qu'un but dans la vie : opposer leur réalisme à l'idéalisme extravagant, excessif, parfois éthylique des hommes. » de Gilbert Keith Chesterton

– « Etre réaliste, c'est préférer une réforme modeste, qui en permet une autre, à un miracle impossible. » de Habib Bourguiba

– « Tu peux tout accomplir dans la vie si tu as le courage de le rêver, l'intelligence d'en faire un projet réaliste, et la volonté de voir ce projet mené à bien. » de Sidney A. Friedman

Questions du jury à anticiper

– Vous ne seriez pas un peu cynique des fois ?

– Quelle est votre attitude face aux personnes qui sont plus portées sur la théorie que sur la pratique ?

– Y a-t-il un handicap selon vous à être trop pragmatique ?

20. Raisonnable	
Définition	Qui manifeste du bon sens, du sens de la mesure.
Synonymes	Convenable, sage, juste, réfléchi, sérieux, pondéré, posé, sensé, droit.

Citations

– « L'homme est un animal raisonnable. » de Aristote

– « La raison du plus raisonnable est toujours la meilleure. » de Jules Renard

– « La jeunesse est la seule génération raisonnable. » de Françoise Sagan

Questions du jury à anticiper

– Quelle a été votre dernière folie ?

– Vous disposez de 3 mois de libre dans votre calendrier avant de vous lancer définitivement dans la vie active. Vous avez le choix entre aller faire le tour de l'Asie du Sud-Est en sac à dos, et améliorer votre anglais lors d'un stage intensif en Angleterre. Que choisissez-vous ?

– Que vous inspirent les personnes qui font des choix plus impulsifs que raisonnables ?

21. Responsable	
Définition	Qui est réfléchi, sérieux, qui prend en considération les conséquences de ses actes.
Synonymes	Adulte, répondant, leader, cerveau, solidaire.

Citations

– « Chacun est responsable de tous. Chacun est seul responsable. Chacun est seul responsable de tous. » de Antoine de Saint-Exupéry

– « Etre libre signifie, avant tout, être responsable vis-à-vis de soi-même. » de Mircea Eliade

– « Nul ne peut se sentir, à la fois, responsable et désespéré. » de Antoine de Saint-Exupéry

Questions du jury à anticiper

– Quelle est votre plus grande fierté ?

– Vous arrive-t-il parfois d'agir de façon totalement irresponsable ?

– Quelle est selon vous la difficulté d'être perçu comme quelqu'un de responsable ?

22. Rigoureux

Définition	Qui se caractérise par une logique, une rigueur parfaite, une exactitude sans défaut.
Etymologie	« qui prouve une exactitude sévère ». XVIe siècle
Synonymes	Implacable, inflexible, sévère, précis, rationnel, soigneux, intraitable.

Citations

– « La plus grande liberté naît de la plus grande rigueur. » de Paul Valéry
– « La rigueur vient toujours à bout de l'obstacle. » de Léonard de Vinci
– « La fantaisie et la liberté d'imagination ne s'acquièrent pas comme ça, il y faut du temps, de l'obstination, de la sévérité, de la rigueur, des mathématiques, de la raison. » de Philippe Sollers

Questions du jury à anticiper

– Etes-vous prisonnier de votre rigueur parce que vous manquez d'imagination ?
– Etes-vous rigoureux dans tous les aspects de votre vie ou seulement les plus sérieux (travail, études) ?
– Comment vivez-vous l'absence de rigueur chez une personne de votre entourage ?

23. Sensible

Définition	Qui éprouve facilement des émotions, des sentiments, notamment de pitié, de compassion.
Etymologie	« facilement accessible à certaines idées ». XVIe siècle
Synonymes	Tendre, sentimental, humain, charitable, affectueux, vulnérable.

Citations

– « Si l'on n'est pas sensible, on n'est jamais sublime. » de Voltaire
– « L'homme de ce temps a le coeur dur et la tripe sensible. » de Georges Bernanos
– « Ne mépriser la sensibilité de personne. La sensibilité de chacun, c'est son génie. » de Charles Baudelaire

Questions du jury à anticiper

– Vous êtes convoqué pour un entretien d'embauche, et pendant que vous attendez dans le couloir, une candidate s'effondre en apprenant que son fiancé s'est tué dans un accident de moto, et on vous fait entrer en salle trente seconde après. Comment vous sentez-vous ? Comment réagissez-vous ?
– A quoi êtes-vous le plus sensible en général ? La peine des autres ? Les attaques personnelles ?

24. Tenace

Définition	Qui est très attaché à ses idées, qui poursuit avec opiniâtreté ses desseins.
Etymologie	Emprunté au latin *tenax*, « qui tient fortement, parcimonieux, adhérent, obstiné, opiniâtre ».
Synonymes	Persévérant, ferme, intraitable, entêté, acharné, opiniâtre.

Citations

– « La ténacité peut avoir raison de la raison elle-même. » de Paul Carvel
– « La ténacité est une des qualités indispensables pour réussir dans la vie, quel que soit le but à atteindre. » de John Rockefeller
– « Il faut distinguer la ténacité de l'obstination : savoir insister et persévérer au bon moment, savoir aussi se retirer et renoncer quand il le faut. » de Shafique Keshavjee

Questions du jury à anticiper

– Etes-vous aussi tenace dans vos projets professionnels et personnels que dans votre vie privée ?
– Vous souhaitez absolument gagner le jackpot à la machine à sous, car c'est le seul moyen de pouvoir effectuer le voyage de vos rêves au Brésil pour le prochain Carnaval de Rio. Vous disposez de 100 €, à partir de quand vous arrêtez-vous ?
– Dans quelles situations vous arrive-t-il de lâcher prise ?

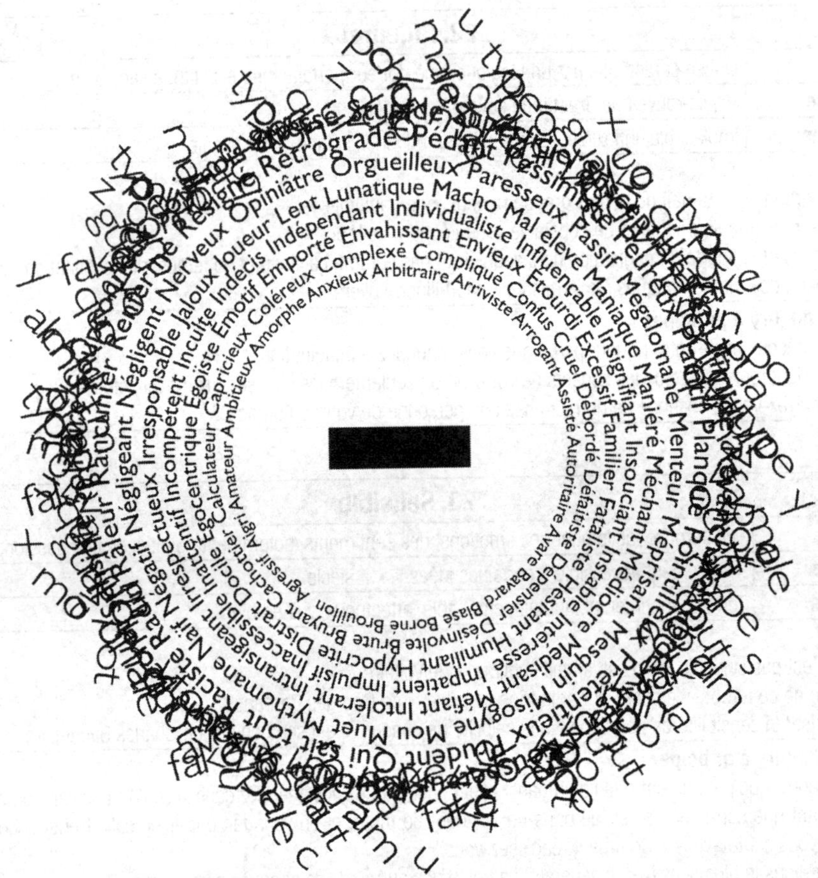

DEFAUTS

1. Anxieux	
Définition	Se dit d'une attitude qui manifeste une vive tension nerveuse.
Etymologie	D'abord utilisé surtout en médecine, il est synonyme d'« oppression » et de « suffocation » au XVIe siècle.
Synonymes	Soucieux, inquiet, angoissé, tourmenté, préoccupé, craintif, stressé, effrayé.

Citation

– « Craignez les anxieux, le jour où ils n'auront plus peur, ils seront les maîtres du monde. » de Tonino Benacquista

Questions du jury à anticiper

– Si je vous interromps en vous disant que nous nous sommes déjà fait une opinion sur votre candidature, et que l'entretien va s'achever prématurément, que penserez-vous, et comment réagirez-vous ?
– Qu'est-ce qui vous rend anxieux ? La peur de l'échec ? Le regard des autres ? L'inconnu ?
– Qu'est-ce qui vous rassure ?

Notre conseil

L'anxiété peut être présentée au jury comme un défaut accessoire à une forme de perfectionnisme. Le candidat pourra ainsi mettre en avant le fait que son anxiété, liée également à la crainte de l'échec le pousse à être méticuleux dans ce qu'il entreprend.

QUESTIONS FREQUEMMENT POSEES

2. Arrogant	
Définition	Qui manifeste, à l'égard des autres, un orgueil méprisant.
Etymologie	Du latin, *adrogare* qui signifie demander en plus que son dû.
Synonymes	Fier, orgueilleux, hautain, prétentieux, suffisant, dédaigneux, impertinent, vaniteux.
Citations – « Rien de plus arrogant qu'un timide qui a vaincu sa timidité. » de Tomi Ungerer – « Ne soyez pas arrogant. Le cercle parfait de la lune ne dure qu'une nuit. » de Sengai – « La prodigalité conduit à l'arrogance, et la parcimonie à l'avarice. L'arrogance est pire que l'avarice. » de Confucius	
Questions du jury à anticiper – Vous êtes un manager de magasin dans le luxe, et une dame habillée de façon peu apprêtée vient vous poser des questions dans un français hésitant. Comment régissez-vous ? – Comment réagissez-vous face aux personnes arrogantes ?	
Notre conseil L'astuce ici peut consister à présenter l'arrogance comme étant simultanément un mécanisme de protection et le signe d'une forte personnalité.	

3. Capricieux	
Définition	Irrégulier, fantaisiste, dont les changements sont brusques, imprévus.
Etymologie	« Qui a des caprices ; personne à l'imagination riche et étrange » XVIe siècle.
Synonymes	Excentrique, changeant, versatile, irrégulier, fantaisiste, lunatique, instable.
Citations – « L'amour me semble un capricieux personnage, aussi avare de ses dons que prodigue de ses mensonges… » de Hector Bernier – « C'est capricieux le bonheur. Ça demande, beaucoup pour ce que ça donne. » de Robert Lalonde – « Le peuple est un enfant capricieux qui veut toujours le contraire de ce qu'il a déjà. » de Bernard Werber	
Questions du jury à anticiper – Votre patron vous a promis de vous emmener en voyage d'affaires, et quelques jours avant, il change d'avis et préfère partir avec un autre employé. Comment réagissez-vous ? – Qu'est-ce qui pourrait vous rendre ponctuellement raisonnable ? – Qu'entendez-vous par capricieux ? Vous voulez dire fantaisiste ? Exigeant ?	
Notre conseil Le candidat peut choisir de parler de son côté capricieux comme étant le signe d'une forte personnalité, mais également décrire les efforts qu'il fait ou compte faire pour s'améliorer.	

4. Colérique	
Définition	Qui est prompt à se mettre en colère, coléreux.
Etymologie	Qui a des réactions vives et parfois violentes contre ce qui blesse un sentiment. XIXe siècle
Synonymes	Coléreux, acariâtre, hargneux, irascible, irritable, emporté.
Citations – « L'homme en colère peut n'être pas irascible : l'homme irascible peut quelquefois n'être pas en colère. » de Sénèque – « Une bonne colère vaut mieux qu'une bonne douche. La douche fatigue, la colère apaise… » de Henri Jeanson – « On ne se met pas en colère contre ses ennemis. La colère ne vient qu'à ceux qui se disent amis. » de Jean-Pierre Guay	

QUESTIONS FREQUEMMENT POSEES

Questions du jury à anticiper
– Imaginons que vous soyez employé par un manager qui a un humour un peu piquant, et dont vous êtes souvent la victime. Comment gérez-vous une telle situation ?
– Qu'est-ce qui est le plus susceptible de déclencher votre colère ?
– Qu'est-ce qui vous apaise ?

Notre conseil
Le candidat peut choisir de parler de son tempérament colérique comme une faiblesse qu'il aspire à améliorer, tout en soulignant que parfois en entreprise, une colère saine peut aider à mettre les choses au clair.

5. Distrait

Définition	Qui manifeste un manque d'attention à ce qu'il entend, voit, fait.
Etymologie	« tirer en divers sens ». XIVe siècle
Synonymes	Absent, inattentif, étourdi, léger, vague, rêveur, inappliqué, dissipé, songeur.

Citations
– « Je suis distrait. Je n'ai de mémoire que dans le cœur. » de Montesquieu
– « Dans une société harmonisée par la courtoisie, on ne traitera plus l'autre de con mais de distrait. » de Roland Topor
– « La vie est une perpétuelle distraction qui ne vous laisse même pas prendre conscience de ce dont elle distrait. » de Franz Kafka

Questions du jury à anticiper
– Vous êtes distrait parce que vous n'arrivez pas à vous concentrer ou c'est seulement quand vous vous ennuyez ?
– Y a-t-il malgré tout des situations dans lesquelles vous êtes systématiquement attentif ?
– Vous êtes en cours de maths, et le professeur, passionné se lance dans un descriptif détaillé et superflu du processus de découverte d'une formule mathématique. Qu'est-ce qui se passe dans votre tête ?

Notre conseil
Le candidat peut se défendre en admettant que même si à certaines occasions le fait d'être distrait peut représenter un handicap, cela s'explique également par le fait qu'il est ouvert d'esprit et a besoin de peu de matière pour faire travailler son imagination.

6. Emotif

Définition	Qui s'émeut, se trouble facilement ; impressionnable, nerveux, sensible.
Etymologie	« mettre en mouvement ». XIIe siècle
Synonymes	Sensible, affectif, hypersensible, impressionnable, nerveux.

Citations
– « Si vous voulez être libre de vos émotions il faut avoir la connaissance réelle, immédiate de vos émotions. » de Arnaud Desjardins
– « Les femmes sont mieux adaptées que l'homme à la douleur. Elles vivent d'émotions, ne pensent qu'aux émotions. » de Oscar Wilde
– « Un bon acteur sait mettre de l'émotion dans l'action et de l'action dans l'émotion. » de Charlie Chaplin

Questions du jury à anticiper
– Si je vous annonce que votre façon d'entrer dans cette salle et de vous tenir en entretien n'était pas bonne, et que votre admission va s'en retrouver compromise, comment réagissez-vous ?
– Dans quelles circonstances êtes-vous complètement indifférent ?
– Comment et dans quelles circonstances se manifeste votre émotivité ?

Notre conseil
On peut présenter l'émotivité comme la manifestation d'une forme d'empathie qui peut être salutaire quand on est manager et que l'on doit comprendre ses employés pour pouvoir mieux les diriger.

QUESTIONS FREQUEMMENT POSEES

7. Envahissant	
Définition	Qui s'impose sans discrétion.
Etymologie	« marcher sur, attaquer ». XIIe siècle
Synonymes	Exigeant, importun, indiscret, pressant, raseur, gênant, accaparant, sans-gêne.
Citation – « Affronter un bavard est une épreuve, certes. Mais que faire de celui qui vous envahit pour vous imposer son mutisme ? » de Amélie Nothomb	
Questions du jury à anticiper – Comment justifiez-vous cette envie permanente d'imposer votre présence ? – Dans quelles circonstances avez-vous besoin de solitude ? – Vous êtes à la cantine de votre lieu de travail, et vous avez le choix entre vous asseoir à la table d'une personne que vous ne connaissez pas et aller déjeuner à la table de deux de vos supérieurs hiérarchiques, absorbés par leur conversation. Que faites-vous ?	
Notre conseil Vous pouvez présenter ce trait de caractère comme avantageux dans les métiers où le travail des équipes doit être suivi de près, ou dans ceux qui requièrent de relancer activement des clients.	

8. Excessif	
Définition	Qui se porte facilement vers les extrêmes.
Etymologie	« qui excède la règle, la mesure convenable ». XIVe siècle
Synonymes	Exagéré, fou, démesuré, intense.
Citations – « Tout est bon quand il est excessif. » de Marquis de Sade – « Ceux qui ont une foi excessive dans leurs idées ne sont pas bien armés pour faire des découvertes. » de Claude Bernard	
Questions du jury à anticiper – On vous apprend que votre candidature n'a pas été retenue dans la première école de votre choix, mais plutôt dans la seconde. Comment réagissez-vous ? – Quelles sont vos limites ? – Etes-vous aussi excessif avec vos proches qu'avec des inconnus ?	
Notre conseil Vous pouvez présenter votre tempérament excessif comme un excellent antidote aux ambiguïtés, et même démontrer qu'utilisé intelligemment, ce trait de caractère peut vous faire sortir du lot.	

9. Familier	
Définition	Dont le comportement manque de réserve, dont les manières sont indiscrètes sinon impolies.
Etymologie	Emprunté au latin *familiaris* « qui fait partie de la maison, de la famille ».
Synonymes	Facile, libre, spontané, sociable, cavalier.
Citations – « En communication, la familiarité entraîne l'apathie. » de William Bernbach – « C'est de la familiarité que naissent les plus tendres amitiés et les plus fortes haines. » de Rivarol	
Questions du jury à anticiper – Lors de votre première rencontre avec votre responsable de stage, il vous parle avec un grand sourire en vous tutoyant spontanément. Lui retournez-vous la pareille ou attendez-vous qu'il vous permette de le tutoyer ? – Cette familiarité est volontaire ou c'est une habitude dont vous n'avez pas toujours conscience ?	
Notre conseil Vous pouvez atténuer le handicap causé par votre familiarité en mettant en avant le fait que cette spontanéité peut être perçue comme rafraîchissante, et détendre les échanges avec une personne *a priori* difficile d'accès.	

10. Impulsif	
Définition	Qui agit comme sous la poussée d'une force irrésistible, en l'absence de toute volonté réfléchie.
Etymologie	Emprunté au latin *impulsivus* « qui incite, qui donne une impulsion ».
Synonymes	Emporté, spontané, fougueux, irréfléchi.
Citations – « Même l'intelligence ne fonctionne pleinement que sous l'impulsion du désir. » de Paul Claudel – « L'impulsion du seul appétit est esclavage, l'obéissance à la loi qu'on s'est prescrite est liberté. » de Jean-Jacques Rousseau – « La vengeance impulsive est mauvaise conseillère. » de Xavier Brébion	
Questions du jury à anticiper – Un commerçant vous aborde sèchement à la sortie de son magasin en vous suspectant à tort d'avoir volé quelque chose. Comment réagissez-vous ? – Qu'est-ce qui pourrait vous faire réagir de manière impulsive, là, maintenant ?	
Notre conseil Vous pouvez mettre en avant le fait que votre impulsivité fait certes de vous quelqu'un de réactif, mais également sincère dans ses réactions.	

11. Influençable	
Définition	Qui se laisse facilement influencer.
Etymologie	De *influence* qui signifie « sorte d'écoulement, de flux censé provenir des astres et agir sur les hommes et les choses ». XIIIe siècle
Synonymes	Docile, malléable, faible, mou, corruptible.
Citations – « Ce ne sont pas les influences qui comptent, c'est le choix de ses influences qui est important. » – « Toute influence est immorale. Influencer quelqu'un c'est lui donner son âme. » de Oscar Wilde	
Questions du jury à anticiper – On vous a dit que le jury de votre prochain entretien préférait que les candidats mettent des cravates/escarpins, mais une personne que vous admirez énormément vous dit le contraire. Comment prenez-vous votre décision ? – Qu'est-ce qui vous influence le plus ? Votre entourage, les leaders d'opinion ou les tendances générales (la mode, etc.) – Y a-t-il des sujets sur lesquels vous êtes inflexible, peu importe les influences ?	

12. Intransigeant	
Définition	Qui ne transige pas, n'admet aucun compromis.
Etymologie	Du verbe contraire transiger, « conclure un arrangement, en faisant de part et d'autre des concessions sur ce qui est en litige ». XIVe siècle
Synonymes	Dur, sévère, intraitable, rigide, sectaire, intolérant, autoritaire.
Citations – « Jamais encore la vérité ne s'est accrochée au bras d'un intransigeant. » de Friedrich Nietzsche – « La République ne transige pas quand l'âme même du peuple français est en question. » de Jacques Chirac – « C'est un grand avantage dans les affaires de la vie que de savoir prendre l'offensive : l'homme attaqué transige toujours. » de Benjamin Constant	
Questions du jury à anticiper – Vous faites la queue au supermarché depuis 30 minutes, et une jeune femme vous demande si elle peut passer devant vous parce qu'elle n'a que 2 articles et qu'elle est très pressée. Que lui répondez-vous ? – Sur quels aspects de votre vie êtes-vous le plus intransigeant ? – Dans quelles situations ou à quels sujets pouvez-vous vous montrer plus accommodant ?	

Notre conseil
En soulignant que vous aspirez à être plus souple, insistez sur le fait que votre intransigeance fait surtout de vous quelqu'un de rigoureux, qualité hautement appréciée en entreprise.

13. Maladroit	
Définition	Qui manque de finesse d'esprit, de diplomatie ou de sens de l'opportunité.
Etymologie	« qui manque d'adresse corporelle ». XVIe siècle
Synonymes	Gauche, balourd, sot, malhabile, malavisé, gaffeur.

Citations
– « La vérité est un serviteur maladroit qui, en nettoyant, casse les assiettes. » de Karl Kraus
– « Combattre maladroitement pour une juste cause vaut mieux que d'être le redoutable soldat de l'injustice. » de Raimond VI
– « Si Dieu existait, il n'y aurait pas de méchants, il n'y aurait que des maladroits. » de Jean Rostand

Questions du jury à anticiper
– Dites-nous sincèrement ce que vous pensez du membre de ce jury que vous appréciez le moins.
– Avez-vous déjà subi la maladresse de quelqu'un d'autre ?
– Qu'est-ce que vous n'aimeriez pas qu'on sache sur vous ?

Notre conseil
Faites comprendre au jury qu'en rejoignant l'école, vous pourrez développer mieux votre finesse d'esprit en apprenant de vos échanges avec vos camarades et des cours de management offerts par l'école.

14. Nerveux	
Définition	Qui est dans un état d'excitation, de fébrilité, d'impatience.
Etymologie	« qui a de la force, de la vigueur ». XVIe siècle
Synonymes	Vif, impatient, agité, excité, fébrile, énervé, inquiet.

Citations
– « La nervosité est une maladie héréditaire. Mais ce sont paradoxalement les enfants qui la transmettent à leurs parents. »
– « La mer isole de tout et dispense des sensations qui n'ont rien à voir avec les tics nerveux citadins. » de Jacques Sternberg

Questions du jury à anticiper
– Etes-vous nerveux en ce moment ?
– Comment vous sentiriez-vous si vous perceviez des signes de nervosité de notre part ?
– Imaginez qu'en entrant dans cette salle, vous ayez reconnu une célébrité que vous admirez parmi les membres du jury. Comment réagissez-vous ?

Notre conseil
Expliquez que votre nervosité est plus une forme d'excitation. C'est une manifestation de votre motivation additionnée au fait que vous prenez tout ce que vous faites au sérieux, mais que vous allez essayer d'en limiter les effets négatifs.

15. Orgueilleux	
Définition	Qui tire de l'orgueil, de la vanité de quelque chose.
Etymologie	« sentiment exagéré qu'on a de sa valeur ». Xe siècle
Synonymes	Vaniteux, suffisant, fier, prétentieux, hautain présomptueux.

Citations
– « La modestie des orgueilleux est odieuse, insupportable. » de Claude Jasmin
– « Les orgueilleux ne laissent pas de gloire derrière eux. » de William Shakespeare
– « Le plus orgueilleux peut avoir besoin qu'on le croie modeste. » de Jean Rostand

QUESTIONS FREQUEMMENT POSEES

Questions du jury à anticiper – Si on vous annonçait que votre admission dépendait de votre capacité à nous attendrir, que feriez-vous ? – Pour quelle(s) raison(s) seriez-vous prêt à mettre votre orgueil de côté ? – Avez-vous déjà été confronté à quelqu'un de plus orgueilleux que vous ? Si oui qu'avez-vous ressenti ?
Notre conseil Vous pouvez démontrer au jury que même si vous avez conscience de la gravité de ce défaut, la pression de votre orgueil, vous pousse à redouter l'échec et à l'éviter en étant rigoureux.

16. Râleur	
Définition	Qui râle habituellement ou à la moindre occasion.
Etymologie	De *rasler*, synonyme de « marchander, barguigner ». XVIe siècle
Synonymes	Rouspéteur, ronchon, gueulard, grognard, aigre, coléreux.
Citation – « La vie, on est toujours à pester contre elle et quand elle nous quitte, on râle. » de Roland Bacri	
Questions du jury à anticiper – Qu'est-ce qui vous énerve dans l'actualité en ce moment ? – Racontez-nous la dernière fois que vous avez eu tort. – A votre avis, pourquoi dit-on des français qu'ils sont râleurs ? Trouvez-vous cela justifié ?	
Notre conseil La meilleure façon de faire amende honorable est de démontrer que même si vous pensez qu'il faut avoir un minimum d'esprit critique, vous faites des efforts pour être plus positif.	

17. Renfermé	
Définition	Qui est replié sur lui-même, qui n'exprime rien de ses sentiments, de ses pensées.
Etymologie	« se tenir contenu dans ». XVIe siècle
Synonymes	Impénétrable, réservé, silencieux, taciturne, introverti, froid, insaisissable, fuyant.
Citations – « L'homme renfermé a de mauvaises mœurs. » Proverbe kongo – « Chacun de nous a son passé renfermé en lui comme les pages d'un vieux livre qu'il connaît par cœur, mais dont ses amis pourront seulement lire le titre. » de Virginia Woolf	
Questions du jury à anticiper – Imaginez que vous êtes candidat au concours de la meilleure personnalité de l'année, que le présentateur fasse un tour de table des candidats qui sont tous très expansifs. A votre tour comment réagissez-vous, que dites-vous ? – C'est de l'indifférence ou de la crainte qui vous rend si renfermé ? – Dites-nous une chose que vous ne diriez ni à votre mère ni à votre patron…	
Notre conseil Le candidat a tout intérêt à montrer que son attitude renfermée lui permet en réalité de se positionner en fin observateur et de prendre du recul, mais qu'il avait déjà pris la décision d'améliorer sa sociabilité.	

18. Susceptible	
Définition	Qui s'offense, se vexe facilement.
Etymologie	« qui peut recevoir (quelque chose qui le modifie) ». XIVe siècle
Synonymes	Sourcilleux, sensible, ombrageux, irritable, coléreux, chatouilleux.

QUESTIONS FREQUEMMENT POSEES

Citation

– « Les susceptibles embrouillent tout, par trop de sensibilité. » de Jacques Chardonne

Questions du jury à anticiper

– Si je vous dis que nous avons reçu un candidat qui a exactement le même profil que vous mais qui aura réussi à plus nous marquer que vous, que ressentez-vous, comment réagissez-vous ?
– A quoi êtes-vous le plus sensible ? La critique ? La moquerie ? Le mépris ?
– Quel est votre compliment préféré ?

Notre conseil

Vous pouvez démontrer que votre susceptibilité, tout en essayant de l'endiguer, vous permet également d'avoir énormément d'empathie et une grande faculté à ménager les autres.

19. Timide

Définition	Qui manque d'assurance ou de hardiesse dans ses actes, ses décisions, ses opinions.
Etymologie	« se dit du manque de hardiesse dans les ouvrages de l'esprit ». XVIIe siècle
Synonymes	Timoré, hésitant, peureux, trouble, incertain, craintif.

Citations

– « Les remords sont les vitamines du timide. » de Philippe Bosser
– « Plus on a du succès, plus on devient timide. » de Michel Houellebecq
– « Il faut être prudent, mais non pas timide. » de Voltaire

Questions du jury à anticiper

– Imaginez que le président des Etats-Unis soit à cette table, et qu'il puisse vous faire gagner un échange tout frais compris dans la meilleure université de son pays. Que lui dites-vous pour le convaincre ?
– A quelle occasion vous êtes-vous montré exceptionnellement audacieux ? Pourquoi ?
– Si vous étiez obligé de faire un discours au nom des étudiants de votre ancien établissement, à l'Assemblée nationale, face aux parlementaires et aux membres du gouvernement. Comment vous y prépareriez-vous ?

Notre conseil

Vous pouvez affirmer que même si vous essayez d'endiguer au mieux votre timidité, elle fait également de vous quelqu'un de réfléchi et prudent dans ses paroles et ses actes.

20. Triste

Définition	Qui est grave, austère, qui n'est jamais porté à rire.
Etymologie	Du latin *tristis*, qui signifie « épuiser, miner, affaiblir ».
Synonymes	Mélancolique, malheureux, sombre.

Citations

– « Triste, on hait le joyeux ; folâtre, on hait le triste. » de Horace
– « Ce qui est beau devient vite triste. » de Emmanuel Coke
– « La vie est tristesse. Surmonte-la. » de Mère Teresa

Questions du jury à anticiper

– Qu'entendez-vous par triste ? Pas drôle ? Déprimé ?
– Quel était la cause de votre dernier éclat de rire ?
– Un ami à vous est malheureux parce qu'il a raté l'entretien pour le poste de ses rêves. Vous êtes chargé de lui organiser un week-end pour le détendre. Que prévoyez-vous ?

Notre conseil

A moins que vous ne souhaitiez faire carrière dans un métier créatif que vous nourrirez de votre mélancolie, la meilleure façon de faire bonne impression au jury est de décrire les initiatives que vous avez prises afin d'être plus enjoué.

6. Les questions pieges et destabilisantes

Rappelons que les questions déstabilisantes sont, dans la très grande majorité des cas, des questions provoquées par les candidats eux-mêmes. Si vous donnez l'impression d'être authentique, vous-même, de ne pas jouer un rôle ou de réciter une leçon, vous ne devriez pas être en butte à des questions de ce type.

De plus, les questions dites déstabilisatrices le sont… parce que les candidats le veulent bien. Posées dans le but de les faire se comprendre ou se révéler, destinées à venir combler un manque ou lever un doute, elles ne sont pas, dans l'esprit des jurys les administrant, agressives. Aboutissant à bousculer un peu les candidats, elles visent au fond à lui faire prendre conscience des doutes qu'il peut inspirer ou des questions que son comportement ou ses propos soulèvent.

Face à une question vous désarçonnant, vous devez donc immédiatement vous demander ce que la question signifie ou cache. En d'autres termes, pourquoi le jury vous la pose-t-il ? Qu'est-ce qui, dans votre façon d'être ou vos dires, a pu provoquer la question ? Il y a forcément une raison, ne relevant nullement d'un sadisme mal dissimulé, mais se situant en vous.

Face à une question vécue par vous comme déstabilisante, plusieurs parades sont possibles, dont vous devrez vous servir de façon mesurée et variée.

Première parade : prenez quelques secondes de réflexion. Rien ni personne ne vous impose, bien au contraire, de répondre du tac au tac, surtout face à une question à la réponse malcommode. Regardez tranquillement votre jury pendant quelques secondes, l'air assuré et commencez ensuite à répondre. Vous montrerez ainsi que vous n'êtes pas déstabilisé, ce dont le jury au fond se félicitera.

La deuxième parade, à n'utiliser qu'avec parcimonie, consiste, après votre silence, à reformuler la question : « **Si j'ai bien compris, vous me demandez si… ?** ».

Ces deux parades sont destinées à vous permettre de gagner du temps, mais ne vous dispensent naturellement pas de répondre.

La troisième parade que vous pouvez, suivant les cas, les questions et votre propre nature est l'humour (cf. question). Une réponse humoristique peut parfois suffire et témoignera, en tout état de cause, de votre sérénité face à la question qui vous est posée.

Il est en revanche une quatrième parade dont l'usage peut se révéler délicat. Il s'agit là de retourner la question à son auteur. : « Et vous-même ? ». Destinée là aussi à gagner un peu de temps, elle présuppose que vous « sentiez » votre jury prêt à ce type de riposte.

35 Que voulez-vous que le jury retienne de vous ?

Que retiendra-t-on de vous dans trois semaines ?

Quelle est la dernière chose que vous aimeriez dire ?

Il vous reste une minute... Qu'avez-vous à dire ?

Formulée de différentes façons, cette question demeure délicate, en ce sens qu'il est difficile de sortir de la réponse classique du type « ma motivation et mon enthousiasme »/« je suis très motivé à l'idée d'entrer dans votre école »...

Certes, personne ne les met en cause. Mais cette réponse est insuffisante pour deux raisons. Tout d'abord, le jury a été à même, pendant la durée de votre entretien, de les apprécier. Et, en second lieu, fort nombreux sont les candidats produisant cette réponse.

Il vous faut donc vous différencier. Comme vous savez que le maître mot des attentes du jury est le mot « cohérence », vous devez l'évoquer et l'illustrer. Au fond, vous formez un bloc, dont vous avez administré à votre jury la preuve de la robustesse durant votre entretien. Vous devez donc résumer cette cohérence, celle qui lie les trois pointes du triangle des attentes entre elles. C'est en effet parce que votre projet est cohérent avec votre personnalité et vos expériences, que votre projet et votre future école sont eux aussi en cohérence et que vous avez su établir un lien entre vos aptitudes et votre future école que le tout apparaît cohérent.

Votre réponse peut alors devenir la suivante : « *Ma motivation, bien sûr, mais je ne suis pas le seul étudiant (la seule étudiante) que vous avez rencontré qui était motivé. Je pense que vous allez retenir la cohérence qu'il y a entre mon projet – chef de produit dans la téléphonie – l'offre de votre école et ma personnalité. C'est parce que j'ai déjà goûté au marketing et que cela m'a plu que je veux me perfectionner, et votre école est réputée en la matière (je pense notamment aux cours de M. X, au mastère Y et à la chaire Z...) ; enfin, j'ai vraiment envie d'apporter à la Junior Entreprise mes connaissances en matière de sondages et d'études de marché, qui sont au fond une des composantes du marketing* ».

QUESTIONS FREQUEMMENT POSEES

Si vous avez du culot, (et que vous venez du Nord de la France), vous pouvez oser la réponse suivante : *« Je vous ai apporté du maroilles. Laissez-le à température ambiante pendant 3 semaines et vous pouvez être sûrs que vous vous souviendrez de moi ! »*. Mais vous ne pouvez naturellement pas vous arrêter là et devez poursuivre en redevenant sérieux.

36 Et si vous étiez un animal ?
Un matériau ?
Une couleur ?
Un modèle de voiture ?
Un outil ?
Une fleur ?…

Vous connaissez sans doute le jeu connu sous le nom de « portrait chinois », souvent utilisé dans les études de marché par exemple. Il consiste à demander aux participants de se projeter un produit, un service ou une entreprise (ou de projeter les clients de ce produit ou de cette entreprise) en le comparant à une couleur, un animal, un matériau, une personnalité, un style de vie, un sport, un pays…

Cette question ne comporte pas de piège particulier et constitue une question visant à cerner des aspects de la personnalité de quelqu'un. Parce que les étudiants y sont peu habitués, ils la vivent souvent comme une question déstabilisante.

Chaque animal, objet, matériau, sport, types d'habitat, modèles de voiture… donc toutes les composantes du portrait chinois, possède un pouvoir d'évocation, teinté de subjectivité, lié à ses caractéristiques.

De plus, vous devez choisir des réponses correspondant à l'impression que vous savez donner.

Reprenons l'exemple de l'animal. Le jury va, avec mesure, considérer que les caractéristiques, objectives et subjectives de l'animal que vous allez évoquer vous correspondent. Il est donc évident qu'il est préférable que vous ne choisissiez pas de citer l'autruche, le requin ou la marmotte, par trop évocateurs de la couardise, de l'agressivité ou de la paresse. Quant au paresseux…

Vous avez naturellement le droit de considérer que plusieurs animaux vous correspondent et que vous êtes tout à la fois doté de la ténacité de l'un, de la force de caractère d'un deuxième et de la rondeur d'un troisième. A l'identique, vous pouvez vous décrire comme étant un modèle de voiture n'existant pas encore, à la rencontre d'une Maserati pour la vitesse, un diesel pour l'endurance et d'un 4*4 pour le franchissement d'obstacles…

Soyez convaincu qu'il n'y a pas de bonne ou de mauvaise réponse dans le fond. Seule compte en définitive votre capacité à répondre et à justifier votre réponse, y compris face aux interrogations complémentaires de votre jury.

Ce dernier tentera sans doute de critiquer votre choix, afin simplement de vous pousser dans vos retranchements. Demeurez ferme sur vos positions et ne changez surtout pas d'avis : vous avez bien le droit de préférer le marbre au bois ou le jaune au rouge !

37 Avez-vous confiance en vous ?

De nombreux candidats partent de l'idée que leur jury s'attend à ce que la réponse à cette question difficile soit positive. Ce faisant, ils intériorisent l'idée selon laquelle un futur manager, donc un manager *a fortiori*, se caractérise par le fait d'être très sûr de soi. Ils s'apprêtent donc à jouer un rôle et à travestir leur personnalité.

Or, un bon candidat est un candidat qui doute ! Tout d'abord en raison du contexte. Vous êtes en train de vivre un moment important pour vous (le jury aussi) et ne détenez en définitive pas les clés de votre réussite. Il est donc tout à fait normal que vous doutiez quelque peu.

De plus, de façon plus générale, le doute est salvateur et source de progression. Francis Bacon écrivait d'ailleurs que « *si on commence avec des certitudes, on finit avec des doutes. Si on commence avec des doutes, on finit avec des certitudes* ».
Enfin, compte tenu de votre âge et de votre expérience, demeurant somme toutes limités, vous ne disposez pas du bagage permettant d'acquérir une confiance immodérée en vous.

Répondre par l'affirmative paraît donc risqué, voire présomptueux. Restreindre votre réponse au seul contexte de votre entretien, donc répondre que « *en général, oui, mais là, en ce moment, pas vraiment* » sera perçu comme banal et presque hors sujet.

Vous ne pouvez pas répondre par la négative. Un candidat doutant de lui et de ses capacités en permanence ne serait en effet pas perçu comme un futur manager, dont une des dimensions principales consiste justement en la capacité à prendre des décisions.

Vous vous connaissez suffisamment pour savoir pourquoi votre jury vous pose la question. Soit ce dernier vous perçoit comme peu sûr de vous, manquant de fermeté et ayant par exemple changé d'avis sur un sujet, soit, tout au contraire, il vous perçoit comme trop sûr de vous, trop définitif, animé d'une véritable certitude en vos capacités. Il importe donc que vous compreniez pourquoi la question vous est posée, dans la mesure où votre réponse devra partir de l'impression que vous donnez.

Vous devez donc produire une réponse. Celle-ci peut, selon le fond de votre personnalité et ce que vous pensez que votre jury a dans la tête, prendre la forme suivante :

« *J'ai confiance en ma capacité à mener à bien des projets. Je sais que je suis tenace et persévérant, ce qui me permet de ne pas baisser facilement les bras. De façon générale, je parviens à atteindre mes objectifs* ».
« *J'ai pendant longtemps assez peu confiance en moi. Au fur et à mesure de mes expériences et de mes réussites, j'acquiers progressivement de la confiance, donc je suis sur une pente ascendante* ».

38 Jusqu'où iriez-vous pour réussir dans la vie ?

Pour cette question comme pour les autres, demandez-vous pourquoi le jury vous la pose. Si elle vous est soumise, c'est vraisemblablement parce que vous avez donné l'impression d'une très grande sûreté de vous-même ou de quelqu'un de particulièrement ambitieux et désireux d'arriver.

Le jury cherchera alors à vous mettre en face de vous-même et à apprécier jusqu'ou vous êtes effectivement prêt à aller, donc en d'autres termes ce que vous êtes prêt à faire, pour assouvir cette soif de réussite qu'il a cru déceler en vous.

Ne tombez pas dans le piège que cette question vous tend. Si vous persistez à vous projeter en un « candidat idéal », vous répondriez sans réfléchir que, naturellement, vous êtes « prêt à tout ». Cette réponse présentera, parce qu'elle colle au cliché de jeune loup aux dents longues, pour votre jury peu d'intérêt.

Vous gagnerez en produisant une réponse prenant de la hauteur par rapport à la question, donc traitant la question englobant celle qui vous est posée. La question du « jusqu'où » est en effet contenue dans la définition préalable de la réussite.

Vous devez donc évoquer ce en quoi consiste, pour vous, la réussite, sur quels plans et à quel niveau vous la situez. Vous pouvez considérer que la vraie réussite est celle que chacun ressent, non celle que les autres admettent ou considèrent, et qu'elle ne saurait être mono-polaire. En d'autres termes, pas de réussite réelle sans la conjugaison de la réussite professionnelle et de la réussite privée.

Profitez-en pour évoquer les valeurs et convictions qui sont les vôtres, donc les registres et champs dans lesquels vous n'êtes justement pas prêts à tout. Soyez assez habile pour évoquer des valeurs dont vous savez qu'elles sont, pour certaines en tout cas, également celles de votre future école…

39 Vous êtes plutôt vanille ou chocolat ? Barcelone ou Stockholm ? Rouge ou bleu ? Avion ou train ?

Ces questions ne comportent pas plus d'intention vicieuse que la précédente et aspirent au même objectif : vous faire sortir de votre gangue ou de votre coquille, vous faire vous dévoiler plus que vous ne l'avez fait jusqu'à présent. Elles seront donc préférentiellement réservées aux candidats timides ou présentant une personnalité « verrouillée ». Mais elles peuvent également être proposées aux candidats donnant l'impression d'une grande sûreté en eux, donc que le jury voudrait voir un peu désarçonnés.

Par voie de conséquence, si une telle question vous est posée, il va vous falloir promptement décoder le message que le jury, par son entremise, vous envoie. En d'autres termes, il ne parvient pas à vous « saisir » ou à vous cerner et vous demande au fond de vous lâcher, de vous ouvrir ou vous perçoit comme trop sûr de vous.

Le risque réside en le fait qu'à ce stade, vous allez vraisemblablement vous orienter vers un des termes contenus dans la question. Vous allez donc choisir un des termes et commencer, par exemple, à justifier votre préférence pour le chocolat…

Soit. Mais l'objectif de la question n'est au fond pas là et vous pouvez imaginer que votre jury ne s'intéresse au fond que peu à vos goûts culinaires.

La bonne réponse est ailleurs. De deux choses l'une : si vous êtes particulièrement féru de cuisine et que vous pouvez en profiter pour évoquer cette passion (sans oublier de conclure par l'évocation de la création d'une association consacrée à la cuisine au sein de votre future école...), n'hésitez pas ! L'essentiel est que vous livriez là quelque chose de vous-même, en sachant le cas échéant monter d'un cran.

Sinon, empruntez un échappatoire, ce que le jury appréciera, et évoquez votre goût pour le café ou les fruits de la passion... Ce faisant, vous témoignez de votre capacité à élargir l'alternative dans laquelle le jury voulait vous insérer.

Vous pouvez aussi, suivant la question, à répondre en demeurant fidèle à son énoncé, à condition de prendre de la hauteur. Vous pouvez répondre que les soirées madrilènes vous attirent plus et vous correspondent mieux, mais vous gagnerez par exemple en rattachant la question à l'univers des entreprises, donc en vantant la réussite d'Ikea ou de Zara...

Soyez conscient que des questions de ce type sont au fond une chance que vous offre le jury de vous dévoiler, de vous livrer. Si vous produisez une réponse trop standardisée, vous courrez le risque de vous heurter aux questions suivantes...

40 Quelle est la différence avec un pigeon ? Quel âge avait Rimbaud ?

Les initiés auront reconnu des propos de Coluche...

Les questions absurdes sont sans doute les questions vécues comme les plus déstabilisantes et les plus perverses par les candidats.

Ces dernières ne contiennent pour autant pas d'intention vicieuse. Elles interviennent le plus fréquemment lorsqu'un candidat fait montre d'une trop grande confiance en lui et/ou lorsqu'il émet un discours trop lisse, policé et maîtrisé. Les jurys attendent des candidats authentiques, francs, humains, donc présentant des failles. Dans le cas contraire, le jury peut éprouver une forme d'agacement l'amenant à vouloir briser la carapace d'un candidat trop solide ou trop sûr de lui, donc à chercher, sans méchanceté, à le bousculer.

Il est bien évident que des questions de ce type, absurdes, n'attendent pas de réponse rationnelles, d'ailleurs impossibles à produire. Ne cherchez donc pas à produire une réponse raisonnée. Par voie de conséquence, ne demandez pas avec quoi il vous faut comparer un pigeon ni si c'est l'âge auquel Rimbaud a écrit *le dormeur du val* qu'attend le jury.

L'objectif d'une question de ce type étant de bousculer, vous devez naturellement montrer que ce type de question ne vous déstabilise pas et que vous demeurez solide sur vos appuis.

Parce que l'absurde appelle l'absurde, vous devez répliquer en vous situant dans ce registre. Votre jury appréciera donc de vous entendre répondre : « bleu », « tortue » ou « caramel » ! En d'autres termes, n'hésitez surtout pas à aller dans le sens de votre jury, donc, en l'espèce, de l'absurde, il vous en saura gré.

41 Dans quel pays n'aimeriez-vous pas aller ? Pourquoi ?

La plupart des candidats, considérant qu'il est de bon ton pour un étudiant aspirant à entrer dans une école de commerce de manifester une vraie passion pour l'international, répondent spontanément « aucun » à cette question.

Si vous en faites partie, vous devez naturellement vous attendre à ce que le jury vous titille ensuite à propos de certains pays ou de certaines pratiques, comme par exemple la place accordée aux femmes dans certains pays, le respect des droits de l'homme dans d'autres, l'application de la peine de mort dans un troisième…

Ne répondez donc pas trop vite et n'hésitez pas à questionner vous-même la question : pour quoi faire ? Dans quel cadre ? Pour combien de temps ? Le jury appréciera au fond autant ce travail de réflexion auquel vous vous adonnerez que votre réponse elle-même.

Ceci dit, il vous faudra répondre. Une réponse satisfaisante pourrait par exemple être : « *je suis curieux de tout, mais je ne suis pas certain de pouvoir tout supporter* ». La formule « je ne suis pas certain » montre bien que vous êtes là dans un domaine ou les vérités définitives n'existent pas et ou les opinions prévalent. Ne soyez donc pas trop définitif dans leur énoncé et conservez de la mesure : le maintien en vigueur de la peine de mort dans de nombreux Etats américains rend-il pour autant difficilement possible une réponse définitive du futur étudiant en école de commerce que vous aspirez à être, refusant pour cette raison de se rendre aux Etats-Unis…

42 Etonnez-nous ! Surprenez-nous !

Fréquemment vécues comme très déstabilisantes, des questions de ce type ont une signification que vous devez au préalable identifier. Posées sans perversité, elles sont néanmoins suffisamment perturbantes pour vous amener à vous demander pourquoi elles vous sont posées.

Selon toute vraisemblance, l'administration de ces questions découle de l'impression que vous avez, au stade de l'entretien où elles vous sont posées, faite à votre jury. En effet, parce que vous avez donné l'impression d'une personnalité austère ou que votre trac vous a empêchée de vous livrer et de vous dévoiler, le jury ressent alors le besoin de briser le voile vous protégeant.

Comme face à toute question déstabilisante, vous ne devez surtout pas montrer que vous êtes déstabilisé par la question. Prenez quelques secondes en regardant de façon pondérée tour à tour les membres de votre jury. Si vous y parvenez, vous avez d'ores et déjà marqué des points dans l'esprit de votre jury, en démontrant votre capacité à ne pas être déstabilisé.

Ceci dit, il va vous falloir néanmoins répondre. Si vous avez du culot, selon votre tempérament et votre personnalité, votre réponse pourra consister, à l'issue de l'échange de regards avec les membres de votre jury, à tout simplement répondre : « voilà », puis à regarder de nouveau patiemment les membres de votre jury en les laissant réagir et reprendre la parole. En toute logique, votre jury comprendra alors que vous avez cherché à l'étonner en faisant preuve d'audace et de laconisme et se félicitera de votre réaction. De plus le silence et l'échange de regards suivant votre « voilà » lui montrera que vous n'avez pas été désarçonné et que vous êtes parvenu à maintenir votre échange sur un mode égalitaire. Il passera à autre chose.

Prenez garde néanmoins. Si ce type de réaction et de parade vous semblent aller à l'encontre de votre nature, donc si vous ne les « sentez » pas, ne vous engagez surtout pas dans cette voie, vous n'y seriez pas à l'aise et le jury sentira que vous prenez sur vous et jouez un rôle.

Dans ce cas, procédez autrement. Tout en demeurant calme et silencieux, vous pouvez choisir de commencer à vous déchausser, de vous lever et de vous promener dans la salle, de passer derrière le jury si l'espace le permet…

« Très bien ! Tel que vous me voyez, avec mon allure un peu dégingandé de grand maigre, je danse le tango depuis mon année ERASMUS à Buenos Aires. C'est une danse très sensuelle que je réserve pour les grandes occasions ! C'est d'ailleurs la seule danse que j'aime pratiquer. Pina Bausch disait qu'à chaque caractère correspond une danse. La mienne, c'est le tango argentin : passionnée, sensuelle, énergique ! A en juger par vos sourires, j'imagine que vous ne vous y attendiez pas... »

43 Faites-nous rire !

Classique, cette question n'en demeure pas moins une des questions les moins bien vécues par les candidats à qui elle est posée.

Là aussi, préalablement à votre réponse, vous devez vous demander pourquoi une telle question vous est posée. Vraisemblablement avez-vous donné l'impression d'un candidat trop sûr de lui, amenant alors votre jury à vouloir vous rudoyer quelque peu. Dans certains autres cas, les étudiants se voyant administrer cette question ont présenté une personnalité renfermée et austère.

Face à cette question, comme face à toute question de nature déstabilisante, prenez quelques secondes avant de répondre. Ce laps de temps, même court, pendant lequel vous garderez le silence et regarderez vos interlocuteurs vous permettra de comprendre pourquoi la question vous est posée et comment vous allez y répondre. De plus, cette posture montrera aux membres de votre jury que vous ne vous laissez pas démonter par une question perturbante et demeurez bien d'aplomb.

Comme vous le savez, il n'y a rien de plus personnel que l'humour. Il n'est donc pas question pour vous d'envisager de raconter une blague ou une plaisanterie : vous risqueriez de tomber à côté ou d'indisposer un des membres de votre jury. De toute façon, convainquez-vous bien que votre jury n'attend d'ailleurs pas que vous vous orientez dans cette voie. La question a en effet pour but d'apprécier vos réactions face à l'inattendu ou au déroutant, bien plus que vous entendre reprendre à votre compte les saillies d'un humoriste.

Ceci dit, là aussi, il va vous falloir jouer le jeu et répondre. Si vous en avez la capacité, donc si, en d'autres termes, vous avez « des billes », vous pouvez élever le débat en vous demandant, entraînant ainsi votre auditoire dans votre réflexion, ce en quoi consiste le rire, à quelle fonction il obéit, quels en sont les principaux mécanismes déclencheurs. Ce faisant, vous prenez de la hauteur et, en vous appuyant sur Bergson, pouvez évoquer le rôle de soupape du rire.

Sinon, vous pouvez répondre, plus classiquement, que vous serez ravi de vous détendre avec vos interlocuteurs, mais que vous demeurez pour l'instant concentré sur votre objectif, qui est de réussir votre entretien, ou que, lorsque vous vous essayez à l'humour, cela tombe souvent à côté…

En tout état de cause, demeurez paisible. Si vous faites preuve d'agressivité, en faisant par exemple comprendre au jury que vous considérez cette question comme déplacée ou incongrue, il risque fort de vous rétorquer que, jusqu'à plus ample informé, c'est lui qui choisit le contenu et la direction donnée à votre entretien et que, de plus, vous perdez bien vite votre calme…

44 Quelle question n'auriez-vous pas voulu que l'on vous pose ?

De nouveau, votre jury n'attend pas tant que vous répondiez à la question que de constater quelles réactions elle engendre chez vous, comment vous vous y prenez pour la traiter, quels chemins vous empruntez et quelle démarche sous-tend votre réflexion.

Deux solutions de réponse s'offrent à vous, la classique et l'audacieuse. La réponse classique consistera à évoquer votre vie privée pour préciser que vous désirez la laisser en dehors de l'entretien. Par voie de conséquence, vous n'entendez pas que vos parents ou votre conjoint éventuel soient évoqués, ainsi que votre sexualité, vos idées politiques ou votre religion par exemple.

Une réponse plus audacieuse consistera à regarder posément le membre du jury et à répondre simplement : « *celle que vous venez de me poser* », puis à demeurer silencieux en attendant la question suivante. Si vous optez pour cette réponse, veillez à demeurer modeste et à ne pas adopter de posture triomphaliste donnant à penser que vous savez que votre réponse est habile…

45 Si vous étiez un artiste, qui seriez-vous ?

Cette question est somme toute un peu saugrenue ! Elle vise en réalité à mieux vous connaître. Le jury cherche à percer votre personnalité *via* un angle original. Votre choix en dira autant sur la connaissance que vous avez de l'artiste que sur vous-même. A travers cette question, vous pourrez renseigner le jury sur votre passion, vos aptitudes dans un domaine artistique, votre sensibilité et beaucoup d'autres informations vous concernant.

Il faut que vous soyez capable d'argumenter votre choix, c'est pourquoi il est vivement conseillé de choisir un artiste que vous connaissez bien. Sans donner une réponse trop pointue (si vous citez un artiste connu, le jury pourra rebondir), nous vous conseillons de donner une réponse originale. Aussi, si l'artiste n'est pas vraiment original, vos arguments devront l'être. Ce type de questions vise à mieux vous connaître donc soyez généreux en explications.

« Je vous répondrai sans hésitation Pablo Picasso. Je n'aime pas forcément le mouvement cubiste et la peinture de Picasso m'avait toujours laissé indifférent jusqu'à ma visite au Musée Reina Sofia de Madrid. En fait, j'y accompagnais une amie espagnole. En arrivant devant Guernica, j'ai été happé par cette grande fresque peinte en 1937, représentant le bombardement allemand de la ville de Guernica. Cela a été une révélation. Je suis resté sans voix. Le reste de ma visite était sans intérêt car j'avais presque pénétré le tableau qui s'était l'espace d'un bref instant animé autour de moi. Une horreur et en même temps, l'impression que l'art, à travers cette peinture, est une preuve que les mots ne suffisent pas et surtout, que la symphonie ultime existe. Guernica est à mes yeux le tableau parfait, et Picasso un artiste libre que je place dans mon panthéon. Il y en a d'autres, Miles Davis, Ernst Lubitsch... »

46 Quel est votre plus grand succès ?

Ici, vous êtes invité à vous lancer des fleurs ! Plus sérieusement, vous devez expliquer un succès récent avec force détails. Il ne s'agit pas de vous mettre en avant de manière outrancière mais davantage d'expliquer les raisons de ce succès. Implicitement, vous allez faire ressortir des qualités, des valeurs ou encore des aptitudes.

Précisons qu'il ne faut pas minimiser votre succès. D'un autre côté, jouez la carte de l'humilité. Ayez le triomphe modeste ! Là encore, choisissez bien votre exemple. Essayez de le relier à votre projet professionnel ou à l'école que vous souhaitez intégrer. Adoptez également le schéma en 3 temps : le succès, le bilan et la façon de ce succès vous a rendu meilleur.

« Je vais vous parler de mon dernier succès, en juin dernier, lorsque j'ai remporté la coupe de France junior de golf. Je me suis investi dans le golf il y a 9 ans, à l'âge de 8 ans. C'est un sport extrêmement exigeant car il demande une excellente maîtrise technique et par dessus tout, des nerfs d'acier. C'est d'ailleurs ce qui est le plus difficile à dominer lors d'un parcours. Je ne fais de la compétition que depuis deux ans. L'année dernière je me suis lancé le défi de m'investir à 100 % dans le golf et j'ai passé les tours de qualification, avec l'objectif personnel de décrocher le graal ! J'ai vraiment beaucoup travaillé et fait énormément de sacrifices, pour me prouver

que j'en étais capable. A la surprise générale, j'ai remporté cette coupe, faisant taire mes détracteurs. Ce succès m'a appris deux choses. La première est qu'il faut se donner les moyens de ses ambitions, quitte à faire des sacrifices. Et la deuxième, c'est que je suis un homme de défis. Je suis jeune mais je me fixe sans cesse des challenges. Aussi, je pense que cet état d'esprit est le bon pour être l'entrepreneur que j'espère devenir une fois que je serai diplômé ».

47 Aimez-vous l'argent ? Préférez-vous l'argent ou les honneurs ?

Nous avons remarqué que les candidats sont toujours un peu déstabilisés par les questions ayant trait à l'argent. Notez bien que ce complexe par rapport à l'argent n'existe pas partout puisque dans les pays anglo-saxons par exemple, les questions d'argent ne sont pas taboues. Prenez bien conscience qu'en école de commerce l'argent est central et il faut être en mesure d'en parler sans rougir. Salaires, treizième mois, prime, compensations financières, devises, bref, décomplexez-vous !

Toutefois, il faut répondre avec prudence à cette question. Démontrez que vous avez le sens des réalités et que vous n'êtes pas déconnecté des moyennes nationales et internationales (salaire moyen, salaire minimum, taux de pauvreté, etc.).

L'idée qui doit dominer vos réponses est la suivante : l'argent doit être une juste rétribution de votre travail. C'est une contrepartie qui n'est pas une fin en soi. Le jury attend davantage un développement sur ce que vous faites avec votre argent.

« Naturellement, l'argent occupe une place centrale. J'ai pour habitude de m'investir à fond dans mon travail et quand je serai diplômé, je mettrai à exécution ce leitmotiv. Aussi, j'espère recevoir une rétribution à la hauteur de mon investissement au travail. Mais l'argent n'est pas une fin en soi. J'ai des projets de vie qui nécessite d'avoir de l'argent. Acheter une maison, fonder une famille nombreuse et lui donner les moyens de vivre dans les meilleures conditions. Bercé par les histoires de corsaires, je nourris aussi le vieux rêve de voyager en cabotage sur un beau voilier... L'argent est donc un moyen plus qu'une fin. HEC me permettrait de devenir un marketeur de grande valeur sur le marché du travail, ce paramètre a été déterminant dans mon choix ».

48 Quelle note mettriez-vous à votre entretien ?

Encore une question relativement déstabilisante pour un candidat qui n'y a jamais vraiment réfléchi. C'est une question piège à laquelle vous ne pouvez apporter que des mauvaises réponses. Répondez 20/20 et vous serez jugé comme un candidat prétentieux. Répondez 10/20 et vous signerez vous-même votre échec. Ce n'est pas à vous de vous évaluer et il ne faut en aucun cas donner une note !

Nous vous conseillons de détourner le piège en revenant sur un point que vous avez oublié d'aborder ou qui mérite de plus amples explications. Vous pouvez décliner poliment ce cadeau empoisonné en précisant que l'on n'est jamais bon juge de soi-même. Puis, renouvelez vos motivations.

« Ecoutez je ne préfère pas me prononcer à ce propos. Je pense en tout cas que cet entretien ne serait pas réussi si je sortais sans vous parler de ma passion pour la musique classique. Si vous me le permettez, j'aimerais vous dire quelques mots sur ma pratique du violoncelle [...] *».*

ou

« Je ne saurais me donner une note. J'espère en tout cas vous avoir fait part au mieux de mon envie d'intégrer l'ESSCA et surtout, j'espère que vous aurez accueilli favorablement mon projet professionnel. Si vous le désirez, je peux revenir sur un point de ma présentation sur lequel je suis passé trop rapidement. »

49 Quel est votre pire défaut ?

Cette question est très fréquente alors autant vous préparer. Ce n'est pas véritablement une question piège mais elle est souvent mal abordée par les candidats. Soit parce que le défaut donné n'en est pas véritablement un (trop travailleur, perfectionniste, etc.), soit parce que le défaut vous dévalue plus qu'il n'en faut. Il est impératif de se montrer le plus humain possible. Vous êtes jeune et perfectible.

Nous avons remarqué que de nombreux étudiants donnent spontanément plusieurs défauts lorsque l'on ne leur en demande qu'un seul ! N'aggravez pas votre cas ! Plus sérieusement, il faut choisir un défaut que vous pouvez facilement contrebalancer par une qualité. Faites le test : têtu signifie aussi force de caractère ; tendance à douter compensée par de grosses capacités de travail pour se rassurer, etc.

Le schéma est toujours le même : l'annonce du défaut et son application concrète (ou l'origine de ce défaut) ; la prise de conscience de ce défaut et le travail pour y remédier ; mise en avant de la qualité pour compenser, et la relier avec le projet professionnel ou l'école.

« Mon plus gros défaut est certainement ma grande timidité. Longtemps, cette timidité a été maladive ; je n'osais pas prendre la parole en classe, aller vers les autres, etc. Ce qui était assez problématique pour moi. Et deux choses ont en fait plus ou moins palier ce problème, même si je resterai toujours une personne timide, c'est ma nature. La première a été mon déménagement de Nantes à Paris, pour faire ma licence de gestion. J'ai dû me faire violence pour rencontrer de nouveaux amis. La seconde fût mon intégration à la troupe de théâtre "Pieds au plancher". La pratique du théâtre m'a vraiment permis de mieux gérer ma timidité. Aujourd'hui, j'ai fait des gros efforts et je me rends compte du chemin accompli. Il me reste encore à m'améliorer à ce niveau-là, j'en suis consciente. C'est d'ailleurs pourquoi je souhaite intégrer la troupe de l'ESCP ; pour continuer ce travail sur moi mais également pour apporter ma passion pour le jeu et mon expérience de costumière… »

50 Prenez-vous des risques ? Etes-vous quelqu'un d'audacieux ?

Vous êtes interrogé sur vos capacités managériales et sur votre personnalité, car le jury veut évaluer la cohérence de votre profil. En filigrane, il faut comprendre la question : un bon manager prend-il des risques ? En effet, le projet professionnel n'est autre que la traduction concrète et programmée d'une vocation. Certains métiers intègrent une grande part de risques (entrepreneur, directeur financier, etc.), d'autres nettement moins (directeur de la communication, DRH, etc.). Prenez donc cela en compte dans vos réponses.

En plus, donnez des exemples des risques que vous prenez car chaque métier comporte une part, même infime, de risques. C'est aussi le principe des postes à responsabilités. Ainsi, être ambitieux et entreprenant, c'est être capable de prendre des risques, tout en les mesurant afin de les limiter. Votre réponse doit intégrer ces différents éléments. Il faut prendre de la hauteur et donner des exemples concrets de cette démonstration. Surtout, pensez à relier votre réponse à votre projet professionnel, ou à l'école que vous souhaitez intégrer.

« Oui, le risque fait partie de ma vie. Je crois que l'on n'a rien sans rien, mais ces risques sont toujours mesurés et bien pesés. Je ne m'engagerai jamais à vue, au feeling. Un risque se réfléchit, se discute. Je vais vous donner un exemple concret. Je fais de

l'escalade depuis 4 ans. Je ne suis pas un grand champion mais j'ai appris à prendre des risques, à les évaluer et surtout, à les assumer. En effet, sur une paroi, il y a souvent deux voies : la plus directe mais aussi la plus périlleuse, et l'itinéraire bis, plus long mais plus tranquille. Je sais que si je veux faire de bonnes performances, il me faut choisir la première option, donc prendre des risques. L'expérience m'a appris à évaluer les risques rapidement : quel est le meilleur chemin ? Quel est mon état de forme au moment de la décision ? Que se passe-t-il si j'échoue ? Eh bien, j'aime cela. Ce genre de choix me passionne. Aussi, dans le cadre de mon projet professionnel, je sais que l'entrepreneuriat comporte une grosse part de risque que je suis prêt à prendre mais il faudra savoir les évaluer, à l'aide d'une équipe performante. Beaucoup se sont brulés les ailes à prendre des risques inconsidérés – cela m'a valu quelques beaux hématomes d'ailleurs – mais à un moment, le manager prend une décision. Par essence, chaque décision comporte un risque. Cela ne me fait pas peur, au contraire, cela me stimule ».

51 Vous aimez-vous vous-même ?

Comment répondre à cette question déstabilisante sans paraître prétentieux ? Le jury souhaite que vous parliez de vous. Il va analyser le regard que vous portez sur vous-même. Il n'est pas conseillé d'avoir un jugement trop tranché. Ne soyez pas négatif ; ne vous dévaluez pas car en général, vous enverrez le mauvais message. De plus, évitez la fausse modestie. Il faut vraiment trouver un juste milieu. Lequel ?

En fait, il est important de montrer un minimum de confiance en vous. Les gens ambitieux ne manquent pas de confiance en eux. Cette question tourne donc autour de ces deux notions : le doute et la confiance en soi. Misez peut-être aussi sur les objectifs que vous vous êtes fixés à long terme pour justifier qu'un tel jugement ne peut pas vraiment être porté alors que vous êtes en pleine construction.

« Il est difficile de répondre à cette question. Je dirai que j'ai conscience d'avoir certains défauts mais aussi de vraies qualités. J'ai des valeurs que je pense appliquer quotidiennement et je crois porter un regard lucide sur moi-même. J'ai une certaine confiance en moi ce qui ne m'empêche pas de douter souvent mais ce doute est pour moi un moteur. Et puis, je pense que je ne peux pas être sincèrement satisfaite de moi-même puisque je n'ai pas encore accompli de grandes choses. Arriver à s'aimer pleinement est à mon avis un travail de longue haleine car c'est une multitude de petites victoires qui permettent d'atteindre cet état d'esprit. Intégrer l'ESSEC et réaliser mon projet professionnel en font partie, au même titre que réussir ma vie familiale ou encore voyager. Et quand bien même j'aurais atteint tous ces objectifs, je ne suis pas sûre que je m'aimerais pleinement car je préfère raisonner en terme d'harmonie personnelle, de bonheur... »

52 Quelle est votre devise ?

Quel est votre slogan préféré ? / Votre citation préférée ?

Si vous étiez un slogan… Ce serait ?

Si vous étiez une citation… Ce serait ?

A l'instar d'un slogan, une citation ou un leitmotiv, votre devise en dit long sur vous. Préparez donc votre réponse pour ne pas avoir à improviser lors de l'entretien. C'est l'occasion de vous exprimer largement sur vos valeurs, ce qui vous fait avancer. Tâchez d'être original pour ne pas répondre le très éculé *« Carpe Diem »* !

Vous avez certainement remarqué que les écoles de commerce ont également une devise. Aussi, veillez à bien connaître la devise de l'école que vous souhaitez intégrer. Ayez donc l'intelligence de choisir la vôtre en fonction de celle de l'école. Faites vôtres les valeurs de votre futur *alma mater* et vous enverrez les bons signaux.

« J'ai fait mienne la devise olympique "Citius, Altius, fortius", *qui en latin signifie, "Plus vite, plus haut, plus fort". Sortie du cadre sportif, cette maxime de Pierre de Coubertin est une invitation au dépassement de soi. Elle guide mon ambition et me pousse à puiser toujours plus loin en moi. En tant qu'être perfectible, je crois que c'est vraiment le propre de l'homme de chercher à repousser les limites car le monde est à sa portée. Voilà qui fait de moi un véritable humaniste. A ce propos, c'est une chose très importante pour moi que de savoir que la devise d'Audencia est "Culture, humanisme, modernité", trois valeurs auxquelles je souscris pleinement. »*

[Citations et slogans]

Slogans : *www.slogandepub.fr/, http://www.souslelogo.com*

Citations : *http://www.evene.fr/citations*

Succès
– « Avoir le courage d'entreprendre quelque chose est l'un des principaux facteurs du succès. » de James A. Worsham
– « Les succès produisent les succès, comme l'argent produit l'argent. » de Chamfort
– « Lorsqu'un film a du succès, c'est une affaire. Lorsqu'il n'a pas de succès, c'est de l'art. » de Carlo Ponti
– « La discipline est mère du succès. » de Eschyle
– « Le succès est une conséquence et non un but. » de Gustave Flaubert
– « Recherchez le succès, pas la perfection. » de David Burns
– « Le paresseux appelle chance le succès du travailleur. » Proverbe anglais

Entreprendre
– « Il est indispensable d'espérer pour entreprendre. » de Yvon Gattaz – « Entreprendre consiste à changer un ordre existant. » de Joseph Schumpeter – « Point n'est besoin d'espérer pour entreprendre ni de réussir pour persévérer. » de Guillaume le Taciturne – « Il est souvent nécessaire d'entreprendre pour espérer et de persévérer pour réussir. » de Gilbert Cesbron – « Quand tout marche bien, il est grand temps d'entreprendre autre chose. » de Fernand Deligny – « Quoi que tu rêves d'entreprendre, commence-le. L'audace a du génie, du pouvoir, de la magie. » de Johann Wolfgang von Goethe – « La difficulté de réussir ne fait qu'ajouter à la nécessité d'entreprendre. » de Pierre-Augustin Caron Beaumarchais

Victoire
– « La victoire aime l'effort. » de Catulle – « La victoire sur soi est la plus grande des victoires. » de Platon – « La victoire représente le plus efficace des passeports. » de Claude Lelouch – « La victoire a cent pères, mais la défaite est orpheline. » de John Fitzgerald Kennedy – « La défaite est novatrice, la victoire est conservatrice. » de Bernard Werber – « Le plus grand péril se trouve au moment de la victoire. » de Napoléon Bonaparte – « La victoire va à celui qui prend le plus de risques. » de Jean-Claude Killy

Echec
– « Les échecs servent de répétitions au succès. » de Reed Cathy – « Le succès a de nombreux pères, l'échec aucun. » de Philip Caldwell – « Le succès c'est d'aller d'échec en échec sans perdre son enthousiasme. » de Winston Churchill – « Je vous dirai que je n'ai jamais eu d'échecs dans ma vie. Il n'y a pas eu d'échecs. Il y a eu des leçons épouvantables. » de Oprah Winfrey – « La pire erreur n'est pas dans l'échec mais dans l'incapacité de dominer l'échec. » de François Mitterrand – « Quelquefois l'échec est nécessaire à l'artiste. Cela lui rappelle que l'échec n'est pas un désastre définitif. Et cela le libère de la tapageuse contrainte du perfectionnisme. » de John Berger – « Beaucoup rêvent de succès. A mon sens, le succès ne peut être atteint qu'après une succession d'échecs et d'introspections. En fait, le succès représente 1 % de votre travail qui comporte lui, 99 % de ce qu'on peut appeler échec. » de Soichiro Hondade

Réussite
– « Sans intensité, pas de victoire et s'en éloigne la réussite. » de David Taibaud – « L'échec est le fondement de la réussite. » de Lao-Tseu – « La réussite est la chose la plus naturelle du monde. » de Marianne Williamson – « L'obstination est le chemin de la réussite. » de Charlie Chaplin – « On a toujours assez d'humilité pour supporter sa propre réussite. » de Maurice Toesca – « Il y a plus de courage que de talent dans la plupart des réussites. » de Félix Leclerc – « Il n'y a pas de réussite facile ni d'échecs définitifs. » de Marcel Proust

Doute
– « La pensée naît du doute. » de Laurent Genefort – « Qui ne doute pas acquiert peu. » de Léonard de Vinci – « Le doute est père de la création. » de Galilée – « Le doute est l'école de la vérité. » de Francis Bacon – « Qui ne sait rien, de rien ne doute. » de Pierre Gringore – « L'ignorant affirme, le savant doute, le sage réfléchit. » de Aristote – « Le doute est l'ennemi des grandes entreprises. » de Napoléon Bonaparte

Avenir
– « Un avenir, cela se façonne, un avenir cela se veut. » de Raymond Barre – « L'avenir appartient aux défricheurs de l'avenir. » de Claude Bartolone – « Rêver, c'est informer l'avenir. » de Gérald Neveu – « Il y a toujours un avenir pour ceux qui pensent à l'avenir. » de François Mitterrand – « Je lis dans l'avenir la raison du présent. » de Alphonse de Lamartine – « Qui contrôle le passé contrôle l'avenir. »de Aldous Huxley – « L'avenir ne se prévoit pas, il se prépare. » de Maurice Blondel

Projet
– « Une petite impatience ruine un grand projet. » de Confucius – « Le chemin est long du projet à la chose. » de Molière – « Mon projet préféré ? C'est le prochain. » de Frank Lloyd Wright – « Tu peux tout accomplir dans la vie si tu as le courage de le rêver, l'intelligence d'en faire un projet réaliste, et la volonté de voir ce projet mené à bien. » de Sidney A. Friedman – « La confiance est un élément majeur : sans elle, aucun projet n'aboutit. » de Eric Tabarly – « Le projet est le brouillon de l'avenir. Parfois, il faut à l'avenir des centaines de brouillons. » de Jules Renard – « L'unité de valeur de la réussite, ce n'est ni le franc ni le dollar. C'est un rapport entre la satisfaction et le projet. » de Joseph-Antoine Bell

Pouvoir
– « La passion de créer fonde le projet de réalisation, la passion d'aimer fonde le projet de communication, la passion de jouer fonde le projet de participation. Dissociés, ces trois projets renforcent l'unité répressive du pouvoir. » de Raoul Vaneigem – « Tout pouvoir est triste. » de Alain – « Le pouvoir corrompt, le pouvoir absolu corrompt absolument. » de Emerich Acton – « Le pouvoir est par nature, criminel. » de Marquis de Sade – « Le pouvoir sans abus perd le charme. » de Paul Valéry – « Le pouvoir confère une certaine assurance. » de Robert Blondin – « Sans le pouvoir, les idéaux ne peuvent être réalisés ; avec le pouvoir, ils survivent rarement. » de Fidel Castro

Politique
– « Toute politique est autorisation de l'avenir. » de Denis de Rougemont – « En politique toute faute est un crime. » de Eugène Chatelain – « La politique est une affaire de politesse. » de Léopold 1er – « En politique, mieux vaut agir sans prévenir. » de Jacques de Bourbon Busset – « La politique est une guerre sans effusion de sang et la guerre une politique sanglante. » de Mao Tsé-Toung – « Tout n'est pas politique, mais la politique s'intéresse à tout. » de Nicolas Machiavel – « La politique est l'art de mentir à propos. » de Voltaire

Economie
– « L'économie ne se change pas par décret. » de Michel Rocard – « Le but de l'économie n'est pas le travail, mais la consommation. » de Alfred Sauvy – « L'économie est une science qui est seulement à la portée des riches. » de Henry Murger – « Avenir : Sombre, incertain, complexe mais aussi ouvert, flexible, changeant... Comme l'économie et comme les technologies. » de Luc Fayard – « Abstenez-vous de désirer ce que vous n'avez pas, et vous ruinerez l'économie. » de François Proust – « L'économie politique, c'est, en définitive, l'art de faire circuler l'argent tout en le gardant pour le dépenser. » de Pierre Dac – « La politique n'agit sur l'économie que si elle ne prétend pas le faire. » de Jacques Attali

Crise
– « Crise : Etat structurel de l'économie capitaliste libérale. » de Luc Fayard – « Chaque crise est une chance. » de Victoria Principal – « La crise d'hier est la blague de demain. » de Herbert George Wells – « Il ne peut pas y avoir de crise la semaine prochaine : mon agenda est déjà plein. » de Henry Kissinger – « Il paraît que la crise rend les riches plus riches et les pauvres plus pauvres. Je ne vois pas en quoi c'est une crise. Depuis que je suis petit, c'est comme ça. » de Coluche – « Ce qu'on nomme la crise n'est que la longue et difficile réécriture qui sépare deux formes provisoires du monde. » de Jacques Attali – « Les hommes n'acceptent le changement que dans la nécessité et ils ne voient la nécessité que dans la crise. » de Jean Monnet

Marketing
– « L'innovation est une alliance entre recherche, marketing, instinct, imagination, produit et courage industriel. » de Antoine Riboud – « Cible. En marketing, ce qu'il faut toucher pour ne pas couler. » de Marie-Anne Dujarier – « Pour comprendre le client il faut avant tout se réunir entre spécialistes du marketing et discuter de ce qu'on ferait si on était suffisamment bête pour être client. » de Scott Adams – « Le marketing est une sorte de sociologie vénale, d'ethnologie de bazar dont le but est de savoir de quoi vous n'avez pas besoin et que l'on pourrait quand même vous vendre. » de Philippe Meyer – « Quand s'arrondit le ventre d'une future maman, ce n'est pas simplement un enfant qui se prépare à venir au monde, mais aussi un objet de convoitise pour les stratèges du marketing. » de Michaël Van Oursow – « Les femmes devraient toutes avoir fait du marketing, elles sauraient alors que le taux de satisfaction n'a rien à voir avec le taux de fidélité. » de Olivier Charzat

Commerce
– « En commerce, l'occasion est tout. » de Honoré de Balzac – « La publicité, c'est la vie du commerce. » de Calvin Coolidge – « Aucune nation n'a jamais été ruinée par le commerce. » de Benjamin Franklin – « Les raisons du commerce sont toujours les plus fortes. » de Françoise Giroud – « L'histoire du commerce est celle de la communication des peuples. » de Montesquieu – « Le commerce est le plus grand de tous les intérêts politiques. » de Joseph Chamberlain – « Le pays où le commerce est le plus libre sera toujours le plus riche et le plus florissant, proportion gardée. » de Voltaire

Gestion/Management
– « La gestion d'une entreprise suppose que l'on ait un but et une volonté de dévouement qui implique même un engagement émotionnel. » de Harold Greneen – « Une direction efficace redonne les priorités. Un management efficace est l'autorité les concrétisant. » de Stephen Covey – « Le management, ce n'est pas un art, c'est une discipline. » de Noël Goutard – « Un leader sait ce qu'il faut faire ; un manager sait seulement comment le faire. » de Ken Adelman – « Ce qui fait un bon manager c'est la prise de décision. On peut utiliser les ordinateurs les plus fous pour étudier les chiffres mais en final il faudra faire un planning et passer à l'action. » de Lee Lacocca – « Manager seulement pour le profit revient à jouer au tennis en regardant le tableau des résultats plutôt que la balle. » de Ivan Lendl – « Un bon manager doit toujours prendre le pouls de son entreprise pour éviter la crise cardiaque. » de Michaël Halimi

Finance
– « La finance, c'est la mort de l'économie. » de Denis Robert – « La finance est une arme. La politique, c'est de savoir quand il faut tirer. » de Francis Ford Coppola – « La finance est l'art de faire passer l'argent de mains en mains jusqu'à ce qu'il ait disparu. » de Robert W. Sarnoff – « Faites-moi de bonne politique et je vous ferai de bonnes finances. » de Baron Louis – « La fortune est aveugle et l'argent n'a pas d'odeur, disent des communs proverbes. C'est pourquoi les financiers s'efforcent de perfectionner le toucher. » de Paul Laffitte – « Jour qui nous apporte finance, Est un jour de réjouissance. » Proverbe français – « Les gouvernements ont l'âge de leurs finances, comme les hommes ont l'âge de leurs artères. » de André Maurois

Révolution
– « Révolution est précisément le contraire de révolte. » de Victor Hugo – « Toute révolution amène forcément avec elle une hécatombe. » de Malcolm de Chazal – « En temps de révolution, qui est neutre est impuissant. » de Victor Hugo – « L'insurrection finit quand la révolution commence. » de Giuseppe Mazzini – « La révolution c'est l'opium des intellectuels. » de Jean-François Somcynsky – « Osez ! Ce mot renferme toute la politique de notre révolution. » de Louis Antoine de Saint-Just – « On ne fait pas la révolution avec des sentiments. » Emmanuel Boundzéki Dongala

Innovation
– « L'innovation vient de la destruction créative. » de Yoshihisa Tabuchi
– « L'innovation systématique requiert la volonté de considérer le changement comme une opportunité. » de Peter Drucker
– « Lorsque le prêtre favorise une innovation, elle est mauvaise : lorsqu'il s'y oppose, elle est bonne. » de Denis Diderot
– « Aussitôt qu'on nous montre quelque chose d'ancien dans une innovation, nous sommes apaisés. » de Friedrich Nietzsche
– « L'innovation, c'est une situation qu'on choisit parce qu'on a une passion brûlante pour quelque chose. » de Steve Jobs
– « Imite, assimile, et ensuite innove… » de Clark Terry
– « Une personne qui n'a jamais commis d'erreurs n'a jamais tenté d'innover. » de Albert Einstein

Démocratie
– « Il existe des despotes de la démocratie. » de Achille Chavée
– « Jamais une démocratie n'a fait jusqu'ici la guerre à une démocratie. » de Jacques Attali
– « Le contact humain est le véhicule essentiel de la démocratie. » de Jacques Chirac
– « La fidélité à ses convictions est nécessaire à la démocratie. » de Jean-Pierre Chevènement
– « En démocratie, c'est la force des arguments qui compte. » de François Bayrou
– « Il n'y a pas de richesse sans créativité, ni de créativité sans démocratie. » de Jacques Attali
– « La démocratie s'arrête là où commence la raison d'état. » de Charles Pasqua

53 Comment comptez-vous financer votre scolarité dans notre école ?

Cette question revient régulièrement et nous remarquons qu'elle déstabilise beaucoup de candidats. Or, cette question est tout à fait justifiée eu égard au prix de la scolarité qui avoisine souvent les 10 000 euros.

Prêt étudiant, apprentissage, financement des parents, il n'y a pas de mauvaises sources de financement. Soyez décomplexé par rapport à l'aide que pourrait vous apporter vos parents. C'est dans l'ordre des choses. Il s'agit surtout d'éviter de dire que vous compter travailler à côté pour payer les frais de scolarité car en réalité, vous n'aurez pas le temps. Ceci signerait votre échec.

Le tout est de montrer que vous êtes conscient que le prix de la scolarité est élevé mais que ce n'est pas un coût mais un investissement. C'est le prix de votre réussite. Vous allez suivre un enseignement de grande qualité dans un cadre propice à la réalisation de grands desseins professionnels.

« Les frais de scolarité à Grenoble EM s'élèvent à 8 800 euros en 1re année. Je ne conçois pas ces frais comme un coût mais comme un investissement. C'est la garantie de recevoir une formation à la hauteur des ambitions que je me suis fixées. J'ai la chance d'avoir des parents disposés à me payer mes études. Je saurais leur rendre la pareille en temps voulu, en leurs servant de bâton de vieillesse ».

QUESTIONS FREQUEMMENT POSEES

54 Qu'est-ce qui vous révolte ?

Vous êtes invité à parler de vous à travers le prisme de vos valeurs et de ce qui vous révolte. Il est important que vous soyez assez exhaustif sur une expérience, en donnant des exemples sur lesquels le jury puisse rebondir afin qu'une discussion s'amorce. Evitez les clichés comme la faim dans le monde ou la guerre ! Soyez intelligent dans votre réponse. Evoquez les valeurs qui vous sont chères (proches de celles de l'école).

L'idée principale est de montrer que vous n'êtes pas insensible au monde qui vous entoure. C'est l'occasion de parler de vous et de ce qui vous touche. Attention toutefois à ne pas aborder des sujets trop sensibles ; un entretien de motivation n'est pas le moment le mieux choisi pour aborder des sujets politiques ou religieux. D'ailleurs, sauf si on vous y invite, n'en parlez pas de vous-même. Si le jury vous pose une question à ce propos, vous êtes en droit de refuser poliment d'y répondre : *« Si vous me le permettez, je ne préfère pas répondre à cette question. Je préfère revenir sur le cœur de cet entretien en vous exposant mon projet professionnel… »*

Enfin, de manière générale, veillez à ne pas avoir d'avis trop tranché pour ne pas vexer le jury. Ne vous montrez jamais buté et recevez les arguments adverses du jury avec respect et compréhension car il est possible qu'il appose des arguments contraires aux vôtres, au sujet de ce qui vous révolte.

« Je ne dirais pas que je suis un indigné mais je veille à cultiver en permanence cette esprit critique, que j'ai beaucoup développé lors de ma licence d'histoire à la Sorbonne. C'est un état d'esprit. Ainsi, beaucoup de choses me révoltent ! Je crois que c'est sain. En fait c'est sain si l'on cherche à changer les choses. Pour ma part, je mène plusieurs combats. Celui qui m'est le plus cher est certainement le sort réservé aux prisonniers en France. Je crois que l'on est capable d'évaluer le fonctionnement d'une démocratie en analysant ses prisons. Les conditions de vie de la population carcérale sont souvent très mauvaises. Surtout, ce qui me révolte c'est le manque de formation dispensée aux prisonniers. Que fait-on pour relever le taux d'alphabétisation ? Ne peut-on pas leur apprendre un métier ? En bref, le législateur laisse à l'abandon cette population pour qui la détention ne sert à rien, si ce n'est à les déconnecter un peu plus de la société. Je ne suis pas dans la compassion, ni dans l'absolution, simplement dans l'humanisme le plus basique. L'association le Courrier de Bovet, dans laquelle je suis écrivain public m'a donné l'occasion de visiter plusieurs centres de détention. Tout, là-bas, y est révoltant ».

55 Pourquoi ne seriez-vous pas retenu ?

Le jury vous demande une autocritique négative en règle ! Quelles sont vos failles ? Ici, le risque est de vous dévaluer devant le jury. Très souvent, les candidats répondent en énumérant un ensemble de défauts et d'erreurs commises pendant l'entretien. Evitez toujours d'être négatif à votre égard. Présentez-vous toujours sous le meilleur jour.

Pour répondre à cette question nous vous conseillons de jouer la carte de l'humilité et du fair-play. Si vous n'êtes pas pris, ce n'est pas à cause des erreurs commises mais parce que les autres candidats possédaient de meilleurs atouts.

N'hésitez pas à affirmer votre détermination une nouvelle fois, quitte à dire qu'en cas d'échec, vous vous représenterez dans un futur plus ou moins proche.

« Je pense vous avoir fait une présentation relativement complète, si vous estimez que je suis passé trop rapidement sur certains points, je serais heureux d'y revenir dans les détails. Après, il m'est difficile de porter un jugement à chaud, alors que l'entretien n'est pas encore fini. Je sais qu'il faut se battre jusqu'au bout et je m'attacherai à vous convaincre jusqu'à la fin. Maintenant, la raison de mon échec aujourd'hui serait à chercher chez les autres candidats. Peut-être d'autres candidats vous ont-ils mieux convaincu, et si c'est le cas, je m'inclinerai, beau joueur. Ceci est indépendant de ma volonté. Je sais que j'ai donné le meilleur de moi-même. Si je ne suis pas retenu, je tâcherais d'apprendre de cet échec, de le comprendre pour revenir devant vous dans 2 ans car intégrer PSB Paris School of Business est pour moi la priorité. »

56 Vous échouez sur une île déserte, de quoi manquez-vous cruellement ?

Encore une question inattendue et pour le moins saugrenue ! Elle vise avant tout à connaître vos besoins et vos priorités. Etes-vous une personne matérielle ? cérébrale ? les deux ? Par l'absurde, vous allez donner des renseignements sur votre personnalité. Encore une fois, la réponse n'a pas à être particulièrement originale mais le développement doit être détaillé et personnel.

Tâchez, autant que faire se peut, de répondre de manière intelligente et structurée. Vous ne marquerez pas de point en répondant : *« Mon iphone 4 ! »* ou *« du Coca Cola »*. Finalement, demandez-vous : *« qu'est-ce qui est essentiel dans ma vie au quotidien ? »* Ensuite, à vous de justifier votre réponse.

« Bien sûr, je pourrai vous répondre avec humour que ce qui me manquerait le plus c'est un canot de sauvetage ou une balise Argos ! Mais dans ce cas de figure, je crois que le plus difficile est l'absence totale de contact humain. Ma famille et mes proches me manqueraient naturellement mais l'échange, la discussion, l'espoir, le rire, sont des choses qui me manqueraient par dessus tout. La solitude est quelque chose de très dangereux, encore plus sur une île déserte. Je crois profondément que l'on existe par l'autre, grâce aux autres. D'ailleurs, Robinson Crusoe ne survit au désespoir que grâce à l'indien Vendredi... »

57 Comment avez-vous préparé cet entretien ?

Ne soyez pas dérouté par cette question qui vise en réalité à jauger votre motivation. N'entrez pas dans les détails de votre préparation (titres d'ouvrage, prépa privée, cours particuliers, etc.). L'idée motrice est la suivante : vous vous êtes donné les moyens de réussir. C'est une preuve de détermination. Quelles sont ces méthodes de préparation ?

D'abord, bien se former c'est connaître sur le bout des doigts l'école que vous voulez intégrer et se projeter dans l'année qui vient. C'est donc bien connaître les programmes, les professeurs, les associations, etc. Nous vous conseillons de contacter des étudiants pour échanger avec eux. Citez-les le jour de l'entretien. Puis, votre préparation est complétée par des répétitions pour travailler la forme.

« Je suis conscient de l'enjeu de cet entretien. C'est pourquoi je pense avoir mis toutes les chances de mon côté. Voilà quelques temps que j'étudie de près l'ESC Normandie, ses partenaires en entreprises, les universités étrangères avec lesquelles elle est jumelée. Je crois que la meilleure préparation a été de prendre contact avec Fabrice Pancarte, élève de 1re année qui m'a fait visité l'école en cours d'année. Il m'a raconté le déroulement de son entretien et surtout, l'organisation des premiers mois dans l'école. J'ai ainsi pu percevoir l'esprit propre à cette école. De plus, j'ai veillé à travailler mon entretien pour vous exposer au mieux mes ambitions professionnelles mais également, vous donner la présentation la plus juste de moi-même, car ce n'est pas évident de se dépeindre en peu de temps. J'ai d'ailleurs mis ma famille à contribution ! Ils ont joué votre rôle plusieurs fois, ce qui a été très formateur. En tout cas, je pense être prêt aujourd'hui, mûr malgré mon jeune âge ».

58 Aimez-vous le changement ?

Cette question est volontairement vague. De quel changement parle-t-on ? C'est à vous d'interpréter la question du jury. De cette manière, vous aller orienter vous-même la discussion. Si vous ne vous sentez pas à l'aise, n'hésitez pas à demander au jury de préciser sa question ou même de la reformuler. L'essentiel est que vous répondiez quelque chose d'intelligent et de construit car chacune de vos réponses doit apporter des renseignements sur votre personnalité.

En réalité, vous êtes interrogé sur votre constance et votre détermination mais aussi sur votre fidélité, sur la durée. Vous lassez-vous rapidement des choses ? Quel mode de vie vous conviendrait le plus ?

Bien sûr, vous pouvez diviser votre réponse en trois temps : la vie privée, la scolarité et la vie professionnelle. Il est possible d'articuler ces trois niveaux pour répondre. Le tout est de donner des informations sur votre personnalité.

« En bon Normand, je vous réponds : "oui et non" ! Tout dépend du niveau sur lequel on se place. Sur le plan personnel, j'ai besoin de stabilité. Ma famille et mes proches me donnent énormément de confiance, d'assurance et d'énergie. Justement, c'est parce que je sais nos rapports fidèles et solides que je peux entreprendre des projets d'évolution, de changement. Mais le changement doit avoir du sens. Je le conçois non pas comme une fuite car l'herbe est toujours plus verte ailleurs. Le changement doit avoir du sens, c'est aussi un moyen de se changer soi-même. Intégrer RMS serait un grand changement pas seulement parce que je déménagerai à Reims et suivrai une scolarité différente mais surtout parce que cette étape importante de ma vie me transformerait moi-même. Au même titre, moi qui souhaite travailler dans le marketing, où les évolutions sont très fréquentes et parfois extrêmement rapides, je crois que le changement est moteur. Je le perçois comme une nécessité professionnelle mais également comme une source d'évolution personnelle. En résumé, le changement, en tant qu'évolution est un élément très inspirant pour moi. Mais pour ne pas se perdre dans le changement, il m'est essentiel d'avoir une vie privée stable. Cette garantie, ce préalable, me sont apportés par ma famille et mes amis ».

59 Que signifie réussir pour vous ?

La réussite est une notion toujours très subjective. En général, les réponses sont centrées sur la réussite professionnelle, la réussite familiale et le confort financier. Il est crucial de donner des éléments tangibles au jury.

N'oubliez pas que vous êtes à un entretien de motivation pour intégrer une école de commerce. Montrez de l'ambition ! Parlez de choses concrètes, racontez votre histoire, partagez vos rêves. Et la première étape n'est-elle pas d'intégrer cette école de commerce ?

Afin de donner de la consistance à votre réponse, nous vous conseillons de parler des méthodes, du travail qui vous ont permis de réussir car en général, la réussite se gagne.

Le jury souhaite également vous entendre sur la question des honneurs et de la reconnaissance. Courrez-vous après les honneurs ? De plus, un jury aime savoir le moteur de votre envie de réussir. Qu'est-ce qui vous donne la force de tout mettre en œuvre pour atteindre vos objectifs. Votre réponse doit donc intégrer ces éléments.

« Je pense que la réussite est l'œuvre d'une vie. C'est un long cheminement. J'ai de grandes ambitions, je vous en ai fait part il y a quelques minutes. Je suis un éternel insatisfait et même s'il me reste pas mal d'années de labeur, je n'imagine pas le jour où je me regarderai dans le miroir en me disant : "Sylvain, tu as réussi ta vie !". Pour moi, il faut distinguer réussite professionnelle et réussite dans la vie privée. J'espère bien sûr fonder une famille avec de beaux enfants que j'élèverai dans de bonnes conditions, en bon pater familias *! D'un point de vue professionnel, j'aimerais réussir à conjuguer mon attrait pour la finance et cette conscience solidaire, pour aider au développement des plus humbles. Idéalement, j'aimerais fonder une structure de microcrédits pour apporter des sources de financement aux agriculteurs des pays en voie de développement. J'espère ne jamais perdre ces valeurs d'entraide et d'humanisme.*

Le tout est de trouver un équilibrage de la balance entre passion et travail. Le jour où j'aurais le sentiment de vivre en apportant une aide véritable au développement, et que des agriculteurs malgaches par exemple auront la possibilité d'acheter un lopin de terre à cultiver, j'aurais l'impression d'avoir réussi quelque chose. Ainsi, je préfère dire "j'ai réussi a faire ceci ou cela" que "j'ai réussi", que je trouve trop conclusif. La réussite finale est une succession de petit succès. Pour moi, le premier d'entre eux serait d'intégrer le Master International Business d'HEC pour me spécialiser en Social Business, afin d'obtenir le certificat en Social Business... »

60 Quel sera votre prochain voyage ?

Le jury suppose que vous voyagez. Etre manager, c'est occuper un poste à responsabilité et dans une petite comme dans une grande entreprise, vous serez amené à voyager à l'étranger. Les séminaires, réunions, rencontres clients, feront partie de votre quotidien. Cela suppose une ouverture d'esprit et une compréhension du monde qui vous entoure. Aujourd'hui, pour diriger il faut souvent voyager !

Votre réponse devra être argumentée et vous justifierez l'intérêt porté à une destination avec envie. Joignez donc l'utile à l'agréable en faisant le lien entre le voyage et votre projet professionnel ou l'école, à travers les universités partenaires par exemple. Naturellement, il importe peu au jury d'apprendre que rendrez visite à votre vieille tante à Munich...

« Avec mon meilleur ami, nous avons décidé de partir 3 semaines dans la province du Yunnan, en Chine. Nous avons décidé de suivre la route du commerce du jade, pierre utilisée en joaillerie. Il se trouve que cette région du sud-ouest de la Chine est la plaque tournante d'un important trafic entre la Birmanie et tout le sud est asiatique. Nous ne cherchons pas à démanteler ce trafic, rassurez-vous ! C'est un prétexte pour découvrir une région reculée de la Chine, pays qui me fascine. De plus, comme je vous l'ai dit tout à l'heure, je souhaite m'orienter dans le commerce du luxe, à PSB Paris School of Business et c'est une manière un peu aventureuse je vous l'accorde, de découvrir les enjeux du jade dans cette région. J'aurais vu l'envers du décor et pourrait peut-être mieux percevoir les problématiques de ce milieu si particulier qu'est la joaillerie, et surtout, j'en saurai un peu plus sur la Chine, acteur de premier rang dans le domaine du luxe ».

61 Savez-vous dire non ?

Comment jugez-vous votre force de caractère ? Un bon manager doit-il savoir dire non ? Le jury vous interroge sur votre prise de décision. Un leader est un preneur de décisions qui assume ses choix jusqu'au bout. L'important est bien sûr de décider en son âme et conscience. Ainsi pour répondre, vous devez évoquer la force de conviction, le caractère, le pouvoir, mais aussi la responsabilité et la réflexion.

Sans entrer dans un développement philosophique, vous devez montrer à l'aide d'un exemple concret, puisé dans vos expériences professionnelles ou une projection dans le futur, comment un « non » peut s'avérer plus productif qu'un « oui ». Voilà qui démontrera une certaine maturité et une grande force de caractère.

« Je crois que dire "non" est parfois plus productif que de dire "oui". C'est selon moi prouver que l'on a une emprise sur les choses et sur les événements. C'est le propre du manager que de dire "non". D'ailleurs, je pense que dans une vie de dirigeant, ce dernier dit beaucoup plus "non" que "oui". Il est essentiel de mesurer au maximum les risques d'une décision avant de s'engager. Et quand bien même les risques seraient bien évalués, il ne faut pas toujours accepter cette voie. Etant de nature plutôt prudente et prévoyante, je sais dire non. Mais en général, ce "non" n'est pas synonyme d'immobilisme car j'ai une grande force de proposition ; c'est le lot des prévoyants ! Je ne me contente jamais de dire "non". J'accompagne toujours mes refus d'alternatives et de plan B. Le "non" n'a de sens que s'il est complété par une autre solution. Par exemple, lorsque j'étais rédacteur en chef du journal de mon lycée, je crois n'avoir jamais autant dit "non" aux rédacteurs qui proposaient des sujets bancals. Mais j'accompagnais toujours ce refus d'une autre proposition alternative afin d'avancer ».

62 Souhaitez-vous nous poser une question ?

Il est très fréquent que cette question vous soit posée en fin d'entretien. C'est pour vous une opportunité de témoigner de l'intérêt pour le jury. Il est de bon ton de poser une question en rapport avec l'activité des personnes du jury. En effet, les présentations ont été faites en début d'entretien. En face de vous, vous aurez souvent un professeur, un élève ou un responsable de l'école. Aussi, préparez une question pour chaque cas de figure.

Montrez que vous êtes intéressé par le jury et si vous vous en sentez capable, engagez une discussion avec eux. Au professeur, demandez des précisions sur son cours ; à l'élève, demandez ses premières impressions lorsqu'il a intégré l'école... Attention, tout ceci fait encore partie de l'entretien donc veillez à ne pas vous relâcher.

Si vous n'avez pas de question à poser sur les membres du jury – ils ne se présentent pas toujours –, posez une question plus générale sur la scolarité, où sur un partenariat universitaire en particulier.

Dans le cas où vous ne désirez pas poser de question (c'est pourtant vivement conseillé !), vous pouvez profiter de cette opportunité pour évoquer un élément oublié dans votre présentation. N'oubliez pas de demander son accord au jury car cette question était en quelque sorte un moyen de sortir de l'entretien…

« Vous qui êtes étudiant en 2e année à BEM, connaissez-vous l'association AOC BEM ? Je suis passionné d'œnologie et j'aimerais savoir si vous avez déjà assisté à une dégustation de vin dans le cadre de l'association ? »

ou

« Oui, je vous remercie. J'ai deux questions pour vous qui êtes un ancien de l'EDHEC : quel a été votre parcours à l'EDHEC ? Et quelle est selon vous, votre valeur ajoutée, en tant qu'ancien de l'EDHEC par rapport à des diplômés d'autres écoles ? »

ou

« Vous êtes un ancien élève d'EM Lyon, Qu'est-ce qui vous a poussé à revenir ici faire passer des entretiens de motivation ? »
ou

« Monsieur Payet, vous êtes professeur responsable du Mastère Management des organisations du Sport à Audencia. Quelle est approximativement la répartition des domaines vers lesquels s'orientent les diplômés de ce mastère, entre agences de communication, Média, Entreprises équipementiers, événementiel et clubs et sites de loisirs ? »

63 Décrivez-moi le dirigeant qui tirerait le meilleur de vous.

Pour répondre à cette question, il faut vous projeter dans le monde de l'entreprise. En présentant votre projet professionnel au jury, vous avez précisé que vous ambitionnez d'atteindre un poste de direction. Toutefois, avant de devenir manager, vous devrez apprendre le métier et faire vos preuves. Le jury vous interroge donc sur votre vision du bon manager mais aussi sur le type de management qui vous correspond le mieux.

Il est important de bien se connaître. Servez-vous de vos expériences professionnelles ou de ce que vous avez pu observer lors de vos stages pour décrire le manager qui vous tirera vers le haut.

N'oubliez pas de conclure votre réponse en rappelant que vous souhaitez incarner ce manager dans l'avenir. D'où l'importance d'être à bonne école.

« Comme je vous l'ai dit, je souhaite occuper à terme un poste de direction financière dans le domaine de la culture, et particulièrement l'édition. Avant cela, je suis bien conscient qu'il me faut apprendre mon futur métier et je crois que l'on apprend énormément au contact d'un dirigeant charismatique. J'ai la chance d'apprendre vite et de ne pas fuir les responsabilités, c'est pourquoi ce manager pourra me déléguer des tâches impliquant une grosse force de travail. J'ai également besoin de dialoguer, donc de recevoir des conseils voire des critiques, c'est ce qui fait avancer. Je pense aussi nécessaire que ce dirigeant soit à l'écoute de ses subordonnés. En bref, qu'il soit humain. Je pense aussi qu'un bon dirigeant est un décideur exemplaire qui tient la barre d'un département ou d'une entreprise. C'est selon moi un guide et non un tuteur car je crois énormément à l'exemplarité. C'est ma façon de fonctionner et d'apprendre. Je pense que le dirigeant que je viens de vous dépeindre est un modèle à suivre qui tirera le meilleur de moi mais surtout, qui me donnera des repères solides pour incarner un jour ce dirigeant ».

64 Que faites-vous si la direction de votre future entreprise prend une décision qui ne vous plaît pas du tout ?

Encore une projection dans le monde de l'entreprise. Il est ici question de respect de la hiérarchie. Cette situation délicate est très fréquente dans le monde de l'entreprise puisqu'elle peut prendre différentes formes : travail un jour férié, mutation, déplacement, etc. C'est un paramètre inévitable alors il faut composer avec.

Avant de répondre, il faut réfléchir à deux choses : l'ampleur de la décision déplaisante et le poste que vous occupez dans l'entreprise. L'idée est d'être bon juge de la situation, en intégrant ces deux données.

L'idéal est de chercher une issue au blocage. Nous ne vous conseillons pas les deux solutions extrêmes que sont la démission et la soumission. Montrez que vous prenez les devants et que vous ne subissez pas les événements. L'école de commerce et les stages que vous y effectuerez vont vous familiariser avec les rapports de force car vous y apprendrez les différentes techniques managériales.

« Tout dépend de l'ampleur de la décision et surtout de mon poste dans l'entreprise. En effet, il faut voir la marge de manœuvre dont je dispose. Je suis tout à fait conscient que la vie en entreprise et les rapports de travail impliquent une hiérarchie. Je n'ai jamais eu de problème à ce niveau. Lors de mes expériences, j'ai toujours fait confiance à mes supérieurs qui étaient en général, de qualité. J'ai compris que l'entreprise est le lieu de tension entre intérêt particulier et intérêt général. Il faut savoir s'effacer devant l'intérêt commun ; s'il faut travailler plus tard ou revenir le samedi, il faut être capable de prendre sur soi et tirer tous dans le même sens. Ces décisions sont en général assez impopulaires. En revanche, les décisions plus lourdes, telle une mutation ou un refus d'évolution, demandent une réflexion plus profonde. Je suis prêt à faire énormément d'effort et de compromis car je suis jeune et j'ai envie d'apprendre mon métier mais pas à n'importe quel prix. Encore une fois, tant que cette décision me semble justifiée par les intérêts de l'entreprise, je ferai le dos rond. Après, je crois beaucoup aux vertus du dialogue et à la concertation. Donc je tâcherai de faire entendre ma voix calmement. Mais je crois que ma scolarité à NEOMA Business School va me familiariser avec les différentes techniques managériales et les stages que j'y effectuerai me donneront l'occasion de mettre en pratique ce que je viens de vous exposer ».

65 Y a-t-il une question que nous ne vous avons pas posée et que nous aurions dû vous poser ?

En fin d'entretien, le jury peut vous donner une opportunité de développer un point que vous n'avez pas abordé. C'est une fleur qui vous est accordée ! Saisissez-la et remerciez le jury pour cette offrande. Si vos 4 P ont été développés avec force, tâchez de vous mettre en valeur en abordant un sujet que vous aurez préparé au préalable.

Après un long entretien, les candidats sont toujours épuisés nerveusement et c'est bien normal. Ne vous montrez pas pressé d'en finir. N'oubliez pas que lors d'un entretien vous jouez votre avenir.

« Vous ne m'avez pas interrogé sur ma passion pour la numismatique. Figurez-vous que cette discipline qui a pour objet l'étude des monnaies m'a permis d'entrer en contact avec quelques passionnés étrangers, au lycée. En effet, j'ai passé un bac L option arts plastiques et ma professeure était elle-même une passionnée de numismatique. La monnaie et son histoire en disent long sur chaque société, c'est très intéressant. En réalité, c'est aussi un prétexte pour rencontrer des numismates étrangers. Je pensais d'ailleurs organiser des rencontres au sein de MENARA, l'association d'accueil des étudiants étrangers de France Business School, autour de leurs monnaies. C'est un moyen original pour les intégrer à la vie de l'école, et à notre histoire ».

66 Quels sont les traits de caractère qui vous agacent le plus chez les étudiants en école de commerce ?

C'est une question piège qui vise à juger l'idée que vous vous faites des étudiants en école de commerce. Quelle est la réputation des étudiants en école de commerce ? Trop ambitieux, prétentieux, trop fêtards, etc. : cette image est totalement galvaudée depuis une dizaine d'années. En effet, la diversification des étudiants, venus d'horizons divers grâce aux admissions parallèles notamment, a totalement remis en cause cette réputation. Ne tombez donc pas dans le panneau !

Critiquer l'école avant de l'avoir intégrée, c'est scier la branche sur laquelle vous êtes assis. Jouez la carte de la diversité et de la richesse des parcours de chacun, du brassage avec les étudiants étrangers. L'école est également un lieu de partage et de transmission.

N'ayez pas non plus un discours trop naïf. Vous ne pourrez pas vous entendre avec tout le monde mais ne dénigrer pas pour autant les étudiants de l'école. Soyez à la fois tolérant et réaliste.

« Apriori *je n'ai aucun problème avec le caractère des étudiants en école de commerce ! J'ai d'ailleurs quelques amis en école dont deux à l'ESCP, Aloïs Nikolov et Pascal Cygal. J'ai eu l'occasion de rencontrer leurs amis et je ne dis pas que je m'entendrai avec tout le monde mais je suis quelqu'un de tolérant. J'ai rencontré des étudiants avec de vraies personnalités, des projets ambitieux et surtout, des profils très variés. C'est justement cette diversité que je souhaite trouver en intégrant l'ESCP. Vraiment, je crois que l'image de l'étudiant pédant, prêt à écraser les autres pour réussir est totalement dépassée. Je me demande d'ailleurs si elle a correspondu à une réalité un jour. Grâce aux différentes passerelles pour intégrer les écoles, la multiplication des échanges à l'étranger et le nombre croissant de stages obligatoires ont fait de l'école de commerce un lieu sans pareil, où se côtoient des étudiants extrêmement variés. C'est pourquoi je ne suis pas capable de souligner un trait de caractère négatif commun aux étudiants en école de commerce* ».

67 Décrivez-nous votre meilleur(e) ami(e).

En décrivant votre meilleur ami, vous aller vous raconter vous-même. Encore une question où vous devrez vous raconter avec de l'affect. Donnez des exemples, faites vivre votre discours. L'idée est que le jury doit presque avoir envie de rencontrer cette personne.

« Mon meilleur ami s'appelle Mehdi. Je le connais depuis que j'ai 7 ans. Nous faisions du football ensemble. En fait, Mehdi est mon exact opposé ! Il est littéraire et je suis scientifique ; il fait de la philosophie à la fac et je m'oriente vers une école de commerce. C'est mon opposé et pourtant c'est mon plus fidèle ami. C'est quelqu'un de très brillant mais ce que j'admire chez lui, c'est sa sincérité. Ses critiques sont parfois un peu violentes mais toujours constructives, ce qui nous a valu un nombre incalculable de prises de bec ! J'ai besoin de ces conseils avisés, c'est aussi mon confident. De mon côté, j'adopte la même attitude. Je sais que le premier coup de fil que je donnerai en sortant de cette salle lui sera adressé ! »

68 Croyez-vous au destin ?

Cette question en apparence anodine cache en réalité plusieurs questions ayant trait au travail, à la chance, et à l'intuition. Quelle place réservez-vous à votre intuition ? Faut-il compter sur la chance pour réussir ? Tout est-il écrit d'avance ?

Nous vous conseillons de ne pas vous aventurer sur le terrain du religieux. Axez davantage votre réponse sur la valeur du travail qui paie toujours car il limite les impondérables. Par dessus tout, croire au destin est dangereux car il sous-entend que vous subissez les événements. Un futur manager ne s'en remet jamais au destin, il prévoit, il anticipe au maximum les choses.

« Je ne crois pas vraiment au destin. D'une manière général, je pense qu'il est dangereux de s'en remettre au destin car cela se traduit souvent par de l'inaction et l'on subit les événements en attendant que cela tombe du ciel. Je crois au travail. En général, je mets toutes les chances de mon côté pour réussir et avoir une véritable emprise sur mes projets. D'ailleurs, je pense qu'un manager ne doit jamais s'en remettre au destin. Le propre du manager est de calculer les risques pour que chacune de ses décisions soient pesées. Le destin n'a aucune place dans le monde de l'entreprise. En revanche, je préfère parler de facteur chance. Mais là encore, la chance se provoque comme l'on dit. Je crois que le facteur chance existe, on l'a tous constaté un jour où l'autre : trouver un billet par terre, être tiré au sort à une tombola, etc. Le hasard est une donnée nécessaire à l'espérance par exemple. En revanche, croire au destin est selon moi nettement plus risqué ».

69 Parlez-nous d'une campagne de publicité qui vous a marqué.

Les candidats dont le projet professionnel s'inscrit dans le domaine du marketing ont de grandes chances de se voir poser cette question. Précisons aussi que les candidats voulant évoluer dans la vente seront certainement invités à vendre un stylo au jury, par exemple.

Le jury veut vous entendre parler d'une campagne pour analyser votre regard critique sur le marketing. Tâchez d'apporter un regard interprétatif de la publicité en la critiquant. Utilisez les termes adaptés et soyez convaincant : il en va de votre crédibilité !

« J'ai trouvé la campagne Chanel pour le parfum Bleu de Chanel, tournée pour le cinéma, très inspirante. Ce que j'aime particulièrement, c'est la limite franchie entre la publicité et le cinéma puisque le réalisateur n'est autre que Martin Scorsese et l'acteur principal, Gaspard Ulliel. Il rejoue la scène mythique du photographe, du film Blow Up d'Antonioni... C'est pour moi un idéal à atteindre que de faire se rencontrer le monde du cinéma et l'univers de la publicité. D'ailleurs, les plus grands réalisateurs investissent le champ publicitaire et lui donnent ses lettres de noblesse. Je pourrais citer Sofia Coppola et David Lynch pour Dior par exemple. Naturellement, ces rencontres sont propices au monde du luxe car l'on imagine difficilement Gus Van Sant réaliser une publicité pour Bonduel ! Toujours est-il que la publicité de Bleu de Chanel est un court métrage publicitaire qui convient à la projection en salle et non à la télévision. C'est aussi une donnée passionnante car je

suis une grande cinéphile et j'ai toujours évolué une caméra au poing. C'est tout à fait le genre de publicités qui ont nourri mon envie d'évoluer dans ce milieu ».

70 Entre un poste passionnant et mal payé et un poste rémunérateur mais ennuyeux, lequel choisissez-vous ?

Le dilemme argent/intérêt est l'un des préférés des jurys d'entretien aux concours d'entrée aux écoles de commerce. Evidemment, les salaires à la sortie des écoles sont souvent attractifs et constituent même l'un des critères privilégiés de classement des écoles dans la presse magazine. Il est dès lors normal que la question de votre goût pour l'argent soit évoquée au cours de l'entretien de personnalité.

L'erreur qui est trop souvent commise en France est de porter à l'argent une connotation négative ; à l'inverse de ce qui peut se faire dans les pays de culture anglo-saxonne. Ainsi, la doxa voudrait qu'il soit mal de chercher à gagner de l'argent et que tout le monde doive absolument chercher un métier porteur de sens (dans le sens de l'intérêt général). Dans ce genre de questions, les candidats ont donc très souvent tendance à se ruer sur l'option « poste passionnant mais mal payé » sans même réellement réfléchir à ce qu'ils sont vraiment.

Le jury s'en donne généralement à cœur joie pour savoir à quel prix vous êtes prêt à vous vendre pour accomplir telle ou telle tâche. La seule façon d'éviter cette situation, qui peut se transformer en situation pénible pour vous, est une réponse dite « réponse de Normand » : « cela dépend ».

Effectivement, tout cela dépend de ce que le jury entend par « passionnant » et « par mal payé ». Tout dépend également de votre vie future. Si votre ambition dans la sphère privée est d'avoir une grande famille, il est incohérent d'expliquer par la suite au jury que vous saisiriez sans aucun complexe le poste mal payé. A vous donc de savoir présenter différents types de scenarii.

Dans l'hypothèse qui est formulée, êtes-vous célibataire ou marié ? Avez-vous des enfants ou non ? Votre conjoint(e) travaille-t-il (elle) ? Est-il (elle) aussi mal payé(e) ? Toutes ces dimensions sont à prendre en compte. Votre objectif est également ici de montrer au jury que vous êtes capable d'élargir le champ de votre réflexion à des éléments qui ne font pas encore partie du tableau.

D'un autre côté, il n'est évidemment pas évident de défendre la position du « tout pour l'argent ». L'avarice ne paie pas nécessairement aux concours d'entrée aux écoles de commerce ; souvenez-vous, c'est un péché capital !

7. Questions d'entretiens de groupe

Nous avons évoqué (Cf. I. Cadres et modalités de l'entretien) les conditions de déroulement et vertus attendues dans le cadre des entretiens de groupe ou collectifs.

Les sujets proposés aux candidats dans ce type d'entretien sont variés. Pour autant, la plupart des thèmes s'inscrivent dans la sphère économique ou entrepreneuriale. Ils présupposent que les étudiants composant un groupe de travail sachent s'organiser, poser le problème et faire émerger des solutions opérationnelles.

Les sujets appartiennent à **deux catégories principales**.

- Les sujets de réflexion où il faut mettre sur pied un plan rigoureux pour résoudre un problème ou un cas correct.

Exemple : « vous êtes une équipe de responsables commerciaux qui ont été chargés par leur P.D.G. de la promotion d'un produit. Vous devez élaborer une campagne, un plan d'action qui feront date dans l'histoire du marketing et de la publicité ! »

- Les sujets où il faut faire preuve d'imagination et de créativité.

Exemple : « vous êtes les membres d'un conseil municipal d'un village de 500 habitants. Or ce village se meurt : les derniers commerces s'apprêtent à fermer, la dépopulation s'accélère… Il faut réagir pour éviter qu'à l'horizon 2020 ce coquet village rural soit devenu un désert. Or vous, édiles dynamiques et imaginatifs, vous avez la solution pour sortir le village de l'ornière et mettre fin à son agonie ».

Vous trouverez ci-dessous, afin de vous entraîner, une salve de sujets :

– Vous êtes des chercheurs de la Communauté Européenne, chargés de promouvoir l'esprit européen. Quel est votre plan d'action ?

– Un grand artiste injustement méconnu vient de décéder dans l'indifférence générale. Vous créez une association dans le but de réhabiliter sa mémoire et de faire connaître son œuvre. Déterminez votre plan d'action.

– Vous constituez la direction de la communication d'une grande société d'assurance de dimension internationale. Dans le cadre de votre politique de mécénat/sponsoring, vous devez décider de l'allocation de votre budget entre un tournoi de golf, un festival de jazz de dimension réduite ou le financement d'un foyer pour personnes défavorisées. Choisissez votre action et détaillez votre plan d'action.

- Vous créez une fondation qui a pour but de réunir des fonds destinés à la recherche sur une grave maladie. Déterminez votre plan d'action
- Vous êtes le conseil municipal d'une petite ville. Une usine s'est installée près de la rivière et on lui reproche de polluer les eaux. Les pêcheurs de la ville attendent de vous que vous imposiez à l'usine l'installation d'un système anti-pollution. Mais dans ce cas, l'usine risque de partir et donc de provoquer du chômage dans la population riveraine. Que décidez-vous ?
- Vous formez le cabinet du Ministère de la Santé et des Affaires Sociales. Vous devez présenter un plan destiné à résoudre le problème de la nouvelle pauvreté en Ile de France.
- Vous constituez l'équipe dirigeante d'un grand constructeur automobile, chargée de concevoir un plan de promotion en faveur de votre nouveau véhicule électrique. Quelles seront vos principales actions ?

En tout état de cause, les sujets appartiennent souvent à l'actualité ou sont liés à elle. Leur traitement implique donc que vous suiviez avec attention celle-ci. Prenons l'exemple d'un sujet comme « la voiture électrique ». Vous ne pouvez pas ne pas embrasser le sujet sous ses angles économiques et sociaux, évoquer les limites à l'utilisation des voitures électriques et vous demander comment et pourquoi les surmonter. Les noms de « Zoé » et d'« Autolib » doivent vous être connus et venir étayer votre discours. Partant de là, les grandes idées à faire émerger sur ce sujet sont le contexte de l'émergence des véhicules électriques (surenchérissement des produits dérivés du pétrole, indépendance énergétique), les mesures incitatives prises et à prendre…

Au-delà de la connaissance de l'actualité, vous devez être capable de prendre de la hauteur et de vous demander pourquoi le sujet vous est soumis, donc d'identifier les enjeux qui le surplombent.

Votre jury demeure conscient de la brièveté du temps qui vous est imparti et admettra donc fort bien que vous ne puissiez traiter complètement le sujet qui vous est soumis. Mais, que votre sujet porte par exemple sur « la Grèce et l'euro », sur « les délocalisations » ou sur « comment combattre l'abstentionnisme électoral chez les jeunes ? », vous devez en détecter les grandes dimensions, afin de prendre le pilotage du groupe dans lequel vous vous trouvez.

SEPTIEME PARTIE

CULTURE GENERALE ET CULTURE D'ENTREPRISE

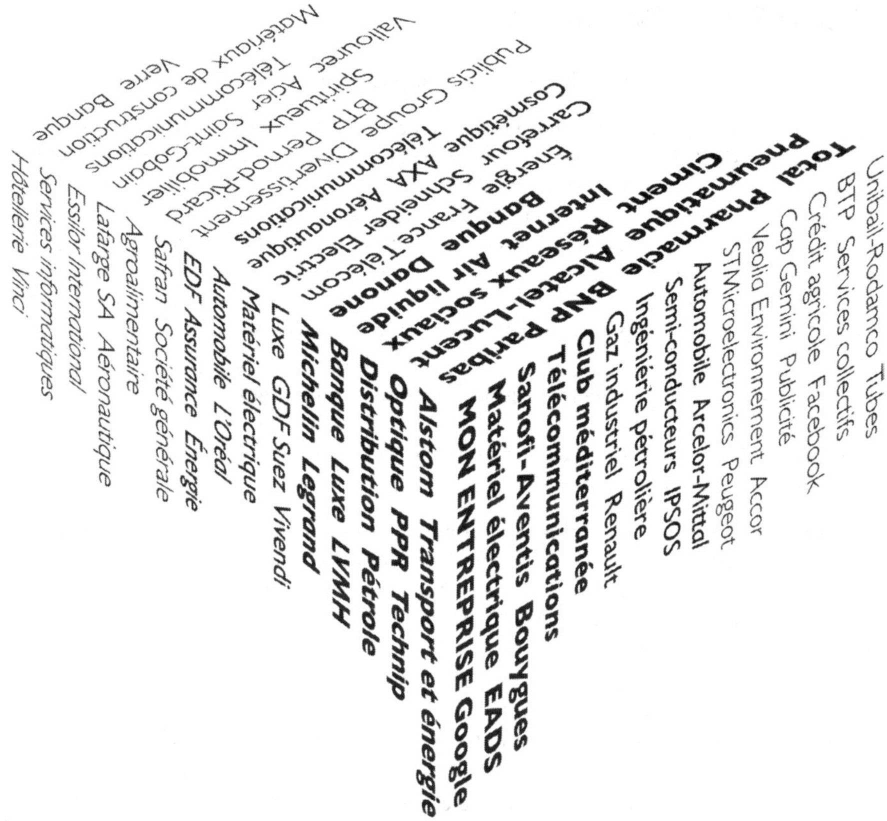

Il faut être clair : connaître les grandes caractéristiques de l'économie française est un prérequis pour prétendre à intégrer une grande Ecole de commerce. Vous ne pouvez espérer passer la barre du concours sans avoir un minimum de culture économique. Certes, il ne vous sera jamais demandé un niveau de doctorant en économie tant à l'écrit qu'à l'oral. En revanche, on attendra que vous fassiez preuve d'une vision concrète et synthétique de l'économie française. En entretien, on exigera que vous connaissiez les grands ordres de grandeur de l'économie française, les principaux secteurs, les grandes entreprises, les enjeux socio-économiques essentiels, les problématiques majeures, les défis économiques à relever, etc.

Les pages suivantes ont pour but de vous apporter le minimum vital à mémoriser pour les concours, et de synthétiser les grandes données de l'économie française en répertoriant des exemples concrets. Ces pages ne sont en aucun cas exhaustives. Le but est avant tout de vous donner les grandes clés de lecture du monde économique, pour les épreuves écrites (analyse de situation et dissertation) mais surtout pour les épreuves orales pendant lesquelles les questions économiques et sociales permettent au jury de cerner l'ouverture d'esprit et les centres d'intérêts des candidats.

Vous y trouverez d'abord la présentation des principaux secteurs économiques français avec à l'appui des exemples concrets d'entreprises ainsi que les chiffres essentiels à connaître, puis les débats socioéconomiques majeurs qui alimentent l'actualité économique. Enfin, pour chaque problématique, des sujets « potentiels » vous sont proposés tels qu'ils pourraient tomber lors des entretiens de personnalité. Ces propositions de sujets sont des pistes de débats en entretien ou des exemples de sujets à tirer au sort dans le cadre des entretiens de certains MS.

1. LE SECTEUR DE LA COMMUNICATION

Mots-clés : média, annonceur, presse écrite, NTIC, campagne, agences de com., audiovisuel.

Pour l'Insee, le secteur de la communication fait partie de la catégorie des services aux entreprises. Plus précisément, les professionnels distinguent la communication média (presse, télévision, radio, Internet, etc.) et la communication hors média (marketing direct, agences, mécénat, etc.). Le chiffre d'affaires de la communication provient en grande majorité de la vente d'espaces publicitaires aux entreprises, appelées annonceurs qui ont besoin de communiquer sur leurs produits. L'autre part, des recettes provient de la vente directe du contenu média au client : abonnement de télévision, vente de magazines, vente de billets de cinéma, etc. En France, le secteur de la communication génère un chiffre d'affaires de plus de 30 Mds € : 1/3 du chiffre d'affaires est généré par les médias et 2/3 par le hors médias.

Typologie des supports de communication

Le terme de média désigne un moyen de transmission d'un message ou l'échange d'informations. La communication média se décline sous divers supports :

- **La presse écrite** : avec un chiffre d'affaires de 10 Mds €, 37 000 journalistes travaillant dans plus de 4 000 titres, la presse écrite subit depuis le début des années 2 000 une sévère crise de restructuration. L'émergence de la presse gratuite en ligne et du Web a détourné une partie des lecteurs traditionnels, et le secteur bénéficie d'une subvention annuelle d'un milliard d'euros depuis les Etats généraux de la presse en 2008 ;
- **L'affichage** : appelé aussi la publicité extérieure, il s'appuie principalement sur le mobilier urbain, les transports en commun et les grands formats 4 par 3 (respectivement 23 %, 25 % et 46 % de l'affichage total). Réalisant un chiffre d'affaires de 1,5 Mds €, l'affichage s'appuie sur la croissance de grands groupes comme JC Decaux ;
- **La radio** : avec un temps d'écoute quotidien moyen des auditeurs de 178 minutes, et plusieurs centaines de stations depuis le lancement des radios libres en 1981, la radio est un média qui a particulièrement bien résisté à la révolution Internet. Aujourd'hui, le groupe Radio France possède 21 % des parts de marché, RTL 19,5 %, NRJ 17 % et Lagardère Active 13,7 % ;
- **La télévision** : 97,6 % des foyers sont équipés d'au moins une télévision et chaque soir plus de 45 millions de téléspectateurs regardent leur poste avec un temps d'écoute moyen de 3,4 heures. Les recettes publicitaires du secteur télévisuel s'élèvent à 7 Mds €. Depuis le lancement de la TNT en 2008, les parts de marchés des chaînes ont sensiblement évolué : aujourd'hui TF1 a 30 %, France 2 19 %, la TNT 17,5 %, France 3 14 %, M6 11,5 % ;
- **Le Web** : fin 2010, presque 70 % des Français avaient une connexion Internet dont 95 % en haut débit. L'interactivité et la créativité du support Internet permettent de s'adresser précisément au cœur de la cible notamment *via* les réseaux sociaux, les sites spécialisés ainsi que les messageries mails. 65 % des internautes achètent désormais en ligne et les budgets publicitaires sur le web ont augmenté depuis 5 ans de plus de 15 % par an ;
- **Le cinéma** : la filière du cinéma se partage entre la production de films (qui incorpore la partie réalisation) et la distribution de films. En 2010, il y avait plus de 5 500 écrans de cinéma en France pour 206 millions d'entrées. Si la production française a réalisé plus de 200 films en 2010, ils ne représentent que 40 % des parts de marché en France.

En opposition à la communication média, on trouve les supports hors média qui représentent la majorité des dépenses publicitaires :

- **Le marketing direct** : marketing téléphonique, publipostage, contact par mail ou même SMS ou MMS, cette communication directe représente le plus gros poste d'investissement des annonceurs avec un chiffre d'affaires annuel de 10 Mds € ;

- **La communication tactique** : *street marketing*, salons et foires ou encore le mécénat, etc. Ce dernier poste de communication représente près de 4 Mds € par an.

Dépenses des annonceurs par support

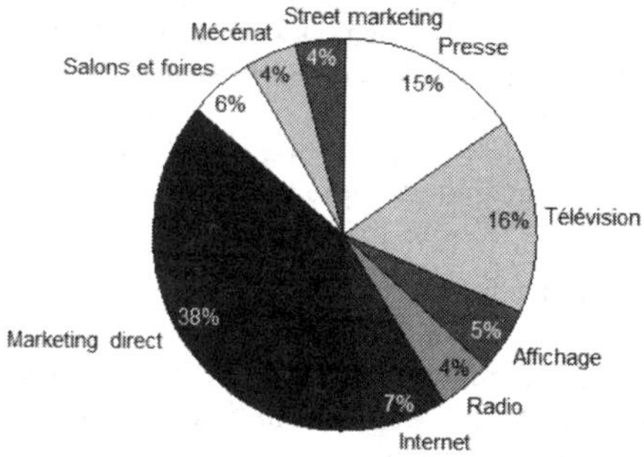

Focus sur les agences de communication

Avec 16 000 entreprises, le secteur de la communication emploie, selon l'Insee, 200 000 salariés. 65 % de ces salariés sont des cadres avec une moyenne d'âge de 30 ans. Le CA du secteur s'élève à 25 Mds €. A côté des myriades de petites agences (80 % des agences ont moins de 5 salariés), quelques grandes agences de communication dominent le marché et réalisent un tiers du CA :

	PUBLICIS	HAVAS	Lagardère Active	ALTAVIA	HIGH GO
Chiffre d'affaires	3,8 Mds €	1,4 Mds €	0,5 Mds €	0,4 Mds €	0,3 Mds €
Salariés	37 000	14 400	2 600	526	823

Les 10 plus grands annonceurs français

Les secteurs de l'automobile, des télécommunications et de la distribution sont parmi les grands annonceurs français. Ci-dessous les 10 premiers annonceurs (dépense en millions d'euros) :

Renault	Orange	SFR	E. Leclerc	Peugeot
360 M €	312 M €	304 M €	227 M €	213 M €

Carrefour	P & G	Unilever	Citroën	Bouygues
209 M €	205 M €	197 M €	192 M €	185 M €

Focus sur les études Médiamétrie

Leader français depuis sa création en 1985 des études médias devant TNS Media Intelligence et Nielsen Net Ratings, Médiamétrie est spécialisée dans la mesure d'audience. Cette société analyse les tendances du marché ainsi que la popularité des programmes média. Télévision, radio, et Internet depuis le début des années 2000. Médiamétrie calcule les parts de marché de chaque média interactif à partir d'un échantillon représentatif (5 000 foyers pour la télévision, 400 interviews par jour pour la radio et 25 000 internautes pour le web). Les enquêtes d'audimat de Médiamétrie sont scrutées attentivement tous les matins par tous les professionnels du secteur de la communication, pour évaluer l'impact des campagnes de communication.

LAGARDERE ACTIVE

Filiale du groupe Lagardère, Lagardère Active, anciennement Europe 1 Communication est le premier groupe de communication français. L'entreprise est présente sur tous les supports de communication et possède de nombreuses positions de leaders : 1er éditeur de magazines en France, 1er groupe de production audiovisuelle français (fiction et animation) et 1er groupe média sur le support mobile et sur le web en France.

La présence médiatique de Lagardère Active

Les activités du groupe Lagardère Active regroupent :

- **La radio** : le tryptique radiophonique de Lagardère Active (Europe 1, Virgin Radio et RFM) vise à couvrir une large cible d'auditeurs. Depuis le milieu des années 2000, Lagardère Active renforce cette position en développant les webradios ;
- **La télévision** : Lagardère Active s'est spécialisée sur la cible jeune. Le groupe est le numéro 1 des chaînes pour enfants avec Gulli, Canal J et Tiji. Lagardère Active est également présent sur les chaînes musicales de télévision avec le groupe MCM ;
- **La presse magazine** : issu de l'ancienne filiale Hachette Medias, avec les magazines comme *ELLE, Paris Match, Le Journal du Dimanche, Première, Télé 7 Jours, Onze mondial, Psychologies magazine,* le groupe reste de loin le 1er acteur sur la presse magazine en France ;
- **L'Internet** : selon Nielsen Net Ratings, la centaine de sites d'information du groupe Lagardère Active rassemble chaque mois 20 millions de visiteurs uniques. L'offre Internet du groupe permet de surfer sur les sites boursier.com, sports.fr, doctissimo.fr ou encore ados.fr, qui font partie des sites avec le plus grand nombre de visiteurs ;
- **La production et la distribution audiovisuelle** : avec Lagardère Entertainment, le groupe Lagardère Active a réuni plus de 300 millions de téléspectateurs devant ses programmes, pour devenir le premier producteur français de fiction. Parmi les plus grand succès de Lagardère Entertainment, on peut citer le feuilleton *Joséphine Ange Gardien, le* talk show *C dans l'air*, ou la fiction *Borgia* ;
- **Lagardère Publicité** : l'activité d'agence de publicité et de communication du groupe Lagardère Active est devenue récemment la 3e régie publicitaire de France. Présente sur les 5 supports du groupe (radio, télévision, presse, production et Internet) et grâce aux 140 marques incorporées dans le groupe, Lagardère Publicité propose aux annonceurs des solutions intégrées de communication et de publicité.

Chiffres clés

- 10 000 employés dans le monde.
- 1,8 Mds € de chiffre d'affaires.
- Résultat net : 90 millions d'euros.
- 28 stations de radios dans le monde.
- 10 chaînes de télé dans le monde.
- 48 % du chiffre d'affaires à l'international.
- 193 magazines publiés dans 45 pays.

Autres exemples d'entreprises de communication : HAVAS, Publicis, Euro RSCG, TBWA.

2. L'INDUSTRIE DU LUXE

Mots-clés : maroquinerie, spiritueux, artisanat, savoir-faire, horlogerie, art de la table, contrefaçon, internationalisation.

Pour tous les pays du monde, la France est la nation du luxe. L'art de vivre « à la française » est intrinsèquement lié à la production et la consommation d'articles de luxe. Vin, haute-couture, maroquinerie, joaillerie, etc. Les produits de luxe français sont consommés aux quatre coins du monde, en particulier dans les pays émergeants. L'industrie française du luxe a subi de profondes mutations suite à cette hausse de la demande mondiale. Encore à l'état de manufactures et de boutiques traditionnelles à la fin des années 1970, les entreprises françaises du luxe se sont transformées en groupes mondialisés, appliquant des stratégies marketings et financières semblables à celles des autres secteurs économiques.

Comment définir le luxe ?

Le luxe qualifie tout ce qui dépasse le strict nécessaire. Selon Voltaire, le luxe était une chose certes superflu, mais très nécessaire. Le luxe est synonyme de **raffinement, d'aisance matérielle et de dépenses somptuaires**. Un produit dit « de luxe » est perçu comme **un article de qualité qui est le fruit d'un savoir-faire traditionnel**. S'il est difficile de délimiter précisément le secteur du luxe, un certain nombre de produits tombent naturellement dans l'escarcelle du luxe : bijouterie, œuvres d'art, gastronomie, etc. En 1990, une étude fondatrice réalisée par le cabinet de conseil McKinsey pour le compte du comité Colbert identifia 35 secteurs économiques « susceptibles de comporter des marques de luxe ». D'après cette enquête, le champ du luxe englobe l'habillement, la mode, les chaussures, les parfums, les cosmétiques, la maroquinerie, mais aussi l'art de la table, l'ameublement, les sorties, les voyages, les automobiles, la gastronomie et les spiritueux. Ci-dessous, la répartition du marché du luxe en chiffre d'affaires :

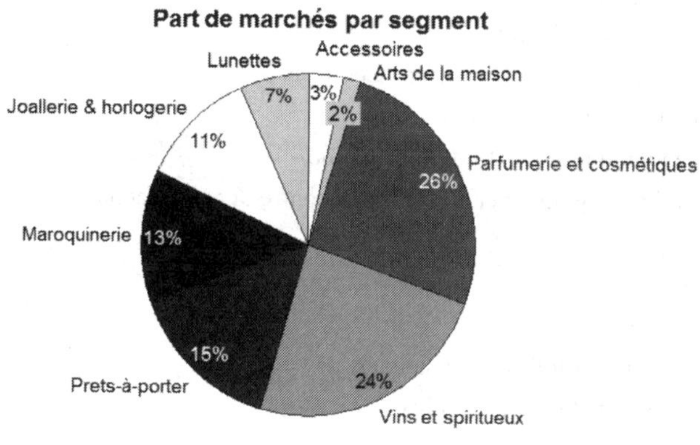

Les attributs d'un bon produit de luxe

Pour satisfaire les attentes exigeantes du consommateur, un produit ou un service de luxe doit être composé de cinq attributs qui caractérisent l'image de marque :

- La **certitude de l'excellente qualité**, conférée soit par la qualité et la singularité des matières, soit par la minutie du processus d'élaboration et le savoir-faire ;
- La **perception d'un prix très élevé** par rapport aux produits haut de gamme ;

- La **perception de la rareté à la fois dans l'offre et la demande** : peu de gens doivent posséder le produit, et celui-ci ne sera jamais vendu en grande surface ;
- Procurer un **plaisir multisensoriel** : être esthétique, être agréable au toucher, sentir bon : la consommation du luxe doit être une expérience hédonique ;
- Rappeler **l'histoire et la tradition** : le luxe traverse les époques et doit être immortel.

Les acteurs du luxe français

Pour faire face à la demande traditionnelle d'Europe et d'Amérique du Nord, ainsi qu'à celle émergente des BRICS (Brésil, Russie, Inde, Chine, etc.), les marques et les maisons françaises se sont concentrées pour former les deux leaders mondiaux du luxe : LVMH, le leader mondial du luxe, et PPR le numéro deux mondial qui réalise un chiffre d'affaires de 4 Mds €, avec les marques Gucci, YSL, Boucheron, Sergio Rossi, etc. Ces deux groupes ont pour concurrents internationaux le suisse Richemont (Cartier, Lancel, Montblanc, Van Cleef&Arprels, etc.), et l'italien Prada. Aux côtés de ces grands groupes, il existe de très nombreuses entreprises de taille plus modeste, dont les noms sonnent comme la quintessence du luxe qui a su s'internationaliser tout en gardant leur indépendance, comme les maisons Chanel et Hermès.

Dates clés

- 1593 : Fondation de Château d'Yquem.
- 1682 : Louis XIV s'installe au Château de Versailles, apogée du luxe de l'ancien régime.
- 1828 : création de la maison Guerlain, première maison de parfum.
- 1837 : Fondation d'Hermès.
- 1852 : Ouverture du Bon Marché.
- 1854 : Création de Louis Vuitton.
- 1909 : Fondation de la maison Chanel par Coco Chanel.
- 1987 : Création de LVMH.
- 1992 : Première boutique Louis Vuitton en Chine.
- 2004 : Plan d'action du gouvernement français contre la contrefaçon.

Chiffres clés

- 20 000 entreprises industrielles et artisanales.
- 125 000 personnes dans le secteur du luxe.
- Marché mondial du luxe : 170 Mds €.
- L'industrie française 1/3 du marché du luxe mondial devant les Etats-Unis 20 %.
- 82 % des ventes vers l'étranger.
- 14 milliards d'euros de bénéfice en 2010.
- 8 % de croissance par an sur les 5 dernières années.
- 240 millions d'acheteurs de luxe dans le monde.
- La Chine devient le deuxième consommateur mondial avec 15 % des ventes.

Focus sur la contrefaçon

Une montre Rolex à 20 € au lieu de 4 000 €, un sac Louis Vuitton à 30 €, etc., les marques du luxe sont particulièrement touchées par la contrefaçon. En droit, la contrefaçon est un acte qui porte atteinte aux droits qui découlent d'un titre de propriété intellectuelle. La contrefaçon est une activité particulièrement lucrative avec un chiffre d'affaires mondial estimé à plus de 500 Mds €. Pour la France, son coût est évalué à 6 Mds € et 30 000 emplois seraient ainsi perdus par an. Longtemps assez grossière, cette contrefaçon est de plus en plus difficile à discerner. Elle porte atteinte à l'image des marques et affecte la confiance que le client accorde à la marque comme gage à la fois de qualité et d'exclusivité. Le signe de reconnaissance lié à l'appartenance d'un objet de luxe est donc remis en cause par les objets contrefaits. Face à la percée de la contrefaçon dans le luxe, la France a adopté un plan d'action en 2004, visant à la destruction immédiate de tout article contrefait.

LVMH

LVMH est partout ! Presqu'un produit de luxe sur cinq acheté dans le monde est manufacturé par le groupe LVMH. La liste des marques sous contrôle de LVMH est très longue et il n'y a pas un domaine du luxe sans qu'une filiale du groupe soit leader mondial.

L'histoire de la plus belle fusion française !

Si l'acte de naissance du groupe LVMH date de 1987, suite au rapprochement de Moët Hennessy et Louis Vuitton, c'est pourtant au XVIIIe siècle en Champagne qu'il faut remonter pour retrouver les racines de LVMH, lorsque la maison de Champagne Moët poursuivi l'œuvre d'un certain Dom Pérignon, contemporain de Louis XIV. Depuis la franche réussite de cette fusion, LVMH a su élaborer une stratégie de croissance externe en développant internationalement ses marques et son réseau de distribution, pour se hisser à la place de leader mondial du luxe.

Les activités de LVMH

Fort de plus de 60 prestigieuses marques, le groupe LVMH est aujourd'hui présent dans tous les secteurs de l'industrie du luxe :

- **Les vins et spiritueux** : Moët&Chandon, Veuve Cliquot, Dom Pérignon, Ruinart, Krug, Hennessy, Château d'Yquem, Château Cheval Blanc, Vodka Belevédère, etc. LVMH est le numéro un mondial du champagne et du cognac et son activité de vins et spiritueux est en forte croissante depuis le début des années 2000, avec la hausse de la demande mondiale, en particulier provenant de l'Asie ;
- **La mode et la maroquinerie** : en 2010, LVMH a réalisé un chiffre d'affaires supérieur à 8 Mds € sur ce segment et accentue son leadership mondial avec des marques comme Louis Vuitton, Christian Dior, Marc Jacobs, Kenzo, Berluti, Givenchy, etc. ;
- **Les parfums et cosmétiques** : LVMH est présent dans ce secteur au travers des grandes maisons traditionnelles françaises comme Christian Dior, Guerlain et Givenchy pour un chiffre d'affaires de 3,1 Mds € ;
- **Les montres et la joaillerie** : ce segment d'activité est le plus récent de LVMH et représente seulement 5 % du chiffre d'affaires avec les marques TAG Heuer, Zenith ou Chaumet ;

- **La distribution sélective** : à côté de magasins séculaires comme le Bon Marché et La Samaritaine, des enseignes comme Sephora sont devenus des acteurs incontournables de la distribution du luxe. La distribution sélective réalise 25 % du CA du groupe.

Chiffres clés

- CA : 20,3 Mds €.
- Résultat net : 4.3 Mds €.
- Capitalisation boursière : 38 milliards d'euros.
- Nombre de magasin dans le monde : 2 545 dont 364 en France.
- Nombre de salariés : 82 000.
- Marché asiatique : 34 % du chiffre d'affaires.

Répartition du chiffre d'affaires par zone géographique :

France	Europe	Etats-Unis	Japon	Asie (hors Japon)	Autres marchés
13 %	21 %	23 %	9 %	25 %	9 %

Autres exemples d'entreprises de luxe : Richemond, Hermès, PPR, Chanel.

3. LA GRANDE DISTRIBUTION

Mots-clés : hypermarché, libre-service, supermarché, hard discount, fournisseurs, logistique, *e*-commerce, centrales d'achat.

La grande distribution est un catalyseur de croissance dans une économie moderne pour les producteurs agroalimentaires, pour les salariés et pour les consommateurs. Elle permet de créer une immense valeur ajoutée en rendant possible des économies d'échelle et des gains de productivité. Sans la grande distribution, le consommateur français ne pourrait pas avoir accès à des myriades de produits à moindre coût.

Définition de la grande distribution

Selon la définition de l'Insee, le secteur de la grande distribution est « constitué des hypermarchés et des entreprises dîtes du "grand commerce spécialisé" ». Plus précisément, la grande distribution désigne l'ensemble des organisations pratiquant le commerce de détail de biens de consommation dans de grandes et moyennes surfaces de vente (supermarchés, supérettes, grands magasins, hard discounts, etc.) sous la forme du libre-service. L'Insee définit un hypermarché comme « une surface de vente supérieure à 2 500 m² » et un supermarché comme « une surface comprise entre 400 et 2 500 m² ».

	Hypermarchés	Supermarchés	Supérettes	Hard discount
Pourcentage du CA	32 %	46 %	13 %	9 %

La structure de la grande distribution

Les entreprises de la grande distribution intègrent horizontalement leurs activités de l'achat au producteur à la distribution au client final, et regroupent leurs magasins autour d'une enseigne afin de valoriser une image de marque pour communiquer davantage. Les magasins d'une enseigne, qu'ils soient détenus en propre ou franchisés, bénéficient d'économies d'échelle liées à la logistique, à l'achat groupé et à un support administratif (informatique, comptabilité, etc.).

ORGANISATION DE LA GRANDE DISTRIBUTION

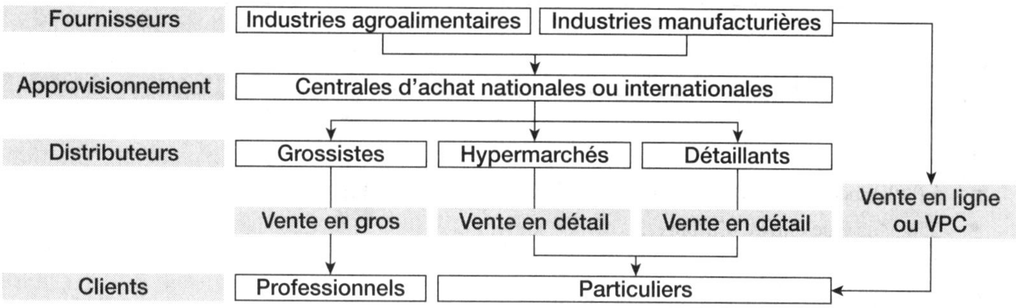

Les dates clés

- 1844 : Apparition de « l'enseigne » dans la distribution. Félix Potin établit un réseau de magasins sous la même enseigne vendant à prix fixés et affichés et crée le « succursalisme ».
- 1852 : Naissance des grands magasins avec Le Bon Marché à Paris.
- 1916 : Ouverture du premier magasin libre-service (*cash and carry*) à Memphis.
- 1930 : Ouverture du premier supermarché sur 560 m² à New York.
- 1949 : Edouard Leclerc, suivant son précepte « acheter moins cher, pour revendre moins cher », popularise l'achat en gros.
- 1963 : Ouverture du premier hypermarché portant l'enseigne Carrefour à St Geneviève des Bois.
- 1963 : La loi Royer limite le nombre d'hypermarchés pour protéger les magasins de proximité.
- Années 1980 : Déclin des spécialistes (charcutier, fromager, droguerie) et vagues de concentration autour de quelques centrales d'achat.
- 1996 : La loi Galland réglemente les marges entre les grandes surfaces et les fournisseurs pour protéger le petit commerce.
- 2002 : Télémarket lance les cybermarchés et le *e*-commerce dans la grande distribution.
- 2006 : La loi Dutreil met fin au système de marges arrières.

Le marché français de la grande distribution

Le secteur de la grande distribution est extrêmement concurrentiel et compétitif. Ci-dessous, l'essentiel des informations sur les acteurs français :

	Leclerc	Carrefour	Intermarché	Auchan	Super U	Casino
Part de marché	16,5 %	13,4 %	11,6 %	9,6 %	8,5 %	3,7 %
Nb de magasins	554	231	193	122	175	130
CA	35	29	34	48	18	27

Le marché français de la grande distribution représente

- 650 000 salariés.
- 5 000 supermarchés et 1 200 hypermarchés traditionnels en France.
- 250 Mds € de chiffre d'affaires.
- 11 % du PIB.
- 12 % de part de marché du hard discount.

Pour faire face aux enjeux de la distribution, les enseignes jouent sur plusieurs leviers d'actions :

- **La guerre des prix**, avec l'émergence au cours des années 2000 des hard discounts. Réduction de coûts, prix bloqués sur des produits phares, développement des marques de distributeurs, mises en place de rayons discounts dans les hypermarchés, campagnes de promotion ; les stratégies prix sont repassées au premier plan ;
- **La logistique et la *supply chain*** : la valeur ajoutée provient de l'efficacité de la gestion d'achat, de la bonne gestion des flux, de la bonne prévision de la demande, des délais de livraison, de la variété de l'approvisionnement, etc. ;
- **Les nouvelles attentes du consommateur** : l'émergence de nouveaux produits, le bio, le commerce équitable, les alicaments, la responsabilité sociale de l'entreprise, etc. Les goûts des consommateurs évoluent en permanence et l'univers hyperconcurrentiel oblige les acteurs à être particulièrement innovants.

Focus sur Bernard Trujillo, le « pape de la distribution moderne »

Dans les années 1950, l'américain Bernardo Trujillo a théorisé les principes de la grande distribution. Il est à l'origine du concept de l'hypermarché. Pendant une dizaine d'années, il a organisé des cycles de conférences intitulées « Méthodes marchandes modernes » (MMM) pour le compte du fabricant de caisses enregistreuses NCR. Parmi les élèves du gourou Trujillo qui ont assisté au cycle de conférences, on compte les principaux acteurs de la grande distribution française, parmi lesquels : Marcel Fournier (Carrefour), Gérard Mulliez (Auchan), Paul Dubrule (Accor). Bernard Trujillo formula les fondements de la distribution moderne : le libre service, la grande variété de produits, l'importance du parking (« *no parking, no business* »), le trafic dans le magasin, l'îlot de perte dans océan de profit, etc.

CARREFOUR, GEANT DE LA DISTRIBUTION

Deuxième distributeur mondial après Wall-Mart en termes de chiffre d'affaires en 2010, Carrefour a attiré plus de 200 millions de clients dans le monde et génère près de 3 milliards de passages en caisse. Espagne, Belgique, Italie, Grèce, Pologne, Brésil, Argentine, Colombie, Chine ou encore Inde, Carrefour est présent dans 33 pays sur trois continents. Avec près de 16 000 magasins et 480 000 employés, Carrefour réalise un chiffre d'affaires de 90 Mds € pour un résultat net de 570 millions d'euros.

Carrefour est présent dans tous les secteurs de la distribution :

- **les hypermarchés**, avec 1 400 magasins tous sous l'enseigne Carrefour ;
- **les supermarchés**, avec 3 000 magasins sous l'enseigne principale Carrefour Market ;
- **le maxidiscompte**, avec 6 400 magasins sous les enseignes Dia et Minipreco ;
- **les magasins de proximité**, avec 5 000 magasins Shopi, 8 à huit, Proxi.

Répartition géographique du CA

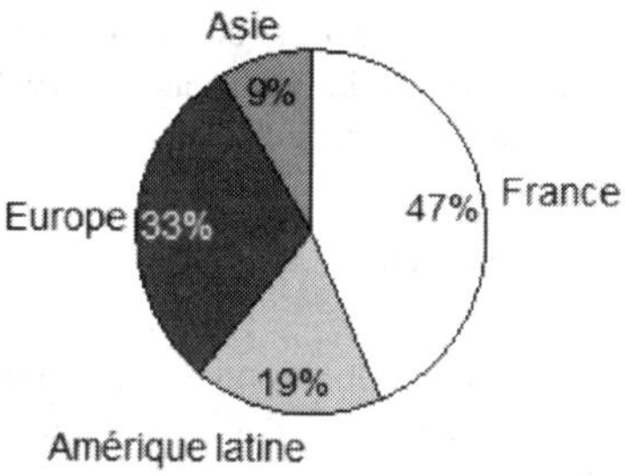

Répartition du CA par activités

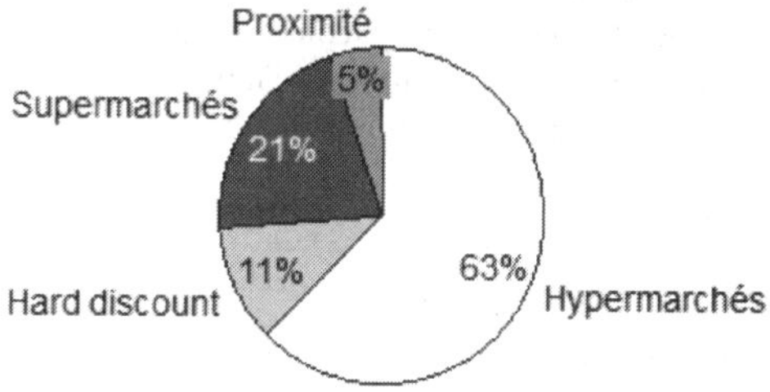

Les dates clés

- 1959 : Création de la société Carrefour par Marcel Fournier.
- 1963 : Ouverture du premier hypermarché de France, à Sainte-Geneviève des Bois.
- 1970 : Introduction de l'action Carrefour à la Bourse de Paris.
- 1976 : Lancement des « produits libres », sans marque mais « aussi bons et moins chers ».
- 1979 : Développement du maxidiscompte avec la création de l'enseigne Ed.
- 1981 : Carrefour lance sa carte de paiement : la carte Pass.
- 1985 : Lancement des produits à marque Carrefour.
- 1988 : Adoption du slogan « Avec Carrefour je positive ».
- 1995 : Ouverture des premiers magasins Carrefour en Chine.
- 1999 : Acquisition de Promodès (Dia, Champion, 8 à huit, Proxi, Sherpa, etc.). par crainte d'une OPA hostile de Wall-Mart. Carrefour devient numéro 1 de la distribution européenne.
- 2008 : Plusieurs enseignes dont Champion passent sous l'enseigne Carrefour Market.

Le succès international de Carrefour : exemple du succès en Chine populaire

Signifiant en chinois « *bonheur de la famille* », Carrefour, tire profit de la croissance chinoise depuis 1995 et a développé 150 hypermarchés et 250 magasins discounts Dia sur le territoire chinois. Premier distributeur étranger et 5e avec les groupes chinois, Carrefour distribue ses produits à plus d'un million de clients chinois, par jour en réalisant un chiffre d'affaires de 2 Mds € et en employant 40 000 salariés. Depuis plusieurs années, l'enseigne Carrefour enregistre une croissance à deux chiffres sur le marché chinois et consolide sa présence en Asie.

Autres exemples d'acteurs de la distribution : Vente-privée.com, Telemarket, LIDL, Metro.

4. LE SECTEUR AGROALIMENTAIRE

Mots-clés : agro-business, industrie agroalimentaire, agriculture biologique, OGM.

La France est depuis longtemps le « grenier de l'Europe » et ce rôle a été renforcé avec la construction européenne et la politique agricole commune. L'agroalimentaire est un secteur clé de l'économie française qui participe grandement aux excédants commerciaux français. D'ailleurs à la fin des années 1970, Valérie Giscard d'Estaing n'hésitait pas à clamer que « l'agriculture est le pétrole vert de la France ».

Définition du secteur de l'agroalimentaire

L'agroalimentaire désigne l'ensemble des entreprises du secteur primaire et secondaire qui prennent part à la production de denrées alimentaires. Au sein du secteur agroalimentaire, on distingue l'agriculture des industries agroalimentaires (IAA). L'agriculture désigne la culture de matières premières alimentaires. On y ajoute traditionnellement les activités d'élevage et de pêche. L'industrie agroalimentaire désigne quant à elle le processus productif qui transforme les matières premières provenant de l'agriculture. Parmi les industries agroalimentaires, on distingue les industries de viandes, laitières, de céréales, d'huiles, sucrières et de boissons et d'alcools.

Le poids de l'agriculture en France

Comme dans tous les pays, le poids de l'agriculture dans l'économie nationale a décru tout au long du XXe siècle. Les activités agricoles emploient néanmoins toujours 1,8 million de personnes pour un chiffre d'affaires de 30 Mds €. L'agriculture française s'appuie sur un tissu de plus de 300 000 exploitations présentes dans de nombreux domaines :

- **La grande culture céréalière** autour de l'Ile-de-France, dans la Beauce, la Brie et en Normandie. On y cultive principalement du blé, de l'orge, du colza et du tournesol ;
- **Les cultures maraîchères** avec une production de fruits dans le sud de la France et de légumes dans le centre de la France ;
- **La viticulture** avec les grands vignobles de Champagne, du bordelais et de Bourgogne, auxquels il faut ajouter les vignobles d'Alsace, de la Loire, de Provence et du Languedoc ;
- **L'élevage bovin, ovin et porcin** que l'on retrouve en Normandie, en Bretagne et dans le centre de la France. On y ajoute la **production laitière** ;
- **La pêche** : 3e producteur européen, la France bénéficie d'ouvertures sur la mer du Nord, la Manche, l'Atlantique et la Méditerranée.

L'agriculture française en chiffres

- 1er producteur agricole européen et 5e producteur mondial.
- 18 % de la production agricole européenne est française.
- 1er producteur mondial de vin.
- 53 % de la surface de la France est occupée par l'agriculture.
- L'agriculture française représente 4,5 % du PIB.
- 1,8 million d'agriculteurs en France.

Les industries agroalimentaires

Premier secteur industriel français, les industries agroalimentaires ont réalisé 147 Mds € de chiffre d'affaires en 2008. Les industries agroalimentaires ont pour rôle de conditionner, de raffiner, de stériliser, de transformer et d'assembler les matières premières agricoles. En valorisant 70 % de la production agricole nationale, le secteur agroalimentaire participe au maintien d'une activité économique fortement pourvoyeuse d'emplois (un peu plus de 400 000 salariés). Le secteur agroalimentaire représente un tissu économique de plus de 10 000 PME et TPE, dont 70 % ont moins de 20 salariés et 95 % moins de 250 salariés. Ces petites entreprises sont chapeautées par de grands groupes industriels qui dominent le marché national et ont atteint la taille critique pour s'imposer sur les marchés internationaux :

	Danone	**LDC**	**Lactalis**	**Bongrain**	**Terrena**	**Doux**	**Bigard**
Secteur	Laitiers	Volailles	Laitier	Fromagerie	Divers	Volailles	Viandes
Employés	100 000	12 000	39 000	18 000	12 000	18 000	19 000
CA (millions €)	17 000	1 950	9 400	3 570	3 800	1 300	2 500
Résultat (millions €)	1 600	60	Non publié	81	20	45	Non publié

Les IAA sont un atout pour la France et en font un grand exportateur agroalimentaire mondial. En s'appuyant sur un savoir-faire traditionnel, l'agroalimentaire est un actif stratégique pour équilibrer la balance commerciale française. La France se situe au quatrième rang en termes d'exportations agroalimentaires derrière les Etats-Unis, les Pays-Bas et l'Allemagne. Avec 47,2 Mds € de ventes, les industries agroalimentaires ont 6 % de parts de marché mondial.

Les industries agroalimentaires en chiffres

- 13 % de la valeur ajoutée de l'industrie française.
- 1,7 % du PIB.
- 7,1 % des exportations françaises pour un excédent de 6 milliards d'euros.
- 440 000 salariés.
- Chiffre d'affaires de 145 milliards d'euros.
- Valeur ajoutée de 28 Mds €.
- 1re industrie française en termes de chiffre d'affaires.

Focus sur le développement de la filière bio

We feed the world, Fast-food nation, Notre pain quotidien, depuis quelques années de nombreux films dénoncent les pratiques ultra-productives des industries agroalimentaires et mettent en exergue les dangers sanitaires de ces processus. Parallèlement à cette dénonciation, l'agriculture biologique continue à rencontrer une audience croissante. Définie comme une méthode de production agricole qui respecte les cycles naturels du vivant, l'agriculture biologique vise à limiter l'utilisation d'engrais chimiques, de pesticides et d'OGM. Le bio est protégé par la loi depuis 1980 et bénéficie depuis 2010 d'un label officiel de l'UE. Malgré une croissance de 10 % par an en moyenne depuis le début des années 2000, le bio ne représente que 3 % de la consommation des français et un marché de 1,6 Mds €.

Les enjeux des OGM

Encore inexistantes en 1993, les cultures OGM ont atteint, en 2010, 10 % de la surface cultivée mondiale. Ces cultures OGM sont présentes à 85 % sur le continent américain et en particulier aux Etats-Unis. Les organismes génétiquement modifiés permettent de créer de nouvelles variétés d'espèces cultivées avec des avantages spécifiques (croissance plus rapide de la plante, meilleure résistance aux maladies, aux insectes et aux conditions climatiques). Face à la forte croissance des cultures OGM, des mouvements anti-OGM ont vu le jour critiquant tant le brevetage du vivant que le risque environnemental lié à un appauvrissement de la biodiversité. En bref, ils redoutent des effets sanitaires indésirables et dangereux sur le long terme pour les consommateurs. Du fait du principe de précaution, l'UE a établi un moratoire sur les OGM et a permis à la France d'interdire la culture d'OGM sur son territoire.

DANONE

En 1973, Danone nait de la fusion de BSN, entreprise spécialisée dans la production de contenant en verre, et de Gervais Danone, spécialisée dans les produits laitiers. Multinationale de l'agroalimentaire réalisant aujourd'hui une vingtaine de milliards d'euros de chiffre d'affaires, Danone est le numéro 5 mondial, derrière Nestlé et les entreprises américaines Coca-Cola, PepsiCo et Kraft Foods qui ont respectivement un chiffre d'affaires de 90, 80, 75 Mds €. Face à ses mastodontes, Danone développe une stratégie propre, basée sur l'innovation de produits en termes de nutrition et d'apports pour la santé.

Les pôles d'activités

Après avoir cédé la branche biscuit en 2007, avec des marques comme LU, Danone concentre ses activités autour de 3 pôles :

- **Les produits laitiers frais** : n°1 mondial de ce secteur, Danone réalise 57 % de son chiffre d'affaires avec les marques Danone, Activia, Actimel, Taillefine, Petit Gervais, Danacol, Fjord, Gervita, Gervais, etc. Au plan international, on peut noter que Danone est le numéro 3 du yaourt aux Etats-Unis. Avec une cinquantaine d'usines réparties dans une vingtaine de pays, Danone vend près de 5 millions de tonnes de produits laitiers par an ;
- **Les eaux conditionnées** : avec les eaux Evian, Volvic, Badoit, Salvetat (vendues sur le territoire français) mais aussi les eaux Aqua, Robust et Font Vella (vendues sur le marché mondial), Danone est co-leader mondial de la production d'eau minérale. Cette activité représente 18 % du chiffre d'affaires pour près de 15 milliards de bouteilles vendues dans le monde. A noter qu'Evian est l'eau minérale la plus exportée, et Aqua l'eau minérale la plus bue dans le monde ;

- **La nutrition** : ce pôle est segmenté en deux avec d'un côté, la nutrition infantile qui réalise 20 % du chiffre du groupe, grâce à des marques comme Blédina, Nutricia ou Gallia, et de l'autre, la nutrition médicale qui est la branche de Danone la plus récente, avec des marques comme Fortimel et Infratrini.

Chiffres clés

- 100 000 collaborateurs dans le monde.
- Chiffre d'affaires : 17 Mds €.
- Résultat net : 1,6 Mds €.
- Leader mondial des produits laitiers frais.
- Co-leader mondial de l'eau conditionnée.
- Numéro 2 mondial de la nutrition infantile.
- 50 % de la croissance du groupe se situe dans les pays émergents.

Focus sur les « alicaments »

Le néologisme « alicament », qui est la contraction de aliment et de médicament doit beaucoup aux équipes marketing de Danone. Dans sa quête de croissance et de développement et face à la puissance et la concurrence des géants américains de l'agroalimentaire, Danone joue la carte de l'innovation et de la santé par la nutrition. Les produits estampillés Danone sont, dans l'esprit du consommateur, gage de qualité et même de santé. En marketant par exemple les produits Actimel comme aidant à conserver une bonne santé, en soutenant la Fondation pour la recherche médicale ou encore en créant le prix international de Nutrition Danone, le groupe agroalimentaire met le concept d'alicament au cœur de sa stratégie.

Exemples d'autres acteurs agroalimentaires : Nestlé, Michel&Augustin, Kraft Foods.

5. LE SECTEUR ENERGETIQUE

Mots-clés : bilan énergétique, nucléaire, pétrole, gaz, énergies renouvelables, importations.

Sans énergie, c'est toute l'économie moderne qui disparaît. Indispensable pour tous les processus de production et de transport, le secteur énergétique désigne l'ensemble des entreprises qui produisent (le nucléaire, le pétrole, le gaz naturel, les énergies renouvelables), commercialisent et distribuent l'énergie. Fort de ses 400 000 emplois, le secteur énergétique représente près de 7 % du PIB français.

Les dates clés

- 1956 : Mise en service de la première centrale nucléaire française à Marcoule.
- 1971 : La France passe au « tout pétrole » avec un prix mondial du pétrole très bon marché.
- 1973 : Premier choc pétrolier, les cours mondiaux sont multipliés par 4.
- 1986 : Explosion de la centrale nucléaire de Tchernobyl, en Ukraine.
- 1999 : Total rachète Elf pour former une des *supermajors*.

- 2001 : Fondation d'Areva, géant nucléaire né du rapprochement de Cogema et Framatome.
- 2004 : Privatisation d'EDF, sous l'influence de la Commission européenne.
- 2005 : Fermeture de la dernière mine de charbon en France.
- 2007 : Grenelle de l'environnement.

Le bilan énergétique français

En l'espace de 40 ans, la croissance de l'économie française a entraîné un doublement de la consommation d'énergie primaire. Au cours de cette période, malgré l'arrêt total de production de charbon, la production d'énergie primaire a quasiment triplé. Ce triplement est entièrement justifié par l'émergence du secteur nucléaire. Ci-dessous, les bilans de la production et de la consommation d'énergie primaire.

Production d'énergie primaire
En Mtep

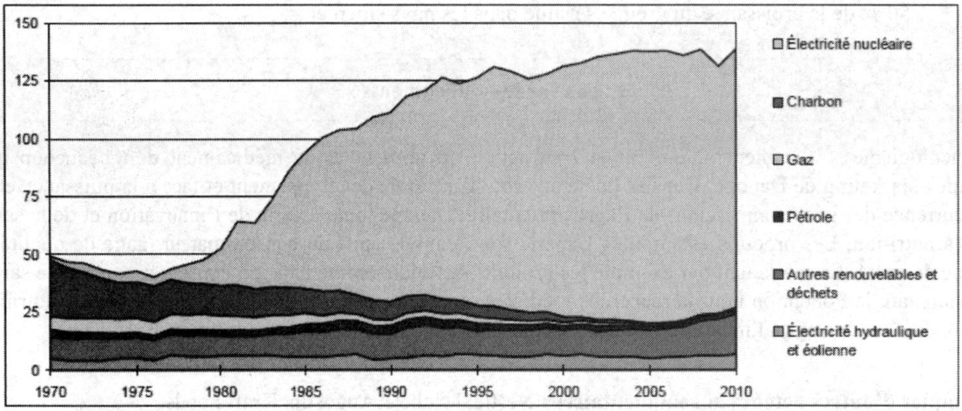

Source : SOeS, bilan de l'énergie 2010

Évolution de la consommation d'énergie primaire
Données corrigées des variations climatiques, en Mtep

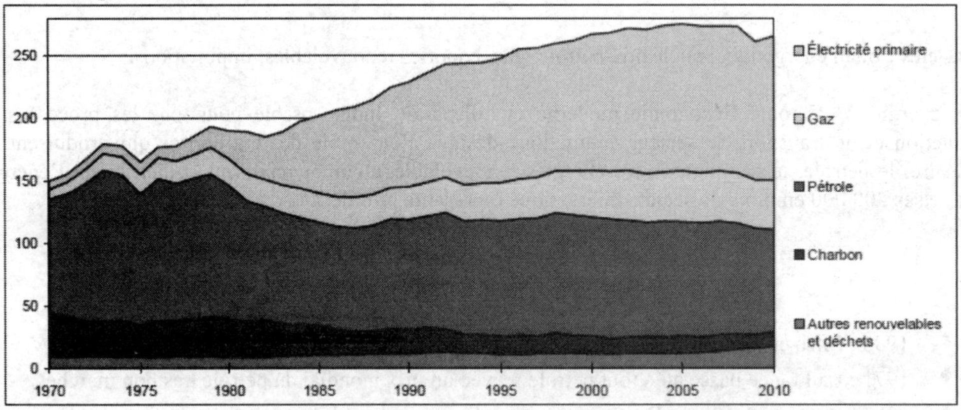

Source : SOeS, bilan de l'énergie 2010

La facture énergétique : l'enjeu des importations

Il existe un déficit structurel de la production française d'énergie par rapport à la consommation. L'indépendance énergétique n'est que de 46 % : la moitié de l'énergie consommée en France est donc importée ! La France importe notamment la totalité de son pétrole (30 % en provenance d'Afrique, 20 % de Russie et 25 % du Moyen-Orient) et de son gaz. Même si, la filière nucléaire permet d'exporter chaque année plusieurs milliards d'euros d'électricité vers les pays limitrophes, les entreprises et les ménages français importent pour près de 50 Mds € d'énergie, principalement en pétrole, ce qui pose des questions d'indépendance énergétique, de sécurité des approvisionnements et de la volatilité des marchés.

La facture énergétique déclinée par type d'énergie
En millions d'euros 2010

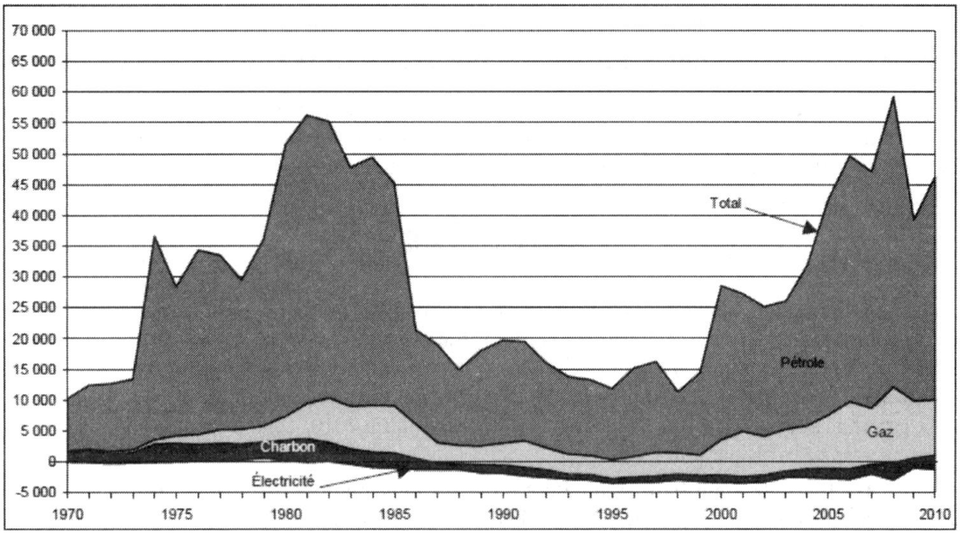

Source : SOeS d'après Douanes

La filière du nucléaire

La filière du nucléaire s'est mise en place à la fin des années 1950, sous l'influence des programmes nucléaires lancés par le Général de Gaulle qui souhaitait garantir l'indépendance nationale tant dans le domaine militaire que le domaine énergétique. En 2010, à l'aide d'un parc de 58 réacteurs, 80 % de la production d'électricité française était d'origine nucléaire, ce qui représentait 20 % de la consommation finale d'énergie en France. Avec près de 200 000 emplois directs et indirects, les acteurs de la filière nucléaire ont une envergure mondiale :

- **EDF** gère au quotidien les opérations nécessaires à la production des réacteurs ;
- **Areva** est issu de la fusion de Framatome et Cogema, et a conçu et développé 20 % du parc nucléaire mondial ;
- **Alstom** réalise les turbines des réacteurs nucléaires et équipe 30 % du parc mondial ;
- **Bouygues Construction** est spécialisé dans la construction des centrales nucléaires.

Focus sur les énergies renouvelables

La production primaire française d'énergies renouvelables est décevante compte tenu de l'extraordinaire potentiel du territoire français en matière d'énergies renouvelables (première forêt d'Europe occidentale et un fort potentiel hydraulique, éolien et géothermique). En 2010, les énergies renouvelables représentaient 18 % de la production française d'énergie, mais seulement 7 % de la consommation. L'énergie hydraulique (principalement les barrages alpins) représente 25 % de cette production d'énergie renouvelable, le bois 45 %, les agrocarburants 10 %, l'énergie éolienne 3,5 % et l'énergie solaire et photovoltaïque 0,5 %. En 2008, le ministère de l'Ecologie, du Développement et de l'Aménagement durables lance le *Grenelle de l'environnement* avec comme but principal de diversifier les sources d'énergies primaires au profit des énergies renouvelables.

TOTAL

Géant pétrolier français, Total fait partie des *supermajors*, c'est-à-dire des six plus grosses entreprises pétrolières sur le marché mondial. Fondé en 1924 pour exploiter le pétrole turc, Total est devenu, suite au rachat d'Elf en 1999, l'acteur incontournable du marché énergétique en France.

Les segments d'activité

Aussi bien en amont qu'en aval du secteur énergétique, Total est présent à chaque maillon de la chaîne énergétique. La holding Total rassemble 6 divisions indépendantes :

- **L'Exploitation et production** : l'E&P est la division chargée de la localisation des gisements de gaz et de pétrole, ainsi que son extraction du sous-sol. En 2010, Total a produit l'équivalent de 2,4 millions de barils par jour ;
- **Le Trading** : les équipes de trading ont pour rôle de vendre le pétrole et le gaz, sur les marchés internationaux *spot* à l'aide de produits financiers (*futures, swaps, options*) ;
- **Le Shipping** *:* qui assure le transport du pétrole brut et des produits raffinés nécessaires aux activités du groupe. En 2010, la division shipping a transporté, 120 millions de tonnes ;
- **Le Raffinage** : grâce à leurs 24 raffineries situées en Europe de l'Ouest, en Afrique et aux Etats-Unis, Total atteint une capacité de 2,3 millions de barils par jour ;
- **Le Marketing** : la branche raffinage marketing distribue par la suite ses produits pétroliers (carburants, fluides spéciaux et bitumes) à l'aide de 17 000 stations dans plus de 130 pays ;
- **Le secteur chimie** : avec 17 Mds € de chiffre d'affaires, la branche chimie de Total est l'une des plus importantes du monde de la pétrochimie, et bénéficie de fortes synergies avec les activités de raffinage du groupe.

Total en chiffres

- 5e groupe pétrolier intégré coté dans le monde.
- Première capitalisation boursière de la zone euro : 93,2 Mds €.
- 92 855 salariés.
- Investissement en 2010 : 12,9 Mds €.

- Activités d'exploration et de production dans plus de 40 pays.
- Environ 540 000 actionnaires individuels français.
- Chiffre d'affaires en 2010 : 159,3 Mds €.
- Production : 2,38 millions de barils équivalent pétrole par jour.

Total et les énergies renouvelables

Préparer l'avenir énergétique est la priorité de Total. Ayant en ligne de mire le pic de la production pétrolière mondiale, l'amenuisement des réserves et de surcroît, la fin de l'ère pétrolière, Total diversifie depuis une décennie ses activités en investissant massivement dans les énergies renouvelables. Total se positionne stratégiquement sur l'énergie solaire et les biotechnologies, avec le but d'intégrer verticalement la chaîne de production et de distribution de ces énergies renouvelables. A cet égard, Total a racheté en 2010 Sun Power, le numéro 1 de l'énergie solaire américaine ainsi que la start-up américaine Amyris, spécialisée dans les « molécules avancées » (biocarburants et biolubrifiants).

Exemples d'autres entreprises énergétiques : GDF-Suez, Poweo, Exxon Mobil, Technip.

6. LE SYSTEME BANCAIRE FRANCAIS

Mots-clés : marchés, dépôts, financement, détail, investissement, crédit, emprunt, crise bancaire.

Comme l'a montré le traitement politique de la crise bancaire des *subprimes*, les banques françaises sont désormais *« too big to fail »* : trop grosse pour tomber ! Réputé mondialement pour la solidité de son modèle, le système bancaire français est un pilier de l'économie française sans lequel toute l'activité économique se contracterait faute de financement pour les entreprises et les particuliers.

Qu'est-ce qu'une banque ?

Une banque est d'abord une entreprise qui vend de la monnaie comme produit. En quelque sorte, elle fait le commerce de l'argent qu'elle achète à des épargnants pour la revendre à des agents économiques (entreprises, ménages ou institutions financières) cherchant des financements. Les banques sont soumises à la stricte législation de la loi bancaire de 1984 qui définit une banque comme « un établissement financier pouvant collecter des dépôts et accorder des crédits ». Les banques se regroupent au sein de l'Association Française de Banques.

Un rôle de financement

Le rôle principal du système bancaire est de financer l'économie en accordant des ressources aux entreprises pour qu'elles investissent dans leur activité commerciale. Pour se développer, une entreprise peut financer son activité soit en levant des capitaux propres (qui correspondent aux sommes d'argent mises initialement dans l'entreprise par l'entrepreneur pour son fonctionnement), soit en empruntant de l'argent sous forme de dette payée au prix du taux d'intérêt. Entre les entreprises qui ont besoin de financements et les épargnants qui ont un excédent d'argent, la banque fait l'intermédiaire et finance les entreprises (et donc l'économie) en accordant des prêts aux entreprises.

Les activités des banques

Lors de la crise des *subprimes* en 2008, l'idée d'un cloisonnement des banques a été soulevée pour éviter que les activités d'investissement ou de marché mettent en péril l'épargne des clients de détail. Les banques françaises cumulent traditionnellement trois types d'activités :

- **L'activité de détail :** la banque collecte les ressources du public, principalement par le biais de la tenue de compte d'épargne, et prête aux entreprises (dette à court et moyen terme) et aux ménages (crédits à la consommation et immobilier). Les banques de détails, appelées aussi banques commerciales, s'adressent donc uniquement aux particuliers et aux PME, voire plutôt aux TPE. Elles ont un rôle d'intermédiation entre les agents particuliers à excédents de financement et les entreprises à déficit de financement. Sur l'activité de détail, les banques se rémunèrent en faisant payer des frais de moyens de paiement (possession d'un compte et d'une carte de crédit, etc.) et avec les taux d'intérêts sur les prêts ;
- **L'activité d'investissement :** la banque dite « d'affaires » ou « d'investissement » a un rôle d'intermédiaire dans les opérations financières pour les entreprises cotées. Elle se charge des introductions en bourse, des augmentations de capital, d'opérations fusion-acquisition. La banque d'investissement ne prête quasiment pas, et a donc des besoins en capitaux propres plus réduits que les banques de détail. En revanche, elle peut prendre des participations minoritaires dans des affaires industrielles ou commerciales afin de les aider à se développer et réaliser une plus value en recédant cette participation. La banque d'investissement se rémunère en facturant ces services aux entreprises ;
- **Les activités de marchés :** marchés de taux, d'actions, de matières premières, de la dette, etc. Sur son *front office* (salle de marché) et par le biais de ses traders, la banque achète ou vend des actifs financiers pour le compte de ses clients ou son propre compte. Dans cette activité, la banque se rémunère sur la différence entre les prix de vente et d'achat.

Les chiffres clés

- 700 établissements bancaires en France, dont environ 400 banques.
- 28 000 agences bancaires en France.
- 500 000 salariés, soit 1,6 % de la population active.
- 40 000 recrutements par an.
- 2 000 Mds € de crédits et 1 500 Mds € de dépôts.
- 12 milliards d'opérations de paiement traitées chaque année.
- 70 Mds € de résultat net pour le secteur, en 2010.
- 11 millions de Français possèdent des actions.

Les dates clés

- 1945 : Cloisonnement bancaire (séparation banques dépôt/affaires).
- 1958 : Création de la carte de crédit (avec la carte de paiement en plastique d'*American Express*).
- 1966 : Les réformes « Debré-Haberer » introduisent le décloisonnement bancaire.
- 1982 : Nationalisation des 36 plus grandes banques privées (détail et investissement).
- 1984 : La loi bancaire redéfinit le cadre bancaire et consacre le principe d'universalité.

- 1985 : Fin de l'encadrement du crédit.
- 1986 : Première vague de privatisations bancaires (Banque Suez et Paribas).
- 1987 : Création de la première SICAV (société d'investissement à capital variable).
- 1990 : Fin du contrôle des changes.
- 1993 : Marché unique bancaire européen et libre circulation des capitaux en Europe.
- 1999 : Mise en place de l'euro.
- 1999 : BNP fusionne avec la Banque Paribas.
- 2001 : Boursorama, première banque en ligne sur Internet.
- 2008 : Crise des *subprimes*.

Prévenir les faillites bancaires : les accords de Bâle I, II et III

Suite au krach boursier de 1987, le comité de Bâle composé des gouverneurs de banques centrales de 13 pays de l'OCDE établit plusieurs recommandations pour mieux appréhender les risques bancaires et principalement le risque de crédit. Les accords de Bâle I mettent en place le ratio Cooke, défini comme la valeur des fonds propres réglementaires par rapport à l'ensemble des engagements de crédits. Ces accords établissent à 8 % le niveau minimum du ratio Cooke : concrètement, pour 100 € prêtés par la banque, celle-ci doit au moins avoir 8 € en fonds propres dans ses caisses. Cette mesure doit prévenir les dangers de deux types de situations : les épargnants veulent massivement retirer leur argent de la banque à cause d'une crise de confiance, ou un emprunteur majeur se met en défaut de paiement faisant perdre soudainement à la banque beaucoup d'argent. En 2004, les accords de Bâle II améliorent Bâle I en prenant en compte la qualité de l'emprunteur et le risque qu'il représente en terme de crédit. Le ratio Cooke est remplacé par le ratio McDonough qui ajoute au risque de crédit le risque de marché et le risque opérationnel. Suite à la crise des *subprimes*, le comité de Bâle sous l'impulsion du G20 et dans le cadre des accords de Bâle III a mis en place un ratio de liquidité ainsi qu'un ratio d'« effet de levier » prenant en compte la dette des banques pour 2013.

BNP Paribas

Né en mai 2000 de la fusion de la BNP et de Paribas, BNP Paribas fait partie des 20 banques mondiales classées par le G20 comme « *too big too fail* ». Noté AA par l'agence S&P, BNP Paribas est le fruit de plus d'un demi-siècle de fusions de banques françaises (Banque nationale du commerce et de l'industrie, Comptoir National d'Escompte de Paris, Compagnie Financière de Paris et des Pays-Bas). De plus, elle a internationalisé son activité en Europe avec l'acquisition en 2006 de la banque italienne BNL et de la belge Fortis en 2009. Avec un produit net bancaire de 40 Mds € et un résultat net de 5,8 Mds €, BNP Paribas réalise 76 % de son activité en Europe, dont 35 % en France.

Les domaines d'activités de la BNP Paribas

Les activités de BNP Paribas reposent sur trois métiers principaux :

- **La banque de détail *(Retail banking)*** : BNP Paribas a réalisé 45 % de ses revenus en 2010 dans les activités de détail, avec un réseau de 4 000 réseaux hors de France sur un réseau de 6 000 pour 120 000 employés dans 52 pays. Elle est la première banque de l'Euroland en termes de dépôts. Elle rassemble l'épargne de 7 millions d'épargnants en France, 2,5 millions en Italie et 5 millions au Bénélux et sur les marchés émergents ;

- **La banque d'investissement (*Corporate and investment banking, CIB*)** : en 2010, les 16 000 employés de la branche CIB ont contribué à 30 % du produit net bancaire et 50 % du résultat net, à travers les activités de finance structurée, de M&A, de trading de matières premières, de gestion de risque sur les taux de change et de marchés de capitaux propres ;
- **Le service d'ingénierie financière (*BNP Investment solutions*)** : avec 25 % du revenu de la BNP, cette troisième branche regroupe les gestions de fonds d'investissement (BNP Partners), la gestion de patrimoine (la banque privée *BNP Wealth Management*), l'investissement et la gestion immobilière (*BNP Real Estate*) et l'assurance vie.

Les chiffres clés

- 1re banque mondiale en termes d'actifs avec 2 224 Mds €.
- 8e banque en termes de capitalisations boursières avec 63,6 Mds €.
- 43,9 Mds € de produits nets bancaires.
- 7,8 Mds € de résultat net.
- 12,3 % de rentabilité des capitaux propres.

Focus sur BNPPE : BNP Paribas *Private Equity*

Lorsqu'une entreprise est cotée en bourse (*public company* en anglais), elle lève ses capitaux propres sur le marché des actions. Pour une entreprise non cotée (*private equity* en anglais), elle peut être financée par des fonds d'investissement qui achète directement une partie ou la totalité de la société. BPPE est rattaché aux services d'ingénierie financière de BNP Paribas et participe au financement des entreprises non cotées, soit en investissant directement dans des entreprises dont les critères de sélection le permettent, soit par une activité de fonds. Dans le deuxième cas, BNPPE confie des capitaux à d'autres fonds d'investissement indépendants de *Private Equity* pour investir en son nom. BNPPE est formée d'une équipe d'une trentaine de personnes qui a sous sa gestion des parts d'entreprises (entre 20 et 50 millions d'euros en moyenne par entreprise) pour un total légèrement supérieur à 900 millions d'euros.

7. LE SECTEUR DU TOURISME

Mots-clés : dépense touristique, destination, villégiature, loisir, sites touristiques, hébergement.

Face à la concurrence industrielle des pays émergents, la peur que Paris puisse devenir une ville musée et que l'économie française se concentre sur le tourisme revient chroniquement dans l'actualité économique. Même si un tel scénario est très largement exagéré, il est vrai que le tourisme en France est un secteur économique essentiel puisqu'il participe grandement à l'équilibre commercial avec un excédent de plusieurs milliards d'euros. Ainsi, depuis les années 1990, la France est devenue la première destination touristique du monde.

Définition du tourisme

Selon l'Insee, un touriste est défini comme « toute personne en déplacement hors de son environnement habituel pour une durée d'au moins une nuitée, et d'un an au plus, pour des motifs non liés à une activité rémunérée dans le lieu visité ». De plus on définit « un touriste international comme un touriste qui réside de manière éphémère dans un pays dont il n'est pas le résident ».

Les atouts touristiques de la France

La France est-il le plus beau pays du monde ? En tout cas, la destination France fait rêver un bon nombre de touristes étrangers, et chaque année 30 millions de touristes internationaux la visitent. L'intérêt touristique de la France s'explique par un immense nombre de points d'attraction liés à son histoire, à une diversité des paysages et à une structure d'accueil touristique moderne et performante. Il existe une grande variété de tourisme en France :

- **Le tourisme de loisirs** : parcs de loisirs (Disneyland, Parc Astérix, Futuruscope), stations balnéaires (Côtes d'Azur, Normandie, Sud-Ouest et de l'Outre-mer), stations thermales, stations de ski, etc. ;
- **Le tourisme culturel** : les musées français, l'architecture parisienne, les abbayes et les églises, les châteaux de la Loire, etc., les quinze siècles de l'histoire française ont permis l'accumulation d'un patrimoine culturel que l'on peut difficilement retrouver ailleurs ;
- **Le tourisme animalier et naturel** : la France possède le 1er parc forestier d'Europe et de nombreux touristes valorisent les parcs nationaux de la Vanoise, des Ecrins, des Cévennes ou du Mercantour. Depuis quelques années, le tourisme naturel est stimulé par la tendance du tourisme vert et les écotouristes ;
- **Le tourisme gastronomique** : en 2010, la gastronomie française est entrée au patrimoine mondial de l'UNESCO. Les touristes du monde entier, les touristes nationaux et internationaux partent à la découverte des AOC françaises, des vignobles de Champagne, de Bourgogne ou de Bordeaux, et également des restaurants des plus grands chefs étoilés.

L'observatoire national du tourisme estime que 45 % du tourisme est de loisir, 30 % culturel, 10 % animalier et naturel et 8 % gastronomique.

Ci-dessous les 10 sites touristiques les plus visités en France :

- 1 : La ville de Paris, 30 millions avec Notre Dame de Paris, la Tour Eiffel, le Louvre, etc. ;
- 2 : Disneyland Paris, 15,3 millions de visiteurs ;
- 3 : Le château de Versailles, 7,5 millions de visiteurs ;
- 5 : La ville de Lyon, 6 millions de visiteurs ;
- 6 : La basilique de Lourdes, 4,7 millions de visiteurs ;
- 7 : La Cathédrale de Strasbourg, 4,5 millions de visiteurs ;
- 8 : La ville de Nice, 4,3 millions de visiteurs ;
- 9 : Le Mont Saint-Michel, 3,2 millions de visiteurs ;
- 10 : La grande braderie de Lille, 3 millions de visiteurs.

Les espaces touristiques

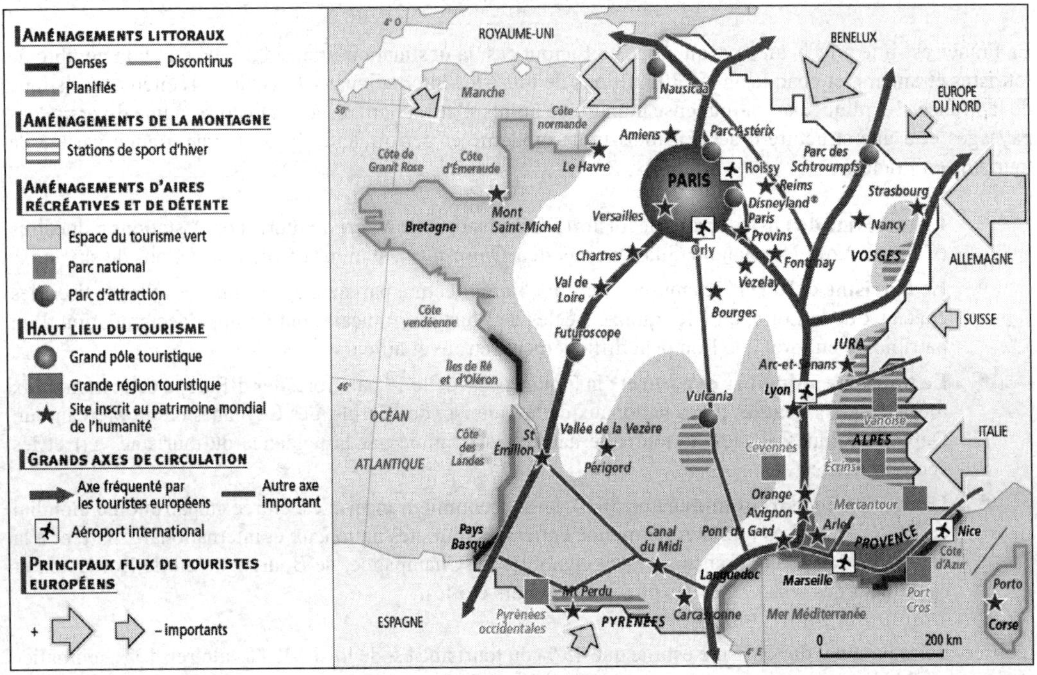

Les entreprises du secteur du tourisme

La filière touristique en France comporte plusieurs sortes d'entreprises :

- **L'hébergement** : ce poste représente un tiers de la valeur ajoutée du secteur touristique. Camping ou palace, 500 millions de nuitées sont vendues chaque année en France. A côtés d'une masse d'hôtels indépendants, on peut noter la présence de grands acteurs français internationalisés comme Accor qui possède plus de 4 100 hôtels dans le monde ;
- **La restauration** : le poste restauration représente la moitié des recettes touristiques françaises. Que ce soit en restaurants gastronomiques, en brasseries ou encore en fast food, l'offre en matière de restauration est vaste ;
- **Le débit de boisson** : l'ensemble des débitants de boissons (cafés, bars, discothèques) représente 13 % de la valeur ajoutée générée par le tourisme ;
- **Les agences de voyages** : qui participent à hauteur de 6 % des recettes touristiques, mais sont menacées par la concurrence de la distribution directe en ligne.

	Nombre d'entreprises	Chiffre d'affaires	Valeur ajoutée	Effectifs
Hôtels et hébergements	34 000	21 Mds €	10 Mds €	162 000
Restaurants	136 000	36 Mds €	16 Mds €	320 000
Débits de boisson	51 000	7 Mds €	3 Mds €	38 000
Agences de voyages	5 000	15 Mds €	2 Mds €	33 000
Total	236 000	79 Mds €	31 Mds €	553 000

Chiffres clés

- Le tourisme représente 6 % du PIB français.
- Chiffre d'affaires du secteur égal 80 Mds €.
- 550 000 emplois directs et 2 000 000 d'emplois indirects.
- Recettes touristiques supérieures à 30 Mds €.
- La France représente 9,5 % des arrivées mondiales.
- Avec 77 millions de touristes, la France est la 1e destination touristique du monde.
- 3e pays touristique du monde en termes de recettes avec 31 Mds €.
- 8 Mds €, soit le solde de la balance commerciale.
- 8e pays touristique du monde en termes de dépense par touriste.

Focus sur la Maison de France

Depuis la fin des années 1960, l'Etat a mis en place une politique touristique pour améliorer l'attractivité de la France. Ainsi, pour renforcer la destination France, la Maison de France fut créée en 1987. Réunissant l'Etat et les administrations locales, elle est chargée de l'information du public, de la promotion commerciale, des opérations de relations presse et de relations publiques, de l'analyse des marchés et de la réalisation de campagnes de communication et de publicité. La maison de France travaille en collaboration permanente avec l'Observatoire national du tourisme et la Fédération nationale des offices de tourisme et de syndicats d'initiatives. En 2008, la Maison de France a lancé avec le Secrétariat d'Etat chargé du Tourisme, la « Destination France 2020 », avec comme but de devenir le 2e pays mondial en termes de recettes touristiques et le 3e en termes de dépense par touriste d'ici 2020.

Focus sur le leader européen du tourisme : Pierre&Vacances

Leader du tourisme de proximité en Europe, le groupe Pierre&Vacances – Center Parcs a construit sa croissance sur un modèle économique original de synergie entre l'immobilier et le tourisme. Avec plus de 51 000 appartements et maisons, soit plus de 236 000 lits, le groupe offre à ses 7,4 millions de clients les plus belles destinations, à la mer, à la montagne, à la campagne ou au cœur des villes, en Europe et en Méditerranée. Avec des effectifs qui s'élèvent à 9 000 salariés, Pierre&Vacances propose trois concepts touristiques :

- Les résidences, avec 80 sites sous marque Village Pierre&Vacances et 117 sites sous la marque Maeva ;

- Les Resorts, avec la chaîne Center Parcs et Sunparks ;
- Les hôtels avec les enseignes Adiago Aparthotel, Citéa et Hôtels Latitudes.

Le groupe réalise un chiffre d'affaires de 1,4 Mds € pour un bénéfice de 40 millions d'euros. Le chiffre d'affaires provient à 45 % des résidences de mer, 20 % de résidences de montagne, et 25 % de résidences de campagne. Les trois quarts du chiffre d'affaires sont réalisés en France.

Dates clés

- 1967 : Création de la société par Gérard Brémond avec la station de ski d'Avoriaz.
- 1979 : Lancement d'un nouveau concept : la « Nouvelle Propriété », les particuliers financent les appartements et y logent quelques semaines par an et le groupe les loue le reste du temps.
- 1999 : Introduction en bourse.
- 2001 : Acquisition de Center Parcs Europe et du groupe Maeva.
- 2010 : Création des labels Pierre&Vacances premium et Pierre&Vacances Resorts.

Pour mieux connaître le secteur du tourisme, renseignez-vous sur les entreprises Club Med, Accor, Eurodisney ou le groupe Nouvelles Frontières.

8. LE SECTEUR DES TRANSPORTS

Mots-clés : rail, route, ferroutage, transport aérien, conteneur, TGV, oléoduc, gazoduc.

Le commerce est le fondement de l'activité économique, et sans transport, impossible d'acheminer et d'échanger des marchandises. Sans transport, point de commerce, point d'économie ! Il représente en France 4 % du PIB et de l'emploi national et 11 % avec l'amont de la filière construction.

Deux catégories de transports

Officiellement, l'Insee distingue deux catégories de transports :

- **Le transport de voyageur**, qui comprend les mouvements de voyageurs à bord d'un mode de transport quel qu'il soit, et qui se mesure en voyageurs transportés par le nombre de kilomètres parcourus par ce voyageur ;
- **Le fret**, qui correspond au transport de marchandises sur le territoire français ainsi que les flux entrants.

Les différents modes et réseaux de transport français

Par la route, le rail, les airs ou la mer, tous les modes de transport sont développés en France :

- **Le transport routier** : avec près de 370 000 salariés, le transport routier est le premier mode de transport loin devant les autres que ce soit pour les marchandises (80 % du trafic fret) ou les voyageurs (85 % du trafic voyageur). Le nombre de voitures pour particuliers en France a dépassé les 35 millions en 2005. Le transport routier de marchandises avait doublé en 2010 par rapport au niveau de 1990. D'ailleurs, plus de 90 % des produits consommés au quotidien sont transportés par la route. La longueur totale du réseau routier français atteint presque 900 000 km, dont 10 500 km d'autoroutes ;

- **Le transport ferroviaire** : fer de lance de la révolution industrielle, la France a été parmi les pays précurseurs dans le développement des chemins de fer au tournant des années 1830. Aujourd'hui, la longueur totale du réseau de chemins de fer est de 32 000 km, ponctué de plus de 3 000 gares, dont 30 d'entre elles voient passer plus de 600 millions de passagers par an. A noter que la gare du Nord, avec 190 millions de passagers par an, est la deuxième gare du monde en termes de trafic de voyageurs. En 2011, le transport ferroviaire de voyageurs est encore un monopole de la SNCF, ce qui n'est pas le cas pour le transport de marchandises, libéralisé depuis 2003. On distingue d'un côté les entreprises de transport qui utilisent les chemins de fer français, comme la SNCF ou la Deutsche Bahn, et l'entreprise Réseau Ferré de France qui gère les infrastructures ferroviaires. Deux constructeurs mondiaux de trains se partagent le marché français : l'industriel français Alstom et le canadien Bombardier ;
- **Le transport aérien** : le trafic voyageur représente 130 millions de passagers, avec 75 % de trafic international. Le territoire français compte presque 500 aéroports. 20 aéroports seulement ont un trafic supérieur à 1 million de passagers par an, avec en tête de la liste l'aéroport Roissy Charles de Gaulle, à Paris, avec un trafic annuel de 60 millions de passagers (2e en Europe) ;
- **Le transport maritime** : il s'agit presque uniquement d'un trafic de marchandises. Les activités de transport de passagers existent encore principalement au port de Calais, ainsi que sur la Méditerranée pour les liaisons avec la Corse. Parmi les principaux ports français, le port de Marseille (4e en Europe avec 90 millions T/an) et celui du Havre (5e en Europe avec 80 millions T/an) se distinguent par leur forte activité. La mondialisation, du fait de l'importation massive de produits manufacturés, a renforcé la place du commerce maritime dans le bilan des transports. En 2010, autant de marchandises étaient transportées par la route que par voies maritimes et fluviales ;
- **Le transport oléoduc et gazoduc** : l'acheminement des produits pétroliers et gaziers importés en France se fait par transport maritime. Le réseau d'oléoducs et de gazoducs relie les principaux terminaux pétroliers et gaziers aux grandes régions de consommation. La France compte 7 000 km d'oléoducs et 24 000 km de gazoducs. Les deux principaux départs d'oléoducs en France sont le terminal pétrolier du port Antifer-Le Havre, qui alimente la région parisienne par un oléoduc passant par Rouen, et le port de Marseille Lavéra, qui alimente la vallée du Rhône ;
- **Le transport combiné** : appelé aussi ferroutage, le transport combiné permet de charger des poids lourds ou des remorques directement sur des trains. Le ferroutage a connu une croissance soutenue (10 % par an en moyenne) depuis les années 1990, et représente désormais 25 % du fret ferroviaire. L'activité de transport combiné est particulièrement utilisée avec l'Eurotunnel.

Chiffres clés

- 1,3 million de salariés.
- 4,4 % de l'emploi français.
- Valeur ajoutée de 75 Mds €.
- 5 400 €, la dépense moyenne annuelle d'un ménage français pour les transports.
- 15 %, la part du transport dans les dépenses de consommation des ménages.
- 78 % des gaz à effets de serre sont émis par le secteur du transport.
- 70 % des importations pétrolières sont destinées aux transports.
- 32 % de la consommation finale énergétique sont relatifs aux transports.

Focus sur le train à grande vitesse

Le train à grande vitesse est un des fleurons de la grande industrie française. Lancé pour la première fois en 1981, le TGV a depuis révolutionné le transport national en raccourcissant considérablement les distances et en désenclavant beaucoup de régions. Le TGV a battu année après année les records de vitesse et a permis de tisser un réseau de transport efficace et fiable pour l'économie française : les lignes Paris-Lyon-Marseille, Paris-Tours, Paris-Nancy, le Thalys et l'Eurostar ont tous connu de grands succès. En 2010, grâce aux 130 millions de passagers transportés en France, le TGV a atteint la barre symbolique des 2 milliards de passagers depuis sa création. Aujourd'hui, la société Alstom qui conçoit et construit les TGV a vendu plus de 560 rames de TGV dans le monde. On en comptabilise 440 au service de la SNCF.

La conteneurisation : un phénomène majeur du transport maritime

Apparu au début des années 1950 pour des raisons de sécurité, le conteneur s'est rapidement imposé comme l'outil parfait de rationalisation et d'optimisation de la logistique à la fin des années 1960. Les « boites » sont standardisées selon des normes internationales (20 pieds ou 40 pieds) afin de pouvoir rapidement les charger et les décharger (principe du *roll-in* et *roll-out*) et les placer directement sur des camions ou des trains en partance, grâce à des grues spécialisées. L'introduction de la conteneurisation a permis un gain de rapidité et de productivité dans le transport maritime. En France, plusieurs grands ports de conteneurs ont vu le jour pour pouvoir accueillir des porte-conteneurs. On peut notamment citer le port du Havre qui a reçu près de 280 millions de conteneurs en 2010.

Air France

Symbole de l'excellence française, la compagnie aérienne nationale est toujours un actif stratégique pour un pays. Air France fait partie des grandes compagnies aériennes historiques, et depuis sa fusion avec la compagnie hollandaise KLM, le groupe Air France-KLM est devenu la plus grande compagnie européenne.

Air France concentre ses activités sur trois segments stratégiques :

- **Le transport de passagers** : avec 71 millions de passagers transportés par an, le transport de passagers représente 77 % du chiffre d'affaires de la compagnie ;
- **Le transport de marchandises**: à l'aide de 12 avions spécifiquement dédiés au cargo en plus des soutes, Air France transporte 11 millions de tonnes kilomètres par an vers plus de 250 destinations dans le monde. Le cargo représente 12 % de l'activité d'Air France ;
- **La maintenance** : souvent méconnue, l'activité de maintenance réalise un chiffre d'affaires de 3 Mds € en traitant et vérifiant 1 300 avions par an provenant de 150 compagnies clientes. La maintenance représente presque 10 % de l'activité d'Air France.

Dates clés

- 1933 : Fondation d'Air France.
- 1945 : Nationalisation d'Air France.
- 1962 : Premier vol commercial avec la Caravelle.
- 1972 : Air France s'installe dans le nouvel aéroport Roissy Charles de Gaulle.
- 1976 : Premier vol commercial avec le Concorde.

- 2000 : Fondation de Sky Team.
- 2004 : Fusion avec KLM.

Chiffres clés

- Chiffre d'affaires : 23 Mds €.
- Résultat net : 613 millions d'euros.
- 71 millions de passagers en 2010.
- 183 villes desservies dans 98 pays.
- 1 500 vols quotidiens.
- Flotte de 396 avions.
- 60 000 salariés en France et 110 000 dans le monde.
- 16 % des parts d'Air France-KLM sont possédées par l'Etat français.

Les alliances Air France

A la fin des années 1990, dans un fort contexte de libéralisation du trafic aérien et d'accords « ciel ouvert », certaines compagnies aériennes européennes et américaines ont décidé de s'allier pour former des réseaux plus puissants : c'est l'émergence des trois alliances internationales avec Sky Team, One World et Star Alliance. Dans ce contexte, Air France a pris la tête de l'alliance Sky Team et a su tisser autour d'elle un réseau de compagnies leaders sur leurs marchés domestiques comme Delta Airlines, Continental, Korean Air, Alitalia ou Singaore Airlines.

La menace des low cost

Les années 2000 ont été des années de croissance pour les compagnies low cost en Europe : Ryan Air et Easy Jet ont étendu leur domination sur le ciel européen, et bien d'autres concurrentes low cost ont suivi : Vueling, XL Airways, German Wings, etc. En 2010, la part de marché du low cost en Europe a passé la barre des 20 %. Désormais, Air France doit composer avec cette concurrence, c'est pourquoi la compagnie a décidé de répliquer en 2007, en lançant sa filiale low cost Transavia.

9. LA FILIERE AUTOMOBILE

Mots-clés : voitures, constructeurs, équipementiers, sous-traitants, distribution automobile.

200 millions, c'est le nombre de déplacements automobiles en 24 heures dans les grandes villes françaises. L'automobile est le produit le plus emblématique de l'économie du XXe siècle. Longtemps, l'industrie automobile fut un véritable moteur de la croissance ; elle pâtit aujourd'hui de la concurrence internationale. Elle a particulièrement souffert de la crise économique de 2009. Pourtant c'est encore un secteur clé de l'économie française par sa contribution à la balance commerciale française et les activités aval qui dépendent de la filière. Le parc automobile français compte 35 millions de véhicules. Chaque année, 2 millions de véhicules neufs sont immatriculés, dont un million de véhicules de production française.

Les activités amont et aval de l'industrie automobile

L'industrie automobile concerne aussi bien les équipementiers spécialisés que les constructeurs de voitures particulières, de véhicules de loisir ou de véhicules utilitaires. L'activité automobile intègre donc la filière complète, y compris la production de moteurs en amont, et la distribution et la réparation en aval. Quatre familles d'acteurs constituent la filière automobile :

- **Les constructeurs automobiles** : au sommet de la chaîne de production se trouvent les constructeurs automobiles. Deux groupes français construisent des automobiles : Renault-Nissan et PSA respectivement aux 4e et 6e rangs mondiaux. Les deux groupes réalisent 9 % de la production mondiale et 25 % des ventes européennes. En 2010, les constructeurs français produisaient plus de 5 millions de véhicules par an ;
- **Les équipementiers** : ils travaillent exclusivement pour l'industrie automobile et traitent directement avec les constructeurs. Ils ont la responsabilité technique et commerciale des composants des véhicules automobiles. Deux équipementiers français dominent ce marché : Valéo (10 Mds € de CA et 60 000 employés) et Faurecia (14 Mds € de CA et 75 000 employés). Ces groupes produisent des sièges, des intérieurs, des échappements, des extérieurs de véhicules, et des milliers d'autres composants ;
- **Les fournisseurs hors équipementiers** : ils constituent un tissu très hétérogène en termes de taille et d'implication dans la filière. Parmi les grands fournisseurs, on peut retenir le fournisseur pneumatique Michelin, le verrier Saint-Gobain, ou encore le fournisseur de peinture 3M. Chaque grand fournisseur possède son propre réseau de sous-traitants ;
- **La distribution et les services automobiles** : derniers maillons de la filière automobile, les concessionnaires et les garages sont au nombre de 20 000 en France, et emploient 490 000 salariés. Au total, 2,5 millions de véhicules neufs et 5 millions de véhicules d'occasion sont vendus en France chaque année. Aux distribution et réparation de véhicules, on ajoute la distribution de carburants (52 millions de m^3 distribués), la location de véhicules (7 millions de locations en 2010) ainsi que la formation des conducteurs.

Les chiffres clés

- 1,3 million d'emplois directs et 2,5 millions d'emplois indirects.
- 11 % de la production industrielle française.
- En France, une voiture sur deux est importée.
- Production automobile annuelle française d'une valeur de 105 Mds €.
- 12 % des exportations françaises pour un excédent commercial de 8 Mds €.

Renault

Depuis plus de 100 ans, Renault fait partie des marques qui écrivent l'histoire de l'automobile. Depuis la fin des années 1990, Renault a consolidé son rang mondial en prenant des participations dans plusieurs constructeurs internationaux : Nissan, Dacia, Volvo, Samsung Motors, AutoVAZ, etc. Désormais premier constructeur automobile français, Renault figure également au 4e rang mondial des plus grands groupes automobiles selon le classement OICA. Les activités du groupe Renault s'organisent autour de deux pôles : la production automobile et le financement des ventes.

Dates clés

- 1898 : Création du groupe Renault.
- 1945 : Nationalisation de Renault qui devient une Régie Nationale.
- 1946 : Lancement de la 4 CV.
- 1986 : Assassinat par Action Directe de Georges Besse, directeur général de Renault.
- 1990 : Privatisation de Renault.
- 1994 : Introduction en bourse.
- 1999 : Naissance de l'alliance Renault-Nissan.
- 2001 : Acquisition de Dacia.
- 2005 : Carlos Gohsn devient PDG de Renault.
- 2006 : Lancement de la Logan par la filiale Dacia.
- 2007 : Rachat du constructeur russe Lada-AvtoVA.

Chiffres clés

- Chiffre d'affaires : 38,9 Mds €.
- Résultat net : 3,4 Mds €.
- Effectifs : 120 000 employés.
- Part des ventes du groupe réalisée hors Europe : 37 %.

Le développement commercial international de Renault

La décennie 2000 a vu l'expansion et l'implantation internationale de Renault sur plusieurs continents :

- En Amérique du Sud, Renault s'est implanté en Argentine, au Brésil, au Mexique, en Colombie et au Chili, et y produit 750 000 véhicules ;
- En Europe de l'Est avec une présence accrue en Turquie, en Roumanie et en Russie. Ce développement à l'Est a été rendu possible par l'acquisition des filiales Dacia et Lada ;
- En Asie avec une production renforcée en Inde, en Corée du Sud et au Japon par le biais des marques Dacia, Samsung et Nissan.

Focus sur la Logan : le succès du low cost

Commercialisée sous la marque Dacia à partir de 2005, la Logan a popularisé le concept de la voiture low cost pour pénétrer les marchés émergents, où la population a un pouvoir d'achat moindre. Le premier prix du véhicule est de 6 000 €. Malgré un équipement basique et rustique, la Logan a connu un succès au-delà des pays émergents et a trouvé son segment en France. Renault vend chaque année 700 000 Logans, et continue d'exploiter le filon en lançant d'autres véhicules de la gamme low cost comme son 4 × 4 Sandero.

10. L'INDUSTRIE AERONAUTIQUE ET SPATIALE

Le secteur aéronautique et spatial constitue pour la France un secteur d'excellence reconnu aux quatre coins du monde. L'industrie aéronautique et spatiale française assure une souveraineté militaire à la France et permet une politique internationale de défense autonome. Avec 30 Mds € de chiffre d'affaires, dont 73 % dans le domaine civil et 69 % à l'exportation, la croissance du secteur aéronautique et spatial a été très soutenue au cours des quarante dernières années sous l'effet de la demande croissante du transport aérien de passagers.

L'industrie aéronautique et spatiale est composée de plusieurs branches

Avions de transport de passagers, avions de combat ou de transport, hélicoptères, lanceurs satellites, missiles de combat, etc. Les marchés aéronautiques et spatiaux sont vastes. On distingue :

- **L'aéronautique civil** : avec un marché mondial de 140 Mds €, l'aéronautique civil représente 60 % de la totalité des activités aéronautiques et spatiales. Le secteur est tiré par le trafic aérien mondial qui a cru de 8 % par an en moyenne depuis les années 1970. Les principaux acteurs mondiaux sont Airbus, Boeing, Embraer et Bombardier. Aujourd'hui, on compte 12 000 avions de plus de 100 personnes dans le monde et une production mondiale de 800 avions par an, dont 40 % sont assurés par Airbus. A cette production d'avions, il faut ajouter les constructeurs d'avions régionaux et d'avions d'affaires. Trois sociétés principales sont à l'origine du succès de ce secteur en France : Airbus pour les avions d'une capacité de 100 passagers, Safran-Snecma qui produit les moteurs et Dassault Aviation spécialisé sur les petits porteurs d'affaires ;
- **L'aéronautique militaire** : avions de combats, avions lourds, missiles, drones, hélicoptères : le marché mondial aéronautique militaire s'élève à 65 Mds €, dont 18 Mds € en Europe et 5 Mds € en France. Sur ce marché, les avionneurs américains sont dominants avec les entreprises Lockheed Martin et Boeing. Cependant, EADS et Dassault tirent leur épingle du jeu ;
- **Le spatial civil et militaire** : cette branche est principalement composée de lanceurs de satellites de télécommunication civile et militaire. En France la production spatiale est assurée par Astrium, la filiale d'EADS.

Industrie aéronautique et spatiale par chiffre d'affaires

	FRANCE	EUROPE	USA	MONDE
Aéronautique civile	16 Mds €	57 Mds €	73 Mds €	140 Mds €
Aéronautique militaire	6,5 Mds €	18 Mds €	41 Mds €	65 Mds €
Espace civil	2,5 Mds €	5 Mds €	17 Mds €	27,5 Mds €
Espace militaire	0,5 Mds €	0,5 Mds €	18 Mds €	20 Mds €
TOTAL	25 Mds €	80,5 Mds €	149 Mds €	254,5 Mds €

Chiffres clés

- 134 000 salariés dans ce secteur.
- CA français consolidé 30 Mds €.
- 16 % du chiffre d'affaires investis en R&D.
- 70 % du chiffre d'affaires se font à l'exportation.
- Solde net commercial 8 Mds €.

EADS

EADS est le leader mondial de l'aéronautique, de l'espace et de la défense. Fruit de l'intégration européenne, le groupe EADS est le résultat de la fusion de trois entreprises européennes en 2000 : l'allemand DASA, le français Aerospatiale-Matra et l'espagnol CASA.

Les branches d'EADS

EADS est présent sur tous les segments de l'industrie aéronautique et spatiale avec ses filiales :

- **Airbus** : en compétition permanente avec Boeing, l'avionneur européen produit des avions civiles et militaires. Airbus offre aux compagnies aériennes des avions civiles de plus de 100 sièges avec les gammes A320, A330, A350 et A380. Parallèlement à cette activité civile, Airbus fabrique et commercialise des avions militaires et est devenu le leader mondial des avions de transport militaire. En 2010, Airbus réalise un chiffre d'affaires de 30 Mds € et possède un carnet de commande de 400 Mds €. En 2010, Airbus a livré 510 avions, dont 45 appareils militaires ;
- **ATR** : premier constructeur mondial d'avions turbopropulseurs régionaux, ATR livre plus de 50 appareils à hélices par an, d'une taille inférieure à 70 sièges ;
- **Eurocopter** : leader mondial sur le marché des hélicoptères civils et militaires, Eurocopter équipe 30 % de la flotte mondiale d'hélicoptères. Parmi les grands succès d'Eurocopter, on peut retenir celui de l'hélicoptère de combat Tigre. Eurocopter possède un chiffre d'affaires de 4,8 Mds € et a livré 530 hélicoptères en 2010 ;
- **Astrium** : la filiale Astrium est le troisième fabricant de systèmes spatiaux au monde et le premier fournisseur européen. Astrium conçoit, développe et fabrique des satellites, des infrastructures orbitales et des systèmes de lanceurs. Astrium gère notamment le programme Arianespace et le lanceur Ariane 5, et fournit également des services liés à l'espace. Son chiffre d'affaires est de 4,7 Mds € ;
- **Cassidian** : principal pôle des activités de défense, Cassidian commercialise un portefeuille de produits et services dont l'avion de combat Eurofighter, des systèmes de missiles, des drones et des radars. Le chiffre d'affaires de Cassidian s'élève à 6 Mds €.

Les chiffres clés

- Chiffre d'affaires : 45 Mds €.
- Résultat net : 553 millions d'euros.
- Effectifs : 120 000 employés.

- Commandes enregistrées en 2010 : 83 Mds €.
- Carnet de commande au 31 décembre 2010 : 450 Mds €.
- 47 % du chiffre d'affaires d'EADS réalisés en Europe et 25 % en Asie.

Focus sur l'ESA

De par l'immensité des investissements initiaux nécessaires, la branche spatiale est largement tributaire des financements publics. Fondé en 1975, l'Agence spatiale européenne est chargée de coordonner les projets spatiaux des 19 pays européens. En 2011, l'agence était dotée d'un budget de 4 Mds €. L'ESA finance en partie le programme Ariane 5 ainsi que le GPS européen Galileo. La participation française à l'ESA est assurée par le CNES (centre national des études spatiales).

11. LE SECTEUR PUBLIC

Mots-clés : service public, privatisations, Etat, administration, entreprises publiques.

Le premier patron en France, c'est l'Etat ! Près de 6 millions de salariés en France sont employés par l'Etat au sens large, ce qui représente un quart de la population active du pays. Le poids et le rôle de l'Etat sont donc primordiaux dans l'économie française.

Qu'entend-on par secteur public ?

Il n'existe pas de définition juridique précise de la notion de secteur public. On peut néanmoins le définir comme le secteur de l'économie regroupant les activités économiques et sociales prises en charge de manière directe ou indirecte par l'Etat. Le secteur public rassemble donc :

- **Les administrations publiques** : tant au niveau central (les ministères) que local (communes, départements et régions), les administrations publiques ont pour rôle la prise en charge des activités d'intérêt général comme l'éducation, la justice, la sécurité, l'armée, etc. Les trois plus grands contingents de fonctionnaires dépendent respectivement des ministères de l'Education nationale (1,1 million de fonctionnaires), de la Défense (315 000 fonctionnaires) et de l'Intérieur (250 000 fonctionnaires) ;
- **Les organismes de Sécurité sociale** : prélevant plus de 25 % du PIB pour financer les allocations sociales, les fonctionnaires de la « Sécu » gèrent l'assurance maladie, l'assurance vieillesse, et la branche famille ;
- **Les entreprises publiques** : fin 2010, l'Etat français contrôlait majoritairement 900 sociétés en détenant plus de la moitié de leur capital. Avec près de 800 000 salariés, les entreprises publiques représentent 3 % de l'effectif total salarié. La liste des entreprises 100 % publiques est longue : France Télévision, l'Audiovisuel extérieur, Radio France, La Poste, SNCF, RATP, les ports maritimes du Havre et de Marseille, la Française des Jeux, etc.

La notion de service public

Il ne faut pas confondre secteur public et service public : une entreprise publique ne remplit pas nécessairement une mission de service public, et réciproquement, une entreprise privée peut dans certaines circonstances être de service public. Le prix Nobel d'économie Amartya Sen estime qu'un service public doit permettre à la société et à l'économie de fonctionner correctement et d'assurer aux citoyens « un bon développement ». A cet égard, la santé, l'éducation ou encore la défense sont des services publics. Un service public se caractérise par l'universalité de son service : il doit être accessible à tous, indépendamment du revenu et du lieu de l'utilisateur et être vendu au même prix.

Les vagues de privatisations

Promus à la sortie de la Seconde Guerre mondiale, le secteur public a vu sa place fortement diminuer au cours des années 1980 et 1990, suite à plusieurs vagues de privatisation. En 1985, le secteur public représentait 25 % de la valeur ajoutée française et 20 % de l'emploi ; il représente aujourd'hui 5 % de la valeur ajoutée et de l'emploi. Parallèlement à la critique libérale des interventions de l'Etat dans l'économie, la construction européenne a remis en cause le service public « à la française ». Pour mettre en place le marché commun par la concurrence, plusieurs directives européennes ont exigé la suppression des situations monopolistiques ainsi que la libéralisation des services publics (électricité, téléphone, transport ferroviaire, etc.). Deux vagues de privatisations se déroulèrent en France :

- **Les privatisations de 1986-1988** : sous ce gouvernement Chirac, Paribas, Saint-Gobain, TF1, Alstom, la Société Générale, Havas, Matra et Suez furent privatisées.
- **Les privatisations de 1993-1995** : sous le gouvernement Balladur, puis sous le gouvernement Juppé, Rhône-Poulenc, Elf, Renault, UAP et Péchiney furent privatisées.

Poids du secteur public dans l'économie

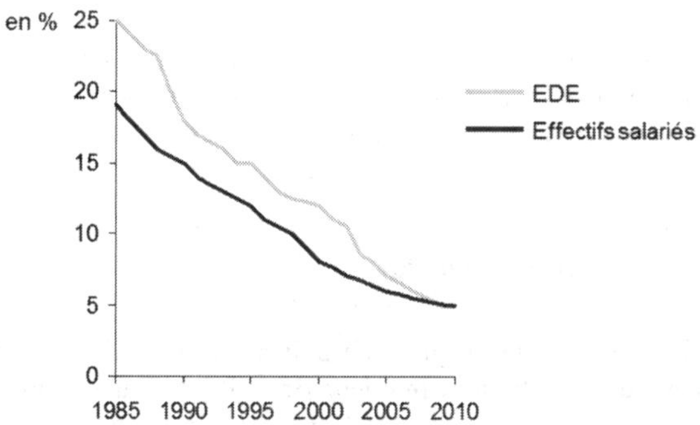

Principales entreprises publiques

	CA en milliards d'€	Résultat en milliards d'€	Effectifs en milliers
1: GDF Sue	79, 9	5, 2	242
2: EDF	66,3	4,1	164
3: France Télécom	45,9	3,4	178
4: EADS	42,8	-0,8	119
5: Renault	33,7	-3,1	121
6 : SNCF	24,8	-0,9	200
7 : Air France	21,8	-1,5	104
8 : La Poste	20,5	0,5	287
9 : Thales	13,1	-0,2	64
10 : Safran	10,5	0,6	54
11 : Areva	8,5	0,5	47
12 : RATP	4,4	0,2	46
13 : Réseau ferré	3,2	0,3	1
14 : France TV	3,0	0,1	10
15 : ADP	2,6	0,2	12

Focus sur la Caisse des Dépôts et le FSI

La Caisse des Dépôts et des consignations et le Fonds stratégique d'investissement sont les deux institutions par lesquelles l'Etat français détient des actions dans des entreprises. Placées sous la tutelle du Parlement, ces deux institutions prennent des parts dans les entreprises que l'Etat juge d'intérêt général ou stratégique. Créée en 1816, la Caisse des Dépôts gère environ 80 milliards d'euros et investit en priorité dans le logement, les PME, les universités et le développement durable. Le FSI a lui été créé en 2008 et est souvent assimilé à un fonds souverain. Gérant une vingtaine de milliards d'euros, le FSI a pour mission d'aider les entreprises françaises à trouver des investisseurs stables et investit donc en direct. Entre autres, elle possède des participations dans les entreprises ADP, Air France, Air Liquide, Alcan, Bull, Chantiers de l'Atlantique, Danone, Eiffage, Renault, Technip, Ubisoft et Valéo.

La Poste : la plus emblématique des entreprises publiques

Depuis 2010, la Poste est devenue une société anonyme aux capitaux 100 % publics. Créée il y a plus de 400 ans, la Poste est la plus ancienne entreprise de distribution de courrier au monde. L'entreprise emploie 290 000 salariés et a un chiffre d'affaires de 20 Mds € pour un résultat net de 500 millions d'euros. Elle réalise 70 % de son chiffre d'affaires dans une situation de concurrence et 15 % à l'international. C'est la deuxième entreprise de distribution de courrier en Europe derrière la Deutsche Post. La Poste possède deux activités :

- **Le courrier et le colis postal** : cette activité correspond à 75 % du chiffre d'affaires et chaque jour, elle distribue 90 millions de lettres et 1 million de colis ;
- **L'activité bancaire de la Banque Postale** : 9 millions de dépôts bancaires sont ouverts en France, ce qui en fait la quatrième banque de détail en France.

12. ACTIVER LES LEVIERS DE LA CROISSANCE ECONOMIQUE FRANCAISE

Mots-clés : croissance économique, PIB, facteurs de production, smithien, schumpetérien, innovation, déterminants de la croissance.

« La croissance économique est essentiellement un phénomène quantitatif. A cet effet on peut définir la croissance économique d'une nation comme l'accroissement durable du produit par tête », Simon Kuznets, prix Nobel d'économie en 1971.

L'un des objectifs des pouvoirs publics est de mettre en place les conditions favorisant le développement harmonieux de l'économie, pour garantir un bien-être matériel à ses concitoyens. Aller chercher un point supplémentaire de croissance économique permet d'assurer la paix sociale et la prospérité des entreprises et des ménages français.

Le vocabulaire de la croissance économique

La croissance est l'augmentation soutenue pendant une période longue d'un indicateur de production en volume. L'indicateur de production retenu par l'Insee est le Produit Intérieur Brut (PIB). Son évolution permet d'étudier la croissance économique, c'est-à-dire la hausse du PIB. Le PIB français est défini comme la somme des valeurs ajoutées des entreprises françaises au cours d'une période donnée. La croissance économique est donc donnée par la formule suivante :

$$\text{Croissance économique} = \frac{\text{PIB}_{\text{année } n} - \text{PIB}_{\text{année } n-1}}{\text{PIB}_{\text{année } n-1}}$$

Les facteurs de production

Pour créer de l'activité économique, les entreprises utilisent des ressources matérielles ou non matérielles dans leur processus de production. Il existe quatre facteurs de production utilisés de manière plus ou moins optimale par les entreprises :

- **Le travail**, qui correspond à la main-d'œuvre et donc au capital humain (expérience, savoir-faire, compétences, spécialisation, etc.) ;

- **Le capital**, qui correspond aux immobilisations tangibles ou intangibles utilisées dans le processus de production (machines, usines, brevets, etc.) ;
- **Le sol**, qui correspond à un capital physique qui permet de produire des matières premières indispensables au reste de l'activité économique (agriculture, élevage, etc.) ;
- **Le sous-sol**, qui permet d'extraire des matières premières indispensables au processus productif (métaux, hydrocarbures, etc.).

Les deux grands types de croissance

Il existe deux grands moyens de créer de l'activité économique supplémentaire et donc de générer de la croissance économique :

- **La croissance extensive ou smithienne** : cette croissance résulte d'une augmentation quantitative des facteurs de production utilisés dans le processus productif. Ce type de croissance économique a prédominé durant des siècles, sans augmenter le niveau de vie des populations. Les quantités de facteurs de production utilisées augmentaient en fonction des besoins économiques des individus ;
- **La croissance intensive ou schumpetérienne** : cette croissance résulte de l'existence de gains de productivité. Elle est en opposition à la croissance extensive qui consiste seulement à augmenter la quantité de facteurs production. La croissance intensive permet de mieux utiliser les facteurs de production dans le processus de production. Le stock de facteurs de production est ainsi mieux employé et mieux géré. Ce type de croissance a conduit à une réelle augmentation du PIB par habitant au cours du XXe siècle et de surcroît, au développement.

L'évolution de la croissance française

Depuis la fin de la Seconde Guerre mondiale, l'économie française a alterné les phases d'expansion, et de moindre croissance, voire de récession. Jusqu'en 1973, l'économie française enregistre une croissance économique annuelle moyenne de 5 % pendant la période faste des Trente Glorieuses. Depuis les années 1970, la croissance française est plus morose et croît en moyenne à 2 % par an. A noter que depuis la Seconde Guerre mondiale, la France a connu seulement quatre années de récession économique : 1975 à la suite du 1er choc pétrolier, 1993 à cause de la crise du SME, et 2008-2009 du fait de la crise économique mondiale liée au *subprimes*.

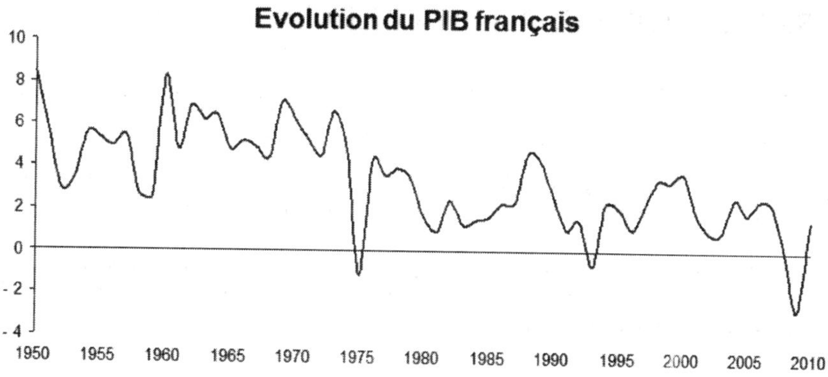

Croissance et innovation

Chaque révolution économique s'accompagne de son lot d'innovations : la première révolution industrielle a vu l'apparition de la machine à vapeur, la seconde révolution industrielle a vu l'émergence de la chimie et de l'automobile, la troisième révolution industrielle a vu le développement de l'informatique. L'économiste Joseph Schumpeter a été le premier à comprendre le poids des innovations dans la croissance économique et le rôle que jouait l'entrepreneur en appliquant une innovation à l'économie. Une période faste de développement économique va toujours de pair avec une grappe d'innovation. Ainsi aujourd'hui, la recherche et le développement (R&D) est un des premiers leviers de la croissance économique. Pour Schumpeter, il existait cinq manières d'innover en économie :

- Développer un nouveau produit ;
- Développer une nouvelle matière première ;
- Développer un nouveau procédé de production ;
- Développer une nouvelle organisation du travail ;
- Développer de nouveaux débouchés.

Focus sur le rapport de la « libération de la croissance »

En 2007, suite à l'élection de Nicolas Sarkozy à la présidence de la République, un rapport pour « la libération de la croissance », sous la direction de l'économiste Jacques Attali fut rédigé. Ce rapport établissait 300 propositions concrètes pour favoriser le développement de la croissance économique. Les ambitions principales étaient de mieux former la jeunesse à l'économie, de participer pleinement à la croissance mondiale et d'améliorer la compétitivité des entreprises françaises.

Sujets possibles

- *La société française peut-elle survivre à l'absence de croissance ?*
- *L'éducation est-elle un bon investissement économique ?*

13. QUEL ROLE ECONOMIQUE L'ETAT PEUT-IL JOUER ?

Mots-clés : pacte social, Etat-Gendarme, Etat-Providence, interventionnisme, dirigisme, redistribution, régulation, nation, service public.

« Une part relative toujours plus grande des besoins collectifs d'un peuple civilisé en progrès se trouve satisfaite par l'Etat », Adolphe Wagner, dans *Les Fondements de l'économie politique.*

L'Etat est au cœur du projet de toute société. La situation de l'Etat est aujourd'hui paradoxale : malmenés par la globalisation, critiqués sévèrement par les théories néolibérales, le rôle et le poids de l'Etat n'ont néanmoins jamais été aussi forts qu'en cette période mondialisée.

L'Etat est d'abord un gendarme

La notion d'Etat est née de la philosophie politique au tournant du siècle des Lumières. Comme l'affirmait le philosophe anglais Thomas Hobbes, l'Etat est un monstre à enchaîner, un Léviathan qui a pour rôle de mettre en place la société en détenant la « violence légitime » et protégeant les hommes de l'état de nature dans lequel « l'homme est un loup pour l'homme ». Le rôle premier de l'Etat est donc d'assurer le pacte et le contrat social. La notion d'Etat gendarme est pour la première fois définie par Adam Smith dans *La Richesse des nations* : *« Le souverain n'a que trois devoirs. Le premier, c'est le devoir de défendre la société de tout acte de violence ou d'invasion. Le second, c'est le devoir de protéger chaque membre de la société contre l'injustice et l'oppression. Et le troisième c'est le devoir d'ériger et d'entretenir certains ouvrages publics ».*

De l'Etat-Gendarme à l'Etat-Providence

1929 fut un tournant dans l'histoire de l'Etat pour les pays industrialisés. Le krach bousier américain d'octobre 1929 entraîna la pire récession que connue l'économie mondiale : chute de la production mondiale de 50 %, chômage à un taux de 25 %, récession du commerce mondiale d'un tiers. La crise de 1929 a surpris par son intensité et plus encore, par sa durée. Ainsi, contrairement à ce que supposait la théorie libérale, la crise ne se résorbait pas d'elle-même, les mécanismes de marché ne suffisaient pas, il fallait que l'Etat « réamorce la pompe » et intervienne pour relancer l'activité. Sous l'influence des théories keynésiennes, la crise des années 1930 a fait émerger une nouvelle conception de l'Etat qui doit désormais diriger l'économie. Au « laisser faire » succède le « faire faire ». Désormais, à la providence de Dieu se substitue la providence de l'Etat. L'Etat ne doit plus se contenter de garantir le pacte social en assurant uniquement les fonctions régaliennes, mais participer au bien-être et au bonheur de son peuple. La Seconde Guerre mondiale a été la matrice de l'Etat-Providence et a entériné la transformation de l'Etat-Gendarme. En outre, les projets de sécurité sociale au Royaume-Uni proposé par Lord Beveridge, ou du programme du Conseil national de la Résistance en France ont été les pierres angulaires de l'Etat-Providence.

Le rôle de l'Etat-Providence

L'Etat-Providence ou le *Welfare State* a pour objectifs de réguler l'économie et de protéger les citoyens aux aléas de la vie. L'économiste Musgrave définit les trois missions économiques de l'Etat :

- **L'allocation optimale des ressources pour privilégier des secteurs économiques prioritaires ;**
- **La redistribution des richesses par la fiscalité entre les individus dans un but d'équité ;**
- **La régulation en cas de défaillances du marché pour soutenir la croissance.**

L'action économique de l'Etat-Providence peut prendre plusieurs formes : entreprises de service public, infrastructures de transport, assurances maladie, assurances chômage, etc. Le spectre économique de l'Etat s'est fortement développé depuis la Seconde Guerre mondiale jusqu'à représenter 20 % de l'emploi et 25 % de la valeur ajoutée en France au début des années 1980.

Dates clés

- 1641 : Publication du *Léviathan*, de Thomas Hobbes.
- 1762 : Publication du *Contrat social*, de Jean-Jacques Rousseau.
- 1885 : Bismarck introduit un système de retraite et d'assurance-maladie en Allemagne.

- 1914-1918 : l'Etat devient un planificateur économique pendant la Première Guerre mondiale.
- 1929 : Crise économique qui remet en cause le seul rôle de l'Etat-Gendarme.
- 1942 : Lord Beveridge publie le rapport *Social Insurrance and Allied Services.*
- 1945 : Ordonnance d'octobre 1945 introduisant la Sécurité sociale en France.
- 1973 : 1er choc pétrolier, inaugurant l'ère de la crise de l'Etat-Providence.
- 1982 : Le taux de prélèvement obligatoire français passe la barre des 40 % du PIB.
- 1986 : Première vague de privatisation en France.
- 2011 : Crise des dettes souveraines.

Les crises de l'Etat-Providence

D'après l'intellectuel Pierre Rosanvallon, trois crises ont affecté l'Etat-Providence depuis les années 1970 :

- **Une crise financière** liée notamment au financement des administrations de la sécurité sociale avec une démographie en évolution qui modifie la donne de l'après-guerre ;
- **Une crise d'efficacité** avec de nombreuses difficultés à résoudre les problèmes socioéconomiques tels que le chômage ou la mobilité sociale ;
- **Une crise de légitimité** avec une défiance croissante par le peuple, du système de redistribution ainsi qu'une forte critique du consensus social établi en 1945.

La critique libérale de l'Etat-Providence

Dès le début des années 1970, l'intervention de l'Etat dans l'économie a été vivement critiquée par les libéraux. En particulier, les deux prix Nobel d'économie Friedrich von Hayek et Milton Friedman se sont largement opposés au rôle de redistribution de l'Etat-Providence, argumentant qu'en modifiant les lois naturelles du marché, on entraînait une situation économique sous-optimale. La critique libérale fut renforcée par l'Ecole des choix publics qui pour la première fois met en évidence le rôle biaisé des hommes politiques dans la conduite de l'Etat-Providence. Avant l'Ecole des choix publics, l'Etat était vu depuis le XVIIe siècle comme un planificateur parfait, agissant pour l'intérêt général. L'Ecole des choix publics soutient que les orientations de l'Etat sont prises dans l'intérêt particulier des fonctionnaires et des hommes politiques qui dirigent les administrations, au mépris de l'intérêt du plus grand nombre.

Focus sur l'Etat dans la mondialisation

L'Etat survivra-t-il à la mondialisation ? Aujourd'hui, la réalité économique de la mondialisation semble être plus forte que l'Etat et les fonctions traditionnelles de l'Etat sont parfois totalement dépassées par l'influence mondiale. En effet, l'intervention économique de l'Etat est de moins en moins efficace du fait du libre-échange. L'Etat se fait dicter sa conduite par les marchés financiers, si bien que les frontières de l'Etat-nation semblent fictives. Pourtant, le poids de l'Etat dans l'économie n'a jamais été aussi grand avec des records de prélèvements obligatoires, une action directe dans la compétitivité du territoire, la formation des travailleurs ou même le soutien aux grandes industries nucléaires ou aéronautiques avec un retour au patriotisme économique.

Exemples de sujets

- *La mondialisation détruit-elle l'Etat ?*
- *L'Etat : solution ou problème ?*
- *Vers un Etat mondialisé ?*

14. LES ENJEUX DU DEVELOPPEMENT DURABLE

Mots-clés : développement, pauvreté, durabilité, empreinte écologique, pollution, environnement, ressources naturelles, *green business.*

« Nous n'héritons pas de la Terre de nos ancêtres, nous l'empruntons à nos enfants », Antoine de Saint-Exupéry.

Comment définir le développement durable ?

Au strict sens économique, consommer un produit, c'est le dégrader ! Tout le développement économique moderne consiste donc à dégrader l'environnement pour répondre aux besoins de l'homme. D'après le rapport Brundtland de 1987, « le développement durable, c'est s'efforcer de répondre aux besoins du présent sans compromettre la capacité de satisfaire ceux des générations futures ». Le développement durable se rapporte donc à une nouvelle conception de la croissance économique qui prend en compte l'intérêt général intergénérationnel.

Les trois piliers du développement durable

Le but du développement durable est de concevoir des modes de développement qui concilient l'économique, le social et l'écologique. **La finalité est de trouver un équilibre de long terme entre ces trois piliers afin de promouvoir un développement vivable, viable et équitable.** Plusieurs enjeux découlent de ce triptyque du développement durable : la répartition des richesses mondiales, la capacité à enregistrer une croissance soutenue, la dégradation de l'environnement, l'épuisement des ressources naturelles, l'intensité énergétique, etc.

Les trois piliers du développement durable

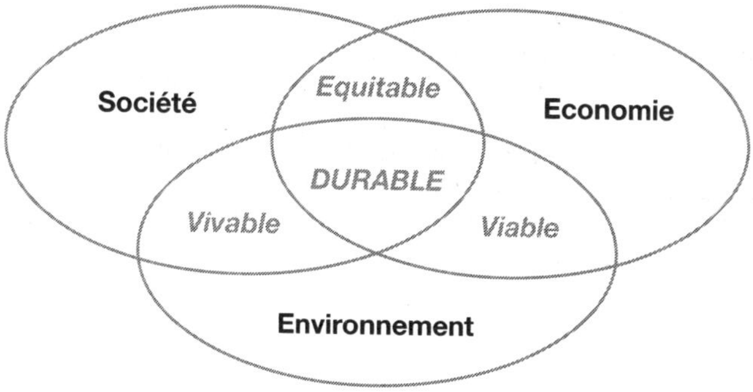

Dates clés

Le concept de développement durable est le fruit de trente ans de réflexion économique, sociale et écologique.

- 1972 : Le Club de Rome publie le rapport Meadows intitulé « Halte à la croissance ».
- 1976 : Catastrophe industrielle à Seveso en Italie.
- 1986 : Explosion du réacteur nucléaire de Tchernobyl.
- 1987 : Publication du rapport Brundtland qui définit le développement durable.
- 1990 : Création du GIEC (Groupe intergouvernemental d'experts sur l'évolution du climat).
- 1992 : Sommet de la Terre à Rio de Janeiro.
- 1997 : Adoption du Protocole de Kyoto.
- 2002 : Sommet de la Terre de Johannesburg et discours de Jacques Chirac « Notre maison brule ».
- 2005 : Entrée en vigueur du protocole de Kyoto.
- 2007 : Al Gore obtient le prix Nobel de la Paix pour *Une vérité qui dérange.*
- 2007 : Lancement du Grenelle de l'environnement par Jean-Louis Borloo.
- 2009 : Conférence de Copenhague sur le climat et le réchauffement climatique

Les chiffres clés

- 9,3 milliards d'habitants sur la planète en 2050.
- 1,6 milliard de personne vivent en-dessous du seuil de pauvreté, selon la Banque mondiale.
- 1 milliard de migrants liés au réchauffement climatique d'ici 2050.
- 6,5 °C, l'augmentation de température la plus pessimiste en 2100, selon le GIEC.
- 6 % de croissance annuelle du pouvoir d'achat des Chinois depuis 1990.
- 2030, la date probable du pic de production mondiale de pétrole.
- 191 Etats ont signé le protocole de Kyoto pour une réduction de 5,2 % des émissions par rapport à 1990.
- 5 % de l'énergie consommée dans le monde est propre.
- 3,5 %, la croissance du secteur vert en France depuis les années 2000.

Comment mesurer le développement durable ?

Traditionnellement, on mesure l'activité économique d'un pays par le biais du PIB, défini comme la somme des valeurs ajoutées dans une économie au cours d'une année. Nombres de critiques fustigent cette approche purement comptable et très limitée à bien des égards. Par exemple, avoir un accident de voiture a pour conséquence d'augmenter le PIB. L'accident entraîne une réparation et crée de la valeur ajoutée, ce qui est tout sauf durable puisqu'au départ, il y a la destruction d'un actif. L'insuffisance flagrante du PIB à mesurer seul le développement a mené à la création d'un PIB vert. Ce nouvel indice prend en compte les coûts environnementaux, et le PIB vert diminue lorsque que l'on consomme des ressources naturelles au-delà du taux de renouvellement ou lorsque l'activité économique pollue.

Le *green corporate*

Depuis le début des années 2000, la problématique du développement durable a été largement prise en compte par les grandes entreprises. Il n'y a plus une entreprise cotée en France qui ne communique pas sur ses efforts pour devenir *green*, encore plus lorsque l'on s'appelle Total, GDF-Suez ou Veolia. Aujourd'hui, des revues spécialisées notent les entreprises pour leurs pratiques vertes, et les investisseurs en actions y sont particulièrement attentifs. Enfin, le *green business* porté par une forte croissance économique est devenu la cible de centaines de fonds d'investissement spécialisés dans les sociétés avec un comportement durable.

Focus sur l'*EU ETS, European Union Emissions Trading Scheme*

Du fait de l'engagement de l'Europe dans le protocole de Kyoto, les pays de l'UE s'imposent des quotas d'émission de gaz à effet de serre depuis 2005. Les entreprises européennes reçoivent des droits d'émission à polluer en fonction de leur niveau d'émissions. Pour éviter de payer une amende de 100 € la tonne de CO_2, si une entreprise dépasse son seuil autorisé d'émissions, elle a la possibilité d'acheter des droits d'émissions à émettre sur le marché du carbone qui proviennent des entreprises ayant un excès de droit. Une tonne de CO_2 s'échange en moyenne entre 10 et 20 € sur le marché *spot*, ce qui permet aux pollueurs des économies conséquentes. Le but de ce marché est d'inciter les entreprises à réduire leurs émissions afin de pouvoir gagner de l'argent soit en revendant ses droits d'émissions, soit en ne payant pas d'amendes.

15. LES RISQUES DE LA MONDIALISATION FINANCIERE

Mots-clés : marchés financiers, globalisation, crise bancaire, risques, épargnant, banques, fonds d'investissement, bourse, crise de liquidité.

« Market knows best », Alan Greenspan, Président de la Réserve Fédérale américaine (en américain, FED), de 1987-2006.

Les vingt dernières années de globalisation des marchés de capitaux internationaux ont apporté des avantages considérables aux économies nationales, aux épargnants et aux entreprises en procurant une abondance de financement et en allouant ces financements aux entreprises les plus efficaces et rentables. Pourtant, elle a aussi modifié les structures des marchés, créant un certain nombre de déséquilibres et de risques pour les opérateurs et les investisseurs.

Comment définir la mondialisation financière ?

La mondialisation ou globalisation financière se réfère à l'unification et l'interdépendance des marchés financiers du monde entier depuis le milieu des années 1980. Ce processus s'est appuyé sur la libéralisation quasi complète des échanges sur les marchés de capitaux (marché monétaire, marché obligataire, marché d'actions et marché de matières premières). Il s'est réalisé au travers de la déréglementation des mouvements de capitaux (fin du contrôle des changes), du décloisonnement des marchés et de la désintermédiation bancaire (les agents économiques se financent de moins en moins en empruntant aux banques, mais plutôt en recherchant directement un financement sur le marché). La mondialisation financière se caractérise également par l'apparition d'acteurs financiers complètement mondialisés (fonds de pension, *hedge funds*, banques d'affaires, firmes multinationales, etc.).

Les facteurs de la globalisation financière

La globalisation financière est la conséquence de trois dynamiques de long terme :

- **La mondialisation des entreprises** : présentes sur tous les marchés mondiaux, les firmes multinationales ont unifié le marché mondial de biens, et leurs besoins financiers ont largement contribué à l'émergence de la finance mondiale ;
- **Les progrès technologiques et informatiques** : les NTIC ont permis à l'information financière de circuler plus rapidement, et de passer des ordres d'achat plus facilement ;
- **L'innovation financière** : après les avancées de la théorie financière dans les années 1970, de nombreux nouveaux produits financiers ont été introduits dans les années 1980.

Chiffres clés

- Stocks mondiaux d'IDE en 2010: 14 000 Mds $.
- Flux mondiaux d'IDE en 2010 : 1 500 Mds $.
- Capitalisation boursière mondiale en 2010 : 35 000 Mds $ ou 60 % du PIB mondial.
- Volume quotidien échangé sur le marché monétaire : 1 300 Mds $.
- Commerce mondial annuel : 12 000 Mds $.

Les principales crises de la mondialisation financière

En l'espace de 30 ans, la mondialisation financière a engendré plus de crises économiques qu'au cours de l'histoire du capitalisme. Parmi les crises majeures, on peut retenir :

- **Le Krach d'octobre 1987** : le 19 octobre 1987, l'indice Dow Jones perd 22,6 % de sa valeur suite à la politique de la FED américaine et aux fortes fluctuations du taux de change du dollar ;
- **La crise du SME en 1992** : alors que les pays européens cherchent à stabiliser leurs taux de change pour mettre en place une Union Economique et Monétaire (UEM), ils s'engagent dans un Système Monétaire Européen (SME) avec une parité de change à respecter. La lire italienne, puis la livre sterling, et enfin le franc subissent tour à tour des attaques spéculatives, entraînant une sortie de la lire et de la livre du SME et un démantèlement du système ;
- **La crise asiatique en 1997** : ancrées au dollar américain, les monnaies asiatiques et notamment le bath thaïlandais ont été surévaluées pendant la décennie 1990. Finançant leur croissance par un fort endettement, les économies asiatiques ont vu la charge de la dette fortement augmenter lorsque le dollar s'est apprécié subitement en 1990. La crise de change a entraîné une crise bancaire et par la suite, une récession des économies asiatiques ;
- **La crise des *subprimes* de 2008** : au long des années 2000, les ménages américains ont profité des taux d'intérêts bas et emprunté à tout va, notamment pour acheter des biens immobiliers. Après titrisation de ces prêts immobiliers dans des produits financiers plus complexes, les fournisseurs de prêts hypothécaires aux Etats-Unis ont vendu ces titres à l'ensemble des banques mondiales. A partir de l'été 2007, les difficultés des ménages américains se sont amplifiées et de nombreux ménages ont fait défaut, ce qui a engendré une perte sèche pour les banques du monde entier et des faillites de banques comme Lehman Brothers ou Freddie Mac. Cette crise bancaire s'est propagée à l'économie et a causé une forte récession mondiale : en France le PIB a reculé de 2,7 % en 2009 et le chômage a augmenté de 2 % ;

- **La crise des dettes souveraines en 2010** : les obligations d'Etat étant traditionnellement considérées comme *risk-free*, tous les investisseurs financiers en possèdent dans leur portefeuille de valeurs mobilières. A cause des déficits budgétaires croissants aux Etats-Unis et en Europe (France, Grèce, Italie, Portugal, Espagne, Irlande), les dettes souveraines se sont accumulées jusqu'à atteindre dans certains pays un niveau supérieur à 120 % du PIB, et causer des difficultés pour faire face aux recouvrements. La faillite d'un Etat impliquerait, par un jeu de dettes interdépendantes entre les acteurs financiers, une multitude de faillites dans le système financier mondial.

Focus sur le NYSE-Euronext

La fusion des grandes bourses mondiales est le symbole ultime de la globalisation financière. En 2000, les bourses de Paris, de Bruxelles et d'Amsterdam fusionnent au sein de la même société Euronext pour devenir le premier marché d'actions, de dérivés et de marchandises intégrées. En 2007, Euronext fusionne avec le grand marché financier américain de New York pour former le NYSE-Euronext. Ce marché financier globalisé assure une capitalisation boursière de 15 000 Mds $. La création de cette bourse mondiale répond à la demande des investisseurs et des entreprises qui recherchent plus d'efficacité pour la négociation, la compensation et le règlement des titres.

Focus sur les *hedge funds*

Apparus pour la première fois dans les années 1950, les *hedge funds* sont des fonds d'investissement non cotés à vocation spéculative. Ces fonds spéculatifs recherchent des rentabilités élevées et utilisent abondamment les produits dérivés (en particuliers les options) ainsi que l'effet de levier. Pour obtenir des rendements au-dessus du marché, ils spéculent à très court terme sur des produits financiers qu'ils estiment surévalués ou sous-évalués. Très peu averses au risque, les *hedge funds* ont souvent été accusés de déstabiliser les marchés et d'amplifier les chutes brutales des cours lors des crises financières.

Les sujets possibles

- *La finance mondiale est-elle déconnectée de l'économie réelle ?*
- *Le spéculateur est-il l'ennemi de l'entrepreneur ?*
- *La globalisation financière est-elle un mal nécessaire ?*

16. LE VIEILLISSEMENT DE LA POPULATION FRANCAISE

Mots-clés : démographie, vieillesse, jeunes, immigration, taux de natalité, taux de mortalité, population active, retraite, activité, travail, baby-boom, politique familiale.

« La démographie, c'est l'avenir déjà écrit », Peter Drucker, économiste américain.

Tout comme l'Europe, la France vieillit. En l'espace de 50 ans, la proportion de la population âgée de plus de 60 ans est passée de 17 % à 23 % et atteindra 35 % en 2050. Ce vieillissement pose de nombreuses interrogations sur la pérennité du modèle socioéconomique français.

Le phénomène de vieillissement

Les démographes définissent le vieillissement de la population comme « l'augmentation de l'âge moyen de la population ou de la part des personnes âgées dans la population totale ». Le vieillissement actuel de la population que connaît la France est principalement lié à la baisse du taux d'accroissement de la population, ainsi qu'à l'allongement de l'espérance de vie.

Pyramide des âges en 2007 et 2060

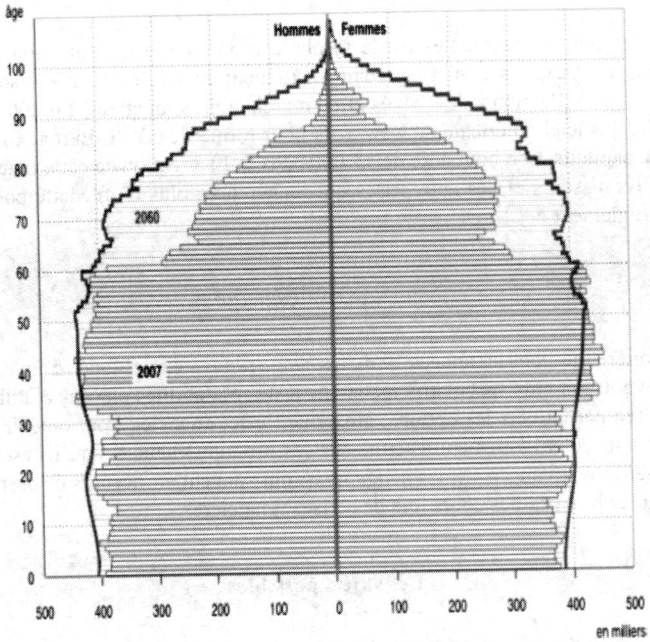

Evolution de la part des 60 ans ou plus dans la population totale

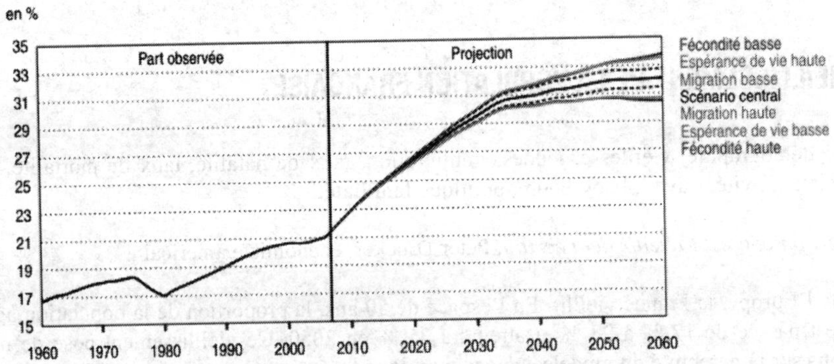

Les chiffres clés

- 35 %, le taux de personnes de plus de 60 ans en 2050.
- Taux de natalité français : 12,5 pour 1 000.
- Taux de mortalité français : 8,5 pour 1 000.
- 1,8 actif pour 1 retraité en 2010.
- Taux de fécondité : 2,0 enfants par femme.
- Population active française : 28,5 millions.
- Nombre de naissances : 830 000 par an.
- Nombre de décès : 550 000 par an.
- Solde naturel : + 280 000 habitants par an.
- Solde migratoire : + 71 000 habitants par an.
- Gain d'espérance de vie : 3 mois par an.
- Age moyen en France : 40 ans.
- Age médian en France : 39 ans.

Focus sur la génération du baby-boom

A la sortie de la Seconde Guerre mondiale, la natalité française a connu une longue décennie de dynamisme avec la génération des baby-boomers. Le baby-boom fut un choc démographique considérable avec une hausse subite de 40 % des naissances. Le baby-boom a encore aujourd'hui des conséquences socioéconomiques immenses. En 2006, la première génération de baby-boomers a atteint l'âge fatidique de 60 ans du départ à la retraite. Jusqu'en 2020, ils modifieront chaque année le ratio population active sur population retraitée.

Les politiques familiales

La France possède, à égalité avec l'Irlande, l'indice de fécondité par femme le plus haut d'Europe avec 2 enfants par femme, contre 1,3 en Allemagne par exemple. Cette forte fécondité est souvent attribuée à l'efficacité de la politique familiale. Elaborée en 1948 par le démographe Alfred Sauvy, elle s'appuie sur les Caisses d'allocations familiales (CAF) et distribue chaque année 45 Mds € (12 % du budget des administrations sociales) pour promouvoir le renouvellement des générations. Allocations familiales, avantages pour les familles nombreuses, etc. Selon l'Insee, la politique familiale améliore le taux de fécondité de 0,4 point par an.

L'immigration comme remède au vieillissement de la population ?

Une des solutions au vieillissement de la population consiste à utiliser l'immigration comme moyen de rajeunissement des générations. Chaque année 130 000 étrangers acquièrent la nationalité française (3/4 par naturalisation et 1/4 par mariage). Ce contingent est âgé en moyenne de 32 ans et participe donc au rajeunissement de la population. D'ailleurs, après une étude de 2006, l'OCDE conclut que pour maintenir son système de retraite (et en tenant compte de sa démographie vieillissante), l'UE devrait accueillir 60 millions d'étrangers sur son territoire d'ici 2050, ce qui correspondrait à des flux migratoires quatre fois plus importants que les flux actuels.

Focus sur la réforme des retraites

Depuis les ordonnances de la Sécurité sociale de 1945, le système de retraite français est basé sur le principe de répartition, dans lequel les cotisations des actifs servent à payer les retraites. En 1975, trois actifs cotisaient pour un retraité, ils ne sont plus que 1,8 aujourd'hui contre 1,2 en 2020. La Sécurité sociale accuse en 2010 un déficit de 40 Mds €. Face aux difficultés de financement des caisses de retraites et pour réduire les déficits chroniques, on peut allonger la durée de cotisations des salariés, augmenter le niveau des cotisations ou diminuer le montant des retraites allouées. Depuis le début des années 1990, les gouvernements successifs ont entrepris plusieurs réformes :

- **La réforme du gouvernement Balladur** qui allonge la durée de cotisation à 40 années pour les employés du secteur privé ;
- **La loi Fillon de 2003**, qui instaure l'alignement progressif du régime de retraite des fonctionnaires sur celui du secteur privé ;
- **La réforme Woerth de 2010**, qui annonce le passage de l'âge légal de la retraite à 62 ans au lieu de 60 ans, le passage à 43 annuités de cotisation pour le régime général, et l'augmentation du taux de cotisation dans la fonction publique.

Focus sur le *grey business*

20 millions de personnes ont plus de 50 ans en France et possèdent 50 % du pouvoir d'achat. Le concept de *grey business*, ou d'or gris, est apparu au début des années 2000, et se réfère au marché croissant des séniors. Industrie pharmaceutique, santé, accueil des séniors en maison de retraite, tourisme du troisième âge, développement des services à la personne, etc., la gamme de produits destinés aux séniors est vaste et le filon des séniors semble très prometteur avec une croissance du secteur supérieure à 5 % par an.

Sujets possibles

- *L'économie grise est-elle l'avenir?*
- *Les jeunes doivent-ils payer les retraites des vieux ?*
- *Le vieillissement de la population rend-elle l'économie française non compétitive ?*

17. CONCURRENCE MONDIALE ET COMPETITIVITE ECONOMIQUE

Mots-clés : concurrence, compétitivité, mondialisation, inégalités, déficit commercial, délocalisation, désindustrialisation.

« La concurrence internationale n'est pas un jeu dangereux dans lequel certains gagnent et d'autres perdent, elle présente des avantages pour tous et c'est le moteur de la prospérité et de la croissance », Gerhard Abel, économiste allemand.

La mondialisation met en compétition les territoires et les entreprises sur le marché mondial des biens. Face à l'ouverture des frontières nationales, l'économie française est soumise à la concurrence des entreprises des pays émergents. La question de la compétitivité des entreprises françaises et de la concurrence mondiale demeure centrale pour l'avenir économique de la France.

Le concept de compétitivité

Le terme de compétitivité se réfère à **la capacité d'une économie ou d'une entreprise à faire face à la concurrence étrangère**. La notion de compétitivité est indissociable de celle d'avantages comparatifs et met en avant la capacité à être plus performant que la concurrence à long terme.

La compétitivité d'un territoire ou d'une économie dépend de plusieurs facteurs : les infrastructures, la formation de la main-d'œuvre, le cadre juridique, le marché intérieur, etc. Même s'il est difficile d'évaluer précisément le niveau de compétitivité d'une économie, certains indicateurs comme le stock d'investissements directs étrangers (IDE) permettent d'en donner une idée.

Pour une entreprise, **la compétitivité s'organise autour du triptyque prix/qualité/coût**. Une entreprise peut être compétitive soit par le prix (elle propose le même produit que ses concurrents mais à un prix moins cher), soit par le produit (elle propose un produit différent du marché).

Chiffres clés

- Flux d'IDE en France : 120 Mds €.
- Exportations françaises en 2010 : 480 Mds €.
- Importations française en 2010 : 531 Mds €.
- 25 000 emplois détruits par an par des délocalisations.
- 40 000 emplois créés par an par les IDE en France.

La mondialisation réduit-elle ou accroît-elle les inégalités ?

La mondialisation porte facilement tous les maux de la société française et elle est souvent mise en avant pour justifier la paupérisation et les inégalités croissantes. Les théories du commerce international (notamment le théorème HOS) apportent un certain nombre d'éléments permettant de répondre à la question de la réduction ou de l'accroissement des inégalités par la mondialisation. La mondialisation met en compétition les travailleurs de tous les pays et valorise les compétences rares de la main-d'œuvre. Par conséquent, la main-d'œuvre hautement qualifiée voit sa rémunération augmenter par la mondialisation car elle est rare, tandis que la main-d'œuvre peu qualifiée est mise en compétition avec les travailleurs des pays du Sud et voit sa rémunération baisser. Ainsi, la mondialisation réduit les inégalités au niveau mondial entre les pays, comme le témoignent par exemple les taux de croissance du PIB indien et chinois. En revanche, au sein d'un même pays, elle accroît les inégalités entre les salariés qualifiés et les salariés non qualifiés.

Les délocalisations en France

Les délocalisations symbolisent le manque de compétitivité du territoire français et de ses entreprises. Au sens strict, une délocalisation désigne le transfert dans un pays étranger des activités de production de biens ou de services destinées à être ensuite importées en France pour y être vendues ou utilisées dans le processus de production. Il faut distinguer la délocalisation de l'IDE, qui est destinée à pénétrer le marché étranger. Les délocalisations ne touchent pas que des transferts d'usines vers des pays asiatiques pour bénéficier d'une main-d'œuvre à bas coût. Les transferts d'activités supérieures entre pays développés représentent 25 % des délocalisations françaises. L'Insee estime que chaque année 25 000 emplois sont détruits en France du fait des délocalisations. Il faut cependant remettre ce chiffre dans son contexte : 1 million d'emplois disparaissent au total chaque année, 1,2 million d'emplois sont créés par an, dont 40 000 emplois créés en France par des entreprises étrangères.

La balance commerciale française

Une des manières de déterminer si les entreprises françaises sont compétitives consiste à observer leur capacité à exporter dans leur secteur. La balance commerciale est donc un indicateur de la compétitivité des entreprises. Si les importations sont supérieures aux exportations, le pays a un déficit commercial ou sa balance commerciale est déficitaire. Toute perte de compétitivité dans un secteur se traduit immédiatement par une dégradation de la balance commerciale. Le taux de couverture du commerce français (rapport exportations/importations) est de 80 % et en 2010, la France a enregistré un déficit commercial de 52 Mds €.

Solde FAB-CAF de la balance commerciale

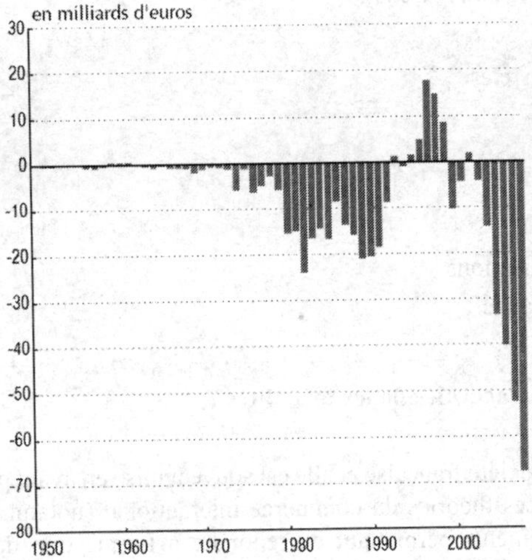

Taux de couverture CAF-FAB en valeur par groupe de produits

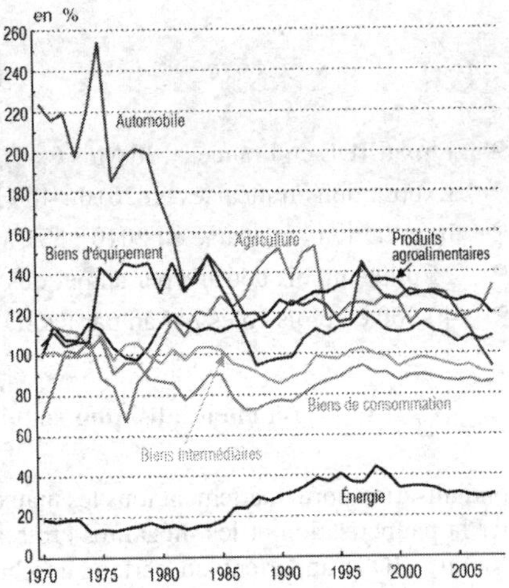

Le phénomène de désindustrialisation

La concurrence mondiale et le manque de compétitivité française semble aujourd'hui menacer le secteur industriel. La désindustrialisation touche la France comme l'ensemble des économies développées et ce phénomène peut être caractérisé par trois évolutions concomitantes :

- **un recul de l'emploi industriel** (l'industrie a perdu 36 % de ses effectifs entre 1980 et 2007, soit 1,9 million d'emplois ce qui représente 71 000 emplois par an).
- **un recul de la contribution de ce secteur au PIB** (le poids de l'industrie dans le PIB en valeur est passé de 24 % à 14 % entre 1980 et 2007).
- **une forte croissance du secteur des services marchands.**

Même si la concurrence étrangère affecte le secteur industriel, la désindustrialisation s'explique aussi par l'externalisation de certaines tâches de l'industrie vers les services et par les gains de productivité de l'industrie française.

Sujets possibles

- *Faut-il redouter la concurrence internationale ?*
- *Les Français tirent-ils profit des délocalisations ?*
- *La désindustrialisation française est-elle le symptôme d'un manque de compétitivité ?*

18. LA SOUTENABILITE DE LA DETTE PUBLIQUE

Mots-clés : budget, dette publique, déficit public, recettes fiscales, dépenses budgétaires, loi de finances, charge d'intérêts, finances publiques, agences de notation.

« Je suis à la tête d'un Etat en faillite », François Fillon, Premier ministre français 2007-2012.

L'été 2011 a été marqué par la crise des dettes souveraines en Europe et aux Etats-Unis. Derrière cette crise, 40 ans de laxisme budgétaire se profilent et désormais, le poids de la dette publique est au cœur des préoccupations des gouvernements et des citoyens.

Le vocabulaire du déficit budgétaire et de la dette publique

Pour apprécier la situation des finances publiques françaises, on utilise plusieurs notions :

- **la dette publique** : principal indicateur du poids de l'endettement public, la dette publique au sens du traité de Maastricht correspond à l'ensemble des emprunts contractés par toutes les administrations publiques (Etat, collectivités locales et Sécurité sociale) ;
- **le déficit budgétaire** est défini comme la différence entre les dépenses et les recettes de l'ensemble des administrations publiques ;
- **la charge de la dette** : elle désigne les sommes versées chaque année au titre du remboursement du capital emprunté et du paiement des intérêts.

Budget de l'Etat

En 2010, l'Etat français a perçu 270 Mds € de recettes, dont 255 Mds € de recettes fiscales nettes. Elle a dépensé 420 Mds € dont 90 Mds € de charges d'intérêts. La loi de financement s'organisait de la façon suivante :

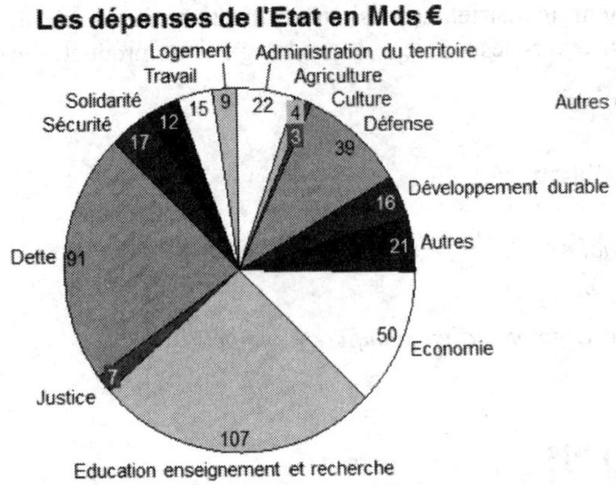

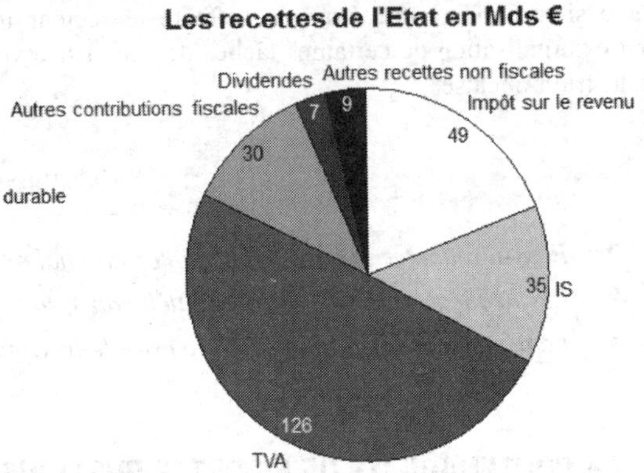

Evolution de la dette française

Depuis les années 1970, les budgets français presque constamment déficitaires ont conduit à une forte progression de la dette publique. Le 1er choc pétrolier (1973-1974) est à l'origine de la dérive budgétaire du fait du ralentissement de la croissance économique pesant sur les recettes. Dans les années 1980, malgré les tentatives des gouvernements de droite et de gauche pour stabiliser les dépenses publiques, les déficits budgétaires se sont maintenus à des niveaux de l'ordre de 4 à 5 % du PIB. La situation s'inverse à la fin des années 1990, en partie sous l'effet d'une accélération de la croissance. Le début des années 2000 est marqué à nouveau par la dégradation des soldes budgétaires ; dégradation qui est largement amplifiée par la crise économique de 2008-2009, pendant laquelle la dette publique augmente de 15 % du PIB en 2 ans. En 2010, le déficit français était de 150 Mds €, soit 7 % du PIB. La dette publique, qui était de 16 % du PIB en 1974, s'élève désormais à 1 600 milliards d'euros, soit 83 % du PIB.

Dette publique au sens de Maastricht

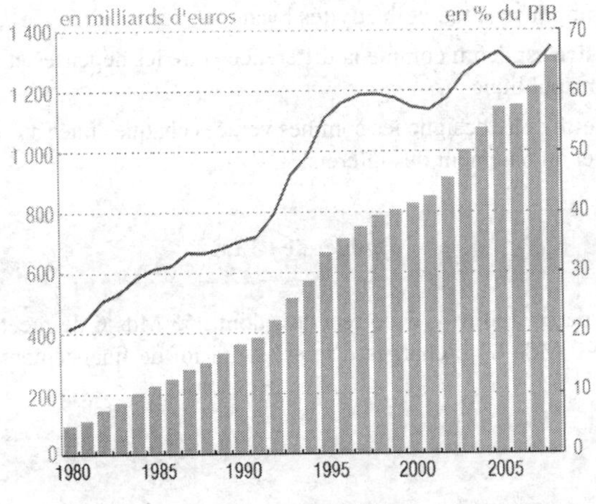

Dette publique notifiée

	2007 (r)		2008	
	en milliards d'euros	en % du PIB	en milliards d'euros	en % du PIB
État	929,2	49,0	1 036,2	53,1
ODAC	97,7	5,2	109,1	5,6
Administrations locales	136,7	7,2	146,7	7,5
Administrations de sécurité sociale	45,2	2,4	35,1	1,8
Total des administrations publiques	**1 208,8**	**63,8**	**1 327,1**	**68,1**

La dynamique de la dette

La dynamique de la dette est *a priori* explosive en raison de l'effet « boule de neige » des intérêts. Cette expression montre que la dette tend à s'autoalimenter : à chaque période, de nouveaux emprunts doivent être émis, à la fois pour couvrir le déficit budgétaire nouveau ainsi que la charge d'intérêts supplémentaires. Pour éviter cette explosion de la dette et assurer la soutenabilité de la dette, trois stabilisateurs existent :

- **en modifiant la politique budgétaire**, c'est-à-dire en réduisant le déficit budgétaire, voire en dégageant des excédents budgétaires.
- en comptant sur « les délices de l'**inflation** » : la hausse des prix participe à la dépréciation de la dette et allège la charge réelle de la dette. Cet effet est qualifié de taxe inflationniste.
- en s'appuyant sur la **hausse de l'activité**, qui peut, malgré la croissance de la dette, réduire le taux d'endettement.

Le pacte de stabilité de l'Euroland

En signant le traité de Maastricht en 1992, les pays de l'Union européenne s'engageaient à satisfaire aux critères de soutenabilité des déficits (inférieure à 3 % du PIB) et de la dette publique (inférieure à 60 % du PIB). A partir de la mise en place de l'euro en 1999, l'Euroland a ratifié un Pacte de Stabilité et de Croissance pour respecter ces contraintes budgétaires. Cependant, dès 2005, beaucoup de pays avaient déjà dépassé les 3 % de déficit.

Les agences de notation

Les agences de notation ont fait leur apparition aux yeux du grand public avec la crise des dettes souveraines. Le secteur de la notation financière est dominé par trois grandes agences : Standards&Poor's, Moody's et Fitch Ratings. Ces agences de *ratings* sont chargées de noter la situation financière des entreprises, des administrations publiques et des Etats, pour savoir s'ils vont être capables de rembourser leur dette lorsqu'ils empruntent. En fonction de la qualité de l'emprunteur, les pays reçoivent une note qui va de AAA (aucun risque de défaut de paiement) à D (en défaut de paiement). Même si ces notes ne représentent qu'une opinion, chaque dégradation a un impact considérable sur les marchés financiers, et pour la France une dégradation de AAA à AA ferait passer les taux d'intérêts à 5 ans de 2 % à 2,5 % selon l'agence France Trésor.

Sujets possibles

- *Les générations futures doivent-elles supporter la dette des générations passées ?*
- *Les agences de notations ont-elles trop de pouvoir ?*
- *L'Etat français a-t-il une gestion de bon père de famille ?*

19. LE CHOMAGE ET LE MARCHE DU TRAVAIL

Mots-clés : emploi, chômage, plan social, licenciement, population active, Pôle emploi, BIT, politique de l'emploi.

« Le plein-emploi est rare autant qu'éphémère », Keynes, *Théorie générale de l'emploi, de l'intérêt et de la monnaie*, 1936.

Chaque année au mois de juin, les instituts de sondage publient le baromètre des préoccupations des français, et chaque année, le chômage et l'emploi restent en pôle position pour trois quarts de la population française. Le chômage est le drame du capitalisme, et depuis plus de 40 ans, les gouvernements se sont tous heurtés au problème du chômage.

Le vocabulaire du chômage

Depuis 1982, les statistiques françaises utilisent la définition du Bureau international du travail (BIT) pour définir le chômage. Un chômeur est une personne en âge de travailler, c'est-à-dire qu'il fait partie de la population active et qu'il répond à trois conditions : être sans emploi, être disponible pour commencer un emploi dans les quinze jours et chercher activement un emploi. On définit un chômeur de longue durée, comme « un actif au chômage depuis plus d'un an ». La population active est définie comme « l'ensemble des personnes disponibles sur le marché du travail avec un âge compris entre 15 et 64 ans ».

Evolution du chômage en France

Bien que les chiffres du chômage aient augmenté lentement depuis la fin des années 1960, c'est avec le choc pétrolier de 1973 et la fin des Trente Glorieuses que la conjoncture se dégrada véritablement, du fait d'une faible croissance et d'une forte inflation. Le chômage de masse est apparu à partir des années 1980 au cours desquelles le taux de chômage dépassa 9 %. Le milieu des années 1990 est marqué par un pic du chômage à 11 % en 1993 et en 1996, lié à la perte de compétitivité française ainsi qu'à la crise du SME. Les années 1997-2002 sont marquées par une forte décrue du chômage grâce à une conjoncture internationale favorable. Enfin, depuis la crise 2008-2009, le chômage a fortement augmenté avec une hausse brutale de 2 % sur cette période.

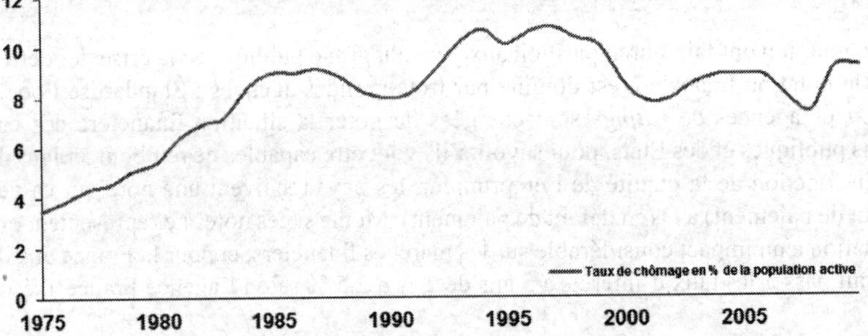

Typologie du chômage

Le chômage est un phénomène complexe, et il en existe plusieurs réalités. Les différents types de chômage doivent être distingués selon leurs causes :

- **Le chômage naturel (ou chômage structurel)** correspond à l'inéquation entre, d'une part, l'offre de travail et, d'autre part, la demande de travail. Il résulte du manque de compétences d'une partie de la population active et correspond théoriquement au chômage à l'équilibre sur le long terme ;
- **Le chômage conjoncturel** est lié au ralentissement de l'activité économique et se traduit par une compression temporaire de la quantité de main d'œuvre ;
- **Le chômage frictionnel (ou chômage de mobilité)** correspond au laps de temps entre la démission et l'embauche lorsqu'un employé décide de changer de travail ;
- **Le chômage partiel** concerne les salariés qui bien que lié par un contrat à une entreprise ne travaillent que partiellement du fait d'une baisse de l'activité économique.

Les chiffres clés 2010

- Population active : 28,5 millions de personnes.
- Taux de chômage : 9,2 % de la population active en France métropolitaine.
- Nombre de chômeurs : 2,6 millions de chômeurs en France métropolitaine.
- 17e rang sur 27 dans l'UE pour le taux de chômage.
- Taux de chômage des moins de 25 ans : 23 %.
- Taux de chômage chez les cadres : 4,1 %.
- Taux de chômage chez les ouvriers : 13, 6 %.
- Ancienneté moyenne du chômage : 12,5 mois.
- Taux de chômage de longue durée : 35 %.
- 600 000 chômeurs supplémentaires sont attribués à la crise de 2008-2009.

Les politiques d'emploi

La lutte contre le chômage est une priorité pour chaque gouvernement. En 2010, les dépenses pour les politiques du marché du travail s'élevaient à plus de 12 Mds €. Le soutien à l'emploi peut prendre des formes multiples : exonérations fiscales et primes à l'embauche, aides à la création d'entreprises, contrats d'avenir, contrats d'apprentissage, stages de formation, préretraites, etc. Issu de la fusion de l'ANPE et des Assedic, Pôle emploi a été crée en 2008 pour encadrer l'ensemble des politiques d'emploi. Il a pour mission d'accueillir les demandeurs d'emploi, de verser les allocations chômage, de prospecter le marché du travail et d'aider les entreprises dans leur recrutement.

Focus sur la courbe de Phillips

En 1958, l'économiste néo-zélandais Phillips met en évidence la relation inverse empirique entre le taux de chômage et le taux d'inflation d'une économie grâce à une courbe appelée désormais courbe de Phillips. Elle est en forme d'hyperbole : plus le taux d'inflation est élevé et plus le taux de chômage est faible. Le taux d'inflation est directement impacté par une hausse des salaires. Lorsque le taux de chômage est élevé, les chômeurs pèsent à la baisse sur les salaires du marché du travail et la modération salariale permet de juguler l'inflation. Au contraire, lorsque le chômage est faible, les salariés peuvent exiger d'être mieux payés, ce qui entraîne une hausse inflationniste. Attention toutefois, statistiquement, corrélation ne signifie pas causalité.

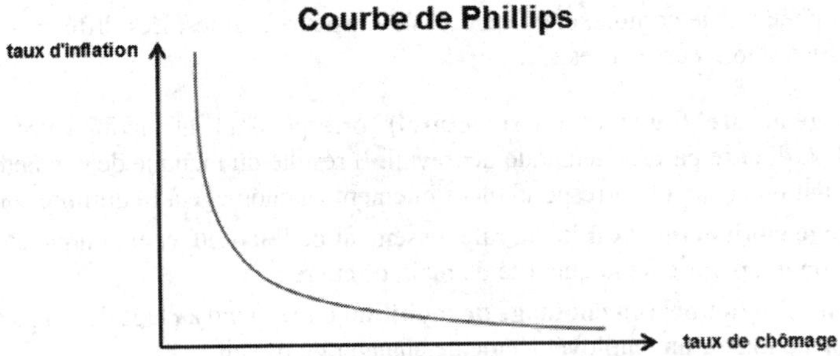

Sujets possibles

- *Un chômeur peut-il travailler plus pour gagner plus ?*
- *La règle de partage du travail a-t-elle une conséquence sur la dimension du gâteau ?*

20. PAUVRETE ET INEGALITES EN FRANCE

Mots-clés : richesses, pauvres, patrimoine, inégalités, égalité, équité, pouvoir d'achat, précarité.

« Limiter la pauvreté sans limiter la richesse », Victor Hugo, *Les Misérables*, 1862.

Pauvreté et inégalité : deux concepts relatifs

S'il n'est pas facile de définir la pauvreté, il est encore moins facile de la mesurer. Définir la pauvreté est toujours un choix statistique, car être pauvre n'est pas une réalité absolue mais plutôt **une réalité relative à la richesse de la société**. Si pour certains pays en développement, on fixe un seuil de pauvreté absolue qui correspond au niveau de richesses nécessaires pour satisfaire les besoins humains essentiels, l'Insee définit en France le seuil de pauvreté relatif : « un individu est considéré comme pauvre quand son niveau de vie est inférieur au seuil de pauvreté. Le seuil habituellement utilisé correspond à 50 % du niveau de vie médian en France ». L'UE utilise quant à elle, la barre des 60 % du niveau de vie médian. La pauvreté ne se réfère donc pas à un niveau absolu, mais au niveau par rapport à la richesse de la société.

De même, le concept d'inégalité n'est pas figé et dépend de l'indice choisi, car il est possible d'interpréter à souhait les chiffres de la pauvreté. Même s'il est possible de mesurer des types d'inégalités très disparates (patrimoine, travail, conditions de vie, etc.), on mesure en général d'abord les inégalités de revenus, et les indices choisis sont souvent les rapports inter-quartiles (les 10 % les plus riches par rapport aux 10 % les plus pauvres par exemple). Mesurer les inégalités dans une société revient donc à mesurer la distribution des revenus.

Evolution de la pauvreté et des inégalités en France

Depuis 40 ans, la lutte contre la pauvreté a porté ses fruits puisque la tendance est à la baisse avec une réduction de l'ordre de 30 % du taux de pauvreté. Cependant, depuis le début des années 1980, le taux de pauvreté ne baisse plus significativement et augmente même dans certaines circonstances. Le constat est identique sur la réduction des inégalités.

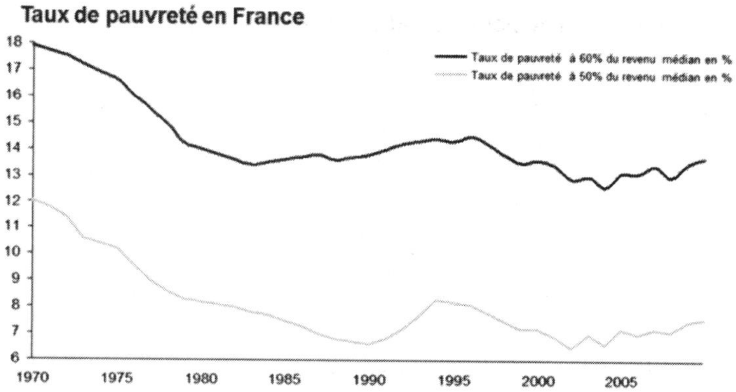

Les chiffres clés

- 4,5 millions de pauvres en 2010.
- Taux de pauvreté : 7,6 % de la population française.
- Seuil de pauvreté : 795 € par mois par personne.
- 1,8 %, la hausse moyenne du pouvoir d'achat depuis 1980.
- 24 % du revenu national sont perçus par les 10 % les plus riches.
- 3,7 % du revenu national sont perçus par les 10 % les plus pauvres.

Y-a-t-il un problème de pouvoir d'achat en France ?

Sujet de grande préoccupation des Français, la question du pouvoir d'achat suscite depuis quelques années de nombreuses controverses et malentendus. Le terme de pouvoir d'achat est abondamment utilisé par les différents acteurs économiques, sans qu'il recouvre nécessairement la même notion dans l'esprit de chacun car le ressenti du pouvoir d'achat ne peut pas être dissocié des situations individuelles. Deux variables rentrent en compte dans le calcul du pouvoir d'achat :

- **Le revenu disponible brut des ménages** correspond à la somme des revenus primaires auxquels on soustrait les taxes et les cotisations sociales. Il correspond à la somme nette disponible soit pour consommer, soit pour épargner ;
- **L'indice des prix à la consommation** permet d'estimer entre deux périodes données, la variation du niveau général des prix des biens et des services consommés par les ménages.

Le pouvoir d'achat est donc le rapport entre le revenu disponible brut et l'indice des prix à la consommation. Par conséquent, si le revenu brut disponible augmente plus rapidement que l'indice des prix à la consommation, alors le pouvoir d'achat augmente. Si le revenu brut disponible croît plus lentement que l'indice des prix à la consommation, alors il y a baisse du pouvoir d'achat. La perception du pouvoir d'achat par les ménages est donc complexe puisqu'ils doivent percevoir en particulier la bonne inflation générale.

D'ailleurs, au cours des 30 dernières années, seules les années 1983 et 2010 ont enregistré une baisse du pouvoir d'achat.

Evolution du pouvoir d'achat du revenu disponible brut

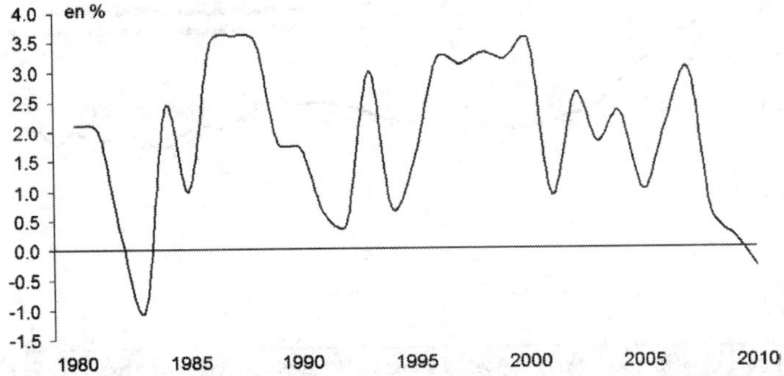

Comment lutter contre la pauvreté et réduire les inégalités ?

Lutter contre la pauvreté et réduire les inégalités socioéconomiques sont les deux grandes missions de l'Etat-Providence. A travers la fiscalité, l'Etat redistribue les richesses en faveur des plus pauvres en fonction de certains choix politiques. Les politiques de lutte contre la pauvreté et de réduction des inégalités s'articulent toujours autour de la protection des plus vulnérables, à savoir les personnes sans emploi, les familles monoparentales, les personnes âgées, les jeunes, les personnes handicapées et les migrants. Parmi les grands instruments de réduction de la pauvreté et des inégalités, il y a le revenu de Solidarité active (RSA), le minimum vieillesse, l'assurance maladie, les caisses d'allocation familiales, les bourses scolaires, les aides au logement, les aides à l'emploi, etc. Chaque année, les administrations dépensent plus de 30 Mds € pour réduire la pauvreté et les inégalités.

Focus sur les travailleurs pauvres

Longtemps la pauvreté ne touchait que les personnes sans emploi : chômage et pauvreté étaient quasiment synonymes. Aujourd'hui, une activité rémunérée ne protège plus toujours de la pauvreté. En France, 3,7 millions de travailleurs, soit 15 % des actifs disposent de revenus inférieurs à 60 % du revenu médian. L'existence de travailleurs pauvres résulte de plusieurs facteurs : la généralisation du salaire minimal dans de nombreux secteurs, l'essor du temps partiel ; et le fractionnement des emplois (petits boulots, l'alternance de chômage et d'activité, etc.). Parmi les travailleurs pauvres français, on trouve 2,5 millions de personnes ayant travaillé toute l'année, dont 1,3 million de personnes à temps partiel. Au total, près de 40 % des actifs à temps partiel disposent de revenus inférieurs au seuil de pauvreté.

Sujets possibles

- *La France lutte-t-elle contre la pauvreté ou contre les pauvres ?*
- *Sans hausse du pouvoir d'achat, peut-il y avoir la paix sociale ?*

HUITIEME PARTIE

LES METIERS DE L'ENTREPRISE

Intégrer une école de commerce n'est pas une fin en soi. Les Ecoles de commerce ne sont qu'un **moyen** pour atteindre le métier dont vous rêvez. Elles visent avant tout à rendre les étudiants compétitifs sur le marché du travail à la sortie d'école. Les questionnements sur les choix du métier et du projet professionnel sont donc récurrents pendant toute votre scolarité, et déterminants lors des entretiens de personnalité.

Il est vrai que les recruteurs savent qu'un étudiant sortant d'une Grande Ecole de commerce est très rapidement opérationnel. Selon la CGE, plus des deux tiers des étudiants des Grandes Ecoles de commerce sont embauchés avant la fin de leur formation. Les jeunes diplômés peuvent ainsi aspirer à occuper rapidement des postes à responsabilité au sein des plus grandes entreprises françaises et mondiales.

Les Grandes Ecoles de commerce mettent l'accent sur des formations généralistes en commerce et en management. Mais au-delà de cette formation généraliste et de l'apprentissage des métiers du commerce, de la vente et du marketing, l'Ecole de commerce prépare aussi spécifiquement à la gestion, à la négociation, à la finance, à la banque, au conseil, à l'audit, à la logistique, à la communication, aux ressources humaines, etc., et par conséquent, au moment d'être diplômé, une forte diversité de parcours professionnels est possible. Pour les jeunes diplômés, le choix est donc plus que vaste !

La Conférence des Grandes Ecoles publie chaque année la répartition des métiers choisis par les étudiants à la sortie des écoles de commerce.

Conférence des Grandes Ecoles
www.cge.asso.fr

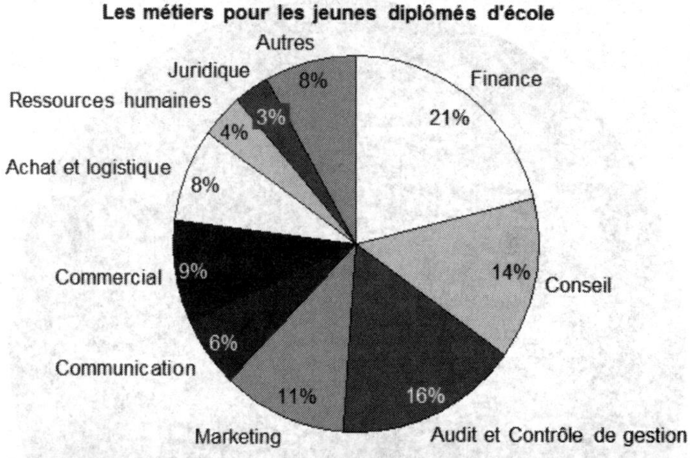

Vous l'aurez compris, les débouchés à la sortie des Ecoles de commerce sont immenses, et en couplant les métiers aux secteurs de l'économie française, plus de 400 parcours professionnels sont envisageables. Chaque profil d'étudiant peut donc s'exprimer librement et la formation d'Ecole de commerce donne ainsi la liberté de faire ce que l'on aime.

1. LE CHEF DE PRODUIT

Le marketing est un secteur très attractif pour les jeunes diplômés, puisque plus de 10 % des entrants sur le marché du travail se dirigent vers les métiers du marketing. Que ce soit en grande consommation ou dans le luxe, le chef de produit est emblématique des métiers du marketing.

Définition du métier

Dentifrice, ordinateur, moutarde ou encore parfum de luxe, l'éventail de produits est vaste en marketing. Le chef de produit a pour mission centrale d'accompagner un produit tout au long de son cycle de vie, du lancement sur le marché à la phase de déclin en passant par celle de la maturité. Il est le professionnel chargé de définir les stratégies de vente de son produit, qu'il a créé et désigné de A à Z. Son métier est complètement transversal dans l'entreprise : il est autant en contact avec la force de vente que la recherche & développement (R&D) ou même les publicitaires. C'est en quelque sorte le chef d'orchestre du produit qu'il a sous responsabilité : il oriente les chargés d'études, influence les publicitaires et dirige les marketeurs opérationnels. Tout au long du développement de son produit, il est le garant du budget alloué et a toujours en ligne de mire le niveau de vente qu'il faut atteindre.

Les trois missions du chef de produit

- Dans une première phase, le chef de produit, aidé de son assistant commence par **étudier toutes les composantes du marché** sur lequel il souhaite lancer son produit. Il analyse d'abord l'état courant du marché : les différents segments du marché, les croissances passées, la demande future, etc. Par la suite, il analyse les forces et les faiblesses des entreprises concurrentes : les avantages comparatifs des produits concurrents, les méthodes de distribution, les points de ventes, les campagnes de publicité, les stratégies de prix, etc.

- Dans une deuxième phase, le chef de produit **établit le plan marketing** en définissant les propriétés de son nouveau produit ainsi que les méthodes utilisées pour optimiser les ventes : la composition du produit, les innovations du produit, la marque sous laquelle le produit va être présenté, le prix, le packaging, les lieux de vente, les canaux de distribution, etc. Chaque avantage compétitif du produit est défini précisément.
- Enfin dans une troisième et dernière phase, le chef de produit **veille au bon développement** de son produit. Il suit les ventes grâce aux statistiques à sa disposition, il analyse les synthèses du marketing opérationnel, il vérifie les prix pratiqués et les ajuste si nécessaire, il envisage en concertation avec le responsable des ventes de lancer des offres promotionnelles, etc.

Qualités et compétences du chef de produit

Un chef de produit est un créatif connaissant parfaitement son marché. Ce métier demande à la fois le sens du concret, tout en étant inventif et innovant. En conséquence, le chef de produit doit :

- Avoir l'**esprit d'analyse** et **être à l'aise avec les chiffres** pour interpréter les études de marchés, les synthèses et les graphiques auxquels il est confronté quotidiennement ;
- Etre **créatif, vif d'esprit** et **imaginatif**, afin que son produit puisse se démarquer de ses concurrents sur le marché ;
- Avoir du nez et des oreilles pour **flairer les opportunités du marché** et rester à son écoute ;
- Etre **rigoureux** et **maîtriser les délais** : les lancements de produit sont toujours des périodes de rush et le timing est crucial ;
- Etre **réactif** et **souple** afin de s'adapter aux soubresauts de la demande.

Focus sur le marketing mix : l'outil génial des « 5P » pour booster les ventes

Derrière les « 5P » du marketing mix se cachent le Prix, le Produit, la Promotion, le Placement et le Packaging. Cet outil rassemble les 5 paramètres qui permettent en toutes circonstances au product manager de stimuler les ventes de son produit :

- Le **Prix** : sur un marché ultra concurrentiel, le chef de produit aura souvent à l'esprit la possibilité de baisser le prix de vente pour rendre son produit plus attractif que les autres. Le levier prix est toujours un des plus efficaces ;
- Le **Produit** : derrière ce P se cachent les propriétés générales du produit. En cas de baisse du niveau de vente, il est toujours possible de modifier quelques caractéristiques propres au produit pour le remettre au goût du jour ;
- La **Promotion** : dans une période de déclin des ventes, rien n'est plus efficace qu'une bonne campagne de promotion pour relancer le produit ;
- Le **Placement** : le chef de produit n'oublie jamais que le lieu où le produit est vendu est primordial pour l'image qu'il dégage. Multiplier le nombre de points de vente ou présenter le produit dans des lieux plus adéquats est un levier d'action toujours payant ;
- Le **Packaging** : même si le produit est vendu au bon prix au bon endroit, il doit être bien mis en valeur. Le packaging est la première chose que voit le client. Le chef de produit doit donc porter une attention particulière à ce dernier aspect.

Chef de produit dans la grande consommation : focus sur l'Oréal

Régulièrement classé dans le top 3 des entreprises les plus attractives tous secteurs confondus chez les jeunes diplômés d'Ecoles de commerce, l'Oréal est l'entreprise par excellence pour apprendre à faire du marketing. Garnier, Lancôme, Cacharel, Maybeline, Yves Saint Laurent, etc., la variété des marques et des licences chez ce leader mondial de la cosmétique requiert une armada de chefs de produit. Au sein de la direction marketing stratégique internationale, le chef de produit est responsable d'une gamme pour un axe d'une marque (haircare, skincare, etc.). Chaque chef de produit a pour rôle de développer internationalement les produits de sa marque. Veille concurrentielle, recherche de nouveaux ingrédients pour de futurs produits, écriture de concepts, création de maquettes et de packagings, tests quali, études quanti, en l'espace de quelques mois seulement un produit doit pouvoir voir le jour et être mis en rayon !

Témoignage : Aurélie, diplômée HEC, assistante chef de produit chez LVMH/Dior en marketing stratégique

Pourquoi avoir choisi le marketing stratégique et non le marketing opérationnel ?

« Chez Dior, le métier de marketer change radicalement entre le stratégique et l'opérationnel. Mon choix s'est tourné vers le marketing stratégique car je souhaitais être plus dans la réflexion que dans l'action. En opérationnel, les équipes doivent mettre l'accent sur l'application quotidienne des concepts, rechercher et organiser les débouchés ou bien veiller aux bonnes pratiques des vendeurs en magasin. En marketing stratégique, je suis chargée de définir les caractéristiques de mon produit, de déterminer les tendances consommateur à long terme, et de m'assurer du bon développement du produit ».

2. LE CHARGE DE COMMUNICATION

« La communication, c'est avant tout un état d'esprit », assurent les professionnels. L'attractivité des métiers de la communication auprès des jeunes diplômés est depuis longtemps très forte. Ces métiers véhiculent l'image d'un travail varié, dynamique et d'un état d'esprit avenant. Les métiers de la communication sont aujourd'hui d'autant plus répandus que la révolution Internet a accéléré les besoins en communication des entreprises. Pourtant, s'il y a beaucoup d'appelés, il y a peu d'élus, car le niveau d'exigence est de plus en plus élevé, et la sélectivité à l'entrée de ces postes est croissante.

Définition du métier

Pluridisciplinaire, le chargé de communication est le **porte-parole** d'une entreprise et son rôle est de **diffuser une image positive** de ses activités et de ses projets. Il est le chef d'orchestre qui applique et coordonne la politique de communication dans un domaine précis. Il conçoit et met en œuvre les idées forces et valorise l'image de l'entreprise auprès de différents publics. **Il est le garant de la cohérence de l'image de la société.**

Son champ d'action peut alors toucher la communication interne vers les salariés, la communication externe *B to C* vers la presse et le grand public, et enfin, la communication corporate *B to B* vers les actionnaires et les partenaires.

Le chargé de communication peut travailler dans deux types d'environnements différents : chez l'annonceur qui est l'entreprise pour laquelle il communique, ou bien en agence dans une équipe chargée de missions rattachée auprès d'un annonceur.

ACTEURS D'UNE CAMPAGNE DE COMMUNICATION

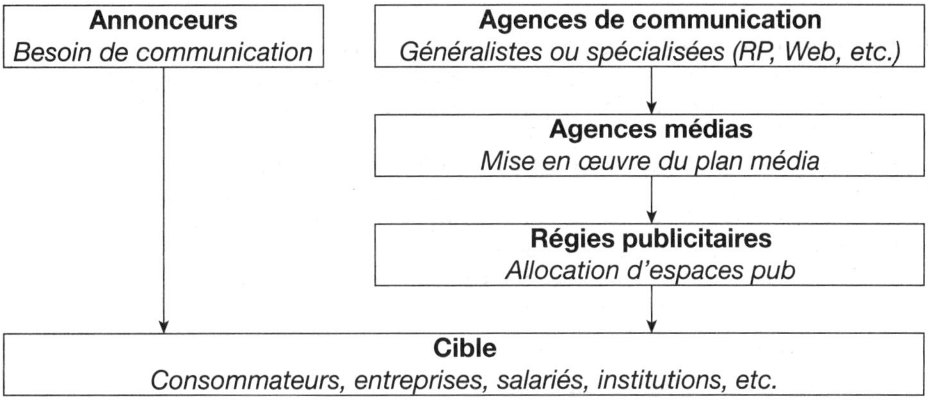

Les missions du chargé de communication

Le chargé de communication a pour mission principale de créer une image solide et homogène de l'entreprise à long terme. Entre autres, le chargé de communication doit :

- **Gérer les relations** avec la presse généraliste ou spécialisée en tant qu'attaché de presse en favorisant la circulation d'informations, en transmettant des bulletins d'information, en organisant des conférences de presse, en participant à des salons, etc. ;
- **Gérer la communication de crise** : accidents, produits défectueux, scandales internes, etc. ;
- **Créer et rédiger** les documents institutionnels, les dossiers et communiqués de presse, etc. ;
- **Veiller** à l'activité médiatique et la relance des journalistes et des supports de presse ;
- **Promouvoir** les partenariats commerciaux auprès de clients ou d'autres entreprises ;
- **Elaborer** la stratégie de communication interne.

Qualités et compétences du chargé de communication

- Avoir de **très bonnes capacités rédactionnelles** : la plume est la première arme du chargé de communication.
- Avoir une **aisance relationnelle**.
- Faire preuve d'un **sens de l'écoute et du dialogue** : l'aisance relationnelle doit permettre au chargé de communication d'étoffer et d'améliorer les contacts avec la presse.
- Etre **imaginatif, créatif** et avoir un sens de l'esthétisme pour le design des plaquettes d'information et des campagnes de communication.
- Avoir des **compétences techniques en bureautique**, en *editing* et en web vidéo.
- Etre **réactif et à l'affût** pour faire face aux situations de crise et au choc des images.

Focus sur un nouveau métier : le *community manager*

Comme a pu l'être l'imprimerie au XVe siècle, Internet a révolutionné les méthodes d'information et de communication (NTIC). Le *community manager* est un métier novateur issu de ces nouvelles technologies de l'information et de la communication. Appelé également médiateur de réseaux sociaux, il a pour but de gérer, d'animer et de fédérer, pour le compte d'une entreprise, les échanges liés à l'activité de l'entreprise entre les internautes utilisant des réseaux sociaux tels que Facebook, Twitter ou encore MySpace. Favorisant la diffusion d'une image de marque positive de l'entreprise, le *community manager* organise les échanges au sein de la communauté, centre les discussions sur les expériences des internautes consommateurs et incite les internautes à participer. Le *community manager* surfe donc toute la journée, identifiant les communautés sur le web pouvant faire connaître sa marque (blogs, forums, network, etc.), et fixe des objectifs à atteindre pour la communauté en termes de reconnaissance de la marque.

Témoignage de Maureen, diplômée de l'EM Lyon, chef de pub chez TBWA

En quoi consiste le quotidien d'un chef de pub ?

« Chez TBWA, le rôle d'un chef de pub est de préparer la campagne de communication d'un annonceur. Total, Renault, l'Oréal, McDonald, SNCF, Pernod Ricard, etc., la liste des entreprises clientes pour lesquelles j'ai travaillé à TBWA est prestigieuse. Mon quotidien évolue en fonction de l'agenda de l'annonceur : je détermine d'abord les attentes du client. Ensuite, je dois encadrer l'équipe publicitaire sous mes ordres en orientant la conception et la réalisation de la campagne de communication. »

Quelques tuyaux pour se préparer aux fonctions de la communication

Le chargé de communication doit avoir une **excellente culture générale** propre au monde des médias. Abonnez-vous aux *newsletters* de Médiametrie ou de TNS Media Intelligence pour vous forger cette solide culture. Nous vous invitons aussi à développer vos **compétences Internet**, outil principal du communicant d'aujourd'hui, ainsi que des **compétences de designers** et de **graphistes**.

3. LE RESPONSABLE DES RESSOURCES HUMAINES

En pleine expansion depuis les années 1980, les métiers des ressources humaines sont très en vue aujourd'hui et les directions générales misent gros sur le management des ressources humaines. Dans les grandes entreprises, la fonction support des RH représente jusqu'à 3 % des effectifs. Les directions générales ont bien compris que dans une économie post-industrielle, la matière grise est le premier actif de l'entreprise.

La fonction des ressources humaines

Le management des ressources humaines est un ensemble de pratiques et de méthodes dont l'objectif est d'organiser et développer la structure salariale pour une plus grande performance de l'entreprise. Le rôle des ressources humaines consiste à tirer au maximum profit du capital humain dans l'entreprise. Pour développer et faire fructifier ce capital humain, les RH agissent sur :

- le recrutement et la formation continue,

- la gestion des carrières et l'évolution des salariés dans la société,
- la gestion des salaires et des primes,
- l'évaluation des performances et les bilans de compétences,
- la gestion des conflits au sein de l'entreprise et les relations avec le CE et les syndicats,
- la motivation et l'intéressement des salariés,
- les conditions de travail des employés.

Le rôle du responsable des RH

Le responsable des RH est un manager en permanence sur le **terrain** au côté de ses troupes. Métier passionnant par son contact humain, il a pour rôle essentiel d'un côté de gérer les ressources humaines et de l'autre de les développer. Il met en place la stratégie définie par le directeur RH sur tous les fronts : recrutement, motivation, gestion des carrières, etc. Le responsable RH est avant tout **garant du climat social** au sein de l'entreprise et il doit s'assurer que les salariés se sentent bien au travail, afin qu'ils soient le plus productif possible. En période de crise, il doit accepter d'être impopulaire, lorsqu'il gère les plans de licenciement et qu'il est le premier interlocuteur des syndicats.

Les missions du responsables RH

Les missions du responsable des ressources humaines consistent à administrer et développer les RH, et assurer la communication au personnel :

- **Administrer le personnel** : le responsable de RH enregistre et suit le contrôle des données des employés, il applique les dispositions légales et réglementaires, il prépare des commissions et des réunions. Le responsable de RH administre également les congés, les emplois du temps, les bulletins de salaire, etc. ;
- **Développer les ressources humaines** : gérer les promotions, assurer le recrutement, muter les employés, motiver et récompenser, former en continue, etc. Les leviers d'action pour développer les RH sont nombreux ;
- **Communiquer au personnel** : journal de l'entreprise, affichage, prévention des risques psychologiques et des maladies professionnelles, dialogue avec les syndicats. Les enjeux de la communication sont grands pour le responsable RH.

Qualités et compétences du responsable des ressources humaines

Les métiers des ressources humaines demandent des qualités relationnelles et humaines. Le responsable RH doit :

- Faire preuve de **capacités d'écoute** pour comprendre les déceptions et les aspirations des employés de l'entreprise ;
- Posséder des **aptitudes à la communication** écrite et orale pour toutes les tâches liées à la communication des RH ;
- Etre doté d'un **sens exceptionnel de la négociation, du dialogue et de la conciliation**, surtout lors des discussions avec les syndicats ou le CE ;
- Posséder des **connaissances générales en droit** du travail et en droit administratif pour gérer au quotidien les contrats de travail, les contentieux et les nouvelles réglementations en vigueur.

Témoignage de Marie, diplômée d'Audencia, chargé de RH responsable rémunération, EDF

Comment les ressources humaines attribuent les rémunérations des employés ?

« A EDF, je suis en charge de la rémunération des conseillers clients. J'établis les grilles de performance des conseillers en définissant les critères sur lesquels ils sont jugés. Ces grilles permettent de savoir si on accorde une prime particulière de performance, ou une évolution salariale. J'utilise deux méthodes pour repérer les meilleurs éléments : le benchmark entre les conseillers pour établir les meilleurs pratiques et la réalisation d'objectifs donnés par les tableaux de bord des équipes de contrôle de gestion. »

Quel « plus » avoir pour être recruté dans un service RH ?

Si vous envisagez de travailler en RH, sachez qu'il est toujours bien vu d'avoir une compétence « humaine » en plus d'un diplôme de management d'école de commerce. Si vous en avez la possibilité, une licence de psychologie ou un diplôme de sociologie sont par exemple toujours appréciés pour comprendre les problématiques personnelles des employés. Mettez aussi en valeur vos expériences multiculturelles. Tenez-vous informé régulièrement des problématiques des ressources humaines : une ressource très pratique, *lejournaldesrh.com*. Enfin pour vous plonger dans le monde des RH tout en vous divertissant, l'excellent film de Laurent Cantet, *Ressources humaines* permet de comprendre les enjeux et les difficultés d'un bon management des ressources humaines.

4. LE RESPONSABLE DES VENTES

En école de commerce, vous allez avant tout apprendre à faire du commerce ! Cette lapalissade étant énoncée, rappelons que le commerce désigne dans une définition première l'achat et la vente de biens et de services. La raison d'être d'une entreprise est tout naturellement de vendre les produits et les services qu'elle produit, et par conséquent le métier de commercial, et de surcroît celui de responsable des ventes, est primordial pour la survie de l'entreprise.

Une fonction centrale

Qu'il soit nommé chef des ventes, responsable des affaires commerciales ou *sales manager*, le responsable des ventes assure la direction du département des ventes. Il est un trait d'union entre la force de vente que forment les commerciaux, le directeur marketing et le responsable de la logistique. Il peut être chargé de l'ensemble de la clientèle de l'entreprise ou seulement d'une partie sur une zone géographique donnée, un type de produits ou une catégorie de clients particuliers. Ce super commercial n'a qu'un seul objectif en tête : vendre plus et augmenter le chiffre d'affaires à l'aide de son armada de commerciaux.

Son métier peut être comparé à celui d'un entraîneur sportif : il guide l'équipe de commerciaux et mène de nombreuses actions d'encadrement de soutien et de motivation. Il doit orienter et piloter les commerciaux vers les bonnes pratiques, les bons segments de clients et les bonnes aires géographiques. Il se charge du recrutement des commerciaux et assure leur formation initiale et continue. Il est aussi en relation directe avec les clients les plus importants de l'entreprise, ceux que l'on nomme les « grands comptes ».

Pour ce faire, il s'informe des ventes réalisées par chaque commercial. Il s'assure aussi que la totalité du secteur géographique affecté à un agent a bien été couverte et que tous les produits ont été présentés aux clients.

Les missions du responsable de vente

L'objectif vital du *sales manager* est de maximiser les ventes, développer le portefeuille de clients et perfectionner le réseau de distribution. Pour cela il doit :

- **Définir et fixer les objectifs de vente** avec le directeur commercial et le directeur marketing ;
- **Etudier, analyser et optimiser son réseau de distribution** (prospection et sélection des points et des supports de vente) ;
- **Analyser l'environnement concurrentiel** en équipe avec le marketing pour mettre en avant auprès des clients les points forts des produits ;
- **Négocier** les conditions commerciales avec les clients, sur le prix unitaire, le volume, les remises et les offres promotionnelles ;
- **Elaborer des budgets** évènementiels, promotionnels et prévisionnels : manifestations commerciales, voyages de prospection, offres spéciales, fidélisation des clients, etc. ;
- **Manager, animer et coordonner** l'équipe de commerciaux à travers l'organisation de réunions hebdomadaires, de suivis personnalisés, de séminaires de motivations, etc. ;
- **Négocier avec les « grands comptes »**, et s'assurer que les offres commerciales correspondent à leurs attentes.

Qualités et compétences du responsable des ventes

Manager et commercial à la fois, le responsable des ventes doit posséder une large palette de compétences :

- Il doit avoir d'excellentes **capacités managériales** et un **charisme hors pair** pour motiver et piloter l'équipe commercial ;
- Il doit être **bon négociateur**, avoir un excellent relationnel et être diplomate, notamment auprès des grands comptes ;
- Il doit **aimer les chiffres**, et savoir calculer vite pour suivre l'évolution du niveau de ventes de ses vendeurs.

Focus sur le *business developer*

Parmi les métiers particulièrement porteurs, celui de *business developer* prospère dans les nouvelles start-up. Au-delà de l'appellation séduisante, le *business developer* est avant tout un responsable commercial qui se focalise sur la prospection et le développement de nouveaux marchés en apportant un soutien opérationnel à la force de vente. Alors que 80 % du temps, le responsable des ventes gère les clients qu'il a déjà dans son portefeuille, le *business developer* chasse quant à lui les nouveaux clients et les marchés émergeants, pour 80 % de son temps. Ainsi, ce super commercial, doté d'un bon sens du marketing, bâtit une stratégie de conquête de nouveaux clients, et propose de nouveaux services à sa hiérarchie pour diversifier l'activité. Les stratégies de croissance mises en place par le *business developer* suivent trois logiques :

- Etendre l'espace de vente à une nouvelle zone géographique en cherchant une croissance extensive vers des marchés étrangers ;
- Développer un nouveau produit innovant en partenariat avec les chefs de produit pour créer un nouveau besoin auprès des clients ;

- Concentrer les forces marketing et de vente sur un nouveau groupe cible de clients : les moins de 25 ans, les cadres dynamiques, les séniors, en bref, chaque classe d'âge ou catégorie sociale doit pouvoir trouver son produit.

Témoignage de Thomas, diplômé de NEOMA Business School,
***sales manager* chez Pernod-Ricard**

Quelles sont les tâches principales qui rythment le quotidien d'un *sales manager* chez Pernod-Ricard ?

« Après une première expérience de deux ans en tant que commercial en Asie, j'ai été promu sales manager *en Chine pour le cognac Martell. J'ai deux missions essentielles au quotidien : vérifier le niveau de vente et la réalisation des objectifs de chacun des commerciaux de mon équipe et prendre des mesures en cas de non respect des objectifs, et développer les relations clients avec les grands comptes grâce à des contrats sur-mesure. »*

5. LE RESPONSABLE DES ACHATS

Rares sont les entreprises qui n'ont besoin d'aucune matière première ou de produit intermédiaire dans leur processus productif. Pour la très grande majorité des entreprises, quel que soit le secteur économique, l'approvisionnement qui est la première étape de la production tombe sous la responsabilité du service achats. Plus l'entreprise est tournée vers la distribution pure, plus le responsable achats a un rôle crucial dans les résultats de l'entreprise car le résultat financier net dépend de la qualité et de la performance des services d'achats.

Le service achats est un des premiers leviers de l'entreprise pour améliorer sa performance économique. Dans certains secteurs comme dans la grande distribution, le montant total des achats représente jusqu'à 80 % du chiffre d'affaires de l'entreprise. Dans un tel cas, toute dérive du montant des achats a des conséquences dramatiques pour la rentabilité de l'entreprise. A titre d'exemple, pour une entreprise de la grande distribution comme Carrefour, une hausse de 1 % des prix d'achat des produits distribués par le groupe entraîne une baisse de plus de 10 % du résultat net du groupe !

Fonction du service achats

Le métier de responsable achats consiste avant tout à assurer, gérer et négocier l'approvisionnement de marchandises. Il manage une équipe d'acheteurs à qui il délègue la responsabilité de trouver des fournisseurs et de négocier les meilleurs produits au moindre coût. Il est donc l'intermédiaire indispensable entre l'entreprise et ses fournisseurs. Sa fonction exige une présence marquée chez les fournisseurs et les sous-traitants de l'entreprise. Il signe les accords à court, moyen et long terme avec les fournisseurs en négociant les quantités, les prix, les remises, et veille à ce que les contrats soient parfaitement respectés en termes de délais de livraison et de qualité des produits. Pour arriver à ses fins, le responsable achats n'hésite pas à mettre en concurrence les fournisseurs, à s'informer sur les innovations des produits, à préparer des appels d'offre, à prospecter de nouveaux marchés et à négocier âprement les quelques points de remise supplémentaires. Il est également chargé de l'encadrement et de la coordination de son équipe d'acheteurs, qui sont souvent spécialisés sur quelques références.

Le responsable achats n'est pas seulement un simple négociateur, car il doit connaître les besoins précis de l'entreprise et les aspects techniques des produits commercialisés par son entreprise. Il est ainsi en permanence en contact avec les responsables de la production, de la *supply chain*, du marketing ou du service commercial pour répondre à leurs attentes de qualité et de prix sur les produits nécessaires à la production.

Le responsable achat définit avec les responsables des autres divisions le cahier des charges des matières premières avant de le soumettre aux fournisseurs.

Les missions du responsable achats

Clef de voûte de la logistique, le responsable achats a pour mission de :

- **Conclure et superviser les achats** de matières premières, de produits non finis, ou de services nécessaires à la production de l'entreprise ;
- **Négocier les meilleures conditions** d'achat en tenant compte des impératifs techniques et commerciaux ;
- **Prospecter les marchés**, afin d'évaluer la capacité des fournisseurs à répondre aux attentes en termes de coûts, de délais, de qualité, et de quantité ;
- **Assurer l'interface** entre les fournisseurs, la production, la commercialisation et la recherche & développement ;
- **Manager et diriger** l'ensemble du service achats ;
- **Gérer les litiges** avec les fournisseurs, en cas de non respect des contrats d'approvisionnement (délais, qualité, prix, etc.).

Qualités et compétences du responsable achats

Les qualités requises par le métier de responsable achats sont considérables :

- Etre un **excellent négociateur** : le responsable achats doit être un habile intermédiaire entre la production de son entreprise et les fournisseurs ; ni trop conciliant pour éviter une explosion des coûts à court terme, ni trop agressif pour assurer des partenariats de long terme ;
- Avoir un **sens managérial** et un **charisme naturel** pour pouvoir gérer une équipe d'acheteurs pouvant atteindre plusieurs dizaines d'employés ;
- Avoir une **connaissance approfondie des procédures d'achats et des circuits de distribution** ;
- Parfaitement **connaître les marchés** actuels et potentiels ainsi que les tendances générales afin d'anticiper l'évolution des prix des produits ;
- **Avoir des connaissances en droit commercial** pour gérer les contrats d'achat, ainsi que dans les normes internationales pour identifier les produits étrangers pertinents pour l'entreprise, et gérer les réglementations douanières, de transports, de l'assurance, etc.

Organigramme type d'un service achats d'un grand groupe du CAC 40 :

ORGANIGRAMME D'UN SERVICE ACHATS

Directeur des Achats

Responsable Achats hors production	**Responsable Achats production**	**Responsable Achats Info/Telecom**
Acheteur voyages	*Contrôleur des achats*	*Acheteur Hardware*
Acheteur transports	*Acheteur énergie*	*Acheteur Software*
Acheteur marketing	*Sourcing manager*	*Acheteur Télécoms*
Acheteur prestations de service	*Acheteur investissements*	
	Acheteur matières premières	

Focus sur le spécialiste import

Qu'il s'agisse d'importer des bananes ou des métaux précieux, des machines-outils ou des sacs à main, le spécialiste en import est la personne incontournable dans les opérations de commerce international. Rattaché au service achat, il se charge de prospecter et d'analyser les marchés étrangers, de développer des contacts avec ses homologues internationaux, de déterminer les meilleures filières de transport, etc. C'est lui qui établit les critères stricts de sélection des biens à importer. Lorsque l'entreprise doit importer des matières premières échangées sur des marchés financiers, le spécialiste import peut avoir le rôle de trader de matières premières : acheter au meilleur prix, le meilleur produit et au meilleur moment, tout en gérant le risque de rupture d'approvisionnement, voilà le leitmotiv du trader *commodities* pour une entreprise.

Pourquoi se préparer au métier d'acheteur ?

La problématique achat est clé pour les entreprises, et il existe une pénurie des managers en achats chez les jeunes diplômés qui représente en moyenne seulement 2 % des promos des écoles de commerce. La demande des entreprises étant une des plus fortes, nous vous incitons à vous renseigner sur les programmes spécifiques à la fonction achat en Ecole de commerce.

6. LE MANAGER DE LA *SUPPLY CHAIN*

Que vous souhaitiez travailler dans la distribution, dans la grande consommation, dans l'automobile, ou dans n'importe quelle entreprise qui délivre des produits à ses clients, les enjeux liés au management de la *supply chain*, ou à la gestion de la chaîne logistique, sont immenses pour assurer son bon fonctionnement.

Né aux Etats-Unis au mileu des années 1980, le concept de *supply chain* s'est imposé comme une méthode révolutionnaire dans la bonne gestion de la production. La *supply chain* désigne l'ensemble des flux physiques de matières premières, de produits intermédiaires et de produits finis au sein de l'entreprise. Lorsqu'une entreprise produit, le temps de production d'un produit (et donc son coût de production) est fortement corrélé aux conditions et aux délais d'approvisionnement en matières premières, ainsi qu'aux pièces intermédiaires nécessaires à tous les niveaux de la chaîne de fabrication. On appelle ainsi *supply chain* l'ensemble des maillons relatifs à la logistique d'approvisionnement : les achats, la gestion des stocks, la manutention, le transport, la livraison client, etc.

Héritier naturel de l'organisation scientifique du travail et du toyotisme, le management de la *supply chain* désigne les outils et les méthodes visant à optimiser trois flux de marchandises :

- **L'approvisionnement**, en commandant la bonne quantité de marchandises au bon moment, en tenant compte des délais de livraison des fournisseurs ;
- **Les stocks**, en visant le plus bas niveau de stocks et à travailler en flux tendus, afin d'éviter les goulets d'étranglement dans la production, de minimiser les coûts de stockage et d'encours, et améliorer le besoin en fonds de roulement de l'entreprise ;

- **Le processus de livraison**, en diminuant les délais par l'amélioration du processus de production et de transport, afin de garantir aux clients un temps convenable d'achalandage. Gérer la logistique, c'est donc tenter de fluidifier les flux de marchandises en optimisant autant que possible les coûts de conception des produits, les coûts d'approvisionnement, les coûts de production, les coûts de stockage et les coûts d'acheminement.

Le *supply chain* manager est avant tout un coordinateur avec pour mission principale de synchroniser et d'optimiser tous les maillons de la *supply chain*, de l'approvisionnement à la distribution en passant par la gestion des stocks. Trop peu reconnu, il est toutefois souvent un membre essentiel de la direction de l'entreprise.

Le toyotisme : précurseur du management de la *supply chain*

Inventé par l'ingénieur japonais Taiichi Ohno chez Toyota, le toyotisme est une organisation du travail visant à optimiser la gestion des flux dans une usine par une réduction des coûts et du gaspillage, un maintien de la qualité des produits tout au long du processus productif, un abaissement des stocks et une production *just-in-time*. Le *lean management* provient directement de l'approche toyotiste. L'idée essentielle du toyotisme est d'arriver à un système productif dans lequel les flux sont parfaitement fluides. Le système de production de Toyota a été la première étape dans l'application du management de la *supply chain*.

Les missions du manager en *supply chain*

Pour optimiser la gestion des flux, le *supply chain* manager a pour mission de :

- **Evaluer et planifier** la demande ;
- **Contrôler** l'état des commandes et le plan de production ;
- Contrôler en temps réel et gérer le niveau des stocks en *just-in-time* ;
- **Gérer** les approvisionnements ;
- Gérer la distribution vers les clients ;
- **Piloter** l'ensemble des flux logistiques, et suivre l'exécution de la production.

Qualités et compétences du manager en *supply chain*

Même si la plupart du temps, le manager en *supply chain* est entouré de spécialistes de l'approvisionnement, des transports et de la logistique, il doit présenter des compétences variées. On attend de lui :

- La **maîtrise des outils de planification** : le *supply chain* manager doit notamment avoir une connaissance approfondie des logiciels de prévisions de la demande et des entreprises ressource planning (ERP) ;
- Des **qualités relationnelles**, un **sens de la négociation** et de la diplomatie : le *supply chain* manager discute en permanence avec les interlocuteurs des fournisseurs et du service achat des clients ;
- Une **perception globale et transversale** : le *supply chain* manager doit conserver une vue d'ensemble des opérations pour appréhender globalement les problèmes car les actions des entreprises sur l'approvisionnement auront toujours un impact sur la distribution, et il doit arbitrer les conflits d'intérêts entre les services ;

- Qu'il **aime l'expérience du terrain** : le *supply chain* manager doit avoir une parfaite connaissance des outils de production, des problématiques de transport, etc. Il est souvent confronté à des problèmes concrets, mais cruciaux pour le bon déroulement des opérations.

Focus sur quelques indicateurs de performance du management de la *supply chain*

Le manager de la *supply chain* organise son optimisation des flux autour de plusieurs indicateurs :

- La performance de l'**approvisionnement** : délais d'approvisionnement, fiabilité de la planification, taux de disponibilité des fournisseurs, taille des commandes, etc. ;
- La performance de la **production** : nombre de goulets d'étranglement, taux d'utilisation de la capacité de production maximale, temps d'encours d'une pièce, etc. ;
- La performance des **stocks** : évolution de la valeur des stocks, évolution du nombre de référence des stocks, nombre de jours d'inventaire, taux de produits invendus, taux d'obsolescence, etc. ;
- La performance de **livraison** : délais de livraison, taux d'utilisation des capacités de transport, taux de retard de livraison, etc.

Pour approfondir et bien comprendre les métiers de la *supply chain*

N'hésitez pas à consulter la revue professionnelle *Supply Chain Magazine*. Rédigée par de hauts responsables de la *supply chain* de grandes entreprises, vous y trouverez les problématiques générales et quotidiennes qui rythment la vie d'un manager de la *supply chain*, ainsi que des exemples concrets de méthodes et de solutions appliquées dans divers secteurs économiques.

7. L'AUDITEUR FINANCIER

« L'audit mène à tout ! » Voila une des justifications les plus prononcées par les jeunes diplômés d'Ecole de commerce en choisissant leur premier emploi. Il est vrai que l'audit offre un certain nombre d'avantages, comparé au secteur bancaire ou la grande industrie, et attire de ce fait un nombre croissant de nouvelles recrues chaque année. Pour sa campagne de recrutement 2010, le cabinet international d'audit Ernst&Young a reçu plus de 10 000 candidatures !

En quoi consiste un audit financier ?

Un audit comptable et financier est la forme moderne du contrôle, de la vérification, de l'inspection et de la surveillance des comptes d'une entreprise. Il est censé apporter une dimension critique à la gestion et aux méthodes de l'entreprise. Cet audit doit être un processus indépendant permettant de recueillir des informations comptables et financières (appelées « preuves d'audit ») suffisantes pour vérifier que les états financiers établis par la société sont corrects, fiables, réguliers et conformes aux normes juridiques et à la législation en vigueur. Concrètement, un audit est une vérification et une certification des comptes d'une entreprise.

Le métier d'auditeur financier

L'auditeur financier est un examinateur des comptes et de la gestion de l'entreprise. Dans la grande majorité des cas et pour des questions de législations, il est extérieur à l'entreprise et membre d'un cabinet d'audit dont l'objectif est d'examiner le bon état des entreprises qui le mandatent. Le but de l'auditeur financier est d'établir un diagnostic comptable précis d'une entité : chiffre d'affaires, effectifs, flux de trésorerie, etc. L'audit d'une entreprise se fait toujours par équipe : dans le jargon, un « associé » du cabinet d'audit, commissaire aux comptes supervise une équipe d'auditeurs de grades différents (un manager, un auditeur senior, plusieurs auditeurs junior). L'auditeur réalise son audit financier avec deux sources d'informations : les documents comptables exposant les recettes et les dépenses (à savoir les factures clients et les factures fournisseur) et des interviews de dirigeants. Les auditeurs vérifient la cohérence des dépenses avec les inscriptions comptables, ils évaluent les stocks de l'entreprise en fin d'année, ils contrôlent les amortissements et les dépréciations inscrits dans le bilan, etc. En plus des documents comptables, les auditeurs s'entretiennent en profondeur avec les dirigeants de l'entreprise, dans le but de comprendre l'organigramme, les procédures de décision, l'articulation entre les divisions et les processus de production. Par conséquent, l'auditeur est en mesure d'identifier les incohérences comptables éventuelles et les risques qu'ils peuvent avoir sur les finances de l'entreprise auditée.

A la fin d'une mission d'audit, l'équipe d'auditeurs rédige un ensemble de recommandations synthétiques et de conseils sur les conclusions résultant des investigations comptables. Les recommandations dressent un diagnostic qui est remis à l'entreprise cliente.

Qualités et compétences de l'auditeur financier

L'auditeur financier doit posséder deux grands types de qualités pour arriver à bien mener une mission d'audit :

- L'auditeur doit posséder des **qualités d'écoute** et une **aisance relationnelle** lui permettant d'aller chercher les informations utiles à l'audit et réagir aux réponses de ses interlocuteurs lors des interviews des responsables de l'entreprise ;
- L'auditeur doit faire preuve d'un **sens critique aigu**, d'une **rigueur analytique** ainsi que de bonnes **compétences comptables**, afin de pouvoir interpréter efficacement les documents comptables mis à sa disposition.

Les *Fat Four* du marché français de l'audit

En France comme dans tous les pays du monde, l'audit est très largement dominé par quatre grands cabinets surnommés les *Fat Four* : Ernst&Young, PwC, KPMG et Deloitte. Les *Fat Four* fournissent toujours une excellente carte de visite pour un jeune diplômé, qui va pouvoir comprendre le fonctionnement de dizaine d'entreprises. Les *Fat Four* garantissent une promotion de poste quasiment tous les deux ans à ses employés : deux ans en tant qu'auditeur junior, puis l'on devient senior, et peut-être quelques années plus tard manager.

Focus sur l'affaire Enron : une critique des méthodes d'audit

Avant les *Fat Four*, il y avait les *Big Five*. C'était avant qu'Arthur Andersen soit démembré. En décembre 2001, la multinationale américaine de l'énergie Enron fut mise en cause pour des pratiques financières douteuses. Suite à cette faillite, le cabinet Anderson a été mis en examen pour avoir fermé les yeux sur la

« comptabilité créative » d'Enron et pour avoir détruit des documents prouvant la culpabilité des commissaires aux comptes d'Andersen. Un an plus tard, un dépeçage total d'Andersen s'opéra au profit des quatre autres grands cabinets. L'affaire Enron a mis en lumière les conflits d'intérêts des cabinets d'audit avec leurs clients lorsqu'ils doivent rester indépendants, mais souhaitent aussi vendre leurs services aux entreprises audités. Suite à l'affaire Enron, la loi Sarban-Oxley a été votée aux Etats-Unis, pour interdire aux cabinets d'audit de certifier les comptes des entreprises tout en prodiguant des conseils.

Focus sur les normes comptables IFRS

L'internationalisation des économies a stimulé grandement les opérations de fusions internationales. Les grands groupes ont aujourd'hui souvent des dizaines de filiales internationales, et les audits financiers de ces groupes demandent une harmonisation comptable internationale. Dès 1973, un rassemblement d'une trentaine de pays dont la France, constitua les premières normes internationales comptables IFRS. Après une vaste réforme en 2005, les normes comptables IFRS remplacèrent définitivement les normes propres à chaque pays européen, et les entreprises américaines les adoptèrent en partie. Désormais, une entreprise doit publier ses états financiers à travers un bilan, un compte de résultat ainsi qu'un tableau de flux de trésorerie.

**Témoignage : Caroline, diplômée de l'EDHEC,
auditrice junior chez Deloitte**

Quelle est la principale difficulté du métier d'auditeur ?

« La principale difficulté est de savoir conjuguer sa vie personnelle et sa vie professionnelle. En tant qu'auditrice, je suis amenée à être constamment en déplacement chez le client, parfois à l'autre bout de la France. Il faut être prêt à accepter de ne rentrer chez soi que le week-end et de dormir la semaine dans un hôtel, loin de ses proches. »

Quelques conseils pour vous aider à devenir auditeur

Les sites Internet des *Fat Four* sont de vraies mines d'information et regorgent de renseignements sur le métier d'auditeur. Si vous comptez embrasser la carrière d'auditeur, lisez attentivement les remarques que vous trouverez sur ces sites. Enfin, le site *ifaci.com* qui regroupe les professionnels de l'audit vous informera plus généralement sur l'ensemble du secteur.

8. LE CONTROLEUR DE GESTION

« *Plan, Do, Check* » : voilà la devise du contrôleur de gestion. Fixer et planifier les objectifs budgétaires, mettre en œuvre les budgets, et enfin mesurer la performance et contrôler les résultats sont les grandes tâches du contrôleur de gestion.

Le rôle du contrôleur de gestion

Le contrôleur de gestion, également appelé responsable de la gestion, exerce un contrôle permanent sur les budgets de l'entreprise, élabore la prévision budgétaire et met en place des procédures d'utilisation optimale des ressources. C'est un maillon essentiel de l'entreprise dans le contrôle des opérations quotidiennes. Le contrôleur de gestion a un rôle de copilote et doit aider les dirigeants de l'entreprise à atteindre leurs objectifs opérationnels.

Le contrôleur de gestion a pour rôle principal de définir les objectifs, puis les moyens à mettre en œuvre pour les atteindre et évaluer les résultats au regard des moyens employés pour atteindre ces objectifs. Le contrôleur de gestion analyse l'efficacité des résultats par rapport aux objectifs, l'efficience des moyens par rapport aux résultats, et enfin la pertinence des moyens vis-à-vis des objectifs.

LE TRIANGLE DU CONTROLE DE GESTION

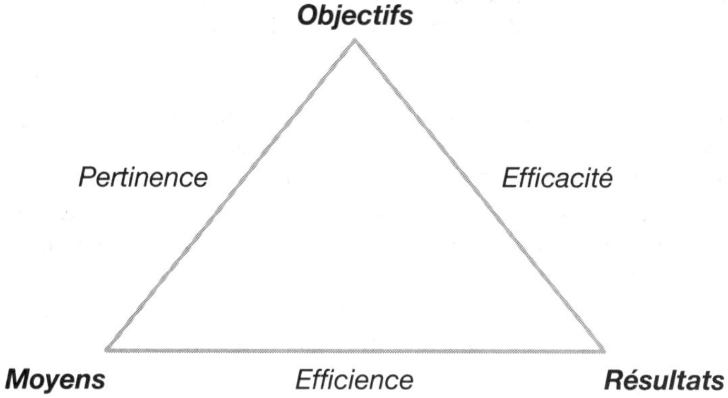

Les missions du contrôleur de gestion

- Contribuer à la **définition des objectifs** à réaliser avec la direction.
- **Planifier** les ressources financières, humaines et techniques avec les opérationnels pour atteindre ces objectifs.
- **Analyser les moyens** à mettre en place (techniques et financiers).
- **Définir des budgets** pour réaliser les objectifs.
- **Analyser** en permanence **les résultats** de l'activité.
- **Elaborer des indicateurs de gestion**.
- **Proposer** des mesures correctives et réajuster.
- **Mesurer et analyser les écarts** sous forme de statistiques et de tableaux de bord commentés.
- **Reporter** auprès de la direction générale à l'aide de rapports de synthèse.

Qualités et compétences du contrôleur de gestion

- Il doit être **rigoureux, méthodique, organisé et synthétique** pour définir correctement les objectifs et les plans d'action.
- Il doit bénéficier d'une **aisance avec les outils informatiques de gestion**.
- Il doit être **objectif et impartial**, puisque qu'il calcule la performance de chaque service.
- Il doit être doté d'un **bon relationnel**, avoir le sens de la communication puisqu'il est en contact avec tous les services et la direction.
- Il doit avoir un **goût prononcé pour les chiffres et l'analyse comptable et financière**.

Mesurer la performance budgétaire d'une entité :
exemple de la méthode des écarts

Le contrôleur de gestion doit sans cesse établir le différentiel entre le budget prévisionnel et le budget réellement alloué pour la gestion d'une tâche. Il doit comprendre notamment pourquoi une production a pu coûter plus chère que prévu. A ce titre, la méthode des écarts est un outil efficace pour le contrôleur de gestion afin de mesurer et analyser les dépassements budgétaires. Le contrôleur de gestion peut calculer trois types d'écart :

- **L'écart de volume** : cet écart mesure le niveau des ventes réelles de l'entreprise par rapport au niveau prévisionnel. Il est normal que si l'entreprise vend deux fois plus de produits que prévu, le budget alloué à la production sera deux fois plus grand ;
- **L'écart de rendement** : cet écart doit répondre à la question : « les matières premières ont-elles été consommées avec la productivité prévue au budget ? ». L'écart de rendement mesure le respect de la nomenclature des produits ;
- **L'écart de prix** : il correspond au différentiel de revenu avec le prévisionnel correspondant soit à une augmentation du coût d'acquisition des matières premières, soit à une baisse du prix vendu espéré.

Témoignage de Leila, NEOMA Business School, contrôleur de gestion à TF1

Après avoir déterminé un manque de performance, le contrôleur de gestion est-il en charge de la résolution du problème ?

« Mon poste de contrôleur de gestion consiste à contrôler la rentabilité de deux émissions du groupe TF1. Pour cela, je vérifie que les budgets ne sont pas dépassés et évalue la nature de l'écart dans le cas d'un dépassement. Je suis avant tout un avertisseur du non respect des objectifs budgétaires. Même si je pointe clairement l'origine du problème et que je peux faire des recommandations, mon rôle est seulement informatif. »

9. L'ANALYSTE FINANCIER

Adulé dans les périodes d'euphorie boursière, l'analyste financier est vivement critiqué en période de krachs. Il reste toutefois l'un des piliers dans l'investissement financier.

Le rôle d'un analyste financier est simple : aider les investisseurs à choisir les actifs financiers qui correspondent les mieux à leurs objectifs du point de vue du risque et de la rentabilité. L'analyste financier a donc pour objectif de prévoir l'évolution des cours des actifs financiers afin de conseiller ses clients sur les décisions futures à prendre.

La nature du travail de l'analyste financier s'organise autour de trois missions

- **Collecter des données financières** : à l'affût, il scrute les informations issues des banques, de données financières ou de la presse spécialisée pour prévoir l'évolution des cours d'actifs financiers. Il passe au crible les informations quantitatives et qualitatives, pour les modéliser et réaliser des projections sur la rentabilité des produits financiers. Il étudie minutieusement les rapports annuels et les stratégies des entreprises cotées.

- **Analyser et interpréter les données recueillies** : à l'aide de ces données financières, il dresse un bilan complet et une évaluation de la performance des produits financiers. A cette fin, il utilise des modèles financiers afin d'interpréter les données recueillies. Il procède à l'évaluation des entreprises sous tous leurs aspects : les bénéfices dégagés, la rentabilité des produits, les modes de financements, les benchmarks de la concurrence, l'évaluation des risques, etc., tout en prenant en compte les grandes tendances économiques. Ce qu'on demande finalement à l'analyste financier, c'est de diagnostiquer l'état de santé d'une entreprise et d'anticiper la performance future.
- **Informer et aider les investisseurs dans leurs décisions** : en se fondant sur ses calculs et ses modèles mais en se fiant également à son intuition, l'analyste financier anticipe et prévoit quelles valeurs vont grimper ou chuter et à quel moment. Par ce biais, il est en mesure de conseiller l'achat de tel titre, ou la vente de tel autre. En tant que métier support, l'analyste financier apporte toutes les informations nécessaires aux investisseurs qui sont les décideurs finaux (traders, direction financière d'une entreprise, gestionnaires de portefeuille, etc.). L'analyste financier doit donc rédiger des notes de synthèse à l'intention des investisseurs pour lesquels il travaille.

Différents métiers, différents objectifs

- **L'analyste *sell side*** est chargé d'informer et de conseiller les investisseurs sur l'état financier de produits cotés. Les *sell sides* exercent leur activité en société de bourse sur un secteur donné d'actifs (*small&mid caps, large caps* Europe, etc.).
- **L'analyste *buy side*** est chargé d'évaluer et de sélectionner des actifs financiers sur lesquels ses clients doivent investir. Ils opèrent dans les sociétés d'investissement et de gestion d'actifs comme La Financière de l'échiquier (voir *Gestionnaire de patrimoine*). Le challenge ultime du *buy side* consiste à composer un portefeuille optimal avec un degré de risque adapté au profil du client.
- **L'analyste crédit** est chargé d'évaluer la capacité de remboursement de crédits bancaires demandés par les entreprises, les particuliers ou les Etats. Il doit pouvoir répondre principalement à deux questions : faut-il ou non accorder un prêt dans le cadre de la réalisation d'un projet particulier et l'emprunteur est-il fiable ? Il travaille principalement au sein d'une banque dans le département *corporate*.
- **L'analyste M&A en *investment banking*** est chargé d'évaluer les fondamentaux économiques et financiers d'une entreprise. Il se charge également de la valorisation financière en vue de la fusion avec une autre entité ou de son rachat par un tiers.

Qualités et compétences de l'analyste financier

- Un **goût prononcé pour les chiffres et le traitement de données financières** : l'analyste financier a en permanence la tête plongée dans les indices boursiers ou des bases de données financières.
- Une **grande capacité d'anticipation et de réaction** : l'analyste financier doit réagir vite et s'adapter aux fluctuations de marchés, en interprétant avec finesse les nouvelles données pour ne pas entraîner de perte financière conséquente.
- Une **rigueur intellectuelle et un esprit de synthèse** : ces qualités doivent permettre à l'analyste financier de faire le tri dans une masse d'informations et d'en tirer les conclusions valides.
- Une **culture économique et financière** développée : anticiper le cour futur d'une valeur financière et prévoir les grandes tendances boursières requièrent une clairvoyance des marchés, qui s'acquiert à travers le développement de solides connaissances économiques générales, et une longue expérience.

Pierre, diplômé de l'ESSEC, analyste financier en *venture capital*

Quelle partie de ton travail est la plus passionnante ? Quelle partie est la moins intéressante ?

« Je travaille dans un fond de venture capital *qui investit dans de très jeunes entreprises avec un fort potentiel de croissance. En tant qu'analyste financier, je suis amené à étudier les perspectives financières de ces nouvelles start-up. Suivre à la loupe l'aventure entrepreneuriale de ces jeunes entreprises est vraiment exaltant. Ce que j'aime le moins dans mon travail, c'est ce qu'on appelle le* data crunching *: il faut analyser des bases de données Excel de plusieurs dizaines de colonnes et de milliers de lignes pour en sortir des informations sur le marché. C'est très rébarbatif à la longue ! »*

Pour apprendre davantage sur le métier d'analyse financier

Pour conclure sur le métier d'analyste financier, nous vous conseillons deux témoignages de pontes de l'analyse financière :

- **Benjamin Graham**, dans l'ouvrage référence de l'analyse financière moderne, *L'Investisseur intelligent*, Valor Eds, 1997 ;
- **Edouard Tétreau**, vainqueur du Prix des lecteurs du livre d'économie 2005 pour *Analyste : au cœur de la folie financière*, Paris, Grasset, 2005.

10. LE TRADER

Le trader et son image de *golden boy* en font rêver plus d'un ! Mais entre les images d'Epinal et la réalité, il y a souvent un gouffre ; le quotidien de son métier mérite d'être démystifié.

Le métier de trader

Il consiste à gérer du risque financier en prévoyant et en jouant sur des écarts de cours, le plus souvent à court terme. Le trader est un négociateur de produits financiers qui intervient au sein de banques d'investissement ou de sociétés de gestion d'actifs. C'est un opérateur spécialisé qui achète et vend des valeurs financières sur les marchés internationaux pour des clients en dégageant des profits pour son établissement.

Les risques financiers

Analyste économique et financier, le trader doit anticiper les fluctuations des marchés financiers afin d'engendrer des profits. Il travaille sur le *front office*, appelé aussi une salle de marché. Le trader peut se spécialiser au sein de la salle de marché sur un type de risques particulier. On regroupe ces risques en cinq catégories, appelées des sous-jacents :

- Le **risque de crédit** : c'est le fait qu'une entreprise, que des particuliers ou qu'un Etat ne puisse pas faire face à ses échéances et fasse défaut sur sa dette ;
- Le **risque de taux d'intérêts**, qui provient d'un changement des taux décidé par les banques centrales. Si aujourd'hui, une entreprise prête de l'argent à 3 % et que la banque centrale hausse les taux d'intérêts à 4 %, alors l'entreprise ne pourra pas prêter son argent à 4 %, et perdra de l'argent avec le différentiel de 1 % de taux ;

- Le **risque des actions** : une action étant une petite partie d'entreprise cotée en bourse, le risque réside dans le fait que la gestion de l'entreprise peut être mauvaise et que l'entreprise peut d'une manière ou d'une autre faire faillite ;
- Le **risque de taux de change** : lorsque les taux de change évoluent, si une entreprise doit 1 000 000 $ et que le dollar augmente, alors elle perd de l'argent ;
- Le **risque des matières premières**, lié à l'offre et la demande de matières premières.

Quelle que soit leur nature (banques, fonds de pension, *hedge funds*, assurances ou entreprises), les clients du trader souhaitent transmettre un de ces 5 risques financiers pour se couvrir. Le cœur du métier du trader consiste à endosser ces risques financiers pour des clients, en leur proposant des prix à l'achat et à la vente d'actifs intéressants par rapport au marché. Une fois que le trader a repris le risque à son compte, il souhaite replacer ce risque sur le marché en faisant l'opération inverse pour se couvrir du risque qu'il a endossé : on dit qu'il se *hedge*. Le trader doit donc se débarrasser du risque qu'il a endossé à un prix qui lui permet de faire un profit. Afin de pouvoir réaliser ce profit, le trader a besoin de recueillir des informations sur l'activité économique et de les synthétiser. En fonction des informations que le trader a à sa disposition et des opportunités de marchés, il propose aux clients de son établissement des prix d'achat ou de vente pertinents sur certains produits financiers. Concrètement, le trader doit acheter ou vendre aux uns pour revendre ou acheter mieux aux autres. Dans l'ensemble de son action, le trader est aidé par un *sales*, qui est un commercial en relation direct avec les clients de la banque, et un *quant* (analyste quantitative) qui fournit des modèles mathématiques pour l'aider à *pricer* les actifs financiers.

Le quotidien du trader

Il est partagé entre la prise d'informations, l'analyse et la cotation :

- Le **recueil d'information** occupe près de 40 % du temps du trader. Sur ses 8 écrans d'ordinateurs, il reçoit en continue des dépêches et des brèves économiques provenant d'agences de presse comme Bloomberg. La nature des informations peut être très variée, allant de résultats d'entreprises, aux annonces des statistiques nationales en passant par les faits divers. 99 % de l'information est inutile pour les produits financiers, mais le dernier pourcent permet au trader d'obtenir des informations cruciales pour l'anticipation des cours ;
- Une autre part importante du travail du trader consiste à **observer les marchés et analyser les tendances**. Il s'agit d'une autre forme d'information, qui est interprétée à titre personnel par le trader et qui fait la part belle à son intuition. L'observation des prix ainsi que leurs mouvements permettent au trader de se forger une conviction personnelle sur la tendance probable du marché. Ce travail occupe également 40 % de son temps ;
- La dernière tâche quotidienne du travail du trader qui occupe les 20 % restants est consacrée à la **cotation**, également appelée *market making*. En tant que *market maker*, le trader cote des clients, ce qui consiste à *pricer* des actifs financiers à l'aide de fonctions adéquates sur son Excel et à transmettre en continu ses prix de vente et d'achat à sa clientèle, voire à l'ensemble du marché.

Qualités et compétences du trader

- De **fortes capacités d'analyse et de synthèse**, pour ingurgiter et digérer la masse d'informations économiques et financières à sa disposition.
- Une **grande réactivité**, puisqu'il faut décider en temps réel du prix d'achat ou de vente des actifs financiers.

- Une **résistance au stress physique et nerveuse** pour faire face à la pression du *front office* en permanence en effervescence.
- De **solides compétences mathématiques** pour maîtriser les outils de modélisation et arriver à un *pricing* et une cotation cohérente.
- Une **très bonne maîtrise du fonctionnement générale de l'économie et de la gestion**, pour interpréter les informations qui bouleversent les cours du marché.

Focus sur le *sales* : le commercial du trader

Le trader n'est rien sans son *sales*, commercial des marchés financiers et interface entre les cotations du trader et les clients. Rattaché à un trader, le *sales* communique à son portefeuille de clients les offres de produits proposées par le trader auquel il est associé, ainsi que les conditions de marché et de transaction des produits. Le *sales* a à sa charge le marketing des produits financiers auprès des clients. Le *sales* se rémunérant par commission sur le volume vendu, il passe le relais d'ordre d'achat du client au trader qui est chargé d'investir sur le marché au nom du client, lorsque celui-ci souhaite conclure une opération.

Nos conseils pour devenir trader

Le trader est certes un technicien qui s'appuie sur des analyses mathématiques, mais il est avant tout un *market maker*. Son intuition est clé dans la prévision du marché. Le trader est autant recruté sur sa capacité à comprendre des modèles mathématiques que sur sa capacité à sentir le marché. Il est donc essentiel pour un futur trader d'accumuler de l'expérience et nous vous conseillons par conséquent de réaliser un maximum de stages dans le domaine de la finance, de préférence en salle de marché. Un stage d'assistant *sales* pour commencer est très bien vu.

11. LE GESTIONNAIRE DE PATRIMOINE

La très grande majorité des français confie leur épargne à une banque de détail, qui place sagement et mécaniquement cet argent sur des placements peu ou pas risqués comme le livret A ou des SICAV sûres. Pour certains épargnants plus fortunés, qui représentent moins d'1 % des Français mais un peu plus de 8 % des placements totaux, leur épargne passe par l'intermédiaire d'un conseiller en gestion de patrimoine. La gestion de patrimoine possède de multiples autres appellations : *asset management*, conseil en investissement financier ou même banque privée.

Le métier de gestionnaire de patrimoine

Travaillant dans une banque spécialisée ou un organisme financier, le gestionnaire de patrimoine est chargé d'assurer la gestion et le suivi du patrimoine de ses clients. C'est un spécialiste financier dont l'objectif est d'enrichir, de gérer et de transmettre le patrimoine privé d'un individu. Son portefeuille de clients comporte en général entre 50 et 100 clients. Il ne vend pas nécessairement les produits financiers propres à son établissement mais conseille et oriente toujours les choix des clients vers les placements les plus pertinents. A partir du bilan du patrimoine de son client et des attentes de ce dernier en termes de risque, de rentabilité et de liquidité, il détermine un profil et une stratégie d'investissements en adéquation avec les attentes et les besoins de son client. Comme tout conseiller en finance, il se rémunère sur une partie du revenu des investissements de son client. Le gestionnaire de patrimoine a donc pour vocation d'être à l'écoute de son client pour l'aider à déterminer quelle stratégie d'investissement est appropriée à sa situation.

Une palette variée de placements

Le gestionnaire de patrimoine a à sa disposition une large palette d'investissements pour ses clients. Pour un placement sûr et sans risque mais avec des avantages fiscaux, il conseillera à ses clients d'investir classiquement dans l'immobilier pour bénéficier de la loi de Robien. Si le client souhaite investir dans une valeur refuge, le gestionnaire en patrimoine dirigera son client vers de l'or. Pour un client amateur d'art et averse au risque, le gestionnaire lui conseillera de choisir des investissements plus originaux comme l'achat d'œuvres d'art exonérées d'impôts ou l'investissement dans une production cinématographique. Enfin pour un client souhaitant une rentabilité de 20 % par an et enclin au risque, il le guidera vers un fonds de *private equity*. Valeurs boursières, fonds communs de placement, assurance-vie, SICAV, immobilier, art, etc. Le gestionnaire de patrimoine doit savoir écouter ses clients, et analyser leurs besoins avec pertinence. Avec une telle variété de placements, il vise à faire du sur-mesure pour chaque client. Le seul point commun de ses clients réside dans la diversité des actifs dans lesquels il investit pour diminuer le risque !

Les missions du gestionnaire de patrimoine sont les suivantes

- **Etablir un bilan patrimonial** tenant compte des caractéristiques personnelles du client, à savoir sa situation économique et professionnelle, son aversion au risque, et surtout ses objectifs patrimoniaux.
- **Définir** avec ses clients **une stratégie d'investissement** en tenant compte des avantages fiscaux et des contraintes juridiques pesant sur chaque type d'investissement.
- **Orienter les clients** vers les placements légitimes pour leurs profils.
- Faire de la **veille juridique et fiscale** afin d'adapter en permanence la situation des personnes gérées et identifier les écarts entre les réalisations et les prévisions.
- **Fidéliser ses clients** par le biais d'une relation privilégiée.
- **Prospecter de nouveaux clients** pour élargir le portefeuille.

Qualités et compétences du gestionnaire de fortune

Financier, conseiller et communicant à la fois, le gestionnaire de fortune doit avoir une panoplie de compétences variées :

- Avoir une **rigueur analytique** et un **solide bagage financier** pour fournir à ses clients le produit le plus rentable, le plus liquide et le moins risqué ;
- Etre **psychologue**, avoir un **sens du relationnel** et une **disponibilité totale** pour instaurer un vrai climat de confiance avec son client et comprendre ses besoins ;
- Avoir un **bon sens commercial** et une **forte prise d'initiative** pour vendre à ses clients un maximum de produits ;
- Posséder des **notions spécifiques en droit et en fiscalité** pour répondre aux attentes extra-financières de son client.

Focus sur une entreprise de gestion de patrimoine : la Financière de l'Echiquier

La Financière de l'Echiquier a été un précurseur dans la gestion collective de patrimoine pour les particuliers. Cette société d'investissement est une spécialiste d'investissement de capitaux de particuliers depuis 1991. « Investir en action ne s'improvise pas », d'après le slogan de la Financière. Cette société d'investissement gère des portefeuilles d'investissement pour des particuliers en utilisant en priorité des fonds communs de placement et en garantissant des taux de rentabilité annuels parfois à deux chiffres. Chaque investisseur fait l'objet d'une attention particulière de la part de son gérant privé, garant de la personnalisation des conseils prodigués. Actuellement, la Financière de l'Echiquier gère le patrimoine de plus de 3 000 ménages fortunés.

Focus sur une gestion de patrimoine singulière : le *family office*

Le concept de *family office* est apparu à la fin du XIXe siècle aux Etats-Unis pour gérer les fortunes colossales de milliardaires comme celle de l'oligarque Rockefeller. Le *family office* se réfère à une structure composée de quelques spécialistes en charge de la gestion de fortune d'une famille dotée d'un patrimoine extrêmement vaste allant de plusieurs dizaines à plusieurs centaines de millions d'euros et d'actifs variés (entreprise familiale, propriétés foncière, agricole ou viticole, œuvres d'art, titres financiers, etc.). Les services d'un *family office* sont destinés aux familles qui souhaitent maintenir à long terme la valeur de leur patrimoine tout en préservant l'harmonie familiale et en favorisant la transmission du patrimoine aux générations suivantes. Un *family office* doit pouvoir apporter des réponses créatives et intègres à la gestion du patrimoine de la famille. Pour cela, un *family office* est composé d'un spécialiste de FCP, d'un spécialiste fiscal, d'un spécialiste de venture capital, etc.

Témoignage de Julien, diplômé EDHEC, structureur chez BNP Wealth Management

Peut-on faire de la gestion de patrimoine sans être très doué pour le contact client ?

« Je n'ai aucun contact direct avec les clients qui nous confient leur épargne. Mon rôle est de structurer des produits financiers et de les *pricer.* Je propose mes produits aux équipes de chargés d'affaires, et eux les commercialisent aux clients en fonction de leurs attentes. En revanche, plus je progresserai dans la pyramide hiérarchique, plus j'aurai besoin d'un bon relationnel. »

Si vous souhaitez vous renseigner davantage sur la gestion en patrimoine, consultez le magazine *gestiondefortune.com* destiné aux professionnels.

12. LE CONSULTANT EN MANAGEMENT

Près de 20 % des jeunes diplômés des plus grandes Ecoles de commerce se dirigent vers le conseil en management, qui continue à se classer parmi les secteurs les plus attractifs. Derrière le terme très généraliste de « conseil en management » se cache un métier passionnant et varié.

Le métier de consultant en management

Etre consultant, c'est être au service d'entreprises clientes pour résoudre leurs problèmes. Les cabinets de conseil mettent à la disposition des entreprises le temps d'une mission (allant de 6 semaines à 1 an) les compétences de leurs consultants pour résoudre une des problématiques de management auxquelles l'entreprise est confrontée, qu'elles soient d'ordre stratégique, marketing, humaine, organisationnel ou encore informatique.

Le déroulement d'une mission de conseil en management

Le déroulement d'une mission de conseil suit toujours le même ordre, de la présentation du problème à sa résolution :

- La ***propal*** : la première phase consiste à répondre à l'appel d'offre de l'entreprise. Après avoir pris connaissance du problème que souhaite résoudre l'entreprise cliente ainsi que les données essentielles de la mission, le partner en charge de la mission fait une offre commerciale à l'entreprise expliquant, les ressources et les méthodes qu'il compte mettre en œuvre avec son équipe de consultants pour apporter une réponse à l'entreprise ;
- Le ***data crunching*** : dans un second temps, les consultants rassemblent l'ensemble des informations nécessaires auprès du client, en étudiant les bases de données du client, en interviewant les salariés de l'entreprise et en complétant ces informations par des études du secteur, du marché et des concurrents ;
- L'**analyse** : la troisième phase consiste, comme son nom l'indique, à analyser les résultats de la phase de recherche pour trouver les causes du problème du client, ainsi que les méthodes de résolution ;
- Le ***reporting*** : cette étape consiste à fournir au client l'ensemble des analyses et des résultats statistiques liés au problème et surtout les recommandations à suivre pour résoudre le problème. La phase de *reporting* est également complétée par une étape d'implementation au cours de laquelle les consultants déterminent précisément l'agenda à suivre pour mettre en place les recommandations ;
- Le ***feed-back*** : cette ultime phase consiste à alimenter les bases de données internes au cabinet de consulting, et à communiquer aux autres consultants les résultats trouvés.

Les différentes branches du conseil

Même si le conseil en management est apparu à la fin du XIXe siècle, l'activité de conseil a émergé véritablement à partir des années 1960. Le conseil en management est fortement spécialisé et chaque type de cabinets se concentre sur un axe de problématiques particulières :

- Le **conseil en stratégie** pour résoudre les défis et les changements macroéconomiques ;
- Le **conseil financier** pour améliorer la situation financière et comptable du client ;
- Le **conseil en marketing** pour optimiser le processus de vente d'un produit ;
- Le **conseil en organisation** pour optimiser l'organisation en termes de ressources humaines ;
- Le **conseil en IT** pour mettre en place de nouveaux outils technologiques.

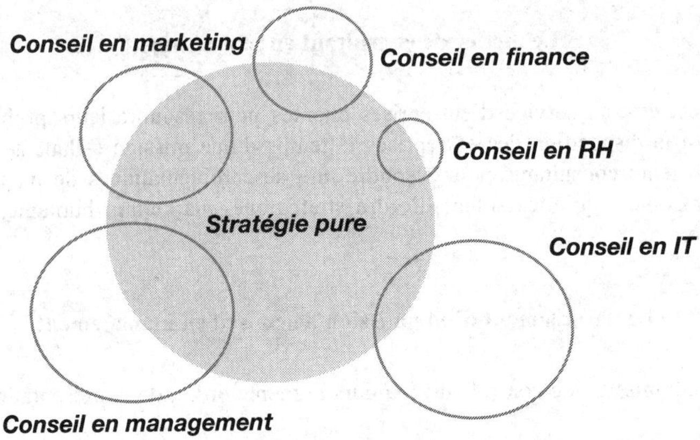

Qualités et compétences du consultant en management

Aucun métier n'est plus varié que celui de consultant en termes de secteurs d'activités et de problématiques rencontrées. Les qualités requises pour devenir consultant sont donc naturellement toutes aussi variées. Cependant, précisément, un consultant doit :

- Avoir une **excellente culture générale économique** : services financiers, grande consommation, automobile, aéronautique, pharmaceutique, réduction des coûts, gains de part de marché, pénétration d'un nouveau marché, etc. Pour pouvoir appréhender rapidement et efficacement la variété de problèmes économiques, le consultant doit bénéficier d'une vaste culture économique et entrepreneuriale ;
- Etre **ouvert d'esprit** et extrêmement **curieux** : ces deux qualités sont indispensables au consultant pour comprendre en profondeur le problème de son client ;
- Avoir une **bonne approche quantitative** : l'essentiel du travail du consultant consiste à analyser des bases de données, comparer des ratios financiers, étudier des parts de marché. En effet, le consultant privilégie souvent le quantitatif au qualitatif ;
- **Aimer travailler en équipe** : une mission est toujours résolue en équipe ;
- Avoir d'excellentes **qualités relationnelles** afin d'interviewer les cadres de l'entreprise cliente ou encore communiquer clairement les résultats de la recherche ;
- Une grande **force de travail** : les horaires des consultants sont réputés être extrêmement éprouvants atteignant jusqu'à 90 heures par semaine avec des déplacements quasi quotidiens à l'étranger.

Témoignage, François, diplômé HEC, consultant en stratégie chez Roland Berger

Quel sont les meilleurs stages pour intégrer les plus prestigieux cabinets de conseil en stratégie ?

« Les cabinets de conseil en stratégie McKinsey, BCG ou Roland Berger sont réputés pour être très sélectifs, et ce n'est pas un mythe ! Avoir fait de bons stages est un grand atout pour passer le *screening* des RH. Parmi les stages les plus cotés, deux stages sont des sésames à mon avis : analyste stagiaire M&A en banque d'investissement, et stagiaire au sein d'une direction stratégique d'une grande entreprise. »

Où trouver des informations supplémentaires ?

Informez-vous sur les sites des cabinets qui vous feront partager une multitude de témoignages. Le portail Internet *consultor.fr* peut aussi vous aider à mieux appréhender le métier. Enfin, n'hésitez pas à regarder le film *Violence des échanges en milieu tempéré,* de Jean-Marc Moutout, sur le conseil en management.

13. L'AVOCAT D'AFFAIRES

A l'heure ou les entreprises valorisent toujours plus les doubles compétences, l'avocat d'affaires est un métier prisé qui attire de manière croissante les jeunes diplômés d'Ecole de commerce. Bien sûr, être avocat d'affaires ne s'improvise pas. Cela demande une compétence en droit et requiert d'avoir passé le barreau. Toutefois, de plus en plus d'Ecoles de commerce proposent des doubles cursus pour ce métier. D'ailleurs, les étudiants en droit affluent aujourd'hui en nombre pour compléter leur formation juridique, et si 15 % des avocats français sont spécialisés en droit des affaires, ils réalisent 80 % du chiffre d'affaires de la profession.

Le métier d'avocat d'affaires

Plaider pour une entreprise n'est pas vraiment le rôle de l'avocat d'affaires comme on pourrait le penser. **L'avocat d'affaires a pour clients exclusivement des sociétés. L'avocat d'affaires assiste le monde de l'entreprise.** Il intervient plus en tant que conseiller qu'en contentieux au tribunal, privilégiant la prévention plutôt que la cure.

Son conseil est essentiel aux directions générales car son expertise permet à l'entreprise de se protéger lorsqu'elle signe tous types de contrats avec ses partenaires économiques. Qu'importe la spécialisation de l'avocat d'affaires, que ce soit du droit boursier, du droit financier, du droit social, du droit immobilier ou encore du droit de la propriété intellectuelle, **il est le seul à pouvoir préparer les clauses du contrat**.

Dans le cadre d'une fusion-acquisition, l'avocat d'affaires travaille en partenariat avec la banque d'investissement pour rédiger les clauses d'émission des nouvelles actions de l'entreprise fusionnée. Lorsqu'il travaille avec un fond de private equity, c'est lui qui prépare le pacte d'actionnaires. Dans le cas d'achat de dizaines de milliers de mètres carrés de bureau dans une tour à la Défense, il a pour rôle de vérifier la conformité des nouveaux statuts immobiliers.

En conséquence, il peut intervenir dans de nombreux domaines, et son rôle de conseiller l'oblige à avoir une approche transversale des problèmes même si, très souvent, il se spécialise dans un domaine.

L'avocat d'affaires exerce dans des cabinets spécialisés, à l'image des cabinets de conseil. Rémunéré en « rétrocession d'honoraires », son client lui impose des *deadlines* très exigeantes et courtes, et le stress des nuits blanches à rédiger les contrats est fréquent. L'avocat d'affaires est souvent un bourreau de travail qui ne compte pas les heures supplémentaires.

Focus sur le cabinet international Gide Loyrette Nouel

Clifford Chance, Allen&Overy, White&Case, Baker&McKenzie, les grands cabinets internationaux anglo-saxons sont les plus nombreux dans le monde du droit des affaires. Face à cette dure concurrence, un cabinet français a su tirer son épingle du jeu. Créé en 1920, le cabinet d'avocats Gide Loyrette Nouel est considéré comme le premier cabinet d'affaires français par la revue anglaise *Legal 500*. Fort de ses 650 avocats de 50 nationalités différentes, le cabinet est reconnu parmi les meilleurs spécialistes de chacune des branches du droit national et international de la finance et des affaires. Que ce soit en droit des sociétés, arbitrage international, contentieux commercial, droit de la concurrence, droit fiscal, droit de la propriété intellectuelle, ou pour des montages juridiques de véhicules de financement, le cabinet Gide Loyrette Nouel accompagne ses clients à un niveau internationale, à l'aide de son réseau de 19 bureaux internationaux implantés sur plusieurs continents. Entrer dans le saint des saints du droit des affaires français n'est pas chose aisée et requiert un CV hors du commun : une des meilleurs écoles de commerce doublée d'une excellente formation en droit, cumulée avec une solide expérience professionnelle en cabinet.

Qualités et compétences de l'avocat d'affaires

A ses diplômes de droit et d'école de commerce, l'avocat d'affaires doit posséder les qualités suivantes :

- Une **excellente culture économique** et un ***business sense* élaboré** pour comprendre les enjeux et les détails des dossiers des clients ;
- Une **connaissance juridique très approfondie** dans les divers domaines du droit des affaires avec de préférence un domaine de spécialité ;
- De **bonnes aptitudes relationnelles** pour rédiger les contrats commerciaux ou encore les pactes d'actionnaires ;
- Un **sens de l'analyse** et un **bon esprit de synthèse** pour traiter efficacement la densité des dossiers juridiques ;
- De **grandes capacités d'éloquence**, nécessaires en particulier pour plaider lors des contentieux : tout avocat qui se respecte doit être un orateur hors pair.

Témoignage : Nicolas, diplômé de l'Université Panthéon-Assas et du MS HEC, droit et management, avocat fiscaliste chez Sullivan&Cromwell LLP

A quel moment un avocat fiscaliste intervient-il pour optimiser l'imposition des sociétés ?
« J'exerce au sein du cabinet Sullivan&Cromwell LLP en tant qu'avocat fiscaliste. Le métier de fiscaliste, dans ce secteur d'activité, relève principalement d'une fonction de support. Je participe, tant en amont qu'en aval, à l'optimisation fiscale des entreprises, par la réflexion stratégique sur les dossiers, par la structuration des opérations et par la rédaction des contrats ou de divers documents à destination des actionnaires et de l'Autorité des Marchés Financiers. »

14. LE DIRECTEUR GENERAL

Pour le grand public, l'image des dirigeants des grandes entreprises oscille entre admiration et dénigrement. D'un côté, la rémunération des grands patrons, jugée excessive et non justifiée par les résultats de l'entreprise, fait régulièrement scandale avec les annonces de golden parachutes ou d'allocations de *stock options*. De l'autre côté, la starification des patrons du CAC 40 est croissante et les grands patrons n'ont jamais été autant portés aux nues par la presse. Au-delà des polémiques et de l'excès de louanges, en quoi consiste le métier de directeur général (DG) ?

Le DG a une fonction omnisciente

Le directeur général est un manager au sens propre, c'est-à-dire qu'il est le dirigeant choisi par les propriétaires de l'entreprise pour développer l'entreprise. Contrairement au chef d'entreprise, le directeur général n'a pas nécessairement de parts dans l'entreprise. Dans les sociétés cotées, le DG est nommé par le conseil d'administration qui représente les actionnaires. Alors que le président directeur général est à la tête du conseil d'administration et a pour rôle de garantir l'application de la volonté des actionnaires, le directeur général est là en soutien opérationnel du PDG et il met en œuvre les décisions du conseil d'administration. Au même titre que le PDG, il possède des pouvoirs concédés par le conseil d'administration.

Le directeur général a pour rôle principal de diriger, de manager, d'arbitrer et de relier les différentes directions de l'entreprise. Il est en interaction permanente avec toutes les divisions de l'entreprise et se positionne à la tête d'un groupe resserré, formé du directeur commercial, du directeur financier, du directeur logistique, du directeur stratégique, du directeur de la production, du directeur juridique, etc. Son rôle de coordinateur général est totalement transversal, abordant chacune des problématiques de l'entreprise. Le DG délègue bien sûr des missions à chaque direction et supervise seulement les décisions à prendre. Visionnaire, le directeur général doit pouvoir optimiser la performance de l'entreprise à court terme, tout en gardant à l'esprit les intérêts de long terme, au moment où il définit la stratégie générale.

Les missions quotidiennes du DG

Le DG mène des missions touchant à la gestion, à l'investissement, à la communication, à la production, etc. Entre autres, le directeur général doit :

- **Veiller au bon fonctionnement général des opérations de l'entreprise** en assurant une coordination de chaque division de l'entreprise ;
- **Conseiller et diriger les directeurs et les responsables** des différentes branches de l'entreprise dans le pilotage de projets transversaux : entrée sur un nouveau marché, développement d'un nouveau produit, acquisition d'une entreprise ;
- **Anticiper les changements, observer la concurrence et l'évolution du marché** national et international, analyser les tendances de fond, et définir une stratégie de long terme afin de préparer l'entreprise aux défis futurs ;
- **Promouvoir l'image de la société** : le DG est le premier employé et il incarne en toutes circonstances son entreprise. Il communique aux actionnaires les résultats trimestriels, il représente l'entreprise lors de salons, il donne des interviews à la presse, etc.

Qualités et compétences du DG

Pour prétendre à un poste de ce calibre, les compétences managériales du DG doivent être remarquables à tous points de vue. Seul un manager avec au moins quinze ans d'expérience et étant passé par plusieurs directions peut rassembler autant de compétences. **Le directeur général doit :**

- **Maîtriser l'entreprise dans la globalité** et avoir une expérience dans des directions clés comme la direction commerciale, la direction financière ou la direction stratégique ;
- Avoir un **excellent sens de la communication** : que ce soit pour la communication interne, auprès des employés ou externe, en direction des actionnaires ou de la presse, le directeur général doit savoir expliquer et justifier ses décisions ;

- Posséder une **forte capacité d'adaptation**, du **sang-froid**, du **discernement** et un **pragmatisme** pour pouvoir faire face aux problématiques transversales ;
- Avoir une **expertise technique en comptabilité et en finance**, afin de superviser les indicateurs de profit, de rentabilité, etc. ;
- Avoir une **bonne résistance physique** pour faire face aux horaires exigeants ;
- Avoir des **compétences stratégiques** et **être visionnaire** : anticiper et sentir le futur marché et les grandes orientations du business pour garantir la pérennité de l'entreprise sur le long terme.

Focus sur le conseil d'administration

Un conseil d'administration est une assemblée chargée de l'administration d'une entreprise au nom des propriétaires d'une entreprise, c'est-à-dire les actionnaires. Les administrateurs sont les membres (au nombre maximum de 18) du conseil d'administration.
Le comité des actionnaires considère que l'action des administrateurs doit être inspirée par le seul souci de l'intérêt de la société concernée. Le directeur général d'un grand groupe est nommé par le conseil d'administration. S'il est également président du conseil d'administration, il est alors le président-directeur général.

Le conseil d'administration remplit une quadruple mission :

- définir la stratégie de l'entreprise ;
- désigner les mandataires sociaux chargés de gérer celle-ci dans le cadre de cette stratégie ;
- contrôler la gestion ;
- veiller à la qualité de l'information fournie aux actionnaires ainsi qu'aux marchés. Le conseil d'administration répond collectivement de l'exercice de ses missions devant l'assemblée générale des actionnaires envers laquelle il assume légalement les responsabilités essentielles : convoquer et fixer l'ordre du jour de l'assemblée et contrôler la gestion de l'équipe dirigeante.

15. L'ENTREPRENEUR

Longtemps, la part des étudiants se lançant à la sortie des écoles dans l'entrepreneuriat a été négligeable. Depuis une dizaine d'années, l'entrepreneuriat attire de plus en plus les jeunes diplômés ayant pour but de créer une start-up et de devenir la nouvelle *success-story* française. D'ailleurs, les Ecoles de commerce, qui ont bien pris conscience du potentiel de l'entrepreneuriat, développent ainsi considérablement des incubateurs au sein des écoles, afin d'accompagner les jeunes entrepreneurs. Sites Internet de distribution, services à la personne, sociétés d'informatique, l'entrepreneur est désormais omniprésent dans l'économie française et revêt des formes multiples.

Comment se définit l'entrepreneur ?

L'entrepreneur est avant tout porteur d'un projet économique, et prend le risque de réunir des moyens financiers et humains pour atteindre un certain nombre d'objectifs économiques. Il investit à titre personnel des capitaux dans son projet pour développer l'idée ou le savoir-faire auquel il croit. Il est fortement motivé par un besoin débordant de réalisation, mu par l'envie de construire et d'incarner le pari de l'innovation. En injectant des capitaux dans son entreprise, l'entrepreneur met en jeu un patrimoine personnel. L'économiste

Schumpeter définissait l'entrepreneur comme « un homme dont les horizons économiques sont vastes et dont l'énergie est suffisante pour bousculer la propension à la routine et réaliser des innovations ».

L'entrepreneur, un manager complet ?

L'entrepreneur est d'abord un chef d'entreprise, qui a créé une entreprise *ex-nihilo*. Totalement indépendant, l'entrepreneur n'est pas un employé de la structure mais un dirigeant complet : il doit gérer tour à tour la politique commerciale, le financement, le développement marketing, la publicité, l'approvisionnement, le budget, etc. Pour assurer la pérennité de son entreprise, un entrepreneur doit être capable de rassembler autour de lui des moyens techniques et humains pour arriver à gérer l'ensemble des paramètres de l'entreprise.

Qualités et compétences de l'entrepreneur

Il n'y a pas un unique caractère d'entrepreneur, en revanche il faut du caractère pour être entrepreneur ! Les principales qualités d'un entrepreneur sont :

- Le **sens de la créativité et de l'innovation** : l'entrepreneur doit pouvoir développer une idée novatrice centrale pour porter son projet et se démarquer des concurrents ;
- Des **aptitudes commerciales et relationnelles** afin de développer les réseaux de clients et les marchés de son entreprise. Ne jamais oublier que l'entrepreneur est le premier commercial de sa société ;
- Une **organisation rigoureuse** : en tant que DG de son entreprise, l'entrepreneur doit pouvoir gérer en même temps des problématiques très variées et donc faire preuve d'organisation pour gérer l'agenda de ses missions ;
- Une **volonté d'acier** : l'entrepreneur est souvent le seul à croire en son projet, son business plan étant jugé souvent trop innovant ou risqué. La création d'une entreprise demande de la persévérance. L'entrepreneur est souvent découragé par les banques qui ne croient pas en son aventure et par les potentiels concurrents qui font tout pour l'empêcher de pénétrer le marché.

Focus sur le business plan : l'outil essentiel de l'entrepreneur

Pour réaliser son projet, l'entrepreneur doit s'appuyer sur un business plan exhaustif. La totalité du projet de l'entrepreneur doit être traduite dans le business plan. Il est la modélisation la plus probable de l'entreprise dans l'avenir, il définit et formalise le business model et résume synthétiquement la stratégie et le développement de l'entreprise. Le business plan est destiné à la fois au management interne en tant que carnet de route et aux partenaires financiers externes comme les banques. Entre autres, l'entrepreneur doit décrire dans son business plan :

- les **missions visées** par son entreprise,
- le **management** de l'entreprise,
- l'**analyse concurrentielle** du marché,
- les **avantages comparatifs** des produits et des services offerts,
- la **stratégie marketing et commerciale**,
- les **phases de développement** de l'entreprise,
- les **projections financières** et le **plan de financement**.

Une *success-story* entrepreneuriale : Vicomte Arthur

L'entreprise Vicomte Arthur produit des vêtements de luxe allant du polo au maillot de bain. Créée en 2005 par Arthur de Soultrait, un jeune diplômé d'Ecole de commerce, Vicomte Arthur a été financé au départ par les recettes de la vente de quelques milliers de cravates à la ville de Paris pour les Jeux olympiques 2012. Véritable raz-de-marée sur le segment du polo de luxe, en l'espace de quelques années, la jeune entreprise pourtant établie sur un marché ultra-concurrentiel a su s'imposer sur ce marché de niche grâce à une image de marque innovante. L'idée centrale du business modèle de Vicomte Arthur est de marier des couleurs « flashy » comme le rose fuchsia, avec des vêtements luxueux à la ligne ultra classique, tout cela à un prix abordable. Jouant la carte de l'élitisme et de la noblesse, Vicomte Arthur a fondé un réseau de magasins installés à des adresses prestigieuses. Avec un chiffre d'affaires de plus de 10 millions d'euros et plus de 240 points de ventes en 2010, Vicomte Arthur est une *success-story* qui illustre parfaitement les valeurs de l'entrepreneuriat : une idée novatrice, une stratégie ambitieuse, une politique commerciale bien menée et une volonté à toute épreuve.

Financer son aventure entrepreneuriale : l'option des *business angels* ou du *venture capital*

L'idée, les compétences et le business plan ne suffisent pas forcément pour devenir entrepreneur. Le financement demeure souvent une barrière lors de la création d'une entreprise. Lorsque les banques, parfois frileuses, refusent d'accorder un prêt, il existe encore d'autres moyens de lever des capitaux : les *business angels* et le *venture capital*.

- Un *business angel* est une personne investissant une part de son patrimoine dans une jeune entreprise à fort potentiel de croissance. Le *business angel* a un rôle d'accompagnateur vis-à-vis de l'entrepreneur. Au-delà de la part qu'il prend dans les capitaux de l'entreprise, il conseille l'entrepreneur, lui fait partager ses réseaux, son expérience, etc. Un *business angel* peut investir à titre personnel jusqu'à plusieurs centaines de milliers d'euros dans un jeune projet entrepreneurial. On compte aujourd'hui près de 10 000 *business angels* en France, regroupées dans le réseau principal France Angels.
- Un fonds d'investissement de *venture capital* est une structure qui finance les jeunes entreprises en rentrant dans leur capital. En prenant une part financière, ces fonds d'investissement qui peuvent investir jusqu'à plusieurs millions d'euros participent par le biais du conseil d'administration au bon développement de l'entreprise. Un entrepreneur ayant besoin de financer un certain nombre d'investissements pour développer son entreprise peut décider d'aller voir un fond de *venture capital* pour obtenir ce financement.

NEUVIEME PARTIE

L'ENTRETIEN COMME SI VOUS Y ETIEZ

« Nous voulons de la vie au théâtre, et du théâtre dans la vie. »
Jules Renard

L'ENTRETIEN COMME SI VOUS Y ETIEZ !

Nous avons souhaité partager avec vous 8 entretiens retranscrits « tel quel », mot pour mot… sans suppression, sans ajout, sans transformation. Des entretiens à l'état brut, à l'état pur, avec ses fautes de langage et ses imperfections. L'objectif est ambitieux : vous aider à prendre pleinement conscience de la réalité de l'entretien. Des ses questions récurrentes et de ses questions inattendues, de son climat, de sa tension, de ses surprises aussi et de ses dérapages, de son dénouement heureux… ou malheureux.

Ces 8 retranscriptions sont extraites de simulations d'entretiens d'étudiants de la Prépa Aurlom (de niveau Terminale à Bac +4) ; des simulations passées à différents stades de préparation. Certains étudiants en étaient en effet à leur première ou seconde simulation. D'autres, plus aguerris, en avaient passé plusieurs et s'étaient visiblement déjà bien préparés. Vous remarquerez toutefois que nous avons privilégié des entretiens qui n'ont pas été réussis et ce, afin que vous ne reproduisiez pas les mêmes erreurs.

Quant aux membres de jurys qui animent les entretiens retranscrits, il s'agit à chaque fois de vrais membres de jurys de concours. Ce détail est important, car il vous permet de vous projeter dans de « vrais » entretiens, tels qu'ils se déroulent vraiment dans le cadre des concours.

Et pour terminer, sachez (car cela fait toujours plaisir) que TOUS ces étudiants ont finalement été admis dans l'école qu'ils visaient en priorité !

TRES IMPORTANT !

Les notes et commentaires en bas de page sont très importants. Certainement plus importants encore que les entretiens eux-mêmes. **Vous devez les lire ABSOLUMENT.**

Ces notes et commentaires vous permettront de bien comprendre les attentes du jury, de lire « entre les lignes » et de disposer ainsi d'un second niveau de lecture. Ce niveau de lecture est essentiel si vous avez la ferme attention de progresser.

Comme toujours, pour des raisons évidentes de confidentialité, nous avons modifié les noms et prénoms des étudiants.

Nous vous souhaitons une agréable lecture.

ENTRETIEN • 1

Ecole cible	ESCP Europe	AP
Voie	**Admission parallèle à Bac +3 et plus** • Concours CAD	

JURY

Bonjour mademoiselle Tourrier !

CANDIDATE

Bonjour.[1]

JURY

Bienvenue à vous.

CANDIDATE

Merci.

JURY[2]

Vous venez de Quimper, c'est ça ?

CANDIDATE

Oui.

JURY

Vous êtes née à Quimper ?

CANDIDATE

Oui mais mes parents habitent à Douarnenez.

1. La candidate répond par un simple *« bonjour »* alors qu'il convient de saluer chacun des membres du jury, en commençant par les dames. « Bonjour Madame », « Bonjour Madame », « Bonjour Monsieur ». D'autant que le jury l'accueille avec un « Bonjour Mademoiselle ». Naturellement, dans une grande majorité des cas, les membres du jury ne noteront pas cette petite négligence mais il existe des jurys très pointilleux sur la politesse. Ainsi, pour ne vexer personne, il faut toujours observer ces règles.
2. La conversation démarre d'entrée sur la ville d'origine de la candidate. C'est toujours dangereux car elle est amenée sur un sujet familier et à se sentir trop à l'aise, on en oublie souvent l'essentiel. C'est en fait que le jury l'invite à parler d'elle. Visiblement, elle ne s'y attendait pas. Il lui est demandé de raconter son histoire personnelle. C'est une occasion de tendre des perches, de parler de son originalité, de sa valeur ajoutée. Elle donne quelques informations qui permettent au jury de mieux la connaître. La solitude, son attachement à la Bretagne, la famille et le piano sont les éléments qu'elle a choisis pour se définir.

JURY

Où ça ?

CANDIDATE

A Douarnenez à une vingtaine de kilomètres.

JURY

Ah d'accord, et vous vivez actuellement à Paris ?

CANDIDATE

Oui, depuis 5 ans.

JURY

Et qu'est-ce que vous retenez de vos années en Bretagne ?

CANDIDATE

De mes années, donc j'ai passé 18 ans en Bretagne et ce que j'en retiens c'est… ma famille, j'en retiens aussi mon éducation. Donc, mes parents sont, enfin mon père est gardien de phare. Donc c'est vrai que j'ai eu cet aspect aussi très solitude, c'est vrai qu'en Bretagne ce n'est pas comme à Paris, il n'y a pas énormément d'activités, mais on apprend à s'occuper par soi-même et à se trouver des activités propres. Donc j'ai développé un goût pour le piano notamment, donc, j'en ai fait pendant 18 ans et aussi ce que j'en retiens ce sont mes années d'études. J'ai fait toute ma scolarité à Quimper, à Douanenez et donc j'ai des amis que j'ai gardés depuis le primaire, voilà donc c'est ma famille et mes amis.

JURY [*reprenant*][3]

Très bien dites-moi un peu ce que vous venez faire ici à l'ESCP mademoiselle, quel est votre projet ?

CANDIDATE

Donc en fait, je suis ici devant vous car j'ai de grandes motivations pour intégrer l'ESCP.

JURY

D'accord, quelles sont-elles ?

3. Par chance, le jury lui demande les raisons de sa présence, *« dites-moi un peu ce que vous venez faire ici à l'ESCP mademoiselle »*. Avant toute chose et pour montrer la cohérence de son parcours, elle expose son P2. Son parcours académique est simple : 5 ans à Sciences Po Paris et un master Affaires Publiques en poche. Elle n'explique pas ce que lui a appris ce master. Elle aurait dû synthétiser ses acquis académiques en 2 ou 3 phrases. C'est dommage. Ses expériences professionnelles et associatives sont abordées trop succinctement. En effet, elle cherche à justifier une reconversion, d'une carrière dans la fonction publique au conseil. Cette justification doit être apportée par son stage chez UBI France à Sydney et son engagement au sein de l'association Junior Consulting Sciences Po. C'est trop rapide.

CANDIDATE

Donc en fait je sors de Sciences Po, j'ai fait mes 5 ans à Sciences Po depuis que je suis arrivée à Paris et je suis diplômée depuis une semaine d'un Mastère Affaires Publiques et en fait en intégrant mon mastère j'avais pour projet de travailler dans la fonction publique, donc de passer les concours administratifs mais je me suis rendu compte notamment que grâce à mon stage fait chez UBI France à Sidney et aussi mon engagement au sein de l'association Junior Consulting Sciences Po que ma vocation c'était peut-être plus de travailler dans le conseil que de travailler sur des problématiques publiques.[4] Je suis devant vous aujourd'hui parce que vous avez des cours parfaits pour mon projet, notamment des cours de Daniel Rouach sur le Consulting et aussi une option de spécialisation à Londres ; j'ai vu que vous aviez une option de Business Consulting et c'est pour cela que je suis devant vous aujourd'hui[5].

JURY

Qu'est-ce qui vous plaît dans le conseil concrètement ?

CANDIDATE

Ce qui me plaît en fait, il y a plusieurs aspects, déjà le fait que ce soit des challenges, comme le conseil cela demande beaucoup de travail déjà, ce sont des missions aussi qui sont très diverses[6] donc c'est toujours arriver dans une entreprise, s'acclimater déjà à une nouvelle équipe, à un nouvel environnement, réaliser la mission et repartir pour une autre mission, etc., donc c'est toujours un nouvel environnement, s'adapter et c'est cela qui me plaît en fait.

JURY

Mais vous n'avez pas l'impression que c'est un peu superficiel comme approche de l'entreprise ? Quand on est polyvalent comme ça est-ce qu'on est vraiment expert dans un domaine ?

CANDIDATE

On est expert mais aussi polyvalent, c'est ça l'intérêt et justement c'est comme cela que je vois le début de ma vie professionnelle. M'engager dans des problématiques diverses et approfondir énormément de problématiques.

---

4. *« ma vocation c'était peut-être plus de travailler dans le conseil que de travailler sur des problématiques publiques »* : voilà la première évocation de son projet professionnel. Il n'y a aucun effet d'annonce, c'est un aveu du bout des lèvres. De plus, aucun détail n'est donné. Pourquoi le conseil ? Dans quelle entreprise par exemple ? Quel poste ? Qu'est-ce qui lui plaît dans le conseil ? Tout ceci doit figurer dans ce paragraphe. C'est pourquoi le jury veut en savoir davantage : *« Qu'est-ce qui vous plaît dans le conseil concrètement ? »*

5. Une autre erreur réside dans la justification du choix de l'école, c'est le P3 *« vous avez vraiment des cours très orientés pour mon projet, notamment des cours de Daniel Rouach sur le Consulting et aussi une option de spécialisation à Londres, j'ai vu que vous aviez une option de Business Consulting et c'est pour cela que je suis devant vous aujourd'hui »*. Ce paragraphe vient bien trop tôt. Il aurait fallu aborder le besoin d'intégrer une école de commerce après 5 ans d'IEP. De plus, elle ne cite pas l'ESCP. Il est crucial de nommer l'école.

6. La justification de la candidate est trop superficielle : *« déjà le fait que ce soit des challenges, comme le conseil cela demande beaucoup de travail déjà, ce sont des missions aussi qui sont très diverses »*. Ces arguments ne sont pas spécifiques au conseil. Il aurait fallu entrer dans le détail d'une mission concrète d'un cabinet de conseil par exemple. La candidate doit montrer une connaissance parfaite des enjeux de ce domaine. Le jury relève cette faille : *« Mais vous n'avez pas l'impression que c'est un peu justement superficiel comme approche de l'entreprise ? »*

JURY

Et vous aimeriez travailler où exactement ?[7]

CANDIDATE

J'aimerais travailler, dans l'idéal bien sûr dans les grands cabinets comme BCG ou McKinsey ? Et je me suis renseignée, j'ai parlé notamment avec une de vos élèves qui s'appelle Carlotta Miolis, qui travaille chez Roland Berger et qui m'a parlé des opportunités que présentent l'entreprise. Notamment j'aimerais travailler en Allemagne plus tard.

JURY

Pourquoi l'Allemagne ?

CANDIDATE

Parce que en fait, j'ai développé depuis longtemps un goût pour l'Allemagne et quand je suis partie en troisième année en Allemagne, ça m'a beaucoup plu et depuis cette troisième année j'ai le projet de retourner très rapidement là-bas pour y travailler en fait. J'aime beaucoup la façon des allemands de travailler, comme c'est très professionnel et en même temps cela reste très convivial et bien la hiérarchie vraiment, elle est pas palpable, en fait quand on travaille avec des allemands. Et donc j'aimerais m'installer notamment dans le quartier, dans la région de Munich qui me plaît beaucoup, où est implanté Roland Berger.

JURY

Et pourquoi ne pas étudier en Allemagne, alors ?[8]

CANDIDATE

Parce que je pense qu'en France, on a justement ce bénéfice des grandes écoles et justement d'apprendre cette expertise qu'apportent les grandes écoles. Notamment, j'ai intégré Sciences Po, donc sans Sciences Po déjà je ne serais pas parti en Allemagne, je pense, et cela m'a donné l'opportunité de partir en troisième année et de découvrir ce goût que j'avais pour l'Allemagne et aussi je pense que, en fait le système allemand est bien différent dans la façon d'apprendre et beaucoup plus personnel moins encadré et je pense que j'ai besoin d'un cadre pour en apprendre plus.

---

7. Le jury demande des exemples de cabinet. Sa réponse est courte. La question initiale était : *« Et vous aimeriez travailler où exactement ? »* Elle ne justifie pas pourquoi elle cite les deux premiers cabinets. En revanche, elle évoque une élève de l'ESCP qui lui a conseillé le cabinet Roland Berger. Il est toujours très bien vu de demander des avis d'anciens élèves, en les nommant, comme c'est ici le cas. En plus, elle affine son projet professionnel en l'inscrivant en Allemagne, ce sur quoi rebondit le jury. Sa justification est bonne, bien qu'un peu caricaturale : *« J'aime beaucoup la façon des allemands de travailler, comme c'est très professionnel et en même temps cela reste très convivial ».*

8. *« Et pourquoi ne pas étudier en Allemagne, alors ? »* Cette question sur l'orientation universitaire est logique. La candidate justifie son choix par la qualité de l'enseignement dans les grandes écoles françaises. Elle aurait pu développer davantage et surtout, relier son vécu aux écoles de commerce, inexistantes en Allemagne. Sur Sciences Po, la candidate se dévalue trop : *« peut-être moins dans les connaissances »* et *« on pourrait penser que ça m'a pas apporté grand chose ».* Ces phrases sont à bannir. En revanche, le développement qui suit est très intéressant : *« finalement j'ai appris beaucoup de savoir-faire et de savoir être aussi notamment, j'ai appris une capacité à synthétiser, une capacité aussi à travailler en équipe comme c'est vraiment ce qu'on apprend à Sciences Po ».* Il faut vraiment travailler ces parties car établir un bilan démontre la maturité des candidats.

JURY

D'accord. Est ce que vous avez déjà envisagé d'arrêter vos études ?

CANDIDATE

D'arrêter mes études ?

JURY

Quand vous êtes arrivée à Sciences Po est-ce-que vous vous êtes dit « je vais tout arrêter pour faire autre chose ! ».

CANDIDATE

Non pas du tout, parce que je pense que Sciences Po m'a beaucoup apporté mais peut-être moins dans les connaissances, j'ai beaucoup appris bien sûr, mais finalement comme je ne veux pas travailler dans le secteur public, on pourrait penser que ça m'a pas apporté grand chose, mais finalement j'ai appris beaucoup de savoir-faire et de savoir être aussi notamment, j'ai appris une capacité à synthétiser, une capacité aussi à travailler en équipe comme c'est vraiment ce qu'on apprend à Sciences Po, on a beaucoup de travaux de groupes, et l'opportunité de devenir vraiment expert dans un domaine.

JURY

Lequel ?

CANDIDATE

Notamment dans le secteur public, j'ai beaucoup appris…

JURY [*coupant la parole*]

Il y a des missions dans le secteur public chez Roland Berger ?

CANDIDATE

Oui il y a des missions publiques, il y a un secteur public, mais par contre chez Roland Berger, on ne se spécialise que après certaines années, notamment au niveau plutôt de manager. Donc c'est une solution que je peux envisager parce que cela m'intéresse, mais bon cela ne serait que dans une quinzaine d'années que j'y penserai.

JURY

Cela ne vous dérange pas de mettre le secteur public de côté pendant autant de temps ?

CANDIDATE

Non pas du tout, comme en fait, c'est vraiment la problématique de l'entreprise qui m'intéresse.

JURY

Et quelles sont les missions qui vous plaisent dans le conseil, qu'est-ce qui vous fait un peu vibrer, quoi ?[9]

CANDIDATE

Bien toutes les missions m'intéressent en fait, il y a trois principaux types de missions. Il y a des missions notamment de Private Equity et je trouve cela vraiment super intéressant d'arriver dans une entreprise et donc de faire son état des lieux, en fait, pour savoir quel prix elle vaut, quelle est la situation du marché, je trouve cela très intéressant. Enfin aussi des missions plus organisationnelles, comme par exemple comprendre d'où vient le problème de communication entre les différentes fonctions support, je trouve cela très intéressant aussi, mais en fait toutes les missions m'intéressent. Aujourd'hui en fait, à Junior Consulting, dans l'association à laquelle j'appartiens, on a un grand panel de missions. Moi, je suis en ce moment sur une mission du pôle action et politique publique, comme c'est le pôle auquel j'appartiens mais je regarde aussi ce que font les autres et ça m'intéresse aussi beaucoup.

JURY

Vous avez l'air un peu tendre pour devenir une future consultante...[10]

CANDIDATE

Ah non pas du tout.

JURY

Une future dirigeante, manager.

CANDIDATE

Je pense que je sais fédérer les esprits des gens et je pense que je peux être dans une équipe un élément pacificateur, en fait, on a l'impression que je suis une force calme mais je sais aussi me faire entendre quand il faut.

JURY

Cela vous est déjà arrivé ?

9. *« Et quelles sont les missions qui vous plaisent dans le conseil, qu'est-ce qui vous fait un peu vibrer, quoi ? »* La candidate n'a pas convaincu en exposant son projet professionnel. C'est pourquoi le jury repose la question ; il attend de la passion, de l'envie. Sa réponse est relativement complète et démontre finalement que la candidate connaît assez bien les différentes missions d'un cabinet de consulting. Sa participation à Junior Consulting est une excellente expérience qu'elle aurait pu davantage développer pour expliquer son attrait pour ce domaine. En effet, le jury ne sait toujours pas ce qui passionne cette candidate.

10. *« Vous avez l'air un peu tendre pour devenir une future... »* Le jury veut tester le caractère de la candidate. L'exemple donné pour justifier la phrase : *« on a l'impression que je suis une force calme mais je sais aussi me faire entendre quand il faut »*, est très bon. Elle prouve la capacité de la candidate à travailler en équipe. De plus, il dissipe un peu l'impression de naïveté qu'elle donne malgré elle.

ENTRETIEN • 1

CANDIDATE

Oui cela m'est déjà arrivé, en fait, quand j'étais en quatrième année j'avais un projet collectif, on était 6 et on travaillait sur un projet collectif notamment en partenariat avec Capgemini. Il s'agissait au début de créer un label vert pour les PME, et tout de suite en fait il s'est avéré que cela existait déjà, alors que c'était censé être un projet innovant et donc cela a été assez tendu entre nous au début et justement en fait j'ai réussi à faire réunir les gens autour d'une table tous ensemble et on a réussi à évoluer vers un autre projet en fait, donc on a décidé de faire un site de bonnes pratiques pour les très petites entreprises, les TPE, et au final on est bien partis et on a réussi à se motiver tous ensemble et on a pas gagné, parce que c'était un trophée en fait, mais à la fin on se voit toujours et on s'entend très bien et ce projet en fait on l'a pas abandonné, on y pense encore.

JURY

Comment vous êtes-vous fait entendre concrètement ?

CANDIDATE

En fait, j'ai écouté tout le monde. Donc j'ai dit, j'étais plus l'arbitre en fait. Tout le monde parlait en même temps, donc je donnais la parole à chacun et je récapitulais en fait les idées de chacun et on a réussi à trouver un terrain d'entente et on est repartis sur un autre projet.

JURY

Enfin là vous nous dites juste que vous êtes quelqu'un qui sait fédérer, pas quelqu'un qui sait se faire entendre…

CANDIDATE

Si, comme j'ai donné des idées aussi, notamment le projet de faire un site c'était mon idée…

JURY [*intervenant*]

Et alors, cette idée ils n'en voulaient pas ?

CANDIDATE

Non, au début ils étaient contre.

JURY

Pourquoi ?

CANDIDATE

Parce que ils pensaient que ça existait déjà et c'est pour cela en discutant tous ensemble, au début on devait partir sur un site pour les PME et au final c'est en discutant avec les autres qu'on s'est rendu compte que des sites de bonnes pratiques environnementales pour les TPE n'existaient pas, et après la discussion, on est partis sur ce projet.

JURY

Si vous deviez choisir entre l'adjectif talentueuse et sociable, vous choisiriez…

CANDIDATE

Choisir ?… je dirais que je suis sociable parce que je pense qu'être talentueuse n'est pas suffisant en fait, donc on peut avoir du talent mais il faut toujours écouter les autres aussi pour avancer et donc le fait d'être sociable est plus important que d'être talentueux je pense.

JURY

Et vous avez un talent, vous ?

CANDIDATE

J'ai plusieurs talents, ça dépend sur quels plans… Talents professionnels ou personnels ?

JURY

Personnels plutôt.

CANDIDATE

Personnels… je suis quelqu'un, j'aime beaucoup le piano déjà, c'est vrai que je me suis beaucoup investie, et c'est vrai que c'est un exemple que je vous ai déjà donné. Un talent que j'ai sinon… peut-être c'est moins un talent qu'une qualité mais je m'investis beaucoup dans ce que je fais, donc quand j'ai une idée en tête…

JURY [*intervenant*]

Ce n'est pas un talent.

CANDIDATE

J'ai du mal en fait.

JURY

Bon, vous avez commencé sur le piano, continuez donc sur le piano…

CANDIDATE[11]

Et bien le piano, j'en ai fait pendant 18 ans, après cela ne m'a pas empêché de faire d'autres choses à côté, j'ai fait aussi de la danse classique pendant très longtemps mais le piano, je m'y suis toujours…

11. L'échange qui s'ensuit sur les qualités et les valeurs vise à mieux connaître la candidate. Ses réponses sont de bon sens. Elle est invitée à parler de sa passion pour le piano. Elle ne parvient pas vraiment à transmettre son émotion en parlant de la sonate de Chopin. Le jury n'est pas conquis par cette conversation et il dévie sur le cinéma. C'est réellement dommage car lorsque le jury pose des questions sur la passion d'un candidat, il est impératif de marquer des points. La candidate est dans son domaine de prédilection, le piano, et elle ne parvient pas à intéresser le jury.

JURY [*intervenant*]

Qu'est-ce-que vous jouez comme morceaux ?

CANDIDATE

En ce moment ?

JURY

Oui.

CANDIDATE

En ce moment, je suis sur la sonate numéro 20 de Chopin.

JURY

Et cela vous inspire quoi ?

CANDIDATE

Alors celle-là, ça m'inspire beaucoup d'émotion parce que la musique vous devez la connaître, c'est la musique du *Pianiste*, le film.

JURY

Oui.

CANDIDATE

Et en fait cela me fait penser à ce film qui m'avait beaucoup touché et donc quand je le joue c'est…

JURY

Vous êtes cinéphile ?[12]

CANDIDATE

Oui, j'aime beaucoup le cinéma.

JURY

Quel film avez vous vu récemment au cinéma ?

CANDIDATE

Le dernier film que j'ai vu au cinéma c'était *X-Men les origines* donc ce n'était pas très intellectuel mais j'ai beaucoup aimé.

12. La discussion dévie sur le cinéma, une autre passion de la candidate. Ce passage plutôt original – l'attrait pour les films de super héros – est bien argumenté. Tout (ou presque) est défendable si les arguments sont bons. Son amour du cinéma traverse toutes les catégories. Elle parle volontiers, de bon cœur et intelligemment des films qui ont compté pour elle. C'est cela qui est important.

JURY

Et alors, c'est grave si ce n'est pas très intellectuel ?

CANDIDATE

Non pas du tout, je pense qu'il faut s'ouvrir à toutes les formes de culture.

JURY

Allez donnez-moi envie de le voir, car moi je ne suis pas du tout client de ce genre de film.

CANDIDATE

En fait c'est un film qui retrace les origines X-Men, donc si vous connaissez un petit peu…

JURY

Non…

CANDIDATE

Ce sont des mutants dans la société actuelle en fait, donc outre les hommes, il y a une nouvelle espèce d'hommes plus évoluée qui se développe, les mutants. Et donc ils sont intégrés dans la société et personne ne le sait et donc en fait on se rend compte que au départ on pense qu'ils ne vont pas être acceptés et au final ils se trouvent un rôle à jouer notamment dans le cadre de la crise de Cuba de 62, mais au final, en fait à la fin, enfin je vais pas tout vous raconter mais au final ils se rendent compte…

JURY [*coupant la parole*]

Quels pouvoirs ils ont ?

CANDIDATE

Pardon ?

JURY

Quels pouvoirs ont-ils ?

CANDIDATE

Des pouvoirs, comme se transformer, enfin prendre n'importe quelle apparence, voler ou savoir ce que pensent les gens.

JURY

Vous avez toujours aimé ce genre de films ?

CANDIDATE

Oui j'aime bien, j'aime bien les films de super-héros, ça me fait rêver.

JURY

D'accord et en même temps vous aimez aussi des films comme *Le Pianiste*.

CANDIDATE

Bien sûr, je pense aussi qu'il faut s'ouvrir à tout en fait. On a tout à apprendre.

JURY

Et quel est le film qui aura compté le plus dans votre vie jusqu'à maintenant ?

CANDIDATE

Il y a beaucoup de films qui ont beaucoup compté pour moi… je pense notamment à *La liste de Schindler*, en fait c'est un film qui m'a beaucoup choqué par exemple, je pense que atteindre des points tels d'horreur cela me fait relativiser, regarder la vie autrement et notamment le film *Le pianiste* aussi c'est quelque chose qui m'a beaucoup touché parce que justement cela se situe dans le même contexte et après avoir vu ce genre de films.

JURY [*coupant la parole*]

Vous avez été sensibilisée plus jeune à ces questions de Shoah ?

CANDIDATE

J'ai toujours été sensibilisée car j'ai beaucoup vécu avec ma grand-mère, qui me gardait quand j'étais petite notamment, et donc dès qu'il y a un reportage sur la seconde guerre ou sur Hitler, elle éteint tout de suite la télé, elle veut pas en parler et donc quand j'étais petite je ne comprenais pas pourquoi elle avait cette réaction et donc j'en ai parlé à ma mère qui m'a expliqué qu'elle avait toujours été glacée par cette période, car mon grand-père était parti à la guerre et elle avait peur qu'il ne revienne pas comme la communication était difficile et depuis elle veut chasser cette période de son esprit et donc c'est pour cela que je suis sensibilisée à ce thème et ensuite que je l'ai approfondi parce que c'est quelque chose qui m'intéresse. Je pense que c'est toujours une dérive qui peut revenir dans la société et il faut le savoir pour le combattre au jour le jour.

JURY[13]

Comment vous voyez-vous à l'ESCP si vous intégrez l'école à la rentrée prochaine ?

13. Le jury revient à l'essentiel : *« Comment vous vous voyez à l'ESCP si vous intégrez l'école à la rentrée ? »* Cette question fait appelle au P4 : *« J'ai regardé toutes vos associations, et ça me fait vraiment briller les yeux et donc notamment j'aimerais m'investir dans l'association polyphonies »* et *« j'aimerais intégrer la Junior Entreprise »*. Malheureusement, la candidate ne dit pas qu'elle souhaite mettre sa connaissance du piano au service de l'association, ni qu'elle entend réinvestir son expérience au sein de la Junior Entreprise de Sciences Po dans celle de l'ESCP. Il ne manque pas grand chose mais il vaut mieux se répéter que d'oublier un élément important.

CANDIDATE

Charlotte Tourrier à l'ESCP c'est une jeune fille épanouie, je voulais vous le dire et donc j'espère pouvoir déjà m'investir dans toutes les associations. J'ai regardé toutes vos associations, et ça me fait vraiment briller les yeux et donc notamment j'aimerais m'investir dans l'association Polyphonies, comme j'ai vu qu'ils organisaient des concerts, et cela m'intéresse beaucoup. J'aimerais intégrer aussi la Junior Entreprise, car en fait j'ai intégré Junior Entreprise à Sciences Po uniquement en septembre et j'ai un peu un goût d'inachevé, comme j'aimerais bien continuer de m'investir dans ces problématiques et je sais que votre Junior Entreprise est très bonne…

JURY

Mais c'est récent ce goût pour le conseil parce que vous ne vous êtes pas dit à un moment à Sciences Po, je vais plutôt étudier la finance ou la stratégie.

CANDIDATE

En fait les deux premières années, on est très généralistes donc je n'avais pas vraiment réfléchi.

JURY

Ça on est d'accord.

CANDIDATE [*reprenant*]

Et c'est en troisième année que j'ai eu à choisir mon mastère, un peu comme tout le monde en fait, je me suis dit ok, on est à Sciences Po, le public c'est une… heu…

JURY [*intervenant*]

Une de nos marques de fabrique.

CANDIDATE[14]

Une de nos marques de fabrique, et donc je me suis lancée dans les affaires publiques et c'est en arrivant en fait dans les affaires publiques que je me suis rendue compte que les problématiques m'intéressaient mais que je ne voulais pas faire cela de ma vie et donc notamment mon stage au premier semestre m'a ouvert les yeux. Car chez Ubi France, c'est un petit peu ce qu'on faisait c'est-à-dire réaliser des missions pour le client, lui trouver des contacts pour qu'il puisse développer sa croissance et donc cela m'a beaucoup plu et quand je suis revenue j'ai décidé aussi de tester ce goût pour le conseil en allant à Junior Consulting et vraiment je me suis beaucoup épanouie dans ces problématiques et j'espère pouvoir continuer

14. Comme plusieurs fois lors de l'entretien, le jury revient sur des points qui auraient dû être abordés au début. Ils n'ont été qu'évoqués, sans explication. C'est la raison pour laquelle le jury revient sur le P2 à la toute fin de l'entretien. La candidate raconte son stage chez Ubi France. Elle expose ses missions. C'est un point essentiel de sa présentation car c'est la genèse de son projet professionnel. Elle y met de l'affect et elle marque des points : *« cela m'a beaucoup plu et quand je suis revenue j'ai décidé aussi de tester ce goût pour le conseil en allant à Junior Consulting et vraiment je me suis beaucoup épanouie dans ces problématiques et j'espère pouvoir continuer dedans »*.

dedans. Mais pour confirmer justement ce goût, il me manque des stages et il me manque des cours spécifiques comme ceux que vous pouvez m'offrir à l'ESCP.

JURY

Qu'est-ce que cela vous apporte d'avoir fait Sciences Po aujourd'hui ?

CANDIDATE[15]

Comme je vous dis, cela m'apporte des qualités comme une capacité de synthèse, comme une capacité aussi de recherche puisque je sais maintenant comment mener une recherche, comment être efficace pour mener une mission mais il me manque vraiment des savoirs en fait. Donc j'ai des savoir-faire généraux, comme savoir faire un exposé, savoir faire une étude de marché, etc., maintenant il me manque vraiment des moyens de mise en œuvre de ces capacités et aussi des cours spécifiques.

JURY

Très bien, est ce que vous avez le sentiment qu'il y a quelque chose qui pourrait vous faire trébucher dans la vie ? Qu'est-ce qui pourrait vous faire trébucher concrètement ?[16]

CANDIDATE

Ce qui pourrait me faire trébucher, peut-être, mon manque de confiance en moi, comme je suis quelqu'un qui peut donner peut-être parfois une apparence d'assurance mais je doute beaucoup de moi et j'ai besoin d'être régulièrement rassurée et c'est quelque chose qui est dangereux en entreprise et dans la vie en général car il ne faut pas attendre des autres des félicitations. Je pense qu'il faut avoir de la confiance en soi dans la vie et je pense que c'est ce qui pourrait me faire trébucher dans la vie.

JURY

D'accord. Dans votre questionnaire que j'ai lu attentivement, vous nous parlez de votre expérience à Sidney. Donc si j'ai bien compris, à choisir entre le monde anglo-saxon et le monde germanique, vous êtes plutôt branchée Allemagne, vous ?

CANDIDATE

Je ne suis pas… je suis ouverte aux deux en fait, mais dans l'immédiat, oui, l'Allemagne me tente beaucoup mais après je n'exclus pas d'aller travailler…

15. Elle enchaîne avec le P3, qui a, lui aussi, trop tardé à venir – *mieux vaut tard que jamais –, « il me manque des stages et il me manque des cours spécifiques comme ceux que vous pouvez m'offrir à l'ESCP »*. De plus, elle exprime clairement le besoin d'une école de commerce : *« il me manque vraiment des moyens de mise en œuvre de ces capacités et aussi des cours spécifiques »*.

16. *« Qu'est-ce qui pourrait vous faire trébucher concrètement ? »* Le jury attend de l'autocritique, des défauts. La réponse n'est pas bonne car elle n'est pas complète. Lorsque l'on donne un défaut, il faut toujours le minimiser en l'apposant à des qualités qui permettent de compenser ce défaut. Pour le manque de confiance en soi, elle aurait pu compenser en disant que pour pallier ce défaut, elle a développé de grosses capacités de travail, par exemple. Dans sa réponse, la candidate se dévalue : *« j'ai besoin d'être régulièrement rassurée et c'est quelque chose qui est dangereux en entreprise et dans la vie en général car il ne faut pas attendre des autres des félicitations »*.

JURY [*intervenant*]

Donnez-moi envie d'y aller en Allemagne car je n'y ai jamais mis les pieds pour le travail.

CANDIDATE

Et bien je vous y incite. C'est une culture qui est méconnue.

JURY[17]

On m'a dit que le système d'enseignement là-bas était un peu léger…

CANDIDATE

Non il n'est pas léger, il est différent, mais les Allemands ont aussi une façon de réfléchir différente de nous, donc c'est beaucoup plus autonome.

JURY

C'est-à-dire ?

CANDIDATE

Les étudiants par exemple là-bas, réalisent beaucoup de mémoires, des grands essais, ils ne sont pas évalués par des examens comme nous. La plupart du temps, ils ont à écrire un mémoire, donc c'est beaucoup d'autonomie et c'est une façon vraiment différente de travailler mais moi je vous y incite et je vous incite à aller y travailler parce que comme je vous le disais, la hiérarchie est bien différente et donc on accorde beaucoup plus de confiance aux individus, donc on leur donne plus d'autonomie, aussi, pour mener leurs missions et donc je trouve que c'est une autre façon de travailler qui est aussi intéressante que la nôtre et qui permet d'en savoir plus sur soi aussi. Donc vraiment, ça gagne à être connu l'Allemagne.

JURY [*intervenant*]

Très bien, vous avez une minute, vous pouvez prendre quelques secondes de réflexion pour nous épater et nous donner envie de vous prendre, vous et pas quelqu'un d'autre.

CANDIDATE

Oui.

JURY

Et visez juste, parce que certes vous êtes dynamique et sympathique, mais vous imaginez bien que cela ne suffit pas…

17. Le jury cherche maintenant à évaluer sa connaissance du système éducatif allemand et du monde de l'entreprise dans ce pays. Ces arguments sont étayés par des exemples probants : *« on accorde beaucoup plus de confiance aux individus, donc on leur donne plus d'autonomie, aussi, pour mener leurs missions et donc je trouve que c'est une autre façon de travailler qui est aussi intéressante que la nôtre »*.

CANDIDATE

Et bien moi je souhaiterais vous faire partager une journée avec moi à l'école. Donc le matin je me réveille, je retrouve mes colocataires avec qui je vais à l'ESCP, donc on suit nos cours.

JURY [*intervenant*]

Ça on en a déjà parlé plus ou moins tout à l'heure.

CANDIDATE[18]

Oui mais je vous dépeins une journée complète avec moi.

JURY

Bon allez-y…

CANDIDATE

Donc je retrouve mon amie Anna qui est polonaise et Julia qui est allemande. Donc on va ensemble suivre nos cours notamment de Business Consulting et de… heu… et de capacité à prendre des décisions comme j'ai trouvé que c'était pas mal ce cours en fait aussi, cela m'intéresserait. Donc ensuite, on se retrouve ensemble au self pour manger toutes les trois ensemble et l'après-midi je passe à l'ESCP Europe Conseils, je suis les missions sur lesquelles je suis en ce moment donc notamment je vais voir mon client et le soir je retrouve l'équipe de la Comu pour répéter ensemble notre comédie musicale dont j'ai la partie piano et enfin je rentre vers 21 h chez moi bien fatiguée mais très contente de ma journée.

JURY

Très bien. Nous vous remercions.

CANDIDATE

Merci à vous.

18. En fin d'entretien, la candidate se voit accorder une minute pour réitérer ses motivations. Elle a l'idée originale de décrire une journée type à l'ESCP. L'idée est excellente et sans les hésitations, cette dernière minute aurait été un sans faute !

14/20

La candidate a partiellement réussi son entretien. Elle est parvenue à demeurer calme et naturelle tout le long de l'entretien. Elle est en mesure de discuter de tout de manière structurée et pertinente, si bien que même ses choix les plus originaux – sa passion pour les films de super héros par exemple – sont toujours bien argumentés. Partie lentement, elle est montée en puissance tout au long de l'entretien pour finir de manière assez originale.

Son profil est très intéressant et en inscrivant son projet professionnel en Allemagne, il gagne en originalité. En effet, sa passion pour l'Allemagne attise la curiosité du jury qui lui demande de grands développements sur le monde du travail ou sur l'enseignement outre Rhin. Elle est capable de tenir une discussion intelligente sur ces deux sujets, ce qui lui confère une certaine légitimité.

Au final, les 4 P sont présents mais la candidate a manqué de clarté et de profondeur sur les principaux points de sa présentation. De plus, il semble qu'elle n'ait pas suffisamment ciblé les points forts de son parcours.

D'abord, le P 2 n'est pas assez détaillé. Sa scolarité à Sciences Po est parfois présentée comme un point négatif, presque comme une erreur de parcours, un égarement. C'est au contraire une formation extrêmement reconnue qu'il faut à tout prix mettre en avant. Qu'y a-t-elle appris ? Qu'a-t-elle tiré de son Master ? Le jury aurait voulu en savoir plus à ce propos. Le jury perçoit même une critique de Sciences Po, ce qui est très mauvais. En règle générale, il ne faut jamais critiquer sa formation antérieure car rien ne garantit au jury que vous ne critiquerez pas un jour l'école que vous souhaitez intégrer. Il s'agit donc de prendre des pincettes. La candidate aurait donc dû exprimer plus clairement son besoin vital d'intégrer une école de commerce, c'est le P 3 (besoin de polyvalence).

De la même manière, le jury l'a interrogée au sujet de son talent. Cette question est une aubaine pour la candidate car elle est invitée à se mettre en valeur. Au lieu de cela, elle parle de sa passion pour le piano en minimisant cette aptitude. Le jury aurait voulu qu'elle en parle avec passion. Ainsi, il faut toujours cibler ses points forts et ne pas oublier que votre CV est votre meilleur allié.

Ensuite, il est impératif que la candidate travaille son projet professionnel. L'effet d'annonce n'y est pas. Le jury veut du rêve, de l'envie. Elle ne donne pas suffisamment de détails sur ce qui l'attire réellement. Elle y reviendra par la suite mais tout doit être présenté dans ce paragraphe : une projection dans le long terme, une ou deux entreprises dans lesquelles elle voudrait travailler, le poste convoité, les moyens d'y parvenir, etc. Cela renseigne sur sa connaissance du domaine et sur ses envies personnelles.

Trop souvent négligé par les étudiants, le P 4 n'est ici qu'effleuré. Il est primordial de parler de sa valeur ajoutée que l'on compte apporter à l'école. Concrètement, l'école ne doit pas avoir le même visage avec la candidate que sans elle. Sa pratique du piano peut être un plus. Son expérience au sein de Junior Consulting également. Bref, quitte à forcer le trait, vous devez démontrer votre envie d'apporter votre différence à l'école.

ENTRETIEN • 2		AP
Ecole cible	EDHEC	
Voie	**Admission parallèle à Bac +3 et plus** • EDHEC AST 2	

La candidate souhaite intégrer le Master juriste d'affaires franco-anglais de l'EDHEC.

JURY

Bonjour.

CANDIDATE

Bonjour.[1]

JURY

Bienvenue, asseyez-vous.

CANDIDATE

Merci.

JURY

Bien écoutez, bienvenue à vous ! Vous arrivez d'où ? De Lyon ?

CANDIDATE

De Lyon, ouais.[2]

JURY

Ok, vous êtes arrivée quand ? Vous êtes arrivée hier soir ou ce matin ?[3]

CANDIDATE

Je suis arrivée hier soir, oui, en voiture.

1. L'entretien démarre par une erreur grossière. Par politesse, il convient d'accompagner son « bonjour » par un « Madame », ou un « Monsieur ». Remarquons également que la première salutation provient du jury et non du candidat. Il est de bon ton de prendre les devants, en saluant chacun des membres du jury, à commencer par les femmes.
2. *« De Lyon, ouais »* : attention à bien s'inscrire dans un registre de politesse soutenu. A bannir : *ouais, nan, ok, etc.*
3. Ce début d'entretien (l'entretien commence dès l'entrée de la candidate) est très déstabilisant pour la candidate car la discussion dévie d'entrée sur un sujet qui ne touche pas l'entretien de motivation. Parler de la pluie et du beau temps est toujours dangereux car la candidate se sent en confiance et en oublie parfois l'essentiel. Le temps est trop précieux pour le perdre de la sorte. Toujours penser à recentrer le débat assez rapidement.

JURY

D'accord, très bien. Ça c'est bien passé ?

CANDIDATE

Ça c'est très bien passé, on était trois admissibles à venir sur votre campus de Nice, donc… non c'était plutôt sympa même.

JURY

Très bien.

CANDIDATE [*coupant la parole*][4]

L'ambiance et…

JURY [*coupant la parole*]

Donc c'est combien de temps Lyon-Nice ?

CANDIDATE

5 heures.

JURY

Quand même !

CANDIDATE

C'est un peu long mais…

JURY [*coupant la parole*]

Qui est-ce qui a pris la route ?

CANDIDATE

On a prit chacun le volant.

JURY

D'accord, alors vous conduisez bien depuis longtemps ?

CANDIDATE

Je conduis depuis mes 18 ans, donc cela fait 3 ans.

4. Les prises de paroles sont à analyser ici. Il faut toujours éviter de couper la parole au jury. De plus, il ne faut pas répondre du tac au tac, avec empressement. Ici, le jury veut reprendre les rênes de l'entretien en coupant la parole à la candidate. Dans ce cas, il faut bien sûr s'incliner pour s'adapter au rythme dicté par le jury. Plus vous répondrez vite et plus vous risquerez de voir augmenter le rythme de la discussion. A éviter donc.

JURY[5]

D'accord très bien, bon écoutez, je vous propose dans un premier temps de nous présenter et puis nous vous laisserons à votre tour nous dire un peu ce qui justifie votre présence ici. Donc, moi, je suis Albert Mennin responsable des relations internationales de l'EDHEC. Et moi, Philippe Cohen, professeur de marketing à l'EDHEC depuis 2002.

CANDIDATE[6]

Très bien, enchantée, je m'appelle Michèle Beaugrand, j'ai 21 ans, j'habite Lyon, je suis actuellement étudiante en Master 1 de droit et ingénierie financière à Lyon 3.

JURY

D'accord.

CANDIDATE

Je vais peut-être d'abord vous présenter mon parcours académique.

JURY

Oui.

CANDIDATE [*reprenant*]

Ensuite vous parler de mon projet professionnel.

JURY

Mais moi en fait j'ai envie de savoir, ce qui a fait qu'après votre licence vous avez plutôt souhaité travailler en droit et ingénierie financière, enfin droit des affaires, plutôt qu'en droit fiscal ou en droit de la propriété intellectuelle…

CANDIDATE

Oui, alors depuis le début de mes études de droit, j'ai pour ambition d'être avocate en droit des affaires.

---

5. Vient le temps des présentations. Dans une grande majorité des cas, le jury se présente. Selon les écoles, vous pourrez vous retrouver devant des anciens élèves, des étudiants de l'école, des professeurs, des responsables d'un master ou encore des acteurs économiques de la région ou partenaires entreprises de l'école. Vous devez retenir impérativement les noms et fonction des personnes que vous avez en face de vous. C'est d'abord une question de politesse. Surtout, ces renseignements peuvent s'avérer bien utiles à la fin de l'entretien, si l'on vous demande si vous avez des questions par exemple. Il faudra poser des questions sur les spécialités de chacun ; c'est une bonne occasion d'être à l'initiative d'un échange intéressant entre le jury et vous-même.

6. La candidate passe alors aux présentations. Elle commence le P1. Là encore, le jury veut déstabiliser la candidate en ne lui laissant pas réciter ce qu'elle avait préparé. Le jury désire comprendre le cheminement intellectuel qui a poussé cette candidate à s'investir dans le domaine du droit des affaires. Il est normal que l'on pose cette question à cette candidate pour tester sa connaissance et son attrait pour le domaine qu'elle a choisi. Il ne faut pas hésiter à raconter votre histoire personnelle, à mettre de l'affect, parler de rencontres déterminantes, de passions.

JURY [*coupant la parole*]

Depuis le début ?

CANDIDATE

Oui, depuis le début.

JURY [*coupant la parole*]

Donc depuis votre terminale ?

CANDIDATE

Depuis que je suis en terminale, oui.

JURY

Donc qu'est-ce qui vous a donné envie de faire ça ? C'est rare…

CANDIDATE

Alors en terminale, moi j'étais en terminale scientifique.

JURY

D'accord.

CANDIDATE

Parce que j'ai eu l'occasion d'y aller et que c'était une très bonne formation.

JURY

D'accord.

CANDIDATE[7]

En fin d'année, le choix de l'orientation s'est posé et en fait, peut-être qu'en terminale je ne savais pas expliquer pourquoi, mais c'était des études de droit que je ferai et donc ensuite, j'ai discuté avec certains avocats en droit des affaires et notamment un avocat anciennement Gide qui, aujourd'hui, a monté son cabinet qui s'appelle Julien Bertezen et qui m'a fait découvrir son environnement, et, le droit des affaires a été tout de suite ma voie.

JURY [*posant une question inaudible*]

7. La candidate évoque une rencontre avec un avocat qu'elle nomme, Julien Bertezen. Il faut être précis et réussir à transmettre vos émotions. Le jury n'est pas satisfait de la réponse trop approximative de la candidate : *« on n'est pas allé non plus en profondeur de sa profession », « c'est-à-dire que c'est des vraies responsabilités, des vrais enjeux et des vraies problématiques »*. Les réponses de la candidate sont trop courtes pour démontrer une bonne connaissance de ce domaine. C'est pourquoi le jury insiste.

CANDIDATE

Pardon ?

JURY

Qu'est-ce que vous avez aimé dans le droit des affaires, concrètement ?

CANDIDATE

J'ai aimé ce côté relation-client, d'abord. Il a sans cesse des rendez-vous avec ses entreprises clients et ensuite c'est le côté purement technique du droit qui m'a plu même si les entretiens que j'ai eus avec lui, on n'est pas allé non plus en profondeur de sa profession mais voilà il a développé…

JURY [*coupant la parole*]

Comme ? Vous parlez de technique, de quelle technique vous parlez ?

CANDIDATE

Lui, il était en fusion-acquisition, donc le côté technique, c'est-à-dire que c'est des vraies responsabilités, des vrais enjeux et des vraies problématiques. Donc il m'a tout de suite, pas familiarisé mais en tout cas il m'a donné l'envie d'aller découvrir…

JURY [*coupant la parole*][8]

Mais qu'est-ce qui peut plaire fondamentalement à une jeune femme ravissante, comme vous, de vouloir se battre pour qu'une fusion se passe bien d'un point de vue juridique ?

CANDIDATE

Par exemple, vous prenez l'exemple d'une fusion, on m'a toujours appris enfin j'ai toujours entendu dire 1 + 1 = 1,5. Je trouve que c'est une vision pessimiste d'une fusion, moi j'aspire à que 1 + 1 = plus de 2, c'est-à-dire faire ressortir le meilleur de chacune des entités pour aboutir à un projet qui soit le meilleur.

JURY

Le meilleur pour qui ? Pour quoi ?

CANDIDATE

Pour les salariés ça peut être dans les conditions de travail, du coup avoir plus de moyens et donc de meilleures conditions de travail par exemple.

---

8. *« Mais qu'est-ce qui peut plaire fondamentalement à une jeune femme ravissante, comme vous, de vouloir se battre pour qu'une fusion se passe bien d'un point de vue juridique ? »* Il n'est pas impossible que le jury tente une petite déstabilisation par un compliment sur le physique/vêtement d'un candidat. Il ne faut pas relever ou alors en remerciant poliment le compliment. La réaction de la candidate est la bonne, elle répond au jury, en donnant un exemple très précis.

ENTRETIEN • 2

JURY

C'est important pour vous que les salariés aient de bonnes conditions de travail ?

CANDIDATE

Oui.

JURY

Pourquoi avoir choisi le droit des affaires, plutôt que le droit social à ce moment-là ?

CANDIDATE[9]

Parce que j'aspire à toucher à la structure de la société. Pour moi le droit c'est un véritable outil de construction.

JURY

Vraiment ?

CANDIDATE

Je pense justement, grâce à… Aujourd'hui je me rends compte que le droit est vu comme une technique pure et simple qui est souvent source d'immobilisme.

JURY[10]

Qu'est-ce que vous faites si vous n'êtes pas acceptée ? Vous avez présenté d'autres écoles ?

CANDIDATE

J'ai présenté HEC, ESCP et ESSEC. J'ai, par exemple, oui bah voilà. *PAUSE* Maintenant, si je ne suis pas acceptée à l'EDHEC, d'abord j'ai l'espoir que cet entretien se passe bien et que je n'ai pas à me poser cette question, mais donc si je ne suis pas acceptée à l'EDHEC, mon projet est de continuer mon master 2, étant donné qu'en accédant à mon master 1 qui est sélectif j'ai accès à mon master 2. Passer mon barreau dès l'année prochaine et partir en Angleterre pour acquérir un double barreau qui serait mon autre projet si ce n'est pas celui-là. [*silence*]

JURY

Nous vous écoutons.

9. La candidate aborde enfin sa vision du droit : *« Pour moi le droit c'est un véritable outil de construction »*. C'est tout à fait le genre de développement attendu. En effet, cela démontre que la candidate a mûri ses années de droit.

10. La question du plan B est un grand classique. Le schéma de la réponse idéale est selon nous celui-ci. D'abord, si c'est le cas, ne pas hésiter à dire que vous avez présenté d'autres écoles. Ensuite, réaffirmer que cette école en particulier est celle que vous privilégiez, en argumentant encore et toujours. Enfin, en cas d'échec total, trouver une alternative valable (autre formation, stage, emploi, etc.) pour retenter les concours l'année prochaine. Dans ce cas précis, la candidate n'affiche pas assez de détermination car elle devrait montrer davantage que l'EDHEC est son premier choix, sa priorité entre toutes les écoles citées. En revanche, la poursuite de son Master à la fac de Lyon est une alternative tout à fait convenable, mais elle n'envisage pas de se représenter l'année d'après. Elle baisse les bras un peu vite.

CANDIDATE

Oui donc mon plan B ce serait ça, parce que si c'est pas cette année que j'ai une école, je pense que c'est pour une autre opportunité et que celle-là me paraît la plus évidente après avoir tenté d'avoir une école de commerce, qui est quand même une formation, un cursus que je privilégie…

JURY

Oui mais c'est cela qui n'est pas clair. Dans l'absolu, le lien on l'imagine bien…

CANDIDATE[11]

En fait, mon projet qui est d'intégrer un cabinet à vocation internationale est quelque chose qui réclame un certain sacrifice, par exemple, familiaux c'est pas à ce moment-là que l'on va construire une vie de famille, c'est certain. Tous les avocats que j'ai rencontrés, c'est la première chose qu'ils m'ont dite, c'est évident, en revanche maintenant c'est une problématique intellectuelle qui m'intéresse, c'est sans cesse repousser le problème…

JURY [*coupant la parole*]

Allez parlez-nous du deal sur lequel vous aimeriez travailler, le projet de rêve sur lequel vous aimeriez travailler si vous étiez prise dans un cabinet tel que, tel que qui d'ailleurs ?

CANDIDATE

Tel que Gide.

JURY[12]

Oui alors parlez-nous de ce projet fou qui vous ravirait.

CANDIDATE

Ce qui me ravirait, c'est d'être capable d'assumer une fusion entre deux sociétés, de deux continents différents (…) et notamment, par exemple (…) non ça c'est un mauvais exemple car c'est purement français, mais…

11. Depuis le début, le déroulement des 4 P n'a pas suivi l'enchaînement prévu initialement. C'est le cas dans une majorité des entretiens. C'est pourquoi il est important de bien dominer cette structure. Malheureusement pour la candidate, son projet professionnel n'est pas exposé de manière suffisamment claire ; ce n'est qu'une évocation : *« mon projet qui est d'intégrer un cabinet à vocation internationale »*. Où est l'effet d'annonce ? De plus, il est présenté de manière négative, par les inconvénients : *« par exemple, familiaux c'est pas à ce moment-là que l'on va construire une vie de famille, c'est certain. Tous les avocats que j'ai rencontrés, c'est la première chose qu'ils m'ont dit, c'est évident »*. Il faut toujours mettre en avant ce qui vous passionne dans un métier ou un domaine.

12. Etant donné le peu d'informations sur le projet professionnel de la candidate, le jury demande du concret : *« Allez parlez-moi du deal sur lequel vous aimeriez travailler, le projet de rêve sur lequel vous aimeriez travailler si vous étiez prise dans un cabinet tel que, tel que qui d'ailleurs ? »* Là encore, la candidat ne donne que le nom du cabinet alors qu'il faudrait argumenter ce choix. Quand il faut donner un exemple de fusion acquisition, domaine vers lequel la candidate s'oriente, cette dernière hésite : *« Dans n'importe quel secteur, dans n'importe quel secteur enfin bon, pourquoi pas une entreprise de textile et entre deux entreprises de textiles par exemple »*.

JURY

Cela peut être une fusion qui n'existe pas…

CANDIDATE *[parlant en même temps]*

Oui voilà, c'est une problématique.

JURY

Une fusion à venir, ce serait laquelle justement, par exemple ?

CANDIDATE

(…)

JURY

Allez idéalement, si vous deviez rapprocher deux sociétés…

CANDIDATE

Disons alors par exemple, une entreprise asiatique avec une entreprise française.

JURY

Dans quel secteur ?

CANDIDATE

Dans n'importe quel secteur, dans n'importe quel secteur enfin bon, pourquoi pas une entreprise de textile, entre deux entreprises de textiles par exemple.

JURY

Très bien. Disons alors une entreprise française avec une entreprise chinoise.

CANDIDATE

Oui.

JURY

Pourquoi pas, alors justement dans le textile, quelles sont les difficultés, à votre avis, rencontrées par l'avocat en droit des affaires dans le cadre d'une fusion ?

CANDIDATE

J'imagine, bon après ce n'est pas mon domaine de prédilection, c'est pas le domaine que je connais le mieux mais très simplement c'est de savoir faire différent. J'imagine quelque chose comme une entreprise chinoise spécialisée dans la soie, étant donné que la chine a de grandes ressources dans ce domaine, et l'entreprise française de fabrication de vêtements en soie qui va exiger certains, peut-être certains aspects de confidentialité dans la confection qui n'existeraient pas dans l'entreprise de soie chinoise, qui au départ produirait sa soie sans pour autant se poser des questions sur un certain savoir-faire que l'on apporterait.

JURY[13]

En fait j'ai l'impression que c'est assez théorique dans votre tête, dans votre esprit.

CANDIDATE

Que c'est assez théorique ?

JURY

Oui, je n'ai pas le sentiment que vous avez réfléchi réellement à des missions précises.

CANDIDATE

Bah, parce que…

JURY

Sur lesquelles vous aimeriez travailler…

CANDIDATE

Parce que, parce que, j'aimerais être confrontée…

JURY

Non mais idéalement, il y a toujours une part de rêve.

CANDIDATE

Evidemment…

JURY [*coupant la parole*][14]

Quel est votre rêve dans la vie, votre rêve le plus fou ?

CANDIDATE

Mon rêve le plus fou, devenir actrice par exemple.

13. Elle aurait pu parler d'une fusion-acquisition passée pour montrer sa connaissance. Ici, son exemple est trop vague, ce que le jury ne manque pas de relever : *« En fait j'ai l'impression que c'est assez théorique dans votre tête, dans votre esprit »* et la sentence tombe : *« Oui, je n'ai pas le sentiment que vous avez réfléchi réellement à des missions précises ».*

14. *« Quel est votre rêve dans la vie, votre rêve le plus fou ? »* Cette question donne souvent l'impression que le jury s'ennuie. Vous devez toujours vous adapter. Peut-être la candidate a-t-elle été trop longue dans sa réponse. Aussi, il faut savoir interpréter ces réactions, parfois déstabilisantes. A travers cette question, le jury veut que la candidate se dévoile un peu plus. Il attend également d'être surpris. La réponse de la candidate fait mouche ! C'est une occasion saisie de raconter une histoire personnelle et de se mettre en avant, en parlant d'expériences passées. Dans ce cas, le théâtre est une pratique très positive.

JURY

C'est vrai (rires) ?

CANDIDATE

C'est vrai, j'ai fait 10 ans de théâtre et puis pendant un moment quand j'étais petite c'était faire le cours Florent, c'était la seule issue possible.

JURY

Vraiment, et donc vous avez un talent d'acteur, d'actrice ?

CANDIDATE

J'ai pu en tout cas faire l'expérience des planches, c'est sûr.

JURY

Et qu'est-ce qui vous plaît dans le fait d'être actrice ?

CANDIDATE

Dans le théâtre, en tout cas, c'était incarner quelqu'un, se mettre dans la peau de quelqu'un qui n'est pas soi et arriver à penser comme quelqu'un qui n'est pas nous mais à force de travail on arrive finalement à penser notre personnage avant de penser à nous. Ça c'est quelque chose qui m'a toujours (…) au bout d'un moment on est surpris, surpris de nous-même, à se mettre dans la peau de quelqu'un qui n'est pas nous.

JURY[15]

Ok d'accord, qu'est-ce qui vous a poussé à présenter notre école plutôt qu'une autre, en fait ?

CANDIDATE

Déjà l'envie d'être humainement, enfin physiquement indépendante de mes parents, étant donné que je suis complètement consciente que c'est eux qui financeront mes études, en revanche, l'émancipation physique de venir sur votre campus à Lille, c'est quelque chose d'important pour moi étant donné que j'ai fait toutes mes études à Lyon. Donc, aujourd'hui c'est ce qui a orienté un peu mon choix chez vous.

15. *« Ok d'accord, qu'est-ce qui vous a poussé à présenter notre école plutôt qu'une autre, en fait ? »* Le jury passe du coq à l'âne, c'est très déstabilisant mais il ne faut pas se démobiliser et prendre les questions comme elles viennent. Cette question démontre que la candidate n'a pas assez argumenté le point 8. Cet entretien est une simulation où le jury revient volontairement sur ce point ; lors d'un véritable entretien, l'opportunité de revenir sur un point exposé trop rapidement n'est pas systématique. Il faut donc tout donner lorsque l'on vous tend une perche. La réponse de la candidate est très mauvaise. En effet, elle est invitée à expliquer pourquoi elle privilégie l'EDHEC à HEC, l'ESSEC et l'ESCP. L'argument géographique est très pauvre. Le jury attendait d'autres arguments spécifiques à l'école : les cours, les stages, le réseau, les universités jumelées, les entreprises partenaires, les associations, etc. On rejoint une école pour s'épanouir, pas pour s'émanciper.

JURY

Je suis un peu inquiet car vous nous dites en fait que vous souhaitez rejoindre notre école pour vous émanciper ?

CANDIDATE

Non, non, après l'émancipation, c'est ce qui a dirigé mon choix dans mes candidatures, après aujourd'hui je suis titulaire d'un bon diplôme dans une bonne fac à Lyon 3 et aujourd'hui j'ai envie de coupler cela avec une excellente formation en commerce et donc présenter l'une des meilleures écoles de commerce de France. C'est pour moi une évidence et puis un privilège, aujourd'hui je suis très contente d'être ici pour présenter ma motivation à intégrer votre école.

JURY

Alors c'est pas très clair pour moi, qu'est-ce qui vous motive précisément ?

CANDIDATE

A rejoindre l'EDHEC ?

JURY

Oui à rejoindre l'EDHEC.

CANDIDATE[16]

C'est d'abord, l'excellence académique, comme je vous disais moi je pense avoir une bonne formation en droit et aujourd'hui j'aimerais qu'elle soit aussi bonne voire meilleure en commerce. L'EDHEC c'est une ouverture d'esprit, donc une ouverture d'esprit, pour moi je pense tout de suite à une ouverture sur le monde, et donc vous offrez des partenariats très intéressants et qui me motivent particulièrement comme par exemple on a parlé tout à l'heure d'un projet de fusion alors fusionner avec une entreprise asiatique, pour moi ce serait très intéressant de connaître la culture, les besoins de nos entreprises clientes et cela passerait par une immersion dans un pays asiatique, comme sur votre campus de Singapour par exemple.

JURY

Ils sont présents en Asie, les cabinets tels que Clifford ?

CANDIDATE

Ils sont présents, dans le sens où... oui bien sûr qu'ils sont présents, ils sont pas implantés mais ils peuvent très bien avoir des entreprises françaises qui s'implantent à Singapour.

JURY [*coupant la parole*]

Ils n'ont pas de bureaux là-bas à Hong Kong, à Pékin ou à Shanghai ?

16. La candidate n'entre pas dans les détails. Elle évoque *« l'excellence académique »* et *« une ouverture d'esprit »* sans en dire davantage. Elle parle aussi de *« partenariats très intéressants »* sans citer ceux qui l'intéressent. Elle n'est manifestement pas suffisamment renseignée sur ce que propose spécifiquement l'EDHEC.

CANDIDATE

Si, si Gide c'est certain, Clifford (…) Gide a des cabinets et est implanté partout dans le monde. Clifford Chance c'est principalement anglo-saxon donc je ne connais pas précisément leurs implantations à l'international. En revanche, oui c'est certain que Gide a des cabinets absolument sur tous les continents et…

JURY [*coupant la parole*]

Vous n'avez pas l'air très, très dure mademoiselle. On ne vous sent pas assez, en tout cas moi je ne vous sens pas assez dure, je vous sens très douce, très gentille… trop gentille.

CANDIDATE

C'est un trait de ma personnalité, être calme et…

JURY

Et douce.

CANDIDATE

Et douce, après cela ne m'empêche pas du tout d'être déterminée et rigoureuse dans ce que je fais, ce que j'entreprends.

JURY

Ah oui…

CANDIDATE [*reprenant*]

Dès que j'ai un but, je donne tout pour y arriver, pour aboutir à mes projets.

JURY[17]

Et dans une entreprise, vous ne croyez pas qu'il faut être capable d'intimider ses collaborateurs de rouler un peu des mécaniques ?

CANDIDATE

L'intimidation, oui c'est une méthode, après ce ne sera pas forcément la mienne.

JURY

Alors ce sera quoi la vôtre ?

17. Le jury revient à la charge et pose une question sur le caractère de la candidate. *« Et dans une entreprise, vous ne croyez pas qu'il faut être capable d'intimider ses collaborateurs de rouler un peu des mécaniques ? » – « L'intimidation, oui c'est une méthode après ce ne sera pas forcément la mienne »*. La répartie est bonne. Voilà qui permet à la candidate de faire part de sa vision des rapports humains au sein de l'entreprise ; le travail d'équipe, le dialogue, l'action sont des valeurs très positives. La candidate met en avant son besoin d'une grande école de commerce en surlignant l'apport des travaux de groupe, essentiels au sein d'un cabinet.

CANDIDATE

Qui s'appuierait plus sur le dialogue, déjà.

JURY

Vous y croyez ça, vous, au dialogue ?

CANDIDATE

Restreint à un certain nombre, oui tout à fait, je pense qu'on n'est pas seul et que travailler en équipe c'est quelque chose de très constructif et le dialogue…

JURY [*coupant la parole*]

Et comment vous ferez pour vous imposer car je suis désolé, d'utiliser ce terme mais c'est quand même ce terme dont il est question ici. Vous n'êtes pas sans savoir que les structures sont pyramidales avec des pentes qui sont extrêmement aiguës et il y a très peu de places. Donc la question que je me pose, en fait, pour le coup, c'est qu'est-ce qui vous ferait croire que vous pourrez atteindre raisonnablement des postes à responsabilités, plus tard dans ce cabinet-là ?

CANDIDATE

D'abord pour moi cela passe par la formation [*le jury acquiesce*] cela c'est évident pour moi qu'une bonne formation offre de meilleures opportunités, ensuite c'est aussi quelque chose que j'ai encore à construire chez moi, c'est ce travail en équipe. En faculté, j'ai eu l'occasion de travailler en équipe mais de manière un peu sommaire, je sais qu'à l'EDHEC, c'est quelque chose de fondamental et je pense que travailler au sein d'une équipe à l'EDHEC va me permettre de me renforcer et de me permettre d'assumer mes idées et d'imposer mes choix aux autres parce que c'est quelque chose sur lequel je travaillerai, j'ai à travailler, et donc c'est aussi pour cela qu'intégrer votre école me serait très constructif.

JURY

Très bien. Qu'est-ce qui vous fait croire raisonnablement que vous avez un rôle à jouer au sein de l'école, que vous êtes vraiment une personne dont on peut avoir besoin, parce qu'on a cette chance aujourd'hui, j'espère que cela va durer longtemps comme cela à l'EDHEC, de sélectionner un dossier sur dix ou douze, donc on peut vraiment faire notre sélection sur, bien sûr des éléments purement rationnels mais aussi sur une personnalité.[18] Est ce que vous, vous avez une personnalité qui peut plaire à l'EDHEC ?

---

18. *« Est ce que vous, vous avez une personnalité qui peut plaire à l'EDHEC ? »* Tôt ou tard, cette question est posée lors d'un entretien d'entrée en école de commerce. Qu'apportez-vous à l'école ? Pourquoi vous plus qu'une autre ? Etc. Sa réponse commence de manière assez maladroite : *« si je suis là ce n'est pas pour rien et que je pense avoir ma place ici. »* Ce n'est pas un argument ! N'oubliez jamais que l'honneur vous est fait par l'EDHEC, de vous accorder un entretien, pas l'inverse ! La candidate aborde enfin le P4, en expliquant qu'elle peut apporter à l'association « Destination Glisse ». Elle avance des idées novatrices.

CANDIDATE

Alors déjà ce qui me fait croire d'avoir la chance d'être à l'EDHEC, c'est d'être là. Je suis très contente de pouvoir présenter mes chances à cet oral et je pense que ça témoigne aussi d'un certain intérêt et du fait que si je suis là ce n'est pas pour rien et que je pense avoir ma place ici. Ensuite, je pense qu'intégrer une école, c'est basé sur une notion d'échange et que si je peux profiter de l'excellence académique de l'EDHEC, c'est aussi en contrepartie participer au milieu associatif de l'EDHEC. J'ai certains projets dans certaines de vos associations, et notamment une qui est « Destination Glisse ». Je suis passionnée de ski, j'en ai fait à haut niveau pendant 10 ans et aujourd'hui c'est quelque chose que j'aimerais transmettre surtout si j'en ai l'occasion. Dans votre association, par exemple, j'avais le projet de ne jamais organiser un événement dans le même station de ski pour essayer, peut-être pas sur un an peut-être pas sur une saison, plutôt sur deux ou trois de partir à la découverte de notre patrimoine français, alpin par exemple, qui est très riche et qui peut tant intéresser les initiés que les débutants et c'est en cela que je pense pouvoir apporter ma pierre à l'édifice de l'EDHEC.

JURY[19]

Est-ce que vous pouvez me parler de votre expérience chez Agnès B à Londres ?

CANDIDATE

Mon expérience chez Agnès B, bien sûr, pour moi elle démarre en amont de l'expérience en soi, c'est-à-dire qu'en 2009, à la fin de mon année, je me suis dit que j'avais envie de partir à l'étranger et là la problématique ça a été que là mes parents me disent « très bien tu fais ton projet, on te laisse faire ton projet, tu t'assumeras financièrement du début à la fin ».

JURY

D'accord.

CANDIDATE

Donc là en amont, ça a été d'abord de trouver un travail, un job d'été à Londres, et que j'ai trouvé avant de partir. Donc en envoyant des courriers, des CV par mail, en appelant, en rappelant ; on a finit par me rappeler chez Agnès B, j'ai d'abord eu un entretien téléphonique, donc entièrement en anglais, ensuite j'y suis allée une première fois pour les rencontrer et ensuite voilà le 1er juillet…

JURY [*intervenant*]

Cela vous a apporté quoi concrètement ?

19. La question portait sur son expérience chez Agnès B, pas sur sa genèse. Peu importe au jury de savoir qu'il fallait qu'elle s'assume financièrement ou qu'elle a dû appeler plusieurs fois pour avoir ce stage. La candidate évoque à nouveau la question de son indépendance, c'est louche. De plus, elle n'aborde pas l'aspect professionnel de cette expérience. La candidate paraît un brin candide et ce n'est pas une bonne chose.

CANDIDATE

Déjà c'était la première fois que je partais par mes propres moyens à l'étranger, c'est quelque chose qui m'a beaucoup plu. C'était de l'indépendance totale, tant financière que physique, et ça c'est un défi que j'ai aimé relever. Ensuite Londres, c'est une ville incroyable, j'ai été surprise, je pense tous les jours ; je ne suis pas restée trop longtemps, mais je suis restée quand même deux mois ; tous les jours on découvre quelque chose de nouveau, tous les jours on rencontre quelqu'un de nouveau et cet aspect de l'échange, d'être à l'étranger est vraiment quelque chose qui m'a plu et que j'espère renouveler à Londres ou ailleurs. Maintenant j'ai une soif de découvrir un peu les cultures…

JURY[20]

Moi j'aimerais que vous me parliez de votre expérience qui a été longue chez Paul, quand même, et que vous m'expliquiez d'abord ce que vous avez aimé, premièrement chez Paul, et seconde chose que j'aimerais savoir c'est, parlez-moi un peu de ce modèle d'affaire de Paul d'un point de vue économique, marketing, financier, organisationnel ; choisissez vraiment l'axe qui vous plaît et essayez de me vendre un Paul et d'y investir quelques euros.

CANDIDATE

Donc mon expérience chez Paul, c'était tout de suite après mon Bac, dans un objectif très clair de financer mes vacances.

JURY

D'accord, donc vous travailliez le soir ?

CANDIDATE

Je travaillais toute la journée.

JURY

D'accord, mais les étés seulement ?

CANDIDATE

D'abord que les étés et ensuite…

JURY [*finissant la phrase de la candidate*]

Et après en semaine.

20. Même s'il est difficile de faire rêver un jury en relatant son expérience chez Paul, il faut au moins essayer. La question initiale du jury est *« essayez de me montrer à moi de me vendre un Paul et d'y mettre quelques euros »*. La candidate n'y répond pas. Il reposera la question plus loin, c'est agaçant. Ici (et durant tout l'entretien d'ailleurs), la candidate ne relie pas cette expérience à l'école, ni à son projet professionnel. C'est dommage car elle aurait eu l'occasion de faire le lien entre le rapport au client et le métier d'avocat d'affaires.

CANDIDATE

Et ensuite tous les samedis, pas de l'ouverture à la fermeture parce que c'est des horaires…

JURY [*coupant la parole*]

Un de vos meilleurs moments ?

CANDIDATE

Mes meilleurs moments chez Paul, et bien étonnamment ça a été les ouvertures du magasin, c'était à 6 h du matin, donc il faut y être à 5 h 15 mais c'est là que j'ai clairement apprécié le plus mon travail là-bas car on se retrouve dans un silence de la ville, qui est assez troublant et ensuite parce que arrivés là-bas, on est tous là à 5 h 30 et être là à 5 h 30 ce n'est plus cela qui nous passe par le tête. Il y a tout de suite un esprit qui se crée et qui est vraiment sympathique, comme par exemple, les boulangers qui eux finissent leur nuit de travail à 5 h 30 et là il y a une vraie complicité entre les vendeurs qui sont là, souvent j'étais toute seule, des fois on était deux, et puis l'équipe de nuit, on se retrouve vraiment entre nous et c'est quelque chose que j'ai vraiment apprécié là-bas. Ensuite l'entreprise Paul, en tant que telle, c'est un réseau de franchises qui place la boulangerie française dans le haut de gamme, par exemple, quelque chose de très simple, on était tous en uniforme, c'est tout de suite un rapport qui fait qu'on est serveuse, moi j'étais serveuse, j'étais pas boulangère. Ils ont vraiment une séparation entre les fonctions qui…

JURY [*coupant la parole*]

Et ça, c'est un plus selon vous ?

CANDIDATE

Je pense que c'est un vrai plus, oui, je pense que du coup, nous, on est vraiment là pour le client, pour prendre soin du client, et qu'après l'approvisionnement c'est pas nous qui nous nous en occupons, enfin c'est pas les vendeurs.

JURY

Alors quel est le rôle des vendeurs, justement ?

CANDIDATE

Le rôle des vendeurs c'est de, déjà, être là pour le simple client qui vient chercher une baguette, ça c'est aussi quelque chose que j'ai aussi apprécié, c'est le côté fidélité-client, pour voir tous les jours les mêmes clients qui habitent dans le quartier, tout simplement, et ensuite on est là parce que Paul n'est pas qu'une boulangerie, y'a tout ce côté pâtisserie, entremets, et donc on est là parce que les gens ne connaissent pas la gamme, ils viennent pour un gâteau pour leur dîner du soir et on est là pour vendre au mieux.

JURY

Et si vous ne connaissez pas forcément bien les produits, vous n'avez jamais mis la main à la pâte, comment vous pouvez vraiment conseiller un produit plutôt qu'un autre ?

CANDIDATE

Alors, théoriquement on était vendeurs mais on a aussi mis la main à la pâte. Aller faire nous-mêmes tous les sandwichs, notamment lors de l'ouverture le matin. C'est d'abord nous qui les commençons et je ne sais pas, disons, vu que c'est une franchise et que la centrale veut vraiment des produits types, on a un catalogue d'ingrédients, c'est vraiment tout au poids, donc on sait vraiment.

JURY

Ce ne sont que des franchises, Paul ?

CANDIDATE

Oui.

JURY

Alors j'aimerais dans un premier temps que vous m'expliquiez encore une fois, pourquoi j'aurais intérêt moi-même à investir dans une franchise et la seconde question à laquelle j'aimerais que vous répondiez plus tard, ce serait quelles seraient les problématiques que vous seriez amenée à dresser dans le cas où vous seriez responsable du dossier Paul, d'un point de vue juridique ?

CANDIDATE

D'accord, pourquoi, vous devriez investir chez Paul, parce que c'est une entreprise qui marche d'abord, ensuite parce que ce système de franchise est assez intéressant. Après ce sont des franchises qui sont, je sais par exemple qu'à Lyon il y avait six magasins Paul à Lyon qui n'étaient pas tous…

JURY [*coupant la parole*]

C'est pas d'ailleurs de Lyon que cela vient ?

CANDIDATE

C'est Lille.

JURY

Lille, oui.

CANDIDATE [*reprenant*]

Qui n'étaient pas tous gérés par les mêmes gestionnaires, et puis c'est une entreprise qui a à souhait de garder cette qualité de…

JURY [*intervenant*]

Enfin c'est un peu industrialisé, j'imagine.

CANDIDATE

Clairement industrialisé, mais il y a toujours un souci de qualité.

JURY

Mais en quoi c'est mieux qu'une croissanterie de métro, banale, enfin je veux dire, qu'est-ce qu'il y a de plus ?

CANDIDATE

Dans l'origine des produits, par exemple.

JURY

Ce n'est pas très marketing Paul finalement ?

CANDIDATE

Vous trouvez ?

JURY

C'est une question que je vous pose.

CANDIDATE

Je trouve que c'est une boulangerie qui fait le plus d'effort pour promouvoir son image, on voit des publicités partout.

JURY [*coupant la parole*]

Non mais je suis d'accord mais en quoi c'est meilleur qu'une boulangerie traditionnelle qui fait ses pains au chocolat, ses croissants, elle-même tous les matins, alors que là j'imagine qu'il y a du surgelé ?

CANDIDATE

Y'a du surgelé, mais là aussi c'est une question de gestion, ce n'est pas les mêmes volumes donc…

JURY [*coupant la parole*]

J'en ai bien conscience mais alors comment vous justifiez aux clients qui sont souvent à la recherche de produits frais et de tradition, enfin comment vous faites passer la pilule ?

CANDIDATE

Par exemple, le pain est frais, il est cuit sur place.

JURY

Il est pétrit et cuit sur place ?

CANDIDATE

En tout cas dans le Paul où j'étais, le manager en gérait trois ; on était dans les plus grands locaux donc le pain était fabriqué dans nos locaux à nous et ensuite livré aux 3 autres boulangeries Paul dans Lyon que le gestionnaire avait sous sa responsabilité. Mais le pain est fait sur place, derrière nous…

JURY [*coupant la parole*]

Oui enfin c'est pas sur le pain que les marges les plus importantes sont faites.

CANDIDATE

Non, les marges les plus importantes, ce sera en pâtisserie, par exemple.

JURY

Et même en viennoiserie, j'imagine.

CANDIDATE

Oui, oui, c'est certain.

JURY

Les pâtisseries et les viennoiseries, ce n'est pas fait sur place…

CANDIDATE

Souvent, tout n'est pas fait sur place mais tout est constitué sur place, en tout cas. Par exemple, un exemple très simple, des tartes de pâtisserie, le pâte n'est pas faite sur place mais la crème pâtissière sera du jour, les fruits du marché, ce qui permet quand même de garantir un produit frais et de qualité.

JURY

Donc si j'ai bien compris Paul, c'est une grosse machine de guerre parce que gros budget marketing, gros médias, un positionnement un peu à l'ancienne d'une vieille boulangerie qui a été crée il y a cent ans et dont on a racheté les droits pour dire « hello, nous sommes là depuis 1884 ».

CANDIDATE [*coupant la parole*]

Après il y a un vrai conseil d'administration Paul qui envoie chaque année, j'ai pu suivre cela avec mon manager qui était convoqué au siège à Paris pour renouveler la gamme, renouveler les catalogues.

JURY

Si on devait faire une petite matrice simple de forces, de faiblesses, d'opportunités et de menaces ; bon dans les forces on a compris, gros budget marketing, un nom facile à mémoriser, un code couleur, une cohérence du mix ; qu'est-ce qu'on aurait dans les faiblesses ?

CANDIDATE

Dans les faiblesses, on aurait à défendre ce côté industrialisé qui est clairement une faiblesse plutôt qu'une menace ; dans le sens que oui Paul ça marche comme cela, des produits surgelés, ils en ont donc oui en soi ce serait une faiblesse pour Paul. Après dans les opportunités, je mettrais justement ce réseau Paul qui permet d'avoir des moyens très importants et pourquoi limiter la boulangerie à celle de quartier, pourquoi la boulangerie ne serait pas un business prospère autant qu'une autre entreprise.

JURY

Et au niveau des menaces ?

CANDIDATE

Au niveau des menaces, et bien je dirais les autres boulangeries.

JURY

Les chaînes ?

CANDIDATE

Non les autres commerçants, par exemple quand j'étais chez Paul on avait un problème très concret. On était ouvert 7/7 jours comme la plupart des Paul et finalement les autres commerçants du quartier ont clairement fait signer une pétition pour que Paul ne soit pas ouvert 7/7 jours en tant qu'atteinte à la concurrence, parce que eux…

JURY [*coupant la parole*]

Vous êtes responsable du dossier Paul chez Gide, parce que Paul a tellement d'argent qu'ils font appel à Gide et quelles questions vous posez au directeur, quels chantiers vous pensez que vous allez devoir traiter ?

CANDIDATE[21]

Par exemple, j'imagine leur implantation à l'étranger, ce qui est quelque chose qui débute, je sais qu'il y a des Paul à Shangaï, à New-York et j'en ai vu quelques-uns à Londres. Et du coup pourquoi pas aller là-dessus et poser au dirigeant la question de sa globalisation et de comment il voit l'avenir international de Paul. [*silence*]

21. La discussion autour des magasins Paul est nettement trop longue et surtout, trop éloignée du sujet ; *« Les pâtisseries et les viennoiseries, ce n'est pas fait sur place… »*. Il incombe à la candidate de revenir sur le bon chemin. C'est à elle et non au jury de réorienter le débat.

8,5/20

L'entretien de cette candidate est un semi-échec pour plusieurs raisons. Pour commencer, son entrée en matière est manquée car elle oublie la politesse élémentaire qui sied à tout candidat. Ne jamais oublier d'accompagner le « bonjour » d'un « Madame » ou « Monsieur » ; préférer « oui » à « ouais », etc.

Sur la forme toujours, la candidate a tendance à se perdre sur des sujets secondaires voire même totalement inintéressants, comme son covoiturage jusqu'à Lille ou encore son expérience chez Paul (même s'il y a de bons moments). Elle a malheureusement oublié l'objet de son entretien qui est de se vendre et de convaincre le jury de l'EDHEC. Voilà tout à fait le type d'entretien que les candidats pensent avoir réussi car ils ont beaucoup parlé et que le jury a paru intéressé. Seulement la candidate n'a pas convaincu sur les points importants de son entretien.

Passons maintenant au fond de l'entretien. La candidate ne s'est jamais vraiment montrée convaincante. Premièrement, elle n'est pas allée suffisamment en profondeur des choses. Ses exemples manquaient de pertinence et le jury a dû poser plusieurs fois les mêmes questions pour obtenir des embryons de réponses. Le jury a certainement eu l'impression de tourner en rond.

Le projet professionnel est à retravailler impérativement. En effet, la candidate n'a pas fait l'effort de travailler l'effet d'annonce. Elle n'a pas l'air convaincue. Le jury souhaite comprendre le cheminement intellectuel, les étapes de maturation de ce projet. En fait, la candidate semble subir le parcours tracé d'avocat d'affaires. Qu'est-ce qui la fait rêver dans ce métier ? De plus, le cas pratique de fusion-acquisition choisi par la candidate est un échec. Il révèle son manque de connaissance de ce milieu et c'est très préjudiciable pour sa candidature.

Le P3 est à revoir en profondeur. Elle ne justifie pas son besoin d'une école de commerce. Or, cette étape de la présentation est essentielle car elle donne de la cohérence entre son parcours universitaire et son projet professionnel. De plus, la justification du choix de l'EDHEC est nulle. Sa première réponse est l' « émancipation physique », répétée à deux reprises lors de l'entretien. Cela ne témoigne pas d'une grande maturité. Quid des stages ? Quid du réseau des anciens élèves ? En bref, elle ne s'est pas appropriée l'école car il n'y a aucune projection. La plus grande preuve en est son plan B, présenté comme une alternative très possible. L'EDHEC semble à peine la priorité.

En fait, la candidate semble avoir été très déstabilisée par le début de l'entretien. Peut-être s'attendait-elle à faire sa présentation sans être interrompue. Malheureusement, elle s'est laissée embarquer dans des discussions qui lui ont fait oublier le but principal de sa présentation. Surtout, elle n'a pas su réagir pour revenir à l'essentiel. Pour ce faire, elle aurait dû utiliser le triangle magique qui lui aurait servi à raccorder ses propos à son projet professionnel ou à l'école.

Pour conclure, tout n'est pas à jeter puisqu'elle a plusieurs fois marqué des points, notamment au sujet de sa passion du théâtre et sa pratique du ski. Hormis cela, il ne suffit pas d'être un bon élève pour intégrer l'école. Il faut porter à bout de bras un projet professionnel ambitieux et exprimer le besoin d'une école de commerce, vital à sa réalisation. La candidate dispose de points très positifs : son parcours universitaire de qualité, sa pratique du théâtre ou encore une aisance relative à l'oral mais il faut qu'elle travaille sa concentration et sa capacité à mener un entretien. La structure des 4 P doit être la colonne vertébrale de sa présentation. Toujours.

ENTRETIEN • 3		**AP**
Ecole cible	ESCP Europe	
Voie	**Admission parallèle à Bac +3 et plus** • Concours CAD	

L'exemple d'une candidate qui ne cherche pas à imposer le déroulement logique des 4 P mais qui, au contraire, sait s'en servir pour répondre aux différentes questions. Presque rien ne manque dans cet entretien de haute voltige.

(…) [*3 minutes d'entretien se sont déjà écoulées.*]

CANDIDATE[1]

En tant que chef de projets junior, j'ai eu dans le cadre de mon master à Sciences Po, trois expériences très formatrices qui m'ont déterminée à choisir ce domaine et à m'intéresser à cette fonction de chef de projets junior pour les BTP. La première cela a été un stage que j'ai fait au contrôle général économique et financier, c'est un organe, heu un organisme qui est rattaché à Bercy et en fait j'ai contribué à organiser un séminaire national sur le thème de l'Etat et les mutations économiques donc dans ce cadre là j'ai été amenée à réfléchir à la RGPP, la révision générale des politiques publiques, et[2] je me suis vraiment rendu compte à ce moment là qu'en fait dans le contexte actuel de rigueur budgétaire et à cause du fait que l'Etat n'a plus vraiment les moyens d'investir dans les infrastructures de manière massive, les infrastructures privées étaient très importantes et que en fait on peut très bien travailler pour le secteur public tout en apportant des compétences, des financements privés très importants et que les entreprises privées telles que VINCI Concession, Bouygues construction et Effage sont très importants.

1. Le jury a en face de lui une candidate éloquente. Chaque mot est pesé et chaque phrase est une mine d'informations. Par exemple, *« En tant que chef de projets junior, j'ai eu dans le cadre de mon master à Sciences Po, trois expériences très formatrices qui m'ont déterminées à choisir ce domaine et à m'intéresser à cette fonction de chef de projets junior pour les BTP »* ; cette phrase comporte 4 informations d'importance : chef de projets junior, master à Sciences Po, trois expériences fondatrices et le projet professionnel de devenir chef de projets pour les BTP. Et cette phrase n'est qu'une introduction !
2. Sa façon d'expliquer ses expériences professionnelles, en particulier ses stages, est en tous points exemplaire. Esprit de synthèse, effort de pédagogie et retour sur expérience. Le développement en trois points reste le plus efficace puisque après la description de la structure et du stage en lui-même, sa mission, le plus important est d'expliquer ce que l'on en a tiré. La candidate relie de fort belle manière son stage et son projet professionnel, selon le schéma du triangle magique : *« je me suis vraiment rendu compte à ce moment là qu'en fait dans le contexte actuel de rigueur budgétaire et à cause du fait que l'Etat n'a plus vraiment les moyens d'investir dans les infrastructures de manière massive, les infrastructures privées étaient très importantes et que en fait on peut très bien travailler pour le secteur public tout en apportant des compétences, des financements privés très importants et que les entreprises privées telles que VINCI Concession, Bouygues construction et Eiffage sont très importants »*. En plus de cela, elle donne des exemples concrets, ce qui montre d'une part qu'elle connaît bien le domaine qui l'attire et d'autre part, cela permet au jury de rebondir. Ce qu'il ne manque pas de faire…

JURY

Et quelle place voulez-vous occuper dans ce type de structures ?

CANDIDATE

En fait j'aimerais bien commencer en tant que chef de projets junior.

JURY

D'accord.

CANDIDATE

Donc, pour développer des partenariats publics privés.

JURY[3]

C'est plutôt des métiers d'ingénieurs, ça, non ?

CANDIDATE

Il est vrai qu'il y a une majorité d'ingénieurs par exemple chez VINCI Concessions, mais en fait il se trouve qu'ils embauchent également des gens qui ont fait des écoles de commerce et qu'ils ne sont pas réticents à embaucher des gens qui finalement ont un profil plutôt business, plutôt littéraire car ils ont besoin de gens finalement qui savent prendre du recul, de la distance par rapport aux évènements parce que les ingénieurs ont des compétences très précises, en matière de construction, de nouvelles technologies, mais les littéraires sont particulièrement appréciés dans les équipes ; les gens qui ont fait des écoles de commerce aussi, parce que lorsqu'il s'agit de remporter des marchés, de signer des contrats, il faut vendre, il faut savoir comment négocier.

JURY

Mais ce n'est pas le rôle de chef de projets de faire ça ? C'est plutôt le rôle du manager, du directeur.

CANDIDATE

Bien en fait le chef de projets c'est un manager, il a des compétences transversales, c'est-à-dire…

JURY [*coupant la parole*]

Qu'est-ce qui vous excite vraiment dans ce métier ?

3. Si le candidat doit s'adapter à son jury, il est évident que l'inverse fonctionne également. Aussi, face à une candidate très précise, le jury posera des questions toutes aussi précises car le niveau d'exigence est logiquement rehaussé. Ici, il teste la connaissance du métier de chef de projets dans les BTP de la candidate. D'où la réplique suivante : *« C'est plutôt des métiers d'ingénieurs, ça »*. Elle vise également à évaluer la détermination de la candidate. Sa réponse est parfaite puisqu'elle prend l'exemple de la société Vinci, qu'elle connaît manifestement bien. Sans donner tort au jury, elle met en avant sa particularité et son profil atypique. C'est très habile.

CANDIDATE[4]

Ce qui m'excite, c'est d'être un peu comme un chef d'orchestre, comme une sorte d'entrepreneur qui va se dire « bon, bah voilà, je dois construire une maison, à qui je vais faire appel, à tel maçon, à tels gens qui vont mettre les vitres, construire les vitres, etc » donc c'est être sur tous les fronts, gérer une équipe, dialoguer avec des partenaires industriels et financiers, les banques, c'est être en relation avec le client, le partenaire public, que je vais devoir convaincre de l'intérêt de notre candidature, de notre projet en réponse à son appel d'offre. C'est aussi pour pouvoir fédérer les énergies, être en relation à la fois avec des ingénieurs, des juristes, des financiers, il faut avoir un minimum de connaissances dans tous ces domaines, c'est pourquoi je compte sur la ESCP Europe, mais vraiment, arriver à discuter avec eux de leurs expertises et pouvoir restituer cela au client, de pouvoir expliquer au client comment va être montée l'infrastructure publique, comment on va l'exploiter.

JURY [*intervenant*]

Comment vous est venu ce goût pour cela ?

CANDIDATE

Alors comme je vous l'ai dit c'est dans le cadre de mon stage au Contrôle Général Economique et Financier.

JURY

D'accord.

CANDIDATE

Que je me suis rendu compte que c'était vraiment un secteur d'avenir et que l'on peut très bien travailler de manière à construire des infrastructures publiques et agir pour le public tout en étant dans une entreprise privée parce que maintenant il y a plein d'opportunités.

JURY[5]

Et vous ne pouvez pas en Khâgne passer les concours des écoles de commerce ?

---

4. La question de la motivation, voire de la passion, pour un secteur est essentielle et quasiment systématique. Il faut raconter son histoire personnelle ; pas de place à l'improvisation car savoir parler de son projet professionnel avec envie se travaille. La réponse de la candidate comporte tous les mots clés qui conviennent pour ce type de question : *« chef d'orchestre », « être sur tous les fronts », « gérer une équipe », « dialoguer avec des partenaires industriels et financiers », « relation avec le client », « convaincre », « fédérer les énergies »*. Tout y est. Voilà qui démontre au jury sa connaissance en profondeur de son projet. En plus, elle conclut intelligemment en raccordant le projet à l'école qu'elle convoite, alors que la question n'avait pas de lien direct avec l'ESCP.

5. Vient ensuite la question de l'orientation de la candidate, elle aussi plutôt classique. En effet, les parcours des candidats ne sont pas toujours cohérents à 100 % (et c'est bien normal). C'est pourquoi il faudra justifier une année de prépa, une licence d'Histoire, voire même une année de médecine. Ici, la candidate doit justifier son choix d'avoir intégré Sciences Po après une Khâgne, et non directement une école de commerce. Avec sincérité, la candidate répond qu'elle n'était pas prête, en jouant la carte d'un cheminement intellectuel long, synonyme d'une grande maturité : *« je ne m'imaginais pas encore dans une école de commerce. Cela m'est venu progressivement en fait, c'est un travail, une sorte de maturation qu'il m'a fallu »*. En retraçant son parcours académique, la candidate donne les clés de compréhensions de son projet ; *« je voulais un métier qui ne soit pas seulement théorique et intellectuel mais extrêmement pratique et opérationnel, c'est-à-dire ce qui m'intéresse c'est de gérer des équipes, d'être en réunion, de négocier avec des clients »*. La genèse est claire et limpide si bien que le jury peut passer à autre chose.

CANDIDATE

Si tout à fait mais il se trouve que quand j'étais en Khâgne, je ne m'imaginais pas encore dans une école de commerce. Cela m'est venu progressivement en fait, c'est un travail, une sorte de maturation qu'il m'a fallu. C'est-à-dire que lorsque j'étais en Khâgne, je me disais qu'il fallait que je passe les concours administratifs, que je devais travailler dans la fonction publique, mais déjà je me sentais attirée par des fonctions de gestionnaire, de manager, mais je me voyais plutôt bien dans la fonction publique. Ensuite quand j'ai été à Sciences Po, je me suis rendue compte que je voulais un métier qui ne soit pas seulement théorique et intellectuel mais extrêmement pratique et opérationnel, c'est-à-dire ce qui m'intéresse c'est de gérer des équipes, d'être en réunion, de négocier avec des clients ; je veux bien gagner ma vie et j'estime que c'est dans une entreprise privée dynamique comme VINCI, comme EIFFAGE, comme Bouygues Constructions que je vais être pleinement épanouie et pouvoir concilier mon goût pour la réflexion au travers de montages juridiques et financiers très complexes et mon goût pour l'action, pour l'opérationnel, le concret.

JURY[6]

Vous avez l'air un petit peu stressée, non, on sent une certaine tension ?

CANDIDATE

Oui tout à fait, parce que je me rends compte que c'est maintenant que je dois vous convaincre, qu'il faut que vraiment je me donne à fond pour essayer de vous montrer que je suis faite pour ce secteur, pour ce métier éventuellement et donc c'est pour cela que…

JURY [*coupant la parole*]

C'est important pour vous de réussir ?

CANDIDATE

Oui, tout à fait, je pense que la réussite, elle est sur tous les plans, elle est sur le plan personnel mais aussi professionnel et j'ai de l'ambition, je veux réussir.

JURY

Que pensez-vous de ces femmes qui atteignent l'âge de 36/38 ans qui ont de très belles fonctions managériales et qui pleurent parce qu'elles se rendent compte qu'elles ont complètement loupé leur vie personnelle, elles ont un compagnon avec qui elles ne sont pas mariées et elles n'ont pas d'enfants parfois.

---

6. La candidate n'a pas commis d'erreur pour l'instant. Le jury tente alors de la déstabiliser par des questions plus directes, qui en désarçonneraient plus d'un : *« Vous avez l'air un petit peu stressée, non, on sent une certaine tension ? »* La candidate avoue qu'elle l'est effectivement, mais elle le justifie bien : *« Oui tout à fait, parce que je me rends compte que c'est maintenant que je dois vous convaincre »*. Elle se montre consciente des enjeux d'un tel entretien pour sa carrière. Le stress est naturel, il faut en faire un moteur du travail et de la réussite.

CANDIDATE[7]

Je comprends tout à fait, c'est pour cela que j'ai réfléchi à ce que je voulais faire et à la manière dont je devais concilier ma vie personnelle et professionnelle et en fait je ne veux pas passer ma vie à travailler, non plus, je pense que c'est important de se réserver du temps pour s'occuper de sa famille, pour donner du temps à son compagnon, mais dans une entreprise privée comme VINCI Construction ou Bouygues Construction, je ne vais pas passer toutes mes journées, tout mon temps à travailler ; je ne vais pas être trader, je ne vais pas travailler dans un cabinet d'avocats où je vais passer tout mon temps, donc je pense que je vais réussir, je vais parvenir à réussir à la fois ma vie privée et ma vie professionnelle ; donc je pense qu'il faut savoir séparer sa vie personnelle et professionnelle et je pense que j'en suis capable.

JURY[8]

Vous croyez en quoi ?

CANDIDATE

Je crois que l'on peut, heu… cela va vous paraître extrêmement pathos, banal, je pense que l'on peut réussir quand on travaille, je crois beaucoup à la force de travail. Je pense que des gens qui *a priori* n'ont peut-être pas les capacités, le charisme qu'il faut pour devenir, par exemple, manager, peuvent y arriver si seulement ils sont prêts à travailler, s'ils ont le goût de l'effort, je pense que le talent n'y est pas pour grand chose, je pense que le travail est très important et que l'on peut…

JURY [*coupant la parole*]

En fait pour ne rien vous cacher, avant de vous recevoir en salle, on a regardé votre dossier, et on s'est dit que vous aviez plutôt de bonnes références académiques mais[9] on ne vous imaginait pas forcément vous fondre dans la masse des étudiants de l'école au quotidien.

CANDIDATE

Oui, bien sûr.

---

7. La question des priorités entre vies privée et professionnelle est assez fréquente. La candidate dit avoir réfléchi à la question, ce qui est une preuve de maturité supplémentaire. Elle a tranché et se montre déterminée à concilier les deux. Elle aurait pu développer davantage sur le sujet, en évoquant les notions d'équilibre personnel, de stabilité familiale, etc.

8. *« Vous croyez en quoi ? »* Par ces questions, le jury espère certainement percer la carapace de la candidate, très sérieuse. Il manque peut-être un peu d'humanité, d'affect, de personnalité, à cette présentation très carrée. Le prochain point en sera une illustration supplémentaire. N'oublions pas que l'entretien est un moyen de montrer qui vous êtes. Lorsque l'on vous en donne l'occasion, exprimer votre originalité, votre différence pour sortir du lot. Une fois de plus, la réponse de la candidate est très sérieuse : *« je pense que le talent n'y est pas pour grand chose, je pense que le travail est très important »*. Bien qu'attendu, cette réponse est bonne.

9. *« On ne vous imaginait pas forcément vous fondre dans la masse des étudiants de l'école au quotidien »*. Le jury doute de ses capacités à s'intégrer aux autres étudiants. La candidate est donc amenée à raconter ses expériences associatives passées. Malheureusement, elle n'évoque aucune association de l'ESCP, dans laquelle elle aurait pu réinvestir son expérience. La Junior Entreprise de Sciences Po retient l'attention du jury. Le réflexe de la candidate est le bon, elle explique très clairement cette expérience en analysant son profil : *« assez créatif »*, *« d'emmener les gens qui sont avec moi dans ma direction »*, *« fédérer les gens »*, *« élément structurant au sein d'une équipe »*, *« faire ressortir le meilleur d'eux-mêmes »*. En fait, la candidate vient de donner sa définition d'un bon manager.

JURY

Qu'avez vous à répondre à cela ?

CANDIDATE

Bien, déjà j'ai une vie assez équilibrée, je fais du sport, je me suis engagée dans une association humanitaire et sociale, je suis à la Croix Rouge de Chaville où je fais des choses très concrètes, je fais des maraudes pour aider les SDF, je récolte de l'argent lors des brocantes, je suis amenée à rencontrer des gens très différents, à apporter mon énergie à l'équipe d'action sociale. De plus, j'ai fait aussi une mission pour le compte de la junior-entreprise de Sciences Po et cela m'a beaucoup plu, donc en fait moi je ne peux m'épanouir que dans le cadre d'une équipe avec des gens qui peuvent me permettre…

JURY [*coupant la parole*]

Généralement vous avez quel profil dans cette équipe-là ?

CANDIDATE

Alors en fait, je propose, c'est-à-dire que j'ai l'impression que j'arrive à donner des idées au groupe, par exemple quand j'ai fait la mission pour « junior consulting », j'étais à la fois chargée d'aller auprès des clients du magasin pour leur faire remplir des questionnaires mais après j'essaye d'analyser et de synthétiser les résultats et de faire des propositions. Donc, je pense que je suis quelqu'un d'assez créatif en fait et qui est capable d'emmener les gens qui sont avec moi dans ma direction. Donc, c'est une capacité en fait à fédérer les gens et à être un élément structurant au sein d'une équipe, c'est-à-dire que sans agresser les autres, sans leur faire sentir qu'ils n'ont qu'à obéir, je vais être capable de faire ressortir le meilleur d'eux-mêmes. C'est-à-dire que je pense être quelqu'un d'assez bénéfique au sein d'une équipe.

JURY

Donc, ça j'entends bien, je veux bien vous croire, par contre, sortir prendre des bières avec vous à la fin de la journée, je n'y crois pas trop.

CANDIDATE

Bah si en fait.

JURY

C'est important, non ?…

CANDIDATE

Oui tout à fait, mais oui je vous comprends bien et il se trouve que j'ai des amis…

ENTRETIEN • 3

JURY[10]

Cela vous arrive-t-il de boire ?

CANDIDATE

De boire, oui, pas jusqu'à devenir ivre morte, alors là c'est très peu pour moi [*rires*] je vais pas tomber dans le coma éthylique.

JURY

Donc cela vous arrive d'être pompette ?

CANDIDATE

Oui complètement, mais je ne suis pas là pour m'en vanter non plus [*rires*] parce que j'estime que si je suis là aujourd'hui c'est pas pour vous parler de mes déboires personnels, amoureux ou au niveau de l'alcool, c'est pour vous convaincre que j'ai ma place au sein de l'ESCP Europe.

JURY

Non, mais ma question vise vraiment à vous imaginer au sein de l'école parce que bien entendu je ne vais pas réduire l'ESCP à ses soirées mais cela fait partie des moments qui sont très importants pour la vie de l'école…

CANDIDATE

Oui.

JURY

Ils passent un bon moment et ils en ont un bon souvenir, donc c'est important.

CANDIDATE[11]

Bien sûr, bien sûr, et quand je serai à l'ESCP Europe je m'investirai au sein de vos associations car je sais que pour votre école la vie associative est très importante. Donc en fait, mon objectif ce serait d'intégrer l'association « Armagnac » car c'est une association qui organise des pièces de théâtre tous les ans, qui organise des matchs d'improvisation et je sais que j'ai besoin du théâtre pour m'épanouir et je sais que je vais participer aux soirées du BDE s'il y en a, donc je sais que je ne suis pas…

---

10. Le jury repart à l'attaque pour percer le mystère de cette candidate modèle : *« Cela vous arrive-t-il de boire ? »* Mais après avoir répondu, elle recentre le débat, ce qui est une bonne chose mais qui, dans le cas présent démontre une certaine rigidité : *« j'estime que si je suis là aujourd'hui c'est pas pour vous parler de mes déboires personnels, amoureux ou au niveau de l'alcool, c'est pour vous convaincre que j'ai ma place au sein de l'ESCP Europe »*. Mais en aucun cas ceci ne lui sera préjudiciable. La candidate perçoit en fait la question sous-jacente du jury, qui touche à son intégration.

11. La candidate parle du P4 et de sa valeur ajoutée. Mais son envie d'intégrer l'association de théâtre *« ART MANIAC »* n'est pas suffisamment motivée. De plus, elle n'adopte pas la bonne posture puisqu'elle n'explique pas ce qu'elle y apportera, c'est le contraire : *« j'ai besoin du théâtre pour m'épanouir et je sais que je vais participer aux soirées du BDE s'il y en a »*. C'est pour l'instant le point faible de sa présentation.

JURY [*coupant la parole*]

Est-ce que vous pouvez me convaincre aujourd'hui de vous choisir vous plutôt qu'un ingénieur qui aurait fait SUPELEC et qui présente l'ESCP et qui veut lui aussi être chef de projets au sein de chez VINCI ?[12] Qu'est-ce qui pourrait me convaincre de vous prendre, vous, plutôt que lui ?

CANDIDATE

Et bien je vous dirais qu'en fait s'il est vraiment comme vous me le décrivez, je ne vois pas pourquoi il aurait forcément besoin de votre école, étant donné que VINCI et EIFFAGE emploient beaucoup d'ingénieurs qui ont déjà beaucoup de compétences alors que moi vous voyez j'ai encore beaucoup de choses à apprendre. C'est-à-dire j'ai besoin à la fois d'avoir des cours en financement d'entreprises, en financement de projets, en marketing et stratégies.

JURY

Lui aussi a beaucoup à apprendre. Je peux vous garantir que lui aussi nous explique qu'il a beaucoup à apprendre en management, en stratégie, en comptabilité, en finance. Ils n'étudient que très peu ces matières en école d'ingénieurs.

CANDIDATE

Bien entendu mais vous savez j'ai parlé avec un chargé d'affaires en financement structuré chez VINCI Concession et il m'a parlé qu'au sein du pôle finance, par exemple, ils ont déjà plein d'ingénieurs qui n'ont pas fait d'écoles de commerce, c'est-à-dire qu'ils sont capables d'intégrer l'entreprise, d'apprendre sur le tas comment monter une offre financière, comment négocier, donc finalement je pense que ceux qui ont fait de très bonnes écoles d'ingénieurs n'ont pas forcément besoin de ça. Et pourquoi me donner ma chance à moi plutôt qu'à quelqu'un d'autre, parce que justement je pense qu'il manque un peu de profils littéraires et des profils littéraires comme moi sont essentiels dans une équipe parce que on a une capacité de synthèse et d'analyse, on est capable de prendre du recul sur des situations, on a un esprit beaucoup moins obtus que les scientifiques, j'ai envie de dire, donc, peut-être qu'il faudrait davantage diversifier la composition des équipes au sein d'entreprises du BTP et accorder plus de chance aux littéraires, aux gens qui ont fait des écoles de commerce, c'est pour cela que je vais vous dire, en plus les ingénieurs n'ont pas toujours de très bonnes capacités relationnelles, j'entends par là qu'ayant fait Sciences Po, je suis capable de parler avec les gens de tous horizons, de les mettre en confiance . J'ai également de très bonnes capacités rédactionnelles que n'ont pas forcément les ingénieurs donc je pense que je peux apporter beaucoup au sein d'une équipe-projet.

---

12. Cette dernière réponse n'a pas apporté satisfaction. Voilà pourquoi le jury pose une question du même ordre. Pour résumer, il faut comprendre : *« Pourquoi vous plus qu'un autre candidat ? »* La réponse n'y est pas car elle se positionne trop en bénéficiaire, en position passive, symbolisée par les mots : *« j'ai besoin »*. Or, le jury veut entendre ce qu'elle compte apporter à l'école. Après une troisième question, la candidate met en avant son profil littéraire, *« essentiel dans une équipe parce que on a une capacité de synthèse et d'analyse, on est capable de prendre du recul sur des situations »*, avec *« de très bonnes capacités rédactionnelles que n'ont pas forcément les ingénieurs »*. Ce paragraphe aurait gagné à être relié à une association d'écriture de l'école (existante ou à créer) par exemple.

JURY

Ok, parlez moi un peu de ce que vous apporte le ski alpin.

CANDIDATE[13]

Alors en fait je vais faire du ski à peu près tous les ans, ce que ça m'apporte bien c'est un bon moment de détente, cela me permet de faire du sport, de profiter de la beauté du paysage, de la montagne. C'est quelque chose qui pour moi est important parce que comme j'aime aussi la danse, dans une certaine manière cela me permet de m'épanouir dans mon corps, y'a un peu de danse quand on fait du ski en quelque sorte ; ce qui m'a aussi beaucoup plu c'est que je me suis mis au snowboard et alors c'était génial car j'avais encore plus de sensations même si au début les premiers jours je les ai passés tout le temps par terre. Je ne savais pas comment faire, mais bon on apprend assez vite quand on fait du ski et donc c'est vraiment génial, je n'avais jamais eu de sensations aussi fortes, même si parfois j'ai failli faire…

JURY [*interrompant*]

Cela vous arrive parfois de déprimer ou d'avoir des moments un peu de mou comme ça, des moments où vous perdez confiance en vous, ou vous avez des moments de doute ?

CANDIDATE[14]

Ah oui constamment, tous les jours je n'arrête pas de me poser des questions, je me dit « est–ce que je fais bien de faire ça, est-ce que je ne pourrai pas avoir davantage confiance en moi ou est-ce qu'il faut que je continue à me poser des questions, à douter. Il y a des moments où je ne sais plus où j'en suis vraiment, mais c'est dans ces moments là que j'arrive à parler à ma famille, à mes amis et qu'ils me donnent confiance en moi finalement parce qu'il faut savoir que ce qu'on est et la confiance qu'on a en soi, elle ne vient jamais que des autres, de ceux qui nous entourent et qui savent nous rappeler nos qualités et c'est grâce à eux que je m'en sors.

JURY

Mais dans l'entreprise, vous n'aurez pas autant de bienveillance de la part de vos collaborateurs, il n'y aura pas ce lien familial qui est propre à la famille.

CANDIDATE

Tout à fait.

JURY

Ni nulle part ailleurs.

13. Même en parlant du ski alpin et de la danse, la candidate peine à transmettre sa passion. C'est ennuyeux et c'est dommage : *« c'est un bon moment de détente, cela me permet de faire du sport, de profiter de la beauté du paysage, de la montagne ».*

14. Pour les excellents candidats ou pour les candidats très sûrs d'eux, la question du doute est un passage obligé. Ici, la candidate apporte une réponse complète et l'on en apprend davantage sur sa personnalité. En effet, comme beaucoup de gens brillants, la confiance en soi n'est pas innée. La candidate donne une explication très intelligente : *« il faut savoir que ce qu'on est et la confiance qu'on a en soi, elle ne vient jamais que des autres, de ceux qui nous entourent et qui savent nous rappeler nos qualités et c'est grâce à eux que je m'en sors ».*

CANDIDATE[15]

C'est pour cela en fait qu'il ne faut pas s'y m'éprendre, la vie en entreprise ça ne ressemble pas trop à une famille même s'il y a un peu les mêmes névroses mais quand on arrive à avoir justement une vie équilibrée, à ne pas sacrifier sa vie personnelle au profit de sa vie professionnelle, on arrive à avoir un équilibre qui nous permet dans les moments qui sont difficiles dans les entreprises de trouver un refuge et des gens qui vont vous permettre de continuer sur cette voie.[16]

JURY

Ok parlez moi un peu de VINCI, qu'est-ce que vous pouvez me dire sur cette entreprise ?

CANDIDATE

Alors, VINCI a énormément de filiales différentes, celles qui m'intéressent c'est comme je vous l'ai dit VINCI Concession qui est érigée par Xavier Guyard et qui a fait un chiffre d'affaire d'environ 10 milliards d'euros l'année précédente, c'est une filiale qui m'attire beaucoup dans la mesure où en fait, ils sont environ une centaine de personnes et il n'y a pas vraiment de hiérarchie comme on peut en trouver dans les autres entreprises. C'est-à-dire, il y a trois pôles, le pôle finance, le pôle développement des partenariats privés et le pôle juridique et en fait au-dessus de soi on n'a pas de N+1 ; N+2 ; N+3 à l'infini. En fait, on a peut-être un supérieur direct mais on a beaucoup d'autonomie et c'est cela que j'apprécie en fait au sein de VINCI Concession.

JURY

Qu'est-ce qui vous laisse vraiment penser que vous pourrez plus tard endosser des responsabilités importantes au sein d'une entreprise. Parce que j'imagine que vous avez de l'ambition, que vous n'allez pas rester toute votre vie chef de projets ?

CANDIDATE

Tout à fait.

JURY

D'ailleurs où est-ce-que vous vous voyez dans 15 ans au niveau professionnel ?

---

15. Au détour d'une question, la candidate revient sur la question de l'équilibre, du travail en entreprise et de la vie familiale ; *« avoir justement une vie équilibrée, à ne pas sacrifier sa vie personnelle au profit de sa vie professionnelle, on arrive à avoir un équilibre qui nous permet dans les moments qui sont difficiles dans les entreprises de trouver un refuge et des gens qui vont vous permettre de continuer sur cette voie »*. Sa vision est très mature.

16. Le b.a.-ba de l'entretien, c'est de savoir de quoi l'on parle ! La candidate a beaucoup parlé de l'entreprise Vinci, dans la présentation de son projet professionnel. C'est une société dans laquelle elle aimerait évoluer. Aussi, il est primordial qu'elle en connaisse toutes les ficelles. Lorsque le jury lui pose la question, elle répond présent avec des noms, des chiffres, etc. Cette réponse satisfait le jury qui lui demande une projection sur 15 ans. C'est encore une question classique. La réponse est claire : *« avoir justement une vie équilibrée, à ne pas sacrifier sa vie personnelle au profit de sa vie professionnelle, on arrive à avoir un équilibre qui nous permet dans les moments qui sont difficiles dans les entreprises de trouver un refuge et des gens qui vont vous permettre de continuer sur cette voie »*. Son plan de carrière est cohérent et surtout concret. C'est essentiel.

CANDIDATE

Alors tout d'abord il y a deux voies qui s'offrent à moi, ou bien je continue à être dans le développement de BTP et dans ce cas la suite logique c'est d'être directeur de projet, donc par exemple au sein de VINCI Concession il y a des directeurs de projets sur des projets spécifiques, c'est les équipements culturels, les barrages, les autoroutes, sur des infrastructures différentes où on est directeur par zone géographique. Donc je pense qu'être directeur de projets, c'est une évolution logique et qui permet d'être beaucoup plus dans la stratégie forcément, un peu moins sur la technique mais plus dans le dialogue avec le client.

JURY

Vous savez que vous devrez être une grande manager pour réussir…

CANDIDATE

Oui, tout à fait.

JURY

Qu'est-ce qui vous laisse penser que vous serez un bon manager parce que beaucoup d'étudiants se trompent parfois en pensant qu'ils ont les épaules assez larges pour manager correctement et pourtant dès l'âge de 18 ans on comprend qu'on n'est pas un manager en puissance. Qu'est-ce qui vous laisse croire que vous empruntez la bonne voie ?

CANDIDATE

Parce que je pense avoir toutes les qualités requises.

JURY

C'est quoi ?

CANDIDATE

C'est-à-dire à la fois des qualités humaines et relationnelles, c'est-à-dire que j'ai un bon sens du relationnel avec les gens qui m'entourent.

JURY

C'est pas ça un bon manager, c'est pas un bon relationnel.

CANDIDATE

Si pour moi un bon manager c'est celui qui sait fédérer son équipe, fédérer des énergies, fédérer des métiers différents.

JURY

D'accord.

CANDIDATE[17]

C'est quelqu'un qui arrive à faire ressortir le meilleur des gens qui l'entourent et aussi de s'assurer et aussi s'assurer qu'ils appliquent bien le planning, leurs missions, donc il faut un aspect aussi parfois directif et ça je pense que je l'ai. Je pense que aussi pour acquérir des compétences techniques et opérationnelles, des capacités de travail, de concentration et surtout je suis très persévérante, c'est-à-dire que je ne lâche jamais rien. C'est-à-dire que si j'ai un échec, je vais me relever, je vais continuer.

JURY

Ça m'inquiète ce que vous me dites, le fait que vous ne lâchez jamais rien, est-ce que parfois il ne faut pas savoir un peu lâcher justement ?

CANDIDATE

Et bien je pense que lorsque l'on mène un projet, non, jusqu'à ce que l'on ait remporté le contrat, il faut persévérer, il faut s'assurer que tout le monde fait bien ses tâches au bon moment, que c'est bien ce qui a été requis des uns et des autres. Donc, en fait mener un projet à bon terme, c'est une course contre la montre, un travail d'équipe, il ne faut jamais rien lâcher parce que si on lâche c'est qu'on est incompétent et qu'on va être remplacé par quelqu'un d'autre qui va faire ce travail. Une fois qu'on est lancé dans la course, on ne va pas s'arrêter là.

JURY

Vous apprenez que l'ESCP ne vous a pas pris parce que il y a eu 5 places qui ont été finalement octroyées, enfin données, on va dire à des étudiants qui viennent de ZEP.

CANDIDATE

Oui.

JURY [*continuant*]

Et qu'on a mis en place un programme de recrutement dans ces zones-là et qu'elles ont pris 5 places dans le concours et que donc vous n'avez pas été admise, peut-être à cause de cela mais peut-être à cause d'autre chose.

CANDIDATE

Bien sûr…

17. Même si la candidate a déjà répondu à cette question auparavant, il lui faut revenir sur sa définition d'un bon manager. Tant pis, il lui faut expliquer différemment ce qu'elle a déjà dit. Sa réponse est excellente puisqu'elle définit non seulement le bon manager, mais elle s'approprie déjà certaines de ces qualités, selon le schéma du triangle magique ; *« un aspect aussi parfois directif et ça je pense que je l'ai »*, *« C'est-à-dire que si j'ai un échec, je vais me relever, je vais continuer »*. Sur ce dernier point, le jury saisit une perche tendue par la candidate, pour tester sa détermination. La candidate défend sa position, en différenciant détermination et obstination ; elle contourne ainsi le piège tendu par le jury.

JURY

Qu'est-ce que cela vous inspire ?

CANDIDATE[18]

Je pense que d'une part c'est une très bonne chose cette politique. Sciences Po d'où je viens a lui-même mené une politique pour favoriser les élèves de ZEP donc je pense que c'est une très bonne chose et que cela est en train de se développer.

JURY

Et pourquoi c'est bien selon vous ?

CANDIDATE *finissant sa phrase*

Dans les écoles de commerce. Parce que les écoles de commerce recrutent majoritairement des gens issus de milieux très favorisés, des gens qui peuvent par exemple se payer des prépas privées, qui ont toute cette culture et cet argent nécessaire.

JURY

Dans les prépas vous avez suffisamment de prépas publiques pour préparer tout le monde. Moi ce que je n'arrive pas à comprendre c'est qu'il y a un moment donné où ces étudiants ont accès aussi à la formation et ils peuvent très bien intégrer de très très bonnes prépas.

CANDIDATE

Oui, mais il faut voir aussi le niveau des frais de scolarité dans les écoles de commerce.

JURY [*intervenant*]

C'est un autre problème ça, moi je parle au niveau de la prépa.

CANDIDATE

Bien je pense que les gens qui sont issus de quartiers défavorisés, n'ont pas l'idée de faire une école de commerce spontanément donc si on les accompagne dès le lycée par exemple et si on les prépare à cette optique de faire une école de commerce, si on leur dit voilà comment il faut que tu parles, que tu agisses, comment il faut que tu travailles et là ils auront peut-être davantage envie de faire une école de commerce mais je pense que ce n'est pas encore acquis et que la plupart des élèves des lycées de ZEP n'ont pas cette idée là donc je pense que la politique des écoles mise en place comme Sciences Po et les écoles de commerce sont très bénéfiques.

18. Sur les conventions ZEP. Lors de ces entretiens, il y a souvent une ou deux questions d'actualité pour juger la culture générale et les capacités à débattre du candidat. Cette question est maîtrisée par la candidate qui domine le sujet.

JURY[19]

Vous gagnez 100 millions d'euros, vous faites quoi avec ?

CANDIDATE

Je dirai que j'en donne peut-être 50 millions à des œuvres caritatives, à la Croix-Rouge et à d'autres associations et puis le reste, bien, je vais pouvoir m'acheter un bel appartement dans Paris, après je vais pouvoir partir en vacances dans tous les pays du monde aussitôt que j'en aurai l'occasion et puis après je vais mettre de côté en me disant « bon, bah, qu'est-ce que je vais faire après, je sais pas encore ».

JURY

Vous ne créez pas une société ?

CANDIDATE

Non, pas pour le moment, en fait, moi je veux d'abord commencer dans une entreprise, voir comment cela fonctionne et après seulement une fois que j'aurai acquis toutes les ficelles du métier, là je penserai éventuellement à monter une société, bien sûr.

JURY

Quel est votre poème préféré ?

CANDIDATE

C'est un poème très connu mais c'est *L'invitation au voyage* de Charles Baudelaire.

JURY

D'accord et pourquoi ?

CANDIDATE[20]

Parce que en fait cela me fait complètement rêver et c'est-à-dire c'est un peu un paysage idéal, une sorte de paradis perdu qu'il essaye de trouver à travers la femme qu'il aime, sa muse, son inspiratrice qui est Marie Daubrun qui a côtoyé Baudelaire. C'est magnifique et c'est en même temps très mélodieux c'est-à-dire quand on considère le dyptique de heptasyllabes « là, tout n'est qu'ordre et beauté – luxe, calme et volupté », c'est tellement beau à entendre, cela fait tellement rêver que je pense qu'aucun poète n'a écrit quelque chose de plus beau, de plus pur.

---

19. Passant encore une fois du coq à l'âne, le jury fait une offre imaginaire de 100 millions d'euros à la candidate ! Le jury évalue l'esprit entrepreneurial de la candidate mais plus largement, sa valeur de l'argent. Elle ne perd pas de point sur cette question, mais sa réponse banale ne lui en fait pas gagner non plus.

20. Cette question fait écho au CV de la candidate où la poésie figure bien placée dans la liste des loisirs. Elle justifie son choix et cite même un vers du poème. Son attrait pour Baudelaire ne tremblera pas face à la dernière tentative de déstabilisation du jury *(« Et si vous venez d'apprendre que Baudelaire a été en fait un homme, qui, on découvre qu'il martyrisait des petits enfants et qui les violaient, que c'était un pédophile dans l'âme »)*. Sa justification est la bonne.

JURY

Et si vous venez d'apprendre que Baudelaire a été en fait un homme, qui, on découvre qu'il martyrisait des petits enfants et qui les violaient, que c'était un pédophile dans l'âme.

CANDIDATE

Bon là je serai choquée évidemment mais cela ne retirerait en rien à la beauté de l'œuvre parce que je sais très bien que Baudelaire n'était pas un saint, qu'il a eu une vie assez dissipée, qu'il a passé beaucoup de temps avec des prostituées, qu'il a consommé beaucoup de drogues, c'était vraiment pas un saint mais en même temps son œuvre est d'une telle beauté, d'une telle puissance que je pense qu'il faut réussir à dissocier l'auteur de sa vie. Par exemple, Céline dont on parle beaucoup, et bien ce qu'il a apporté à la littérature française c'est quand même un monument. Ce sont des livres avec un style et une puissance et sa réflexion sur la guerre, sur l'horreur de la mort, etc., tout ça c'est beau alors on ne va pas l'interdire…

JURY [*coupant la parole*]

Vous êtes un peu fleur bleue, j'ai l'impression, je sais pas si vous êtes capable vraiment de faire votre petit chemin dans les industries Vinci ou Eiffage qui sont plein d'ingénieurs hommes, machos. Je vous trouve un peu fleur bleue, oui.

CANDIDATE

Un peu fleur bleue, oui mais parce que bien sûr, vous m'avez parlé de littérature.

JURY

Non mais pas seulement, c'est pour un ensemble de choses que vous m'avez dit jusqu'à maintenant.

CANDIDATE

Non, je ne suis pas… je ne suis pas fleur bleue et je pense que j'arriverai très bien à m'entendre avec les ingénieurs parce que en fait j'ai déjà remarqué que la plupart de mes amis sont des ingénieurs, que en fait on a un peu la même structure d'esprit et que je suis pas une vraie littéraire, dans le fond, je ne suis pas une vraie intellectuelle. J'ai un Bac scientifique et en fait j'ai une vraie rigueur et je ne suis pas lyrique vraiment, certes, vous me parlez de littérature je peux vous montrer que j'aime le lyrisme mais dans la vie de tous les jours je suis une fille extrêmement sérieuse, rigoureuse, précise, fiable, honnête et je pense que ces qualités on peut les retrouver chez des ingénieurs mais que je ne vais pas parler un langage différent d'eux, donc nous avons un peu le même langage dans le fond.

JURY

D'accord, je vous remercie beaucoup.

18/20

Cet entretien frôle la perfection, aussi les commentaires qui suivent sont très élogieux. En effet, la candidate n'a montré aucune faille, ou presque.

D'une manière générale, la candidate est très éloquente en ce sens qu'elle s'exprime avec aisance, dans un français impeccable et surtout, elle utilise un vocabulaire précis et adapté. Le stress de l'entretien – bien présent – ne se ressent pas un seul instant. L'impression générale est donc très positive. Le jury dispose d'un grand nombre d'informations au sujet de la candidate. Il a pu apprécier sa personnalité, connaître ses goûts, ses passions, en bref, son propos est très clair.

Dans le détail, la candidate semble avoir un ou deux coups d'avance sur le jury, en anticipant les questions. C'est une grande qualité car la discussion n'est pas linéaire : elle avance. A maintes reprises, le jury obtient des réponses convaincantes car elles sont toujours argumentées. De plus, la candidate veille à illustrer son propos d'exemples pertinents.

Toutes les articulations de sa présentation sont claires et pertinentes. Son profil est très cohérent. Elle justifie tous ses choix, c'est un plus. La grande force de cette présentation réside certainement dans sa parfaite connaissance du domaine dans lequel elle inscrit son projet professionnel : le BTP, les entreprises de ce secteur, le profil des managers du domaine, etc.

Souvent, les jurys tentent de déstabiliser les excellents candidats pour trouver une faille. Cela a été le cas à plusieurs reprises lors de cet entretien mais la candidate a paré toutes ces tentatives en se justifiant de la meilleure des manières. Tant sur son parcours, que sur la gestion du stress ou encore au sujet de sa consommation d'alcool, la candidate a su garder son sang froid, se justifiant intelligemment.

La candidate a également convaincu sur la question de l'équilibre entre vie privée et vie professionnelle. Elle a démontré une certaine maturité et a répondu avec sincérité. C'est du moins l'impression du jury.

Le seul bémol est peut-être le manque de sympathie et de chaleur humaine de cette candidate. C'est d'ailleurs ce que pointaient les questions du jury au sujet de son intégration. En effet, même si la candidate s'est justifiée en évoquant le P 4 et sa pratique du ski, elle n'a pas vraiment transmis sa passion. Idem pour le théâtre. Cela manquait d'entrain.

Pour finir, la candidate peut être satisfaite d'avoir respecté la structure des 4 P. Surtout, en travaillant ses transitions, la candidate a fait ressortir une grande cohérence dans son parcours. Ces exemples semblent également travaillés. Son projet professionnel est solide et décrit avec précision. Le jury a apprécié cette candidate à l'aise à l'oral qui a su se vendre intelligemment. C'est un succès.

ENTRETIEN • 4

AP

Ecole cible	EDHEC
Voie	**Admission parallèle à Bac +3 et plus** • EDHEC AST 2

JURY

Très bien, bonjour Monsieur.

CANDIDAT

Bonjour monsieur.

JURY[1]

L'attente s'est bien passée, ça va, vous attendez depuis un petit quart d'heure je crois.

CANDIDAT

Oui très bien, j'ai savouré un bon petit café, pas de problème.

JURY

Comment s'est passée votre arrivée sur le campus hier soir ?

CANDIDAT[2]

Un petit peu mouvementée étant donné que je reviens justement de stage directement, car donc j'effectue actuellement un stage en Pologne, à Varsovie, un stage où mes fonctions consistent à être assistant trader sur les marchés des devises.

JURY

D'accord.

CANDIDAT

Et je commence ce stage déjà depuis une semaine et ce stage va durer deux mois.

JURY

Assistant trader sur les marchés des devises ?

1. Le jury ne laisse pas vraiment le candidat se présenter car il sympathise presque d'entrée de jeu avec lui. Ce dernier répond par une excellente répartie, ce qui met tout le monde à l'aise. Attention toutefois à ne pas dériver sur une conversation sur la pluie et le beau temps, qui ferait perdre le fil de l'entretien au candidat. Il faut à tout prix revenir à la structure des 4 P.
2. Le candidat fait preuve d'habileté en parlant rapidement de sa situation actuelle et de son stage en Pologne. Sa réponse est inspirante pour le jury qui peut choisir de poser une question sur la Pologne, le stage, le marché des devises. Il a d'ailleurs réussi à orienter la discussion en sa faveur puisque le jury ne pose plus de question, il l'écoute : *« D'accord »*.

CANDIDAT

C'est cela, en Pologne, dans une société de courtages.

JURY

Très bien, ça sent un peu le piston, c'est ça non ! Vous êtes polonais d'origine ?

CANDIDAT

C'est ça oui.

JURY

D'accord.

CANDIDAT

[*Silence*] Donc comme vous l'avez constaté j'ai la [*bafouillages*], excusez moi, j'ai la double culture franco-polonaise[3].

JURY

Ok.

CANDIDAT[4]

Je suis actuellement en M1. Je voulais tout d'abord vous remercier pour l'entretien, pour me consacrer un petit peu de temps, donc justement je suis ravi de pouvoir participer à cet entretien et donc j'aimerais, d'abord, en premier vous présenter un peu mon cursus académique jusque-là réalisé et mon projet pro.

JURY[5]

Mokwa c'est de quelle origine ça dites moi ?

CANDIDAT

C'est polonais.

3. La double nationalité du candidat est une grande valeur ajoutée. C'est en grande partie ce qui le différencie des autres candidats. Or, il ne la met pas en valeur du tout. Parle-t-il le polonais ? Comment définit-il son identité ? Connaît-il la Pologne ? Même s'il reprendra largement ce point au cours de l'entretien, le candidat aurait peut-être gagné à s'expliquer davantage.

4. Dans un petit moment de panique, le candidat, pour se recadrer, lance sa phrase introductive. Elle tombe comme un cheveu sur la soupe. En plus, elle n'est pas suffisamment travaillée et trahit de l'empressement et du stress : « *Je voulais tout d'abord vous remercier pour l'entretien, pour me consacrer un petit peu de temps, donc justement je suis ravi de pouvoir participer à cet entretien et donc j'aimerais, d'abord, en premier vous présenter un peu mon cursus académique jusque-là réalisé et mon projet pro* ».

5. Mais le jury ne l'entend pas de cette oreille et il veut en savoir plus sur la double nationalité du candidat. Ce dernier est très déstabilisé, c'est pourquoi ses réponses sont si courtes.

JURY

Très bien, donc vous êtes polonais…

CANDIDAT

Oui.

JURY

Et français ?

CANDIDAT

Et français exactement, la double culture.

JURY

Vous êtes né en Pologne ?

CANDIDAT

Non, je suis né à Paris.

JURY

Ah très bien et vous avez déjà été en Pologne ?

CANDIDAT

Oui à plusieurs reprises.

JURY

Et vous y êtes en ce moment ?

CANDIDAT

Oui, oui, j'effectue un stage là-bas actuellement.

JURY

Oui c'est ce qu'on a noté sur votre dossier, très bien.[6] Vous savez que l'EDHEC n'a pratiquement pas de partenariat avec la Pologne, on doit avoir un échange il me semble.

---

6. Le jury veut tester les connaissances du candidat sur l'EDHEC, en l'interrogeant au sujet des partenariats avec les universités polonaises. Le candidat démontre qu'il s'est renseigné sur la question. En plus, il indique au jury que sa double nationalité pourrait s'avérer utile pour tisser des partenariats avec des universités polonaises. Après, l'argument est un peu présomptueux puisqu'il sera difficile à un seul étudiant de *« nouer éventuellement un tel partenariat ou de lancer une telle procédure »* mais enfin, ce dernier est volontaire. C'est un bon point. La preuve en est que le jury, chargé des relations internationales à l'EDHEC, est très intéressé par ce profil : *« Alors justement, selon vous, juste on prend deux minutes, ça m'intéresse ».*

CANDIDAT [*intervenant*]

A l'université de Cracovie.

JURY

C'est ça.

CANDIDAT

A Cracovie School Academics, pas encore à Varsovie mais cela doit sûrement être en cours de route.

JURY

D'accord.

CANDIDAT

Donc justement cela pourrait peut-être être intéressant d'avoir dans votre école un polonais sous la main qui serait capable peut-être de nouer éventuellement un tel partenariat ou de lancer une telle procédure.

JURY

Très bien, ça m'intéresse, développez…

CANDIDAT

Oui.

JURY

Parce que, voyez-vous, je suis justement chargé des relations internationales à l'EDHEC.

CANDIDAT

Oui.

JURY

Donc depuis maintenant 2006, mon équipe et moi-même nous posons justement des questions sur le marché des pays de l'Est et selon vous comment sont perçues les écoles de commerce françaises par les étudiants polonais ?

CANDIDAT[7]

Disons, que malheureusement, lorsque je parlais avec certains de mes amis ou certaines personnes du milieu professionnel, certaines écoles de commerce françaises ne sont pas encore reconnues dans ces pays émergents. Malheureusement je dirais…

7. Cette question vise à jauger le candidat sur sa connaissance du monde universitaire français et polonais, mais également, plus subtil, la manière dont les polonais perçoivent les écoles de commerce. Il répond en prenant des pincettes pour ne point vexer le jury ; en plus c'est argumenté. Le débat avance.

JURY [*intervenant*]

Est-ce qu'elles sont connues ?

CANDIDAT

Oui elles sont connues, mais reconnues, ce n'est pas encore le cas disons. On privilégie encore beaucoup les facultés et il est vrai que lorsqu'on évoque des noms tels que Sorbonne, Assas, d'un point de vue renommée, je ne dis pas forcément qualité des cours, qui n'est pas du tout la même chose et encore une fois l'EDHEC, par exemple dans votre cas est très reconnue pour vos qualités de cours d'un point de vue mondial mais en terme juste de reconnaissance et d'effet signal marché, effet signal entre guillemets d'écoles ou noms d'écoles ou d'établissement ; il est vrai que malheureusement l'EDHEC comme d'autres écoles françaises ne bénéficient pas encore d'un tel impact.

JURY

Alors vous avez 1 millions d'euros de budget pour développer, on va dire la Pologne, c'est peut-être un peu beaucoup, on va dire 500 000 euros de budget pour développer le marché polonais en sachant que l'objectif n'est pas uniquement de séduire une clientèle d'étudiants polonais pour intégrer l'EDHEC avec les admissions internationales mais pourquoi pas créer une antenne en Pologne. Essayez de me convaincre avant de me demander ce budget, donc travailler avec moi, d'aller sur ce marché de polonais.

CANDIDAT[8]

D'accord, et bien disons donc que le marché polonais présente donc déjà certaines écoles de commerce qui ont donc forcément réalisé des actions marketing pour pouvoir approcher des étudiants mais le plus gros problème, pour moi, j'ai noté lorsque certaines écoles de commerce tentent de se lancer et tentent de capter certains étudiants c'est qu'elles manquent de sérieux et d'intégrité entre guillemets, ces écoles de commerce. Lorsque l'on voit certaines affiches publicitaires notamment, ces écoles de commerce ont plus tendance à privilégier le côté épanouissement personnel au travers d'une belle fille à l'affiche qui a selon moi plus ou moins réussi ses études plutôt que vraiment une excellence académique, avec vraiment un potentiel sur le marché du travail à apporter, avec vraiment des compétences et avec vraiment des qualités personnelles qui seraient on va dire particulièrement appréciées dans un domaine professionnel précis et donc justement là où l'EDHEC a vraiment intérêt à se développer sur le marché, c'est non seulement elle bénéficie d'accords et tout le monde connaît cette école dans le milieu professionnel et donc s'instaurer à Varsovie qui est donc la capitale, s'instaurer dans un lieu accessible en métro ou en bus dans ce type d'endroits et donc justement d'un point de vue marketing, d'un point de vue je dirais en nouant des contacts avec déjà des entreprises françaises locales de montrer que l'EDHEC s'instaure et

8. La question est plutôt piégeuse pour le candidat qui s'est laissé embarqué sur la question de la perception de l'EDHEC en Pologne. Cette question est une opportunité de séduire le jury en faisant ressortir les avantages de l'école. De plus, le candidat doit démontrer une grande connaissance de la Pologne. La réponse du candidat comporte de très bons arguments : excellence académique, réseau international, développement en Europe de l'Est. Attention à la forme ; le candidat répond avec trop d'empressement et ses phrases sont trop longues. Le jury semble satisfait : *« ok vous m'avez convaincu »*.

s'installerait dans des pays émergeants et notamment en plus de cela il y a tout à fait un intérêt stratégique à s'installer en Pologne car juste à côté il y a le République Tchèque, l'Allemagne encore une fois, il y a la Russie pas très loin non plus donc cela serait vraiment un endroit pivot, je dirais un point relais pour s'instaurer en Pologne.

JURY

D'accord, bon bah je vois que vous aimez le marché polonais ?

CANDIDAT

En effet.

JURY

Bon bien qu'est-ce que vous faites avec 500 000 euros, ok vous m'avez convaincu ; Pologne comme pivot comme lieu de passage, vous m'avez parlé de la Russie.

CANDIDAT

La Russie, le République Tchèque, l'Allemagne.

JURY

La Hongrie qui n'est pas loin non plus.

CANDIDAT

Voilà exactement.

JURY

Alors justement qu'est-ce qu'on fait avec 500 000 euros pour essayer de développer une antenne sur place ?

CANDIDAT[9]

Déjà les frais administratifs ne seront pas très élevés, l'objectif étant évidemment d'ouvrir une SARL au début. Ensuite je dirais trouver les locaux adéquats plus ou moins bien localisés en ville, pas trop en extérieur j'imagine pour le début, sachant que à terme si on veut se développer il va falloir faire un campus, ce type de chose comme vous l'avez déjà fait à Croix Robert, à Lille ou encore quand vous avez développé l'antenne de Nice. Donc au début, évidemment s'installer en ville, après par la suite forcément en nouant des accords avec les

9. Le jury veut du concret et repose sa question. Le candidat s'exécute. Cette improvisation du développement d'une antenne en Pologne est excellente. Tout y est ou presque. Le début de la réponse démontre au passage une très bonne connaissance de l'histoire de l'EDHEC, *« il va falloir faire un campus, ce type de chose comme vous l'avez déjà fait à Croix Robert, à Lille ou encore quand vous avez développé l'antenne de Nice »*. Ensuite, sa stratégie pour attirer les étudiants polonais semble bonne. Puis, son petit développement sur les langues est parfait car il prend en compte l'anglais, indiscutable, mais surtout les langues des pays limitrophes, partenaires économiques européens. Enfin, le candidat n'oublie pas l'essentiel : attirer des professeurs compétents. Le jury est pleinement satisfait par cette réponse qui valorise en tout point le candidat.

différentes facultés, essayer d'attirer des étudiants déjà en place dans l'école de commerce à travers des formations annexes, je dirais de spécialisations, notamment en anglais surtout peut-être pas en langue polonaise mais en langue anglaise, éventuellement apporter des petits plus qui manquent selon moi aux étudiants polonais à savoir des compétences linguistiques en anglais mais aussi d'autres telles que je ne sais pas le russe, justement, le hongrois, l'allemand éventuellement pour justement apporter ces, on va dire, ces compétences supplémentaires nécessaires actuellement à partir du moment où l'on vit dans un monde mondialisé entre guillemets enfin dans un marché du travail mondialisé. Après évidemment solliciter des académiciens, solliciter des professeurs pour donner des conférences au sein de l'école ; solliciter justement des personnalités du monde de la finance, du monde du marketing, du monde de la communication, de la finance pour donner des cours donc j'imagine que pour s'implanter dans un tel marché on va d'abord commencer je l'imagine selon moi à proposer ce qui manque au marché pour ensuite rebondir et établir justement concurrencer les différentes écoles de commerce déjà en place.

JURY

C'est un vaste programme manifestement. Bon très bien, on va revenir un peu à vous, donc parlez moi un peu de vous, de pourquoi vous voulez intégrer l'EDHEC.

CANDIDAT

D'accord, bien très bien, comme vous avez pu le constater, je voudrais juste partir un petit peu de mon cursus académique et de mon projet pro.[10] En ce moment je suis en M1 économie et management comme vous avez pu le constater.

JURY

Oui.

CANDIDAT

Et donc j'ai pu m'intéresser à différents domaines d'entreprises, sous différents angles, donc de la finance, fiscalité, stratégie entreprise, etc, donc énormément de concepts et d'aspects qui m'ont été permis de voir d'un point de vue théorique au sein de ce cursus et jusque-là j'ai donc pu m'intéresser beaucoup plus précisément au monde du Private Equity. Pourquoi justement le Private Equity, parce que j'ai rencontré énormément de professionnels du monde du travail qui m'ont fait part de cet intérêt pour ce métier, pour ce domaine d'activité, même d'un point de vue personnel dans le cadre de mes études, j'ai toujours tenté d'aborder l'aspect théorique et tenté de le rendre pratique, donc les différentes fonctions concurrentielles de l'entreprise, les différentes stratégies menées par elles pour justement tenter de s'immiscer dans un marché ou de développer justement leur activité et donc votre école de commerce me

10. Avant de justifier sa présence à l'entretien, le candidat préfère parler de lui, en reprenant son P2. Il dresse un bilan de ce qu'il a appris jusqu'ici et explique plus particulièrement son attrait pour le monde du private equity. Seulement, il s'emmêle un peu les pinceaux et n'explique pas ce qui l'attire vraiment. Il ne parle pas de ses expériences professionnelles et surtout, son projet professionnel n'est pas abordé, autrement que par cette phrase, *« on envisage une carrière dans le Private Equity »*. Le choix de la filière à l'EDHEC vient trop tôt, c'est le P3. Ce paragraphe est déstructuré, on ne retrouve pas le squelette du P2.

permettra justement d'aborder les choses d'un point de vue beaucoup plus pratique à travers différentes matières qui se veulent pluridisciplinaires donc évidemment à travers votre filière *financial economics*, au sein de cette filière là on aborde des théories d'organisation, des stratégies d'entreprises qui sont selon moi nécessaires pour non seulement asseoir les compétences en finance mais aussi un petit peu je dirais les broder, les maquiller pour aussi s'intéresser à d'autres choses telles que la finance d'entreprise qui sont pour moi purement nécessaires quand on envisage une carrière dans le Private Equity. Donc cela d'un point de vue académique évidemment, après je dirais d'un point de vue personnel, il y a plein d'avantages à intégrer votre école.

JURY[11]

En quel master vous êtes actuellement ?

CANDIDAT

En master1 Economie et management à la Sorbonne.

JURY

Vous avez déjà un stage dans le Private Equity ?

CANDIDAT

Non pas encore.

JURY

C'est un stage de quoi que vous avez là concrètement ?

CANDIDAT

Pardon, excusez moi ?

JURY

Vous faites votre stage chez qui ?

CANDIDAT

Là je suis actuellement en stage chez First International Traders qui est une société de courtages à Varsovie.

JURY

Depuis combien de temps vous y êtes ?

11. *« En quel master vous êtes actuellement ? »* L'air de dire « reprenons tout depuis le début », le jury demande au candidat de mieux expliquer ses choix.

CANDIDAT

Là depuis déjà une semaine, j'ai commencé il y a une semaine et j'y suis jusqu'au… excusez-moi, 29 juillet.

JURY [*voulant intervenir*]

CANDIDAT [*reprenant aussitôt*]

Excusez-moi, pardon, donc c'est un stage de deux mois, je suis assistant courtier, je me charge du marché des devises, essentiellement je dois m'occuper, enfin là je commence, donc je serai amené à m'occuper de trois devises uniquement donc le dollar, l'euro et le sterling donc c'est toujours sur le marché de l'international donc c'est un stage intéressant.

JURY

Comment vous reliez cela au Private Equity concrètement ?

CANDIDAT[12]

Justement comme vous avez pu le constater à la lecture de mon CV, lecture de mon cursus, de mes stages, j'essaie d'aborder on va dire un petit peu largement, entre guillemets, le Private Equity au cours du stage CAFPI, je me suis intéressé, on va dire, à l'analyse du marché des crédits hypothécaires aux USA dans le but d'implanter une succursale de la société là-bas et notamment en Floride, donc justement une des vocations du Private Equity est donc justement d'aider les firmes à s'implanter sur un nouveau marché ou encore développer des nouveaux services sur le marché, faire des évaluations financières sur son activité, à des business plans, etc., etc., et donc justement le CAFPI m'a permis bien que la finalité n'était pas le Private Equity, m'a permis de m'intéresser à ces différents aspects là. A EVITA, notamment quand j'ai vendu différents produits, notamment de la lingerie féminine de luxe, j'ai été amené encore une fois à voyager à rencontrer différentes personnes. Encore une fois ce stage n'était pas la finalité à Private Equity mais ils sont fortement ressemblants dans la mesure où les activités de Private Equity consistent à rencontrer des gens à parler avec ces professionnels, à des clients potentiels, etc., etc., donc toujours dans la rencontre. Et là justement encore une fois à Varsovie, bien que directement ce n'est pas lié, étant donné que je désire dans un avenir plutôt proche, enfin après mes études, travailler en Pologne et donc y vivre et y travailler, ce stage me permet surtout de me constituer mon réseau, d'en apprendre sur le métier en finance, donc qui est aussi très intéressant évidemment. Avec le Private Equity, je ne me ferme pas des portes, cela m'intéresse aussi, je suis en train de m'ouvrir à quelque chose de nouveau et cela me paraît très très bien donc pour l'instant cela se passe très bien, ça fait depuis une semaine que j'ai commencé.

---

12. Jusqu'ici, le candidat manque sérieusement de structure ; sa présentation semble un peu brouillonne car il ne suit pas un déroulement logique. Dans ce paragraphe (P2), il explique en quoi ses expériences professionnelles ont façonné son projet professionnel dans le private equity. Ainsi, le jury comprend mieux la genèse du projet du candidat. De plus, il démontre qu'il possède une bonne connaissance de ce domaine.

JURY[13]

Vous ne pensez pas que le fait que vous parliez beaucoup comme ça constitue un défaut dans le milieu professionnel ?

CANDIDAT

Non, je ne pense pas, car à partir du moment où l'on a quelque chose à dire, et que à partir du moment…

JURY [*intervenant*]

Non mais je ne dis pas que ce n'est pas intéressant, car tout ce que vous dites est plein de bons sens sauf que vous êtes difficile à suivre, moi j'ai du mal à vous suivre, et je me demande sincèrement dans quelles mesures vous êtes capable de vous mettre dans la position de votre interlocuteur et de connaître quelles sont ses attentes, ses besoins d'informations et que vous ne prenez pas vraiment soin d'inclure votre interlocuteur à vos propos. Enfin c'est une question que je vous pose, en soi ce n'est pas bien grave, mais qu'est-ce que vous en pensez ?

CANDIDAT

Je n'ai pas vraiment réfléchi là-dessus étant donné que c'est la première fois qu'on m'évoque un tel problème mais maintenant que vous le soulignez je peux tout à fait comprendre que lorsque vous êtes face à une personne qui parle un petit peu beaucoup et qui doit sûrement être intéressée par ce qu'elle dit, qu'elle est passionnée, on se dit qu'il y a trop d'informations. Maintenant, en même temps, d'autre part, quand on aime ce qu'on fait et qu'on a envie de faire quelque chose qui nous plaît, je pense qu'on a tendance à beaucoup parler et qu'on a envie en même temps je dirai de partager avec son interlocuteur cet intérêt, cette passion, que l'on a pour un domaine d'activité, une activité sportive ou n'importe quel type d'activité. Maintenant si vous me lancez sur la planche à voile, qui est donc ma passion, un sport que je pratique depuis 10 ans, là mon discours ne s'évaluera pas en terme de minutes mais en terme d'heures.

JURY

D'accord.

CANDIDAT

Donc…

JURY

En fait vous n'êtes pas vraiment le spécialiste du message impactant, quoi, vous seriez un très mauvais publicitaire ?

---

13. Cette question est en général très déstabilisante pour un candidat. Ici, il se justifie en mettant en avant la passion qu'il nourrit pour le domaine. Voilà à quoi sont dues ses envolées lyriques ! *« Je pense qu'on a tendance à beaucoup parler et qu'on a envie en même temps je dirai de partager avec son interlocuteur cet intérêt, cette passion, que l'on a pour un domaine d'activité »*. Il évoque une autre passion, la planche à voile et joue la carte de l'humour, c'est astucieux mais le jury ne prend pas, *« D'accord »*. Le jury n'est pas enclin à rire, il ne faudra pas revenir sur ce terrain-là.

CANDIDAT

C'est pour cela que je n'ai pas envie de faire de la pub, du marketing ou de la communication.

JURY

Vous ne croyez pas qu'il y a de la publicité à faire quand on dirige une société de Private Equity ?

CANDIDAT

Sûrement oui bien sûr mais je ne pense pas qu'elle soit aussi importante que dans des agences de pub ou au sein d'un service publicité.

JURY

On est bien d'accord on ne va pas comparer le métier de publicitaire et votre métier d'analyste mais il n'empêche que dans les deux cas vous avez besoin de vous imprégner de l'autre. Un publicitaire, son chat noir, c'est son budget, donc il ne doit pas dépasser un ratio bien particulier, et c'est tout d'abord sa mission avant de pouvoir l'empocher.

CANDIDAT

D'accord.

JURY[14]

Quelle est votre principale qualité selon vous ?

CANDIDAT

Ma principale qualité, avant tout je pense ma détermination.

JURY

Ça passe par quoi au quotidien ?

CANDIDAT

Au quotidien, clairement, je dirai depuis que j'ai commencé ma scolarité, à l'origine j'ai commencé mes études dans des écoles et des officines où la qualité des études et la pédagogie n'a pas été révélée particulièrement, et par mon travail personnel, par ma détermination, par ma combativité, je suis parvenu à monter peu à peu dans les classifications entre guillemets des écoles, je suis parvenu au lycée Montaigne qui est plutôt pas mal alors que je viens d'un petit lycée catholique dans un quartier pas forcément intéressant non plus. Donc ensuite je suis arrivé à la Sorbonne, donc à la Sorbonne, j'ai réussi à obtenir des mentions et j'en suis au je me présente en face de vous aujourd'hui pour candidater à la meilleure école de commerce

14. Cette question était attendue. Sa réponse, *« Ma principale qualité, avant tout je pense ma détermination »*, ne vaut rien si elle n'est pas illustrée d'exemples de son application concrète. Le paragraphe suivant est décevant car il illustre certes la détermination et la combativité du candidat mais il souligne trop son intérêt pour les classements. Or, le classement n'exprime rien en lui-même, ce n'est pas une fin en soi.

en finance, vous êtes parmi les meilleurs dans les classements français et aussi mondiaux, donc ma détermination…

JURY [*coupant la parole*]

Donc ce qui vous intéresse ce sont les classements ?

CANDIDATE

Non pas du tout, c'est pour montrer à quel point, la montée que j'ai commencée, que j'ai amorcée et je ne compte pas m'arrêter là et je compte toujours monter, toujours travailler.

JURY

Jusqu'où comptez vous aller ?

CANDIDAT

Jusqu'où je serais satisfait et donc justement en soi intégrer votre école EDHEC…

JURY [*intervenant*]

Mais vous savez que le niveau de satisfaction dépend toujours du niveau d'attente initiale, c'est-à-dire que sans attente initiale, vous serez toujours satisfait, donc quelle est votre attente dans la vie ?[15]

CANDIDAT

Mon attente c'est, je me considère plutôt à ce niveau-là comme une personne très simple, je suis une personne passionnée à la base donc mon travail me passionne si mon activité me permet de subvenir à mes besoins plutôt correctement et me permet aussi de satisfaire mes activités sportives et notamment la planche à voile et me satisfaire mon envie de voyager, je suis une personne amplement satisfaite. Je n'ai pas besoin de beaucoup de choses entre guillemets juste ça.

JURY

Vos ambitions sont assez limitées parce que dès lors que vous avez atteint votre niveau de satisfaction, il est très peu probable que vous soyez amené à vous dépassez et à aller chercher de nouveaux objectifs.

CANDIDAT

Non, bien sûr que non, lorsque j'évoquais justement ça à l'instant, c'était juste en terme de localisation je dirais et en terme de positionnement, après d'un point de vue personnel je dirais et d'un point de vue académique ou professionnel, évidemment je chercherai toujours

15. *« Quelle est votre attente dans la vie ? »* Le candidat est invité à se dévoiler. Sa réponse manque de profondeur et d'ambition : *« une personne très simple, je suis une personne passionnée »*. Le jury souhaite une réponse à la mesure de ses ambitions : elle fait appel au dépassement de soi, au rêve, à une force motrice…

plus.[16] Dans un horizon de quatre, six ans j'envisagerai très certainement d'avoir, d'occuper, pardon, une position très élevée au sein d'une entreprise, que ce soit un cabinet d'audit ou fond d'investissements ou banque d'investissements et donc toujours plus toujours plus loin à ce niveau là, c'est clair.

JURY

On sent que votre détermination, elle est toujours très difficile à évaluer dans le cadre d'une analyse des profils et des potentiels parce que cette qualité, qui n'est pas forcément prise comme une qualité mais comme un état d'esprit est souvent très difficile à maintenir dans le temps parce que cette détermination est forcément influencée par d'autres facteurs, un échec ou un succès, c'est souvent un succès d'ailleurs qui vient nourrir la détermination. Vous avez déjà connu de jolis succès dans votre vie ?

CANDIDAT

Ah oui beaucoup, d'ailleurs autant d'échecs.[17]

JURY

C'est-à-dire développer un petit peu.

CANDIDAT

Mes succès, par exemple, d'un point de vue académique, se sont mes résultats, mes notes, du fait que par mon travail j'arrive à obtenir de bons résultats. D'un point de vue personnel, le fait que je parviens à aider des personnes à réussir leur projet et à réussir leurs ambitions aussi et le fait…

JURY [*intervenant*]

Vous aidez qui là, vous aidez qui ?

CANDIDAT[18]

Des amis à moi, que se soit d'un point de vue de la vie de tous les jours, ou pour je ne sais pas trouver un bon prêt, pour avoir de meilleurs opportunités lorsqu'ils sollicitent un service

---

16. Il fallait bien sûr s'appuyer sur son projet professionnel pour répondre à cette question. Ne pas rester dans l'abstraction de terme comme la passion, la satisfaction, etc. ; *« Dans un horizon de quatre, six ans j'envisagerai* [...] *une position très élevée au sein d'une entreprise, que ce soit un cabinet d'audits ou fond d'investissements ou banque d'investissements ».* Il n'y a aucun détail et cela en devient très frustrant pour le jury qui reste dans le flou.

17. Lorsque l'on demande un succès au candidat, il ne faut surtout pas se dévaluer en affirmant qu'il y a autant de succès que de défauts. Le jury demande au candidat de lui raconter un joli succès. L'exemple choisi par le candidat est très mauvais car ce n'est pas à proprement parlé un succès. C'est tout au plus une qualité : la fidélité en amitié ; mais ce n'est pas la question. En revanche, il n'y aucune raison d'aborder les échecs, *« Donc je dirai c'est un éventail de succès et d'échecs ».*

18. Le jury n'est pas satisfait par les réponses du candidat, c'est pourquoi il questionne le candidat au sujet de ses motivations. Après un développement un peu fumeux sur le leadership, le candidat persiste et signe, *« Ma passion fait que je fais du bon travail, ma passion fait que parfois je suis confronté à certains échecs, parce que forcément le problème de la passion c'est qu'on peut partir un petit peu en vrille de temps en temps ».* Le candidat se répète ; il n'a pas analysé la question du jury. La passion ne peut pas être la seule motivation, c'est ce que le jury veut démontrer au candidat car à force de trop argumenter sur la passion, le candidat dévoile une vision naïve de la finance, qui comme tous les secteurs d'activité, comporte de nombreux aspects négatifs.

auprès d'une entreprise de téléphonie mobile, je ne sais pas comment, se vendre, obtenir certains privilèges que d'autres n'obtiennent pas, ce type d'évènements de la vie courante mais aussi d'un point de vue personnel, le fait que lorsqu'une personne est un peu en dépression, le fait que je l'aide que je l'aiguille dans une trajectoire à suivre, qu'est-ce qui faut faire pour s'en sortir un petit peu, qu'est-ce qu'il faut faire pour s'en sortir autrement, chercher d'autres choses, se développer intellectuellement et personnellement, donc à ce moment-là ce sont mes petits plaisirs donc j'aime bien faire ça et se sont mes succès. Mes échecs c'est lorsque je suis confronté à des barrières qui me disent « écoute Pierre, personnellement on ne te veut pas parce que tu n'as pas suffisamment le niveau et ça s'arrête là » donc cela m'incite à lever la barre plus haut et à travailler plus et à toujours en vouloir. J'ai été confronté à ce type de barrières notamment à l'occasion d'entretiens dans différents stages, où on me disait que je n'avais pas telle compétence pour exécuter telle fonction ou d'un point de vue sportif, le fait que je ne peux pas candidater à une compétition car je n'ai pas suffisamment pratiqué la planche à voile notamment, alors que j'avais envie de candidater à ces compétitions et parce que j'avais envie de pratiquer ce sport. Donc je dirai c'est un éventail de succès et d'échecs, c'est mon avis et je pense que c'est l'avis de toute personne normalement constituée qui a des ambitions et qui désire les satisfaire.

JURY

Oui mais dès lors que vous rencontrez un obstacle, je ne vois pas en quelle mesure votre détermination est forcément au rendez-vous. Enfin, encore une fois, quel est le moteur de cette détermination, c'est quoi c'est un truc social que vous recherchez, c'est gagner de l'argent, c'est juste, c'est donner de l'argent à vos proches, enfin c'est quoi votre détermination, c'est atteindre des sommets en terme d'emploi et devenir directeur d'une grande banque d'affaires par exemple ou associé ou vice-président, peu importe ?

CANDIDAT

Je ne vois pas selon moi l'intérêt d'aboutir, la finalité étant d'être directeur, y'a directeur et directeur on le devient par mérite mais par travail personnel. Donc devenir directeur, enfin tout le monde qui envisage d'intégrer une école de commerce aspire à vouloir devenir directeur, moi ce qui m'intéresse avant tout c'est d'être passionné, intéressé par ce que je fais, ensuite une fois que j'aurai compris un domaine d'activité et que je me serai intéressé en profondeur à cette activité là, les fonctions je dirai de les fonctions de coordination, de leadership interviendront après une fois que l'on aura aussi développé une fois cet intérêt là. Encore une fois, il y a des personnes qui sont prédisposées au leadership et des personnes qui sont prédisposées on va dire à la planification, ce qui est mon cas d'ailleurs, justement quand je fais des travaux au sein des études ou quand j'aborde un travail dans la même fonction, j'essaye de voir les choses globalement et de réfléchir à quelle stratégie suivre pour voir en terme de temps, pour gagner du temps, pour être le mieux compris possible. Et pour pouvoir obtenir l'effet escompté, donc lorsque vous m'évoquez ici le fait que, quelle est ma motivation, ma motivation elle est quelque part la source entre guillemets de ma détermination et quelque part l'effet de ma détermination, c'est-à-dire que je suis une personne passionnée. Ma passion fait que je fais du bon travail, ma passion fait que parfois je suis confronté à certains échecs, parce que forcément le problème de la passion c'est qu'on peut partir un petit peu en vrille de temps en temps, y'en a.

JURY

Comment ferez-vous quand dans votre futur poste, vous serez entre guillemets pourri parfois par certains boss, certains supérieurs qui vous dégoûteront finalement un petit peu de votre passion d'origine, ça ça peut arriver parfois ?

CANDIDAT

Ça peut arriver parfois.

JURY

Vous en êtes conscient ça ou pas ? Est ce que vous êtes conscient qu'en fait certains analystes financiers en fait démarrent leur carrière dans des banques prestigieuses mais sortent au bout de deux ans parce qu'en plus vous savez que vous avez une sélection qui est juste drastique dans ce type de cabinet, enfin excusez-moi dans ce type de banque, et je ne sais pas vous êtes conscient au moins que vous pouvez avoir une organisation qui finalement vient gâcher votre passion ?

CANDIDAT

Oui tout à fait c'est fort possible, c'est tout à fait envisageable mais à partir du moment où cette organisation viendrait justement à détruire cela, mais je ne pense pas que ce soit dans l'intérêt d'une organisation de venir détruire le moteur d'activité d'une personne et si jamais je fais face à une telle organisation, je n'ai rien à partager avec elle et dans ce cas là je vais voir ailleurs parce que je ne pense pas que ce soit dans l'intérêt non plus d'une banque de détruire le fond de commerce entre guillemets de ses salariés.

JURY

J'ai quand même le sentiment que vous êtes déjà assez calé en finance, enfin pas tant que ça mais suffisamment, vous avez en plus de bons stages qui vous permettraient bien de postuler aujourd'hui. Pourquoi ne pas aller tout de suite en Pologne postuler avec votre diplôme de la Sorbonne qui est finalement très réputé d'après ce que vous me disiez au début. La réputation de votre diplôme et vos stages vous permettrait de démarrer très clairement en Pologne ?[19]

CANDIDAT

Parce que encore envie de construire mon projet professionnel.

---

19. *« Pourquoi ne pas aller tout de suite en Pologne postuler avec votre diplôme de la Sorbonne qui est finalement très réputé ? »* Le candidat doit justifier son choix d'intégrer une école de commerce (P3). Il manque des arguments classiques, notamment la question du réseau des anciens élèves. Hélas, le candidat met de lui-même en avant son manque de maturité. Or ce n'est pas à l'école de le faire mûrir puisque la maturité du candidat est un critère de sélection en lui-même. Après, il affiche une bonne connaissance de l'EDHEC, en particulier l'effort pour internationaliser le cursus *(« des étudiants de 15 nationalités différentes »)*, l'accent mis sur les partenariats avec les entreprises *(« au travers notamment des cas très précis en entreprise et donc une spécialisation progressive »)*. Cette justification est relativement convaincante.

JURY

C'est-à-dire ?

CANDIDAT

J'ai encore envie de l'éprouver, d'en apprendre davantage, de rencontrer, d'être dans un environnement international que justement vous avez au sein de votre école à Nice où il y a 15 nationalités, des étudiants de 15 nationalités différentes qui viennent directement ici et par les communiqués échangés, par les différents avis exposés, confronter les opinions, donc justement je ne me considère pas encore prêt à affronter le marché du travail, je ne me considère pas encore je dirai prêt d'un point de vue maturité, j'imagine, mais également aussi d'un point de vue académique et je pense que votre école de commerce, d'un point de vue développement personnel, évidemment je vais citer un exemple, notamment votre « programme des talents » qui consiste justement aussi à entravertir un peu vos étudiants et d'un point de vue académique aussi au travers notamment des cas très précis en entreprise et donc une spécialisation progressive au sein de votre école de commerce me permettrait justement de construire ce projet professionnel et justement j'ai envie de l'éprouver encore bien que je suis sûr de ce que je vais faire. Ce que je veux dire c'est que j'aimerais le voir encore beaucoup plus en profondeur de manière beaucoup plus large, surtout d'un point de vue international et donc m'immerger tout de suite en Pologne, bien que ce soit très intéressant et bien que c'est ce que je compte faire plus tard, et bien ne m'offrirait pas tout de suite les mêmes opportunités donc je préfère, je trouve cela beaucoup plus intéressant le fait d'intégrer une école de commerce telle que la vôtre qui me permettrait donc de satisfaire à mes attentes.

JURY[20]

Dans votre groupe d'amis, vous êtes le clown, le sérieux, le dragueur, le boute-en-train, vous êtes quoi ?

CANDIDAT

Moi je dirai le clown et le sérieux, les deux en même temps en fait.

JURY

C'est-à-dire, développez ?

CANDIDAT

C'est-à-dire que le sérieux à savoir que pour moi le travail doit être fait, je suis une âme de, j'ai une âme de personne qui dirige et qui contrôle et qui organise les choses. De ce fait les travaux, la construction d'un travail de A à Z c'est moi qui le supervise.

20. Le candidat doit une fois encore parler de sa personnalité. Quel est son trait de caractère le plus marqué ? *« Moi je dirai le clown et le sérieux »*. Le candidat ne s'affirme pas franchement et ces réponses de normands ne renseignent en rien le jury, c'est dommage.

JURY [*intervenant*]

Je parle dans votre groupe d'amis.

CANDIDAT

Dans mon groupe d'amis étudiants.

JURY

Ou pas, c'est à vous de me le dire.

CANDIDAT

Et après dans mon groupe d'amis personnels c'est-à-dire qui ne sont pas liés à ma faculté ou qui ne sont pas liés à mes études, là pour le coup je suis plutôt une personne qui est boute-en-train, enfin j'essaie de détendre l'atmosphère, de m'amuser entre guillemets de passer un bon moment entre amis autour d'un verre ou autour d'un voyage, d'une aventure en dehors de Paris ou autour d'un sport.

JURY[21]

Vous avez des frères et sœurs ?

CANDIDAT

Oui j'ai une grande sœur.

JURY

D'accord, c'est un modèle pour vous ?

CANDIDAT

Non pas spécialement, à vrai dire comme la différence d'âge est quand même assez élevée.

JURY

C'est-à-dire ?

CANDIDAT

On a 11 ans de différence.

JURY

Elle est plus jeune que vous ?

21. Il est fréquent que le jury pose des questions sur la famille car c'est en réalité un sujet qui en dit long sur la personnalité du candidat. Au sujet de sa sœur, sa réponse paraît sincère et bien qu'elle soit un peu froide, elle est argumentée, donc elle n'est pas critiquable. En revanche, le développement sur le modèle paternel fait mouche, incontestablement.

CANDIDAT

Ah non elle est plus vieille que moi.

JURY

Ah d'accord, parce que cela aurait été amusant si elle était plus jeune, parce que cela n'aurait pas été évident d'en faire un modèle. Elle a donc 33 ans.

CANDIDAT

C'est ça oui.

JURY

Et pourquoi elle n'a pas ce mérite de représenter un modèle pour vous ?

CANDIDAT[21]

Parce que je pense qu'on va dire que l'on a eu un vécu assez difficile ensemble à travers notre famille notamment. On a eu une histoire de famille assez difficile à une époque et que disons chacun à essayer de trouver sa voie. Ma sœur a tenté très rapidement de sortir de la maison, de quitter la maison et l'environnement familial qui était très envahissant et qui l'empêchait justement de se développer, de s'épanouir et donc qui est partie très rapidement et moi qui ai choisi une voie je dirai un petit peu plus construite et je dirai pas ambitieuse parce que après chacun choisit sa voie comme il l'entend et on ne peut pas critiquer l'ambition de chaque personne. Mais selon moi je préfère ma voie car elle est beaucoup plus intéressante du coup on est pas, le rapport entre moi et elle, le rapport de communication n'est pas le même et on ne partage pas les mêmes intérêts donc je ne peux pas dire que c'est un modèle pour moi.

JURY

Alors sur qui vous appuyez-vous quand vous avez besoin de conseil ?

CANDIDAT

Mon père, d'abord mon père.

JURY

Et alors ce n'est pas difficile d'être conseillé par son père ?

CANDIDAT

Non parce que j'arrive à faire la différence entre le côté père et le côté personne qui a 50 ans et qui a créé quelque chose d'essentiel dans sa vie. Mon père est une personne qui à la base est sorti d'une école de polytechnique en Pologne, qui est un immigré, qui a toujours été combatif, qui a construit sa vie, qui a eu énormément de difficultés et qui m'apprend beaucoup parce qu'il me montre constamment au quotidien que l'on peut toujours passer au-dessus des barrières et on peut toujours combattre, on peut toujours y arriver par ses propres moyens, il suffit juste de réfléchir à ce qu'on veut faire et de trouver les bons moyens.

JURY

En fait, à vous écouter, j'ai l'impression qu'il n'y a que la France et la Pologne, cela se limite à cela votre envergure internationale ?

CANDIDAT[22]

Ah non mais pas du tout, bien sûr que non, je ne l'ai pas mentionné sur mon CV, mais lorsque j'étais en première ou deuxième année, je suis parti à Londres j'ai travaillé dans un bar, comme barman, en Espagne, à Barcelone, dans un bar aussi pendant un mois, en Grèce j'étais instructeur de planche à voile, j'étais également donc à St Tropez, un mois pour travailler aussi en temps que barman, donc au début de mes études, j'ai toujours fait en sorte de voyager un petit peu de découvrir des nouvelles choses tout en essayant de gagner des sous pour financer mes études et mes dépenses courantes.

JURY

Est-ce qu'il y a des cocktails typiquement polonais, non ?

CANDIDAT

Non, non ou éventuellement si c'est un shooter qu'on appelle « le chien enragé » et qui est aussi connu en France.

JURY

Ça ressemble à quoi ?

CANDIDAT

C'est un centilitre de sirop de cerise, quatre centilitres de vodka et une goutte de Tabasco.

JURY

Ah d'accord.

CANDIDAT

C'est typiquement polonais.

JURY

Vous tenez bien l'alcool ?

CANDIDAT

C'est relatif, mais je pense que raisonnablement, je tiens l'alcool suffisamment bien pour pouvoir contrôler.

22. Cette réponse arrive à point nommé puisque le jury commençait à se demander si son amour pour la Pologne, son deuxième pays, ne limitait pas sa vision internationale. Ce tour d'Europe est une réponse probante.

JURY [*coupant la parole*][23]

Si vous n'êtes pas reçu à l'EDHEC, qu'est-ce que vous faites concrètement ?

CANDIDAT

Si je ne suis pas reçu à l'EDHEC, chose qui m'attristerait particulièrement, j'essaierais de rebondir entre guillemets, donc soit je ferais une formation soit je ferais un stage de six mois à un an sûrement, à l'étranger.

JURY

Et ensuite ?

CANDIDAT

Et ensuite je re-postulerai à l'EDHEC car c'est vraiment l'école que je veux et dans laquelle j'envisage un avenir assurément.

JURY[24]

C'est pas très clair moi à mon niveau.

CANDIDAT

C'est-à-dire, enfin…

JURY [*reprenant*]

Le pourquoi l'EDHEC ce n'est pas aussi évident que ça. Il y a d'autres personnes pour qui c'est un peu plus évident ; je ne dis pas que ce n'est pas évident, je pense qu'il y a des intérêts à vous recevoir au sein de l'école, à vous intégrer parce que vous pourriez assurément apporter une richesse à l'école d'un point de vue personnel mais je n'ai pas foncièrement l'impression que d'un point de vue académique, on puisse vous apporter plus que cela. Enfin vous êtes quelqu'un d'intelligent et je pense qu'avec quelques bons bouquins et un bon M2 et vos stages vous pouvez démarrer une jolie carrière, enfin bon.

CANDIDAT

Bien moi ce que je reproche à ma, enfin après c'est de l'introspection entre guillemets, donc moi ce que je reproche à mon profil c'est le manque de pratique et moi ce dont j'ai besoin, ok certes en théorique j'ai vu pas mal de notions, pas mal de choses relatives aux entreprises,

23. Le plan B du candidat n'est pas suffisamment détaillé ce qui montre qu'il n'est pas suffisamment prévoyant. De quelle formation parle-t-il ? Où compte-t-il faire un stage ? En revanche, son réflexe de postuler à nouveau à l'EDHEC est excellent.

24. Le candidat n'a pas encore convaincu le jury que l'EDHEC était indispensable. Il lui faut trouver des arguments plus forts. *« C'est le manque de pratique »* ! Voilà un argument qui justifie qu'il quitte les bancs de la fac pour ceux de l'EDHEC. Seulement il ne précise pas dans quelle entreprise (il n'a certainement pas regarder les entreprises partenaires de l'école). De plus, il évoque des échanges avec des étudiants sans les nommer ni même de préciser le lieu de leur rencontre (salon étudiant, journée portes ouvertes, réseau des anciens sur le site de l'EDHEC, etc.). Enfin, c'est une bonne chose de parler du partage (P4). Sa valeur ajoutée est son expérience de la planche à voile qu'il souhaite réinvestir au sein de l'association « Extrême EDHEC ». C'est un plus original.

certes très intéressantes, et ce que je veux avant tout c'est vraiment les observer d'un point de vue pratique, voir comment cela se passe sur le terrain, rencontrer des gens qui éprouvent ces techniques là et qui ont même appris au sein de l'école cette technique là et donc moi ce dont j'ai besoin et c'est comme ça que j'évalue mon besoin que je pragmatise entre guillemets, les choses les notions que je les aborde, que je rencontre des entreprises, que je parle avec des personnes, des étudiants, qui eux aussi ont un vécu, dans une autre langue, et donc aussi développer des compétences linguistiques, m'investir dans une association qui permettrait justement d'avoir un premier pas dans l'entreprise, développer des projets, créer des projets notamment autour de la planche à voile pourquoi pas en plus au sein de votre association « extrême EDHEC ». Justement j'ai envie de construire un projet professionnel dans un cadre qui me permettra justement de me donner tous les moyens nécessaires pour construire mon projet professionnel. De m'épanouir aussi bien personnellement qu'intellectuellement et donc voilà pourquoi.

JURY [*coupant la parole*]

L'EDHEC est la seule école que vous présentez ?

CANDIDAT

Oui.

JURY

Pourquoi ?

CANDIDAT

Parce que votre école de commerce offre ce que les autres écoles de commerce n'offrent pas et qui dans mon cas de figure serait particulièrement intéressant. Parce qu'il y a des MS très spécialisés, notamment je fais référence aux MSc in Corporate finance.

JURY [*intervenant*][25]

Faites-moi rêver sur le Private Equity, moi qui ne suis pas du tout malheureusement de formation financière ; j'ai fait mes études à Lausanne en RH et j'ai intégré ensuite les Relations Internationales de l'EDHEC un peu par hasard avec un jolie rencontre avec le directeur, bon enfin voilà essayez de me donner envie de parler du Private Equity.

CANDIDAT

D'accord, alors le Private Equity c'est très très simple d'un point de vue principe en fin de compte, c'est juste aider des entreprises, des PME en général, non cotées sur les marchés financiers, à besoin de financement à développer ses activités tous azimuths, c'est-à-dire les développer par rapport à la concurrence, par rapport au marché, les prendre par le bras un

25. Lorsque l'on touche au projet professionnel d'un étudiant, il est important qu'il en parle avec des étoiles dans les yeux. C'est un projet de vie. Aussi cette question sous-entend que le candidat peine à communiquer sa passion, notion motrice pour lui. La réponse du candidat devait contenir deux paramètres : la vulgarisation pour un jury néophyte et une touche de passion. La première contrainte est relevée puisque son explication est très claire et l'on comprend ce qui peut plaire dans ce domaine charnière. Aussi, *« ce travail n'est jamais ennuyant »* ; voilà ce qui attire tant le candidat.

petit peu comme un bébé, si vous avez des enfants, donc les ouvrir au monde et trouver le moyen qui permettra de percer le marché ou d'en investir un nouveau et donc de ce fait on est constamment au centre, au cœur des stratégies concurrentielles, on utilise toutes les notions qu'on a appris précédemment.
Donç ce qui fait que ce travail n'est jamais ennuyeux, il y a certes des aspects administratifs mais ils sont vraiment loin d'être prépondérants dans ce type d'activité et donc du coup on est constamment au centre de tout, on a vraiment la main dans le moteur, d'un point de vue financier, d'un point de vue juridique, parce que l'on crée l'entreprise, on rencontre les dirigeants, on parle avec lui, on communique, on échange, donc il y a vraiment un fort aspect relationnel. D'un point de vue financier, forcément ils utilisent tous des petites techniques qui sont nécessaire et qui sont forcément très pointilleuses et que donc justement votre école de commerce m'offrirait sans aucun problème et donc le Private Equity est à ce niveau là est à la fois quelque chose de très précis en finance et à la fois assez large parce qu'il faut être polyvalent aussi.

JURY

Qu'est-ce qui fera que vous percerez, parce que là j'imagine que l'on parle, enfin dans quelle structure vous voulez travailler ?

CANDIDAT

A vrai dire les structures qui peuvent accueillir le Private Equity sont larges, on peut être dans un cabinet d'audits ou de conseils en tant que consultant…

JURY [*intervenant*]

Attendez j'en ai bien conscience justement, donc dans quelles structures souhaitez-vous travailler ?

CANDIDAT[26]

En Pologne par exemple dans un horizon de 5 ans j'aimerais bien travailler chez Morgan Stanley qui vient de s'implanter dans le pays.

JURY [*coupant la parole*]

D'accord, c'est très ambitieux Monsieur, sauf que la réalité nous montre que malheureusement après l'étude que nous avons faite auprès de nos anciens diplômés, très souvent nos étudiants qui rejoignent ces banques ont parfois du mal à passer le premier cap des trois ou quatre ans. Il y a aujourd'hui une grosse moitié d'étudiants qui change de voie parce qu'ils n'ont pas réussi à trouver leur place au sein de grandes banques comme celles-là, parce que d'abord il y a une concurrence qui est très importante, ça vous le savez, c'est très pyramidal, chaque année, c'est comme à l'école, ou vous redoublez ou vous passez de classe ou vous êtes viré !

26. La projection du candidat aurait également dû être mentionnée lors de l'annonce du projet professionnel. Ici, le jury écoute un candidat qui semble avoir réfléchi dans les moindres détails son projet professionnel.

ENTRETIEN • 4

CANDIDAT

Oui.

JURY[27]

Donc qu'est-ce qui fait que vous croyez intimement en votre potentiel dans ce type de structure ? Parce que du point de vue académique, vous serez au point ce n'est pas la question, moi, je trouve que vous avez une bonne personnalité mais qu'est-ce qui fait que vous allez survivre dans cet univers qui est assez féroce tout de même ?

CANDIDAT

Et bien d'une part, comme j'envisage sincèrement encore une fois je reviens sur la Pologne mais c'est vrai parce que je veux travailler là-bas et il se trouve que la Pologne est un pays émergeant, en développement et en pleine expansion.

JURY [*coupant la parole*]

Ne me parlez pas du marché, parlez-moi de vous…

CANDIDAT [*coupant la parole*]

Excusez-moi, pardon j'ai voulu aborder d'abord…

JURY

Encore une fois, moi, ma question c'est qu'est-ce qui fait que vous, vous pensez détenir les clés de votre réussite ?

CANDIDAT

D'accord, bah ma détermination, mon bon relationnel, le fait que je suis très déterminé, motivé, le fait que j'en ai envie, le fait que j'aime partager mes connaissances et on va dire mes compétences que j'ai et que j'aime les gens aussi donc on va dire qu'au sein d'une entreprise, je serais aussi à aider, je n'ai pas de barrières, je suis un Team Worker, donc je travaille en équipe sans aucun problème. Le fait que j'adore ça et bien évidemment au plaisir de vous revoir prochainement si j'en ai l'occasion à l'EDHEC au sein du pôle Nice dans quelques mois.

JURY

Ok, merci Monsieur.

27. *« Qu'est-ce qui fait que vous allez survivre dans cet univers qui est assez féroce tout de même ? »* Cette question vise à juger la détermination du candidat mais également sa connaissance du métier. Le candidat ne répond pas à la question, *« il se trouve que la Pologne est un pays émergeant, en développement et en pleine expansion. Il y a tout à faire là-bas »* et se fait presque réprimander par le jury : *« Ne me parlez pas du marché parlez-moi de vous, vous vous trompez de question »*. Sa dernière réponse n'apporte rien de neuf à l'entretien. Le jury décide donc d'en finir.

15/20

Dans l'ensemble, le candidat a réussi cet entretien. Il a démontré de bonnes capacités à orienter la discussion. Il a réussi à replacer les 4 P même si certains points auraient mérité plus de développement.

Pour bien préparer un entretien, il est important de choisir l'impression que l'on souhaite susciter chez le jury. En bref, que restera-t-il du candidat une fois sorti de la salle d'entretien ? Dans ce cas précis, il est certain que les admisseurs se souviendront du candidat car son profil est unique. En effet, très tôt dans l'entretien, le candidat a eu l'intelligence d'axer la discussion sur sa double nationalité franco-polonaise. Elle définit son identité et confère une certaine richesse à son profil. De plus, l'envergure internationale de son projet contrebalance en partie les quelques approximations de son projet professionnel. De plus, sa grande connaissance de la Pologne, de son économie, de son système d'enseignement et surtout, de la perception qu'a ce partenaire européen de la France, est très précieuse.

Ce candidat affiche une bonne connaissance du domaine de la finance sur lequel il est capable d'apporter de bons arguments. Toutefois, il ne faut pas perdre l'idée qu'il faut persuader le jury du bien fondé de ce projet, et surtout de votre motivation. Le candidat a beaucoup parlé de passion mais le jury ne l'a pas vraiment perçue, et c'est dommage. En quelque sorte, un projet professionnel doit être un rêve, un objectif ultime. Ainsi, lorsque le candidat présente son projet professionnel, il doit raconter son histoire personnelle pour faire ressortir la cohérence de son parcours, sa connaissance du domaine et surtout, l'évidence d'un tel choix : plus qu'un métier, c'est une vocation.

Sous bien des aspects, le candidat est perfectible. La forme d'abord, le fond viendra. Le candidat a de réelles capacités oratoires. Il s'exprime avec aisance, avec un vocabulaire riche. Il ne semble jamais impressionné par cet exercice. En revanche, l'impression qui domine est celle d'un candidat un peu brouillon désirant trop en dire. C'est dommage car cela dessert finalement sa présentation.

Sur le fond maintenant, le candidat n'entre pas suffisamment en profondeur des choses. Il a tendance à tourner autour du pot et le jury est obligé de poser plusieurs fois les mêmes questions (amis, familles, etc.). Finalement, il est difficile de dire qui est vraiment ce candidat. Il ne se dévoile pas assez alors que le jury a besoin de connaître un futur élève.

Les P 2 et P 3 ne sont pas assez travaillés. Beaucoup de choses ont été dites mais le manque de structure égare le jury. Il aurait dû regrouper les arguments pour les donner en bloc, dans les bonnes parties. Pourquoi ai-je besoin d'une école de commerce ? Pourquoi l'EDHEC particulièrement ? De nombreux arguments sont apportés mais ils sont trop disparates, d'où l'impression de parfois tourner en rond.

Hélas, le candidat a montré une légère tendance à se dévaloriser. La question du succès ou des qualités ne doit jamais être un prétexte pour évoquer des échecs ou des défauts. C'est une opportunité pour se vendre, non pour s'accabler !

Une dernière remarque enfin sur la longueur des réponses du candidat. Lorsqu'il est déstabilisé, ses réponses sont très courtes. La discussion redevient interrogatoire. Il est crucial de s'attacher à ce que les réponses soient plus longues que les questions du jury car de manière générale, chaque chose avancée doit être argumentée.

ENTRETIEN • 5		AP
Ecole cible	**NEOMA Business School**	
Voie	**Admission parallèle à Bac +3 et plus** • Ecricome Tremplin 2	

Ce candidat souhaite intégrer le Master en gestion de Patrimoine Privé et Professionnel, de NEOMA Business School.

Le candidat frappe à la porte.

JURY

Entrez !

CANDIDAT

Bonjour Madame.

JURY

Bonjour Monsieur.

CANDIDAT

Bonjour Monsieur.

JURY

Bonjour Monsieur, asseyez-vous.

CANDIDAT

Merci beaucoup.

JURY

Alors, je vous demande deux secondes… Allez-y présentez-vous.

CANDIDAT[1]

D'abord, je m'appelle Pierre Louis Englard, j'ai 21 ans, je suis né et je réside à Nantes. Je tenais à aussi vous remercier de m'accueillir, aujourd'hui pour cet oral afin de vous présenter mes motivations pour intégrer votre école. Donc dans un premier temps, je souhaiterais vous parler de mon parcours académique, ensuite de mon projet professionnel et ensuite pourquoi est-ce que j'ai besoin d'une école de commerce et particulièrement de la vôtre NEOMA Business School et ensuite de ce que je souhaite apporter à votre école. Donc concernant mon parcours académique : à la suite de mon baccalauréat scientifique obtenu en 2007, j'ai intégré le Bachelor Ecole de commerce. Grâce à ce bachelor, j'ai réalisé plusieurs stages dont le dernier au sein d'un cabinet de gestion de patrimoine qui au travers des différentes missions qui m'étaient confiées, telles que la création d'un portefeuille et avec un consultant sénior, ma participation à des rendez-vous clients et à l'établissement de leur profil et le fait de pouvoir apporter des solutions aux clients m'ont fait prendre conscience de mon intérêt pour le secteur de la finance car depuis que je suis petit, j'ai un intérêt pour les chiffres et j'ai trouvé un autre intérêt avec ce côté conseil et gestion qu'on peut avoir dans la gestion de patrimoine, qui englobe et l'attrait pour les chiffres et le conseil qu'on peut apporter aux clients. Ensuite, je sais que pour mon projet professionnel, je souhaite à la sortie de l'école évoluer dans une banque privée au niveau de la gestion de patrimoine. Ensuite...

[*Le jury coupe la parole*]

JURY

Par exemple ?

CANDIDAT[2]

Par exemple, chez HSBC ou la Société Générale.

1. Dans ce premier gros paragraphe, Pierre-Louis donne beaucoup d'informations. Le P1 est expédié d'entrée de jeu. Une phrase introductive vient ensuite s'intercaler entre le P1 et le P2. Ces remerciements sont de bon aloi et posent la discussion. Ensuite, le candidat prend la peine d'orienter l'entretien vers le P2 en énonçant une transition. A l'écrit comme à l'oral, il est primordial de prendre son admisseur par la main pour ne pas le perdre. Sans énoncer le plan dans son intégralité, il faut toujours faire des ponts avec la partie suivante. Pierre-Louis explique ensuite dans les grandes lignes son parcours académique et ses expériences professionnelles. Là, s'il fait l'effort de justifier ses choix, le candidat n'entre toutefois pas assez dans le détail. Le jury aimerait certainement davantage de chiffres, de noms, d'exemples précis. C'est ce qui rend l'entretien vivant ! Par ailleurs, Pierre-Louis n'y met pas le ton ! Il semble que la finance soit le domaine vers lequel s'oriente le candidat. Hormis cette phrase, *« depuis que je suis petit, j'ai un intérêt pour les chiffres et j'ai trouvé un autre intérêt avec ce côté conseil et gestion »*, Pierre-Louis n'explique pas son choix de vie. Se vendre à un jury convoque des méthodes de séduction et une importante force de conviction. En d'autres termes : faire rêver le jury sur un projet professionnel ou du moins, expliquer en quoi le candidat est habité par ses ambitions professionnelles. A la fin du paragraphe, Pierre-Louis évoque son projet professionnel. Malheureusement, l'effet d'annonce n'est pas bon. Il doit être clairement défini et mérite certainement d'être introduit par une phrase travaillée de type : *« c'est pourquoi aujourd'hui, je vous présente un projet professionnel ambitieux... »*. C'est le cœur de la présentation. Le message doit être clair, net et percutant.
2. Evidemment, le jury a besoin d'exemples tangibles afin de s'imager clairement ce que le candidat a dans la tête. Rappelez-vous le mot de Bossuet : *« ce qui se conçoit bien s'énonce clairement et les mots pour le dire viennent aisément »*. C'est pourquoi le jury demande au candidat des exemples. Attention ! Tout ce qui se dit lors d'un entretien peut être retenu contre le candidat. Plus précisément, il faut connaître les exemples cités. Pierre-Louis cite la HSBC et la Société Générale. Il connaît visiblement mal ces deux banques. Le jury y perçoit donc un manque de rigueur et d'intérêt pour les banques, domaine dans lequel le candidat souhaite évoluer. Important : ne pas répondre plutôt que de se tromper. La réaction de Pierre-Louis a été la bonne.

JURY

Chiffre d'affaire HSBC ?

CANDIDAT

Heu… là je pourrai pas vous le dire…

JURY

La Société Générale alors ?

CANDIDAT

Plusieurs milliards d'euros… après…

JURY

C'est un peu vague !

CANDIDAT

[*silence*] Je ne préfère pas vous dire de bêtises et je ne préfère pas vous mentir. Je ne sais pas exactement.

JURY

D'accord.

CANDIDAT[3]

Donc, pour revenir, après ce poste en gestion de patrimoine au sein d'une banque, je souhaite après deux à trois ans évoluer avec un portefeuille plus important de clients et disposant de revenus plus importants pour ensuite si tout se passe bien, après deux ou trois années, intégrer une entreprise de gestion de fortunes et…

[*Le jury coupe la parole*]

JURY[4]

Qu'est-ce qui vous plaît là-dedans ?

CANDIDAT

Le fait tout d'abord d'avoir le choix, le fait de conseiller les gens – les gens ont des attentes et pouvoir répondre à leurs attentes c'est quelque chose qui me plaît et ensuite comme je

3. *« Donc, pour revenir, après ce poste en gestion de patrimoine au sein d'une banque ».* Ici, l'attitude de Pierre-Louis est vraiment la bonne puisqu'il ne se laisse pas décontenancer par cette tentative de déstabilisation du jury. Il se montre déterminé et garde le cap de sa présentation. Il est venu pour placer les 4 P, il déroule donc…

4. *« [Le jury coupe la parole] Qu'est-ce qui vous plaît là-dedans ? ».* Pierre-Louis n'a pas suffisamment expliqué ses choix. Le jury attend une réponse personnelle et sincère. Il ne faut surtout pas se montrer naïf et la réponse de Pierre-Louis n'est pas encore assez convaincante. D'où peut-être l'envie du jury 1 de titiller le candidat…

vous l'ai dit, je suis attiré par les chiffres et le fait que dans la gestion de patrimoine on travaille beaucoup avec les chiffres ne serait-ce que par la partie financière avec ce qui est le placement immobilier. On peut donc effectuer cette partie travail sur les chiffres, que ce soit la partie action ou immobilier, que ce soit la phase de conseil au client pour apporter des réponses à leurs attentes.

JURY[5]

Que veut dire OPCVM ?

CANDIDAT

[*silence*] Heu… Alors là…

[*Le jury coupe la parole*]

JURY

Bon ce n'est pas grave. Alors vous aimeriez travailler chez HSBC ou la Société Générale ?

CANDIDAT

Au début, oui tout a fait.

JURY[6]

Ok, cela ne vous fait pas peur cette histoire de Jérôme Kerviel, pour vous l'image de la Société générale (SG) est intacte ?

CANDIDAT

Non, on ne peut pas dire qu'elle est intacte, l'image de la société a été touchée par cette affaire Kerviel, après je pense justement que la SG a tiré les conséquences de l'affaire Kerviel et s'est rendu compte qu'il y avait peut-être des processus de sécurité et/ou de contrôle qui n'étaient pas effectués et il y a eu des dysfonctionnements et ils ont dû y remédier donc maintenant ils savent ce qu'il faut éviter de faire. Ils ont dû sûrement rebondir sur cette affaire qui leur a causé beaucoup de tord et ils ne se feront plus reprendre donc je pense que comme on dit, là c'est une société aguerrie et ils ne se feront plus reprendre. Donc je ne vois pas de soucis à travailler pour la SG.

JURY

D'accord… Très bien…

---

5. *« Que veut dire OPCVM ? » – « [silence] Heu... Alors là... »* Voilà une tentative de déstabilisation. Hélas, Pierre-Louis sèche encore sur une question simple. Pour un candidat voulant évoluer dans la gestion de patrimoine, il n'a pas l'air très renseigné. Le jury 1 reçoit le signal et décide de montrer à Pierre-Louis qu'il n'est pas au point sur ces questions.
6. Pierre-Louis a évoqué la Société Générale, le jury ne le prend donc pas au dépourvu. Et pourtant, le candidat est trop vague sur un sujet qu'il doit maîtriser sur le bout des doigts. Aucun chiffre n'est donné, aucun nom n'est cité, les termes employés sont trop approximatifs *(« Ils ont dû sûrement rebondir »)*.

[*Le candidat coupe la parole*]

CANDIDAT[7]

Donc, ensuite, comme je vous le disais, une fonction dans la gestion de fortune et pourquoi pas évoluer dans un rôle de manager dans le cadre de la gestion de fortune pour diriger une équipe. Et justement c'est pour ça que l'intérêt pour les écoles de commerce car en école de commerce vous êtes formé dans des domaines de pluridisciplinarité tels que le management, la marketing et le contrôle de gestion ainsi bien sûr tout ce qui touche à la finance de marché, donc c'est ce socle de compétences diversifiées qui est très important et précisément à NEOMA Business School puisque vous proposez notamment avec vos électifs tels que la préparation au CFA, avec les trois niveaux du CFA faits par Mr Dubreuil, qui est aussi le responsable du Masters spécialisé en gestion de patrimoine. Donc vous proposez cet électif qui permet de travailler avec tout ce qui est l'investissement immobilier et le fait que ce soit aussi un parcours à la carte, nous permet aussi de choisir selon notre projet professionnel des matières qui nous intéressent dans la finance mais aussi de ne pas se couper du monde qui nous entoure avec des électifs en communication, en marketing afin de pouvoir justement répondre de ce qu'on attend d'un manager.

JURY

D'accord, et alors combien cela gagne un manager dans ce domaine là, en gestion de patrimoine.

CANDIDAT[8]

Après plusieurs années d'expérience ?

JURY

Oui, au top de sa carrière ?

CANDIDAT

Après cela dépend des pays où vous travailler…

[*Le jury coupe la parole*]

JURY

Bien sûr, en France ?

---

7. Pierre-Louis est certainement conscient de n'avoir pas convaincu le jury sur ces questions. Alors il reprend le fil de son entretien pour redonner du rythme à la discussion. *« Donc, ensuite, comme je vous le disais, une fonction dans la gestion de fortune »*. Le candidat introduit son P3 mais l'effet d'annonce n'y est pas. Il est essentiel d'exprimer un BESOIN d'une école de commerce. C'est un passage obligé ; le projet ne peut pas se faire sans une école de commerce. Ici, le besoin n'est pas assez fort. Si les mots clefs de *« manager »* et *« direction »* sont dits, il manque le lien avec le besoin d'une école de commerce. Par ailleurs, la présentation de NEOMA Business School n'est pas assez détaillée. Mise à part l'évocation de M. Dubreuil, la présentation pourrait convenir à n'importe quelle autre grande école de commerce.

8. Ensuite vient une série de questions pour jauger le candidat sur sa connaissance du domaine dans lequel il veut travailler. Le candidat n'est pas très à l'aise et cela se traduit par les questions qu'ils posent sans cesse, pour demander des précisions.

CANDIDAT

En France, pour un manager, la partie fixe doit être aux alentours de 100K euros et il doit y avoir forcément une partie variable qui doit aller de 15 à 20 %, voire plus, et aussi des stock options qui peuvent être données par la société. Après tout dépend de la performance aussi du manager. Une grande partie est variable.

JURY[9]

Qu'est-ce qu'un bon manager pour vous ?

CANDIDAT

Je pense que c'est une personne qui doit savoir se faire respecter d'abord car vu que c'est un manager, il est quand même dans une hiérarchie et il a des personnes sous ses ordres mais il doit aussi savoir écouter son équipe car il faut pas qu'il soit renfermé ou têtu parce que sur certaines idées, il n'a pas la réponse et des fois certaines personnes qu'il a sous ses ordres peuvent lui apporter ces réponses avec un angle de vue différent du sien et je pense aussi que le manager doit arriver à motiver son équipe soit en écoutant, en valorisant le travail effectué par ses salariés et aussi dans le cadre de la finance en récompensant leurs efforts si jamais ils ont bien travaillé notamment avec des primes.

JURY

Est ce que vous diriez que dans l'affaire Kerviel, les managers ont bien fait leur travail ?

CANDIDAT

[*silence*] Je n'étais pas dans le centre de l'affaire Kerviel, ni dans la juridiction qui a investi, ni dans la Société Générale…

[*Le jury coupe la parole*]

JURY

On s'en doute.

CANDIDAT

Après y'a sûrement eu un petit dysfonctionnement, je peux pas dire…

[*Le jury coupe la parole*]

9. Sur la question du « bon manager » (question classique), le candidat donne une réponse classique, sans exemple, malheureusement. Il est conseillé d'anticiper les futures questions en donnant en exemple un manager duquel le candidat s'inspire. Dans ce cas précis, cela aurait pu éviter au candidat de se voir replongé dans l'affaire Kerviel… Un bon entretien est celui que le candidat mène lui-même. Il doit être une discussion, plus qu'un interrogatoire. Si le candidat évoque Steve Jobs ou Bill Gates, il y a fort à parier que le jury rebondira sur ces exemples. D'où l'importance de bien préparer ses questions et de choisir ses exemples à l'avance.

JURY

Cela a coûté 5 milliards, mais c'est un petit dysfonctionnement…

CANDIDAT[10]

Non, c'est un gros dysfonctionnement, après je pense sûrement, pour les managers, y'a eu un petit dysfonctionnement de leur part, après on peut se demander si jamais il l'on laissé faire, peut-être qu'il y avait des antécédents qui permettaient que, entre habituellement sa technique qu'il utilisait marchait et qui cette fois-ci n'a pas marché. Y'a quand même dû y avoir des dysfonctionnements, peut-être que après tout les managers de la Société Générale ne sont pas à mettre sur le même pied d'égalité, y'a peut-être eu un dysfonctionnement, pas que d'une personne, peut-être d'un service tout entier, peut-être pas un…

[*Le jury coupe la parole*]

JURY

Et est-ce que ce ne serait pas un dysfonctionnement de tout le système finalement ?

CANDIDAT

Système financier, vous voulez parler ?

JURY

Non, non, agricole…

CANDIDAT

Non, mais évidemment, mais système général.

[*Le jury coupe la parole*]

JURY

Mais oui bien sûr, le système financier, le système global. On parle de crise financière, de crise du capitalisme financier, qu'est-ce qu'on entend par là ?

10. Face à toutes ses petites approximations, le jury s'agace et décide de pousser le candidat dans ses retranchements en l'interrogeant sur le système financier, le capitalisme, la crise. Là encore, l'impression du jury est la bonne puisque la réponse de Pierre-Louis ne comporte aucun chiffre, aucun nom de banque, rien. La crise de 1929 est appelée, *« un crack boursier plus tôt dans les années 1900 »*. D'ailleurs, la question de la régulation du système financier est un sujet d'actualité chaude. Il ne sera pas pardonné au candidat, à plus forte raison s'il souhaite travailler dans le milieu bancaire, de ne pas connaître les enjeux du débat. Sa réponse est d'ailleurs un aveu d'échec : *« [silence] Je ne sais pas [pause] comme je suis encore étudiant, je ne peux pas me permettre de dire de faire telle ou telle chose. Je ne suis pas du niveau demandé pour pouvoir vous répondre »*. Ce n'est pas à l'école de commerce de donner les clefs du débat sur le capitalisme financier. Il s'agit de culture générale. La méconnaissance du candidat sur ce sujet est flagrante et préjudiciable.

CANDIDAT

Je pense que la spéculation a pris une part très importante ces dernières années avec ce qu'on a pu voir aux USA, la crise financière avec les problèmes sur l'immobilier notamment, où les gens s'endettaient et n'étaient pas en mesure de régler leurs paiements si jamais ils avaient des problèmes et perdaient leur emploi. Ce qui fait qu'on a trop poussé, on le voit notamment sur le marché des céréales, des matières premières avec la flambée du prix du baril de pétrole. Y'a peut-être un excès, après, comme on peut le voir y'a eu un crack boursier plus tôt dans les années 1900[10]. Après je pense y'a bien sûr de la remise en question à avoir à propos du système financier, voir encadrer plus certaine manœuvre, on peut peut-être pas limiter toute la spéculation qu'il y a, mais après je pense que le système n'est pas complètement déréglé et qu'il y a des choses qu'il faut garder mais qu'il y a quelques modifications à revoir.

JURY

Alors comment fait-on en quelques mots pour réguler le système financier ?

CANDIDAT

[*silence*] Je ne sais pas [*pause*] comme je suis encore étudiant, je ne peux pas me permettre de dire de faire telle ou telle chose. Je ne suis pas du niveau demandé pour pouvoir vous répondre.

[*Le jury coupe la parole*]

JURY

Mais y'a déjà des idées qui sont avancées…

[*Le candidat coupe la parole*]

CANDIDAT

Après, le gouvernement qui prévoit de taxer plus tout ce qui est investissement notamment de la part des banques, tout ce qui touche aux bonus afin de limiter notamment cette folie de la spéculation qu'entraîne notamment des gros bonus pour les traders si jamais cela marche bien, limiter les bonus et donc sûrement freiner cette spéculation. Après, il doit sûrement y avoir d'autres mesures à l'étude mais je ne suis pas au courant.

JURY[11]

D'accord, et alors qu'est-ce qui vous fait penser, à part votre amour pour les chiffres et votre grande motivation que vous serez un bon gestionnaire de patrimoine ?

11. *« D'accord, et alors qu'est-ce qui vous fait penser, à part votre amour pour les chiffres et votre grande motivation que vous serez un bon gestionnaire de patrimoine ? »*. Voici encore une question classique. Le jury attend de Pierre-Louis qu'il mette en avant ses qualités propres pour les transposer dans le milieu de la banque. En invoquant ses expériences passées chez Kaufman and Broad, il s'en sort à peu près.

CANDIDAT

Lorsque j'ai fait mon stage au seuil d'un cabinet de gestionnaires de patrimoine à Paris, j'ai réussi à développer un portefeuille de clients en prenant des rendez-vous et ensuite en présentant les produits de la société. J'étais, bien sûr, accompagné d'un représentant sénior et ensuite j'ai regardé comment ils faisaient lorsqu'ils présentaient leurs clients, les techniques qu'ils utilisaient et lorsqu'on faisait des simulations afin de me préparer aux entretiens, je n'avais pas de problème. En plus, dans un de mes stages que j'avais effectué avant qui était au sein de la Kaufman and Broad, conseillers en immobilier, j'ai développé la phase empathie qui est très importante dans le métier de conseiller en gestion de patrimoine, d'être à l'écoute des clients afin de pouvoir complètement exploiter ce qu'ils nous demandent dans leurs attentes afin de leur proposer le produit qui conviendra à leurs attentes et justement c'est ce qui m'avait permis de réaliser 4 ventes pour cette entreprise K&B, mes maîtres de stage étaient tout le temps satisfaits de mon travail, donc je pense pouvoir réussir dans ce métier de la gestion de patrimoine.

JURY[12]

D'accord, et pourquoi vous ne visez pas, je ne sais pas moi, vous attendez un petit peu et vous passez le master finance de l'EDHEC ou… J'ai l'impression que vous manquez un peu d'ambition, on est conscient qu'on est pas la meilleure école.

CANDIDAT

Non, je ne dirai pas que vous n'êtes pas la meilleure école, vous avez une optique différente, après je ne souhaite pas attendre le master de l'EDHEC parce que je veux continuer mes études maintenant. J'ai vu aussi que vous prépariez aussi des cours au CFA qui sont très intéressants et j'ai regardé votre programme, les électifs que vous présentiez et c'était très intéressants pour moi dans l'optique d'être gestionnaire de patrimoine. En plus, votre école propose un partenariat, notamment avec l'université de Shanghai, spécialisée en finance et en économie. Or, Shanghai est la troisième place boursière mondiale, elle atteint mille milliards d'euros, de dollars Heu, excusez moi, d'actifs gérés par an et ils ont pour objectif d'ici 2020 d'être les numéros 1 mondiaux, de dépasser les meilleurs qu'est Tokyo, donc c'est vraiment là l'avenir de la finance. Or vous proposez un échange avec cette université, donc c'est très intéressant. On voit de plus en plus d'entreprises dans la finance qui ouvrent des filiales à Shanghai. Ce pays est en pleine explosion économique, y'a de plus en plus de grosses fortunes en Chine, donc c'est tout à fait intéressant, c'est une raison un plus des électifs que vous proposez qui me font que je postule à RMS.

12. Sur le manque d'ambition et le choix des écoles de « second rang » (en opposition aux Parisiennes par exemple). Pierre-Louis répond bien à cette question car il insiste sur les spécificités de l'école. Il explique d'une part en quoi elle est différente des autres mais surtout il justifie son choix en démontrant qu'elle répond le mieux à son projet professionnel. Ici, le candidat illustre sa connaissance de l'école.

JURY[13]

D'accord, et pourquoi vous plus qu'un autre, vous êtes le 4e aujourd'hui à postuler pour le master.

CANDIDAT

Bien écoutez, en plus d'avoir un bon projet professionnel, je souhaite apporter à votre école en échange de tout ce qu'elle peut m'apporter, je souhaite m'investir dans vos associations, notamment RMS INVEST qui s'occupe de tout ce qui est marchés boursiers pour les étudiants, qui réalise notamment des conférences, qui fait venir des grandes entreprises du domaine de la finance afin de présenter, notamment leurs métiers aux étudiants de RMS et pourquoi pas ces conférences, faire un podcast et enregistrer…

[*Le jury coupe la parole*]

JURY

Cela existe déjà !

CANDIDAT

Ou participer notamment à… à… la coupe de France et représenter RMS à la coupe de France des jeunes financiers afin de porter haut les couleurs de RMS dans le concours des jeunes traders et gestionnaires de portefeuilles et aussi, dans la suite, apporter avec le réseau que je me ferai plus tard, apporter en contre partie la pierre à l'édifice et si j'en ai la possibilité d'en faire bénéficier à l'école RMS le réseau que j'aurai pu me faire et poster des offres de stages plus tard pour les étudiants de l'école pour que je puisse rendre à l'école ce qu'elle m'a apporté et aussi j'ai vu que vous aviez une association le RMS EXTREME, en étant passionné de karting, de tout ce qui touche le sport automobile et l'automobile en général, je souhaite aussi m'investir dans cette association et pourquoi pas monter une coupe de France de karting inter-écoles comme il peut y avoir avec les trophées de la voile de l'EDHEC pour justement amener encore un projecteur sur RMS et faire une compétition entre les écoles et ouvrir un challenge supplémentaire.

JURY[14]

Vous aimez les voitures ?

13. *« Pourquoi vous plus qu'un autre ? »* C'est tout l'enjeu d'un tel entretien ! Le jury attend quelque chose de personnel qui garantit une valeur ajoutée du candidat. La réponse est à chercher du côté du P4. En plus, Pierre-Louis affiche de la cohérence puisqu'il souhaite mettre sa passion pour la finance au profit de l'association RMS INVEST. En plus, il avance une idée supplémentaire pour faire évoluer l'association. C'est bien ! De plus, Pierre-Louis évoque sa deuxième passion : les voitures. Il propose la création d'une compétition de karting. C'est habile de la part du candidat car il a parlé des 4 P et qu'il peut aborder la suite de l'entretien les mains libres. D'ailleurs, le jury attrape la perche tendue par le candidat. Pierre-Louis est sur son terrain de prédilection !

14. S'enchaînent ensuite quelques questions/réponses où le jury cherche à tester la répartie de Pierre-Louis. L'entretien change de rythme et il prend des allures de discussion. Non sans humour, le candidat assigne une voiture (Mini Cooper et Volvo) aux deux membres du jury. L'échange est argumenté, agréable et amusant.

CANDIDAT

Oui, tout à fait.

JURY

Quelle est votre voiture préférée ?

CANDIDAT

[*pause*] Je n'ai pas vraiment de voiture…

[*Le jury coupe la parole*]

JURY

Si d'un claquement de doigt, on vous donnait la possibilité de pouvoir conduire une heure la voiture de vos rêves, maintenant ce serait quoi ?

CANDIDAT

Je n'ai pas une voiture particulière mais je pense que je choisirai une Aston Martin, parce que cela représente l'élégance du design raffiné de l'automobile comme on en fait très peu. Et aussi les technologies à travers le développement du moteur, et le bruit et aussi les intérieurs anglais qui sont réputés pour leur luxe et leur travail finition à la main avec les surpiqûres qu'on peut voir et la grande qualité est gage de qualité sont l'apanage d'Aston Martin.

JURY

Et pour vous prendre pour James Bond aussi ?

CANDIDAT

Non, je n'ai pas du tout la prétention d'être James Bond, après je suis un passionné de voiture et vous m'avez demandé justement quelle voiture je pourrai conduire si j'en avais l'opportunité pendant une heure et je vous ai répondu Aston Martin car c'est la marque qui pour moi symbolise le mieux la technologie et le savoir-faire automobile.

JURY

Et alors si on était une voiture ?

CANDIDAT

Là je peux pas me permettre de vous juger, je vous connais pas…

[*Le jury coupe la parole*]

JURY

Non, mais comme cela au feeling, si vous connaissez bien les voitures.

CANDIDAT

Madame, vous vous avez l'air d'aimer tout ce qui a l'air assez flashy, ne serait-ce que par la couleur de votre montre, je dirais une citadine tendance telle qu'une DS3 ou une Mini Cooper avec l'aspect voiture fashion, très à la mode, donc je vous verrai plutôt avec cette voiture là. Et vous monsieur, vous aimez bien apparemment tout ce qui est assez, après c'est juste une supposition…

JURY

Bien évidemment.

CANDIDAT

Je ne vous connais pas, vous aimez bien ce qui a l'air assez sobre, décontracté, donc je mettrai une voiture, qui comme on pourrait dire, une Volvo qui est sûre, décontractée, ou alors [*pause*] après je connais pas vos loisirs ou vos comportements mais je vous aurais dit Volvo pour la sûreté et la décontraction, après je peux me tromper.

JURY

Très bien, non, je roule effectivement en Volvo, vous avez bien vu. Est-ce que il y a un sujet d'actualité qui vous a passionné ces derniers temps ?

CANDIDAT

[*pause*][15] Dans l'actualité, y'en a plusieurs, je dirai le fait que Mercedes développe de plus en plus la technologie de l'hydrogène qui a fait un grand pas pour l'automobile du futur parce qu'on sait très bien qu'on ne va plus pouvoir continuer à consommer autant de pétrole et donc le développement des nouvelles alternatives telles que la voiture électrique ou l'hydrogène. L'avantage de l'hydrogène c'est que la voiture émet zéro particule ; vous me direz l'électrique aussi, mais pour l'instant on ne fait pas de voiture tout électrique. Si, on a quelques voitures mises en location par certaines villes mais à l'heure actuelle le prix d'achat d'un véhicule tout électrique est encore un frein et pour produire de l'électricité, on a besoin de centrales qui sont polluantes, donc l'hydrogène est une technologie tout à fait porteuse qui n'émet que de la vapeur d'eau et donc à l'horizon, d'ici quelques années c'est une valeur totalement sûre et le fait de pouvoir permettre, comme ils ont fait en Australie, à plusieurs journalistes de presse spécialisée d'essayer la voiture à l'hydrogène qui a une autonomie de 500 km sans être chargée est un grand pas pour l'automobile.

JURY

D'accord.

15. La question d'actualité est aussi une question classique. Elle vise à juger l'ouverture du candidat sur le monde qui l'entoure et sa connaissance des grands débats de sociétés. Dans ce cas précis, Pierre-Louis aurait peut-être gagné à choisir un autre sujet d'actualité qu'il maîtrise pour montrer au jury qu'il a d'autres cordes à son arc. D'autant que l'automobile ne semble pas passionner le jury. Le candidat doit aussi être capable de percevoir les émotions de ses interlocuteurs, et de s'adapter.

JURY

[*pause*] S'il vous reste une heure à vivre, qu'est-ce que vous faites ?

CANDIDAT

S'il me reste une heure à vivre, je n'espère pas que ce sera le cas mais si c'était le cas…

[*Le jury coupe la parole*]

JURY

Vous aurez forcément une dernière heure.

CANDIDAT

Oui, j'espère que ce sera le plus loin possible, [*pause*] je pense que je souhaiterai passer cette dernière heure auprès de mes amis et de ma famille, des gens qui comptent pour moi…

JURY

Original…[16] A part votre cravate, quel est votre plus gros défaut ?

CANDIDAT

[*pause*] Je dirai mon manque de confiance, après j'essaye de le travailler notamment au cours de mes stages, lorsque j'étais commercial junior au sein de B&B, lorsque j'étais en face des clients, où cela nécessitait une préparation en amont qui était plus importante afin d'être sûr et développer aussi notamment les qualités d'empathie qui permettent justement de contrecarrer le fait qu'on peut manquer de confiance en soi et permettre de s'en sortir.

JURY

D'accord, si vous aviez une devise, ce serait laquelle ?

CANDIDAT

[*silence*] Je dirai « l'argent fait pas le bonheur ».

JURY

« L'argent fait pas le bonheur » ?

CANDIDAT

Non.

---

16. *« A part votre cravate, quel est votre plus gros défaut ? »* Pierre-Louis est un peu mou et le jury cherche à le réveiller ! Deux raisons à cela. 30 minutes c'est très long, il y a des temps forts et des temps faibles. A ce moment précis, le candidat est fatigué. La deuxième raison est qu'il a certainement l'impression d'avoir rempli sa part du contrat mais les 4 P sont une base solide, un squelette. Ce n'est pas suffisant. Les questions subsidiaires sont primordiales. Donc, cette tentative de déstabilisation n'est pas une attaque personnelle mais bien une piqûre de rappel. Bonne réaction de Pierre-Louis qui ne se vexe pas. Mieux, il avoue son défaut en expliquant le travail effectué pour palier ce défaut. Là encore, c'est habile.

JURY

Quel est votre rapport à l'argent ?

CANDIDAT[17]

J'aime l'argent mais c'est pas l'argent qui permet de faire le bonheur parce qu'on peut très bien avoir énormément d'argent et ne plus savoir quoi en faire et justement s'ennuyer et on peut très bien gagner sa vie comme la caricature qu'on peut avoir quand on est enfant et que l'on regarde les dessins animés avec « l'oncle Picsou », c'est quelqu'un d'aigri, qui compte tout le temps son argent donc au final il n'a pas d'ami, il s'amuse pas à part avec son argent. Je trouve ça, faut avoir de l'argent pour se permettre aussi d'aider les autres ou de se faire plaisir mais après l'argent en soi si on n'a pas d'ami ou on n'est pas suffisamment ouvert, ça sert à rien.

JURY

D'accord, vous pensez que vous allez vous intégrer, vous, dans l'école facilement ?

CANDIDAT

Je pense, je suis quelqu'un d'ouvert. Après, la meilleure façon de savoir si je suis quelqu'un qui va s'intégrer, c'est justement que j'intègre votre école pour que vous puissiez juger.

JURY

Quel est votre passe-temps préféré, à part lire les magazines autos ?

CANDIDAT

Je pratique le tennis et toutes activités sportives que ce soit le tennis, le foot ou le hand-ball.

JURY

Est ce que vous avez quelque chose de particulier, un petit peu original voire excentrique qui fait de vous quelqu'un d'unique ?

CANDIDAT

[*silence*] Là je peux pas vous dire, après, je pense pas que l'excentricité fasse qu'on est unique ou pas. Tout le monde est unique à sa façon, je ne pense pas que c'est le fait d'être excentrique qui fait que l'on est unique.

JURY

Qu'est-ce qui vous révolte ? Qu'est-ce qui vous ferait descendre dans la rue ?

17. La question de l'argent. Pierre-Louis fait l'erreur de donner l'exemple de Picsou, emprunté au monde de l'enfance. Cet exemple le discrédite car il manque de maturité.

ENTRETIEN • 5

CANDIDAT

Qu'est-ce qui me révolte ? [*pause*] Je dirai peut-être le fait que certaines personnes arrivent à cacher à faire des doubles vies comme ce qui s'est passé, notamment, avec la tuerie de Nantes où un père de famille arrive à cacher à sa famille depuis de nombreuses années son idée de macabre et aussi à ses proches, il arrive à tromper tout le monde, ils croient qu'il travaille tous les jours mais au final il travaille pas et il monte son plan de tuer sa famille et le fait que normalement, une famille on est censé la protéger quand on est père de famille et qu'on puisse l'abattre la massacrer comme ça, je trouve ça choquant. En plus, le fait que cette personne donc Xavier De Ligonnes a invité son fils juste avant au restaurant puis ensuite l'a tué et qu'il a fait de même avec sa femme et ses autres enfants, les inviter au restaurant puis les a tué, et quelques jours après, après l'homicide, il a envoyé une lettre à des proches comme quoi ils étaient partis pour longtemps et qu'il fallait surtout pas regarder au-dessous d'un tas de gravier, c'était comme ça. Parce que en fait c'est là qu'il avait caché les corps. Qu'il puisse prendre des vacances dans le sud de la France tout en étant tranquille.

JURY[18]

Vous connaissez Reims ?

CANDIDAT

Oui, j'ai étudié un peu Reims, après je n'y suis pas personnellement allé avant de venir aujourd'hui.

JURY

Il y a combien d'habitants à Reims ?

CANDIDAT

Y'a 187 500 habitants recensés en 2010 à Reims.

JURY

D'accord, est-ce que vous connaissez deux, trois acteurs économiques de la région ?

CANDIDAT

Oui, on cite sûrement en premier, ce qui fait que Reims est mondialement connu, c'est notamment le champagne avec les grands groupes tels que Moët et Chandon et notamment Ruinart qui sont les premiers facteurs de reconnaissance dans le monde de la ville de Reims. Après avec la nouvelle instauration de la grande ligne TGV, cela ramène beaucoup plus proche de Paris et de nouvelles sociétés s'y implantent car c'est moins cher qu'en région parisienne mais je ne pourrai pas vous citer les noms de ces sociétés qui viennent s'implanter.

18. *« Vous connaissez Reims ? »* Il est fréquent que le jury interroge le candidat sur la ville où se trouve l'école. Visiblement, Pierre-Louis s'est renseigné sur la ville, les acteurs économiques de la région et l'actualité de Reims. C'est un bon point.

JURY

Le maire de Reims ?

CANDIDAT

C'est madame Hazan, depuis 2008.

JURY

Quel bord politique ?

CANDIDAT

Le Parti Socialiste.

JURY

D'accord, dites-moi quelque chose sur la cathédrale de Reims. Quel roi de France a été couronné dans la cathédrale de Reims ?

CANDIDAT

Donc attendez, je sais que la cathédrale de Reims fait partie du patrimoine de l'UNESCO et [*pause*] je crois qu'il s'agit de Charlemagne.

JURY

Charlemagne ?

CANDIDAT

Oui [*silence*] Non, je préfère ne pas répondre que de dire une bêtise.

JURY

D'accord, est-ce que vous connaissez le club de foot de Reims ?

CANDIDAT

Oui, le Stade de Reims, qui a été connu dans le passé pour sa flamboyance dans le jeu tel que le football club de Nantes et traverse actuellement une période difficile en ligue 2 bien qu'il soit classé devant Nantes, aux alentours de la 10e place en ligue 2 à l'heure actuelle.

JURY

Très bien merci.

12/20

L'entretien de Pierre-Louis est moyennement réussi. 12/20 n'est pas une très bonne note en entretien. Les places sont chères aux concours, et le coefficient affecté à l'entretien est tel que très souvent, un 12/20 ne suffit pas pour terminer parmi les premiers admis. Le candidat a démontré de bonnes capacités d'éloquence mais il a pêché dans la partie la plus importante de l'entretien : le projet professionnel.

Il faut naturellement revenir sur l'aisance à l'oral du candidat. Il ne s'est jamais vraiment trouvé désarçonné par les questions du jury et sa voix n'a pas tremblé. Son élocution est bonne, son vocabulaire riche et adapté. Par ailleurs, il s'est montré courtois dès le début et sa conversation a été dans l'ensemble très agréable. Attention toutefois à son impassibilité et cette impression de mollesse dans le débit. Les grands calmes doivent savoir se dynamiser lors d'un entretien.

D'une manière générale, la structure de l'entretien est bonne. Il a convenablement abordé chacun des 4 P. De plus, toutes ses réponses étaient argumentées et illustrées d'exemples pertinents. Le candidat a également marqué des points sur sa capacité à reprendre le fil de l'entretien. A plusieurs reprises, il a repris sa présentation et fait montre d'initiative et détermination.

Si l'on entre dans le cœur de l'entretien maintenant, cette structure solide ne compense pas les errements de sa présentation. Son projet professionnel est malheureusement son talon d'Achille. En effet, malgré des expériences professionnelles dans le domaine bancaire, le candidat ne semble pas maîtriser en profondeur le domaine de la gestion de patrimoine. Naturellement, le jury n'attend pas un candidat déjà formé ! Toutefois le candidat doit être en capacité d'aborder dans les détails les grandes problématiques du milieu bancaire. Et sur ce point précis, le candidat ne s'est pas montré au point. Ces réflexions sur la Société Générale et l'affaire Kerviel ou encore la question sur les OPCVM ont démontré qu'il n'était pas au point. Ce master est très sélectif ; il y a fort à parier que ses concurrents seront autrement mieux préparés.

Malheureusement, le candidat n'a pas suffisamment travaillé ses exemples. En effet, en citant la Société Générale en exemple, le candidat aurait dû s'attendre à être interrogé sur l'affaire Kerviel. Or, il ne semble pas renseigné sur la question. C'est un tort. Lorsque l'on cite un exemple, il faut le connaître sur le bout des doigts.

De plus, il n'y a pas d'effet d'annonce. Rappelons encore une fois que le projet professionnel est le cœur de l'entretien. C'est vraiment sûr ce point que les candidats sont jugés. Ici, il ne semble pas convaincu de son projet. Il faut intégrer une part de rêve dans ce projet de vie.

Concernant le P3, et la justification du besoin d'une école de commerce, le candidat n'est pas convaincant. A mettre trop en avant ses expériences professionnelles (ce qu'il a bien fait) il y a un risque de ne pas transmettre son besoin presque vital d'intégrer une école de commerce. Ici, ce lien manque cruellement. De plus, il ne va pas assez loin dans la justification de son choix d'intégrer RMS. Il faut véritablement se projeter dans l'école, à l'instar de ce qu'il a abordé au sujet des associations de l'école.

Pour finir, nous attirons votre attention sur la fin de l'entretien. Les dernières phrases laissent souvent l'impression de votre passage, un peu comme une effluve de parfum. Si les derniers sont hésitants, l'impression sera amère. Au contraire, de bons mots vous feront rafler la mise, ou presque. Dans ce cas précis, le candidat termine bien l'entretien sur une note légère.

ENTRETIEN • 6		AP
Ecole cible	EDHEC	
Voie	**Admission parallèle à Bac +2** • EDHEC AST 1	

JURY

Très bien monsieur, nous vous écoutons.

CANDIDAT

Bonjour, je m'appelle Sammy Thorens, j'ai 20 ans, je vous remercie de me recevoir et je vais vous faire part de mes motivations pour rentrer à l'EDHEC.[1]

JURY

D'accord je vous écoute.

CANDIDAT[2]

J'ai avant tout un Bac scientifique, donc spécialité mathématiques, j'ai eu la mention Bien, puis j'ai choisi un parcours universitaire à l'université Paris Dauphine dans une filière, la filière E, qui mélangeait mathématiques, économie, et j'ai choisi de m'orienter vers une licence en sciences de gestion.[3] Dans mes projets professionnels, j'ai l'ambition de m'orienter vers des fonctions à responsabilités à moyen terme dans les domaines plutôt financiers.[4] Je ne sais pas

1. Le candidat est invité à se présenter. Ses premiers mots, le P1, sont bons. La phrase d'introduction est nette même si le candidat oublie de saluer chacun des membres du jury. Ce détail vexera certainement les jurys à cheval sur la politesse et les bonnes manières des candidats. Nous rappelons que les candidats sont tenus de saluer un par un les membres du jury, en commençant bien sûr par les dames.

2. Le jury n'interrompt pas le candidat qui continue sa présentation. Ici, il manque une phrase introductive pour annoncer le P2. Il faut toujours tenir le jury par la main pour ne pas le perdre. Cela passe d'abord par des transitions soignées, par exemple : *« je vais vous exposer mon parcours académique et mes expériences professionnelles, puis je vous présenterai mon projet professionnel »*.

3. Le candidat omet d'expliquer ses choix. Pourquoi un bac scientifique ? Pourquoi la spécialité mathématique ? Pourquoi la filière E à l'université Paris Dauphine ? Pourquoi une licence en sciences de gestion ? Le manque d'explications dévalorise un parcours tout à fait respectable. Il faut donc justifier ses choix. Sur ce même point, le candidat ne renseigne pas le jury sur ses acquis : que tirer de ce parcours ? Bref, cette partie du P2 est trop succincte et trop fade. Avant l'annonce du projet professionnel, il faut évoquer ses expériences professionnelles. Ici, le candidat n'en fait pas mention. C'est dommage car la conséquence directe est que le jury ne comprend pas le cheminement intellectuel du candidat. Ce sont à la fois le parcours académique et les expériences professionnelles qui donnent forme à un projet professionnel. Le P2 est donc à revoir.

4. *« J'ai l'ambition de m'orienter vers des fonctions à responsabilités à moyen terme dans les domaines plutôt financiers »*. Voilà les premiers mots choisis par le candidat pour introduire son projet professionnel. Insistons une fois encore sur l'importance de l'effet d'annonce. Le projet professionnel justifie la présence du candidat devant le jury, c'est le cœur de l'entretien, sa pierre d'angle. *« Je ne sais pas encore si c'est dans le domaine plutôt d'entreprise ou de marché, mais ce dont je suis sûr c'est que la finance fait partie aujourd'hui de mes ambitions »*. La détermination du candidat manque pour l'instant de fondement. De plus, il manque de précisions et de clarté. Quel poste souhaite-t-il occuper à terme ? Dans quelle entreprise ? Le projet est à retravailler.

encore si c'est dans le domaine plutôt d'entreprise ou de marché, mais ce dont je suis sûr c'est que la finance fait partie aujourd'hui de mes ambitions, parce que c'est une fonction qui est au cœur des entreprises, une fonction qui est vraiment au carrefour d'autres départements, comme le marketing, la RH.[5] Et c'est parce qu'elle a ce rôle de carrefour que je pense qu'une école de commerce est un passage obligé pour faire de moi un bon financier, c'est-à-dire pas seulement travailler le métier de la finance mais aussi voir tout l'environnement qui entoure la finance, c'est ce qui fait je pense un bon financier. Au delà de la polyvalence, je pense qu'il faut aussi développer des qualités personnelles, j'ai eu l'occasion d'en parler avec des professionnels de la finance, ce sont des métiers qui appellent certaines qualités humaines et je pense que ce sont des qualités que je pourrais développer, en tout cas stimuler dans une école de commerce.[6] Particulièrement à l'EDHEC, où je pense qu'elle offre une formation de qualité, notamment en finance, notamment au travers de cette année de bachelor où je pourrais en apprendre un peu plus sur l'environnement d'une entreprise, à travers des matières qui pourraient m'intéresser. J'en ai vu quelques unes, marketing, droit des affaires, y'a aussi un caractère international qui m'intéresse beaucoup avec un cours exclusivement en anglais, dès le master1, ce qui montre cette envie de cette école d'être vraiment tournée vers l'international. C'est aujourd'hui des métiers qui sont à forte mobilité, qui appellent vraiment à être international et l'école EDHEC prépare très bien, je pense, ses étudiants ; voilà, enfin je pense que les qualités humaines sont extrêmement importantes, l'EDHEC met un point d'honneur à stimuler ces qualités avec des programmes individualisés, avec une vie associative très dynamique ; je sais que c'est l'un des points forts aussi de l'EDHEC. Voilà, je pense que l'EDHEC va beaucoup m'apporter tant d'un point de vue professionnel que personnel et je pense beaucoup m'investir dans cette école à travers la vie associative.[7] J'ai vu quelques associations qui pourraient m'intéresser, dont « vive les vacances » qui est une association qui s'occupe des enfants. J'ai moi-même travaillé en tant qu'animateur, je connais très bien, j'aurais peut-être un oeil plus professionnel, ou pourquoi pas me proposer en tant que volontaire pour participer à la promotion de l'EDHEC lors de salons ou autre.

---

5. Toujours sans transition, le candidat passe au P3, *« Et c'est parce qu'elle a ce rôle de carrefour que je pense qu'une école de commerce est un passage obligé pour faire de moi un bon financier »*. Si la polyvalence est une excellente qualité, il en manque d'autres, comme le réseau, les stages ou encore l'international. Dans ce début d'entretien, l'impression qui domine est l'empressement, ce qui pousse le candidat à balayer trop vite tous les point abordés.

6. La justification du choix de l'EDHEC est plus consistante. L'excellence académique (*« une formation de qualité, notamment en finance, notamment au travers de cette année de bachelor »*) et la dimension internationale (*« un caractère international qui m'intéresse beaucoup avec un cours exclusivement en anglais, dès le master1, ce qui montre cette envie de cette école d'être vraiment tournée vers l'international »*) y sont. Toutefois, ce n'est pas assez détaillé. Quid du réseau des anciens élèves ? Quid des stages avec les partenaires entreprises de l'EDHEC ? Le jury en conclut que le candidat a une connaissance superficielle de cette école.

7. Pour clôturer ce paragraphe de présentation, le candidat conclut avec le P4. Hélas, il détourne cette partie, en oubliant de faire primer la notion de partage. Les mots du candidat laisse à penser qu'il veut plus prendre que donner, *« J'ai vu quelques associations qui pourraient m'intéresser »*. Or, cette partie permet au candidat d'affirmer son expérience dans un domaine et sa valeur ajoutée. Quel intérêt l'école a-t-elle de choisir ce candidat s'il n'apporte rien ? Il semble négliger l'importance de la vie associative. Il manque de l'envie et de la passion. De plus, « participer à la promotion de l'EDHEC lors de salons » doit être un geste fort de la part du candidat. C'est une promesse sur l'avenir. Il aurait certainement gagné à mettre en avant des valeurs de fidélité, de transmission, dans un schéma win/win. Ici, il n'en est rien. D'où la question du jury qui cherche à comprendre les motivations du candidat. Celui-ci n'apporte guère satisfaction dans sa réponse, *« beaucoup d'élèves qui m'ont donné envie de rentrer dans cette école »* ; le jury attend des noms, des arguments forts…

JURY

Pourquoi ?

CANDIDAT

Parce que j'ai moi-même beaucoup fréquenté les salons et j'ai rencontré beaucoup d'élèves qui m'ont donné envie de rentrer dans cette école.

JURY

Très bien, merci. Donc très bien vous voulez faire de la finance c'est ça ?[8]

CANDIDAT

Oui tout à fait, cela m'intéresse beaucoup.

JURY

Vous voulez déjà faire de la finance ? Vous êtes jeune pourtant, vous avez quel âge, vous avez 20 ans ?

CANDIDAT

Oui bien vous voyez j'ai eu le temps d'y réfléchir, de mûrir.

JURY

Mais comment cela vous a pris ?

CANDIDAT[9]

J'ai fait déjà en gestion une initiation à la finance, donc cela veut dire que l'on voyait globalement à quoi correspondait la finance. J'ai aussi parlé avec des professionnels du milieu qui ont su me donner envie, m'expliquer les bases du métier.

JURY

Vous aimez quoi dans la finance concrètement, dans ce métier ?

CANDIDAT[9]

J'aime l'aspect stratégique, c'est-à-dire la finance c'est extrêmement important lorsqu'il faut investir, savoir jongler entre les risques et la performance économique ; oui, je pense que c'est aussi le côté risqué qui est très motivant, un aspect compétition qui pourrait aussi être intéressant.

8. Cette question marque le début de la discussion. Le candidat est interrogé sur son projet professionnel. Il doit justifier sa passion pour la finance avec force arguments. Il doit « vendre son rêve » au jury.

9. C'est la troisième réponse sur le même sujet. Si le candidat avait préparé un argumentaire solide, il aurait pu donner une réponse solide, illustrée par des exemples concrets. Au lieu de cela, même s'il a l'excuse de l'âge, ses réponses ne témoignent pas d'une bonne connaissance du domaine de la finance : *« l'on voyait globalement à quoi correspondait la finance. J'ai aussi parlé avec des professionnels du milieu qui ont su me donner envie, m'expliquer les bases du métier »*. Plus loin, la réponse est beaucoup trop générale ; elle pourrait convenir à d'autres domaines : *« J'aime l'aspect stratégique, c'est-à-dire la finance c'est extrêmement important lorsqu'il faut investir, savoir jongler entre les risques et la performance économique »*.

JURY

D'accord mais alors pourquoi rejoindre une école de commerce alors pour étudier la finance concrètement ?

CANDIDAT[10]

Et bien c'est pour apprendre en plus l'environnement de l'entreprise. Je vous l'ai dit la finance c'est plus qu'un département c'est un carrefour mais aussi le but c'est d'être un bon financier et pour l'être je pense qu'il faut connaître les bases du management, d'autres départements, mais aussi développer des qualités humaines car pour tenir dans ce genre de métiers qui sont souvent des métiers difficiles, stressants.

JURY[11]

De quelles qualités on parle là par exemple ?

CANDIDAT[12]

Et bien savoir gérer la nervosité, savoir gérer des difficultés, savoir mener des personnes, avoir vraiment des qualités de manager, autre que de savoir strictement l'aspect financier.

JURY

Et vous pensez avoir déjà en vous certaines de ces qualités de ce futur manager que vous voulez être ?

CANDIDAT

Oui je pense que ce sont des qualités que j'ai, par exemple,[13] je suis quelqu'un d'entreprenant, de dynamique, de sérieux, mais voilà ce sont des qualités qui restent à se stimuler, à se développer et c'est ce que je compte faire…

JURY [*coupant la parole*]

C'est vraiment ce que l'on demande à un manager que d'être dynamique et sérieux ?

---

10. Le candidat peut à nouveau se justifier sur son besoin vital d'intégrer une école de commerce. Sa réponse est peu ou proue la même qu'au début de l'entretien. Il faut savoir interpréter l'attitude du jury. Si le sujet a déjà été abordé et qu'une question réoriente la discussion sur ce sujet, il faut savoir réexpliquer différemment en apportant d'autres arguments et surtout, des exemples concrets.

11. Les questions ayant trait à la définition du « bon manager » sont une constante lors d'un entretien d'entrée en école de commerce. D'abord parce que la première justification pour intégrer une école est l'envie de devenir un grand manager et ensuite, parce que la réponse du candidat en dit long sur sa personnalité. Aussi, les candidats doivent toujours montrer qu'ils ont une bonne connaissance de ce poste à responsabilité mais surtout qu'ils en ont l'étoffe.

12. Sa réponse n'est pas bonne. Elle est beaucoup trop vague. Et les qualités mises en avant par le candidat ne sont pas suffisamment spécifiques au manager dans la finance ; *« d'entreprenant, de dynamique, de sérieux »*. Le jury attendait d'autres qualités comme l'aversion au risque, l'endurance intellectuelle, la combativité, l'esprit d'analyse et de synthèse, etc.

13. Il ne suffit pas d'affirmer qu'il possède ses qualités, le candidat doit prouver par ces expériences (professionnelles, associatives, sportives, familiales ou autres) comment s'expriment ces qualités.

CANDIDAT

Oui je pense qu'un manager doit être dynamique, doit savoir motiver le personnel avec qui il travaille, savoir être à l'écoute, faire des compromis, savoir gérer des hommes et des budgets… [*pause*] ce n'est pas bien ?[14]

JURY [*reprenant*][15]

Et donc selon vous c'est quoi le rôle de la finance dans une entreprise aujourd'hui, enfin à quoi ça sert concrètement ?

CANDIDAT

Concrètement, la finance, le rôle du pôle financier, c'est aussi d'aider dans la prise de décisions ; par exemple, des décisions d'investissements, un investissement doit être travaillé, doit avoir son impact au niveau de la santé de l'entreprise, tout est une question d'analyse de la santé financière de l'entreprise. Voilà, savoir jongler au niveau des dettes, au niveau du taux de risque. C'est aussi important au niveau de la rentabilité, au niveau de l'apport pour les actionnaires.

JURY

En quoi c'est important, cela veut dire quoi, vous nourrissez les actionnaires, c'est ça ?

CANDIDAT

Non, mais c'est important de pouvoir rémunérer les actionnaires, mais aussi de pouvoir développer l'entreprise, il y a des choix à faire et ces choix ne peuvent pas être faits sans l'aval d'un pôle financier. [*silence*]

JURY

Ok et pourquoi vous n'avez pas passé les concours d'écoles de commerce l'année dernière ?

CANDIDAT[16]

J'ai passé, j'ai passé une école de commerce, l'EDHEC, mais je n'ai pas réussi à montrer ma motivation lors de mon entretien de motivation justement et puis je pense aussi qu'à cette époque je n'étais pas, je n'avais assez d'idées précises sur ce que je voulais faire et c'est vrai que durant cette licence de gestion, j'ai pu vraiment mûrir et avoir des idées plus précises sur ce que je veux faire et ce que je veux être.

14. « PAUSE *ce n'est pas bien ?* » Sauf si on le lui demande, un candidat ne doit pas poser de question au jury. Dans ce cas précis, le candidat se rend compte que ses arguments sont pauvres et par conséquent, il doute de ce qu'il dit, il hésite. Cette question est la preuve que le candidat n'a pas confiance en lui. Ce signal envoyé au jury est mauvais.

15. Une fois encore, le jury veut entendre le candidat sur le domaine de la finance ; c'est donc qu'il n'a pas été convaincant la première fois. Sa réponse, légèrement plus détaillée qu'au début de l'entretien, reste trop vague.

16. La réponse aurait été parfaite si le candidat donnait l'impression de dominer son sujet plus que l'année dernière. Or, même si le candidat l'affirme, *« j'ai pu vraiment mûrir et avoir des idées plus précises sur ce que je veux faire et ce que je veux être »*, cela ne suffit pas à convaincre le jury, *« Moi ce qui m'inquiète un peu, c'est que j'ai vraiment l'impression que vous n'êtes que porté sur la finance »*. Chose assez grave : le jury met le doigt sur le manque de crédibilité du candidat. Il faut vite réagir !

JURY

Moi ce qui m'inquiète un peu, c'est que j'ai vraiment l'impression que vous n'êtes que porté sur la finance ?

CANDIDAT[17]

Non, non, je suis ouvert mais c'est vrai qu'aujourd'hui j'ai cette ambition mais pourquoi pas m'orienter vers d'autres métiers, le métier du contrôle de gestion, du conseil pourquoi pas, voilà je reste vraiment ouvert et puis j'attends beaucoup de cette année bachelor qui va me faire découvrir de nouvelles matières et pourquoi pas développer un peu plus ce projet professionnel.

JURY[18]

Qu'est-ce-qui fait de vous vraiment un candidat qui peut apporter une vraie valeur à l'école puisqu'on a cette chance de pouvoir sélectionner nos élèves, donc qu'est-ce-qui fait que vous pouvez apporter une certaine valeur à l'école ?

CANDIDAT

Et bien je pense que je suis un candidat, que je suis un bon candidat mais je suis aussi quelqu'un de différent de par ma formation ; j'ai une formation universitaire, peut-être une vision différente du travail et des…

JURY [*coupant la parole*]

Je ne suis pas sûr, on a pratiquement que des universitaires ou des maths sup maths spé qui présentent nos concours.

CANDIDAT

Maths Sup Maths Spé, ce n'est pas du tout universitaire, ils n'ont pas connu la vie associative, ils n'ont pas connu le travail en équipe.

JURY

C'est vrai mais ils ont quand même des licences 2 de maths.

---

17. Le candidat n'exclut pas une réorientation après une année de bachelor. Ce manque de détermination flagrant est préjudiciable pour le candidat qui aurait gagné à défendre son projet, plutôt qu'à l'étouffer dans l'œuf : *« pourquoi pas m'orienter vers d'autres métiers, le métier du contrôle de gestion, du conseil pourquoi pas, voilà je reste vraiment ouvert ».*

18. Le projet professionnel du candidat s'est effondré comme un château de carte. Le jury met le candidat au pied du mur : pourquoi lui plus qu'un autre ? Les P2 et P4 auraient pu l'aider à défendre ce point. Sa réponse est à côté car elle démontre son peu de connaissance des profils des étudiants de l'EDHEC, *« je suis aussi quelqu'un de différent de par ma formation ; j'ai une formation universitaire ».* A la deuxième question du jury, le candidat répond par le P4. Son engagement dans l'association « Vive les vacances » n'est pas argumenté : il ne vaut rien ! En revanche, pour la première fois, le candidat évoque sa double culture, franco-algérienne. Ce *« regard différent »* est une valeur ajoutée qu'il ne met pas suffisamment en valeur.

CANDIDAT

C'est vrai, c'est vrai.

JURY

Mais vous personnellement, c'est pas votre filière, qu'est-ce que vous vous pouvez apporter personnellement, quelle valeur vous pouvez apporter à l'école ?

CANDIDAT

Je peux apporter mon dynamisme, pourquoi pas dans la vie associative de l'EDHEC, je sais que la vie associative est très importante, très dynamique dans cette école. Voilà j'ai pensé à plusieurs associations notamment à « Vive les vacances » à qui je pourrais apporter je pense une plus-value. Voilà je pense que je pourrais être aussi un bon ambassadeur de l'école par mon sérieux et puis j'ai une double culture, je pense que cela peut, cela fait de moi un candidat original, je suis franco-algérien et c'est vrai que j'aime bien découvrir d'autres cultures et j'ai peut-être un regard différent que les autres candidats.

JURY[19]

Que pensez-vous de ce qui se passe actuellement dans les pays arabes ? Au niveau de ce qu'on appelle le « Printemps Arabe ».

CANDIDAT

Le « Printemps Arabe », bien ce sont des révolutions très importantes pour le monde arabe qui montrent cette envie de changement, d'introduire comme ça des démocraties, de mettre fin, peut-être, à des corruptions qui ont trop longtemps duré, mais après on ne peut pas généraliser, chaque pays a ses propres motivations et a ses propres particularités. La révolution…

JURY [*coupant la parole*]

Alors c'est quoi la situation actuelle en Algérie ?

CANDIDAT

La révolution est, comment dire, c'est une révolution qui est plus silencieuse. Le peuple algérien est un peuple qui est opprimé, bien sûr, et qui, qui a longtemps été aussi dans des révolutions, des guerres civiles et aujourd'hui est moins dans l'affrontement physique et plus dans l'affrontement des idées ; c'est une révolution qui va peut-être mettre plus de temps que par exemple, dans d'autres pays.

JURY

C'est quoi la situation politique du moment ?

19. Tout ce que le candidat dit peut être retenu contre lui ! Il y avait fort à parier que le printemps arabe serait évoqué. Le candidat marque des points sur son état des lieux du monde arabe jusqu'à cette question qui va venir tout remettre en question : *« Combien d'algériens y a-t-il ? »* Même si c'est un ordre d'idées, sa réponse est trop éloignée de la réalité : *« Je pense 150 millions »*. L'Algérie compte à ce jour plus de 36 millions d'habitants…

CANDIDAT

Aujourd'hui Bouteflika a levé l'état d'urgence, il a compris que le peuple, que la jeunesse algérienne avait envie de nouvelles libertés, de nouveaux droits et le président a, s'est dit ouvert à de nouvelles formes de gestion du pays ; peut-être arrêter avec l'économie de rente qui a trop longtemps été la décision économique du pays et puis peut-être une redistribution plus importante au peuple.

JURY

Combien d'algériens y a-t-il ?

CANDIDAT

Ah pour le moment, je ne sais pas…

JURY

Vous avez bien une idée ? Non ?

CANDIDAT

Je pense que…

JURY

C'est 10 millions, 20 millions, 30 millions, 60, 100 ?

CANDIDAT

Je pense. [*pause*]

JURY

Vous ne savez pas ça !

CANDIDAT

Je pense 150 millions.

JURY

Vous répondez souvent au hasard ?

CANDIDAT

Non, non, mais je vous ai donné un ordre d'idées ; vous m'avez demandé 20 millions, 30 millions, je vous dis 150 millions, je pense mais c'est vrai que je suis moins calé sur… je connais moins le nombre de personnes.

JURY

C'est vous qui avez mis en avant votre double culture, donc je m'étais dit que vous étiez vraiment intéressé par le nombre d'algériens qui pouvait y avoir en Algérie.

CANDIDAT

Oui, bien là j'avoue que je ne sais pas.

JURY

Citez moi deux grandes entreprises algériennes.

CANDIDAT

Bien il y a « Air Algérie ».

JURY

Oui.

CANDIDAT

C'est une entreprise énorme de transport et qui va à mon avis croître de plus en plus. Puisque le pays et Bouteflika s'est dit prêt à ouvrir le pays au tourisme et donc pas seulement…

JURY [*coupant la parole*]

Vous-même vous avez déjà été en Algérie ?

CANDIDAT

Plusieurs fois. Oui, oui, enfin je vais surtout à Oran.

JURY

Alors essayez de me vendre un peu le tourisme algérien.

CANDIDAT[20]

Bien, c'est un pays qui a plusieurs visages. Déjà le littoral, donc c'est là que le pays va et veut vraiment développer son tourisme, en mettant, par exemple, des zones franches, et en imitant un peu les politiques chinoises. Mais c'est aussi un pays désertique, 80 % est désertique avec le Sahara. Mais c'est aussi un double visage au niveau de la culture : arabes, kabyles, avec des teintes espagnoles et puis bien sûr françaises. Voilà je pense que c'est un pays qui a beaucoup à offrir et son ouverture je pense pourrait être un succès et pourrait vraiment pousser, dynamiser l'économie locale à l'image du Maroc ou de la Tunisie. [*silence*]

---

20. Sa réponse sur le tourisme est bonne. Le problème est qu'il semble mieux maîtriser la question du tourisme que le domaine financier.

JURY[21]

Si vous n'êtes pas retenu en école de commerce, vous faites quoi ?

CANDIDAT

Et bien, je pense continuer à Dauphine, dans un Master Finance qui sera intéressant mais qui m'apportera beaucoup moins qu'une école de commerce, beaucoup moins bien sûr en terme de qualités humaines, mais notamment en terme de management, j'aimerais m'orienter vers des fonctions à fortes responsabilités, et je pense que Dauphine ne nous prépare pas assez.

JURY [*coupant la parole*]

C'est important pour vous que de diriger ?

CANDIDAT[22]

Oui j'aime bien l'idée de mener des projets, de diriger une équipe. J'en ai moi-même fait l'expérience au sein de mon association où j'ai pu…

JURY [*coupant la parole*]

Laquelle ?

CANDIDAT

L'association « Cinéma Dauphine » donc CD où je me suis notamment beaucoup investi dans la projection d'un film qui me tenait fortement à cœur, c'était « la vie devant soi » réalisé par Myriam Boyer, donc une très récente version. Donc, voilà, j'ai proposé l'idée, j'ai du encadrer l'idée, j'ai marchandé avec…

JURY [*coupant la parole*]

C'est quoi cette version ?

CANDIDAT

C'est une version très récente qui est sortie en septembre mais qui n'est pas sortie au cinéma, c'était un téléfilm commandé par Arte Production et c'est une version qui est bien différente de celle de Simone Signoret.

JURY

En quoi ?

21. Cette question est quasiment systématique en entretien. Ici, la réponse est bonne même si elle n'est pas suffisamment détaillée. Il fallait vraiment insister sur le besoin vital d'intégrer une école. L'essentiel est sous-entendu par le candidat : occuper un poste de direction, *« des fonctions à fortes responsabilités »*.

22. Le candidat n'évoque cette expérience associative que trop tard d'autant plus que le candidat a rempli une mission à responsabilités qu'il aurait pu capitaliser.

CANDIDAT

Et bien il y a beaucoup moins de pathos, et plus de légèreté et peut-être un regard nouveau plus récent. Je pense que c'est important aussi d'apporter un regard léger sur des problèmes graves.

JURY[23]

Alors quels étaient les problèmes justement dans « la vie devant soi » ?

CANDIDAT

Et bien c'est un film extraordinaire, bien sûr, adapté de ce livre de Romain Gary. Les problèmes sont, par exemple, les problèmes liés à la prostitution, les problèmes liés à… Ah vous parlez des problèmes liés à… ?

JURY

Non, je vous écoute !

CANDIDAT

Ah donc prostitution, bien sûr le génocide juif et puis ce problème de l'immigration ; on sait que ce jeune, Momo, est issu de l'immigration.

JURY

Ça se passe en quelle année ce film ? Enfin, cela se déroule quand ?

CANDIDAT

Je pense que c'est la fin des années 60, et voilà c'est intéressant de voir comment on peut traiter ces projets, heu ces problèmes, au travers du regard naïf d'un enfant et j'ai bien aimé cela.

JURY

Donc vous aimez bien les films historiques ?

CANDIDAT

Oui voilà j'aime bien l'idée que [*pause*] [*rires*] que le spectateur en sortant de la salle se pose des questions, réfléchisse un peu et qu'il sorte content d'avoir vu un bon film et aussi de réfléchir et pourquoi pas d'en faire un débat avec d'autres personnes, voilà j'aime bien ce type de films.

23. Le jury rebondit sur *La Vie devant soi*. Le candidat en parle très bien, ce qui renforce l'idée que les sujets dominés sont plus simples à communiquer, contrairement à la finance par exemple.

JURY

Cela ne suffit pas pour diriger que de faire venir des gens au cinéma.

CANDIDAT

Non, mais derrière il y avait toute une organisation, voilà, imprimer des flyers.

JURY

Cela vous apporte quoi d'encadrer, de diriger ?

CANDIDAT

Bien c'était quelque chose qui m'a énormément plu, cela m'a stimulé, cela m'a motivé, cela m'a appris aussi des choses sur moi-même.

JURY

Oui mais fondamentalement cela vous apporte quoi ? Parce qu'il y a des métiers par exemple, qui fondamentalement stimulent pour la position que cela confère, l'honneur et l'argent. Je pense notamment à des métiers tels que dentiste qui sont majoritairement trustés par des individus qui rendent bien sûr service à la société en guérissant certains malades mais aussi parce que cela permet de bien gagner sa vie. Ce sont des métiers techniques, assez difficiles, qui sont chronophages ; vous votre motivation c'est l'argent, les honneurs, la satisfaction personnelle d'arriver à un résultat, c'est quoi ?[24]

CANDIDAT

C'est pas, bon bien sûr il y a un aspect financier, mais ce n'est pas que ça, il y a aussi l'idée de développement personnel, de mener comme ça des projets de front et de gérer comme ça des hommes. C'est quelque chose qui apporte beaucoup au niveau personnel et voilà je pense que c'est quelque chose qui m'intéresse, qui m'a stimulé et qui vraiment me donne envie au delà de tout aspect financier, bien sûr.

JURY[25]

Partagez-moi un peu l'expérience que vous avez eu dans la banque la société Générale, enfin, vous en parlez dans votre petit CV.

CANDIDAT

Oui.

24. La question du « moteur », de l'origine de la motivation est centrale pour cerner la personnalité d'un candidat : *« votre motivation c'est l'argent, les honneurs, la satisfaction personnelle d'arriver à un résultat, c'est quoi ? »*. La réponse touche à la philosophie personnelle du candidat. Il privilégie le développement personnel et l'épanouissement par le travail, dans un poste de direction. C'est un bon début mais il fallait développer cette réponse.

25. Encore une fois, c'était au candidat d'aborder ce stage dans la banque au début de l'entretien, dans le P2. Le candidat ne valorise pas suffisamment cette première expérience à la Société Générale et c'est dommage. Il ne faut pas hésiter à enjoliver les expériences si l'on est capable d'en parler avec précision et crédibilité.

JURY

Qu'est-ce que cela vous a apporté ce poste d'auxiliaire ?

CANDIDAT

Et bien cela m'a permis d'avoir surtout un premier contact avec le monde de l'entreprise voilà, de voir comment cela se passe au sein d'une entreprise. Vous savez j'avais peut-être une vision encore naïve, peut-être éloignée de ce qui se passait vraiment. J'ai eu l'occasion d'être au guichet, d'avoir l'image de la Société Générale, d'avoir un relationnel avec la clientèle. Voilà, j'y ai compris qu'il fallait être vif, réfléchir vite mais bien aussi et savoir prendre des responsabilités et gagner la confiance des autres et donc voilà cela m'a donné ce premier contact et…

JURY [*coupant la parole*]

Vous avez une anecdote à nous raconter là-dessus, sur votre expérience ?

CANDIDAT

Une anecdote, oui bien par exemple des clients… il y a eu beaucoup de clients mécontents, exigeants et c'est vrai qu'il y a une accumulation de stress dans la journée et voilà c'est vrai qu'un client qui viendra tous les jours parce qu'il ne sait pas se servir d'internet, qu'il a oublié son numéro de compte, qui vous accuse d'avoir mal noté, mal renseigné, voilà c'est vrai que cela m'a appris sur moi-même comment gérer le stress. C'était un travail que j'avais déjà fait en faisant du karaté, du piano mais il y a tout un aspect maîtrise de soi qui était intéressante et que je ne regrette pas.[26]

JURY

Vous pensez être quelqu'un plus tard qui sera à même d'être un futur directeur, un futur manager, enfin vraiment vous vous voyez dans ces fonctions là ?

CANDIDAT

[*pause*] pourquoi pas oui, j'ai les qualités pour être un bon manager, je suis à l'écoute, je sais prendre des décisions, prendre des risques, prendre des responsabilités, mais bon je pense que je suis un bon manager mais en devenir et j'ai besoin d'une vraie formation qui pourra développer ces qualités qui sont en moi, je pense et donc voilà je sais que dans une école de commerce en général et à l'EDHEC en particulier, je pourrais vraiment…

JURY

Quelles autres écoles avez-vous présenté cette année ?

26. L'anecdote du candidat est bien racontée car il explique ce qu'il a retiré de cette expérience, comme une sorte de bilan. C'est ce qui est attendu par le jury.

CANDIDAT[27]

Je n'ai présenté que l'EDHEC.

JURY

C'est risqué, quand même.

CANDIDAT

C'est risqué mais cela en vaut le coup, c'est une école qui vraiment m'intéresse beaucoup, voilà sa formation, ce qu'elle offre. J'ai beaucoup d'amis qui sont à l'EDHEC et qui m'en ont dit le plus grand bien et c'est risqué mais vraiment je pense que cela vaut le coup et c'est une école qui mérite…

JURY [*coupant la parole*]

Et qu'est-ce-qui vous attire vraiment à l'EDHEC ?

CANDIDAT

Bien sûr, la formation d'excellence, c'est surtout le pôle financier qui est extrêmement connu à l'EDHEC et avec un pôle de recherches extrêmement dynamique, voilà, qui est dirigé par Monsieur Dupont, mais voilà derrière l'excellence de l'enseignement, il y a aussi ce côté international.

JURY

C'est important pour vous ça ?

CANDIDAT

Oui c'est important pour moi, c'est important aussi dans les métiers de la finance, des métiers où l'on exige une certaine mobilité, une certaine ouverture à l'international et puis voilà, travailler dans des banques comme la Société Générale ou chez HSBC ce sont des banques qui demandent d'avoir cette vision à l'internationale. Je pense que c'est important dans ce monde qui est de plus en plus globalisé.

JURY

Est-ce-qu'il y a un sujet d'actualité que vous aimeriez aborder ?[28]

27. Cette question est toujours épineuse. Il est effectivement très risqué de ne présenter qu'une école, étant donné le petit nombre d'admis. Le tout est de savoir le justifier de manière convaincante et déterminée. Ici, ce n'est pas vraiment le cas. L'explication reste en surface des choses : *« la formation d'excellence, c'est surtout le pôle financier qui est extrêmement connu à l'EDHEC et avec un pôle de recherches extrêmement dynamique, voilà, qui est dirigé par Monsieur Dupont, mais voilà derrière l'excellence de l'enseignement, il y a aussi ce côté international »*. Les arguments ne sont pas assez hiérarchisés. Néanmoins à force de creuser, le candidat précise sa pensée, notamment sur l'aspect international des métiers de la finance.

28. Il est également fréquent que le jury veuille débattre d'un sujet d'actualité. C'est au candidat de choisir un sujet sur lequel il se sent à l'aise, où l'on ne pourra pas le piéger. Ce qui est très intelligent de la part du candidat, c'est qu'il adapte l'exemple des quotas dans l'équipe de France au monde de l'entreprise. Cette mise en perspective démontre un certain recul.

CANDIDAT

[*pause*] Pourquoi pas parler de la politique de quotas dans l'équipe de France ?

JURY

Alors je vous écoute.

CANDIDAT

[*rires*] Bien c'est un sujet extrêmement intéressant.

JURY

Pourquoi ?

CANDIDAT

Bien parce qu'il montre un certain malaise dans la société française, lorsque l'on parle de diversité, mais je pense que la diversité, et les entreprises le comprennent de plus en plus, doit être source de dynamisme et créativité et un levier économique. J'ai fait notamment de la ressource humaine dans ma gestion et j'étais en contact avec IBM et donc avec le chargé de…

JURY [*coupant la parole*][29]

Dans quel cadre avez-vous étudié les ressources humaines ?

CANDIDAT

Lors d'un projet…

JURY [*intervenant*]

D'école.

CANDIDAT

Oui voilà, d'école, pendant ma gestion et j'ai eu l'occasion d'en parler avec elle, de la diversité, puisqu'elle s'occupait vraiment de la mission diversité, diversité handicap.

JURY

D'accord.

CANDIDAT

Donc aussi du handicap car on sait que les entreprises doivent avoir 6 % d'handicapés au sein de l'entreprise et que peu le font car peu le voit encore comme une source de richesse.

29. Encore une expérience professionnelle intéressante qui était passée à la trappe. Si le P2 avait été travaillé en profondeur, cette expérience aurait certainement été mentionnée avant.

JURY

Mais en quoi ils sont plus riches que les autres ?

CANDIDAT

En quoi ils sont plus riches que les autres ?

JURY

Bien en quoi ils apportent plus de richesse que les autres ?

CANDIDAT

Ils offrent une vision différente… on sait que les clients sont différents, je pense que c'est important de pouvoir, d'avoir des employés différents pour pouvoir répondre à des attentes différentes de clients différents. Voilà je pense que c'est extrêmement important et puis ils offrent bien sûr…

JURY [*coupant la parole*]

Si je comprends bien, pour vous les handicapés puisqu'ils sont différents vont parler aux handicapés eux-mêmes ?

CANDIDAT

Non, je pense qu'ils offrent une vision vraiment différente.

JURY

Donnez moi un exemple, soyez plus précis.

CANDIDAT

Par exemple, ils seront peut-être plus sensibles à des choses qui les auront marqué dans leur vie, qui les différencient, oui voilà, ils pourront peut-être plus facilement parler à des clients handicapés mais autre chose… par exemple des employés de différentes nationalités permettraient à l'entreprise de s'ouvrir à l'international. Oui, je pense que c'est important d'avoir des employés de différents milieux sociaux.

JURY

Donc, parlez-moi dans le foot français, la diversité cela vous inspire quoi ? Vous êtes pour, contre le fait que l'on veut faire des quotas ?

CANDIDAT

Oui les quotas c'est quelque chose qui est gênant.

JURY

En quoi c'est gênant ?

CANDIDAT

C'est gênant, parce que encore cela pourrait mener à de la stigmatisation, de dire que les Noirs sont plus physiques, oui, c'est quelque chose qui est extrêmement gênant, qui [*pause*] montre une certaine façon de penser en France et qui doit être travaillée.

JURY

Enfin, vous imaginez bien que si cela a été évoqué de façon aussi transparente par de hauts responsables des organisations sportives, c'est qu'il y a quand même des raisons à cela, enfin il y a quand même des justifications parce que sinon vous imaginez bien que le premier argument c'est de stigmatiser, vous allez nous faire croire que tous les Noirs sont baraqués et sportifs ; enfin ils s'y attendaient à tous ces arguments.

CANDIDAT

Oui, je pense que c'est sûr qu'ils y ont réfléchi, ils ont peut-être leurs raisons, ce ne sont peut-être pas de bonnes raisons, de bonnes façons de faire.

JURY

Quelles sont leurs raisons ?

CANDIDAT

Honnêtement je ne sais pas, cela peut venir de clichés, oui, un amas de clichés.

JURY

Et pourquoi est ce qu'il n'y aurait pas, enfin pourquoi cela vous choque qu'en entreprise on intègre pas suffisamment d'handicapés et de cultures différentes et pourtant cela ne vous choque pas que dans le foot qui est trusté par certaines nationalités ou certaines cultures, je ne sais pas, enfin peu importe, qu'on ne marie pas un peu plus les choses pour avoir plus de variétés ?

CANDIDAT

Non cela n'est pas du tout contradictoire, moi je suis pour une diversité que ce soit dans l'équipe de France…

JURY

Mais elle n'existe pas aujourd'hui, et c'est bien cela le problème.

CANDIDAT

Mais la diversité, oh mais si enfin, on a pas, enfin ce qui est gênant c'est surtout de prendre des gens en fonction de leur milieu social et de leur couleur de peau et pas en fonction de leur mérite. La diversité c'est aussi prendre en compte les mérites de chacun et de ne pas mettre des quotas de Blancs et de Noirs, je trouve l'idée extrêmement gênante et malsaine et je pense qu'il y a un travail à faire et je pense que l'équipe de France est une bonne image de ce sentiment français.

JURY

Mais prenons une entreprise qui doit embaucher des handicapés.

CANDIDAT

Oui.

JURY

A priori, pour elle, ce n'est pas une super opportunité au départ, j'entends. Evidemment, les handicapés ont une richesse qui ne fait pas de doute mais au départ un entrepreneur s'il a le choix entre quelqu'un de plutôt pas vraiment mobile, de quelqu'un qui est en chaise roulante, et qu'il a besoin de quelqu'un qui soit très mobile, et bien forcément l'handicapé il a beau avoir tous les mérites du monde.

CANDIDAT [*intervenant*]

Oui, bien sûr mais…

JURY

Or là, la loi a cet avantage de dire « allez, tu te réveilles, même si lui tout d'un coup il est moins mobile que l'autre, tu le prends, tu n'as pas le choix » et cela permet d'apporter cette diversité justement dont on a besoin. Ors ce n'est pas ce qui se passe en équipe de France, aujourd'hui, on privilégie ceux qui sont les plus puissants, les plus physiques, les meilleurs.

CANDIDAT

… oui cela vient de ce modèle… Français.

JURY

Qui n'existe pas en vérité, qui n'existe nulle part sauf dans le foot justement.

CANDIDAT

Dans le foot il existe, mais il existe aussi, oui dans l'entreprise, c'est un sujet qui est encore délicat… c'est vrai que si on a le choix entre un valide et un non valide à même mérite, on sera plus enclin à discriminer, pourquoi, parce que avoir un handicapé ça demande un certain investissement plus important, en terme de management aussi.[30]

JURY

Et quel est votre principal défaut selon vous ?

30. Lors de cet échange, le candidat a montré qu'il était capable d'argumenter sa pensée sur un sujet d'actualité. Il a su défendre ses positions, recevoir les arguments adverses.

CANDIDAT[31]

Je pense que je suis quelqu'un de nerveux, c'est ce qui m'empêche de donner le meilleur de moi-même quand il le faut. Mais voilà, c'est un défaut que je travaille depuis longtemps à travers le piano, puisque j'ai longtemps fait des auditions et cela m'a appris, cela m'apprend la maîtrise de soi et voilà je sais que j'ai encore un travail à faire mais je pense que j'ai beaucoup travaillé là-dessus.

JURY

A votre avis, si vous n'êtes pas retenu aujourd'hui, quelles en seront les raisons ?

CANDIDAT

Je pense que ce serait en fonction de mon parcours scolaire, que je suis en licence de gestion et que je serais contre la plupart du temps des prépas scientifiques.

JURY

Donc cela ne serait pas à cause de vous, cela serait à cause des autres ?

CANDIDAT

Non, je suis ma formation, donc cela serait aussi à cause de moi bien sûr, c'est moi qui ai choisi ce parcours, c'est moi qui ai choisi d'être présent devant vous par cet examen et je pense que c'est quelque chose qui peut me faire défaut mais je ne pense pas que se soit quelque chose de très déterminant en soi.

JURY[32]

Très bien, si je dois vraiment choisir entre vous et quelqu'un d'autre, pourquoi je vous prendrais vous ?

CANDIDAT

Et bien parce que je suis quelqu'un d'entreprenant de dynamique.

JURY

Mais ils le sont tous monsieur voyons, vous imaginez bien qu'il n'y en a pas un seul qui m'a dit ne pas être dynamique aujourd'hui.

---

31. Le jury passe du coq à l'âne et le candidat n'est pas décontenancé, c'est bien. La question du défaut est un grand classique. La construction de la réponse du candidat est bonne. Il commence par donner le défaut, la nervosité, en faisant l'erreur de lui donner trop d'importance, par cette phrase : *« c'est ce qui m'empêche de donner le meilleur de moi-même quand il le faut »*. Mais la suite va le minimiser. En effet, le piano lui a appris la maîtrise de ses nerfs et aujourd'hui, il sait mieux gérer son stress. Ainsi, on oublie presque ce défaut.

32. *« Si je dois vraiment choisir entre vous et quelqu'un d'autre, pourquoi je vous prendrais vous ? »* Le jury donne une n^{ème} chance au candidat d'affirmer sa différence et d'apporter sa valeur ajoutée mais c'est un échec, la réponse du candidat n'est que trop banale et classique : *« je suis quelqu'un d'entreprenant, de dynamique »*. Plus loin, le constat est fait par le jury : *« Toutes les qualités que vous avez dites, elles sont dites, en général, par 95 % de nos candidats »*. Il ne s'agit pas de se différencier par des qualités originales (encore que…) mais davantage par les exemples donnés pour les illustrer.

CANDIDAT

Oui mais j'ai une certaine expérience.

JURY

Bon voilà, là je dois choisir j'ai monsieur Sammy Thorens et j'ai monsieur Alan Dupont et je n'ai qu'une place, alors pourquoi c'est vous que je prends ?

CANDIDAT

Parce que je suis quelqu'un de compétent et que je sais…

JURY [*coupant la parole*]

Mais comment vous pouvez dire cela alors que vous ne connaissez pas ce CV à ce monsieur ?

CANDIDAT

Je n'ai pas dit qu'il n'était pas compétent, j'ai dit que je l'étais, je suis compétent.

JURY

Bon alors, mauvaise nouvelle il est plus compétent que vous.

CANDIDAT

Et bien je pense que j'ai une approche différente, je sais pas quelle est sa formation, je ne sais pas quelle a été son expérience professionnelle.

JURY [*intervenant*]

Il en a plus que vous.

CANDIDAT

Il en a plus que moi, mais peut-être que voilà, j'ai réussi, j'ai certaines qualités qui font de moi un très bon candidat.

JURY

Toutes les qualités que vous avez dites, elles sont dites, en général, par 95 % de nos candidats, donc cela ne vous différencie pas.

CANDIDAT

Et bien cela ne me différencie pas, mais je pense que par ma formation, par le fait que dans mon association j'ai pu vraiment entreprendre des choses, mener des projets, par mon stage où j'ai appris beaucoup de choses sur le monde de l'entreprise, j'ai pu me développer, oui, je pense que je suis un bon candidat.

JURY

Donc, c'est votre dernier mot ? Vous avez quelque chose à rajouter ?

CANDIDAT

Juste pour vous dire encore une fois que je suis très motivé pour entrer dans votre école L'EDHEC qui offre beaucoup et je pense aussi apporter des choses à cette école et voilà je vous remercie encore de m'avoir reçu.

JURY

D'accord, merci.

9/20

Lors de cet entretien le candidat n'a pas vraiment réussi à convaincre le jury. Ce dernier l'a laissé se présenter dès le début, sans l'interrompre. Ceci est une aubaine car il pouvait développer ses 4 P sans être coupé. Hélas, il manquait un gros travail en amont pour remplir la structure de présentation. Ce premier gros paragraphe manquait clairement de chair si bien que le jury a dû piocher dans une multitude d'informations non structurées, tout au long de l'entretien. L'université Paris Dauphine n'est mentionnée qu'à la fin ; c'est aussi le cas de ses stages ou encore de sa double culture. Tout ceci doit venir au début.

La deuxième grosse carence réside dans la faiblesse du projet professionnel. Le candidat n'a pas convaincu car il n'est lui-même pas déterminé à poursuivre la voie de la finance. Sa vision de la finance est trop partielle et très naïve. L'EDHEC est à ce jour l'école la mieux classée dans ce domaine. Il sera donc en concurrence avec les meilleurs élèves de France, ayant pour ambition de travailler dans la finance. En plus, il ne cite aucun poste précis, aucune compétence spécifique à ce milieu, en bref, la finance n'est pas pour lui.

Son besoin d'intégrer une école de commerce n'est pas assez marqué. Par dessus tout, sa connaissance de l'EDHEC n'est pas suffisante. Quid des stages ? Quid des universités partenaires ? Quid du réseau des anciens ? Le candidat semble avoir oublié qu'il était question de séduire son jury pour se vendre.

Le P 4 est oublié par le candidat qui n'explique pas ce qu'il souhaite apporter à l'école. Le jury se demande encore quelle est la valeur ajoutée du candidat.

Le candidat laisse l'impression d'être resté en surface, sans entrer dans le fond des choses, sauf à de rares occasions. Le jury serait bien incapable de donner un trait de caractère du candidat. De plus, les informations données au compte-gouttes donnent une impression de conversation déstructurée. Le candidat n'a pas su différencier les questions importantes des questions annexes. De plus, il a mal interprété les réactions du jury. Il aurait dû analyser les questions à répétition sur un même sujet : « pourquoi me repose-t-on la même question sans cesse ? », « qu'attend-on de moi ? », « les ai-je convaincus ? »

Le malaise du jury naît du fait que le candidat n'est pas convaincant sur la finance, alors que les sujets qu'il maîtrise ne lui posent pas de problème, ce qui pousse le jury à dire cette phrase cruciale : *« Moi ce qui m'inquiète un peu, c'est que j'ai vraiment l'impression que vous n'êtes que porté sur la finance ? »* C'est là-dessus que s'est joué l'entretien.

ENTRETIEN • 7		PP
Ecole cible	EM Lyon	
Voie	Admission Post Prépa	

L'oral de L'EM Lyon se divise en deux parties : un sujet à préparer et un entretien de motivation. Le sujet à préparer est un prétexte pour donner sa vision d'un sujet. En règle générale, ce sujet a trait à des problématiques économiques qui donnent lieu à une discussion. Il est essentiel de choisir des exemples que vous maîtrisez car le jury s'en servira certainement pour rebondir.

JURY

Monsieur Loïc Martin.

CANDIDAT

Bonjour.[1]

JURY

Bienvenue je vous en prie.

CANDIDAT

Merci.

JURY

Asseyez-vous. Voilà et bien écoutez nous sommes deux à vous écouter aujourd'hui. Donc je me présente je suis Albert Derha, Directeur des admissions de l'EM Lyon depuis 2004. Je vous écoute. Vous avez choisi quel sujet ?

CANDIDAT

Qu'est-ce qu'entreprendre ?[2]

JURY

Très bien je vous écoute.

1. Le candidat oublie la politesse élémentaire. Il devrait saluer les deux membres du jury individuellement : « Bonjour Monsieur. Bonjour Monsieur. »

2. Ce sujet est relativement classique. Il va servir de base à l'entretien du candidat. Il devrait lui permettre de donner sa vision de l'entreprise, de l'entrepreneur, du management, de l'argent, etc. Il est important de se sentir libre de répondre car il n'y a pas de réponse attendue, pas de corrigé. Rappelons que la devise de l'EM Lyon est : *« Educating entrepreneurs for the world ».* Ainsi, cette école est particulièrement tournée sur la question de l'entrepreneuriat. D'où l'importance de tout connaître de l'école que l'on souhaite intégrer.

CANDIDAT

Donc l'entrepreneuriat au sens premier du terme renvoit à l'idée de la prise en charge d'un projet, d'un engagement. Aujourd'hui entreprendre invite surtout, pardon, à penser le monde de l'entreprise. L'entrepreneur est un homme ou une femme qui fort d'une offre qu'il ou elle croit intéressante, novatrice ; va chercher à la concrétiser par la création d'un projet d'entreprise. Mais entreprendre renvoie plus généralement, plus globalement à un état d'esprit, une volonté de prendre des initiatives, d'affirmer des qualités de leadership.[3] De prendre des responsabilités, que ce soit dans le domaine de la création d'entreprise, comme je l'ai dit. Mais également de l'engagement associatif, humanitaire ou encore dans, dans, dans celui même d'une conduite de vie. Donc en quoi cet état d'esprit, cette capacité à entreprendre permet-elle à l'homme de donner le meilleur de lui-même, de se réaliser ?[4] Heu, je pense tout d'abord que, que le, la capacité d'entreprendre permet une réalisation collective. Pourquoi ? Parce qu'entreprendre c'est créer une dynamique. C'est une dynamique de groupe, c'est parvenir à fédérer autour d'un projet.[5] L'entrepreneuriat permet par, par, comment dire ? L'apparition d'une nouvelle offre sur le marché, d'engager une aventure humaine, de donner une chance à, à une synergie, à un groupe qui va pouvoir donner quelque chose de novateur[6] que l'on peut comparer par exemple dans le, dans, dans le monde contemporain à l'aventure Facebook.[7] Heu, d'un jeune homme qui a eu une idée et en convaincant certains de ces amis, ont eu envie de la concrétiser pour faire une offre qui existait certes sur internet mais qui est complètement novatrice par les nouveaux procédés qu'elle invitait. Elle permet, c'est une réalisation collective également, dans le sens où elle permet de sortir l'homme d'une mouvance générale de la société, qu'on pourrait dire individualiste. Et qui pousse en fait l'homme à se tourner de plus en plus vers lui-même. L'entrepreneuriat pourrait presque être vu comme une mouvance inverse, intéressante. Parce qu'elle permet, dans une société où les destins sont plutôt vu comme négatif, par une aventure humaine encore une fois, une synergie de, de, de donner de l'espoir en fait. Heu… et finalement de contrecarrer ce que un auteur, finalement assez ancien mais qui est très moderne dans ses pensées, Nietzsche, pourrait décrire lorsqu'il parle du dernier homme. Il dit que le dernier homme c'est cet homme qui prend plus d'initiatives, qui est atterré, qui, qui est apathique, qui n'ose plus tendre la main, qui n'ose plus entreprendre. Donc si on va, et pour Nietzsche cette destination du dernier homme, c'est l'homme moderne. Et donc l'entrepreneur serait en fait le contre-dernier homme, la contre-évolution de l'homme moderne que dépeint Nietzsche en ce qui permettrait justement par la prise de position et l'initiative de redonner de la couleur à un

3. *« Un état d'esprit, une volonté de prendre des initiatives, d'affirmer des qualités de leadership »*. Le ton est le bon et cette idée fait mouche. Avant d'être un état de fait, entreprendre est un état d'esprit. Le candidat se montre mature car il semble avoir réfléchi à cette question.

4. *« Donc en quoi cet état d'esprit, cette capacité à entreprendre permet-elle à l'homme de donner le meilleur de lui-même, de se réaliser ? »* Voici sa problématique. C'est un excellent angle. Jusqu'ici, le candidat est performant. Son introduction dit l'essentiel. L'entrepreneuriat est un moyen de s'accomplir en tant qu'homme.

5. Il intègre dans sa réflexion l'aspect collectif de l'entrepreneuriat. Il commence à dessiner dans les grandes lignes le portrait du bon entrepreneur, *« parvenir à fédérer autour d'un projet »*. Là encore, c'est très habile.

6. Le vocabulaire usité par le candidat est le bon, *« aventure humaine »*, *« synergie »*, *« quelque chose de novateur »*.

7. Un argument qui n'est pas illustré par des exemples concrets ne vaut rien. Aussi le candidat cite l'exemple de Facebook. Ce reflexe est excellent même si Facebook est un exemple trop fréquemment donné par les candidats.

monde uniformisé. Mais plus qu'une réalisation collective, le, le, entreprendre permet une réalisation personnelle.[8] L'entrepreneur, en, en pariant finalement, en prenant un risque de la création d'entreprise ou de l'engagement. Heu, rend sa vie excitante, heu, rend sa vie intéressante. C'est en fait ce que déclarait Steve Jobs dans une université américaine, je ne me souviens plus exactement laquelle mais il avait fait un discours qui avait été largement retransmis. D'ailleurs à la télévision puisque sa mort a permis une large diffusion de ses idées. Il disait : « Il faut toujours faire ce que l'on veut avec, heu, faire… mener ses projets à bien avec plaisir ». La dimension du plaisir est extrêmement importante selon lui. Et donc comment parvenir au plaisir dans les projets ? Ben c'est pas forcément de souscrire à des projets déjà existant mais de rendre sa vie excitante en apportant une offre, en créant, en mettant en avant cette capacité à entreprendre.[9]

JURY

Ok. Vous voulez conclure ?

CANDIDAT

Oui. Heu donc je pense qu'entreprendre permet à la fois la réalisation collective et personnelle des individus par l'intermédiaire que ce soit donc de l'entreprise ou d'une organisation humanitaire. Heu, personnellement je pense être un entrepreneur – on va dire – en puissance, puisque j'ai envie de m'engager, de prendre part à des projets, d'innover dans un domaine qui m'intéresse qui est celui du management sportif. Mais également, de m'engager dans un autre domaine qui n'est pas la création d'entreprise mais qui est l'engagement humanitaire, donc entreprendre des projets pour, pour aider à la, la concrétisation de projets humanitaires. Et donc c'est cette double approche qui me permet… intéressante.[10]

JURY

D'accord je vous remercie. Alors j'avais des petites questions à vous poser. La première c'est : Que pensez-vous de l'étymologie moyenâgeuse d'entreprendre du mot entreprendre qui veut dire « empiéter sur » ?

CANDIDAT

Je ne la connaissais pas. Empiéter sur ? Je ne suis pas d'accord avec cette définition.

8. Le candidat s'appuie sur l'exemple du dernier homme de Nietzsche. Voilà qui est nettement plus original. C'est appréciable. En effet, le candidat développe une idée fort intéressante en cela qu'entreprendre serait un moyen de lutter contre l'individualisme de l'Homme. Il privilégie l'aventure humaine à l'enrichissement ou la performance. C'est un aspect intéressant.

9. Il poursuit en intégrant la notion de plaisir dans l'entrepreneuriat. La passion est effectivement motrice dans bon nombre de création d'entreprises et d'innovations. Il cite d'ailleurs Steve Jobs en exemple. Toutefois, le candidat montre un visage un peu simpliste, voire naïf de la notion d'entrepreneuriat. Mais rappelons que ce petit développement n'est pas un grand oral de culture générale, c'est la présentation d'une pensée articulée en deux ou trois temps. De là doit naître une discussion avec le jury. De ce point de vue-là, la réponse globale du candidat est satisfaisante.

10. La conclusion du candidat est bonne car elle synthétise son petit développement. Surtout, elle ouvre sur son projet professionnel. C'est très habile car il laisse le choix au jury de rebondir sur une multitude de sujet. Sur les exemples donnés, sur l'entrepreneuriat, sur son projet professionnel, etc.

JURY

C'est lointain mais en tout cas au départ entreprendre voulait dire « empiéter sur ». J'entreprends sur le champ de mon voisin, j'empiète sur son champ.

CANDIDAT

Ah oui d'accord ! Moi je l'ai absolument pas compris comme ça parce que pour moi…

JURY

Non mais naturellement. Mais on va dire c'est ce qui est dans l'ADN même du verbe entreprendre.

CANDIDAT

D'accord.

JURY

C'est effectivement empiéter sur, comme aujourd'hui « entreprendre une action en justice », y'a quand même l'idée de mener une action quand même quelque part…

CANDIDAT

D'accord.

JURY

Pour rendre justice. Donc c'est pas aussi… Je me permets de vous dire que votre analyse je la trouve parfois un peu naïve. Est-ce que vous avez pas le sentiment que dans l'entrepreneuriat il y a pas quelque chose d'un peu guerrier, d'un petit peu justement d'empiéter sur les positions des personnes qui vous entourent ? Enfin vous n'avez pas le sentiment qu'il y a quelque chose de beaucoup plus, beaucoup plus offensif ?[11]

CANDIDAT

Si c'est vrai mais parce qu'en fait je me suis attaché à voir l'entrepreneuriat comme une fin et pas m'attacher aux moyens. Les moyens, bien sûr, de l'entrepreneuriat forcent à être ce guerrier, à – forcément dans la vie de tous les jours – la vie d'un entrepreneur c'est forcément d'aller convaincre un investisseur, de monter son business plan, etc. Bien sûr y'a des épreuves. Mais je pense que dans la destination, sa fin c'est vraiment de créer une offre. C'est quelque chose de constructif et non plus comme vous disiez « empiéter sur ».[12]

11. Le jury relève une des failles de la présentation du candidat : sa naïveté. En effet, la passion n'est en général pas suffisante pour créer une entreprise prospère. Les admisseurs souhaitent que le candidat affirme davantage ses ambitions personnelles. Ils veulent qu'il se montre conquérant à son tour pour prouver qu'il est effectivement un entrepreneur en puissance.

12. Il y a du mieux même si le candidat se montre trop tendre. Toutefois son argument tient la route puisqu'il n'est pas nécessaire « d'empiéter sur » quelque chose ou quelqu'un pour entreprendre. Le candidat met davantage l'aspect novateur d'une activité.

JURY

Est-ce que c'est toujours constructif l'entrepreneuriat ?

CANDIDAT

Euh… Constructif, constructif oui. Dans le sens où, enfin quand je disais que l'entrepreneuriat, création d'entreprise. Bien sûr c'est pas forcément une innovation exceptionnelle, c'est pas forcément… Comme je vous disais sur Facebook : n'a pas créé le réseau social, c'est faux. Mais par contre c'est une nouvelle offre et c'est toujours quelque chose qui est novateur, dans le sens qui n'existait pas avant. Voilà.

JURY

Donc vous abordiez la question de l'entrepreneuriat sous l'angle d'une conduite, enfin d'une conduite de vie…

CANDIDAT

Oui.

JURY

Vous personnellement est-ce que vous avez été déjà, est-ce que vous avez été amené à entreprendre ?[13]

CANDIDAT

J'ai été amené à entreprendre ou plutôt qu'entreprendre, à organiser en fait un projet dans le cadre humanitaire, ce que je disais dans ma conclusion. Parce qu'en fait j'ai, il y a deux ans, intégré. Comment dire ? Intégré c'est peut-être pas le bon terme. En tout cas adhérer…

JURY

Rejoins…

CANDIDAT

Voilà rejoindre une organisation humanitaire qui s'appelle Kasih Bunda et qui aide les enfants indonésiens, les enfants malgaches et les enfants du Sri Lanka mais moi je m'occupe uniquement de la partie Indonésie. Au début je voulais être uniquement adhérent mais apprenant que j'étais un élève en classe préparatoire, enfin que j'allais être puisqu'à l'époque j'étais en terminale, donc que j'allais, que j'avais certaines capacités. Ils m'ont proposé de me charger, de co-charger avec un autre élève de la région de Montpellier, puis que je viens de Montpellier, heu, de l'organisation donc humanitaire à l'échelle de l'Hérault. Et voilà ! Et d'organiser des projets, donc voilà. Concrètement j'ai organisé la soirée, donc ça c'était l'an dernier, la soirée de fin de bac de tous les lycées de la ville de Montpellier. Et donc finalement, j'ai loué une boîte, j'ai organisé une soirée sur le thème tropical et les, les,

13. Cette question du jury est une invitation à parler de lui. Le candidat doit piocher dans la structure des 4 P. Idéalement, le P2 permet de répondre efficacement à cette question, tout en se remettant en piste pour aborder le reste des 4 P.

les, tous les jeunes sont venus et on a fait quelque chose comme entre 900-1000 euros de bénéfices pour l'association.[14]

JURY

D'accord. J'aimerais à présent que vous vous présentiez. Enfin dites-moi un peu ce qui vous amène ici aujourd'hui ?

CANDIDAT

Ce qui m'a amené ici alors à l'EM Lyon c'est bien sûr ce que j'ai envie de vous convaincre pour intégrer l'école…

JURY

Présentez-vous, allez-y.

CANDIDAT

Alors, donc je m'appelle Loïc Martin. Je vous l'ai dit je viens de Montpellier, j'ai 19 ans. Et heu en fait ce qui m'amène ici c'est un projet professionnel que j'ai depuis que je suis finalement en 5ème ; donc qui remonte vraiment à assez loin. Et qui est de travailler dans le management sportif. C'est parce qu'en fait depuis que je suis donc tout petit je pratique le tennis, ça fait 11 ans. J'ai été classé, j'ai été 15/5 heu, et heu finalement à un moment on m'a demandé « Que veux-tu faire comme métier plus tard ? » et j'ai dit ben moi ce que j'ai envie de faire c'est du tennis mais malheureusement j'avais pas le talent suffisant. 15/5 c'est un bon classement mais c'est largement insuffisant pour vivre du tennis. Et donc du coup ce que je me suis dit c'est que j'aime bien aussi la négociation, etc. et donc peut-être que le management sportif permettrait d'allier ces deux tendances qui, qui, qui m'intéressent…[15]

JURY

Ça ressemblerait à quoi votre métier idéal dans 10 ans ?

CANDIDAT

Alors j'ai diverses options parce que vraiment je me ferme aucune porte et dans le management sportif j'ai pas une idée extrêmement fixe. Je sais qu'il y a des débouchés soit dans le marketing sportif, qu'il y a des débouchés comme agent de joueur, je sais qu'il y a des débouchés comme travailler dans une entreprise et représenter enfin tout ce qui est en rapport avec le sponsoring. Et

14. Hélas, le candidat est trop brouillon. Son phrasé nuit à la présentation de cette expérience associative intéressante. Il est toujours très déstabilisant de parler de soi. Le candidat aurait dû mieux travailler ce point.

15. Il est déstabilisé, c'est manifeste. Il est vrai qu'il peut paraître étrange de se présenter 10 minutes après le début de l'entretien alors que le bon sens voudrait que l'on fasse les présentations au début ! Toujours est-il qu'il faut être capable de retomber sur ses pattes. La structure des 4 P permet de le faire sans encombre. Malheureusement, le candidat se présente mal. Il oublie le P2, pourtant l'essentiel pour comprendre qui il est vraiment. Quel est son parcours académique ? Quelles sont ses expériences professionnelles ? Il décrit sa passion pour le tennis, certes mais il manque trop d'éléments pour bien recevoir ce projet professionnel. C'est pourtant le cœur de l'entretien. Il n'y a pas d'effet d'annonce. Il manque tous les détails de ce projet, et c'est dommage. Enfin, il ne semble pas sûr de son choix, comme le démontre cette phrase : *« donc peut-être que le management sportif permettrait d'allier ces deux tendances qui, qui, qui m'intéressent… »*. C'est donc à retravailler.

donc où même dans l'organisation évènementielle d'évènements sportifs. Travailler même encore dans des organisations, des fédérations, des organisations internationales comme le, comment dire ? Le comité olympique. Tout ça c'est des composantes qui m'intéresseraient beaucoup. Donc voilà, j'ai vraiment, je me ferme pas de porte, j'ai pas buté sur un objectif de métier.[16]

JURY

Qu'est-ce qui vous laisse penser que une école comme l'EM Lyon est l'école que vous devez rejoindre pour travailler dans le management sportif ?[17]

CANDIDAT

Tout d'abord, pour travailler dans le management sportif il fallait que je passe par une école de commerce. Heu j'ai pu rencontrer des personnes qualifiées pour le me dire.[18] Et puis ensuite pourquoi l'EM Lyon précisément ? Heu, parce qu'elle a une offre qui est extrêmement intéressante pour moi. Et qui est, à partir de la 2e année je crois, c'est le cycle Master. En tout cas après l'année Bachelor de socle commun, et qui, qui permet une spécialisation dans le management sportif. D'ailleurs c'est une offre qui va être créée en 2012 là. Donc si j'avais la chance de rejoindre l'EM Lyon, je pourrais en profiter donc dans 2 ans. Et qui donc qui permet, je l'ai vu sur votre site la présentation, de mettre les étudiants en relation avec des entreprises comme Adidas, comme Wilson, etc. Avec des, aussi avec un corps professoral qui va apprendre ce que c'est le marketing sportif précisément. Donc en comparaison avec d'autres écoles qui ont sûrement des, pareil, un corps professoral, des stages, etc. intéressants. La spécialisation dans le management sportif est quelque chose qui est vraiment spécifique, en tout cas parmi une école qui possède cet, cet avantage-là.[19] Je sais qu'il y a l'ESSEC aussi mais c'est les deux écoles qui possèdent ces formations.

JURY

En parlant de l'ESSEC justement, qu'est-ce qui fait que, vous êtes admis à l'ESSEC et à l'EM Lyon, vous choisissez quelle école ?[20]

---

16. Cette réponse démontre que le candidat connaît bien le domaine du management du sport. Mais il ne s'engage dans aucune voie et c'est bien dommage. En effet, le jury attend plus de détails dans le projet professionnel. Il ne suffit pas d'affirmer sa passion pour le sport pour justifier l'orientation dans le management du sport. De plus, les exemples qu'il cite sont si variés qu'ils ne renseignent pas le jury sur les choix du candidat.

17. Le candidat est maintenant attendu sur sa justification pour intégrer l'EM Lyon. Il doit reprendre l'ensemble de son P3, et commencer par répondre à la question suivante : en quoi une école de commerce s'impose-t-elle ?

18. Ceci n'est pas une justification. Il passe beaucoup trop rapidement sur ce point central. Il n'argumente pas son besoin. Il est inconcevable de choisir une orientation sur des on-dit. L'excellence académique, les stages obligatoires, les partenariats avec les entreprises, les partenariats universitaires, les réseaux des anciens, etc., sont autant d'arguments de poids.

19. Sur le deuxième point du P3 et la justification du choix de l'EM Lyon, le candidat n'en dit pas assez. De plus, ce paragraphe n'est pas assez structuré, ce qui donne une impression brouillonne. Il faut aller plus loin que *« un corps professoral qui va apprendre ce que c'est le marketing sportif précisément »* par exemple. Le jury attend des intitulés de cours, des noms de professeurs, etc. Par ailleurs, le candidat n'aborde pas l'aspect international de la formation. En effet, les formations de master à l'EM Lyon permettent d'évoluer à l'étranger ; le sport intègre naturellement cet aspect international. De plus, il n'évoque pas les stages qu'il aimerait faire dans les entreprises partenaires, certainement à cause de l'imprécision de son projet professionnel. Quid des anciens élèves de ce master ? Il manque énormément d'éléments pour que le candidat soit pris au sérieux.

20. Voilà une question piégeuse. Malheureusement, le candidat a provoqué cette question. Gare à ne pas se saborder soi-même.

CANDIDAT

Hum… Je pense que enfin je vais pas vous dire je prendrais l'EM Lyon évidemment je pense que c'est plus difficile que ça. Mais je vous dirais pas non plus que je prendrais l'ESSEC, juste parce qu'elle est mieux classée. Heu… Tout d'abord parce que je sais que l'EM Lyon est beaucoup plus professionnalisante, enfin en tout cas c'est ce que j'ai cru comprendre en m'imprégnant des brochures, en voyant des présentations des écoles, etc. Par la, la, je crois que c'est le PCE ? Projet de Création d'Entreprise qui est spécifique à l'EM Lyon dès la première année pendant des mois, les étudiants doivent mener à bien un projet d'entreprise. Donc ça je trouve que c'est extrêmement professionnalisant. Ça pourrait être intéressant. Heu mais également parce que l'ESSEC, j'ai vu que l'intitulé de ce qu'ils appellent la Chaire est « Marketing Sportif Européen » donc ça me semblait assez fermé pour les options que je pouvais avoir, qui est tout d'abord internationale et forcément liée au marketing. Et donc comme à l'EM Lyon c'était l'option sportive dont je parlais c'était « Management des Activités Sportives et de l'Extérieur » ça me paraissait plus large en tant que management et pas simplement du point de vue marketing.[21]

JURY

Donc si vous avez les deux vous choisissez l'EM Lyon ?

CANDIDAT

Donc si j'avais les deux, je, je, j'y réfléchirais à deux fois. C'est sûr que le choix serait pas évident mais en tout cas je considérerais avec un grand intérêt la possibilité d'EM Lyon ça c'est sûr.

JURY

Oui mais au final, je veux dire, la lecture des classements fait que vous iriez à l'ESSEC !

CANDIDAT

Mais je vous dis franchement, à l'heure d'aujourd'hui…

JURY

A votre avis combien de personnes privilégient l'EM Lyon à l'ESSEC ?

CANDIDAT

Pfff !! Peu, peu à mon avis. Quasiment tout le monde va à l'ESSEC mais je pense que tout le monde n'a pas ma vision, enfin et mon, un projet si déterminé déjà au moment de rentrer dans l'école. Et donc moi je pense que l'école c'est absolument pas une fin en soi donc qu'elle soit 2e, 5e, 10e… A partir du moment où elle a la formation de qualité. On va pas dénigrer l'EM

21. D'abord mal embarqué, le candidat se rattrape en argumentant son choix, ou plutôt son doute entre l'EM Lyon et l'ESSEC. Ses arguments sont bien trouvés et semblent sincères. Effectivement, l'ESSEC est mieux classée. Mais l'EM Lyon lui correspond mieux, en termes de professionnalisation et d'apprentissage. L'exemple du Projet de Création d'Entreprise, spécifique à l'EM Lyon est excellent.

Lyon, elle a vraiment… J'ai vu des partenaires extrêmement intéressants. Donc à partir du moment où l'école n'est plus cette fin mais un tremplin. Si l'EM Lyon est plus à même d'être un tremplin dans le domaine qui m'intéresse que l'ESSEC et bien je choisirais l'EM Lyon.[22]

JURY

OK. Est-ce que vous pouvez me parler d'un échec qui a été constructif pour vous ?

CANDIDAT

Qui a été constructif ? Heu… Un échec constructif… Constructif dans le sens où pas forcément j'ai su rebondir mais en tout cas j'ai pu identifier ce qui n'allait pas et du coup ce qui m'a donné une ligne d'horizon, un aspect en moi sur lequel je devais travailler.[23] Je dirais mais c'est un aspect anecdotique, heu qui remonte à quelques années lorsque je faisais un stage donc à Montpellier. Un stage de patinage artistique enfin pas artistique mais patinage. Pour apprendre à patiner parce que j'avais toujours voulu savoir faire ça. Et au bout du premier jour, je suis tombé et je me suis en fait fêlé le coccyx. Ça fait que j'ai dû complètement arrêter le stage et heu, j'ai dû après rester pendant une semaine dans une bouée. Mais bon. C'était tout un, tout un, toute une aventure ! Et finalement après ça j'ai plus jamais revoulu remonter sur des patins. Je me suis dit « Non, non j'ai trop souffert, tout ce qui est roller et patins tout ce qui glisse c'est pas fait pour moi du tout. Et finalement y'a peu de temps, parce que c'est assez vieux cette histoire, je me suis rendu compte qu'il fallait pas que je me borne à un échec je me suis dit « j'ai voulu vraiment… c'est trop difficile pour moi mais un jour je me suis convaincu qu'un jour il fallait que je remonte sur des patins et que j'arrive à vaincre en fait cette appréhension purement symbolique. Vous voyez y'a rien de concret mais symboliquement pour me dire mais je peux avoir un échec, des conséquences physiques et me relever et pourtant arriver à une réussite.[24]

JURY

Mais qu'est-ce qui fondamentalement enfin vous laisse penser que vous avez vraiment une âme de futur manager, de futur directeur d'entreprise ?

CANDIDAT

Une âme ? Heu… Je pense que j'ai une vision. Enfin une cohérence dans toute ma vie, j'ai essayé de mettre en cohérence tout ce que je fais et les moyens que je vais mettre en œuvre pour parvenir à mes projets tout le temps. C'est-à-dire que je me disais « Je vais pas faire une école de commerce parce que c'est une formation généraliste qui permet de se faire fermer moins de portes » ce qu'on dit souvent dans le secondaire. Je me suis dit « moi je veux faire

22. Après un peu d'hésitation, le candidat affirme qu'il choisirait l'EM Lyon. Une fois de plus, il paraît sincère et ses arguments – l'école n'est pas une fin mais un tremplin, l'école est la plus adaptée à son projet – sont efficaces.

23. C'est tout à fait ce qui est demandé au candidat. Ce dernier est en phase avec le jury. Il perçoit les questions en filigrane et répond donc avec justesse. Toujours avoir en tête la question : « pourquoi me pose-t-on cette question ? »

24. Cette anecdote est nulle. Elle n'apporte rien de constructif. Il aurait fallu relier cet échec au monde de l'entreprise par exemple. Le candidat a manqué l'occasion de se mettre en avant.

ça parce que j'ai un projet professionnel ». Dans ma formation, enfin dans mon activité humanitaire, heu je me suis jamais dit heu « Ah qu'est-ce que je vais faire, est-ce que je vais faire de l'humanitaire pour ça » mais non ![25]

JURY

Mais pourquoi une école de commerce au final si on réfléchit un petit peu ? Bon déjà vous avez des écoles concurrentes. Vous avez une école qui est récente qui s'appelle AMOS qui s'occupe du management c'est une école vraiment uniquement spécialisée dans le management sportif et au-delà de ça y'a quand même d'autres formations très spécialisées. Notamment vous trouverez en Angleterre, vous trouverez pareil en Suisse où vous avez quand même du début à la fin des cours spécialisés dans le management sportif. Des rencontres de sportifs de haut niveau avec des rencontres très régulières mais dès la première année. Voilà ! Qu'est-ce qui fait que vous pensez qu'une école de commerce finalement généraliste, parce que la première année c'est très généraliste, est ce qu'il y a de mieux pour vous ?[26]

CANDIDAT

Alors pour deux choses, deux raisons. La première c'est simple c'est que moi je suis pas, moi j'ai aucune connaissance de ce qui est le mieux pour parvenir à mon projet. Au début j'étais comme ça, je ne savais pas. Du coup j'ai contacté des gens qui savaient, heu j'ai contacté, j'ai pu, j'ai eu la chance d'être en relation, en contactant par mail et après il a accepté de me recevoir avec Régis Brunet, qui est Président de IMG France qui dirige des agents, etc. Et donc je lui ai demandé « Donc voilà mon projet, qu'est-ce que vous me conseillez de faire ? ». Et lui m'a conseillé de faire une école de commerce à tout prix. Parce que l'école de commerce avec le socle de la première année permet d'acquérir des connaissances générales, etc. Et finalement si après j'avais envie de passer de l'évènementiel sportif à un évènementiel plus culturel mais du coup je pourrais bifurquer, etc. Et en fait ça permettrait d'avoir une, une structure d'ensemble extrêmement solide. Et de par sa solidité c'est un prestige, c'est-à-dire que quelqu'un qui sort d'une école, AMOS ? Je sais plus je la connais pas vraiment, mais n'a pas exactement le même rayonnement qu'une école de commerce. Donc en sortant d'une école de commerce, ce qu'on m'a conseillé de faire et une spécialisation à l'intérieur. Puisqu'elle est possible, du management sportif, je peux en privé. Ça me permettait à mon avis d'avoir le cursus à mon avis le plus intéressant.[27]

25. Encore une fois, le candidat répond à côté. Il aurait dû mettre en avant les qualités requises pour être un bon manager : le leadership, l'esprit d'équipe, le sens des responsabilités, etc. Au lieu de cela, il dit qu'il a *« une vision »*. Attention, n'est pas Steve Jobs qui veut. Il faut vraiment se méfier de ces assertions presque prophétiques.

26. Le candidat n'a pas encore convaincu le jury qu'il avait frappé à la bonne porte. Il doit réagir et mieux vendre sa candidature. A commencer par mieux justifier son choix d'intégrer l'école.

27. Malheureusement, le candidat se justifie mal. Certes, il est nécessaire de demander conseil à des professionnels du domaine du management du sport, mais cela ne suffit pas à justifier son choix. Les réponses sont plus à trouver au sein même de l'école, d'un savoir-faire, d'un réseau, etc. Il doit revenir sur le PCE propre à l'EM Lyon. De plus, cette phrase, *« si après j'avais envie de passer de l'évènementiel sportif à un évènementiel plus culturel mais du coup je pourrais bifurquer »*, n'envoie pas le bon message au jury. En effet, il démontre qu'il n'est pas sûr de son choix.

JURY

D'accord. Si vous étiez un des sept nains de blanche neige. Typiquement ce serait lequel ?

CANDIDAT

Je me rappelle déjà pas des noms !

JURY

Aucun ?

CANDIDAT

Sauf Simplet peut-être mais je ne pense pas être simplet quand même. Donc je ne pourrais pas vous dire…

JURY

Qu'est-ce qu'il pense de vous votre meilleur ami ?

CANDIDAT

Mon meilleur ami ?

JURY

A votre avis, comment est-ce qu'il doit vous décrire ? Imaginez-le en train de vous décrire auprès de ses amis à lui que vous ne connaissez pas et voilà Loïc Martin est ?

CANDIDAT

On va dire quelqu'un d'extrêmement amical avec qui, avec qui on peut rire, avec qui on peut… Voilà je pense qu'il y a ça. Avec qui on peut rire, avec qui on peut s'amuser mais également avoir des conversations intéressantes, de bon niveau donc capable de moduler ces, ces deux aspects sans être dans une rigidité…

JURY

Là c'est intellectuel ! Je veux dire, maintenant arrêtons…

CANDIDAT

Ah d'accord ! Vous voulez dire…

JURY

Les faux semblants. Typiquement enfin je veux dire clairement, vous êtes qui enfin ?

CANDIDAT

Clairement ? Loïc Martin, je sais pas, heu, quelqu'un de sympathique, heu, quelqu'un d'optimiste. Heu, quelqu'un d'entreprenant, je vous dirait ça c'est sûr qu'il dira toujours entreprenant, qui met toujours plein plein plein de projets. Qui parfois, peut avoir l'impression qui va dans tous les sens, il a un projet humanitaire et hop il va se lancer dans un projet et il va un peu dans tous les sens mais qui voilà.[28]

JURY

Selon vous combien de voitures neuves sont vendues en France cette année depuis 10 ans, en moyenne ?

CANDIDAT

J'en ai aucune idée. Des voitures neuves vendues en France chaque année ?

JURY

Vous avez le droit de poser des questions ou de faire des hypothèses bien sûr.[29]

CANDIDAT

Combien chaque année ? Je sais pas. Je dirais 3 millions ?

JURY

Sur quoi vous vous basez pour dire ça ?

CANDIDAT

Je sais pas je me dis qu'il y a environ 60 millions de français, il doit bien y avoir un vingtième qui doivent racheter une voiture par an, ça fait 3 millions.

JURY

Pourquoi un vingtième ?

CANDIDAT

Je sais pas. C'est vraiment quelque chose pour faire une estimation. J'ai pris un chiffre au hasard. J'aurai pu dire 2 millions, j'aurai pu dire 4 millions.

JURY

Mais imaginons que votre entretien se joue sur cette question et qu'on doit être sur une fourchette de plus ou moins 20 %. C'est une jolie marge quand même plus ou moins 20 % au niveau de la réponse.

---

28. Le jury veut percer la personnalité du candidat. Qui est-il vraiment ? Ainsi, il veut faire tomber le masque de l'entretien. C'est un piège car le candidat se sent presque en conditions hors entretien – en *off* – mais tout ce qu'il dit peut être retenu contre lui. Dans ce cas précis, le candidat se dévalue un peu, *« Qui parfois, peut avoir l'impression qui va dans tous les sens »*. Le jury apprend donc qu'il a tendance à s'éparpiller parfois. Il ne faut jamais baisser sa garde ! De plus, les différents qualificatifs, *« sympathique »*, *« optimiste »*, *« entreprenant »*, doivent absolument être accompagnés d'exemples concrets.

29. A moins de connaître le chiffre, il est difficile de le deviner exactement. Toutefois, le jury évalue la capacité de raisonner en toute logique. En plus, le candidat doit montrer qu'il n'est pas déconnecté des réalités économiques du pays (et du monde) qui l'entoure. Il est donc conseillé de répondre par déductions et hypothèses. Le candidat se refuse à toutes hypothèses par peur de se tromper. L'admisseur n'obtient rien, il n'insiste pas.

CANDIDAT

Oui.

JURY

Est-ce que vous continuez sur 3 millions ou est-ce que vous réfléchissez un peu plus ?

CANDIDAT

C'est-à-dire que j'ai aucune idée de la réponse. Donc je peux réfléchir, me torturer, etc. Déjà si l'entretien se finissait sur un tel choix, je pense que ce serait assez, assez dommage que ça se réduise à une telle offre, enfin à un tel voilà. A un coup de chance. Mais…

JURY

C'est pas un coup de chance.

CANDIDAT

Parce que là vous me demandez combien de voitures neuves sont vendues ? Pas produites ? Heu, combien de voitures neuves sont vendues ? Au moins une c'est sûr [*rires*]. Je vais vous donner une estimation, heu… Non je dirais, je dirais 3 millions, je reste sur ma première idée puisqu'on dit souvent que c'est la bonne.

JURY

D'accord. Donc vous ne voulez pas faire d'hypothèse pour savoir comment on y arrive ?

CANDIDAT

Ha si vous voulez ce sera des hypothèses mais si finalement elles m'amènent au mauvais endroit ? Parce que finalement j'ai aucun repère. Donc je vais vous dire oui c'est sûr qu'il y a moins de la moitié de la population qui achète une voiture neuve. Moins donc de 30 millions.

JURY

C'est quoi la durée de vie d'une voiture en France ? Ou on va dire même en Europe ou dans le monde ?

CANDIDAT

La durée d'une voiture ?

JURY

Vous avez déjà eu une voiture entre les mains ?

CANDIDAT

Non. Ben si si.

JURY

Pas de voiture ?

CANDIDAT

Et je fais la conduite accompagnée mais j'ai pas ma voiture.

JURY

Autour de vous il y a des gens qui ont des voitures ?

CANDIDAT

Oui.

JURY

Alors ; soyez un petit peu concret, parce que c'est très intellectuel votre entretien depuis le début. Soyons un petit peu pragmatiques. Autour de vous vous voyez vos voisins, vos amis, vos cousins et vos oncles, vos tantes. Tous les combien ils remplacent leurs voitures ?

CANDIDAT

Pfff ! Très peu. Moi j'ai eu, j'ai vu, depuis que je suis né mes parents – ils ont 2 voitures – ma mère a changé une fois et mon père une fois.

JURY

Donc ça fait…

CANDIDAT

2 fois en 20 ans.

JURY

D'accord. Donc on va dire une fois tous les 10 ans c'est ça ?

CANDIDAT

Une fois tous les 10 ans.

JURY

Vous validez cette hypothèse !

CANDIDAT

Oui.

JURY

OK. Ensuite ?

CANDIDAT

Heu… Alors vous voulez dire dans le, vous avez dit dans le cercle plus élargi. Ah j'ai pas trop de, faudrait que je…

JURY

Vous êtes plutôt généreux ou fidèle ?

CANDIDAT

Généreux ou fidèle ? Heu… Fidèle.

JURY

Vous êtes pas généreux ?

CANDIDAT

Si si. Mais…

JURY

Vous êtes plus fidèle que généreux ?

CANDIDAT

Heu… Pff…

JURY

Ben à choisir… On va dire que c'est un oui exclusif

CANDIDAT

Ah ! A choisir ? Je dirais plus la… Ben je vois pas en quoi ça s'exclut mais je dirais plus fidèle. Enfin de la fidélité dans sa ligne de conduite, dans ses engagements, etc. Par forcément la fidélité…[30]

JURY

Ça vous ennuie de devoir prendre des positions tranchées ?

30. Le candidat est un peu bousculé. On arrive à la fin de l'entretien et il perd en concentration. Il n'arrive plus à réfléchir. Il lui faut fournir un dernier effort. Pour reprendre la barre, il faut qu'il inverse la tendance. Il doit allonger ses réponses et redevenir maître de l'entretien. Pour cela, il aurait dû expliquer par quoi se traduit sa fidélité par exemple. Depuis un moment, ses réponses sont plus courtes que les questions. C'est mauvais signe.

CANDIDAT

Heu non pas vraiment mais je trouve ça dommage de balayer d'un revers de main la générosité parce que quand même…

JURY

Il y a un moment donné où vous devez faire un choix.

CANDIDAT

Donc je vous en ai quand même donné un ! Je vous dis que fidélité…

JURY

Oui. En quoi vous êtes fidèle ? Comment ça se traduit au quotidien votre fidélité ?

CANDIDAT

Ma… Dans, dans un… une manière de penser, une ligne de conduite…

JURY

C'est-à-dire ?

CANDIDAT

De laquelle je ne dévie pas. C'est-à-dire, fidélité en amitié. C'est-à-dire que lorsque j'ai un ami, il peut venir se confier à moi, je peux venir me confier à lui. J'en, j'en, j'en dérogerai pas. C'est-à-dire un esprit absolument. Moi j'ai jamais été « compétition », j'ai jamais voulu rabaisser des gens pour réussir, etc., je pense pas que c'est comme ça que ça marche. Ben je m'y tiens, j'ai des valeurs et je m'y tiens c'est ça…

JURY

Vous apprenez que vous avez obtenu 6 à l'entretien et donc que vous n'êtes pas admis à l'EM Lyon. Qu'est-ce que vous vous dites sur le coup ? De façon spontanée comme ça à chaud.

CANDIDAT

Ben ce que je me dis « Quel dommage » je pensais vraiment que ça c'était bien passé, que j'avais pu mettre en avant mon projet et finalement bon ça, c'est pas passé et c'est vraiment le courant un instant qui est pas passé. Je suis déçu…[31]

31. En fait, cette question en contient deux : qu'est-ce qui vous a fait échouer ? Que faites-vous si vous n'êtes pas admis ? Pour répondre à la première, il ne faut surtout pas relever ses points faibles mais en profiter pour se reprendre sur un point ou réaffirmer sa motivation. Par exemple, « j'ai manqué de persuasion au sujet de mon projet professionnel et j'aimerais y revenir si vous me le permettez ». Ensuite, il ne suffit pas de se dire « déçu » mais plutôt de présenter son plan B. Ici, le candidat aurait pu dire qu'il envisagerait de cuber sa prépa pour tenter le concours l'année prochaine car l'EM Lyon est sa priorité. Malheureusement, sa réponse est creuse.

JURY

Vous téléphonez à la direction des admissions et on vous apprend que vous avez un tempérament un peu trop fougueux. Vous dites quoi à la personne au téléphone ? Vous vous dites quoi à vous-même ?

CANDIDAT

Heu… Pff… Je me dis que c'est, c'est dommage si là, si pendant l'entretien c'est cette, cette, cette partie de ma personnalité qui a été perçue parce que on peut être, un peu stressé. Je sais que je suis motivé, que j'ai quelque chose à donner mais que quand même ce que je disais ça partait pas dans tous les sens et ça avait quand même une certaine cohérence. Je dirais que c'est dommage que le jury n'est pas…

JURY

Vous avez une question à poser pour terminer l'entretien ?

CANDIDAT

Euh… Oui. J'aimerais savoir si le projet de création d'entreprise peut finir concrètement par une entreprise qui va durer ou si c'est finalement un projet pour professionnaliser mais qui n'a pas d'avenir.[32]

JURY

A l'EM Lyon vous avez un incubateur. Il y a donc un moment donné où vous pouvez être en connexion avec le master de management d'activité sportive et en même temps incuber votre projet au sein de l'incubateur et bénéficier de toute l'infrastructure que ça représente. Il faut juste que votre projet soit suffisamment innovant et qu'il puisse répondre aux différents critères qu'impose la commission.

CANDIDAT

D'accord.

JURY

Voilà. Merci beaucoup.

CANDIDAT

Merci, au revoir.

32. Le candidat a posé une bonne question au jury. C'est positif.

10,5/20

Le candidat n'a pas vraiment réussi son entretien malgré un bon début. Le principal écueil est l'inaboutissement de son projet professionnel.

Son entrée en matière est relativement bonne. Son développement sur l'entrepreneuriat est argumenté et structuré. Les exemples qu'il donne sont plutôt pertinents. Toutefois, il donne une vision assez naïve de l'entrepreneuriat comme moyen de s'accomplir en tant qu'homme et presque comme une source de lien social. C'est légèrement tiré par les cheveux. Il aurait dû s'appliquer à décrire l'image d'un bon entrepreneur. En effet, cette notion est le fondement même de l'EM Lyon, dont la devise est *« Educating entrepreneurs for the world »*.

En ce qui concerne l'entretien de motivation à proprement parler, il manque beaucoup trop d'éléments pour que le jury intègre le candidat au sein de l'école.

Les admisseurs ne connaissent presque rien du candidat. Il lui a été demandé de se présenter mais ce dernier a trop vite abordé son projet professionnel. En effet, il n'a pas pris le temps d'expliquer son parcours académique. Quel bac a-t-il passé ? Pourquoi s'est-il orienté vers une CPGE plutôt que l'université ? Bref, seules deux informations sont divulguées par le candidat : son engagement associatif (nous y reviendrons) et sa passion pour le tennis. Quid de ses expériences professionnelles ? Il aurait dû mettre en avant ses acquis, et justifier ses choix. Le P 2 est donc à revoir entièrement.

L'entretien est bancal car le projet professionnel du candidat n'est pas suffisamment défini. Le management de la culture est un domaine extrêmement vaste ; il en décline d'ailleurs différentes facettes. C'est donc qu'il connaît manifestement le domaine. Toutefois, il ne se l'approprie pas. Qu'est-ce qui lui plaît réellement dans cette branche ? Est-ce l'aspect marketing ? Evénementiel ? Financier ? Institutionnel ? Le jury est perdu. Le problème qui en découle est le manque de cohérence entre son projet – trop vague – et le choix d'une école de commerce. De plus, le projet professionnel est très mal amené. Il n'y a pas d'effet d'annonce, pas de passion. C'est à revoir.

Le jury n'a pas vraiment compris en quoi une école de commerce était un passage obligé pour le candidat. Il n'exprime pas suffisamment son besoin d'apprendre les grandes disciplines du management et de l'entrepreneuriat. Concernant le choix de l'EM Lyon, il se défend bien car il connaît un peu cette école. Néanmoins, il est loin d'apporter suffisamment d'arguments à son choix. Quid des universités partenaires et de l'aspect international de la formation ? Quid des cours et des professeurs ? Quid du réseau des anciens ?

Le candidat a complètement oublié de faire apparaître la notion de partage, chère aux écoles. Si les élèves viennent recevoir un savoir, chacun doit apporter sa richesse, sa valeur ajoutée. C'est le P 4. Hélas, le candidat n'a pas évoqué une seule fois les associations de l'école alors qu'il avait de quoi apporter. Son engagement dans une association humanitaire ou sa passion pour le tennis auraient dû être mis en avant.

En résumé, le candidat ne sait malheureusement pas se vendre. C'est dommage car il s'exprime de manière structurée. Ces exemples sont souvent pertinents. Il doit retravailler son projet professionnel et gagner en précision. Par ailleurs, il doit être plus rigoureux sur la structure des 4 P : ne jamais sortir de l'entretien sans avoir évoqué chacun des 4 P, c'est la règle d'or. Enfin, le jury a senti le candidat fatigué sur la fin. Un entretien est un exercice éprouvant nerveusement. Il faut savoir gérer ses temps forts et ses temps faibles pour être capable de réagir lorsque la discussion ne tourne pas en sa faveur. La seule manière de gagner en expérience est de s'entraîner en conditions réelles. Pour terminer, un point positif qui n'est pas retranscrit : la bonne énergie du candidat qui lui vaut finalement une note au-dessus de la moyenne.

ENTRETIEN • 8		PB
Ecole cible	PSB Paris School of Business	
Voie	Admission Post Bac	

JURY[1]

Très bien. Nous en avons terminé avec nos questions portant sur votre exposé. Nous souhaiterions à présent que nous disiez pourquoi vous êtes devant nous aujourd'hui…

CANDIDATE[2]

Très bien. Je suis Christelle Abbou, j'ai 16 ans je suis née à Pontault-Combault en Seine et Marne et je vis actuellement à Lognes où je suis mes études.
J'ai une sœur qui est actuellement en Licence de droit et donc tout d'abord je tiens à vous remercier de m'accorder cet entretien au cours duquel je vais vous faire part de ma motivation pour intégrer votre école, PSB Paris School of Business.
Permettez-moi premièrement de vous présenter mon parcours académique ainsi que mon projet professionnel.
Je suis actuellement en terminale Scientifique au lycée Emily Brontë à Lognes en option physique chimie. J'ai déjà réalisé un stage en entreprise, c'était un stage de troisième que j'ai fait dans un magasin spécialisé et qui m'a donné envie de continuer à être en contact avec la clientèle. Mon projet professionnel est de travailler plutôt dans tout ce qui est dans le tourisme, en particulier dans l'hôtellerie parce que j'ai l'habitude de voyager. Je suis notamment allé en Amérique latine en Inde du nord, en Russie et en Asie. [3]

JURY

Ah bon ? Et comment ça se fait que vous avez fait autant de voyages ? Vous n'avez que 16 ans…

CANDIDATE

Mes parents voyagent avec moi depuis que j'ai 12 ans et comme ils font 2 voyages par an…

---

1. L'entretien de PSB Paris School of Business commence toujours par un exposé de la part du candidat sur un sujet de culture générale. Cet exposé qui dure une dizaine de minutes et toujours suivi d'une ou plusieurs questions selon l'intérêt du jury. S'ensuit alors un entretien classique portant sur les motivations et la personnalité du candidat.
2. La présentation est plutôt bonne car elle est bien structurée. Elle gagnerait cependant à être plus précise. Dans quel magasin spécialisé le stage s'est-il déroulé et quand précisément ? La présentation gagnerait également à être plus soignée. *« Mon projet professionnel est de travailler plutôt dans tout ce qui est dans le tourisme »* Cela ne va pas.
3. Il est important d'aborder la question de l'international durant l'entretien. C'est même indispensable à vrai dire ! Ici, la candidate parle de son goût pour l'international par le biais des nombreux voyages qu'elle à eu l'occasion de faire avec ses parents.

A retenir ! Le jury doit toujours, dans son appréciation, justifier si le candidat a développé et développe un intérêt, un goût, un potentiel pour l'international. N'oublions pas que les métiers de managers auxquels préparent les écoles s'inscrivent quasiment tous dans une dimension européenne ou internationale.

JURY

Que font vos parents dans la vie ?[4]

CANDIDATE

Ils sont médecins tous les deux.

JURY

Alors pourquoi vous ne devenez pas médecin comme vos parents ?[5]

CANDIDATE

Ça ne m'intéresse pas, je n'ai pas envie de travailler dans le domaine de la santé ou…

JURY [*coupe*]

Mais vous aimez bien le contact humain ? Alors pour un médecin il n'y a pas mieux pour le contact humain. Vous rencontrez des patients, vous les écoutez, vous sauvez des vies, vous guérissez…

CANDIDATE

La médecine ce n'est pas quelque chose qui m'intéresse…

JURY

Je vous verrais bien médecin… Chirurgienne sinon… Pourquoi pas ? En plus vos parents peuvent vous aider…[6]

CANDIDATE

Non, ce n'est vraiment pas ce qui m'intéresse j'ai vraiment envie de travailler dans le secteur du tourisme.[7]

JURY

D'accord, c'est parce que vos parents vous ont fait voyager que vous voulez aujourd'hui travailler dans le tourisme, c'est ça ?

4. Cette question peut surprendre mais il n'est pas question ici de vie privée. La profession des parents est d'ailleurs demandée dans le dossier de candidature papier de PSB Paris School of Business. Notre conseil est de vous efforcer de valoriser au passage la profession de vos parents. Exemple : « mes parents sont tous les deux médecins. Ils sont passionnés par leur travail et sont très travailleurs. Ma mère est spécialisée en diététique et mon père en médecine sportive. » Soyez toujours précis !

5. Question classique qui vise à évaluer votre niveau d'indépendance et de maturité. Le jury cherche à comprendre dans quelle mesure vos parents influencent vos choix. Rien de pire pour une école que de recruter des étudiants de terminale qui ont été amenés à rejoindre une école de commerce, contre leur gré.

6. Il est courant que le jury insiste pour tester la résistance intellectuelle du candidat ainsi que la force de ses prises de position. N'oubliez jamais que la mission d'un jury est de s'assurer que les étudiants recrutés sont sincèrement convaincus que l'école de commerce est LE meilleur choix pour la suite de leurs études. Il aurait été donc préférable que la réponse qui va suivre ait été donnée plus tôt.

7. La candidate tient tête. C'est bien.

CANDIDATE

Ils m'ont donné tout ce que j'ai aimé dans le voyage : la découverte des autres cultures, l'échange, j'aime bien découvrir de nouveaux paysages, tout ce qui change par rapport à la France.

JURY

Enfin si vous travaillez dans l'hôtellerie et que vous dirigez un hôtel, vous n'aurez pas beaucoup de temps pour voyager…[8]

CANDIDATE

Non, c'est sûr mais je veux absolument travailler à l'international.

JURY

Quel pays choisiriez-vous pour diriger un hôtel ?

CANDIDATE

Peut être en Asie ou en Amérique latine…

JURY

D'accord. Et pourquoi l'Amérique latine ?[9]

CANDIDATE

Parce qu'il y a des pays que j'apprécie beaucoup… [10]

JURY

Et il y a un pays en particulier ?

---

8. Cette question est légitime. Vous devrez toujours bien faire comprendre au jury que votre projet professionnel n'est pas uniquement le fait d'une passion. On ne peut pas dire au jury *« je veux travailler dans l'hôtellerie »* sous prétexte que *« j'aime voyager »* ou que *« je souhaite travailler dans l'industrie du sport parce que j'aime jouer au football depuis l'âge de 8 ans »*. Essayez d'expliquer un peu plus précisément pourquoi tel ou tel secteur vous attire. Pour le tourisme, parlez de toutes les opportunités qui peuvent s'offrir à vous : tourisme d'affaires, tourisme médical, tourisme de masse, tourisme type « Club Med », tourisme de luxe, tourisme sports extrêmes, tourisme vert, tourisme culturel Parlez aussi de la variété des publics : les familles, les enfants, les seniors, les couples, les jeunes mariés, etc. Parlez enfin des fonctions : le marketing, la finance, la gestion, la direction, les ressources humaines, etc.

9. Souvenez-vous que le jury rebondit souvent sur les derniers que vous prononcez. Ici, ça ne loupe pas ! Le jury demande de développer sur l'Amérique latine. Espérons que la candidate saura se défendre sur ce terrain. N'oubliez jamais que tout ce que vous direz en entretien pourra être retenu contre vous !

10. La candidate gagnerait à faire des phrases un peu plus longues et à ne pas toujours attendre que le jury lui « tire les vers du nez ». De tempérament plutôt timide et parfois apathique, la candidate prend le risque d'agacer son jury à ce moment de l'entretien. Elle doit penser à prendre le « lead » sur l'entretien en détaillant un peu plus ses réponses. Il ne fait aucun doute que cela n'intéresse personne que la candidate aime *« voyager en Amérique latine »*. En revanche, il y a de fortes chances que le jury soit séduit par son intérêt particulier pour le Chili, l'Argentine ou la Colombie et surtout par les cultures, les cuisines les sports nationaux, les langues et les dialectes de ces pays.

CANDIDATE

J'aime bien le Chili avec Santiago…

JURY

Vous êtes partie combien de temps là-bas ?

CANDIDATE

Deux semaines.

JURY

Et après deux semaines de vacances vous aimeriez tout quitter et ouvrir un hôtel là-bas ?

CANDIDATE

Je n'ai pas forcément envie d'ouvrir un hôtel là-bas, je n'ai pas encore réfléchi où exactement…

JURY

Donc je n'ai pas très bien compris, vous voulez créer votre hôtel de luxe ou vous souhaitez reprendre un hôtel de luxe ? Expliquez-nous…

CANDIDATE

Ce n'est pas une chose à laquelle j'ai encore réfléchi…[11]

JURY

Alors qu'est ce que vous aimeriez faire exactement ? Qu'est-ce qui vous motive ?

CANDIDATE

Moi ce que j'aimerais vraiment c'est, oui, dans le tourisme dans le management d'un hôtel de luxe ce qui me plaît c'est les fonctions polyvalentes. On dirige un peu de tout…

JURY

Donc vous avez envie de diriger en fait, c'est ça ?

CANDIDATE

Pas spécialement diriger enfin oui diriger mais aussi… enfin oui toucher à tout, la gestion, la comptabilité, le marketing…[12]

11. Et c'est dommage ! Car on sent bien que le jury va commencer à s'agacer des réponses du type *« Je n'y ai pas encore réfléchi »*. Si ce n'est pas maintenant pour cet entretien que vous y réfléchissez, alors cela sera pour quand ??

12. Bon point. On dépasse un peu le tourisme et on entre dans les domaines de la gestion et du marketing. Quel dommage que la candidate n'utilise pas ici le triangle magique en reliant la gestion, la comptabilité et le marketing aux programmes proposés par l'Ecole. Il aurait tout simplement fallu terminer la phrase par : *« et justement, toutes ces disciplines, je dois les acquérir en école de commerce et plus précisément, la vôtre, PSB Paris School of Business ! »*. Et là, l'entretien aurait pris une autre tournure et nul doute que la candidate aurait beaucoup plus d'occasions de marquer des points précieux.

JURY

Très bien, devant vous, vous avez un couple qui vient de se marier et qui aimerait voyager une semaine dans un hôtel de luxe… Que nous proposez-vous ?[13]

CANDIDATE [*silence*]

JURY

Vendez-nous un voyage !

CANDIDATE

Moi il y a un endroit que j'avais particulièrement apprécié c'était les Maldives, c'est un beau cadre, on peut s'y reposer mais on peut aussi pratiquer des activités sportives, il y a de la plongée et c'est un cadre très particulier, c'est coupé du monde on est totalement dans un autre univers.

JURY

Ca ne donne pas très envie la façon dont vous présentez les Maldives…[14]
J'ai l'impression que c'est un peu comme dans toutes les îles, il n'y a rien de spécial à faire. Allez, faites-nous rêver avec les Maldives !

CANDIDATE

Les Maldives c'est des plages de sable blanc, des dunes qui sortent de l'eau, faire du jet ski autour, c'est du soleil, de l'eau tropicale…

JURY

Bon, d'accord. Et combien ça va nous coûter ?

CANDIDATE

Pour une semaine ça va faire 3 000 euros.[15]

JURY

Par personne ?

CANDIDATE

Oui.

13. Classique ! Le jury aime souvent simuler des situations « business ». Dans ce type de situation, vous devez toujours prendre le temps de poser au préalable quelques questions au jury avant de commencer à proposer quoi que ce soit. Exemple : *« Très bien. Dans quelle région du monde souhaiteriez-vous voyager ? ». « Avez-vous défini un budget ? ». « Seriez-vous disposés à voyager dans un hôtel 3 ou 4 étoiles mais avec plus de prestations (de type spa, sport, massages) que celles que vous pourriez avoir dans un hôtel 5 étoiles pour le même budget ? »*

14. Le jury est dur Mais c'est souvent le cas. Il faut se tenir prêt.

15. La candidate répond trop vite. Sur quoi se base-t-elle pour donner ce chiffre ? Nous ne sommes quand même pas au *Juste Prix* !!

JURY

Mais on ne les a pas, c'est trop cher, on a… maximum 1 000 euros par personne, vous ne pouvez pas faire quelque chose pour nous ?

CANDIDATE

Si, ca dépend ce que vous cherchez.

JURY

Eh bien, on cherche à partir aux Maldives maintenant que vous nous avez vendu les Maldives !

CANDIDATE

Euh… il y a des hôtels moins chers aux Maldives.

JURY

Bon. Très bien. On n'a plus envie de partir en voyage. Continuez, on vous écoute…[16]

CANDIDATE

Donc j'aimerais maintenant vous dire pourquoi justement je veux intégrer PSB Paris School of Business pour atteindre mon objectif. Une école de commerce est un tremplin vers le monde des affaires, une école de commerce permet d'avoir une formation polyvalente et solide.
J'aimerais faire une école de commerce pour acquérir les réflexes nécessaires à la gestion et à l'adaptation en toutes circonstances. J'aimerais plus particulièrement faire PSB Paris School of Business car c'est une école qui délivre un master de haut niveau [*la candidate rougit et parle particulièrement lentement*].

JURY

Très bien. Comment vous sentez-vous ?

CANDIDATE

Bien.

JURY

Vous n'en avez pas l'air. On peut ouvrir la fenêtre si vous le souhaitez, ou vous apporter un verre d'eau…[17]

CANDIDATE

Je suis un peu stressée en effet.

16. Il ne faut évidemment pas se vexer si le jury répond de la sorte. Le jury souhaite simplement passer à autre chose.

17. Pas de panique ! Si durant l'entretien vous êtes pris d'un malaise ou que vous stressez outre mesure, le jury sera là pour vous aider. C'est son rôle et son devoir même que de vous mettre à l'aise.

JURY

Détendez-vous. Tout se passe bien. Bon, pouvez-vous nous dire quelles sont les qualités qu'il faut avoir pour diriger un hôtel de luxe ?

CANDIDATE

Il faut être rigoureux, raffiné, avoir un bon sens de l'esthétisme.

JURY

Avez-vous déjà eu à gérer un projet ?

CANDIDATE

Oui, par exemple les décorations de la ville d'un point de vue jardinage on avait un budget et on devait décider qu'est-ce que l'on devait faire avec, qu'est ce qui était mieux, qu'est ce qui plairait le plus aux gens du village

JURY

Ça vous avait coûté combien du coup ? Racontez-nous…

CANDIDATE

On n'a pas fait du jardinage, on a décidé qu'est ce qui irait où et comment refleurir.

JURY

Racontez-moi comment ça s'est passé.

CANDIDATE

Je me souviens qu'on était en réunion le soir à 18 h et on avait des propositions à faire avec de l'argent qui nous était attribué…

JURY

Combien ?

CANDIDATE

Je ne m'en souviens plus.

JURY

Une fourchette ?

CANDIDATE

Je ne sais plus, c'était quand j'étais en primaire…[18]

18. Cette réponse fait sourire bien sûr. Il est évident que les exemples qui remontent aux classes de CE2 ou de CM1 sont à proscrire.

JURY

D'accord, donc vous ne vous souvenez plus du budget… C'est embêtant…

CANDIDATE

J'étais encore toute jeune…

JURY

Très bien. Alors, vous avez un exemple plus récent ou vous avez eu à prendre quelques responsabilités ?

CANDIDATE

L'an dernier pour le TPE, je pense que c'est moi qui ai en plus grande partie réalisé le projet qu'on avait : j'ai fait appel à des professionnels, j'ai par exemple été en contact avec Alex Goude de la météo puisque j'avais fait un sujet sur la météo et j'avais organisé des rencontres avec des météorologues de météo France.

JURY

Parlez-nous d'un voyage récent…

CANDIDATE

D'accord. C'était à New York, au nouvel an pour les 50 ans de mon père…

JURY

Ca vous a plu, pas plu ? Vous avez aimé, pas aimé ?

CANDIDATE

C'est une belle ville. J'ai bien aimé l'ambiance qu'il y avait là bas.[19]

JURY

C'était comment par rapport à Paris ?

CANDIDATE

C'était magique, les décorations, les sapins, les buildings, les lumières.

---

19. Mais ce n'est pas assez précis !!! Cela ne suffit pas. Il aurait été tellement plus judicieux d'aborder ici le P4 quasi inexistant dans l'entretien. Voici une réponse qui aurait pu aider la candidate à marquer des points : « *C'est une très belle ville ! C'est la ville de la danse et des comédies musicales, de Broadway. L'énergie des comédies musicales est dans les rues de la ville en tout endroit. A ce sujet, je souhaitais vous dire que je danse depuis l'âge de 6 ans. J'alterne la danse classique et le modern jazz. Danser me détend beaucoup et me permet aussi de rencontrer des personnes de tous âges et de tous horizons. J'aimerais d'ailleurs beaucoup m'impliquer au sein de l'association de PSB Paris School of Business. Je suis convaincue qu'il y a énormément de défis à relever, comme celui de donner envie aux étudiants de découvrir des danses peu connues du grand public comme la danse russe ou la danse tsigane.* »

JURY

Et y a-t-il des choses que vous n'avez pas aimées là-bas ?

CANDIDATE

L'agitation le soir.

JURY

Mais encore… ?

CANDIDATE

Il y a beaucoup de monde et les gens sortent le soir et comme il n'y a pas beaucoup de monde en journée, on a l'impression que le soir, tout revit.

JURY

Qu'est ce qui peut vous rendre triste dans la vie ?

CANDIDATE

Quand un de mes amis est triste pour une bonne raison, je me souviens que l'an dernier, j'avais ma meilleure amie qui voulait passer en première STL et qui a redoublée et ça a été un gros échec pour elle, il a fallu que je lui remonte le moral.

JURY

Vous avez été triste pour elle ?

CANDIDATE

Oui

JURY

Comment appelle-t-on cette attitude ?

CANDIDATE

De la compassion ?

JURY

Plus précisément, quand on est triste pour quelqu'un ?

CANDIDATE [*silence*]

JURY

Bon, qu'est ce qui vous rend heureuse ? Quand vos amis son heureux ? Vous ne vivez que pour les autres ?

CANDIDATE

De faire des choses que j'aime, des choses simples, regarder un film ou faire du shopping, sortir avec des amis…

JURY

Si je vous propose de choisir entre un million d'euros et votre admission à PSB Paris School of Business, vous choisissez…[20]

CANDIDATE

C'est une question délicate, mais plutôt votre école, PSB Paris School of Business.

JURY

Ah bon ? Moi j'aurais choisi le million d'euros…

CANDIDATE

Un million d'euros c'est bien, mais cela ne suffit pas pour réussir sa vie.

JURY

Vous pouvez faire ce que vous voulez avec… Prendre des parts dans un hôtel de luxe par exemple.

CANDIDATE

On peut prendre des parts dans un hôtel et le diriger mais on ne saura pas comment le diriger…

JURY

Mais on apprend vite et sur le tas… Et il y a des gens qui vous aideront.

CANDIDATE

Ce n'est pas pareil ce n'est pas comme avoir une vraie formation. Pas n'importe qui peut diriger, il faut avoir des compétences pour le faire !

JURY

Ça s'apprend…

CANDIDATE

Oui justement en passant par une école de commerce.

JURY

Laquelle ?

20. La réponse que la candidate va apporter est juste. Le plus important n'est pas « d'avoir » un ou plusieurs millions mais « d'utiliser au mieux » cet argent.

CANDIDATE

PSB Paris School of Business.

JURY

Pourquoi notre école en particulier ?

CANDIDATE

Parce que c'est une école qui a l'air sérieuse…

JURY

Elle *est* sérieuse !

CANDIDATE

Pour moi, l'argent ça se gagne vraiment en travaillant, c'est la récompense d'un travail long.

JURY

D'accord alors pourquoi PSB Paris School of Business ?[21]

CANDIDATE

Parce que vous disposez d'un master spécialisé dans le luxe, et parce que l'école est pratique…

JURY

Pratique… ??

CANDIDATE

Pour la vie citoyenne, l'école ne fait pas que des cours, il y a aussi une vie associative très riche. C'est une école tournée vers les autres et l'environnement…

JURY

Dans un hôtel on ne se préoccupe pas vraiment de l'environnement non ?

CANDIDATE

Si, justement il y a des hôtels qui mêlent environnement et luxe.

JURY

Comme…

---

21. Le Jury est insistant car il souhaite évaluer le niveau de motivation de la candidate pour l'école. Il est important pour une école exigeante comme l'est PSB Paris School of Business de recruter les candidats qui seront les plus disposés à porter haut et fort les couleurs de l'école tout au long de leur scolarité.

CANDIDATE

Le *Diva Maldives* par exemple…

JURY

Alors pourquoi voulez-vous ouvrir votre hôtel aux Maldives ?

CANDIDATE

Les Maldives parce que je trouve que c'est un lieu parfait pour de bonnes vacances.

JURY

Avez-vous présenté d'autres concours ?

CANDIDATE

Oui

JURY

Lesquels ?

CANDIDATE

L'IESEG et l'ESSCA.

JURY

Si vous êtes prise à PSB Paris School of Business, à l'ESSCA et à l'IESEG, vous choisissez quelle école ?

CANDIDATE

PSB Paris School of Business

JURY

Et si l'ESCCA vous pose la même question, vous répondez quoi ?

CANDIDATE

J'espère que vous allez me prendre et que je n'aurais pas à passer l'entretien dans ces deux écoles ! (*ndlr* : PSB Paris School of Business organise des sessions de recrutement en février, soit deux mois avant le concours ACCES)

JURY

Si on vous met en file d'attente et que vous passez finalement votre entretien à l'ESSCA ou à l'IESEG, vous leur répondez quoi à cette question ?

CANDIDATE

Je ne me suis jamais posée la question puisque j'aurai la réponse de PSB Paris School of Business avant.

JURY

Et si vous ne l'avez pas avant ?

CANDIDATE

Je l'aurai avant.

JURY

Très bien. Pouvez-vous nous dire ce que vous a inspiré le « Printemps arabe » ?

CANDIDATE

Euh… C'est une très bonne chose pour les pays arabes.

JURY

Mais encore…

CANDIDATE

Euh… Je ne sais pas.

JURY

Bon, très bien. Avez-vous une question à nous poser ou bien quelque chose à rajouter ?

CANDIDATE

Non c'est bon. [22]

JURY

D'accord. Merci à vous mademoiselle et bonne fin de journée.

22. -1 ! N'oubliez pas de toujours préparer une question au jury ! Cela montre au jury que vous êtes curieux et motivé.

8/20

La candidate obtient une note éliminatoire à cette simulation d'entretien pour PSB Paris School of Business (il est en effet rare voire impossible d'intégrer PSB Paris School of Business avec une telle note à l'entretien). Elle cumule en effet trois défauts majeurs :

1. Elle n'a pas assez réfléchi à son projet professionnel. Elle aurait certainement mieux fait de dire qu'elle n'avait pas encore de projet clairement établi mais qu'elle était attirée par l'industrie du voyage / du tourisme... Et par voie de conséquence par une formation en école de commerce. Elle aurait ainsi dit : « Peu importe le poste, j'aurais le temps de trouver ma voie pendant mes 5 années d'études à PSB Paris School of Business ».
N'oublions pas qu'une école comme PSB Paris School of Business qui recrute des étudiants de Terminale / Bac +0 n'attend pas nécessairement que le candidat soit définitivement « fixé » sur un projet professionnel en particulier. **Mais il faut bien à un moment donné être capable d'expliquer clairement pourquoi le choix d'une école s'impose à un moment clé de la vie d'un étudiant : le passage du secondaire (le lycée) au supérieur.** Or on reste ici à chaque fois sur notre faim. Le projet professionnel est trop vague et ne permet pas d'entretenir un semblant de discussion intéressante avec la candidate. On aurait par exemple aimé comprendre en quoi et comment les Maldives entretenaient efficacement cette image de luxe et pourquoi cette destination faisait toujours tant rêver. On aurait aussi aimé comprendre ce qu'il y a de « passionnant » à diriger un hôtel. Le jury n'attend pas de grande théorie ou de long discours sur la question (encore une fois, on sait que la moyenne d'âge des étudiants est de 17/18 ans et qu'ils manquent d'expérience) mais il attend toujours en revanche une réflexion en profondeur, même maladroite et un peu naïve mais en profondeur quand même. Quels sont les défis à relever quand on dirige un hôtel ? A quoi ressemble le quotidien d'un directeur d'hôtel ? Quels sont les nouveaux défis à relever en termes de service aujourd'hui dans un hôtel de luxe ? On aurait aimé que la candidate aborde une ou deux de ces questions. On aurait alors été plus convaincus de la sincérité de son intérêt pour le secteur et/ou le poste.

2. Elle n'est pas parvenue à convaincre sur les éléments qui aident le jury à la projeter au sein de l'école. Les exemples sur lesquels elle s'appuie pour parler de sa participation à des travaux en groupe ou sa prise de responsabilité sont pour le moins comiques (elle parle d'une expérience qui remonte au primaire) ; pire encore, elle ne sait pas en parler avec force. C'est creux et approximatif. Ensuite, elle ne parvient pas non plus à « se vendre » en se projetant efficacement dans la vie de l'école. A l'issue de l'entretien, le jury est incapable de l'imaginer au sein de l'école. Elle ne cite aucun nom de cours, aucun nom de professeur, aucun moment fondateur de la vie de l'école (la campagne BDE, les WE, la vie associative, etc.). Elle apparaît donc « en dehors » de l'école et le jury a bien du mal à lui accorder sa confiance et à lui ouvrir les portes. N'oubliez jamais que vous devez vous projeter et vous inscrire dans le projet de vie de l'école en proposant de participer activement à la vie associative, en représentant l'école dans le cadre de salons étudiants, en participant à la création d'une liste BDE, en assistant un professeur, etc.

3. Son langage est approximatif. Ses phrases sont trop courtes et elle ne parvient pas à créer les conditions d'un véritable dialogue/échange avec le jury.

Ce qui lui vaut quand même un 8/20, c'est son apparente détermination pour intégrer PSB Paris School of Business (voir la fin de l'entretien) ainsi que quelques pions savamment disposés en début d'entretien (l'intérêt pour l'international et l'industrie du tourisme, le besoin de polyvalence pour diriger un hôtel et donc de PSB Paris School of Business). Mais cela ne suffit pas. Les jurys veulent **dialoguer** avec des étudiants réfléchis, des étudiants qui ont en eux un potentiel de manager. A quoi ressemble ce potentiel de manager lorsque l'on a 17, 18 ou 19 ans ? La réponse est simple : cela ressemble à une envie sincère et réelle de dialoguer et de partager de façon volontaire et approfondie des expériences diverses et variées. Un bon manager ne saurait rester dans son coin sans partager avec ses collaborateurs ses projets, sa stratégie, des félicitations ou des points d'amélioration. Un manager est d'abord quelqu'un qui encadre, et pour encadrer efficacement, il faut savoir dialoguer et partager.

Entretien exceptionnel avec M. DERHY, Directeur de PSB Paris School of Business

1) Pourquoi avoir choisi de faire passer les épreuves écrites et orales dans une seule et même journée ?

C'est un choix délibéré destiné à faciliter aux candidats l'organisation de leurs concours.
La plupart d'entre eux présente plusieurs concours à des dates différentes. Il s'agit là d'assouplir le processus de recrutement en évitant une phase d'admissibilités/admissions souvent très longue. Une fois la journée d'épreuves terminée, il faut compter seulement une quinzaine de jours pour recevoir les résultats du concours.

2) Quelles sont les principales attentes pour les jurys de PSB Paris School of Business pour l'épreuve orale d'entretien ?

En règle générale les candidats sont jugés sur la base de trois grands critères.

1. Leur capacité de synthèse et de communication. Ils doivent savoir organiser leur réflexion et s'exprimer avec aisance et assurance. Nous gardons systématiquement en mémoire le fait que nous sommes là afin de recruter de futurs managers qui dans leur vie professionnelle seront amenés à parler en public, à diriger une équipe et à devenir force de proposition.

2. Leur degré de motivation. Ne nous leurrons pas, les épreuves orales d'entretiens sont avant tout un moment de séduction mutuelle. Le candidat se doit de connaître parfaitement l'Ecole et ses différents programmes. Il est là pour nous convaincre de sa réelle envie d'intégrer un de nos parcours et pourquoi pas devenir un membre actif de la vie associative de PSB Paris School of Business. Par exemple, nous avons mis en place depuis plusieurs années déjà, le parcours extra-pédagogique U-discover qui vise à donner une dimension opérationnelle et pratique à la formation dispensée pendant les 5 ans de scolarité. Si le candidat est incapable d'en discuter un minimum il perdra des points à l'entretien.

3. Leur niveau de culture générale. Le manager, le directeur, l'entrepreneur sont tous connus et appréciés pour leur polyvalence, leur ouverture et leur sensibilité au monde politique, économique et culturel qui les entoure. C'est pourquoi nous valorisons beaucoup cet aspect lors de l'entretien. Il ne s'agit pas de tout connaître sur tout, mais plutôt d'être en mesure d'échanger sur des sujets d'actualité, de littérature, de stratégie, d'économie ou de politique. Le candidat doit avant tout savoir faire montre de curiosité et d'ouverture d'esprit.

3) Les attentes diffèrent-elles selon le niveau d'admission ?

Nous attendons de tous les candidats qu'ils réunissent les critères cités plus haut. Mais il est vrai que pour les élèves de niveau Bac +3 il est impératif que leur candidature soit motivée par un projet professionnel abouti. Nous considérons qu'après trois ans d'études, ils ont eu la possibilité de faire des stages et de se familiariser avec le monde de l'entreprise, d'approfondir leurs connaissances dans une discipline particulière, de voyager et donc d'envisager un projet de vie cohérent avec la poursuite d'un cursus complémentaire en management.

4) Quels conseils donneriez-vous pour préparer le sujet de culture générale qui augure toujours l'entretien ?

Le sujet de culture générale porte principalement sur des thèmes d'actualité, d'économie, de politique, de littérature, et de stratégie. C'est encore un moyen pour nous de découvrir si le candidat est en mesure d'exprimer clairement sa pensée, de structurer ses idées, et de démontrer sa curiosité et son ouverture sur le monde qui l'entoure. Je ne saurais que trop répéter de lire régulièrement la presse, de se procurer les suppléments des magazines sur des thèmes précis, d'aller à des expositions mais encore de s'entraîner à réaliser régulièrement des fiches de culture générale.

5) Quels sont les défauts qui ne passent pas auprès des jurys ?

Sans hésiter, la prétention. Beaucoup de candidats sur-jouent la confiance en soi et cela donne bien souvent des profils arrogants et hautains. Nous sommes avant tout à la recherche de franchise et d'honnêteté. Nous espérons trouver des candidats créatifs et structurés, audacieux et réfléchis, mais surtout ambitieux et humbles.

6) Comment se préparer efficacement à cette épreuve ?

N'hésitez pas à multiplier les simulations ! Pour les Bac +3 et plus, peaufinez votre projet professionnel. Partez à la recherche des fiches métiers, rendez-vous sur les sites de recrutement pour consulter les annonces de premiers jobs et les attentes des employeurs. Questionnez vos amis sur vos traits de caractères, apprenez à vous connaître.

Pensez à éplucher les sites Internet des Ecoles, viviers d'informations importantes pour l'oral. Mais surtout restez N-A-T-U-R-E-L-S !

DIXIEME PARTIE

TABLEAUX SYNOPTIQUES
ET TEMOIGNAGES DE CANDIDATS

I. TABLEAUX CONCOURS POST-BAC

Les écoles sont présentées ci-après par ordre alphabétique.

Les écoles de commerce sont naturellement libres de modifier leurs conditions d'admission. Par voie de conséquence, vous devez vérifier sur les sites des écoles vous concernant que les informations ci-dessous demeurent valides.

1. BBA ESSEC (GROUPE ESSEC)

Intitulé de l'épreuve	Entretien de personnalité
Objectifs	• Apprécier la motivation des candidats • Cerner leur personnalité
Durée	35 minutes
Modalités	• Préparation par le candidat d'un sujet tiré au sort • Exposé sur le sujet tiré au sort • Dialogue avec le jury

2. NEOMA BUSINESS SCHOOL

Intitulé de l'épreuve	Entretien individuel
Objectifs	Evaluer le degré de maturité, d'adaptabilité et de motivation des candidats
Durée	30 minutes
Modalités	Dialogue libre entre le jury et le candidat

3. EBS PARIS

Intitulé de l'épreuve	Entretien individuel
Objectifs	• Comprendre les motivations du candidat • Détecter ses potentialités • Apprécier son ouverture d'esprit, l'adéquation avec les valeurs de l'Ecole
Durée	1 h 15
Modalités	• Tirage au sort d'un sujet d'actualité et préparation (45 min) • Entretien avec le jury (30 min dont 10 min en anglais)

4. EDC PARIS BUSINESS SCHOOL

Epreuve n° 1

Intitulé de l'épreuve	Entretien individuel
Objectifs	• Appréhender la personnalité et la motivation du candidat • Vérifier l'adéquation entre la personnalité du candidat et l'esprit de l'école
Durée	30 minutes
Modalités	Dialogue avec le jury

Epreuve n° 2

Intitulé de l'épreuve	Entretien collectif
Objectifs	• Déterminer les qualités de réactivité et d'argumentation des candidats • Tester leur capacité à travailler en équipe • Appréhender leur personnalité (leader, commercial, créatif…)
Durée	1 heure
Modalités	• L'épreuve consiste à mettre les candidats (5/6) dans une situation simplifiée d'entreprise liée à des questions de relations humaines, de gestion simple de crise, ou de créativité (publicité, lancement de produit, ouverture d'une boutique…) • Elle comporte trois temps : 1- Prise de connaissance du sujet et administration de questions aux membres du jury (10 min) 2- Résolution du problème posé et préparation de la restitution (20 min) 3- Présentation de la solution proposée (20 min)

NOTRE ANALYSE

L'EDC Paris Business School fait partie des quelques écoles, comme l'EM Strasbourg par exemple, à conjuguer deux formes d'entretiens oraux : **un entretien individuel et un entretien collectif**. Si l'entretien individuel demeure classique dans sa forme et son contenu, l'entretien collectif – le mini-jeu d'entreprise – présente plusieurs particularités.

La première d'entre elles tient à l'objet de l'entretien collectif. Le groupe d'étudiants passant l'entretien ensemble est en effet conçu comme une petite entreprise, confrontée à un problème qu'elle doit résoudre. Sa deuxième particularité tient à sa durée, les étudiants ne disposant que de vingt minutes pour produire une solution. Enfin, troisième caractéristique, le travail fourni en groupe fait l'objet d'une restitution devant le jury.

Comme évoqué (Cf. I. Cadre et modalités de l'entretien), le jury appréciera l'apport et le comportement de chaque étudiant au sein du groupe, donc son aptitude à travailler en groupe tout en parvenant à « émerger ». Les spécificités de l'entretien (brièveté de la préparation, restitution devant le jury) imposent de chercher à prendre rapidement (tout en faisant s'exprimer les autres membres) le leadership du groupe et à en apparaître comme un des moteurs, y compris lors de la restitution orale devant le jury.

5. ESDES

Intitulé de l'épreuve	Entretien individuel
Objectifs	Cerner la personnalité et les motivations du candidat dans l'optique de sa future intégration professionnelle
Durée	45 minutes
Modalités	Dialogue entre le jury et le candidat

6. PSB PARIS SCHOOL OF BUSINESS

Epreuve n° 1

Intitulé de l'épreuve	Entretien individuel
Objectifs	• Comprendre les motivations du candidat • Détecter ses potentialités • Apprécier son ouverture d'esprit, l'adéquation avec les valeurs de l'Ecole
Durée	1 heure
Modalités	• Tirage au sort de 2 sujets, choix de l'un des sujets • Préparation de 20 minutes • Exposé de 10 minutes • Entretien avec le jury (10 min) sur le sujet, et sur les centres d'intérêts et les objectifs professionnels des candidats

Epreuve n° 2

Intitulé de l'épreuve	Entretien collectif
Objectifs	• Apprécier le comportement des candidats en situation de groupe • Cerner sa capacité à argumenter
Durée	1 heure
Modalités	• 10 candidats réunis en 2 équipes de 5 • Préparation : 15 minutes • Argumentation : 10 minutes par équipe • Echange entre équipes : 10 minutes • Questions du jury : 15 minutes

NOTRE ANALYSE

PSB Paris School of Business est une des rares écoles permettant à tous les candidats de passer les épreuves écrites et orales, le classement d'admission s'effectuant sur la base des points obtenus à toutes les épreuves. Par voie de conséquence, par rapport aux modalités traditionnelles (admissibilité sur la base des seules épreuves écrites), elle donne plus de chances aux candidats bons à l'oral et moins bons à l'écrit.

7. BBA EDHEC

Intitulé de l'épreuve	Entretien de motivation
Objectifs	• Apprécier la personnalité, la motivation et le potentiel du candidat • Mesurer la cohérence et l'intérêt du projet professionnel
Durée	25 minutes
Modalités	Dialogue entre le jury et le candidat

Notre analyse

BBA EDHEC est une des rares écoles permettant à tous les candidats de passer les épreuves écrites et orales, le classement d'admission s'effectuant sur la base des points obtenus à toutes les épreuves. Par voie de conséquence, par rapport aux modalités traditionnelles (admissibilité sur la base des seules épreuves écrites), elle donne plus de chances aux candidats bons à l'oral et moins bons à l'écrit.

Les modalités ci-dessus sont communes à toutes les écoles du concours Pass (BBA EDHEC, MBA Institute, ECE).

8. ESSCA

Intitulé de l'épreuve	Entretien collectif, épreuve d'argumentation, entretien individuel
Objectifs	• Apprécier la capacité à fonctionner en groupe • Apprécier la capacité argumentative • Apprécier les motivations des candidats
Durée	130 minutes au total
Modalités	• Entretien collectif : discussion non préparée de 45 minutes sur un sujet d'intérêt général, organisée dans un groupe de 5 ou 6 candidats. Le jury n'intervient pas • Epreuve d'argumentation : un exposé argumenté de 10 minutes avec un temps de préparation de 30 minutes, portant sur un sujet d'actualité ou d'intérêt général • Entretien individuel reposant sur un dossier personnel rempli par le candidat (30 min)

9. IESEG

Intitulé de l'épreuve	Entretien individuel
Objectifs	L'objectif de l'entretien individuel est d'appréhender l'adéquation entre la personnalité, la motivation, les potentialités du candidat et l'enseignement dispensé, ainsi que ses aptitudes à aborder la vie professionnelle.
Durée	45 minutes
Modalités	Dialogue entre le jury et le candidat

10. IPAG

Epreuve n° 1

Intitulé de l'épreuve	Entretien individuel
Objectifs	• Apprécier la personnalité du candidat, sa motivation, son ouverture d'esprit et son engagement • Evaluer la culture générale, les motivations et vérifier l'adéquation des ambitions professionnelles avec le projet de l'Ecole
Durée	30 minutes
Modalités	Dialogue entre le jury et le candidat

Epreuve n° 2

Intitulé de l'épreuve	Entretien collectif
Objectifs	Apprécier la capacité à travailler en équipe
Durée	15 minutes
Modalités	• 15 minutes de préparation individuelle sur un sujet d'actualité • Travail en équipe (3/5 candidats) sur le sujet

11. KEDGE BUSINESS SCHOOL

Intitulé de l'épreuve	Entretien individuel
Objectifs	Evaluer le degré de maturité, d'adaptabilité et de motivation des candidats
Durée	30 minutes
Modalités	Dialogue libre entre le jury et le candidat

II. TABLEAUX CONCOURS POST PREPA

Les écoles sont présentées ci-après par ordre alphabétique.

Les écoles de commerce sont naturellement libres de modifier leurs conditions d'admission. Par voie de conséquence, vous devez vérifier sur les sites des écoles vous concernant que les informations ci-dessous demeurent valides.

1. AUDENCIA

Intitulé de l'épreuve	Entretien
Objectifs	• Evaluer les capacités du candidat à comprendre un thème, savoir définir un champ de travail, établir un plan, développer des idées et tirer une conclusion • Tester les qualités d'expression et de communication du candidat
Durée	30 minutes
Modalités	• Court exposé (5/6 min) sur un thème d'ordre général préparé par le candidat pendant 30 minutes • Echange de 25 minutes portant sur la personnalité et la motivation du candidat

2. EDHEC

Intitulé de l'épreuve	Entretien
Objectifs	Apprécier les motivations et la personnalité du candidat
Durée	40 minutes
Modalités	• Remplissage préalable d'un questionnaire • Dialogue prenant le questionnaire comme point de départ

3. EM LYON

Intitulé de l'épreuve	Entretien
Objectifs	• Apprécier les qualités personnelles, la culture générale, l'ouverture, les qualités d'expression et de communication • Evaluer la capacité à s'intégrer à l'école et à terme en l'entreprise
Durée	30 minutes
Modalités	• Court exposé (5 min) sur un thème ou une citation choisis au hasard par le candidat • Echange de 25 minutes portant sur la personnalité et la motivation du candidat

4. EM STRASBOURG BUSINESS SCHOOL

Intitulé de l'épreuve	Entretien individuel
Objectifs	Détermination du potentiel de l'étudiant à exercer de futures responsabilités en entreprise. Il apprécie aussi son goût pour l'international, son ouverture d'esprit, sa personnalité, la cohérence de son discours et sa motivation pour ce type d'études.
Durée	25 minutes
Modalités	• 10 minutes de présentation d'un autre intérêt ou d'une passion à l'aide d'un support (photo, objet…) • 15 minutes de discussion ouverte avec le jury à partir d'un questionnaire personnalisé préalablement rempli par le candidat

5. ESCP EUROPE

Intitulé de l'épreuve	Entretien
Objectifs	• Découvrir la personnalité des candidats. • Attention portée aux personnes ouvertes, curieuses, imaginatives et sachant communiquer leurs centres d'intérêt
Durée	25/30 minutes
Modalités	Dialogue entre le jury et le candidat

6. ESLSCA BUSINESS SCHOOL

Intitulé de l'épreuve	Entretien individuel et face-à-face
Objectifs	• Apprécier la personnalité des candidats • Apprécier l'aptitude à l'argumentation
Durée	30 minutes
Modalités	• Entretien individuel (15 min) • Face-à-face (15 min) : le premier candidat doit tout d'abord défendre son point de vue par un bref exposé sur un sujet imposé. Le deuxième candidat contredit obligatoirement les arguments du premier. Dans le deuxième face à face, les deux candidats inversent leur rôle

7. ESSEC

Intitulé de l'épreuve	Entretien
Objectifs	• Evaluer l'ouverture d'esprit, la présentation et l'aisance verbale • Evaluer la faculté d'adaptation, la sociabilité et le sens des responsabilités
Durée	45 minutes
Modalités	• Jurys de trois personnes au moins, dont un étudiant fraîchement diplômé ou en dernière année de scolarité • Dialogue libre permettant au candidat de présenter son parcours • Dialogue sur des thèmes de culture générale et des thèmes personnels

8. GRENOBLE EM

Intitulé de l'épreuve	Entretien spécifique
Objectifs	• Apprécier les aptitudes à organiser un plan logique pour traiter d'un sujet tiré au sort et les capacités de réponses à des questions sur le thème choisi • Mesurer la créativité et l'adaptabilité face à une personne inconnue • Evaluer l'aisance à communiquer par des questions sur vos centres d'intérêt
Durée	30 minutes de préparation, 25/30 minutes d'épreuve
Modalités	L'entretien se déroule en trois parties : • **Exposé sur un sujet tiré au sort et préparé** (30 min de préparation et 5 min d'exposé) • **Interview d'un membre du jury** (10 min), cadre d'entreprise puis synthèse de l'interview • **Dialogue avec les membres du Jury** (15 min) Les questions du jury porteront sur des aspects généraux de votre évolution personnelle, vos centres d'intérêts, vos expériences passées, vos projets…

NOTRE ANALYSE

L'entretien d'admission à Grenoble EM est présenté, par l'école elle-même, comme « spécifique ». De fait, cet entretien présente deux particularités le rendant effectivement très spécifique.

Sa première particularité réside en **l'interview menée par chaque candidat d'un des membres du jury**, préférentiellement un cadre d'entreprise. Cette partie de l'entretien, qui met l'étudiant en posture inhabituelle de questionneur, se conclue par une synthèse de l'entretien avec le membre de jury interrogé.

Elle requiert donc que chaque candidat pense, à l'avance, aux grands champs de questions qu'il posera et possède au fond presque en tête les grands axes de sa future synthèse. Afin de ne pas être débordé et de demeurer cohérent, nous vous conseillons donc de préparer les grandes questions, touchant par exemple aux enjeux du poste occupé, aux qualités requises pour exercer la fonction de la personne interrogée, les principales difficultés qu'elle rencontre, les grandes étapes de son parcours, les apports de Grenoble EM ou de sa formation, les conseils à donner à un plus jeune voulant exercer le même métier.

Vous devez ensuite, en quelques minutes, synthétiser votre entretien. Tentez alors de structurer le matériau que vous avez recueilli afin de relier les réponses entre elles et donc d'éviter de reprendre l'entretien point par point.

9. HEC

Intitulé de l'épreuve	Entretien « face-à-face » d'aptitude au management
Objectifs	• Apprécier le comportement du candidat dans des situations de négociation et de décision et sa personnalité • Cette épreuve vise à tester quatre faisceaux de qualités chez le futur manager : – Qualités de décideur : sens stratégique, capacité de prise de décision, capacité à assumer sa responsabilité, lucidité et réalisme, capacité à évaluer – Qualités d'animateur : capacité à travailler en équipe, capacité à déléguer, capacité à motiver, capacité d'écoute, pouvoir de conviction, capacité à gérer des situations de conflit – Qualités intellectuelles et morales : autonomie de la pensée et du comportement, aptitude à cerner les problèmes, vivacité intellectuelle, aptitude à réagir positivement, tolérance, honnêteté intellectuelle – Qualités d'expression en public : concision, clarté, structure du raisonnement, argumentation, imagination, choix des mots, pouvoir de synthèse
Durée	40 minutes
Modalités	**Préparation de l'épreuve** (15 min) Les candidats admissibles sont répartis en groupes de quatre (deux candidats « face-à-face » et deux candidats « observateurs »). Chacun des candidats tire un sujet et prépare une thèse argumentée à sa convenance. Il y a donc des sujets distincts et chaque candidat ignore la nature du sujet tiré par l'autre. **Déroulement de l'épreuve** (25 min) L'épreuve est composée de deux entretiens « face-à-face » suivis d'entretiens individuels. • Premier entretien Le candidat A présente et soutient sa thèse (4 min) sur le sujet qu'il a préparé. Il s'agit pour lui de prendre nettement et immédiatement position, et non d'examiner méthodiquement les différents points de vue possibles. A l'appui de sa thèse, il développe une argumentation organisée, précise et convaincante. Puis le candidat A et son vis-à-vis, le candidat B, engagent une discussion (5 min) au cours de laquelle le candidat B forme sa propre opinion et répond. • Deuxième entretien Le candidat B, à son tour, présente et soutient sa thèse (4 min) sur le sujet qu'il a préparé. L'entretien se déroule selon les mêmes modalités, face à un autre candidat dans le rôle de « répondant ». Les deux candidats « observateurs » durant ces entretiens n'interviennent pas dans la discussion, mais ont la faculté de prendre des notes. • Entretiens individuels A l'issue des entretiens « face-à-face », chaque candidat « observateur » a un entretien individuel d'environ 5 minutes avec les examinateurs. Il lui est demandé notamment de porter une appréciation sur les différents rôles qu'il a observés. Au cours des entretiens suivants, les candidats changent de rôle. Les deux candidats des entretiens « face-à-face » deviennent à leur tour « observateurs » et les candidats « observateurs » passent leur entretien « face-à-face ». Ainsi, chacun est à son tour, celui qui convainc, celui qui répond, celui qui observe.

Notre analyse

L'entretien « face-à-face » constitue une épreuve spécifique et propre à HEC. Elle vise à percevoir, chez les candidats, leurs aptitudes au management des situations et des hommes en leur faisant successivement adopter trois rôles ou fonctions complémentaires (convaincre, écouter et répondre, observer).

L'épreuve place le futur manager en situation complète de management, les futurs cadres et dirigeants devant, tour à tour, savoir argumenter, écouter les positions et points de vue des autres et observer.

Si le sens de l'écoute, donc le respect de l'autre, est naturellement requis, les candidats doivent être capables de développer avec conviction et ardeur une argumentation et de prendre position, en la faisant reposer sur des références et illustrations.

Le bon candidat possède donc la capacité à produire une analyse réfléchie et structurée, à l'amender en fonction des points de vue extérieurs et à réfléchir sur lui-même. Parce que vos postions sont en définitive la résultante de votre environnement et de vos acquis culturels, le bon candidat sait prendre du recul par rapport à lui-même et faire la part de choses. Il est donc capable de s'analyser et de comprendre comment il fonctionne, pourquoi il fonctionne comme il fonctionne.

10. ICN BUSINESS SCHOOL – NANCY

Intitulé de l'épreuve	Entretien de motivation
Objectifs	Découvrir la personnalité du candidat
Durée	30 minutes
Modalités	• Remplissage préalable d'un questionnaire : « My story », base de départ du dialogue mais non noté • Echange de 25 minutes portant sur la personnalité et la motivation du candidat

Notre analyse

L'entretien d'admission de l'ICN présente **une double particularité** le rendant réellement distinctif.

La première réside en l'utilisation, en cours d'entretien, d'un jeu de cartes représentant des objets ou des concepts et en la demande fait au candidat d'en associer certaines ou de trouver les liens/oppositions entre elles.

La liste actuelle des objets est la suivante : agenda électronique, agrafeuse, ampoule électrique, appareil photos,, ôte-agrafe, bouteille de plastique intacte, bouteille de plastique écrasée, brosse à dents, calculatrice, carte bleue, cheval à bascule, CD, classeur, clé à molette, clown, crayon dans une boîte, éventail, feutres de couleurs, fouet de cuisine, horodateur, iris, jeu, mappemonde, marteau, mètre à ruban, ordinateur, paire de ciseaux, pile électrique, pinceau, poivrons, sécateur, tétine, triple prise électrique, téléphone portable, télécommande de TV, tire-bouchon, trombone, tournevis, trousseau de clé, racleur, éveil, rouge à lèvres, les 3 singes, souris, etc.

Si le jury demande par exemple à un candidat de trouver un point d'opposition entre une agrafeuse et une paire de ciseaux, il conviendra alors de répondre que si l'agrafeuse réunit, la paire de ciseau sépare. Cette épreuve fait donc appel au sens créatif et logique de chacun, reposant souvent sur la compréhension de la fonction des objets présentés. Il est donc important que vous fassiez preuve de logique et surtout que vous soyez apte à justifier vos choix. Le jury est en effet tout à fait prêt à admettre une autre logique ou une autre façon de voir que la sienne, ce qui présuppose néanmoins que vous ayez votre propre logique et soyez capable d'expliquer ce qui la sous-tend.

La seconde spécificité de l'entretien de l'ICN tient au fait que le jury, en fin d'échanges, restitue au candidat ce qu'il a ressenti durant l'échange avec lui. Ce « retour » permet tout à la fois aux candidats d'apprécier l'impression qu'ils ont donné et, surtout, de rectifier, d'accentuer ou d'ajouter certaines dimensions de leur personnalité ou de leurs motivations qu'ils considéreraient avoir été insuffisamment relevées par le jury. Profitez donc de ce retour pour mettre de nouveau l'accent sur vos atouts.

11. KEDGE BUSINESS SCHOOL

Intitulé de l'épreuve	Entretien de motivation
Objectifs	Découvrir la personnalité du candidat
Durée	30 minutes
Modalités	• Remplissage préalable d'un questionnaire : « My story », base de départ du dialogue mais non noté • Echange de 25 minutes portant sur la personnalité et la motivation du candidat

12. NEOMA BUSINESS SCHOOL

Intitulé de l'épreuve	Entretien de motivation
Objectifs	Découvrir la personnalité du candidat
Durée	30 minutes
Modalités	• Remplissage préalable d'un questionnaire : « My story », base de départ du dialogue mais non noté • Echange de 25 minutes portant sur la personnalité et la motivation du candidat

13. SKEMA BUSINESS SCHOOL

Intitulé de l'épreuve	Entretien individuel
Objectifs	Valider chez les candidats la présence des qualités suivantes : qualités relationnelles (présentation, sincérité, authenticité…), qualité de l'expression (synthèse, vocabulaire utilisé…), champ culture (niveau d'information, curiosité intellectuelle…), profondeur de la réflexion(analyse, cohérence du raisonnement…), réflexion sur l'avenir(ouverture sur le monde, souci d'information sur les études, projection réfléchie.).
Durée	30 minutes
Modalités	• Confection préalable d'un CV projectif (le vôtre dans 10 ans) et d'un CV actuel • Dialogue libre avec le jury sur la base des CV et de leur approfondissement • La moitié de l'entretien porte sur le CV projectif • L'autre moitié de l'entretien porte sur le CV actuel

NOTRE ANALYSE

L'entretien d'admission à Skema BS présente une particularité à prendre en considération. Il vous est non seulement demandé de transmettre votre CV actuel, mais également de présenter un **CV projectif**, c'est-à-dire le CV que vous imaginez être le vôtre dix ans après…

L'exercice demandé va donc plus loin que la question fréquemment posée en entretien de savoir « comment vous vous voyez dans cinq ou dix ans ». Il vous faut en effet rédiger un CV complet, évoquant notamment le poste que vous espérez être le vôtre dans dix ans, mais également le parcours que vous avez effectué vous permettant de l'occuper…

Cet exercice requiert donc de votre part une réelle capacité de projection, ainsi qu'une bonne connaissance des différents postes par lesquels vous serez passé, donc de l'ensemble de la chaîne hiérarchique y menant.

Le jury s'attend à ce que vous soyez cohérent avec votre projet professionnel, ce qui présuppose que vous en avez un. La première étape va donc consister à affiner votre projet professionnel, puis à identifier les étapes suivantes. Vous devez graduer votre progression, donc tout à la fois prévoir cette progression et ses différentes étapes (trois en incluant votre premier poste).

C'est cette attente de cohérence de la part du jury qui doit guider votre réflexion. Il s'attend en effet à ce que votre parcours soit logique et ascendant. La logique s'apprécie par rapport à vos futures études, censées vous préparer à la suite. L'ascendance se justifie, quant à elle, au regard de vos ambitions et de votre potentiel.

Pour vous aider, n'hésitez pas le cas échéant à consulter, sur des réseaux sociaux professionnels, les CV de personnes ayant emprunté la voie que vous souhaitez emprunter.

N'oubliez pas d'évoquer, comme dans un « vrai » CV, votre situation personnelle et vos centres d'intérêt.

14. TOULOUSE BUSINESS SCHOOL

Intitulé de l'épreuve	Entretien
Objectifs	• Déceler les motivations et les potentialités de chaque candidat, et plus particulièrement, les futurs « pilotes du changement » • Evaluer : – l'intelligence, la capacité à analyser et à remettre en perspective des problèmes – l'ouverture d'esprit, la tolérance, l'honnêteté intellectuelle – l'aptitude à la création de visions créatives et innovantes – la capacité à prendre position, à s'engager – l'aptitude à communiquer ses visions et ses passions – le sens de l'intérêt collectif – le parcours individuel jusqu'au concours
Durée	40 à 45 minutes
Modalités	• Préparation par le candidat d'un mini-cv • Tirage au sort de deux sujets d'actualité ou de société. L'un des sujets sera une citation ou un thème, l'autre sera un document iconographique (carte, affiche, dessin) • Choix d'un sujet par le candidat • Préparation de 30 minutes • Exposé de 5/6 minutes, suivi d'un dialogue de 10 minutes avec le jury sur le sujet • Pause de cinq minutes • Reprise du dialogue (20 min) sur les motivations du candidat

III. TABLEAUX CONCOURS ADMISSIONS PARALLELES

Les écoles sont présentées ci-après par ordre alphabétique.

Les écoles de commerce sont naturellement libres de modifier leurs conditions d'admission. Par voie de conséquence, vous devez vérifier sur les sites des écoles vous concernant que les informations ci-dessous demeurent valides.

1. AUDENCIA

Intitulé de l'épreuve	Entretien
Objectifs	• L'exposé vise à mesurer les aptitudes à comprendre un thème et savoir définir un champ de travail, établir un plan, développer et enchaîner les idées, illustrer le raisonnement, tirer une conclusion adaptée et à apprécier les qualités d'expression et de communication • Le dialogue vise à cerner les motivations et la personnalité des candidats
Durée	30 minutes
Modalités	• Le candidat tire deux sujets et en prépare un durant 30 minutes • Exposé de 5/6 minutes • Puis dialogue libre avec le jury

2. EDHEC

Intitulé de l'épreuve	Entretien
Objectifs	• Apprécier la personnalité et la motivation du candidat • S'assurer que le candidat tirera le maximum de la formation dispensée pour réussir dans le milieu des affaires
Durée	40 minutes
Modalités	• Remplissage préalable d'un questionnaire • Discussion à partir du questionnaire

3. EM LYON

Intitulé de l'épreuve	Entretien
Objectifs	Connaître le candidat et apprécier s'il profitera pleinement de sa future scolarité
Durée	30 minutes
Modalités	Dialogue avec le candidat sur ses expériences, son parcours et son projet

4. EM STRASBOURG

Intitulé de l'épreuve	Entretien individuel
Objectifs	Détermination du potentiel de l'étudiant à exercer de futures responsabilités en entreprise. Il apprécie aussi son goût pour l'international, son ouverture d'esprit, sa personnalité, la cohérence de son discours et sa motivation pour ce type d'études
Durée	25 minutes
Modalités	• Cet entretien se déroule sous forme d'interview à partir du questionnaire personnalisé (CV) que le candidat aura rempli au préalable • Il est précédé de la passation d'un test automatisé, d'une durée de 30 minutes • Le test : série de QCM vérifiant le degré d'adéquation entre les attentes du candidat, son profil et le positionnement international et les valeurs de l'EM Strasbourg

5. ESCP EUROPE

Intitulé de l'épreuve	Entretien
Objectifs	Evaluer les capacités du candidat et ses motivations
Durée	30 minutes
Modalités	Dialogue avec le candidat sur ses expériences, son parcours et son projet

6. ESLSCA

Intitulé de l'épreuve	Entretien individuel et face-à-face
Objectifs	Apprécier la personnalité des candidats
Durée	1re année : 15 minutes + 15 minutes ; 2e année : 20 minutes
Modalités	Entretien individuel libre avec le jury

7. ESSEC

Intitulé de l'épreuve	Entretien de motivation
Objectifs	• Cerner les motivations • Apprécier la cohérence du projet des candidats
Durée	45 minutes
Modalités	Jury de trois personnes dont un étudiant en dernière année ou récemment diplômé

8. GRENOBLE EM

Intitulé de l'épreuve	Entretien spécifique
Objectifs	• Apprécier les aptitudes à organiser un plan logique pour traiter d'un sujet tiré au sort et les capacités de réponses à des questions sur le thème choisi • Mesurer la créativité et l'adaptabilité face à une personne inconnue • Evaluer l'aisance à communiquer par des questions sur vos centres d'intérêt
Durée	30 minutes de préparation, 25/30 minutes d'épreuve
Modalités	L'entretien se déroule en trois parties : • **Exposé sur un sujet tiré au sort et préparé** (30 min de préparation et 5 min d'exposé) • **Interview d'un membre du jury** (10 min), cadre d'entreprise puis synthèse de l'interview • **Dialogue avec les membres du Jury** (15 min) Les questions du jury porteront sur des aspects généraux de votre évolution personnelle, vos centres d'intérêts, vos expériences passées, vos projets…

NOTRE ANALYSE

L'entretien d'admission à Grenoble EM est présenté, par l'école elle-même, comme « spécifique ». De fait, cet entretien présente deux particularités le rendant effectivement très spécifique.

Sa première particularité réside en l'interview menée par chaque candidat d'un des membres du jury, préférentiellement un cadre d'entreprise. Cette partie de l'entretien, qui met l'étudiant en posture inhabituelle de questionneur, se conclue par une synthèse de l'entretien avec le membre de jury interrogé.

Elle requiert donc que chaque candidat pense, à l'avance, aux grands champs de questions qu'il posera et possède au fond presque en tête les grands axes de sa future synthèse. Afin de ne pas être débordé et de demeurer cohérent, nous vous conseillons donc de préparer les grandes questions, touchant par exemple aux enjeux du poste occupé, aux qualités requises pour exercer la fonction de la personne interrogée, les principales difficultés qu'elle rencontre, les grandes étapes de son parcours, les apports de Grenoble EM ou de sa formation, les conseils à donner à un plus jeune voulant exercer le même métier.

Vous devez ensuite, en quelques minutes, synthétiser votre entretien. Tentez alors de structurer le matériau que vous avez recueilli afin de relier les réponses entre elles et donc d'éviter de reprendre l'entretien point par point.

9. HEC

Intitulé de l'épreuve	Entretien « face-à-face » d'aptitude au management
Objectifs	• Apprécier le comportement du candidat dans des situations de négociation et de décision et sa personnalité • Cette épreuve vise à tester quatre faisceaux de qualités chez le futur manager : – Qualités de décideur : sens stratégique, capacité de prise de décision, capacité à assumer sa responsabilité, lucidité et réalisme, capacité à évaluer – Qualités d'animateur : capacité à travailler en équipe, capacité à déléguer, capacité à motiver, capacité d'écoute, pouvoir de conviction, capacité à gérer des situations de conflit – Qualités intellectuelles et morales : autonomie de la pensée et du comportement, aptitude à cerner les problèmes, vivacité intellectuelle, aptitude à réagir positivement, tolérance, honnêteté intellectuelle – Qualités d'expression en public : concision, clarté, structure du raisonnement, argumentation, imagination, choix des mots, pouvoir de synthèse
Durée	40 minutes
Modalités	**Préparation de l'épreuve** (15 min) Les candidats admissibles sont répartis en groupes de quatre (deux candidats « face-à-face » et deux candidats « observateurs »). Chacun des candidats tire un sujet et prépare une thèse argumentée à sa convenance. Il y a donc des sujets distincts et chaque candidat ignore la nature du sujet tiré par l'autre. **Déroulement de l'épreuve** (25 min) L'épreuve est composée de deux entretiens « face-à-face » suivis d'entretiens individuels. • Premier entretien Le candidat A présente et soutient sa thèse (4 min) sur le sujet qu'il a préparé. Il s'agit pour lui de prendre nettement et immédiatement position, et non d'examiner méthodiquement les différents points de vue possibles. A l'appui de sa thèse, il développe une argumentation organisée, précise et convaincante. Puis le candidat A et son vis-à-vis, le candidat B, engagent une discussion (5 min) au cours de laquelle le candidat B forme sa propre opinion et répond. • Deuxième entretien Le candidat B, à son tour, présente et soutient sa thèse (4 min) sur le sujet qu'il a préparé. L'entretien se déroule selon les mêmes modalités, face à un autre candidat dans le rôle de « répondant ». Les deux candidats « observateurs » durant ces entretiens n'interviennent pas dans la discussion, mais ont la faculté de prendre des notes. • Entretiens individuels A l'issue des entretiens « face-à-face », chaque candidat « observateur » a un entretien individuel d'environ 5 minutes avec les examinateurs. Il lui est demandé notamment de porter une appréciation sur les différents rôles qu'il a observés. Au cours des entretiens suivants, les candidats changent de rôle. Les deux candidats des entretiens « face-à-face » deviennent à leur tour « observateurs » et les candidats « observateurs » passent leur entretien « face-à-face ». Ainsi, chacun est à son tour, celui qui convainc, celui qui répond, celui qui observe.

10. ICN BUSINESS SCHOOL – NANCY

Intitulé de l'épreuve	Entretien de motivation
Objectifs	• Découvrir la personnalité du candidat • Evaluer quelques-unes des aptitudes suivantes : ouverture d'esprit, sens critique, degré d'autonomie, d'organisation et de décision
Durée	30 minutes
Modalités	• Remplissage préalable d'un questionnaire : « My story », base de départ du dialogue mais non noté • Echange de 25 minutes portant sur la personnalité et la motivation du candidat

NOTRE ANALYSE

L'entretien d'admission de l'ICN présente une double particularité le rendant réellement distinctif.

La première réside en l'utilisation, en cours d'entretien, d'un jeu de cartes représentant des objets ou des concepts et en la demande faite au candidat d'en associer certaines ou de trouver les liens/oppositions entre elles.

La liste actuelle des objets est la suivante : agenda électronique, agrafeuse, ampoule électrique, appareil photos, ôte-agrafe, bouteille de plastique intacte, bouteille de plastique écrasée, brosse à dents, calculatrice, carte bleue, cheval à bascule, CD, classeur, clé à molette, clown, crayon dans une boîte, éventail, feutres de couleurs, fouet de cuisine, horodateur, iris, jeu, mappemonde, marteau, mètre à ruban, ordinateur, paire de ciseaux, pile électrique, pinceau, poivrons, sécateur, tétine, triple prise électrique, téléphone portable, télécommande de TV, tire-bouchon, trombone, tournevis, trousseau de clé, racleur, éveil, rouge à lèvres, les 3 singes, souris, etc.

Si le jury demande par exemple à un candidat de trouver un point d'opposition entre une agrafeuse et une paire de ciseaux, il conviendra alors de répondre que si l'agrafeuse réunit, la paire de ciseau sépare. Cette épreuve fait donc appel au sens créatif et logique de chacun, reposant souvent sur la compréhension de la fonction des objets présentés. Il est donc important que vous fassiez preuve de logique et surtout que vous soyez apte à justifier vos choix. Le jury est en effet tout à fait prêt à admettre une autre logique ou une autre façon de voir que la sienne, ce qui présuppose néanmoins que vous ayez votre propre logique et soyez capable d'expliquer ce qui la sous-tend.

La seconde spécificité de l'entretien de l'ICN tient au fait que le jury, en fin d'échanges, restitue au candidat ce qu'il a ressenti durant l'échange avec lui. Ce « retour » permet tout à la fois aux candidats d'apprécier l'impression qu'ils ont donné et, surtout, de rectifier, d'accentuer ou d'ajouter certaines dimensions de leur personnalité ou de leurs motivations qu'ils considéreraient avoir été insuffisamment relevées par le jury. Profitez donc de ce retour pour mettre de nouveau l'accent sur vos atouts.

11. KEDGE BUSINESS SCHOOL

Intitulé de l'épreuve	Entretien de motivation
Objectifs	• Découvrir la personnalité du candidat • Evaluer quelques-unes des aptitudes suivantes : ouverture d'esprit, sens critique, degré d'autonomie, d'organisation et de décision
Durée	30 minutes
Modalités	• Remplissage préalable d'un questionnaire : « My story », base de départ du dialogue mais non noté • Echange de 25 minutes portant sur la personnalité et la motivation du candidat

12. NEOMA BUSINESS SCHOOL

Intitulé de l'épreuve	Entretien de motivation
Objectifs	Découvrir la personnalité du candidat
Durée	30 minutes
Modalités	• Remplissage préalable d'un questionnaire : « My story », base de départ du dialogue mais non noté • Echange de 25 minutes portant sur la personnalité et la motivation du candidat

13. SKEMA BUSINESS SCHOOL

Intitulé de l'épreuve	Entretien individuel
Objectifs	Valider chez les candidats la présence des qualités suivantes : qualités relationnelles (présentation, sincérité, authenticité…), qualité de l'expression (synthèse, vocabulaire utilisé…), champ culture (niveau d'information, curiosité intellectuelle…), profondeur de la réflexion(analyse, cohérence du raisonnement…), réflexion sur l'avenir(ouverture sur le monde, souci d'information sur les études, projection réfléchie…).
Durée	30 minutes
Modalités	• Confection préalable d'un CV projectif (le vôtre dans 10 ans) et d'un CV actuel • Dialogue libre avec le jury sur la base des CV et de leur approfondissement • La moitié de l'entretien porte sur le CV projectif • L'autre moitié de l'entretien porte sur le CV actuel

Notre analyse

L'entretien d'admission à Skema BS présente une particularité à prendre en considération. Il vous est non seulement demandé de transmettre votre CV actuel, mais également de présenter un CV projectif, c'est-à-dire le CV que vous imaginez être le vôtre dix ans après…

L'exercice demandé va donc plus loin que la question fréquemment posée en entretien de savoir « comment vous vous voyez dans cinq ou dix ans ». IL vous faut en effet rédiger un CV complet, évoquant notamment le poste que vous espérez être le vôtre dans dix ans, mais également le parcours que vous avez effectué vous permettant de l'occuper…

Cet exercice requiert donc de votre part une réelle capacité de projection, ainsi qu'une bonne connaissance des différents postes par lesquels vous serez passé, donc de l'ensemble de la chaine hiérarchique y menant.

Le jury s'attend à ce que vous soyez cohérent avec votre projet professionnel, ce qui présuppose que vous en avez un. La première étape va donc consister à affiner votre projet professionnel, puis à identifier les étapes suivantes. Vous devez graduer votre progression, donc tout à la fois prévoir cette progression et ses différentes étapes (trois en incluant votre premier poste).

C'est cette attente de cohérence de la part du jury qui doit guider votre réflexion. Il s'attend en effet à ce que votre parcours soit logique et ascendant. La logique s'apprécie par rapport à vos futures études, censées vous préparer à la suite, et dans la cohérence de la suite. Vous devez donc présenter des postes et missions allant croissant et témoignant de l'élargissement de vos responsabilités. L'ascendance se justifie, quant à elle, au regard de vos ambitions et de votre potentiel.

Pour vous aider, n'hésitez pas le cas échéant à consulter, sur des réseaux sociaux professionnels, les CV de personnes ayant emprunté la voie que vous souhaitez emprunter.

N'oubliez pas d'évoquer, comme dans un « vrai » CV, votre situation personnelle et vos centres d'intérêt.

14. TOULOUSE BUSINESS SCHOOL

Intitulé de l'épreuve	Entretien individuel
Objectifs	• Dossier : appréciation de sa qualité académique, de sa clarté et de sa précision. Appréciation chez les candidats de leur ouverture internationale, de leur capacité à prendre des responsabilités, de leur engagement associatif et de leur expérience professionnelle • Entretien : vérifier les aptitudes comportementales à suivre la formation et à bien s'intégrer dans l'école
Durée	45 minutes
Modalités	• Etude du dossier (20 min) • Face-à-face (25 min), contenant une pause de 5 minutes

IV. TEMOIGNAGES DE CANDIDATS

« Au fond, entrer dans une école, c'est comme faire une course d'obstacles de nature différente. Il faut être bon dans toutes les disciplines, avoir de l'endurance, savoir résister et surtout avoir envie de gagner ».

Jean-Philippe, consultant, membre de jurys d'admission

Nous sommes amenés à rencontrer jusqu'à 10 élèves par jour en entretien en période de concours. Alors les profils convenus, lisses et « trop beaux pour être vrais » finissent par nous ennuyer à la longue. Alors séduisez-moi... Etonnez-moi si vous voulez vraiment faire affaire avec moi !

Daniel P. Membre de jury de concours à HEC Paris et à l'Essec

Nous recherchons de très solides connaissances académiques, une méthode de travail et des capacités d'analyse et de synthèse. Autant de points vérifiés à l'écrit. A l'oral, nous tentons de révéler la personnalité des candidats. Ceux qui nous intéressent sont les étudiants curieux, ouverts sur le monde, capables de douter, de se remettre en question ; capables d'écouter les autres, de maintenir ou de nuancer leurs positions. Nous cherchons des personnalités dotés d'un potentiel intellectuel qui leur servira pendant leur scolarité et bien sûr tout au long de leur parcours professionnel.

Anne A. Membre de jurys de concours à l'IESEG

Les oraux d'entrée en école de commerce sont l'ultime porte à franchir pour y accéder et le jury vous attend au tournant. Leur rôle n'est pas de vous « assommer », mais de vérifier que vous avez bien la carrure du manager de demain. Ne considérez pas cet entretien comme un combat (vous contre eux et à qui sera le plus malin) mais comme un échange constructif (vous avec eux et quel en sera le bénéfice pour vous comme pour l'école). N'oubliez jamais que l'école n'est pas une fin en soi mais une étape pour exercer le métier qui vous attire. Si vous êtes en face d'eux, c'est parce que vous avez un projet à défendre et voilà comment il est possible de l'aborder ; Soyez sûr de vous (vous savez ce que vous voulez), cohérent (vos études et vos activités extra-académiques sont en ligne avec votre projet), enthousiaste (vous aimez les défis) ; Soyez original (montrez-leur ce qui vous rend « unique », différent des autres), soyez passionné (montrez-leur que vous êtes humain et que vous rêvez) ; Vous avez besoin de l'Ecole et n'oubliez pas de leur faire comprendre que l'Ecole a besoin de vous. Pour terminer, à la question « avez-vous quelque chose à ajouter ? », préparez une question originale qui ne manquera pas de laisser au jury une très bonne impression finale !

Frédéric Desclercs. Aurlom 2008. Audencia Nantes

Quelques conseils pour réussir vos entretiens :

1. *Avoir confiance en soi c'est avant tout avoir préparé son entretien et être en mesure d'anticiper un maximum de questions.*
2. *Prendre la main sur l'entretien en orientant son interlocuteur vers des sujets sur lesquels on est très à l'aise (voire expert), avoir des opinions tranchées et faire preuve d'ouverture d'esprit.*
3. *Avoir une ambition, un but, un parcours professionnel bien établi.*
4. *Savoir dire : Je ne sais pas.*
5. *Observer les membres du jury, identifier le leader, le suiveur, qui on doit séduire, observer les codes vestimentaires, les bijoux, les chaussures, les stylos... et adapter son discours en fonction !*
6. *Si vous en êtes capable, faire (sou)rire, un petit peu d'humour est toujours bien accepté.*
7. *Eviter les familiarités lors de l'entretien.*

Morgan Trabelsi, Toulouse BS, Consultant Montety, Féral & Cie

Ce qui a compté le plus pour moi durant mes entretiens, c'est la force de mon argumentation, liée à mon envie profonde d'intégrer une école en particulier, l'ESCP Europe. Cette argumentation était basée sur 3 points essentiels selon moi : ma connaissance précise de l'école et de ce qu'elle offre, mon constat à propos de la vie économique actuelle des secteurs qui m'intéressent (médias, consulting, marketing) et ce que j'ai retiré de mes expériences dans ces domaines.

Corentin Orsini, journaliste. Aurlom 2009. ESCP Europe

Le plus important pour moi a été d'être bien préparée. J'ai travaillé mon projet professionnel dans les moindres détails, mes expériences professionnelles passées ainsi que mes activités dans différentes associations. J'ajouterai également que le fait de simuler les entretiens, caméra à l'appui a été déterminant dans la prise de conscience de certains tics de langage. S'entraîner en simulant des entretiens présente de nombreux avantages : cela évite d'être déstabilisé, cela permet de gagner en confiance et en aisance, et cela permet surtout de mieux visualiser les situations au moment des dernières révisions qui précèdent les entretiens.

Anne Guyard. Aurlom 2007. Edhec

Nous sommes intéressés par tous les profils, littéraires ou scientifiques, candidats avec ou sans projet professionnel. Mais l'étudiant qui nous dit avoir un projet professionnel précis devra nous prouver sa connaissance du sujet et expliquer clairement les raisons de ses motivations. S'il s'avère que ce sont des raisons inventées pour le seul jour du concours, l'entretien prendra alors dans tous les cas une tournure désagréable. D'une manière générale, on n'attend pas des candidats qu'ils aient une connaissance approfondie de l'entreprise pour intégrer PSB Paris School of Business. Ils auront tout le temps d'apprendre tout cela une fois qu'ils auront intégré l'école !

Benjamin G. Membre de jurys de concours. PSB Paris School of Business

Je vais commencer par ce qu'il ne faut pas faire : placer pendant l'entretien tout ce que l'on a à dire. En général, ça provoque très rapidement un manque de naturel dont on ne se rend pas forcément compte, et qui va vite se faire ressentir sur la note alors qu'on n'en a pas forcément conscience en sortant de l'entretien... Il faut être réactif, souriant, ça a été un gros plus pour moi. Et bien s'appuyer sur des expériences passées lorsque l'on affirme une qualité. L'idée-force que j'aurais tendance à développer, c'est clairement le fait d'affirmer une qualité en s'appuyant sur une expérience bien précise, et pas forcément une expérience professionnelle.

Victor Busson. HEC Paris

Ce qui a compté le plus pour moi est la connaissance du monde de l'entreprise et plus particulièrement de certaines entreprises peu connues cotées en bourse. En effet, j'essayais de la manière la moins flagrante possible de les amener à me faire parler de la bourse afin de pouvoir développer sur des valeurs précises. L'un des membres du jury m'a une fois posé un grand nombre de questions très précises (capitalisation boursière, date et montant de l'augmentation de capital, noms des dirigeants, cours le plus haut et le plus bas de l'année) sur une valeur que j'avais évoqué (Nicox) et que je connaissais bien. Je crois qu'il a été surpris par ma connaissance très précise de cette action ; d'autant plus qu'il avait lui-même analysé cette valeur en tant qu'analyste financier.

Charles Dalle. HEC Paris

Ce qui a été le plus déterminant dans mes entretiens a été le recul que j'avais sur mes expériences professionnelles et extra professionnelles. Savoir ce qu'elles nous ont appris et en quoi nous avons grandi, changé. Il faut écrire sur une feuille les différentes expériences que l'on a même si elles ne nous semblent pas significatives. Puis les relire une à une et écrire à côté les qualités développées, ou encore les savoir-faire mis en œuvre. A l'oral il suffit d'en parler avec enthousiasme, montrer que « même si le job de technicienne de surface (par exemple) ne m'a pas permis de me découvrir une vocation dans ce métier, j'ai découvert…(Et l'on développe !) »

Caroline Ruxer. Aurlom 2009. NEOMA Business School

Pour ma part, un élément déterminant de la réussite à l'épreuve de l'entretien est la cohérence du discours du candidat. Il faut absolument éviter le profil du candidat hétéroclite, voire disparate. Ce qui importe pour le candidat, c'est de montrer un profil clair et cohérent. J'ai entendu des personnes affirmant au cours d'entretiens à l'ESSEC qu'ils étaient particulièrement intéressés par deux chaires : entrepreneuriat social et finance. Ces deux projets sont aux antipodes ! Il faut essayer d'avoir un maximum de continuité dans les idées au cours de l'entretien. Un discours cohérent montre que le candidat a une tête bien faite, une matière première rare, très recherchée par les jurys d'entretiens !

François Drogoul. HEC Paris

Pour celles et ceux qui ont le trac, sachez que nous faisons notre maximum pour mettre l'étudiant à l'aise. Nous savons bien que ce genre d'épreuve engendre un stress énorme chez certains étudiants. Ils savent qu'ils jouent gros et ne veulent pas louper le coche. Nous sommes parfois conduits à pousser les candidats dans leurs derniers retranchements, mais il faut savoir que pendant ces moments-là, nous ne cherchons jamais à les mettre dans une position inconfortable. Notre objectif est d'apprécier au mieux leur personnalité, ce qui implique parfois une discussion à bâtons rompus et très animée. De toute façon, les candidats ne doivent jamais oublier que ce sont eux qui impriment leur rythme à l'entretien. Bonne chance à tous !

Ella R. Membre de jury au BBA ESSEC

Indépendamment du contenu propre à chaque candidat, il y a une qualité qui sera absolument nécessaire pour mener un entretien : le sens de la communication, ou, dit autrement, la capacité d'adaptation à l'auditoire et ses attentes. Si l'auditoire est constitué d'étudiants de l'Ecole et de professeurs de sociologie, on parlera davantage de ses centres d'intérêts personnels et de la connaissance du cursus et des associations de l'Ecole. Si au contraire, on se retrouve en face de professionnels de l'entreprise, on explicitera le projet professionnel, on parlera plus de l'actualité économique et des réflexions qu'elle éveille en nous. Si des créateurs d'entreprise nous font face, on évitera tout excès d'académisme... Le sens de l'adaptation concerne également la forme. On s'adressera posément à un jury excessivement calme tandis qu'on mettra plus d'énergie en présence d'un jury dynamique. Le tout sans perdre le naturel et la structuration de votre contenu... Cette qualité est difficilement modélisable au niveau pédagogique - sauf à s'étendre sur la programmation neurolinguistique (PNL) dont c'est l'objectif - et mobilise essentiellement une intelligence relationnelle et humaine que seules la vie, la curiosité et les rencontres développeront.

Olivier Sarfati. HEC Paris

Ce qui compte le plus à mes yeux pour les oraux c'est le naturel. Il faut qu'au terme de l'entretien le jury sente qu'il connaît l'étudiant qu'il compte recruter... Plus on joue un jeu, moins on est naturel et plus le jury aura envie de « tester » l'étudiant avec des questions déstabilisantes pour voir ce qu'il a dans le ventre. Soyez vous-même !

Alexandra E. Aurlom 2008. Essec

Ce qui compte le plus pour moi :
– C'est la force de conviction,
– C'est de capter l'attention,
– C'est de comprendre qu'il n'y a ni dominant ni dominé mais deux gagnants !
– C'est la capacité de faire passer en très peu de temps ses idées, sa personnalité, sa vivacité d'esprit,
– C'est la différence,
– C'est de passer un moment agréable, d'interaction, et de partage.

Marie Goldlust. Membre de jurys de concours

Chez Tara Jarmon, nous sommes particulièrement intéressés par des profils possédant une forte sensibilité produit. Les principales qualités requises à ces postes sont la rigueur ; l'organisation et l'autonomie. Nous attendons de chaque candidat de présenter d'excellentes qualités relationnelles et une facilité d'adaptation dans un secteur en perpétuelle concurrence. Lors de nos entretiens d'évaluation nous orientons nos questions dans le but de savoir si le candidat possède de réelles motivations et s'il a assez confiance en lui pour ne pas se sentir déstabilisé. Sachez que bien souvent les entretiens d'embauche sont construits à l'identique de ceux que vous passerez pour intégrer une école de commerce. Mes conseils : connaître parfaitement l'Ecole pour laquelle on postule (ses différents professeurs, ses débouchés, ses associations, ses valeurs) et anticiper au mieux les questions classiques (pourquoi une école de commerce ?) et piège (que faîtes-vous si vous n'êtes pas retenu(e) ?)

Elisabeth B. Acheteuse Retail chez Tara Jarmon

Les personnes que j'ai l'habitude de recevoir en entretien sont rarement questionnées sur leurs connaissances techniques mais plutôt sur leur motivation, leur projet professionnel. J'attends des candidats faisant preuve d'esprit d'équipe et possédant une forte adaptabilité, ayant des capacités d'assimilation et de compréhension rapide de sujets qu'ils ne connaissent pas. Je cherche des candidats curieux, capables de s'adapter instantanément à un jury difficile. En résumé un candidat idéal pour une école de commerce serait quelqu'un qui comprend vite, qui a très envie d'apprendre, qui fait preuve de curiosité intellectuelle et qui est prêt à beaucoup travailler. Mais c'est bien sûr aussi quelqu'un qui possède un excellent relationnel car une bonne intégration au sein d'une école de commerce repose principalement sur le travail en équipe.

Anne-Jo Murène. Manager Audit MNC Industries. Deloitte

Pour moi, au-delà des qualités habituelles « tarte à la crème » de sourire, d'écoute, de reformulation, de projet professionnel... L'élément qui a été déterminant pour moi est sans aucun doute l'impression donnée d'assurance de soi et d'organisation de sa pensée. Et pour arriver à maîtriser cet art, je recommande une recette qui marche très bien après l'avoir pratiqué un peu : privilégier le raisonnement inductif au raisonnement déductif pour argumenter. Un exemple : Dire « je veux intégrer votre école pour 3 raisons et les voici : la première..., la deuxième... et pour finir et sans doute la plus importante... » est beaucoup plus puissant (et sera plus apprécié) que « Je pense que votre école va me permettre de..., de... et de... Ce sont ces raisons qui font que je souhaite intégrer votre école ». Au final, on veut dire les mêmes choses, mais dans le premier cas, on montre qu'on a des convictions, un avis clair et une pensée organisée, dans le second, on donne l'impression de lister des arguments les uns à la suite des autres pour finir (comme si on n'avait plus d'arguments) par la conclusion. Pratiquez le raisonnement inductif, entraînez-vous à organiser votre pensée comme cela c'est un outil hyper puissant qui sera tout de suite repéré par le jury.

Didier Cohen. HEC. SAP

Je suis diplômé d'Audencia Nantes (GE 2008) et j'ai exercé en tant qu'avocat d'affaires avant de monter une entreprise dans le domaine des nouvelles technologies. Lors de mon passage à l'oral d'Audencia mon objectif était clair, il fallait prouver au jury qu'intégrer Audencia était la suite logique de mon parcours et que pour arriver à mes objectifs professionnels il était impératif que j'intègre cette école et pas une autre. Je m'étais renseigné sur les matières enseignées à Audencia et j'ai fait des parallèles entre les matières étudiées à l'université (j'étais en fac de droit) et celle proposées à Audencia. J'ai alors démontré au jury que mes connaissances en droit fiscal, si elles étaient doublées de compétences en comptabilité me permettraient d'appréhender de nouvelles problématiques. J'ai également fait un parallèle entre le droit du travail et les ressources humaines ainsi qu'entre le droit des affaires et le management stratégique. J'ai également lors de l'entretien cité les associations dans lesquelles je souhaitais m'impliquer. J'ai terminé mon oral par une pointe d'humour puis je les ai remerciés en leur disant « A très bientôt... Enfin j'espère vraiment ». Mon conseil est donc de se présenter avec un projet professionnel bien déterminé et de démontrer au jury qu'il vous est absolument indispensable d'intégrer leur école pour parvenir à réaliser vos projets. Motivation et détermination sont les clefs du succès.

David Klingbeil. Audencia Nantes.

J'ai dû à plusieurs reprises passer des entretiens de personnalité dans mon cursus post-bac. Bien que chacun ait été différent, j'ai toujours suivi une seule et même trame qui m'a permis de réussir ses entretiens sans encombre : Une présentation succincte de mon cursus antérieur avec quelques explications sur les choix effectués jusqu'alors ; La préparation aux questions de personnalité, c'est-à-dire les 3 défauts (qui peuvent cependant être des qualités sous certains angles), puis les 3 qualités, les réponses aux questions de motivation sur la filière choisie, en insistant précisément que c'est effectivement la filière qui conviendrait le plus en liaison à mes ambitions... Par ailleurs, ça a toujours été positif pour moi de parler de mon CV d'étudiant, c'est-à-dire les jobs d'été qui sont un premier pas dans la vie active, les stages, de préciser ce que j'en ai retenu, et en quoi ces expériences ont pu, selon les cas, conforter mes choix. J'ai enfin toujours révisé préalablement mes cours des années précédentes et fait un panorama de l'actualité aussi bien politique qu'économique. C'est très rassurant. En résumé, un entretien bien préparé m'a permis de réduire considérablement le stress au moment « t ». Ainsi, même si certains jurys ont cherché à me déstabiliser, j'ai toujours su rebondir et prendre du recul.

Pierre Graff. Directeur Agence Bred

Mon sourire est ma principale arme de séduction durant mes entretiens. Tout d'abord, il me permet de gérer mon stress. En souriant, je me persuade en quelque sorte que tout va bien, je dédramatise la teneur de l'événement. C'est une sorte de cercle vertueux, je souris, je me décontracte, donc je souris plus naturellement, mes traits se relâchent. Et puis je l'ai toujours senti, le sourire est la meilleure entrée en matière qui soit avec son jury. Il instaure d'emblée un certain climat de confiance, une certaine connivence avec lui. Il ne faut pas oublier qu'on ne sourit pas forcément avec les lèvres. J'écoute mon recruteur en lui souriant avec les yeux ou encore avec ma voix lorsque je m'exprime. Tout cela contribue à créer une atmosphère positive. Attention en revanche à ne pas trop en abuser, surtout lorsque c'est un membre de jury qui prend la parole. De un, vous risquez de faire potiche et de deux, il faut montrer que vous considérez son discours avec sérieux, sans pour autant afficher une tête d'enterrement. Tout est dans la mesure.

Odaïa G. Sciences Po Paris. Essec

Je suis diplômée de l'ESSEC et actuellement en poste dans l'industrie pharmaceutique. J'ai intégré l'Ecole par le biais d'un Master spécialisé après 5 années d'études en pharmacie. Je pense avoir séduit le jury principalement par la cohérence de mon projet professionnel, par mon ouverture à l'international, et puis surtout par mon assurance. Je suis arrivée avec un moral d'acier, limite de super héros en me convainquant que si je n'intégrais pas ce Master, je n'arriverais pas à mon but et j'aurais donc perdu 5 années de ma vie ! Pas moyen de devenir pharmacienne dans une officine ! J'ai fait des recherches ultra-poussées sur le corps enseignant du Master, j'ai harcelé de questions le directeur du programme lors des journées portes ouvertes, j'ai lu absolument toutes les publications faites par les professeurs, Je suis arrivée préparée. Je crois que la clé est là. Savoir anticiper les questions, et pour y parvenir essayer de toutes les maîtriser ou tout du moins les plus courues d'avance. Je me suis parée de mes plus beaux atours (ne sous-estimez pas le pouvoir de séduction des femmes !). Attention il n'est pas question de charmer la gente masculine, tâchez plutôt d'être à l'aise dans vos vêtements, d'être élégante et sobre. N'ayez pas peur de prendre le temps de la réflexion après chaque question et non de répondre du tac au tac. Ne craignez pas les « blancs » ! En prenant le temps de réfléchir vous réussirez à ordonner vos idées dans votre tête et donc à mieux gérer votre stress.

Frédérique Amar. ESSEC. Chef de projet dans l'industrie pharmaceutique

Diplômé de Toulouse BS, et aujourd'hui chef d'entreprise, j'ai eu l'occasion au cours de ma longue carrière de passer et faire passer les entretiens de personnalité si chers à nos Ecoles de commerce ! Ce qui a longtemps joué en ma faveur, c'est sans aucun doute ma nature curieuse. J'aime entrer dans les profondeurs d'un sujet, en connaître tous les rouages. J'ai toujours beaucoup lu, tous types de sujets d'ailleurs, romans, ouvrages politiques, biographies, études sociologiques, presse écrite, féminine, généraliste... Je pense qu'un candidat curieux est un candidat ouvert sur le monde et de ce trait de caractère en découlent beaucoup d'autres. Notamment l'ouverture d'esprit, le sens du contact, l'adaptabilité. Autant de facteurs nécessaires à une bonne intégration au sein d'une Ecole de commerce. Lors de mes entretiens, je mettais en avant mon goût pour le travail collectif, mon esprit associatif. Il ne faut pas oublier qu'une Ecole de commerce a pour objectif de recruter avant tout des candidats qui en seront les représentants officiels au sein des entreprises privées, des collectivités publiques, en France comme à l'étranger.

Charles Ohayon. Toulouse BS. Chef d'entreprise

Au travers de ce témoignage, je vais essayer de vous fournir le maximum d'informations pour que vous puissiez aborder de la manière la plus sereine vos entretiens de personnalité. Dans un premier temps, il est indispensable que vous compreniez et que vous assimiliez bien le fait que cet exercice est loin d'être aussi évident qu'il y paraît. Contrairement aux idées préconçues et autres clichés qui peuvent circuler à son sujet il ne suffit pas d'avoir un don pour la répartie accompagné d'un joli sourire pour décrocher votre droit d'entrée. Bien au contraire, l'entretien de personnalité répond à un cahier des charges précis. Abordez-le plus comme un entretien professionnel, d'embauche, que comme un entretien de personnalité au sens propre. Cela vous aidera à ne pas faire d'erreur d'appréciation sur le caractère réel de l'exercice. Vous aurez une demi-heure pour convaincre le jury de l'école que vous êtes le candidat idéal. Pour être crédible et mettre toutes les chances de votre côté il vous faudra convaincre. Parmi toutes les questions auxquelles vous devrez répondre, une me semble plus importante que les autres. « Pourquoi avez-vous choisi notre école plutôt qu'une autre ? Comme toute entreprise chaque école possède une culture qui lui est propre. Culture ? J'entends par là ce qui la différencie des autres écoles : ses spécialités, les différents réseaux qu'elle a tissé avec les entreprises et avec les campus à l'étranger, le réseau des anciens, etc. Pour prendre un exemple simple, l'EM Lyon a fait de l'entrepreunariat son étendard (n° 1 en Europe) et possède un campus sur Shanghai. Dire que vous avez pour projet de créer une société en Chine et que vous comptez profiter de la formation de L'EM, car elle est celle qui est la plus en adéquation avec votre projet pour y arriver, montrera au jury que vous n'êtes pas venu ici par hasard. L'exemple est simple et grossier, mais bien argumenté il saura faire mouche. Attention, il ne s'agit pas de mentir sur votre projet mais de vous trouver une raison évidente d'intégrer l'Ecole. Trouvez donc pour chaque école ses particularités et connectez-les à votre projet. Un autre point. Il est primordial que vous connaissiez sur le bout des doigts votre projet professionnel et que vous anticipiez les questions potentielles qui vous seront posées par le Jury. Entraînez-vous le plus possible par le biais d'un stage spécialisé, à la maison avec vos parents, vos sœurs vos frères, etc. La mise en condition est très instructive et vous fera prendre conscience des différents points qu'il vous reste à travailler. Dites-vous bien que plus vous serez préparé plus vous semblerez détendu, convaincant et mieux vous pourrez montrer réellement qui vous êtes. Enfin, peut être le plus important, allez à l'entretien avec la conviction que vous êtes le meilleur. Que si vous êtes arrivé jusque-là c'est que vous méritez votre place. C'est un jeu en fin de compte. Une demi-heure pour convaincre un jury et vous-même que vous êtes du côté des gagnants. Jouez le jeu à fond, ces occasions sont rares !

Romain Plaisant. Aurlom 2008. IAE d'Aix

Si j'avais un conseil à donner, ce serait plus sur l'humeur du candidat que sur le discours lui-même. De nombreux candidats sont aujourd'hui préparés à passer des entretiens pour intégrer les programmes des écoles de commerce. Le discours est plus ou moins formaté et je crois que le meilleur moyen de faire la différence est de savoir s'adapter aux jurys pour pouvoir communiquer avec eux dans la meilleure ambiance possible. Il faut faire cependant attention dans la mesure où meilleure ambiance ne rime pas avec blagues et fou rire...

Olivier Bruelle. Aurlom 2007. EDHEC

En tant qu'employeur, outre les compétences techniques et le fait de s'être parfaitement renseigné au préalable sur le secteur et la société, je suis très sensible à : un esprit d'analyse et de synthèse, à un souhait sincère d'ouverture sur l'international, ainsi qu'à un bon esprit d'équipe. Je suis enfin sensible à un bon niveau d'expression orale et ne saurai accepter quelque familiarité que ce soit au cours d'un entretien.

David O. Directeur général d'une multinationale agroalimentaire

Nous cherchons des candidats qui ont des choses à raconter et qui savent en parler. Nous sommes notamment sensibles à ce qu'ils ont à dire de leurs expériences, loisirs et projets d'avenir. Cela nous permet de voir s'ils savent prendre du recul, analyser et surtout partager ce qu'ils ont fait jusqu'à maintenant. Au cours de l'entretien, nous sommes également très sensibles à la qualité de leur élocution. Nous évaluons tout ! Leur façon de s'exprimer, de convaincre, la variété et la précision des mots utilisés pour décrire une expérience. Nous évaluons enfin leur capacité à accepter la critique et à se remettre en question.

Alain M. Membre de jury de concours. NEOMA BS

Un entretien qui se passe bien est un entretien où l'on ne voit pas passer le temps... Comme il est agréable d'échanger avec un jeune candidat ouvert, curieux, qui échange plus qu'il ne récite !

Laurence D. Membre de jury de concours. EM Lyon

Je pense qu'avant l'entretien, il faut se renseigner très, très, très précisément sur l'école et s'interroger sur ses motivations pour y rentrer (pourquoi cette école et pas une autre ?), penser à ses points forts et faibles et surtout croire en soi pour que les autres y croient. Enfin, savoir prendre de la distance et se montrer calme et posé sans être « mou » pour autant. L'entretien est un jeu, les personnes en face n'ont rien contre vous à l'avance, même si elles font mine de vouloir vous piéger.

Elise A. Aurlom. Etudiante à l'ESSCA et créatrice d'entreprise

Avec mon expérience, je pense que les facteurs de réussite en entretien peuvent se résumer en quelques idées : être soi-même, rester simple, avoir une certaine attitude lors de l'entretien ainsi que de la passion et de l'ouverture d'esprit. Je dirais que le plus important pour réussir son oral pour les écoles de commerce est d'être soi-même, i.e. ne pas s'enfermer dans une quelconque image de l'étudiant parfait que recherchent les écoles, au contraire, celles-ci ne recherchent pas de stéréotypes, d'étudiants modèles qui rentreraient dans un moule mais de vraies personnalités, uniques, différentes. Ensuite, je recommanderais aux étudiants de rester simples, de ne pas trop se mettre en avant ou de faire croire au jury qu'ils savent déjà tout sur tout. Répondre « je ne sais pas » à une question du jury n'est, très souvent, absolument pas pénalisant et montre au contraire une certaine humilité. Mais il y a certaines questions auxquelles les étudiants se devront de répondre, absolument. Il faut également avoir une certaine attitude lors de l'entretien. En effet, il m'a souvent été reproché lors d'entretiens blancs dans ma prépa d'être trop introverti i.e. d'avoir eu les mains sous la table, même un court instant, de ne pas regarder dans les yeux de mes interlocuteurs... Or il est essentiel de se montrer ouvert et plutôt sûr de soi lors de l'entretien. Des petits détails comme des gestes avec les mains, le fait de se tenir droit, le sourire (toujours!!) font parfois toute la différence. Enfin, il est absolument essentiel de se montrer passionné et ouvert. Si l'étudiant à une passion quelconque, il doit la mettre en avant au cours de l'entretien, c'est souvent ce qui le différencie des autres. Derniers conseils : être au courant de l'actualité, avoir un projet professionnel même si celui-ci n'est pas définitif ainsi qu'une certaine connaissance des écoles et des villes que vous découvrirez au gré de vos entretiens. Les jurys sont souvent sensibles au fait que les étudiants s'intéressent à l'école et à leur ville. C'est d'ailleurs la plupart du temps grâce à une bonne connaissance de la ville et de sa région que les étudiant peuvent répondre à la question « pourquoi cette école ? » de manière concrète.

Alexandre Thomson. Audencia Nantes

Je dirais qu'une des clés pour se préparer à un entretien c'est la visualisation de celui-ci, un peu à la manière du sportif qui va mentalement anticiper son épreuve. Cela suppose, entre autres, de s'être entretenu avec un ancien de l'Ecole sur le déroulement de l'entretien.

Anne. MS ESSEC. Deloitte

NOTES PERSONNELLES

NOTES PERSONNELLES

NOTES PERSONNELLES

NOTES PERSONNELLES

NOTES PERSONNELLES

NOTES PERSONNELLES

NOTES PERSONNELLES

NOTES PERSONNELLES

NOTES PERSONNELLES

NOTES PERSONNELLES

NOTES PERSONNELLES

NOTES PERSONNELLES

34/38, rue Camille-Pelletan – 92309 Levallois-Perret Cedex
Imprimerie France Quercy – 46090 Mercuès - n° 60134/
Imprimé en France – 1er trimestre 2016

Service éditorial : Marjorie Champetier, Benjamin Dias Pereira, Deborah Lopez, Elodie Sebbah
Conception graphique : Dominique Papon

Dépôt légal à parution
ISBN 978-2-7590-3168-9